Dorothea Rutkowsky / Herbert Windolf

Brücken über Zeiten und Kontinente

Die Geschichte einer deutschen Missionarsfamilie auf Sumatra

Dorothea Rutkowsky / Herbert Windolf

Brücken über Zeiten und Kontinente

Die Geschichte dreier Generationen einer deutschen Missionarsfamilie auf Sumatra

vta

Erinnern

Ins Erinnern versinken
wie ein Schatzsucher
und wieder auftauchen
in die Gegenwart
hellhöriger geworden
und hellsichtiger
für Dinge – die dauern

Annemarie Schnitt

Bibliographische Informationen der Deutschen Nationalbibliothek:

Die Deutsche Nationalbibliothek verzeichnet diese Publikation in der Deutschen Nationalbibliographie; detaillierte bibliographische Daten sind im Internet über http://dnb-nb.de abrufbar.

ISBN 978-3-9816670-7-3 (Hardcover)
ISBN 978-3-946130-38-3 (Softcover)
ISBN 978-3-946130-39-0 (eBook)

VTA-Verlag Berlin; mail@vta-verlag.com; vta-verlag.com

Druck und Vertrieb: Tredition
Umschlaggestaltung: deblik, Berlin

Titelbild: Hasan Djaafar / „Bataksches Dorf“ / Öl auf Leinwand (um 1960). In Familienbesitz / Foto Ute Windolf

Inhalt

Präludium

Nach dem Krieg aus Indien und von Sumatra heimgekehrt, war meine Familie, die Familie von Alfred und Gertrud Rutkowsky, in der Wohnung unserer Großmutter Martha Weissenbruch in Wiesbaden untergeschlüpft.

Die Großmutter lebte in dem hellen Eckzimmer der Wohnung, mit Blick in den großen Garten und auf den alten Kirschbaum, der seine Zweige fast bis an die Fensterscheiben reckte. Im Inneren zierte die Fensterecke eine riesige Asparaguspflanze und an den Wänden hingen ein bataksches Tuch, eine Panoramaaufnahme der Halbinsel Sipiak im Tobasee, alte Familienbilder und etliche andere Gemälde. An den Gardinen hatte sie später mit Stecknadeln meine, Dorotheas, künstlerischen Erstproduktionen angesteckt. Es gab dort auch einen Schreibtisch mit vielen kleinen Schubladen, deren interessanteste Inhalte alte Postkarten aus Sumatra waren, darunter auch eine kolorierte, welche meinen Großvater auf Dienstreise im Gebirge mit Pferd und Pferdejungen zeigte. Am beeindruckendsten war aber eine einzelne echte Tigerkralle, welche die Großmutter hier aufbewahrte und die ich manchmal in die Hand nehmen durfte.

In diesem Zimmer saß die Großmutter, meist mit dem großen viereckigen Korb aus Rotanggeflecht auf dem Schoß, und stopfte die Strümpfe unserer siebenköpfigen Familie. Als die Jüngste und Nachkriegsgeborene wurde ich oft bei der Großmutter im Zimmer „geparkt“ und ich war gerne dort. Ich saß dann auf dem Sofa neben ihrem Sessel und begann mit meiner Lieblingsbeschäftigung: Ich fragte nach Geschichten. „Oma, erzähl mal, wie du noch klein warst“, beispielsweise. Und dann erzählte die Großmutter vom Pfarrhaus in Miehlen, in dem sie aufgewachsen war, diesem Pfarrhaus, in dessen Garten hinterm Haus eine riesige Linde stand, von der es hieß, Urgroßvaters Amtsvorgänger habe diese „am Hut“ aus dem Wald mitgebracht. Sie erzählte, dass sie in dieser Linde eine kleine Bank und einen kleinen Tisch gehabt habe, an dem sie hoch oben in den Ästen ihre Schularbeiten erledigte. Eine andere Lieblingsfrage war: „Oma, erzähl mal, wie die Mutti noch klein war.“ Und dann erzählte sie von meiner Mutter, von Sumatra überhaupt, Geschichten von Tigern und Schlangen, Zauberpriestern und vom Ompu Nommensen, der beinahe vergiftet worden wäre. Sie malte das Bild einer faszinierend fremden und doch so vertrauten Welt, denn sie hatte ja darin gelebt und die Relikte dieser Zeit waren ganz real überall in derWohnung zu besichtigen.

Großmutter Martha Weissenbruch hat mir faszinierende Geschichten erzählt. Jetzt erzählen wir, Herbert Windolf und ich, Dorothea Rutkowsky, ihre Geschichte und die Geschichte unserer ganzen Familie.

Einleitung

Dies ist die Geschichte dreier Generationen einer deutschen Missionarsfamilie, von denen jede in unterschiedlicher Weise durch die Missionsarbeit und das Leben auf Sumatra sowie durch die Auswirkungen zweier Weltkriege geprägt wurde. Die ersten waren Karl Hermann Weissenbruch und seine Frau Martha geb. Schmidt die in der Zeit von 1904 bis 1939 auf der Insel Sumatra im damaligen Niederländisch-Indien im Missionsdienst tätig waren. Dort wurden ihnen drei Töchter geboren. Die älteste Tochter, Elisabeth, lebte nach ihrer Eheschließung mit dem Kaufmann Karl-Heinz Otto mit zwei Töchtern in Bandjermasin auf Borneo, dem heutigen Kalimantan. Die zweite Tochter, Gertrud, heiratete den Missionar Alfred Rutkowsky. Beide waren, mit Unterbrechungen während des Krieges, ebenfalls von 1933 bis 1966 im Dienste der Rheinischen Mission auf Sumatra tätig. Ihnen wurden vier Kinder auf Sumatra geboren; das fünfte und jüngste, später in Deutschland geborene Kind reiste später mit den Eltern noch einmal mit hinaus nach Sumatra.

Was war das für eine Welt, welche die Weissenbruchs 1904/1906 vorfanden, und wie waren die Verhältnisse, in denen sie ihrem Missionsauftrag nachgingen?

Sumatra ist die zweitgrößte Insel dieses zwischen Indien und Australien sich ausdehnenden Inselreichs, welches seit dem Zweiten Weltkrieg Indonesien genannt wird. Bis zum zweiten Weltkrieg war es holländische Kolonie und hieß Niederländisch-Indien. Die Holländer hatten ihre Eroberung des Archipels erst zu Beginn des 19. Jh. mit der grausamen Okkupation Balis abgeschlossen; Bali, dem letzten Teil des einst alles einigenden buddhistischen Königreiches Srivijaja, welches dann von dem Hindureich Majapahit abgelöst worden und nach dessen Niedergang in viele einzelne islamische Sultanate zerfallen war.

Auf Sumatra, Heimat von Orang-Utan, Tiger, Rhinozeros und Elefant, waren zu dieser Zeit besonders die Küstenregionen schon seit dem 11. Jh. durch vor allem arabische Händler erschlossen, während das Binnenland als unzugänglich und wegen der wilden Bevölkerung auch als gefährlich galt. Reisende erhielten nur unter großen Schwierigkeiten die Erlaubnis, sich dorthin zu begeben. Südlich von Aceh, im Bergland rund um den Tobasee, lebten die verschiedenen Stämme der Batak, von denen man aufgrund von Sprachanalysen vermutet, sie seien vor etwa 2.500 Jahren von China oder den Philippinen hierher eingewandert. Der Tobasee, mit 100 km Länge und 30 km Breite der größte Kratersee der Welt, bildete einen natürlichen Mittelpunkt, um den sich die altindonesischen Volksstämme der Batak angesiedelt hatten. Die Batak lebten in nahezu völliger Abgeschie-denheit von den anderen Volksgruppen der Insel und ihre Kultur und Sprache wiesen wenige Fremdeinflüsse auf. Der Volksstamm der Batak untergliedert sich in sechs Gruppen, die sich bezüglich ihrer Rituale, ihrer Architektur, ihrer Kleidung und vor allem ihrer Sprache und Schrift unterscheiden.

Die Batak lebten in Clan-Verbänden, so genannten *margas*. Diese definierten sich durch die gemeinsame Abstammung von einem bestimmten Vorfahr, der entsprechend verehrt wurde. Noch heute können viele Batak auf Nachfrage genaue Auskunft geben über die verwandtschaftlichen Verhältnisse ihrer *marga* und das über Generationen zurück. Bestimmend für das Zusammenleben war die *adat,* der Sitten und Verhaltenskodex, der auch heute noch oft über politische und religiöse Grenzen hinweg Gültigkeit hat.

Bereits der venezianische Handelsreisende und Weltumsegler Marco Polo im 13. Jh. und der englische Historiker William Marsden, der die Insel 1820 besucht hatte, berichteten beide über von den Batak praktizierten Kannibalismus.

Durch die arabischen Händler des 11. Jh. waren die Küstengebiete und vor allem Aceh, die Nordspitze Sumatras, durch den Islam geprägt. Die wilden und unzugänglichen Landesteile im Inneren der Insel waren weitgehend heidnisch geblieben, bis hierher war der Islam noch kaum vorgedrungen. Dies machte die im Animismus lebenden Batak für Missionierungsversuche interessant, denn hier ließ sich „ein Bollwerk gegen den Islam“ (Martha Weissenbruch) errichten.

Zwei der ersten Missionare, die sich in diese Gegend vorwagten, die amerikanischen Baptisten Henry Lymann und Samuel Munson wurden 1834 im Silindungtal von den Batak ermordet und „aufgefressen“. So die Überlieferung. Wahr ist, dass bis heute nichts Genaueres über die Ermordung hinaus bekannt ist.

1861, 28 Jahre nach diesen Ereignissen, wurde nun ein erneuter Versuch gewagt. Die Rheinische Missionsgesellschaft in Barmen, seit den 1830er Jahren bereits in Cape Town, Afrika tätig, schickte nun den von der Hallig Nordstrand stammenden Missionar Ludwig Ingwer Nommensen nach Sumatra. Diesem gelang es unter großen Schwierigkeiten, bei den Batak Fuß zu fassen. Mehrfach kam er nur knapp mit dem Leben davon. Zugang zu den Batak fand er in erster Linie über medizinische Hilfe, Bildung und erst in zweiter Linie über die Verkündigung des Evangeliums. Früh wurden von ihm batakische Lehrer und Prediger ausgebildet. Von nicht zu unterschätzender Bedeutung war dabei, dass Nommensen von Anfang an auch die Ausbildung der Frauen als Krankenschwestern, Hebammen und Gemeindehelferinnen mit einbezog. Auf diese Weise wurde die Arbeit fest in der Bevölkerung verankert. Innerhalb einer Generation erreichte er eine weitgehende Christianisierung der Region.

Zu Beginn seiner Arbeit auf Sumatra versuchte Nommensen, sich von den Europäern, insbesondere den holländischen Kolonialherren fernzuhalten, er hielt ihren Einfluss im Hinblick auf seine Ziele für hinderlich. Schließlich arbeitete er aber doch mit der Kolonialregierung und dem Militär zusammen. Zum Beispiel versuchte er, während einer Strafexpedition des Militärs im sumatranischen Hochland zwischen den Beteiligten zu vermitteln. Dabei gelang es ihm, größeres Blutvergießen zu vermeiden. Dadurch gewann er mehr Vertrauen in der Bevölkerung. Die politische Bedeutung dieser Kooperation wurde deutlich, als sich die Kolonialverwaltung ausdrücklich für die Zusammenarbeit bedankte. Nommensen wurde auf diese Weise, ohne es primär gewollt zu haben, zu einem Wegbereiter des Kolonialismus, ein Vorwurf, den man heute den damaligen Missionaren wohl nicht ganz zu Unrecht macht. Und doch ist diese Sicht zu einseitig. Der Journalist Rüdiger Siebert formuliert das so: „Nommensen verkörpert einen Mann der neuen Zeit. Er und seine Mitstreiter verhelfen zu Bildung. Gerade Frauen und jüngere Leute lassen sich davon begeistern. Die Epoche ist reif für Veränderungen. Die moderne Technik dringt vor. Deshalb ist es wohl zu kurz gegriffen, einen Mann wie Nommensen nur als Wegbereiter des Kolonialismus zu sehen; er war in weiterem Sinne Wegbereiter neuer Ideen, einer weltoffenen Lebensweise, eines selbstbewussteren Umgangs der Menschen miteinander. Während der 56 Jahre, die Nommensen im nördlichen Sumatra lebte, hat er das Land der Batak räumlich und geistig geöffnet.“ (R. Siebert, Deutsche Spuren in Indonesien, 2002, S. 81)

1935 übersetzte Hermann Weissenbruch den Bericht eines batakschen Pfarrers, des Pandita Josef, aus der batakschen in die deutsche Sprache, in welchem u.a. dieser Gedanke gestützt und noch einmal anders verdeutlicht wird. Gleichzeitig ist er eine gute Darstellung batakscher Mentalität aus originaler, d.h. batakscher Sicht. Das Folgende ist eine Zusammenfassung des Textes: Die Batak lebten in Angst vor den *begus*, den bösen Geistern. Das bataksche Denken war *soehar,* d.h. böse oder schlecht, aber sie hatten auch Gutes, etwa die *adat,* also die Sitten und Gebräuche, welche die Liebe für die Verwandten und die ganze Sippe einschloss, und sie ehrten ihre Häuptlinge und Ältesten. Sie kannten alle ihren Stammbaum zurück bis zu *raja* Batak, ihrem Stammvater. Die Batak haben einen ausgeprägten Sinn für Recht und Unrecht, auch jenes, welches sie im Umgang mit anderen erfahren, und behalten es immer im Gedächtnis, besonders aber das Schlechte. Sie sind sehr geschickt darin, das nachzumachen, was sie einmal gesehen haben. Die Redekunst wird von ihnen sehr bewundert, weshalb sie oft in Streit geraten oder Rechtshändel ausfechten. Die Batak, die zum Christentum konvertiert waren und dabei auch viel dazugelernt hatten, wurden von der holländischen Verwaltung den Heiden bei der Vergabe von Ämtern vorgezogen. In Handel und Verkehr, in Landwirtschaft und allerlei Gewerbe kam Bewegung und Aufstieg. Man wurde sich seiner Gaben und Aufgaben bewusst, jeder an seiner Stelle. Das Selbstbewusstsein wurde mächtig gehoben und über das Maß hinaus gesteigert. Die Erkenntnis, dass Wissen auch bedeutete, gutes Geld zu verdienen, zog so manchen in die Schule, um weiter voranzukommen.

Als Nommensen am 23. Mai 1918 starb – er war 84 Jahre alt geworden – zählte die von ihm gegründete Kirche 180000 Mitglieder, darunter 34 batakschen Pastoren und hunderte von Lehrern. Nommensen wurde in Sigumpar am Südufer des Tobasees begraben. Noch heute wird sein einfaches Grab von vielen Menschen besucht, die sich an den „Apostel der Batak", an den *ompu*, den Großvater und Ahnherrn, erinnern wollen. Nach Nommensens Tod schreibt Hermann Weissenbruch 1919: „Die alten patriarchalischen Zustände sind vorbei." Von da an wurde die Batakkirche zunehmend selbständig. 1954 wurden die beiden theologischen Universitäten in Medan und Pematang Siantar nach ihm „Universitas Nommensen" benannt. Heute hat die lutherische Batakkirche, die HKBP, an die vier Millionen Mitglieder.

Das Verhältnis der Missionare zur batakschen Bevölkerung war, wie es dem damaligen Zeitgeist entsprach, ein paternalistisches, getragen vom selbstverständlichen Bewusstsein der angeblichen Überlegenheit des weißen Mannes. Dieser Sichtweise begegnen wir auch in den Briefen der Weissenbruchs. Der Kolonialismus wird zu keinem Zeitpunkt infrage gestellt. Trotzdem wurden die Missionare von den Batak niemals aufgefordert zu gehen und das auch nicht, als in den 30er Jahren die einheimischen *pandita* immer mehr eigenverantwortlich tätig wurden. Erst infolge der Kriegsereignisse und der damit verbundenen Internierung aller Missionare 1940 übernahm die Batakkirche die volle Verantwortung.

Nommensen und die Missionare haben den Batak Zugang zu europäisch ausgerichteter Bildung und Wissen vermittelt, und die Batak sind heute überproportional zur Zahl der Gesamtbevölkerung in führenden Bereichen von Bildung, Politik und Wirtschaft vertreten. Auch in der Unabhängigkeitsbewegung haben die Batak eine bedeutende Rolle gespielt. Es wird teilweise sogar die These vertreten, dass sich der Konflikt zwischen Muslimen und Christen zu einem nicht unbeträchtlichen Teil aus einem Konkurrenzgefühl herleiten lässt. Nach Rüdiger Siebert haben 150 Jahre Missions- und Bildungsarbeit den christlichen Batak einen Vorsprung vermittelt, den die Muslime mit ihren Bildungseinrichtungen erst heute allmählich aufholen. Auf diesem Hintergrund erst lässt sich eine kritische Würdigung der Missionsarbeit im Allgemeinen und auch jener der Weissenbruchs und Rutkowskys vollziehen.

Die vorliegende Geschichte, die auch die turbulenten Zeiten zweier Weltkriege mit einschließt, beginnt mit dem Großvater Karl Hermann Weissenbruch, der in die Rheinische Missionsgesellschaft eintrat, um auf Sumatra mit vielen anderen gemeinsam die Arbeit von Ludwig I. Nommensen zu unterstützen und weiterzuführen.

Als Hermann und Martha Weissenbruch 1904 bzw. 1906 Sumatra erreichten, war Nommensen bereits seit 43 Jahren mit einem Stamm inzwischen älterer Missionare hier tätig. Die Weissenbruchs gehörten zur jungen, der zweiten Missionarsgeneration. Die Grundlagen der Arbeit waren in vielen Bereichen gelegt, die gravierenden Anfangsschwierigkeiten überstanden und die zweite Generation profitierte in ihrem Verständnis der Batak, ihrer Sprache, der Sitten und Gebräuche von den Älteren. Nommensen war inzwischen eine von der Bevölkerung geliebte und hoch geachtete Persönlichkeit, sie hatten ihm ihren höchsten Ehrentitel verliehen und nannten ihn *ompu*, Großvater. Martha Weissenbruch sollte später über ihn sagen – und das war nur zum Teil als Kompliment gedacht – Nommensen sei inzwischen selbst ein halber Batak geworden.

Einmal angekommen, mussten die Missionare nicht nur weiterhin das Heidentum überwinden, sondern auch gegen das Eindringen des Islam sowie des Katholizismus kämpfen, nicht zuletzt auch später gegen häretischeAbspaltungen in den eigenen Reihen.

Während des Ersten Weltkriegs, in dem es keine militärischen Auseinandersetzungen zwischen Holland und Deutschland gegeben hatte, bekam die erste Generation in Niederländisch-Indien vor allem das Ressentiment der Holländer wegen des von den Deutschen angezettelten Krieges deutlich zu spüren.

Für die zweite Generation, die Rutkowskys und die Ottos, entwickelte sich die Situation während des Zweiten Weltkrieges wegen der deutschen Invasion in Holland 1940 dramatisch. Alle in den Kolonien lebenden Deutschen wurden umgehend am Tag nach dem Einmarsch arretiert und dabei die Männer von ihren Frauen und Kindern getrennt. Kurz vor der japanischen Invasion 1942 deportierte man alle Männer nach Indien, wo in Dehradun an den Ausläufern des Himalaya von den Alliierten große Internierungscamps errichtet worden waren.

Die Frauen, 1942 von den mit Deutschland verbündeten Japanern befreit, waren jetzt so „frei", sich weitgehend selbst versorgen zu müssen. Für manche Frauen, wie Elisabeth Otto, ergab sich in dieser Zeit die Möglichkeit zu versuchen, über Japan in die Heimat zurück zu gelangen. Jedoch wurde ihnen wegen des Eintritts Russlands in den Krieg der Rückweg abgeschnitten und sie mussten in Japan das Ende des Krieges abwarten.

Als bei Kriegsende englisches und holländisches Militär die Herrschaft über die ehemaligen Kolonien wieder übernehmen wollten, wurden sie unmittelbar mit der neuen Unabhängigkeitsbewegung konfrontiert, die bisher von den Japanern unterstützt worden war. Dies wiederum spaltete die Bevölkerung, welche nun entweder für die Freiheitsbewegung oder für die alten kolonialen Machthaber Partei ergriffen.

Während dieser chaotischen Jahre lebten die Frauen und Kinder zwar „frei“, aber doch immer in einer Art Lager. Sie warteten und warteten, und während die Jahre dahin gingen, wünschten sie nichts sehnlicher herbei als eine Wiedervereinigung mit ihren Männern, von denen sie meist jahrelang keinerlei Nachricht erhalten hatten, und eine baldige Rückkehr in die geliebte Heimat. Sie sehnten sich nach dieser Heimat, von der sie wussten, dass sie zerstört und ein Leben in ihr äußerst entbehrungsreich sein würde. 1946 kehrten zunächst die beiden Männer, Alfred Rutkowsky und Karl Heinz Otto, aus Indien nach Deutschland zurück. Erst 1947 folgten die Frauen, Else Otto und Gertrud Rutkowsky mit ihren Kindern, Else kam aus Japan, Gertrud von Sumatra. Schließlich, nach sieben Jahren Trennung, trafen die Familien Rutkowsky und Otto 1947 in Deutschland wieder zusammen.

Die dritte Generation trat nicht in die Fußstapfen ihrer Vorfahren, sie gingen also nicht in den Missionsdienst. Einige Kinder blieben in Deutschland, andere wanderten in die USA, nach Kanada und nach Dänemark aus, aber alle tragen die Spuren dieses Lebens in einer anderen Welt in sich.

Grundlage des vorliegenden Textes sind Familienbriefe und Tagebücher, aber auch die Personalakten von Hermann Weissenbruch und Alfred Rutkowsky aus dem Archiv der Vereinigten Evangelischen Mission, in welcher die vormalige Rheinische Missionsgesellschaft aufgegangen ist. Des Weiteren wurden in Einzelfällen zeitgenössische Schilderungen einbezogen.

Die Quellenlage für die Weissenbruchs und Rutkowskys ist sehr reichhaltig. Als Grundlage für die Geschichte der Ottos existieren nur ein lückenhaftes Tagebuch Elses, ein Erinnerungsfragment von Heinz und eine Handvoll Briefe und Postkarten, so dass viel aus anderen Quellen, wie den Erinnerungen der Kinder, anderen Familienbriefen und auch der zeitgeschichtlichen Literatur erschlossen werden musste. Die wörtlich zitierten Texte wurden unverändert übernommen, einzig die Rechtschreibung wurde teilweise, wegen der besseren Lesbarkeit, heutigen Gepflogenheiten angepasst und abgekürzte Wörter (z.B. l. für liebe, u. für und etc.) wurden ausgeschrieben.

2010 schrieb Herbert Windolf, Ehemann von Ute geb. Rutkowsky, in den USA die Geschichte der Familie auf und gab ihr den Titel „Bridges“. Die deutsche Fassung der „Brücken“ wurde von Dorothea Rutkowsky überarbeitet und um eine größere Anzahl von Zitaten ergänzt, um die Persönlichkeiten der Akteure noch deutlicher hervor treten zu lassen. Auch wurden einige weiterführende Informationen eingefügt, um z.B. historische Verhältnisse zu erklären oder einheimische Gepflogenheiten verständlichwerden zu lassen.

THAILAND
Banda Aceh
Sigli
Bireuën
Lhokseumawe
ACEH
Langsa
Meulaboh
Blangkejeren
Malacca Strait
MALAYSIA
SOUTH CHINA
SEA
Binjai
MEDAN
Tebing Tinggi
Tanjung Balai
Pematangsiantar
KUALA
LUMPUR
Jemaja
RIAU
Simeulue
Lake Toba
Asahan
NORTH
Sibolga
Baniak Is
Padang
Sidempuan
SUMATRA
Nias
Rupat
Dumai
Rokan
Bengkalis
Rangsang
Tebingtinggi
SINGAPORE
ISLANDS
Batam
Bintan
Tanjung Pinang
RIAU
Pekanbaru
Kampar
Lingga
Singkep
Pini
Tanahmasa
Tanahbala
WEST
Bukittinggi
Payakumbuh
Pariaman
Padang
SUMATRA
Berhala Strait
Siberut
Mentawai Strait
INDIAN
OCEAN
JAMBI
Jambi
Banga
Pangkal Pinang
Banga Strait
Sipura
Mentawai Islands
North Pagai
South Pagai
Musi
Lubuklinggau
Palembang
Prabumulih
BENGKULU
Bengkulu
Pagar Alam
LAMPUNG
Metro
Bandar
Lampung
Engano
Sunda Strait
JAVA

Sumatra

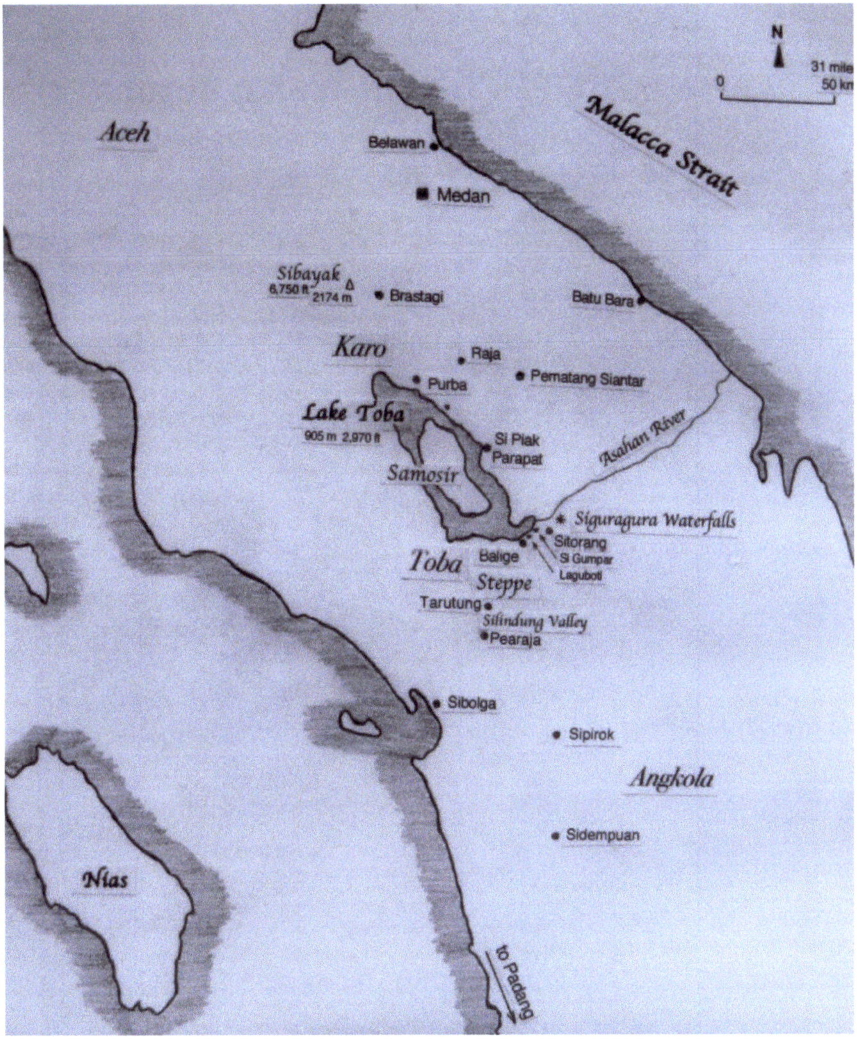

Mittelsumatra mit Tobasee

Martha und Hermann Weissenbruch

Hermann Weissenbruchs Weg nach Sumatra

Karl Hermann Weissenbruch wird am 20. Januar 1877 in Barmen, einem heutigen Stadtteil Wuppertals, geboren. Über seine Kindheit und Jugend ist nur bekannt, was er in seinem knappen Lebenslauf anlässlich seiner Bewerbung bei der Rheinischen Missionsgesellschaft angegeben hat. Sein Vater ist ein einfacher Handwerker – ein Schreiner, seine Mutter stirbt sehr früh, er ist erst sieben Jahre alt. Wenige Jahre darauf, Hermann ist dreizehn Jahre alt, stirbt auch der Vater und lässt Hermann und seine drei jüngeren Geschwister, zwei Brüder und eine Schwester, als Waisen zurück. Er kommt nun zu Pflegeeltern nach Isselhorst in Westfalen, wo er eine Lehre als Maschinenschlosser antritt. Es muss für einen Jungen dieses Alters ein schwerer Schlag gewesen sein, beide Eltern verloren zu haben und den Zerfall der Familie erleben zu müssen.

Dann, im Alter von achtzehn Jahren, kehrt er nach Barmen zurück. Dort lebt er bei zwei alten unverheirateten Tanten, Schwestern seines Vaters, und arbeitet in seinem Beruf als Schlosser. Dass sein Leben bisher nicht einfach gewesen war, beschreibt Hermann nur indirekt: „Zwar ist es nicht immer ein Freudensgenuss der im Rückblick auf mein vergangenes Leben dem Herzen entspringt; aber auch ein Lied des Dankes, ein Lied zum Preis der Gnade unseres treuen Gottes."

Ausführlicher geht er auf seinen religiösen Werdegang ein, verständlicherweise, denn er bewirbt sich bei einer Missionsgesellschaft. In allen eingereichten Lebensläufen dieser Zeit war das ein wichtiger Punkt, welcher entsprechend umfänglich behandelt wurde. Der Tonfall dieses Lebenslaufs ist religiös schwärmerisch, was durchaus in die Zeit passte – zumal im damaligen Wuppertal, doch darüber später mehr. Bereits das Elternhaus war religiös, über dessen Geist sagt er: „In diesem Bethanien, wo der Geist des Gebets wehte, habe ich Himmelsluft geatmet und manchen Segen empfangen."

Zurück aus Isselhorst, schließt Hermann sich in seiner Heimatgemeinde Barmen Gemarke dem „Gemarker Jung-Männerverein" an, wo er in religiösen Fragen wichtige Unterstützung erhält. Die Bibelstudien in dieser Gruppe überzeugen ihn davon, dass er ein „armer Sünder sei und der Erlösung bedürfe". Er fühlt sich dort augenscheinlich wohl, denn er vermerkt: „Es waren reich gesegnete Stunden dort bei den lieben jungen Freunden wo bei allem Ernst, doch auch wieder ein fröhlich frischer Ton herrschte." Soweit der Lebenslauf.

Hermanns Wunsch, in die Mission zu gehen, entsteht hier in Barmen vielleicht nicht so ganz zufällig. Die ganze Gegend um das Tal der Wupper, dem Wuppertal eben, das angrenzende Siegerland und Bereiche des Westerwalds gehörten im 19. Jhdt. zu einem der bedeutendsten Zentren der pro-testantischen Erweckungsbewegung in Deutschland. Diese Bewegung war im späten 18. Jh. als pietistische, sich gegen den Rationalismus der Aufklärung wendende Erneuerungsbewegung entstanden. Die Pietisten wollten die Nähe zu Gott, die sie verloren sahen, wiederherstellen durch ein auf persönlicher Heilserfahrung, eben der Erweckung, beruhendem Christentum, das sich in „lebendiger Frömmigkeit und tätiger Nächstenliebe" äußert. Glauben sollte nicht mehr eine Angelegenheit des Verstandes sein, sondern eine des Herzens. Die starke Gefühlsbetontheit pietistischer Texte hat hier ihren Ursprung und so wird auch der „Zungenschlag" in Hermanns Bewerbungsschreiben verständlich.

Hermanns Heimatgemeinde Barmen Gemarke hatte in der Erwekkungsbewegung eine wichtige Rolle gespielt. Sie war in der Vergangenheit insbesondere bekannt geworden durch den bis 1847 hier und in Elberfeld tätigen reformierten Pfarrer Friedrich Wilhelm Krummacher (1796-1868). Von diesem wird erzählt, er habe durch seine sprachmächtigen Predigten solchen Zulauf gehabt, dass die Fenster der Kirche ausgehängt werden mussten, um allen Gläubigen eine Teilnahme zu ermöglichen. Hermann hat ihn nicht mehr selbst erlebt, aber man kann sich vorstellen, dass eine solche Tradition noch viele Jahre später nachschwingt. Aus dem gleichen pietistischen Milieu entstammte auch der Sozialist Friedrich Engels, Weggefährte von Karl Marx. Dessen Vater besaß eine Textilfabrik in Elberfeld, einem Nachbarort von Barmen, die er in bewusst christlicher und patriarchalischer Fürsorge für seine Arbeiter leitete.

Die Menschen der Erweckungsbewegung waren überzeugt vom baldigen Beginn des Reiches Gottes auf Erden und von dem Wunsch beseelt, an dessen Errichtung tatkräftig mitzuwirken. Gleichzeitig bestand durchaus auch eine Angst, am Tage des Jüngsten Gerichts für diese oder jene verlorene Seele haftbar gemacht zu werden. Was lag da näher, als Missionar zu werden, Seelen zu retten gemäß des biblischen Diktums “Gehet hin in alle Welt“? Die Beziehung zur Mission war der Erweckungsbewegung immanent. In der Mission der Inneren und der Heidenmission wurde die Möglichkeit eines wahren Gottesdienstes gesehen.

Kein Wunder also, dass sich hier im Wuppertal die heute größte deutsche Missionsgesellschaft, die Rheinische Missionsgesellschaft [RMG, heute VEM, Vereinigte Evangelische Mission] entwickelte. Kein Wunder auch, dass der junge Hermann Weissenbruch sich in diesem Milieu dem Missionsgedanken zuwandte. Vielleicht mochte auch der Vollwaise hier ein gewisses Maß an Heimat und Geborgenheit gefunden haben; denn Hermanns Schwester Auguste ging ebenfalls in die Mission, nachdem sie den Missionar Heinrich Ostermann geheiratet hatte. Augustes Leben zeigt gleichzeitig die Gefährdungen des Missionsdienstes, denn ihr Mann wurde 1904 auf Neu Guinea ermordet.

Am 1. Oktober 1897, im Alter von 20 Jahren, schließt Hermann sich der Rheinischen Missionsgesellschaft in Barmen an und wird am 10. August 1904, nach fast sieben Jahren Studienzeit, für die Missionsarbeit auf der Insel Sumatra in Niederländisch-Indien ordiniert. Die Ausbildung umfasste unter anderem ausgedehnte theologische Studien, eine solide medizinische Grundausbildung, denn Ärzte waren in den überseeischen Missionsgebieten selten und dann auch oft nur schwer zu erreichen, sowie Sprachstudien für das vorgesehene Arbeitsgebiet.

Hermanns Werdegang war für einen zukünftigen Missionar typisch. Aus religiösem Elternhaus und einfachen sozialen und ökonomischen Verhältnissen stammend, bot der Eintritt in die Missionsgesellschaft nicht nur weitergehende Bildungsmöglichkeiten, sondern auch sozialen

Aufstieg. Der Theologieprofessor Dieter Becker hat diesen sozialgeschichtlichen Hintergrund genauer beschrieben und zitiert dazu den rheinischen Missionar Friedrich Schröder: „Missionare galten im Elternhaus, im ganzen Wuppertal und darüber hinaus als eine Art höhere Menschen. Ein gewisser Glorienschein umgab sie. Das Missionshaus wurde als ein Heiligtum betrachtet, das keinen Unreinen barg." (Becker, a.a.O. S. 8) Es galt auch als sozialer Aufstieg, wenn der Missionar eine Pfarrerstochter heiratete.

Im August 1904, wahrscheinlich kurz nach seiner Ordination, verlobt sich Hermann mit der Pfarrerstochter Martha Louise Friederike Schmidt aus Miehlen in Hessen-Nassau. In ihrem eigenen Lebenslauf für die Mission berichtet Martha von dieser Verlobung und auch, dass sie Hermann, der in ihrem Elternhaus als Feriengast weilte, ein Jahr zuvor kennengelernt habe.

Wie kommt nun ein Missionsaspirant aus Wuppertal in das winzige Dorf Miehlen mitten im Taunus? Genaues ist nicht bekannt, aber Marthas Vater, der Pfarrer Gustav Schmidt, war durch die Familie seiner Mutter eng mit der Mission verbunden. Sein Onkel Johann Georg Krönlein war einer der ersten Missionare in Südafrika gewesen, seine jüngste Tante, Maria, war die Frau des Missionars Ferdinand Rott, welcher bei Aufständen der Dajak auf Borneo 1859 ermordet wurde, eine weitere Schwester ist als Frau des Missionars Phillip Diehl ebenfalls in Afrika – eine Reihe, die immer noch weiter fortgeführt werden könnte. Mission, das ist Familie, in diesem Pfarrhaus gehen Missionsangehörige ein und aus. Später, in Marthas Briefen von Sumatra, werden diese immer noch fortlaufenden Besuche erwähnt. Es ist also gar nicht so ungewöhnlich, dass ein Missionsaspirant wie Hermann Weissenbruch zu Besuch nach Miehlen kommt. Für Martha jedenfalls ist der Schritt, selbst auch in die Mission zu gehen, gar nicht mehr so groß. Sie weiß, worauf sie sich einlässt. So schreibt sie denn auch in ihrem Lebenslauf für die Mission pflichtbewusst: „Und nun ziehe ich fröhlich und dankbar hinaus ins große Arbeitsfeld nach Sumatra, mit der Bitte im Herzen, daß der Herr mich tüchtig macht seinem Dienst."

In diese Familie mit ihren vielfältigen Missionsbeziehungen wird Martha am 4. Juli 1882 in Miehlen hineingeboren. Sie ist die zweite Tochter des Pfarrers Gustav Schmidt und seiner Frau Christine, geborene Schlocker. Martha beschreibt ihre Kindheit mit den vier Geschwistern als sehr glücklich. Im Alter von 13 Jahren wird sie mit ihrer Schwester nach Bielefeld geschickt und lebt dort bei einer Großtante, eben dieser Frau Missionar Rott, deren Ehemann auf Borneo umgekommen war. Maria Rott war in Bielefeld inzwischen Hausmutter des Mädchenpensionats eines Lehrerinnenseminars, wo sie auch „heimgeschickte" Missionarstöchter betreute. Zusammen mit einer Reihe von anderen Missionars und Pfarrerskindern geht Martha dort für drei Jahre zur Schule. Im Alter von 16 Jahren wird sie, zusammen mit einem jüngeren Bruder, von ihrem Vater in der Miehlener Dorfkirche konfirmiert. Die folgenden Jahre verbringt sie, zusammen mit ihrer Schwester und dem jüngeren Bruder, „im Schoß der Familie", wie sie schreibt. Die beiden älteren Brüder kommen nur noch während der Ferien zu Besuch. Als sie älter wird, arbeitet Martha in einem Waisenhaus, das allem Anschein nach auch von Verwandten in Worms geleitet wurde. Mehr ist aus dem Lebenslauf nicht zu erfahren.

Im August 1904 hatte sich Martha mit Hermann Weissenbruch verlobt und bereits zwei Monate später, am 6. Oktober, war es schon soweit: Hermann geht in Genua, Italien, an Bord eines Schiffes und erreicht am 1. November die Hafenstadt Sibolga, an der Westküste Sumatras.

Von jetzt an wird seine soziale Situation eine ganz andere sein als in der Heimat. Er ist fast nicht mehr in soziale Bezüge und Hierarchien eingebunden, er kann und muss sein Leben selbst gestalten, natürlich unter den Bedingungen des neuen Umfeldes. Diese Situation gibt Missionaren verstärkt die Chance, eigene Gaben und Fähigkeiten zu entfalten, die sie in der Heimat niemals in dieser Weise hätten entwickeln können. Es ist auch die Chance, ein individuelles Leben zu führen. Was wird Hermann daraus machen?

Zunächst ist er erst einmal von seiner Braut getrennt. Die strikten Vorschriften der Missionsgesellschaft sahen vor, dass ein Missionar erst einmal alleine ausreisen musste, bevor er nach einer Wartezeit von mindestens zwei Jahren heiraten durfte. Sogar bei der Wahl der Braut behielten sich „die Väter der Mission" ein Mitspracherecht vor. Die gewünschte Braut wurde begutachtet und erst, wenn sie als geeignet befunden wurde, durfte Verlobung gefeiert werden. Welche Blüten dieses Verfahren treiben konnte, geht aus einem Brief vom 3. Juli 1870 des Missionars Philipp Diehl, eines Onkels von Martha, hervor. Hier ein Auszug: „Zum Schluss habe ich noch eine Bitte an Sie, geehrte Väter. Kurz vor meinem Weggang in Deutschland lernte ich in Naurod bei Wiesbaden eine Fräulein Hermine Schmidt kennen, die mir gute Eigenschaften für eine Missionarsfrau zu haben schien. Ich sprach daher ziemlich traulich mit ihr. Und als sie auf einer Reise nach Gladbach begriffen dem Wuppertal entlang kam, hat sie mit Herrn Inspektor über mein trauliches Reden und Wünschen gesprochen. Herr Inspektor, den ich darauf fragte, hat zu verstehen gegeben, ich könne mich kaum getäuscht haben. Wenn nun die geehrten Väter nach vollzogener Prüfung derselben Meinung sind, möchte ich sie freundlich bitten, bei passender Gelegenheit mir genannte Person zuzuschicken."

So wartet nun auch Hermann auf seine Braut, während er seine zukünftige Missionsstation aufbaut und dieses Warten nimmt in den ersten erhaltenen Briefen großen Raum ein. In einem Brief aus Lumban na Bolun, datiert vom 27. Juli 1905 an die zukünftigen Schwiegereltern, schreibt er:

„Wenn dieser Brief in Miehlen sich einstellt, dann ist's schon über ein Jahr her als die beiden Herzen im stillen friedlichen Pfarrgarten, auf dem schattigen Bienenbänkchen in inniger heiliger Liebe sich gelobten einander zu gehören, bis der Tod sie scheide. Der treue Herr hat uns verbunden und ihr lieben Eltern habt Seine Winke und Seinen Willen darin erkannt und gerne, wenn auch zunächst mit schwerem Herzen, darin eingewilligt." Er dankt Marthas Eltern, die er mit Vater und Mutter anredet, dafür, dass sie ihm ihre Tochter anvertraut hätten. Gleichzeitig entschuldigt er sich dafür, dass er so wenig schreibe. Er erwähnt die vielen Briefe, die er an seine Verlobte geschrieben hatte und meint: „Mittlerweile ist auch Euch durch meine Briefe Sumatra mit Land und Leuten bekannt geworden. Ich habe Licht und Schattenseiten gezeigt, doch hoffe ich, daß es Euch mit seiner gesegneten Missionsarbeit nun noch lieber als früher geworden ist. Insonderheit denke ich, wirst Du, liebe Mutter, einst Deine Tochter viel freudiger und getroster ziehen lassen als Du es früher glauben mochtest."

Dann berichtet Hermann von dem, was ihn auf Sumatra beschäftigt: „Bald beginne ich nun auch mit dem Anlegen unserer Station. Viel Arbeit und Kopfzerbrechen wird's wohl noch kosten bis sie fertig dasteht, umso köstlicher ist dann aber auch die Ruhe nach getaner Arbeit."

Hermanns zukünftige Station liegt in Si Piak [1], einem kleinen Dorf auf einer in den Tobasee hineinragenden Halbinsel nahe der Ortschaft Parapat [2]. Von hier schreibt er am 15. Juni 1906 einen Brief an Ria und Max Conradi, Marthas älteste Schwester und deren Ehemann. Er berichtet von Unruhen. „Ich denke Martha wird Euch, soweit es ihr möglich ist, von den Unruhen die hier ausgebrochen sind, erzählen. Es sind nämlich zwei Landschaften, Girsang und Sipanganbolon aufständisch gegen die Regierung. Die dummen Leute sind wie blind und mein Lehrer hat nicht so unrecht wenn er sagt: ‚Nunga dipartorto Sibolis rohana side.' ‚Der Teufel hat ihre Herzen betrogen.' Das ganze Batakvolk fühlt sich wohl unter dem holländischen Regiment. Die Leute in Silindung und Toba wünschen jedenfalls die alte Zeit mit ihren Kriegen nicht zurück und nun wagen es einige Häuptlinge sich wegen ganz kleinlicher Ursachen der Regierung zu widersetzen. Ich habe mir viel Mühe gegeben die Leute davon abzuhalten aber sie sind wie besessen. Gestern ist Militär nach Parapat gekommen und heute wird noch Verstärkung erwartet. Alles ist natürlich in Aufregung und von weit her kommen die Leute mit ihren Booten angefahren um, wie sie sagen, die Stärke der Kompanie zu sehen." Die Rebellen zählen etwa 400 bis 500 Mann. „Ich war auch in großer Gefahr," schreibt Hermann, „doch der treue Gott hat gnädig durchgeholfen. Wenn sich die Wellen wieder gelegt haben, kann ich auch wieder ruhig und getrost zu den Leuten gehen."

Dann fährt er aber fort: „Daß ich mich sehr freue mein liebes Marthachen als treue Gehülfin bald an meiner Seite haben zu dürfen, könnt Ihr Euch denken. Gelt, liebe Ria, Du lässt sie freudig und gerne ziehen in unseres Gottes Namen und hilfst der lieben Mutter über den Trennungsschmerz hinweg so weit es in Deinen Kräften steht. Es wird den lieben Eltern und Euch Geschwistern gewiss nicht leicht werden, das Marthachen so weit wegziehen zu lassen…", und er beruhigt gleichzeitig: „Wir haben hier auf Sumatra so viel Vorzüge, daß ich mich fast schäme von Entbehrungen zu reden, vielmehr verstehe ich es immer besser, daß so manche ältere Missionsgeschwister gar keine Lust verspüren, in die alte Heimatzurückzukehren."

Inzwischen, so erzählt er weiter, seien auch schon die Bräute anderer Missionare auf Sumatra angekommen. „Am 11. Juni wird die Braut von meinem Kollegen Brinkschmidt in Sibolga gelandet sein und Martha wird sich freuen, daß Fräulein Neumann in unsere Nähe kommt, da sie sich sehr mit ihr angefreundet hat. Auch eine Schwester von Bruder Beisenherz wird erwartet." Martha wird also nicht so ganz allein in der Fremde sein.

Hermann gibt in diesem Brief auch interessante Einblicke in die Führung seines Junggesellenhaushalts. Bemerkenswert, wie ein Mann, allein und fernab von vertrauten europäischen Verhältnissen, sich sein Leben einrichtet. Interessant auch, wie viel so ganz Europäisches sich hier wiederfindet: Maggis Suppenwürze, ein importierter Herd mit umlaufendem Messinggeländer etc. erzählen davon, was hier als unbedingt notwendig für eine halbwegs angemessene Lebensführung erachtet wurde, bei gleichzeitiger Fähigkeit zur Improvisation. Hermann hatte seinem 'Boy', seinem Diener und Koch Gajus gezeigt, wie man Brot backt, und zwar in einem Ofen, der aus drei Steinen und einem leeren viereckigen Petroleumbehälter besteht. In diesen kommt eine Sandschicht hinein und darauf wird die Backform mit dem Brotteig gesetzt und, voilà, nach einer Stunde kommt ein Laib Brot heraus. „Auch Eierkuchen, Pudding etc. habe ich jetzt mehrere Male machen lassen nachdem ich's (hört!) dem Gajus gezeigt habe." Auch auf Vorratshaltung versteht er sich. Nachdem Hermann eine Rehkeule von Batak-Christen in Laguboti erhalten hat, legt er einen Teil davon in Essig zur Konservierung ein, gibt aber das meiste Fleisch an seine Boys weiter. Er hat auch drei Enten und gegenwärtig so viele Eier, dass er einige sogar verschenken kann. Erfreut berichtet er, dass auch Kartoffeln hier wüchsen.

In dieser Welt bekommt Hermann manchmal auch Besuch. Die Missionsstationen sind ein Netz, in welchem alle Missionare aber auch alle anderen Europäer sich bewegen. Es ist selbstverständlich, dass man in der Fremde zusammenhält. Und so berichtet Hermann: „Unser Präses, Bruder Nommensen schreibt mir, daß er sich in Kürze mit seiner Familie hier sehen lassen wolle und sehen was für ein herrliches Junggesellenleben ich führe. Wie oft habe ich Martha herbeigesehnt, wenn Besuch da war, denn mein Gajus verliert dann meist den Kopf, stellt Maggis Suppengewürze zum Milchreis oder Senf zum Kuchen usw. Ich freue mich, daß Martha mir manche Arbeit abnehmen wird, was Küche Haus und Garten betrifft, damit ich dann umso mehr mich der eigentlichen Missionsarbeit widmen kann."

Wegen der Missionsarbeit ist er ja eigentlich nach Sumatra gekommen. Die sprachliche Verständigung wird aber zu Anfang noch nicht ganz einfach gewesen sein. Zugang zu den hier lebenden Batak findet er zunächst vor allem durch medizinische Hilfe. „Anerkennung finde ich oft bei den Leuten, wenn ich ihnen Medizin gebe. Schon das ist ihnen auffallend, daß der Tuan sich seine Arbeit nicht bezahlen lässt wie das z.B. ihre Datu (Zauberpriester) tun. Oft wollen sie mir Hühner oder Bananen als Dank bringen und wenn ich's dann ablehne, sind sie manchmal ganz traurig oder fühlen sich beleidigt, so daß ich hie und da annehmen muss. Da viele von ihnen solche Bereitwilligkeit zu helfen noch nie gesehen und erfahren haben, so hört man manchmal Worte voll Staunen und Verwunderung. Z.B. sagen sie: „na zoga do hami Batak di roha ni tuani," wir Batalker sind dem tuan teuer. Oder ein anderer sagt lachend: „na songon kurang mokmok do hami di roha ni tuani" = der Tuan denkt wir seien nicht dick (fett) genug. oder: „na basa do tuan ta" = der Tuan ist gütig." Solche Bemerkungen sind für Hermann dann Anlass, ihnen einige christliche Lehren zu erklären. Gern fügt Hermann seinen Briefen Sätze in batakscher Sprache ein. Will er der Heimat einen Hauch Exotik hinüberschicken, freut er sich einfach seiner wachsenden Sprachkenntnisse oder zeigt er, dass er wirklich angekommen ist?

Die Missionsarbeit „draußen" vollzog sich schon immer in engem Kontakt mit den Heimatgemeinden in Deutschland. War ein Missionar auf Heimaturlaub, reist er durch die Gemeinden und erzählt von der Missionsarbeit. Es ist die große Zeit der „Bekehrungsgeschichten", von denen auch Martha später einige berichten wird. In den Gemeinden jedenfalls wurden Spendengelder und Sachspenden gesammelt, um die Arbeit „unter den Heiden" zu unterstützen. Die Gemeinden partizipierten so an diesem „Gottesdienst", an der „Errichtung des Reichs Gottes auf Erden". In der Umkehr wurde dann den Gemeinden regelmäßig Bericht erstattet, was aus ihren Spenden geworden sei, aber auch um sie an der Arbeit der Heidenmission" teilhaben zu lassen. Die Gemeinden sollten das Gefühl einer aktiven Teilhabe gewinnen. Gleichzeitig waren diese Berichte immer auch Werbung um weitere Spenden. So also auch in einem wie eine Predigt zu lesenden Brief Hermanns vom 15. Juli 1906 an die Gemeinde Miehlen, die ihm eine Glocke gespendet hatte. Hermann hebt hervor, welche Bedeutung die Missionsarbeit für diese armen Menschen habe und schreibt:

„Ich habe auch schon im vorigen Briefe erzählt, daß hier etwa 6000 Menschen wohnen die alle noch in der Finsternis des Heidentums dahinleben ... Daß diese Aufgabe nicht leicht ist werdet ihr verstehen. Denn ein Volk das Jahrhunderte lang dahin gelebt hat in der Gottesferne, das nie die Botschaft des Heils vernommen sondern in beständiger Furcht vor bösen Geistern schwebt wird sich nicht so bald losreißen von den von Vätern und Großvätern her ererbten Sitten und religiösen Gebräuchen. Sollte man diese Leute nicht lieber ruhig so weiter leben lassen anstatt ihnen fremde Sitten und noch gar eine ihnen gänzlich fremde Religion aufzudrängen? Nun, meine lieben Freunde, so kann nur derjenige fragen der sowohl die Gräuel und das Elend des Heidentums einerseits, als auch das Evangelium mit seiner Gotteskraft und seiner weltumfassenden Aufgabe andererseits nicht kennt "

Unwillkürlich sieht ein Leser dieses Briefs die Menschen der Gemeinde Miehlen vor sich, welche diesen Brief von der Kanzel aus vorgelesen bekommen, diesen vielleicht beeindruckt und zustimmend zur Kenntnis nehmen. Immer auch schwingt mit Sicherheit der Zauber der Fremdheit mit, eine Exotik, die es hier zu bestaunen gilt.

Hermann bedankt sich jetzt vor allem für die Glocke, welche die Gemeinde Miehlen, Marthas Heimatgemeinde, durch eine Sammlung finanziert hatte und die nun endlich aus Deutschland angekommen war. Er erzählt der Gemeinde, wie es nun mit ihrer Glocke weitergegangen sei. Der Weg der Glocke beschreibt auch die logistischen Probleme dieser Zeit. Die Glocke war im Hafen von Sibolga ausgeladen worden und musste von dort aus in zehn Tagen bis an den Tobasee getragen werden. Der Transport mit dem Boot bis zu seiner Station hatte dann noch einmal zehn Stunden benötigt. Was sollte nun mit der Glocke geschehen? Nach ihrer Ankunft rief Hermann die Häuptlinge zusammen und berichtet, wie er zu ihnen sprach: „Nun bin ich schon ¾ Jahr unter euch und ihr wisst allmählich, warum ich hierhergekommen bin. Ihr habt auch je und dann Leute aus euren Volksgenossen gesehen, die sich in achtbaren Stellungen befanden wie Lehrer, Aufseher, Schreiber und Polizisten. Alle aber haben früher die Schule besucht und dort vielerlei gelernt. Sollen nun eure Kinder immer dumm und unwissend bleiben oder ist's nicht besser wenn auch sie allerlei Nützliches lernen?" Er forderte die Häuptlinge auf, eine Schule zu bauen, die dann auch als Kirche dienen könne bis eine solche später gebaut würde. Dann zeigte er ihnen die Glocke, und erklärte, ihr Zweck sei es, die Anwohner zusammen zu rufen. Die Häuptlinge stimmten zu und die Zimmerleute, welche auch die Missionsstation gebaut hatten, errichteten anschließend ein Gerüst, auf das die Glocke hinaufgezogen wurde. Der batakschen Lehrer Marinus, der nicht erwarten konnte, den Klang der Glocke zu hören, läutete den Sonntag ein, bevor Hermann ihn dazu aufgefordert hatte. Und nun, nach Sonnenuntergang, als nur noch einige wenige rote Wolken im Westen am Himmel zu sehen waren, wurde der friedliche Ton der Glocke von der Halbinsel über den See zu den nahe gelegenen Dörfern getragen. Soweit Hermanns Bericht.

Hermann hält regelmäßig Gottesdienste. Bis jetzt waren aber noch keine Frauen dazu erschienen. Er schreibt: „Die Heiden fragen mich oft wann denn die Njonja nach Si Piak käme und besonders die Frauen schauen sehnsüchtig nach ihr aus. Bisher nehmen sie noch nicht am Gottesdienst teil, sondern halten sich noch zurück, doch hat mir der Lehrer erzählt, daß 18 Frauen in den verschiedenen Dörfern versprochen hätten zu kommen, sobalddie Njonja da wäre.“ (15. Juli 1905)

Er hofft sehr auf die Ankunft Marthas und schreibt: „Wenn meine Martha erst hier ist, dann kann ich auch ruhiger in die Dörfer gehen und auch dem Sprachstudium noch mehr Zeit widmen. Wenn auch die bataksche Sprache nicht gerade sehr schwierig ist, so gehört doch ein intensives Studium dazu in solch einer Eingeborenensprache zu Hause zu sein. Das Bataksche hat einen ungeheuren Wortschatz und es gibt viele Worte, die sogar unserm gewandtesten und tüchtigsten Sprachkenner, [Missionar] Nommensen, nicht geläufig sind. Bald lernen Martha und ich täglich eine Stunde gemeinsam in der Sprache, denn Martha wird sich mit dem ‚Küchenlatein' nicht begnügen wollen, sondern soweit es möglich ist, mit mir die Sprache gründlich lernen.“ (15. August 1906)

Der Bau des Hauses, welchen er begonnen hat, kommt gut voran, Hermann muss jedoch stets hinter den Arbeitern her sein, damit sie nicht das teure Holz verschandeln. Aber mit dem Hausbau liegt nun der erste und auch schwierigste Teil zur Errichtung der Station hinter ihm. Ein Schulgebäude und die Kirche werden folgen.

Inzwischen ist sogar auch der Backofen aus Deutschland angekommen, aber ohne das dazugehörige Ofenrohr. Entweder war es vergessen, separat verpackt, oder irgendwo verlegt worden. Hermann schreibt, dass, wenn es nicht bald ankomme, der Petroleumbehälter mit seinen drei Steinen weiter verwendet werden müsse.

Ebenso wie Hermanns Station liegen viele Missionsstationen rund um den Tobasee oder sind über diesen am besten zu erreichen, denn eine entwickelte Infrastruktur, z.B. Straßen, gibt es so gut wie keine. Es werden lange Einbäume, *solus* genannt, benutzt und auch kleinere Bote. Bald gibt es hier auch eine erhebliche Neuerung und Arbeitserleichterung: Am 25. September kommt das neue maschinenbetriebene Missionsboot, die „Tole“ [„Vorwärts“], zum ersten Mal in Si Piak an, und gleich mit einer vollständigen Besatzung von *Tuans,* einschließlich Ludwig Nommensen. Hermann versucht, sich auf diesen Ansturm vorzubereiten: „Dem Gajus sagte ich schon am Nachmittag gegen 5 Uhr er solle zum Abendbrot einige Kuchen backen, doch war er gegen 8 Uhr noch nicht fertig damit, denn wenn Besuch da ist gerät der gute Junge meist aus dem Geleise und verliert den Kopf. Dann kommt's wohl vor, daß zu Kaffee und Brot auch Maggis Suppenwürze auf dem Tische prangt. Immerhin sind meine Gäste alle satt geworden und sowohl der Kuchen als auch die Kartoffelsuppe (Tafeln) und Enteneier haben ihnen gut geschmeckt. Von hier ging's am 26. nach Tiga Ras und Purba und auf der Rückfahrt am 29. wären die Herren noch einmal meine Gäste. Das Motorboot scheint sich gut zu halten auch wenn starke Wellen kommen. Morgen sende ich zum letzten Mal das Ruder-Boot nach Toba und dann wird die 'Tole' ihre regelmäßigen Fahrten machen." (7. Oktober 1906)

Im selben Brief erzählt er auch von den Fortschritten des Schulneubaus: Die Dorfeinwohner hatten tatsächlich wie vereinbart das erste Holz angeliefert. Allerdings hat Hermann Druck gemacht. Jedermann musste seinen Teil dazu beitragen, ob er wollte oder nicht! Er schreibt: „Da habe ich ... ein Gesetz gemacht, daß das Holz noch in diesem Monat kommen muss und jeder der sein Teil nicht bringt, muss 4 Dollar bezahlen, 2 an den Radja und 2 für die Schule. Da denkst Du, lieber Vater vielleicht: also auf diese Weise breitest du das Reich Gottes aus. Nun, unsere 'Kinder' kann man nicht ohne Strenge zum Guten erziehen und auf diese Weise werden auch die Faulen und Trägen aus ihren Verstecken geholt. Später werden sie noch dankbar dafür sein, daß ich energisch vorgegangen bin."

In diesem Brief vom 7. Oktober 1906, der an Marthas Eltern gerichtet ist, schreibt Hermann, wie glücklich er über einen Brief Marthas sei, in dem sie ihre Ankunft auf Penang [3] für den 2. November angesagt hat. Martha ist nun wohl schon unterwegs und Hermann hat ihr bereits eine Postkarte nach Aden geschrieben, dessen Hafen das Schiff anlaufen würde, und ebenso auch einen Brief nach Colombo auf Ceylon [4].

Uns heutigen, weltreisegewohnten Menschen mögen solche „Nachrichten zwischendurch" ungewöhnlich vorkommen, aber damals war eine solche Schiffsreise um die halbe Welt nicht nur lang, sondern überhaupt äußerst ungewöhnlich, ein Abenteuer. Auch ging es einer noch sehr ungewissen Zukunft entgegen, eben in die „Fremde", so dass jeder bestrebt war, den Reisenden mit Grüßen zu begleiten.

Nun aber, da Marthas Ankunft kurz bevor steht, muss es schnell gehen, denn alles soll vorbereitet sein. Hermann berichtet, er erwarte, die Bauarbeiter in acht bis zehn Tagen entlassen zu können, und bringe nun alles in beste Ordnung, damit das Haus nicht wie eine Junggesellenwohnung aussähe. Einige Möbelstücke sind bereits angekommen, und was noch fehlt, soll in Kürze von der Missionsindustrieschule in Si Antar eintreffen. „Ja solch ein neues Haus und seine Einrichtung, wie manchen Gulden kostet's doch!", stellt er fest.

Er schließt seinen Brief mit einem Erlebnis ganz besonderer Art:

„Ich ging nach dem Abendbrot noch einen Augenblick nach draußen und als ich zum kleinen Hause, worin ich noch wohnte, zurückkehrte und sorglos langsam den Pfad hinauf ging trat ich plötzlich auf eine gleichsam federnde weiche Masse. Im selben Moment fuhr ich erschreckt zusammen und stieß einen Schrei aus. Ich hatte auf eine Schlange getreten und sah im matten Schimmer des Mondlichtes wie sie hoch empor sprang und dann unter fortwährendem starken Schnaufen Reißaus nahm. Ich warf einen in der Nähe liegenden Klotz auf sie währenddessen ein Junge mit Licht kam. Niemand wagte sich in die Nähe des wütenden Tieres jedoch ein Schrotschuss in den Hals machte ihm den Garaus. Diese 1 ½ Mtr. lange Schlange war nach Aussage meiner Schreiner eine der giftigsten die hier auf Sumatra sind. Meine Schuhe hätten auch wohl kaum gegen ihren Biß geschützt denn ein Kind von Geschwister Schrey ist von einer Schlange in den Fuß gebissen worden trotzdem es Schuhe an hatte. So habe ich allen Grund von besonderer göttlicher Bewahrung zu reden." Er schließt mit einem Blick in die nahe Zukunft: „Wenn dieser Brief in Miehlen ankommt dann wird meine liebe Braut sich wohl auf der Reise nach Sumatra befinden. Bald schreiben Martha und ich gemeinsam."

Marthas Ausreise

Anfang Oktober 1906 macht sich Martha auf den Weg nach Sumatra. In einem Brief, den sie am 9. Oktober vom Hotel Du Milano in Genua schreibt, berichtet Martha von der langen Anreise aus Deutschland. Sie war in einer Gruppe von der Mission mehr oder weniger nahe stehenden Menschen unterwegs, die alle nach Genua wollten, um von dort aus in alle Welt weiter zu reisen.

Es scheint, dass diese Zugreise die erste wirklich lange Reise ist, die Martha je unternommen hat. „Die Fahrt bis Genua war ganz unbeschreiblich schön", schwärmt sie und beschreibt die Sicht auf den Vierwaldstädter See, den Luganer und den Comer See in glühenden Worten. Dann fährt sie fort:

„Die Fahrt durch Tunnel ist ein zweifelhaftes Vergnügen; man erstickt fast und ist wie erlöst, wenn es hell wird. Aber man kann gar nicht genug Augen haben; man möchte nur alles so festhalten und länger genießen. So wunderbar schön ist Gottes Welt." Ein längerer Aufenthalt in Mailand ermöglicht es ihr, den Dom zu besichtigen, bevor die Gruppe im Laufe der Nacht dann weiter bis nach Genua reist und dort im Hotel Du Milano Quartier nimmt. Es ist ein Uhr nachts als sie ankommen und Martha notiert: „In Genua ist noch ein riesiger Verkehr auf den Straßen. Man fühlte sich gleich ganz und gar in fremdem Land. Diese wild gestikulierenden Italiener, sie kommen einem immer sehr in Aufregung vor. Sie sind übrigens sehr höflich und zuvorkommend...“. Im Hotel beeindrucken sie die geräumigen Zimmer mit Marmorböden und orientalischen Teppichen, „wie ein Märchen in Tausend und einer Nacht“. Die lebhaften Italiener machen sie ein wenig nervös; die Anzahl der Kellner und Zimmermädchen, die vielen Farben, die unzähligen elektrischen Lichter, die Blumen und Palmen tauchen die Situation für sie jedoch in eine magische Atmosphäre. Es muss auch das erste Mal gewesen sein, dass sie das Meer sieht. Sie schreibt: „Und nun das Meer. Es ist wunderbar; man kann sich keine Vorstellung machen. Vom Hafen aus sieht man nichts als Schiffe, aber vom Leuchtturm aus hat man eine wunderbare Aussicht. Dies tiefe blaugrün der Farbe und darüber die lachende Sonne.“

Am folgenden Tag, es ist der 10. Oktober, geht sie an Bord des Dampfers „Bülow“. Das Schiff sticht am nächsten Morgen in See, noch eine ganze Weile gefolgt von unzähligen kleinen Booten, von denen aus alle möglichen Arten von Waren lauthals angeboten werden. Bereits am ersten Abend, um 9.00 Uhr, schreibt sie den nächsten Brief an die Eltern in Miehlen, will sie teilhaben lassen und vor allem den Kontakt halten, jetzt wo sie Europa verlässt: „Meine Lieben", schreibt sie, „Ich denke so oft, so oft an Euch Lieben; ich war aber doch froh, daß niemand von Euch am Ufer stand, als das Schiff heute Morgen abging; es ist ein ganz eigenes Gefühl wenn die Stricke gelöst werden. Bald aber war man so in Anspruch genommen mit Sehen, daß man keinen trüben Gedanken nachhängen konnte." Wegen der vielen mitreisenden Engländer findet sie das Leben an Bord sehr interessant. Sie teilt ihre Kabine mit einer Dame aus Deutschland und einer Amerikanerin mit ihrem fünf Jahre alten Sohn. Da weder die Engländerin noch die Amerikanerin Deutsch sprechen, sieht sie darin eine gute Gelegenheit, ihre eigenen Englischkenntnisse zu verbessern. Das Schiff und das Leben darauf beeindrucken sie: „Es ist eine Pracht hier auf dem Schiff, einfach großartig. Die Damen entwickeln eine Toilettenpracht, daß es einem ordentlich unheimlich wird. Eben ist fast alles hier im Speisesaal versammelt, es wird musiziert; wir haben einen Hauptmusiker und Komiker an Bord, auch zwei English Ladies, die großartig singen. Es ist ein interessantes Leben und Treiben. Auch viele Kinder sind an Bord, die spielen sehr vergnügt den ganzen Tag; auch ein Chinese mit einem Zopf bis an die Erde und eine chinesische Kinderfrau.“

Als sie in Neapel ankommen, schwärmt sie wiederum von der Schönheit der Lage, besonders der der Insel Capri. „Um 10 Uhr waren wir in Neapel. Ganz majestätisch mit Musik fuhr das Schiff in den Golf von Neapel. Der Blick auf Neapel, Pompei den Vesuv und seitwärts die Insel Capri ist unbeschreiblich schön. ´Sieh Neapel und stirb! ´ man kann das Wort wirklich bald begreifen. Es ist ein wunderbarer Blick, kein Maler kann ihn so schön wiedergeben.“ (12. Oktober 1906) In Neapel bleibt das Schiff auf Reede. Die Händler kommen jedoch geschwind in ihren kleinen

Booten, um ihre Waren anzubieten, während andere um Münzen betteln. Die Schiffspassagiere werfen die Münzen einfach über Bord ins Wasser und geschwind wie die Fische tauchen die Jungen und holen sie wieder herauf. Martha lässt sich mit ihrer Reisebegleiterin an Land rudern, wo sie einen Führer nehmen, um Pompeji und Neapel zu besichtigen. Von der schönen Architektur ist sie beeindruckt, das Betteln und den überall herumliegenden Abfall hingegen findet sie abscheulich.

Abends kehren sie auf das Schiff zurück und Martha erzählt: „Um neun Uhr waren wir glücklich im Schiff angelangt. Noch bis spät in die Nacht hinein umgaukelten die Italienerboote das Schiff. Diese feurigen Gesichter und dazu die bunten Trachten und das Mandolinenspiel und die schwermütigen, melodischen Gesänge boten ein interessantes Bild. – Der Vesuv raucht nur etwas. Man wundert sich, bis in welche Höhe hinauf er bebaut ist. – Wir gingen bald in unsere Kabine und am anderen Morgen waren wir schon weit, weit fort; ich hatte gar nichts von der Weiterfahrt gemerkt, so fest habe ich geschlafen."

Ihr Schiff durchfährt die Straße von Messina, dann den Suez Kanal, um am 19. Oktober das Rote Meer zu erreichen. Die Hitze wird dort so unerträglich, dass alle Passagiere an Deck schlafen, in den Kabinen ist es einfach viel zu heiß. Martha nimmt es mit Humor und erzählt: „Es ist ein urkomisches Bild, wenn alle Stühle und Bänke und die Rettungsboote voll schlafender Menschen liegen. Um ein Uhr kommen die Matrosen und spritzen das Deck ab; sie setzen es ganz unter Wasser. Man bleibt ungestört auf seinem Stuhl liegen, rettet nur seine Schuhe, wenn man sie neben dem Stuhl stehen hat, und lässt das Wasser ruhig unter dem Stuhl herfließen, es läuft von selbst ab. Man hat dann natürlich keine ungestörte Nachtruhe, aber unten in der Kabine kann man gar nicht schlafen.“ (19. Oktober 1906)

Fliegende Fische und das abendliche Meeresleuchten beeindrucken sie. „Wir sehen auch jetzt das ‚Südliche Kreuz’. Der Orion, den wir zu meiner Freude auch noch sehen, ist mindestens ebenso schön. Der ‚Große Bär’ ist nach und nach verschwunden. Der Sternenhimmel ist hier so wundervoll klar; überhaupt kommt es einem vor, als wären hier Himmel undErde viel näher beieinander.“

Nur über den Geschmack des Trinkwassers klagt Martha: „Das Trinkwasser schmeckt immer unangenehmer; es wird ja immer durch Eis gekühlt und schmeckt oft eisig kalt, aber man scheut sich es zu trinken." Aber Limonade und verschiedene Fruchtsäfte sind jederzeit verfügbar. Auch das Fleisch wird von ihr bei dieser Hitze mit Misstrauen betrachtet, obwohl die vier Metzger an Bord jeden Tag schlachten und das Fleisch also wirklich frisch ist. Ansonsten ist alles sehr sauber. Auf dem Schiff wimmelt es von chinesischen Arbeitern, die den ganzen Tag alles waschen und schrubben.

Am 22. Oktober, das Schiff hat inzwischen den Indischen Ozean erreicht, stellt Martha fest, dass die Reise anfinge sie zu ermüden. Sie schreibt an die Eltern: „Es kommt mir schon so lange vor, daß ich von Euch Abschied genommen habe, es könnte gut ein Vierteljahr sein und doch sind es nicht einmal ganz drei Wochen. Man sehnt sich allmählich vom Schiff herunter zu kommen. Eine so lange Seereise ist keine Erholung, im Gegenteil, man wird immer müder und kaputter. Die ersten 14 Tage waren wirklich schön und erfrischend. Aber jetzt steckt die Hitze so in den Kabinen drin, daß man selten einmal gut schläft. Je müder man ist, desto mehr spürt man das beständige dumpfe Arbeiten der Maschinen und jede Bewegung des Schiffes und schließlich möchte man schlafen und immer schlafen, wenn man nur könnte."

In Aden bereits waren die Passagiere nicht an Land gegangen, da die Stadt, von Bord aus gesehen, zu trostlos aussah. Sie meint: „Es [Aden] lag so ungemein kahl und öde und dürr in der heißen Sonne, daß man gar keineLust verspürte, sich an Land rudern zu lassen."

Das Schiff hatte die Insel Sokotra und das Kap Guardafui. passiert, bis zur Ankunft in Ceylon [3] würden sie kein Land mehr sehen. Nochmals beschreibt sie ihre Freude an den wechselnden Erscheinungen des Meeres und dem nächtlichen Sternenhimmel. Doch dann wird es ungemütlich: Das Schiff gerät in einen schweren Sturm und viele Passagiere haben mit Seekrankheit zu kämpfen. „Gestern kam die Seekrankheit mit Macht; ... es ist ein jämmerliches Gefühl. Wir essen Rollmöpse, Heringe (sogar ich) und Saure Gurken. ... Viele, die die Reise schon mehrere Male gemacht haben, haben noch nie so anhaltend stürmische See im indischen Ozean erlebt. Wir waren schon zwei Nächte nicht im Bett. Die Luken sind alle fest verschraubt, weil das Meer zu hoch steigt und die Luft ist zum Ersticken in den Kabinen. Man hat hier auf Deck keine rechte Nachtruhe, aber man hatwenigstens Luft."

Kurz bevor sie die Hauptstadt Colombo auf Ceylon erreichen, beschreibt sie, wie zwei Tage zuvor einer der chinesischen Arbeiter, er war an einem Hitzschlag verstorben, einfach über Bord geworfen worden war.

Es ist Freitag. Sie hofft bereits am kommenden Dienstag in Penang [4] zu sein.

Am 30. schließlich kommt Marthas Schiff in George Town auf der Insel Penang an, wo sie von Hermann mit Freuden erwartet wird. Er war von Sumatra aus angereist, um sie dort abzuholen. Bereits am nächsten Tag heiratet das Paar. Grund für die schnelle Hochzeit: Hermann hatte bei den Holländern Schwierigkeiten mit ihren Heiratspapieren gehabt. Die Briten auf Penang waren großzügiger und begnügten sich mit der Anwesenheit einiger Zeugen. Da eine Reihe anderer Missionare vor Ort waren, bestand hier kein Problem. So wird eben kurzerhand gleich auf Penang geheiratet. Die Hochzeit wird anschließend mit Freunden in ihrem Hotel gefeiert.

Die Missionarstochter Luise Winkler-Metzler war eine der zufällig anwesenden Gäste. In ihren Erinnerungen gibt sie eine lebendige Schilderung der Hochzeit, die deshalb hier unbedingt eingefügt werden soll: „Am nächsten Morgen standen wir früh auf, um rechtzeitig am Strand zu sein, wenn das Schiff von Europa einliefe. Die Braut von Missionar Weissenbruch kannte ich schon von Deutschland sehr gut. ... Als sie ankam, freute sie sich so arg, nicht lauter fremde Gesichter zu sehen. Sie war aus allen Wolken gefallen, als es hieß, sie würde heute schon Hochzeit feiern. Zum Glück hatte sie Hochzeitskleid, Kranz und Schleier im Schiffskoffer und nicht etwa in der Kiste Nun gingen wir alle zunächst einmal ins Hotel, machten uns

festlich zurecht und besprachen mit dem Hotelbesitzer alles wegen des Festessens am Mittag. Die Trauung auf dem Standesamt und in der Kirche verlief kurz und schmerzlos, natürlich alles auf Englisch. ... Im Hotel war schon eine lange Tafel für uns gedeckt, sie hatten sogar mit Blumen geschmückt und Sträuße auf dem Tisch. Es wurde ein nettes gemütliches Fest. Für die Braut war es schön, daß wir alle zufä llig dabei waren, sonst wäre es wohl gar zu wehmütig geworden.“ (S. 61ff) Nach der Hochzeit verbringt das Paar noch zwei weitere Tage auf der Insel.

Am 2. November besteigen sie einen chinesischen Dampfer – und was dies für ein Schiff ist! Martha beschreibt es so: „Von diesem Duft und diesem Schmutz macht Ihr Euch keine Begriffe. Außer uns waren nur noch Chinesen und Malaien da. Uns wurde ein Plätzchen auf der Kommandobrücke eingeräumt; dort oben war es ganz nett sauber und wir hatten auch frische Luft.“ (6. November 1906) Es ist der sauberste Platz an Bord, den sie nun mit dem Kapitän, auch einem Malaien, teilten. „Hermann hatte mir einen prachtvoll bequemen longchair gekauft und als der gleich am Anfang der Fahrt festgebunden wurde, fing mir die Sache schon an bedenklich zu werden.“ Es war gut, dass die Stühle angebunden waren, denn die See wurde tatsächlich unruhig und sie wären sonst über Bord gegangen.

Zunächst jedoch bereitet der Schiffskoch unter Deck etwas zu, was Martha „Stinkfisch" nennt. Sein schrecklicher Geruch verbreitet sich sogar bis zur Kommandobrücke, und die beiden sind froh, als das Essen der Mannschaft endlich vorbei ist.

Da der Kapitän kein Englisch spricht und die beiden auch kein Malaiisch und sie sich nur leicht proviantiert hatten, versuchen sie mit einiger Mühe, den Kapitän um etwas Obst zu bitten. Der nimmt eine Ananas in seine linke Hand und während er die Frucht über die Reling hält, zieht er seinen Dolch vom Gürtel und hackt die Schale ab. Dann bietet er sie an, und beide essen sie mit Vergnügen, ungeachtet der wenig appetitlichen Zubereitung. Die Nacht wird dann tatsächlich sehr stürmisch und beide werden seekrank. Am Morgen aber kommt Land in Sicht. Es ist Ebbe und sie müssen noch einige Stunden warten, bevor das Schiff um 15.00 Uhr endlich in Batu Bara auf Sumatra anlegen kann.

Nach vierwöchiger Reise hat Martha ihr erstes Ziel erreicht.

Von der Küste nach Si Piak

Batu Bara war eine kleine, inmitten von Sümpfen gelegene Hafenstadt mit sehr ungesundem Klima. Als Martha und Hermann das Schiff verlassen, kommen sie an einem Krokodil vorbei, das gerade gefangen worden war und nun tot am Ufer liegt. Martha nimmt es kaum wahr: „Man war zu müde, um sich viel dafür zu interessieren, erst als wir von einem Regierungsbeamten, einem Holländer, ein Glas Limonade bekommen hatten und dann in einem Hotel Kaffee getrunken hatten, wurde es uns wieder einigermaßen menschlich zu Mute. Batu Bara ist sehr ungesund. Der Holländer sieht ganz krank aus, er bekommt alle drei Tage Fieber." (6. November 1906) Auch der dänische Hotelbesitzer begrüßt sie herzlich und schenkt Martha einen

„prachtvollen Rosenstrauß". Man hatte ihnen abgeraten, in diesem Hotel Quartier zu nehmen, und so suchen sie nach Möglichkeiten, ihre Reise fortzusetzen. Mit Hilfe eines kleinen Lexikons gelingt es Hermann zwei Rikschas zu mieten. Martha wird ganz unzeremoniell in die erste Rikscha gesetzt und während Hermann noch im Begriff ist, mit dem zweiten Fahrer zu verhandeln, zieht ihre Rikscha bereits zügig von dannen. Da Martha ihren Ehemann nun nicht mehr sehen und sie auch nichts erfragen kann, ist sie wie erlöst, als sie irgendwann hinter sich eine andere Rikscha erblickt, in der, wie sich herausstellt, tatsächlich ihr Hermann sitzt. Immer tiefer geht es nun in den Wald hinein. Die Wege werden bisweilen eng und schwer passierbar. Oft müssen sie aussteigen, damit die Wagen nicht gänzlich stecken bleiben. Aber Martha ist begeistert von ihren ersten Dschungeleindrücken und behauptet, dass sie später nie mehr einen so wunderbaren Wald gesehen hat mit seinen von Lianen und Orchideen überwachsenen gigantischen Bäumen. Sie ist von diesem ersten Eindruck augenscheinlich überwältigt.

Um neun Uhr abends kommen sie schließlich auf einer Kaffeeplantage an, auf welcher die ganze Hochzeitsgesellschaft bereits auf der Hinreise nach Penang genächtigt hatte. Die Plantage war im Besitz eines Schweizer Junggesellen mit Namen Sulger, mit dem Hermann bekannt war.

Da es, abgesehen von größeren und Küstenstädten, keine Hotels oder anderweitige Unterkünfte gab, war es in jenen Zeiten, wie auch noch in späteren Jahren üblich, dass man auf Reisen bei Europäern Station machte. Man unterstützte sich gegenseitig in dem fremden Land, so wie auch später viele Durchreisende immer wieder Station bei den Weissenbruchs in Si Piak machten.

Sie sind nicht angemeldet, aber Herr Sulger lässt für die beiden ein Abendessen kochen und stellt ihnen für die Nacht ein Zimmer zu Verfügung. Martha ist von der schönen Umgebung der inmitten von Palmen gelegenen Plantage sehr beeindruckt. „Überhaupt lässt sich die Tropenschönheit nicht beschreiben; man muss es gesehen haben, um es sich vorstellen zu können. Das saftig Grün-Üppige und die fremden Vogelstimmen, die wunderbare Färbung des Himmels, überhaupt der ganze eigenartige Duft, – das alles kann man sich nicht vorstellen", schreibt sie enthusiastisch.

Am nächsten Morgen lässt Herr Sulger sie in einem seiner Pferdewagen zum nächsten, drei Stunden entfernt liegenden Dorf fahren. Dort bringt eine Fähre sie über einen Fluss, auf dessen gegenüberliegender Seite bereits seit einigen Tagen einige Männer von Adji Bata auf sie warten. Martha schreibt: „Hermann brachte mich gleich in ein bataksches Christenhaus und besorgte dann Wagen zur Weiterfahrt. Die Hausfrau saß auf dem Boden auf einer Matte und staunte mich an, ich saß auf einem Stuhl und staunte sie auch an." Schon hier findet sie die schwarzen Zähne der Batak absolut scheußlich.

Diese intensive Verfärbung der Zähne wurde durch das Kauen von Betel, einem milden Rauschmittel, hervorgerufen. Das Betelkauen war allgemein verbreitet und jedermann führte die Zutaten stets bei sich. Gemeinsames Betelkauen war und ist auch heute noch Teil der sozialen Interaktion. Für den Betelgenuss wurde ein grünes Blatt des Betelpfeffers mit etwas Kalkpaste bestrichen, darauf kam ein Stückchen Betelnuss (Frucht der Betelpalme), schließlich wurde das Ganze zusammengefaltet, in den Mund geschoben und bedächtig gekaut. Den dabei entstehenden roten Speichelsaft spuckte man einfach auf den Fußboden. Für Europäer war das meist sehr gewöhnungsbedürftig.

Die Weiterreise gestaltet sich schwierig und ihr Wagen fährt sich oft fest. Martha erzählt: „Nun ging es wieder durch den Urwald, bei sehr schlechten Wegen, so daß wir manchmal bis an die Achsen im Schlamm saßen, auch manchmal plötzlich aussteigen mussten, mitten in den Schlamm hinein, weil das Pferd nicht weiter konnte. Hier und da saß ein Affe auf einem Baum, auch ganze Horden begrüßten uns mit ihrem Geschrei und es klang wie hämisches Lachen über unsere Schwierigkeiten." (Erinnerungen S.5)

Am Nachmittag kommen sie bei Freunden an, dem Missionar Simon und seiner Frau. „Es ist wunderschön hier," schreibt Martha, „so schön wie ich mir eigentlich nie ein Missionshaus gedacht habe. Es ist ja alles so rührend einfach, einfacher könnte man es gar nicht haben und doch ist alles so sehr nett. Das Haus ist oben ganz luftig; die Zimmer haben überhaupt keine Decken, man wohnt direkt unter dem rohen Dach, und zwar ist das Dach so angebracht, daß zwischen Zimmerwand und Dach noch ein 1/2 Meter breiter Luftraum ist." (6. November 1906) Während der ersten Nacht dort hören sie ganz in der Nähe den Schrei eines Tigers. Ihre Gastgeber laden sie ein, einige Tage länger zu bleiben, eine Einladung, die sie bereitwillig annehmen. Auch einige der schönen Rotang Möbel, welche die Weissenbruchs in Penang gekauft hatten, sind hier bereits eingetroffen, und müssen nun durch Träger weiter zum Reiseziel transportiert werden.

Hilde Simon weiht Martha gleich in die Geheimnisse eines indischen Haushaltes ein. Sie hält Gajus, Hermanns Diener, für sehr geschickt, zumal dieser auch schon für die Frau eines anderen Missionars gearbeitet hatte. Hilde Simon gibt Martha daher den Rat, das Kochen nach batakscher Art, zumindest am Anfang, ihm ganz zu überlassen. Das Kochen nach europäischer Art sei nicht leicht, da kaum Gemüse in der Höhenlage von Si Piak angebaut werde und es dort auch kaum Früchte gebe.

Martha ist sehr erstaunt als sie beobachtet, dass die drei Jahre alte Tochter der Gastgeber ein Gemisch von halb Bataksch und halb Deutsch spricht und sich jedes Mal, wenn sie eine fremde weiße Person sieht, außerordentlich fürchtet.

Die Weissenbruchs nutzen die Zeit ihres Aufenthaltes bei den Simons für morgendliche Ausritte, damit Martha sich an das Reiten auf den kleinen Batakpferden gewöhne, denn auf ihrer Reise nach Si Piak werden sie mehrere Tage im Sattel aushalten müssen. Bei einem dieser Ausritte hat sie ein Erlebnis, von dem sie sagt: „Ich möchte es nicht ein zweites Mal erleben!" Und dann erzählt sie: „Mein Hermann und ich machten am Samstagmorgen noch einen Ritt in den Wald. Wir hatten gerade gerastet und Hermann hatte mir beim Aufsteigen geholfen und ich war dann schon fort geritten, während Hermann noch etwas an seinem Sattel zu ordnen hatte. Mein Pferd trabte ziemlich schnell und als ich mich herum drehte, um zu sehen ob Hermann kommt, sehe ich einen Tiger hinter mir her kommen. ...

Zuerst war ich wie gelähmt vor Schreck, dann fasste ich die Zügel stramm und trieb mein Pferdchen zum Galopp; der Tiger hinter mir her, wohl drei Minuten lang. Was einem in solchen Momenten alles durch den Sinn geht ist gar nicht zu beschreiben. Die Losung von unserem Hochzeitstag stand mir immer vor Augen: 'Ich will euch tragen bis ins Alter und bis ihr grau werdet'. Die Gefahr in ihrer ganzen Größe kam mir gar nicht so klar zum Bewusstsein, ich blieb ganz wunderbar ruhig. Ich hatte nur immer den einen Gedanken: Hermann darf jetzt nicht kommen, sonst ist er verloren und ich musste eben schneller sein als der Tiger. Mein Pferd raste nur so dahin und plötzlich sehe ich auch Hermann ankommen und wie der Wind war der Tiger im Wald verschwunden. Die Tiere sind sehr feige; sobald sie hinter sich Gefahr glauben, reißen sie aus. Hermann hatte den Tiger gar nicht gesehen; er war ganz erschrocken, daß ich so weit vorgeritten war. Er kam so schnell angesaust und hat dadurch das Tier verscheucht. Wir stehen in Gottes Schutz, das habe ich recht erfahren." (15. November 1906)

Martha fühlt sich bei Simons sehr wohl. „Ich hole hier alles nach, was ich in den letzten Wochen an Schlaf versäumt habe, zumal die drei Tagereisen bis Si Piak noch sehr anstrengend sein werden." Sie machen auch Ausflüge in die Umgebung: „Heute Morgen waren wir im Dorf Bandar, haben uns die Wohnung des Fürsten mit seinen 10 Frauen und alles angesehen..." (6. November 1906)

Am 12. November schließlich verlassen Martha und Hermann die Simons. Sie beschreibt diese Reise nach Si Piak in einem ausführlichen Brief an ihre Eltern in Miehlen. Mit sechs Trägern und zwei Führern reiten sie bis zum Mittag durch den Dschungel. „Auf solche Urwaldreisen nimmt man Matratzen, Decken, Kochtöpfe, Teller, Tassen, Löffel, Gabel, Messer, Tee, Kaffee, Brot, Butter, ein lebendes Huhn, kurz alles Mögliche mit. Wir freuten uns, daß wir unterwegs keinem Elefanten begegnet waren. Ihre Spuren konnten wir genau verfolgen." Oft war der Pfad zugewachsen und so ging stets einer der Führer voraus, um den Weg mit einer Machete frei zu schlagen. „Die Hitze merkt man im Urwald gar nicht. Hier und da sah man Affen, die oft so dreist nach uns griffen, daß ich mich tief auf den Hals des Pferdes beugte, um ihrem langen Arm zu entgehen." (15. November 1906)

„Oft lichtet sich der Wald und man kommt in den wunderbarsten Palmenhain. Diese fremden Tierstimmen dazwischen, dies Gezirpe und Gesumme und Geschrei, das alles macht es einem klar, daß man im fremden Land ist. ... nach 5 1/2 Stunden rasteten wir in einem kleinen Dorf, einer Chinesenniederlassung. Die Missionsleute haben überall ihre 'Hotels'. Es sind meist leer stehende Häuser, in denen nach der Aussage der Zauberpriester böse Geister wohnen und die deshalb nicht bewohnt werden ... Um 1/4 vor 1 Uhr ging es weiter, immer durch Wald, bis wir um 1/2 5 Uhr nach Si Antar kamen ... es steht dort ein neues, auch unbewohntes Häuptlingshaus, mit schöner, offener Veranda und drei Zimmern, Wir freuten uns rasten zu können. Die Jungens kochten sich ihren Reis und Gajus kochte uns Tee. Brot, Butter und Huhn hatten wir noch."

Anschaulich beschreibt Martha die Reisebedingungen zu Pferd:

„Am anderen Morgen um 7 Uhr waren wir schon wieder unterwegs und nun ging es immer höher hinauf. Manchmal mussten wir tiefe, prachtvolle Täler durchqueren, es ging oft steil hinunter, aber man bleibt ruhig auf dem Pferd sitzen, die batakschen Pferde klettern wie die Katzen und haben sehr große Ausdauer. Wenn es sehr steil abwärts geht, stellen sie die Vorderbeine zusammen und rutschen hinunter; natürlich muss man sich dann ganz zurücklehnen, um nicht zu stürzen, auch durch die Flüsse hindurch steigt man nicht ab. Man zieht die Füße so hoch auf den Sattel wie möglich und fasst die Zügel stramm und dann geht es oft so tief ins Wasser, daß Kleiderund Füße oft doch noch im Wasser sind. Am anderen Ufer geht es meist gleich steil in die Höhe, ... Wenn der Pfad nicht zu glatt ist, bleibt man auch dann sitzen. Man hält sich krampfhaft fest an der Mähne, lehnt sich ganz nach vorne. Und dann geht es im Sturmschritt hinauf. Es sieht ganz unheimlich aus und mit europäischen Pferden wären solche Ritte gar nicht denkbar. Jedes Mal absteigen würde sehr ermüden und auch sehr aufhalten. Die Pferdchen sind nicht beschlagen und klettern die steilsten Wege. Einmal stürzte mein Pferd und ich sah direkt über mir die vier Pferdebeine in die Luft ragen. Das Gefährliche ist, daß die Tiere sich bei einem solchen Fall gleich wälzen und man dann leicht einen Schlag bekommen kann. Ich hing im Steigbügel fest und konnte meinen Fuß nicht heraus bekommen, aber einer unserer Träger hatte mich mit ... Schnelligkeit an den Schultern gefasst und in die Höhe gezogen, so daß wir beide, mein Pferdchen und ich, mit dem Schrecken davon kamen."

„... am 2. Tag ritten wir nur bis 12 Uhr; wir rasteten in einem kleinen Dorf; in einem neu gebauten Lehrerhaus. Die Leute im Dorf hatten noch nie eine weiße Frau gesehen und begafften mich nach allen Regeln der Kunst. Manche begrüßten mich mit 'Tabe T u a n'! [Sei gegrüßt, Herr]. Sie wissen wirklich vielfach nicht, ob ich ein Mann oder eine Frau bin. Lange Haare und Röcke tragen hier auch manche Männer. Die Häuptlingsfrau brachte mir ein Huhn und Reis und nannte mich 'opung'; es ist das die höchste Ehrenbezeugung; eigentlich heißt es 'Menschengroßvater'. Ich glaube, die Leute, denen wir unterwegs begegneten hielten mich vielfach für einen Geist."

Die Übernachtungsmöglichkeiten sind teilweise abenteuerlich. „Das Haus in dem wir übernachteten lag einsam am Wald und hatte zwei Türöffnungen aber keine Türen. Es war etwas unheimlich; wir verschlossen die Türen durch Matten so gut es ging und ließen eine Laterne brennen. Licht hält die Tiere ab. So schliefen wir, unter lauter Heiden, unter den so genannten 'Wilden'. Nachts um zwei Uhr brachte uns der Gajus schon den Kaffee; natürlich aus Versehen, er hat ja keine Uhr und glaubte, es sei Zeit zum Aufbruch."

Am anderen Morgen soll die Reise weitergehen, aber dafür benötigten sie einen Führer. „Wir mussten Führer haben, da niemand den Weg kannte, sobald wir aber in die Nähe eines Dorfes kamen, flohen die Einwohner in den Wald und versteckten sich. Mit großer Mühe gelang es uns, einen Führer zu bekommen, einen radja. Der ritt auf seinem Pferdchen ohne Sattel voraus auf schmalem Pfad, dann kam ich mit meinem Pferd, das sich so schwer halten ließ. So schlüpfte der schmale Reiter auf schmalem Pferd plötzlich zwischen zwei dicken Baumstämmen durch, mein Pferd gleich nach, aber es war zu eng und wir saßen fest. Das Pferd zog mit voller Wucht vorwärts und mein Mann musste sich mit seiner ganzen Kraft dagegen stemmen, um es wieder zurück zu drängen. Alles war gerissen, Zaumzeug und Sattel und nun saßen wir erst wieder eine Zeitlang und flickten notdürftig mit Bindfäden." (Erinnerungen Martha S. 8) Schließlich kann die Reise fortgesetzt werden.

„Unsere Träger machten die Tour zu Fuß und waren dabei schwer beladen. Sie haben sehr viel Kraft und Ausdauer. Sie gingen auch zu Fuß durch die Flüsse, versanken oft bis unter die Arme im Wasser. Brücken findet man selten, höchstens ein übergelegter Baumstamm. Einmal kletterten Hermann und ich über einen solchen. Die Pferde mussten ausgesattelt werden, weil der Fluss zu tief war um hindurch zu reiten. Ein andermal trugen mich vier Bataker durch den Fluss, den ich nicht durchreiten wollte, weil er mir zu reißend war." (15. November 1906)

Martha schreibt begeistert über die Reise. Sie findet Sumatra wunderschön, und bedauert bloß, dass ihre Eltern dies nicht auch erleben können. Sie erzählt vom letzten Teil ihrer Anreise nach Si Piak: „So landeten wir endlich am dritten Tag oben auf der Höhe von Panahatan und hatten nun den unvergleichlich schönen See vor uns, tiefblau lag er in der ... Sonne. Die Pferde wurden einen anderen Weg geführt. Ein Häuptling kam uns entgegen (ein Heide) und ließ es sich nicht nehmen, mich zu führen. So hatte ich Hermann an der einen und den Häuptling an der anderen Seite und so führten sie mich, ich stützte mich auf sie, es ging nämlich sehr steil abwärts.

... Unten war das ganze Dorf versammelt, sie hatten alle noch keine weiße Frau gesehen. (Dort) wartete ein großes solu, ein Einbaum, mit 60 Frauen darin, wir kamen in die Mitte, die Frauen ruderten nach dem Takt des Häuptlings, der vorn auf der Spitze stand, den Takt schlug und sang. Das war eine unvergleichliche Überfahrt. Plötzlich fängt es unter unserem Sitz an zu quietschen und zu krabbeln, wir sahen nach, und entdeckten 4 kleine Schweinchen, die sie uns als Hochzeitsgeschenk zugedacht hatten. Leider sind sie in meiner Pflege nicht gediehen. So landeten wir also in unserem Si Piak. ... Das Miehlener Glöckchen läutete und unser Lehrer Marinus mit seiner Familie begrüßte uns und eine große Volksmenge war versammelt."

Die Ankunft der weißen Frau sorgt für Aufregung, die auch noch nach Tagen nicht abgeklungen ist. „Auch jetzt kommen immer noch Menschen an, die mich sehen wollen; die allerwenigsten haben jemals eine weiße Frau gesehen," erzählt Martha und fährt weiter fort: „Hermann und ich sitzen dann auf der Veranda und die Leute knien auf dem Boden und Hermann unterhält sich mit ihnen. Sie fragen so viel über meine Reise und über unser Deutschland, über unsere Wälder, ob es bei uns auch Tiger und Schlangen und Elefanten gäbe, und ob Hermann mich 'gekauft' habe. Viele bringen Huhn und Reis. Unser Lehrer tut uns große Dienste; er erzieht die Leute, daß sie nicht auf die Emper spucken, daß sie erst grüßen, ehe sie sich setzen und dann schickt er sie auch wohl fort, wenn die Leute zu lang bleiben."

Das erste Jahr in Si Piak

Martha ist nun an dem Ort angekommen, an dem sie und Hermann die nächsten sieben Jahre ihrer Missionstätigkeit nachgehen sollten. Um ihre damalige Situation zu verstehen, muss man sich vergegenwärtigen, dass die Weissenbruchs mitten in heidnischem Gebiet lebten. Es war noch gar nicht so lange her, da hatte die Gegend um Si Piak einen außerordentlich schlechten Ruf und war sehr gefürchtet. Es hieß, die hier lebenden Menschen seien Giftmischer, und niemand aus den Bezirken Toba und Simalungen wagte es, in den Dörfern Si Piak und Parapat zu übernachten. In den Höhlen an der Spitze der Halbinsel Si Piak sollte allerlei Gesindel hausen, die dort den Fischern auflauerten, welche dem Ufer zu nahe kamen. Waren diese von einem anderen Stamm, so wurden sie angegriffen, gefangen genommen und als Sklaven verkauft, oder, wenn ihre Verwandten sie nicht auslösten, sogar aufgegessen. Es bestand eine ständige Feindschaft zwischen den benachbarten Dörfern und Stämmen. Gerade kurz bevor Hermann 1905 in Si Piak angekommen war, hatte die holländische Kolonialregierung einige dieser Gefangenen befreit. Diese Aktion etablierte für eine Weile den Anschein von Frieden und Sicherheit. Das war die Situation, welche die Weissenbruchs zu Beginn ihrer Missionstätigkeit vorfanden.

Kaum angekommen nimmt der Alltag Martha gleich voll in Beschlag. „Wir bekamen am 4.Tag unseres Hierseins schon Besuch. Missionar Simon kam mit Missionar Brückner von Bandar; Missionar Brückner kann das heiße Klima in Bandar nicht vertragen und musste zum Arzt. Sie kamen am Samstagmittag und blieben, bis das Motorboot sie am Mittwoch früh hierabholte." (29. November 1906)

Aber zunächst einmal ist Martha hingerissen von ihrem neuen Zuhause. Das Haus, welches Hermann erbaut hatte, liegt mitten auf der Halbinsel etwa 20 m über dem wunderschönen und tiefblauen Tobasee, zu dessen Strand 20 Stufen hinabführen. Nach drei Seiten haben sie Aussicht auf das unergründlich tiefe Wasser mit seinen steilen Küsten. Die Insel Samosir auf der gegenüberliegenden Seite des Sees erinnert Martha an Sizilien. Der ganze See ist so groß und hat so viele Buchten, dass sie sich noch gar keine genauere Vorstellung von seiner Lage und Dimension machen kann. [Zum Vergleich: Die im Tobasee gelegene Insel Samosir ist etwa so groß wie der Bodensee]

Ab jetzt übernimmt Martha die Korrespondenz mit Deutschland und sie schwärmt: „Das Haus ist so einfach und so schön und die Zimmer so frei und froh, hell und luftig und alles so praktisch geordnet. Es ist auch alles schon so nett eingerichtet, wenn auch natürlich alles noch etwas kahl ist. Es macht mir so viel Freude zu ordnen und zu räumen." (15. November 1906) Wie ihr Frau Missionar Simon geraten hatte, lässt sie zu Anfang Gajus allein wirtschaften. Inzwischen funktioniert aber auch schon der Herd: Das Ofenrohr ist zwar immer noch nicht eingetroffen, aber Hilde Simon hatte ihnen eines gegeben. Marinus machte dafür ein Abzugsknie aus einer Blechdose. Der Herd steht nun direkt am Fenster und das Blechbüchsenknie führt den Rauch durch das Fenster nach draußen.

Mit Gajus ist Martha sehr zufrieden: „Es ist ganz merkwürdig, wie schnell man sich an den Anblick der Schwarzen gewöhnt. Die Bataker sind überhaupt nicht schwarz, sie sind dunkelgelb. Du solltest nur einmal sehen, Mütterchen, wie schön mir der Gajus meine Kleider wäscht und bügelt.“ (6. November 1906)

Sie kann sich mit Gajus noch nicht unterhalten und verfällt oft in die Gewohnheit, ihm Dinge in Englisch erklären zu wollen. Sie hilft sich zunächst mit Gesten und einigen batakschen Wörtern. Oft reicht das nicht und sie muss Hermann rufen, um etwas zu übersetzen. Zunächst einmal aber ist sie glücklich, dass sie sich nicht um die Hauptmahlzeit zu Mittag kümmern muss. Gajus weiß besser als sie, wie man Reistafel [5] mit all den notwendigen Ingredienzen zubereitet. Er ist auch gut im Brotbacken. Martha freut sich immer wieder über Gajus, der sich sehr viel Mühe gibt und alles richtig zu machen versucht. Gekleidet in ein weißes Jackett und einen *sarong* deckt er den Tisch, ruft dann zum Essen und sieht dabei stets adrett aus. Bevor er mit dem Kochen beginnt, geht er immer zum See, um zu baden. Viele Batak baden üblicherweise zweimal täglich. Sie selbst badet auch am Morgen, nackt. Der Strand, mit seinem schönen weißen Sand, ist von großen Steinblöcken umgeben, wo sie niemand stört.

Das Einzige, was Martha betrübt ist, dass sie immer noch keine Nachricht von zu Hause, von Miehlen, bekommen hat. „Nun bin ich schon sieben Wochen von daheim fort und bis jetzt habe ich noch gar keine Post bekommen", klagt sie und hofft, dass das Missionsboot Tole vielleicht heute endlich einige Briefe bringen würde. Inzwischen erzählt sie von der Lebensweise in Si Piak. Da hier im Norden wenig an Gemüse und Kartoffeln zu bekommen ist, bestehen ihre Mahlzeiten fast immer aus Reis, Huhn, Curry, *pisang goreng* und *sambal*, einer scharfen Beilage, welche aus Kokosnuss und dem Herz und der Lunge eines Huhns hergestellt wird.

Zwar hat Hermann einige Obstbäume gepflanzt, aber sie sind noch zu jung, um Früchte zu tragen. Auch ist der Boden schlecht und es gibt zu wenig Regen, weil die Berge, die den See umschließen, zu dieser Jahreszeit die Wolken abfangen und verhindern, dass die Niederschläge das Seebecken erreichen. Martha hofft trotzdem, in zwei Wochen Bohnen ernten zu können und hat auch den aus Deutschland mitgebrachten Samen in den Boden gebracht. Martha macht sich Sorgen wegen Gajus, auf den sie doch noch sehr angewiesen ist. „Gajus ist mir in allem eine große Hilfe; er ist wirklich gut zu gebrauchen. Wenn ich ihn nur behalten kann, er ist nämlich nicht recht gesund." (29. November 1906) Gajus war drei Jahre zuvor von einerSchlange gebissen worden, seitdem klagt er über nächtliches Kribbeln im Bein. Wenn es ihm nicht bald besser gehe, müsse er nach Pea Radja ins Krankenhaus gebracht werden. Gajus wisse nicht wie alt er ist, berichtet sie, die meisten Batak wüssten das nicht. Hermann meint, dass er wohl 18 Jahre alt sein könnte. Ihr anderer Bediensteter, Mitta, ist ein hübscher kleiner Junge, etwa 14 Jahre alt. Am Morgen bringt er die kleinen Eier, die von den ebenso kleinen Hühnern gelegt wurden, holt Wasser, kehrt die Veranda und verrichtet einige andere Arbeiten rund ums Haus. Aber sie stellt fest: Die Batak seien nicht gewöhnt, den ganzen Tag zu arbeiten, und ergänzt: Das gehe in den Tropen auch nicht.

Martha erzählt: „Ich will Euch einmal meinen Tageslauf schreiben, damit Ihr wisst wie ich die Zeit zubringe. Also morgens um sechs Uhr laufe ich schnell ins neu errichtete Badehaus zum Baden und wenn ich dann mich angezogen und wir Kaffee getrunken haben, ordne ich nach der Andacht Wohnzimmer und die geschlossene Glasveranda und das Studierzimmer und das Schlafzimmer und sehe nach, daß der Mitta überall fegt. Dann bringt mir Mitta die Eier und ich schreibe das Tagesdatum drauf. Dann putze ich die Lampen und dann gibt es immer meist allerlei zu ordnen, oder es sind Leute da. Es kamen immer noch Häuptlinge mit ihren Dorfschaften, die mich begrüßen wollten. Jetzt kommen auch die Frauen mit ihren sämtlichen Kindern; bis jetzt hatten sie sich nie auf der Station sehen lassen. Am Sonntag kamen sie auch zum ersten Mal zum Gottesdienst, wenn auch vielleicht mehr aus Neugierde. Der Gottesdienst ist in einem ganz primitiven Gebäude, einem Bretterverschlag. Wir nehmen uns Stühle mit und die Leute sitzen auf der Erde. Um elf Uhr muss Gajus anfangen zu kochen und dann lerne ich, wenn es sonst nichts für mich zu tun gibt, Bataksch. Um ein Uhr wird gegessen und nach dem Kaffee haben wir bataksche Stunden. Dann bläst Hermann manchmal auf dem Waldhorn und ich singe dazu. Um sechs Uhr ungefähr gehen wir etwas spazieren, man hat so prachtvolle Blicke und oft so wunderbare Sonnenuntergänge. Nach dem Abendbrot ist bataksche Andacht mit den Jungens. Wir haben ein batakschen Gesangbuch mit den deutschen Melodien und singen dann gemeinsam."

Inzwischen haben die Weissenbruchs auch die ersten elf Schüler und damit wächst die Aussicht auf einen Schulbau. Einige der Schüler sind Häuptlingssöhne, von denen einer sogar von der Insel Samosir kommt.

Die Insel Samosir umfasst ein Gebiet von 620 Quadratkilometern und war damals noch immer unabhängig, das heißt, sie stand noch nicht unter holländischer Verwaltung. Die Insel liegt direkt gegenüber der Missionsstation von Si Piak. Martha beschreibt die dort lebenden Menschen als wild, eine Bande von Räubern und Dieben, ein unheimliches Volk. „Man freut sich dann umso mehr über das Vertrauen, wenn so ein Häuptling jeden Morgen seinen Sohn schicken will..."

Als dieser Häuptling von Samosir seinen Sohn bringt, bittet er Martha ihn zu erziehen, da er sich zuhause schlecht benähme „... er solle in der Schule Lebensart lernen". Wie viel ihm das bedeutet, konnte man daran erkennen, dass er bereit war, jeden Tag den See zu überqueren, um seinen Sohn am Unterricht in Si Piak teilnehmen zu lassen. Als Geschenk bringt der Mann Martha ein kleines Ziegenböckchen und für die Frau des Lehrers einen Hahn und etwas Reis mit. „Wir gingen dann mit ihm und seinem Sohn zum Marinus in die Schule (im kleinen Haus) und der kleine Bengel setzte sich gleich ganz munter zu den andern auf die Erde. Es kommen manchmal Gestalten hier her, die man malen möchte. Auf Samosir lebt eine wilde Bevölkerung. Man könnte sich wohl manchmal vor den Leuten fürchten.

Die Schüler kommen jetzt jeden Morgen. Zuerst treibt sie der Marinus alle in den See zum Baden. Die kleinen braunen Kerle schwimmen sehr gut."

Mittlerweile, Martha ist seit vier Wochen in Si Piak, scheint auch die Nachbarschaft ihre Neugier befriedigt zu haben und es kommen nicht mehr so viele Menschen, nur um Martha anzustaunen. Gajus wirft gewohnheitsgemäß alle Leute aus der Küche, wenn sie zu nahe kommen, und achtet auch darauf, dass sie nicht die Veranda betreten. Es gibt eine zweite Veranda, die gleich neben dem „Medizinzimmer" liegt, dort holen sich Kranke Medikamente ab. „Es kommen so viele Kranke, auch Aussätzige. Es ist ganz auffallend, wie viel Fieberkranke und Augenkranke und solche mit Geschwüren täglich kommen. Marinus hilft Hermann viel bei dieser Arbeit. Marinus wohnt jetzt noch bis die Schule gebaut ist mit seiner Familie im Jungenshaus. Er hat eine sehr nette Frau und drei Kinder." (29. November 1906)

Es ist zu spüren, wie sehr Martha den Tobasee bereits liebt: „Man sieht von jedem Fenster aus den herrlichen See, er ist entzückend schön. Es ist gar nicht weit zum See, nur einige Schritte; man hört die Wellen ans Ufer schlagen. Es liegt dort der schönste weiße Sand und kleine feine Muscheln und streckenweise eine Menge Bimsstein ... Die Himmelsbeleuchtung ist oft wunderschön, so wie man sie in Deutschland nie sieht. Der See ist fast immer von den kleinen Solus (ausgehöhlte Baumstämme) belebt."

Der Tobasee ist der größte Kratersee der Welt, hervorgerufen durch einen Vulkanausbruch vor etwa 75.000 Jahren. Er ist enorm groß, ungefähr 100 km lang und 32 km breit. Seine größte Tiefe liegt bei 505 m. Ca. 900 m hoch in den Bergen gelegen, herrscht hier ein kühleres Klima. Die Temperatur, wie Martha sagt, steigt selten über 21 Grad Celsius. Obwohl der See meist friedlich ist, können Stürme gefährlichen Wellengang hervorrufen. Damals wusste man noch nicht so viel über seinen Ursprung, denn Martha bemerkt: „Man glaubt, daß hier einmal irgendein Vulkan in Bewegung war."

Dieser Tage wird eine Prau, ein Segelboot erwartet. Martha hofft, es würde einige ihrer Kisten, Post und vielleicht auch einen Gast bringen, der dann wiederum ihre Briefe mitnehmen könnte. So schreibt sie noch flink einen Brief.

Es ist bereits der zweite Advent, stellt Martha fest: „Es will mir gar nicht in den Sinn, daß Weihnachten vor der Türe ist; aber ich höre an jedem Abend die Jungens mit dem Lehrer ‚Stille Nacht, heilige Nacht' üben.... Hermann und ich feiern zum ersten Mal zusammen. Es ist einem in diesem schönen warmen Sonnenschein und dem Grün ringsum gar nicht winterlich zu Mute und Schnee und Kälte gehören doch unbedingt zu Weihnachten."... Eher schon wandern da ihre Gedanken zum Garten: „Es regnet eben fast täglich; es ist dabei aber nie trübe und dunkel. Es ist eben herrliches Wachswetter; wenn ich nur vernünftigen Samen hätte. Nicht wahr, Mütterchen, sobald Du frischen Samen bekommen kannst, schickst Du mir in einem doppelten Brief..." (5. Dezember 1906)

Martha hat bereits Salat und Radieschen ausgesät, ist aber in Bezug auf den Erfolg skeptisch, denn es ist Regenzeit und ein kräftiger Regen hatte die meisten Samen wohl ausgespült. Regenzeit bedeutet: kurze aber heftige Niederschläge, gefolgt von einer sehr langen Trockenzeit.

Sie berichtet auch von ihrer Tierhaltung. So halten sie eine unbekannte Anzahl von Hühnern, unbekannt deshalb, weil immer neue dazu kommen und jede Woche ein paar alte geschlachtet werden. Zu der Menagerie kommen noch sieben Enten, ein Schaf und ein Ziegenböckchen, die letzteren ein Geschenk von Batak an sie. Von den vier kleinen Schweinchen, die ihr bei ihrer Ankunft geschenkt worden waren, starb eines bald und ein zweites musste von den Jungs geschlachtet werden, da es nicht mehrfraß.

Martha mag solche Geschenke nicht und bemerkt: „Solche Geschenke sind nie angenehm; gewöhnlich nimmt man sie gar nicht an, aber jetzt bei meinem Kommen durften wir sie nicht zurückweisen. Ein Bataker schenkt wohl nie etwas ohne Hintergedanken. Entweder hat er irgendeine Streitsache und der Tuan soll ihm helfen, oder er will wer weiß was geschenkt haben. ... Sie arbeiten eigentlich nie. Streitsachen auskämpfen, allerhand Hinterlist ausknobeln – und den unbedingt notwendigen Reis besorgen ist ihre Tagesbeschäftigung, sie fischen auch viel. Sie haben auch kein Obst, sie pflanzen nichts an und die Früchte wachsen auch hier nicht ohne weiteres, sie wollen gepflanzt und gepflegt sein."

Die Weissenbruchs selbst haben einige Früchte angebaut. „Wir haben sehr viele Pisangstauden, die wohl in einigen Monaten tragen werden; auch Ananas, Apfelsinen, Botik und Zitronen und noch alles Mögliche. Die Pflanzen sind alle noch sehr klein, auch die Kokosnusspalmen. Vor dem Haus ist ein Gummibaum gepflanzt, er ist bis jetzt erst ungefähr 90 cm hoch. Die Gummibäume wachsen schnell und werden sehr hoch, viel höher als ein großer Birnbaum und meistens sind sie wundervoll breit und schattig. Hermann hat überall angepflanzt und alles so schön gemacht."

Ein Jahr später sind es deutlich mehr Pflanzen geworden. Von 200 Pisangstauden, von denen bereits etwa dreißig Früchte tragen, ist da zu lesen. Jede Staude trägt einen Tross Bananen, der bis zu 0,75 m lang ist und etwa sechs Monate zum Reifen benötigt. Auch Ananas hat Hermann gepflanzt – ungefähr 400-500 Ananaspflanzen, von denen derzeit gerade 25 reif werden. Es gibt Papaya, Zitronen, süße und bittere Orangen, Durian und Antadian, die aber alle sehr langsam wachsen. Jede Frucht hat eine andere Reifezeit, so dass sie immer etwas zu ernten haben. Oft reift das Obst an den unteren Zweigen, während der Baum oben noch blüht. Für Martha, deren Gesundheits und Ernährungszustand nicht so gut bleiben wird, ein wahres Glück.

Noch 1990 standen an den Straßen des ehemaligen Sipiak – heute zu Parapat gehörig – viele hohe Mangobäume, die Hermann damals gepflanzt hat.

Gegenwärtig aber fühlt sich Martha offensichtlich wohl, es geht ihr gut; sie erzählt von der frischen Luft, welche die Hitze erträglich mache, „ich habe hier so volle runde Backen bekommen und sehe so frisch aus wie nie", sagt sie. Man lebe langsamer in den Tropen, um ein schnelles Ermüden zu vermeiden. „Man muss sich sehr daran gewöhnen alles langsam zu tun und nie in der Sonne schnell zu gehen. Man spürt es auch gleich, wenn man es nicht tut. Man wird sofort sehr müde." (5. Dezember 1906)

Zwar hat sich die Aufregung um die neue weiße *njonja* in Si Piak weitgehend beruhigt, aber Marktbesuche sind offenbar immer noch aufregend. So beschreibt Martha einen Marktbesuch mit Hermann, wo sich die Leute nahe an sie heran drücken und sie mit freudig lauten Rufen begrüßen:

„Das ist ein Leben und Treiben, ein Schreien und Johlen. An Markttagen strömt alles zum Marktplatz, alle Dorfbewohner der Gegend, des Seeufers. Der See wimmelt dann von vielen solus und man hört die taktmäßigen Ruderschläge und dabei das eigentümliche bataksche Singen.

Wir wurden mit lautem Jubel und Geschrei auf dem Markt begrüßt und von der Menge umringt. Viele gaben mir die Hand (Leute, die schon hier gewesen waren) und alles gaffte und schrie und freute sich. Alles war schließlich um uns versammelt und drängte sich heran. Dabei war köstlich, wie ein früherer Feind von Hermann, ein Zauberer, die Leute, die zu nah kamen, fortstieß und immer wie ein Gendarm um uns herumlief und uns freie Bahn machte." Martha spricht von „Feind" und meint damit wohl, dass ein heidnischer Zauberpriester ein natürlicher „Feind" des medizinkundigen Missionars ist, mit dem er in Konkurrenz steht. Später, als Martha mit der batakschen Mentalität etwas vertrauter ist, begründet sie diesen Gesinnungswandel des Zauberers vom Feind zum Beschützer mit dem Fatalismus der Batak, dem *hauhaou,* was meint „was kann man da machen?".

Doch zurück auf den Markt. Die Batak haben gewöhnlich ein viel geringeres Bedürfnis nach persönlicher Distanz als es die meisten Europäer auszeichnet und so ist das „Bad in der Menge" auf dem Markt nicht jedermanns Sache. Martha scheint sich allerdings dabei wohl gefühlt zu haben. Auf dem Markt gibt es nicht viel zu kaufen, etwas Obst, Fische, Hühner und Bastmatten. Europäische Lebensmittel, an welche die Weissenbruchs gewöhnt sind, wie Butter, Milch und Käse, kommen in Dosen, erstere aus Deutschland, die Milch aus der Schweiz und der Käse von Holland. Alle diese Produkte sind infolge der Transportkosten sehr teuer, sogar das Salz. Und für alles was sie benötigen, müssen sie mindestens drei Monate im Voraus planen.

Häufig kommen auch Besucher von anderen Missionsstationen, für die sie ebenfalls planen und Vorräte bereithalten müssen. Alten erfahrenen Missionsleuten waren diese Probleme mit den immer wieder eintretenden Knappheiten bekannt und sie führten deshalb auf Reisen immer einige Vorräte, meist auch Matratzen mit sich. Als Missionar Simon und Missionar Brückner kurz nach Marthas Ankunft zu Besuch kommen, bringen diese Besucher vom anderen Ende des Sees auch gleich ein paar Kisten mit. Diese enthalten einige der Rotang-Möbelstücke, welche die Weissenbruchs in Penang gekauft hatten, und endlich auch das fehlende Ofenrohr! Gerade noch rechtzeitig zu Weihnachten.

In einem Brief an die Eltern nach Miehlen vom 23. Dezember heißt es: „Es kommt mir ganz wunderbar vor, daß morgen wirklich Weihnachten ist. Wir haben draußen fast 20°R. [20° Reaumur entspricht 25C°] und es wächst eben alles hier, durch das viele Regnen, so besonders gut. Ihr schmückt heute den Weihnachtsbaum und vielleicht ist es schon kalt und es liegt Schnee. Wir werden morgen Abend sehr viel bei Euch sein; im Geist sitzen wir mit dabei und hören, wenn Vater die alte und ewig neue Weihnachtsgeschichte vorliest. – Wir schmücken auch einen Baum. Marinus holt ihn morgen früh. Wir haben ja die Neuroder Goldsterne und ich habe noch weiße Sterne und rote Rosen dazu gemacht. Unsere Jungens bekommen Anzüge, (die ich geschnitten habe, aber die noch nicht genäht sind) weiß mit roten Streifen, Kappen, Messer und Tafel und Griffel. Für die Kinder des Marinus habe ich nun leider noch nichts, da meine Kisten noch nicht da sind. Konfekt habe ich nicht backen können, ich hatte nicht Butter genug und keine Formen und keine Bleche; so backe ich morgen einen Kuchen. Gajus backt für die Jungens Pisang-Kuchen in Palmöl, es ist das höchste, was sich ein Bataker denken kann." (23. Dezember 1906)

Das bevorstehende Weihnachtsfest lässt sie die gegenwärtige Situation der Missionsarbeit reflektieren: „Ob jemand zum Gottesdienst kommen wird, müssen wir ruhig abwarten, aber wir glauben doch, daß einige kommen werden. Am ersten Feiertag Abend wird dann der Marinus mit seiner Familie hier sein und vielleicht noch einige. Die Leute haben noch sehr wenig Interesse und Verlangen; sie haben sich ja auch keinen Missionar gewünscht und drum gebeten, wie das sonst so oft geschieht; wir sind ungefragt hierher gesetzt worden, damit der Islam nicht eindringe."

Es folgt eine Charakterisierung der Batak, welche vielleicht doch eher die für die damalige Zeit typische koloniale Vorstellung vom „überlegenen" Europäer über die „unzivilisierten" Wilden und damit genauso viel von Martha als von den Batak zeigt. „Die Bataker sind ein Bettelvolk, wie man es sich schlimmer nicht vorstellen kann, und ich werde nur so bestürmt. Bald wollen sie ein Tuch, eine Jacke, ein Kinderkleid, bald Seife, bald dies, bald das, denn der Tuan und die Nonja sind ja natürlich sehr reich. Ich muss diesen Bitten gegenüber unerbittlich bleiben. Denn wenn ich einmal gebe, muss ich es immer tun und sie würden dann nur noch unverschämter. Bei Hermann wollen sie immer Geld leihen, was man natürlich dann nie wieder bekommt. Dr. Nommensen hat Hunderte dabei verloren. Sie kommen dann mit so schmeichlerischen Reden .... und wehmütig und bedauerlich, daß man sich schon betören lassen könnte. Ganz abgesehen davon, daß wir absolut keinen Pfennig zu verleihen haben, erzieht man sich auf diese Weise die so genannten ‚Reischristen', – dann doch lieber gar keine."

Dann fährt sie aber fort: „Ich wünschte, Ihr könntet einmal einem unserer Gottesdienste beiwohnen. Wir sitzen dabei in einer Art Schuppen, Hermann und ich auf Stühlen und die Bataker auf der Erde. Die Männer und Frauen mit wirren, schmutzigen filzigen Haaren, fortwährend Betel kauend und die hässliche rote Flüssigkeit ausspuckend. Marinus liest das Lied Zeile für Zeile vor und Marinus und seine Familie, unsere Jungens und wir singen und die anderen singen uns nach so gut es geht. Wenn Hermann ihnen dann von Gott und von Jesus und vom Himmel erzählt, dann passen sie zum Teil sehr gut auf und fragen auch hier und da etwas; es geht manchmal sehr lebhaft zu. Ich freue mich darauf, wenn ich erst einmal Bataksch verstehen und allem gut folgen kann. Meist lässt Hermann den Marinus auch noch etwas zu den Leuten sagen. Er kennt die Art und Weise und die Gedanken der Leute. Marinus betete neulich, als er bei unserer batakschen Abendandacht dabei war: 'Herr segne auch die Angehörigen des Tuan und der Nonja, daß sie nicht müde werden für sie zu beten, damit sie unserem Volk zum Segen werden'."

Der gesundheitlichen Versorgung kommt in der Missionsarbeit große Bedeutung zu. Es gibt sehr viel Elend und Krankheiten. Viele Batak lassen sich inzwischen vom Missionar helfen und gehen nicht mehr zum Zauberpriester, zumal der Missionar umsonst hilft: „Es kommen immer sehr viele Kranke, mit allen möglichen Krankheiten. Oft kommen sie mit Wunden, die schon Jahre lang eitern oder mit ganz veralteten chronischen Leiden; es kommen auch Aussätzige. Natürlich kann man denen nicht helfen, aber sie kommen immer wieder und wollen meist nicht nach Huta Barat. Es kommen manchmal Leute, denen schon der Tod auf dem Gesicht geschrieben steht, und wollen noch geheilt sein. Eben ist einer schon tagelang auf der Station, ein armer, kranker Sklave, der sich mühsam fortschleppt. Sein Herr und seine Angehörigen bekümmern sich nicht mehr um ihn, weil er nicht mehr arbeiten kann. Er wird vielleicht nicht mehr lange leben. Ein anderer, derselbe frühere Opiumraucher, den Hermann geheilt hat, kommt auch immer wieder und will gesund werden. Er sieht sehr elend und krank aus, er hat wahrscheinlich immer Geschwüre. Nun hat er Furcht, seine Dorfbewohner wollten ihn vielleicht opfern, damit er aus der Welt geschafft würde. Es schauert einem manchmal, wenn man in dieses Elend und diese Finsternis Blicke tut. Hier traut keiner dem anderen und sie bestehlen sich gegenseitig mit einer Unverschämtheit, die keine Grenzen kennt. Sie bestehlen auch uns, sie holen uns das Brennholz, das wir sehr teuer bezahlen und weit her holen lassen müssen, am hellen Tage. Dann kommen die Frauen und holen Medizin, lungern dann stundenlang ums Haus herum und nachher verschwindet ein Stück nach dem anderen in ihrem Sack. Ich darf keinen Besen, kein Handtuch, gar nichts irgendwo greifbar haben; jeden Nagel stecken sie ein." In ihren Erinnerungen notiert sie zu diesem Thema: „Die Leute waren so schmutzig, so verlogen diebisch und es ist nicht leicht unter ihnen zu leben. Wenn die Frauen am Sonntag zum Gottesdienst kamen, saßen sie gewöhnlich vor oder nachher zusammen vor unserem Haus und lasen sich gegenseitig das Ungeziefer vom Kopf." (Erinnerungen S. 12)

Ein Ereignis scheint ihre Einschätzung von den Batak zu bestätigen:

„Es sind uns heute Nacht sieben schöne Kokosnusspalmen gestohlen worden. Hermann hatte sie aus Si Antar gekauft und mit großer Mühe und Unkosten hier her bringen lassen und mit Sorgfalt gepflanzt und wir hatten uns so daran gefreut. Sie standen unten am See und die Diebe sind natürlich über den See gekommen und dadurch kann man ihre Spur so leicht nicht finden. ... Marinus zeigte es einigen freundlich gestimmten Häuptlingen an und diese werden dann alles aufbieten, um die Diebe zu bekommen." (23. Dezember 1906) Drei Monate später dann die überraschende Mitteilung an Bruder Wilhelm: „Denke, wir haben den Dieb, der uns die Palmen gestohlen hat, und zwar haben wir ihn auf eine ganz merkwürdige Weise bekommen. Wir hatten einen Hellseher hier, ein Christ aus Toba; und als Hermann ihm sagte, ‚das und das ist uns gestohlen worden, weißt Du nichts davon', besann er sich einen Augenblick, guckte ringsum und sagte dann: ‚Tuan, dort oben in der huta (er zeigte auf ein Dorf ungefähr zwei Stunden von uns entfernt) sind Leute, die dir sagen werden, wer der Dieb ist'. Und richtig, wir haben ihn und der Mann muss an die Regierung Geldbuße zahlen, uns die Palmen bezahlen (alles zusammen 60 M.) und arbeitet eben als Sträfling unter der Aufsicht eines Polizisten, bis er das Geld dem Kontrolleur abgeliefert hat. Der Mann aus Toba kannte weder die Leute, noch das Dorf, noch die ganze Gegend. Ist das nicht merkwürdig. Er hat auch einem Mann in Parapat gesagt wo er sein ihm gestohlenes Pferd finden könne, – ohne vorher etwas von dem Pferdediebstahl gewusst zu haben." (24. April 1907) Erstaunlich, dass Martha, die doch sonst den Batak allerlei Schlauheit zutraut, dies so bedenkenlos glaubt.

Aber noch ist Dezember, das Weihnachtsfest gerade vorüber und Martha ergänzt ihren angefangenen Brief am 26. Dezember: „Wir hatten einen sehr schönen großen Baum aus einer Pisangstaude und Zweigen aus dem Wald zurecht gemacht; er sieht einem Tannenbaum ganz ähnlich und mit seinen vielen Lichtern sah er wirklich sehr schön aus. Marinus und seine Frau und Kinder und unsere Jungens und noch einige Jungens aus dem Dorf und wir feierten zusammen. Ich verstand ja nichts von dem was Hermann ihnen sagte und es wurde natürlich auch in batakscher Sprache gesungen, aber es waren unsere schönen bekannten Melodien und der Text auch fast genau so wie bei den deutschen Liedern, nur ins Bataksche übersetzt. Der Baum sah wirklich sehr schön aus in seinem strahlenden Lichterglanz; er ist wohl über zwei Meter hoch."

Gerade in der Weihnachtszeit mag Martha ihr neues Leben in der 'Fremde' besonders bewusst werden. Immer wieder drückt sie ihre Sehnsucht nach Briefen von zu Hause aus, so auch am 1. Januar 1907: „Meine Gedanken wandern so oft, so oft heim zu Euch Lieben. Ich habe bis jetzt erst einen Brief von Euch und warte mit Sehnsucht auf die ‚Tole' die am 8. Januar wahrscheinlich kommt und Post bringt. Ich habe immer etwas Angst, Ihr hättet vielleicht gar nicht geschrieben und mein langes Warten wäre vergeblich. Bitte, bitte schreibt mir doch recht viel. Ihr wisst gar nicht wie es ist, wenn man fünf Wochen mit Schweigen gewartet hat und wenn dann endlich Post kommt, ist nichts dabei." Die Postverbindung scheint sehr unsicher gewesen zu sein und viele Briefe gingen auch verloren. Umso mehr freut sie sich, als die Prau schließlich ankommt und tatsächlich die lang ersehnte Post, sowie verschiedene Möbelstücke und Kleidung bringt. Aber das meiste war nass geworden, sogar im Inneren der Kisten, obwohl alles gut in Ölpapier verpackt gewesen war. Tropische Regengüsse sind eben so heftig, dass alles sofort durchnässt ist, und so muss Martha Matratzen und Kleidungsstücke, damit sie nicht schimmelig werden, zum Trocknen auf der Veranda ausbreiten. Aber immer noch fehlen einige Kisten, doch sie weiß jetzt wenigstens wo sie sind: „Die beiden Kisten haben, durch ein Versehen des Agenten in Penang, noch eine Extrareise gemacht. Sie werden wohl jetzt glücklich in Batu Bara sein und von da ab werden sie fünf Tage lang in einer Ochsenkarre transportiert bis Tiga Ras und dann bleiben sie dort liegen, bis die Prau sie mitnimmt." (8. Januar 1907)

Die Weissenbruchs hatten zusätzlich zu Gajus noch drei Jungs angestellt: Manasse, Mitta und Amasalae. Mitta und Amasalae waren noch Heiden. In Vorbereitung für eine in einigen Wochen geplante Reise in den Bezirk Toba und Silindung reitet Manasse Marthas sehr lebhaftes Pferd zu. Gajus und Manasse sollen die zwei Pferde der Weissenbruchs um den See herumführen, während Hermann und Martha beabsichtigen, das Boot zu nehmen. Mit dem Fahrplan der Prau gibt es allerdings oft Probleme. Immer wieder kommt es vor, dass das Boot überhaupt nicht kommt. „Wir erwarten heute vergebens die Prau von Purba und Tigaras zurück, wir können uns gar nicht erklären wo sie bleibt. Wir sehen von hier aus über den See hin bis Purba, und es ist alles so klar und deutlich, daß man denkt, es wäre gar nicht so weit. Aber man fährt mit dem Motorboot manchmal über fünf Stunden und wenn man in gerader Linie über den See gehen könnte, müsste man neun bis zehn Stunden wandern. Und trotz der Entfernung können Guillaumes [in Purba, und mit Fernrohr] von ihrem Garten aus unser Haus liegen sehen. Purba liegt sehr hoch. Auch Samosir kommt mir immer so nah vor und es sind doch drei Stunden Luftlinie. Da könnt Ihr auch gleich sehen wie groß der See ist. Und er ist manchmal so in Aufregung und so gewaltig brausend, daß Bruder Pohlig mit dem Motorboot einmal drei Tage unterwegs war von hier bis Purba. Das Schiff lag in einer Bucht, konnte weder landen noch weiter fahren."

In einem weiteren Januarbrief an ihre Eltern berichtet Martha: „Die Schwester Auguste und ich sitzen hier auf der Emper und schreiben; es ist so still ringsum, die Sonne scheint heute nur wenig und es sind nur 20°R. [25°C], für europäische Verhältnisse allerdings genug. Drüben im Jungenshaus, (dessen eine Hälfte jetzt auch noch Kirche ist, bis die Schule gebaut ist; im eigentlichen Jungenshaus wohnt jetzt noch der Marinus) liegen einige Kranke, Reisende, die von Si Malungen kommen und hier zusammengebrochen sind. Es ist wahrscheinlich Malaria; die armen Menschen! Alle Durchreisenden übernachten hier auf der Station, auch die

Heiden; sie fürchten sich, in den Dörfern zu übernachten." (27. Januar 1907)

Besonders von der Missionsarbeit und der Wirkung ihrer Arbeit berichtet Martha den Eltern im Miehlener Pfarrhaus regelmäßig: „Heute Morgen waren sehr viele Menschen zum Gottesdienst da. Die Leute fürchten sich noch zu viel, auch vor der Strafe der begus (Geister). Manche fürchten sich auch noch vor uns weißen Menschen und laufen entsetzt fort, wenn man in ihre Nähe kommt; besonders einzelne Frauen, die auf dem Feld arbeiten, wenn sie noch einen Genossen haben, sind sie nicht so furchtsam. Die Leute, manche wenigstens, freuen sich, wenn wir in die Dörfer kommen, andere wieder sind absolut nicht freundlich gesinnt."

Dann fährt sie fort: „Wir haben einige, die regelmäßig zum Gottesdienst kommen, aber sie können es natürlich noch nicht verstehen, was wir eigentlich wollen. Die Arbeit ist sehr schwer und wenn wir auf uns angewiesen wären, könnten wir es ruhig aufstecken. Aber bei Leuten, die so tief und fest im Heidentum wurzeln, ist es ja gar nicht anders zu erwarten. Und wenn vor und nach dem Gottesdienst Hermann oder Marinus laut beten, dann gucken sie groß und verwundert und fragen nachher, wie und was wir da eigentlich machten und warum wir die Hände falteten und die Augen schlössen. Sie denken auch zu leicht, das ist nur für die weißen Leute, das ist nichts für uns. Dazu kommen noch die Drohungen der Zauberpriester und die Angst vor ihnen und den Geistern. Dann wird auch den Christen alles mögliche Schlechte nachgesagt; z.B. sie äßen so unreine Dinge, was sie damit meinen wissen sie selbst nicht, denn sie selbst essen doch alles was man sich nur denken kann."

Immer wieder versucht Martha „ihren Lieben zu Hause" das tägliche Leben, ihr eigenes und auch das ganz andere, fremde der Batak nahezubringen. So beschreibt sie beispielsweise die Dörfer: „Die Dörfer, das nächste ist 10 Minuten weit, liegen ganz im Grünen versteckt und sind meist von einem hohen Schutzwall umgeben, der nur eine kleine schmale Öffnung hat, oft so niedrig, daß man hindurch kriechen muss; es sind alles kleine Festungen. Wir gehen nie in die Häuser, sie sind zu schmutzig, zu dunkel, und es ist auch ganz umständlich, diese hohe Hühnerstiege hinauf zu klettern und dann durch das runde Loch zu kriechen. Es wohnen meist vier Familien in einem Raum. Tische und Stühle kennen sie nicht, sie sitzen auf der Erde; sie haben auch natürlich weder Löffel noch Gabel noch Messer, und daß wir in ihren Augen enorm reich sind, kannst Du Dir wohl denken."

An vier Tagen in der Woche ist Markt und die Menschen kommen aus der ganzen Umgebung zusammen, um zu kaufen und zu verkaufen. Viele benützen dann die Gelegenheit, auch auf der Missionsstation vorbeizuschauen, wollen sehen, wie sie dort lebten, aber manche trügen auch Streitsachen vor, berichtet Martha.

Hermann fügt ihrem Brief noch einige Zeilen an und beschreibt einen solchen Tag: „... an Arbeit fehlt es uns nicht, ein jeder von uns hat reichlich und das ist schön, z.B. habe ich heute Morgen meine liebe Pfeife gestopft und erst vorhin nach 8 Uhr, also nach dem Abendessen konnte ich sie anstecken. Worin bestand denn die heutige Tagesarbeit? Auf der Station habe ich 2 Patienten, einen Opiumraucher von der Insel Samosir, der gern von diesem Laster los sein möchte, und einen Jungen der, nachdem er heilbaren Aussatz gehabt hatte, an beiden Beinen böse eitrige Geschwüre bekam, aus denen ich hier über 40 Würmer mit der Pinzette entfernte. Beide bedürfen der Pflege und beide sind gottlob auf der Besserung. Da heute Markttag war kamen viele Leute, um Medizin zu holen und alle mit kranken Augen, Fieber und Geschwüren behafteten ließen sich von mir behandeln (etwa 3035 Pat.) Dann kamen Radja von der Landschaft Motung und Girsang mit einer Schar Untertanen und aus dem Tuan Doktor musste flugs ein Tuan Richter werden, denn diese Leute kamen mit mir höchst unangenehmen Streitsachen. Es handelte sich um Reisfeldangelegenheiten und beide Parteien wetteiferten im Lügen und Schimpfen. Auch hatten sie einen Mann, der zum Frieden sprechen wollte, ergriffen und festgehalten. Da wegen der großartigen Lügerei nicht klar werden konnte, wer Besitzer des Reisfeldes ist, übergebe ich die Sache nächstens dem Kontrolleur und den Mann, den sie ergriffen hatten, halte ich solange hier zu seiner eigenen Sicherheit. Er arbeitet mit den Jungen im Garten und auch dorthin muss ich täglich einige Male meine Schritte lenken und nach dem Rechten sehen. Der Nachmittag brachte mir auch wieder Patienten und dann besuchte ich mit dem Lehrer noch 2 Dörfer, wo ich mit den Leuten über den Schulbau sprach und sie antrieb, bald ihr Teil Holz zu liefern. Dies in großen Zügen meine heutige Arbeit und meist fühle ich mich am wohlsten, wenn viele Leute kommen." (28. Januar 1907)

Eine von den Weissenbruchs geplante Reise nach Toba und Silindung hängt in der Schwebe, da wegen ausgebrochener Unruhen gegenwärtig niemand die Station verlassen darf. Die Unruhen hängen zusammen mit dem letzten, dem XII. Singamangaradja. Jede bataksche Sippe hatte ihren *raja*, ihren Häuptling oder König. Über all diesen *Rajas* herrschte nun der Singamangaradja, der Löwenkönig. Dieser kämpfte mit seinen Anhängern schon lange gegen die Kolonialregierung und war auch ein erbitterter Feind der Mission. Es kommt deshalb immer wieder zu kämpferischen Auseinandersetzungen, von denen auch die Missionsleute betroffen sind.

Gerade jetzt waren die Missionsstation in Lumban na Bolon und einige Schulen und Regierungsgebäude niedergebrannt worden. Bei der angezündeten Missionsstation war das jüngste Kind der Missionarsfamilie Schmied im Feuer umgekommen, was nicht nur Martha zutiefst erschüttert hat. Daraufhin wurden in Toba und Uluan je sechs Posten abkommandiert, um jede Missionsstation und jedes Regierungsgebäude zu schützen. Auch hatte die Regierung dreißig *radjas* aus dem betreffenden Bezirk verhaftet und sie nach Sibolga gebracht. Martha ist beunruhigt, sie bleibt nicht gern allein im Haus.

Trotzdem geht das alltägliche Leben weiter, Martha bittet ihre Eltern wieder um Saatgut, aber bitte nicht zu viel, denn die Samen halten sich nicht und die wenigen Leute auf der Station könnten gar nicht alles essen was in dem großen Garten, den sie angelegt hatten, gezogen würde. Zwar sei der Gartenboden sehr steinig und trocken, aber es stehe ja genug Seewasser zur Verfügung, allerdings läge der See doch etwa 20 Meter tiefer als der Garten.

Als Martha im März von Purba Sariboe aus schreibt, erwähnt sie zum ersten Mal eine schwere Migräne, die sie vor der Abreise befallen habe; sie ist erstes Anzeichen für beginnende gesundheitliche Probleme. Sie sind zu Besuch bei der holländischen Missionarsfamilie Guillaume. Die Station Purba liegt etwa 200 m über dem See und das Klima ist hier sehr angenehm kühl. Vom Haus der Guillaumes aus schaut man hinunter in das schöne Tal mit seinen grünen Reisfeldern und hinter der Station steigen die Berge weit hinauf. Martha wird hier noch oft bei dem befreundeten Paar zur Erholung weilen.

Herrn Guillaume beschreibt Martha als einen kleinen, fröhlichen Mann, voller Humor und sehr energisch. Wie alle Kinder, rennen auch die fünf Kinder der Familie barfuß herum. Anne Guillaume hat zwei Mädchen angestellt – Martha betont „Mädchen“ in ihrem Brief, da normalerweise nur Jungen angestellt wurden. Beide Mädchen sind freigekaufte Sklavinnen.

Da Herr Guillaume beabsichtigt, bald nach Medan zu fahren, wo er auch einige Paar Schuhe für seine Frau kaufen soll, bittet ihn Martha, ihr doch auch gleich einige mit zu bringen, das heißt ... sechs Paar! Martha erklärt dies: „Die Schuhfrage ist hier eine sehr wichtige. Schuhflicken kann kein Mensch, und alle laufen so lange auf ihren Schuhen, bis es nicht mehr geht." Ihren Brief abschließend, schildert sie: „Während ich dies schreibe, machen die Affen gegenüber ihre Musik im Wald. Es sind schöne Töne, ein Gemisch von hohen und niedrigen Stimmen, durchsetzt mit dem niedrigen Bass der größeren Affen.” (14. März 1907)

Zurück in Si Piak ist inzwischen auch das Osterfest vorbei und Hermann berichtet von ihren Festlichkeiten. Eine Situation hebt er besonders hervor. Er hatte auf der Veranda Marthas Singen mit seinem Waldhorn begleitet und dies hatte eine Schar Batak, die alle sehr gern Musik hören, angezogen. Sie saßen vor dem Haus und lauschten still und andächtig.

Trotz aller Schwierigkeiten sind sie mit dem Erfolg ihrer Bemühungen zufrieden. Hermann ist jetzt zwei Jahre in Si Piak und schreibt am

31. März 1907: „Wir haben die gewisse frohe Hoffnung, daß auch in unserm Gebiet Gottes Wort seine Macht und Kraft beweisen wird, und schon meine ich, etwas von einer neuen Zeit zu verspüren, gleichsam eine Morgenröte, die den Nebel vertreibt. In Parapat feiert der Radja Saul ein heidnisches Opferfest, wobei die bataksche Musik und Tänze eine große Rolle spielen. Wer den Lärm hört, könnte denken, hier herrsche noch das finsterste Heidentum. Und doch ist's nicht so. Radja Saul kommt jetzt fleißig zum Gottesdienst und hat dies Fest veranstaltet gleichsam als Abschluss seines bisherigen Lebens nach heidnischem Wandel. Gestern war er bei uns und sagte: ‚Tuan, wir wollen jetzt dem ‚sombaon' (Anbetungsstätte resp. der Geist selbst) sagen: Hier hast du noch ein letztes Opfer, das wir dir bringen, fordere aber fernerhin keins mehr von uns, denn wir wollen die ‚ugama na buruk', das ist ‚die alte verschlissene Religion', verlassen, und einer neuen besseren folgen.' Wenn ich nun auch vorläufig noch nichts Außerordentliches erwarte, so bin ich doch gewiss, daß wir einer arbeits und segensreichen Zeit entgegen gehen." (31. März 1907)

Martha geht die eintönige Musik, das ewige „gondangen" Tag und Nacht [7] auf die Nerven, auch ist sie skeptischer als Hermann und meint „... und ob sie danach der anderen Religion folgen, ist noch sehr die Frage." (15. April 1907)

Hermann berichtet auch noch von einem anderen Gottesdienstteilnehmer, dem kleinen Radja Ama ni Aba. Dieser folge den Gottesdiensten stets sehr konzentriert und gebe sich große Mühe, die ihm fremden Melodien mitzusingen. Oft bete er laut, ohne sich an den anderen zu stören. Zum Lehrer Marinus habe er neulich gesagt: „Ich habe in meinem Reisfeld kein ‚sanggar'. Ein Sanggar war ein Schmuck aus grünen Zweigen, der nach heidnischen Vorstellungen den Ertrag des Reisfeldes steigern sollte. „Ich hoffe auf die Barmherzigkeit Gottes, der meine Arbeit und mein Reisfeld segnen kann ohne solche Zaubermittel." (31. März 1907) Der Mann arbeitete auch sonntags nicht mehr, ohne dabei wie viele andere zu befürchten, dass ernicht mehr genug zum Leben haben würde.

Es folgt eine eigentümliche Formulierung Hermanns, die einen Spagat zwischen Vorurteilen in der Heimat und der eigenen Erfahrung zeigt:

„Ihr seht aus diesen Zeilen, wie das Evangelium überall, auch unter unsern „Schwarzen und Wilden"! ... sich erweist als eine Gotteskraft (bitte sehr! so sprechen wir nie von unsern lieben Batakern!)"

Hermann berichtet auch von seinen Bemühungen um die Bataksprache. Er möchte noch tiefer in batakisches Fühlen und Denken eindringen.

„Was die Sprache anbetrifft, so finde ich, daß es sehr schwer ist, das auszudrücken, was man gerne sagen möchte. Es ist unmöglich, die Gedanken, die man sich z. B. über einen Bibeltext gemacht hat, in der Weise in Worte zu kleiden, daß das zum Ausdruck kommt, was man empfindet. Man denkt halt viel zu Deutsch und lebt noch zu wenig in dem Gedankenkreis, in dem sich ein Bataker bewegt. So muss ich immer noch tüchtig lernen, um tiefer in den batakschen Sprachgeist hinein zu dringen. Ich lese daher auch allerlei bataksche Märchen und Fabeln und suche mir aus der Fülle ihrer Sprichwörter mancherlei anzueignen.....“

Seit November läuft die Planung für den Bau einer Schule. Jetzt wird es mit dem Bau konkret: Bis Ende April muss alles Bauholz für die Schule abgeliefert worden sein. Mit einer neuen Schule würden sie dann auch gleichzeitig bessere Räumlichkeiten für ihre Gottesdienste haben.

In diesem Brief kommt Hermann noch zu einem Thema, das ihm zunehmend Sorgen bereitet: Marthas Gesundheit. Noch am 1. Januar hatte Martha geschrieben, wie gut ihr das Klima am Tobasee bekomme, dass sie sich kaum von der Hitze beeinträchtigt fühle, weil das Haus innen kühl bleibt, selbst wenn die Sonne hoch im Zenit steht. Jetzt klagt Hermann, dass sie unter Blutarmut, migräneartigen Kopfschmerzen, allgemeiner Schwäche und Appetitlosigkeit leidet und sorgt sich, dass sie in diesem Zustand etwaigen Tropenkrankheiten nicht standhalten könnte. Sie versuchen über die Ernährung Abhilfe zu schaffen, denn die ist, trotz des eigenen Gemüseanbaus, immer noch zu einseitig. Vom *radja* von Parapat bekommt er nun jeden Tag eine Weinflasche gefüllt mit Büffelmilch, die Martha täglich trinkt, auch versuchen sie aus dieser fetten Milch Butter herzustellen. Aber so ganz einfach ist das nicht, denn die Batak trinken keine Milch, weil sie sich sorgen, dass das Kalb dann nicht genug bekomme und stürbe. Wegen all dieser Schwierigkeiten überlegen sie, sich ein Buckelrind anzuschaffen, wie sie es bereits bei anderen Missionaren gesehen haben. Aber es ist einfach kein Geld da, der Hausbau hat viel verschlungen und sie haben Schulden und so ein Rind kostet viel Geld, ca. 250 Mark. Also bittet Hermann die Schwiegereltern um Unterstützung: „Könntet Ihr uns nun wohl statt des Geldes für die Möbel 300 M. schicken? ... es [wäre] doch sehr wünschenswert, wenn Du die Summe von 300 M. bei Herrn Schindelin für uns einzahlen könntest. Musst dann aber ausdrücklich bemerken, daß es an mich ausbezahlt werden muss, sonst wandert es am Ende noch in die große allgemeine Missionskasse, die ihren Schlund stets weit geöffnet hält, und wir hier auf Si Piak trinken Tobaseewasser statt Milch.“

Auch Martha schreibt jetzt erstmals von gesundheitlichen Problemen. Sie habe wegen des Fiebers mehrfach Chinin einnehmen müssen und sich seit einem Anfall von Dysenterie [8] noch nicht wieder vollkommen erholt. Als ob sie sich selbst beruhigen wollte schreibt sie: „Aber es ist mir immer ein Trost, daß hier alle im ersten Jahr am meisten zu leiden haben und nun kann ich Liesbeth Schreiber verstehen, die sich neulich über mein gutes Aussehen so sehr wunderte,“ und fährt fort: „Hermann ist rührend besorgt um mich und pflegt mich sehr. Wenn es irgend geht, lasse ich den Gajus in der Küche schalten, aber er muss immer merken, daß ich nachsehe. Neulich wollte er plötzlich fort; d.h. seine Verwanden wollten haben, er solle heiraten, und er hatte auch schon zugesagt, aber schließlich blieb er doch lieber hier, ohne daß wir irgendetwas zu ihm gesagt hatten. Ich fürchte aber, es geht nicht mehr lange mit den vier Jungens; sie haben immer Streit miteinander, weil der Gajus mehr Lohn bekommt als die anderen; er bekommt 8 Mark im Monat und vier Anzüge im Jahr. Die anderen bekommen weniger, aber sie kommen auch direkt aus dem Dorf und wissen und kennen nichts, während Gajus schon einige Jahre Koch ist und waschen, stärken, bügeln kann." (15. April 1907)

All diese Querelen belasten Martha fühlbar. Zwischen den Zeilen lässt sich herauslesen, dass Martha das Leben in der fremden Umgebung doch nicht leicht wird, das Leben scheint ihr gegenwärtig zu widerständig. Alles wird ihr zu schwer und sie klagt viel z.B. über Geldnot.

Die finanzielle Situation ist die ganze Zeit schon schwierig gewesen, Bitten um Unterstützung an die Eltern und Klagen über die teuren Lebensmittel ziehen sich durch die Briefe dieser Zeit, so auch jetzt wieder: „Die Eingeborenen tun nichts umsonst. Daheim denkt man sich das Leben unter den Heiden ganz anders. Der Tuan muss alle inländischen Produkte teurer bezahlen als die Eingeborenen. Und wenn sie den Tuan bestehlen nach allen Regeln der Kunst, so rechnen sie das gar nicht für Unrecht. Der Tuan ist ja reich, er kann es ja wieder kaufen. Und alle Konserven, Butter, Milch, Käse, sind so teuer. Die Butter das Pfund 1,70 Mark und die Blechmilch ekelt mich an, sie ist schon halb schlecht, wenn sie hier ankommt, und wir müssen viel Bleche fortwerfen, Stück für Stück 64 Pf."

Und sie klingt unzufrieden: „Wir bekommen jetzt fast jeden Morgen aus dem Dorf Milch. Ich gebe eine Flasche und Trichter mit und die Leute melken direkt in die Flaschen. Aber ein Horbo hat meist mehrere Besitzer und alle vier Tage wandert er zu einem andern. Man hat also alle vier Tage einen anderen Milchlieferanten und oft bekommen wir einmal vier Tage keine Milch, weil sie absolut nicht alle die Milch liefern wollen. Aus so schmutzigen Händen würde man daheim überhaupt keine Milch nehmen." Sie beklagt nicht nur die hohen Preise, sondern auch, dass sie Lebensmittel oft von weit her mit dem solu oder der Tole besorgen müssen. Wenn dann Bestellungen auch noch oft einfach vergessen werden und sie vergeblich wartet, dann ist Holland in Not. Martha scheint aber selbst einen Zusammenhang zwischen ihren Klagen und ihrem Gesundheitszustand zu sehen, denn sie beschließt das Thema: „Und wenn wir erst einmal eine Kuh haben und ich Milch trinken kann, wird sich mein Gesundheitszustand auch wieder heben."

In dieser Situation sind die vielen durchreisenden Gäste eine besondere Belastung. Nahezu jeder, der nach Osten oder Norden will, kommt über Si Piak. Und sie bleiben immer über Nacht. „Es kommen so viel Menschen hier hin, daß es einem fast zu viel wird", seufzt Martha.

Völlig unerwartet kommt jetzt auch noch Kontrolleur Kock auf die Station und „nistete“ sich dort ein, wie Martha schreibt: „Es war gestern ein Leben und Treiben hier im Hof; Bataker aus allen Gemeinden hatte er sich hier her bestellt. Er hat vom General-Gouverneur den Auftrag, den Singamangaradja zu suchen und ihn auf gütlichem Wege zu bewegen, sein jetziges Leben und Treiben aufzugeben und sich unter den Schutz der Regierung zu stellen. Leben und Freiheit soll ihm zugesichert werden. Nun schickt er Abgesandte mit Briefen an den Singamangaradja d.h. er muss erst gesucht werden, es weiß niemand wo er ist. Morgen kommt vielleicht Dr. Nommensen auch hierher, oder wenn nicht, fährt Kontrolleur Kock übermorgen nach Si Gumpar. Nommensen ist der einzige, der den Singamangaradja jemals gesehen und gesprochen hat. Der Singamangaradja hat nirgends einen festen Wohnsitz, er ist aber noch sehr beliebt und hat überall seine Anhänger. Wir sind sehr gespannt wie die Sache ausläuft.“

Die Situation mit dem Singamangaradja beunruhigt Martha sehr und dass ausgerechnet jetzt Hermann eine Missionsschwester nach Bandar zum schwer erkrankten Missionar Simon begleiten muss und sie drei Tage allein zurückbleiben soll, macht ihr Angst. Durch einen glücklichen Zufall kommt Hermann schon am gleichen Abend zurück und Martha schreibt: „Ich war glücklich, daß Hermann wieder da war, ich hatte mich vor der Nacht gefürchtet, zumal Herr Kock in den letzten drei Tagen den Singamangaradja in eigenster Person, oder eine seiner Frauen, oder irgendeine Nachricht von ihm erwartete ... Hier her ist er nicht gekommen, hat auch keine Botschaft gesandt, aber am See brennen allerlei Lichter heute Abend; sie leuchten hell auf und verschwinden dann wieder. Vielleicht kommt er doch hier vorbei und seine Getreuen geben ihm durch die Lichter Signale – wer kann es wissen! Ich bin von Herzen froh und dankbar, daß ich nicht allein bin, zumal ich noch nicht so viel Bataksch kann...“ (9. Mai 1907)

Während der Anwesenheit des Kontrolleurs ist Weissenbruchs Hof den ganzen Tag von Batak bevölkert, die ihm ihre Streitsachen vorlegen und der dann dem Schuldigen eine Strafe von 20 bis 40 Gulden auferlegt. Als einige Tage später alle wieder weg sind, ist Martha doch sehr froh. Der Kontrolleur habe sich zwar gut in die Hausordnung eingefügt, habe aber große Reden geschwungen und „hänge sein Mäntelchen hübsch nach dem Wind“...

Zu den menschlichen Bedrohungen kommen auch die durch die Natur. Vor einigen Tagen habe ihr Hund eine 1,5 m lange giftige Schlange getötet, schreibt sie ihrem Bruder Wilhelm am 4. April. Es war die erste, die Martha je gesehen hat. Da Schlangen scheu sind und sich vor Menschen fürchten, sehe man sie selten. Nichtsdestotrotz habe Hermann in drei Wochen drei Schlangen geschossen, die letzte an diesem Morgen.

Aber sonst seien wilde Tiere eher selten. Tiger z.B. kämen in dieser Gegend nicht vor, lebten aber auf der anderen Seite des Sees in den bis zu 2.000 m hohen Bergen. Martha meint, dass ihr „Tigererlebnis" eine Seltenheit gewesen sei. Selbst Europäer, die schon zehn Jahre im Land wären, hätten noch nie einen Tiger gesehen. In Bandar bei Simons hingegen kämen Tiger oft bis an die Häuser, so dass man nachts ihren kurzen, gellenden Schrei hören könne. Auch gäbe es Stationen, wo Tiger in der Nacht Hunde von der Veranda geholt hätten.

Marthas gesundheitliche Verfassung hängt ganz offensichtlich auch mit der fremden Ernährung zusammen, an die sie sich nicht so recht gewöhnen kann. An einem Tag, als Hermann in Parapat ist und sie allein auf der *emper* sitzt, schreibt sie einen Brief in dem ihr Widerwille deutlich zum Ausdruck kommt: „Der Gajus kocht eben für uns drei Menschen: Reis und Huhn und Kokosnuss und etwas grünes Gemüse und dazu gibt es saure Gurken und süßsauren Kürbis und süße Botik und das unvermeidliche Sambal, ganz wenig fein gehacktes, mit spanischem Pfeffer gebratenes Fleisch. Ich bin den Reis so leid, aber man hat hier nichts anderes. Man muss auch immer irgendwelches Gemüse haben, denn der Reis allein hat nicht genug Nährgehalt. Unsere neulich geernteten Kartoffeln, so groß höchstens wie eine Walnuss, sind schon zum Teil verfault; es ist fast nicht der Mühe wert, daß wir es noch einmal probieren." (15. April 1907)

Trotz aller Misslichkeiten, Martha hat sich weiter eingelebt. „Mit der Sprache geht es mir je länger je besser, und im Haushalt auch", schreibt sie.

„Ein Haushalt mit so unselbständigen dienstbaren Geistern ist keine Kleinigkeit und ich kann froh und dankbar sein, daß ich den Gajus habe, der doch einigermaßen Bescheid weiß. Ich glaube zwar, daß er bald heiraten will, dann lerne ich mir den kleinen Mitta an. Geschickt sind die Bataker alle und Hühner oder irgendwelches Getier zu schlachten..., oder Fische zurecht zu machen, verstehen sie alle, ich brauch also auch nicht die Hühner selbst auszunehmen, was mir immer so ein Gräuel war. Und reiten und schwimmen können sie auch alle großartig. Im See wird Tag und Nacht gefischt und wir kaufen öfter Fische; ich nehme sie aber nur, wenn sie noch leben. Krokodile gibt es zum Glück nicht im Tobasee, auch sonst keine gefährlichen Tiere; es kommt daher, weil der Ausfluss des Tobasees, der Assahanfluß, hohe Wasserfälle hat (einen über 50 m hoch) die die Tiere abhalten." (2. Juni 1907)

Auch von außen kommt Hilfe. Offenbar gibt es zu jener Zeit Handwerker, die von Ort zu Ort ziehen und ihre Dienste anbieten. In einem Brief vom 9. Mai erzählt Martha, dass zufällig ein batakscher Schneider in Si Piak vorbeigekommen sei und sie ihn sofort angestellt habe. Er näht Anzüge für die Jungen und fertigt sogar eine Matratze, die er mit dem wunderschönen, weißen *kapok* [9] polstert, den sie von einem *radja* als

Geschenk erhalten hatten. *Kapok* war schwer zu bekommen und ihre eigenen Kapokbäume werden erst in zehn Jahren tragen. Martha ist glücklich: „...ich war so froh, daß er so gut mit der Maschine umgehen konnte. Er konnte allein spulen und kannte diese Art Schiffchen, so daß ich ihm gar nichts zu zeigen brauchte. Er saß auf der Veranda und nähte, drehte sich dazwischen manchmal eine Zigarette (die Bataker rauchen alle, auch die kleinen Jungens)." (9. Mai 1907)

Und doch, in dem ganzen unruhigen Leben gibt es auch einmal einen völlig ruhigen Tag, einen wie den 2. Juni. Obwohl gegenwärtig fast immer schwere Gewitter durchziehen, ist es heute ganz ruhig. Martha weilt in Gedanken in Miehlen, auch sie ist ruhig und schreibt all ihre Gedanken und Sorgen an die Eltern. Es wird ein langer Brief: „Es ist alles so still ringsum; es ist ganz merkwürdig, aber es kommt uns und kam mir von Anfang an alles Sonntags viel ruhiger vor, ganz sonntäglich, so als hätte unsere Umgebung auch Feiertag. Heute Morgen waren viele Menschen da zum Gottesdienst. Es entspinnt sich meist nachher noch eine lebhafte Unterhaltung, entweder über das Gehörte, über die neue Religion, die der Tuan bringt, oder auch über unser Land; sie fragen dann, was bei uns in Deutschland wächst. Besonders interessiert sie der ‚eme' (Reis), der bei uns wächst, und wenn wir ihnen Korn zeigen, besehen und beschmecken sie es so genau. Es ist ein Fragen und Staunen, alles mit großer Lebhaftigkeit." (2. Juni 1907)

Anschließend bezieht sie sich auf einen Brief der Mutter, in dem diese offenbar über die Geldknappheit ihrer eigenen Familie in Deutschland geklagt hatte. „Was wird Euch unser langer Bettelbrief, der inzwischen wohl auch angekommen ist, quer kommen. Mit dem Harmonium warten wir natürlich gern. Und alle die anderen Sachen eilen auch nicht so; wir haben uns die ganze Zeit beholfen und können es unter den Umständen dann auch weiter tun. Und Kuhgeld wirst Du uns dann auch nicht schicken können, lieber Vater. Wir bekommen schon jetzt fast keine Milch mehr und über kurz oder lang wird es ganz aufhören. Aber Gardinen und Kleider kann icheigentlich nicht entbehren."

Sie verteidigt in diesem Brief ihre Bitte um finanzielle Unterstützung und wendet sich an den Vater: „Du meinst, wir hätten vielleicht zu luxuriös gebaut und dadurch die vielen Schulden, lieb Väterchen? Aber Hermann hat kleiner gebaut als die Baukommission, die hier besteht, ihm angegeben hat. Wir haben übrigens nicht 1000 Mark sondern 1200 Gulden Schulden, also fast 2000 Mark, d.h. ein kleiner Teil ist schon bezahlt und die Möbel sind auch z.T. bezahlt. Die 1200 Gulden beziehen sich nicht auf Möbel, sondern nur Haus, Jungenshaus, Pferde und Hühnerstall, Badehaus (d.h. letzteres ist ja nur klein). Wir sitzen hier eben unter viel schwierigeren Verhältnissen als die meisten andern. Zuschuss gibt es fast kaum, wir haben schon 300 Gulden Vorschuss und haben jetzt in Barmen noch um 800 Gulden Vorschuss gebeten, um einen Teil bezahlen zu können. Nommensen darf nur bis 1/3 des Gehaltes Vorschuss bewilligen, wenn man mehr will, muss man in Barmen bitten. Die Deputation in Barmen hat bei dem Beschluss, daß der Missionar zum Hausbau selbst zulegen soll, den weisen Satz aufgestellt: die Missionare sollten das Gefühl haben als wohnten sie im eigenen Haus. Der Missionar gibt aber wirklich nichts auf dieses Gefühl; wenn z.B. ein schuldenbeladener Missionar versetzt wird, nimmt er seine Schuldenlast mit auf die neue Station und niemand nimmt sie ihm ab. Wenn im nächsten Jahr Herr Inspektor H. kommt, wird vielleicht auch in der Hinsicht manches geregelter. Von der Deputation wird ja immer damit gerechnet, daß die jungen Missionare in den zwei Jahren ihres Junggesellenlebens sich etwas ersparen können. Aber Hermann musste ... nach ¾ Jahren schon in Lumban Lobu das kleine Jungenshaus vorrichten und die fertigen Bretter hierher befördern lassen; und außerdem hatte er Unglück mit einem Pferd und musste es durch ein neues ersetzen. Wir haben das alles nach Barmen berichtet und alle Baupläne und alle Ausgaben mit eingeschickt und nun sind wir gespannt auf die Antwort. Nun genug davon; das ist ein unerquickliches Thema." (2. Juni 1907) Die Missionsarbeit forderte offenbar den Missionaren auch in finanzieller Hinsicht einiges ab. In diesem Fall haben die Weissenbruchs aber die Rückendeckung der meisten Missionsgeschwister.

Dann beklagt sie, dass Gajus nun doch weggehe, um zu heiraten. Mitta soll seinen Platz übernehmen, muss aber noch viel lernen. Zum Haussäubern hat sie einen armen, kleinen Jungen mit Namen Pangelak angestellt: „Er kam gestern und ich gab ihm gleich Seife und schickte ihn zum See sich zu waschen. Er hat nur ein Ulos (Lendentuch); er ist erst elf oder höchstens zwölf Jahre alt und geht natürlich auch zur Schule. Er ist ein vergnügter kleiner Kerl und in der Arbeit kann man nicht viel von ihm verlangen. Er bekommt auch nur Essen und Kleidung...." Allerdings klagt sie, der kleine Bursche habe von nichts eine Ahnung und einen Besen habe er auch noch nie in der Hand gehabt, denn ein Batakhaus werde nicht gekehrt. Der Boden eines Batakhauses besteht aus Bambusrohren, zwischen denen alles hindurch fällt und der für Europäer insofern tückisch ist, als man leicht mit den Füßen in die Zwischenräume geraten kann.

Gajus' Weggang, der kleine Junge – im Augenblick wird Martha wieder einmal alles zu viel: „Unter diesen Umständen habe ich nur den einen Wunsch (der mir aber wohl nicht erfüllt wird), daß wir einmal ein ganzes Vierteljahr von Besuch verschont bleiben. Dienstag kommen wahrscheinlich Brinkschmidts von Palipi (auf die ich mich wirklich von Herzen freue), außer ihnen Mohris mit drei Kindern und am Mittwoch kommen wahrscheinlich Schwester Steinsiek und Schwester Lina Zeitter von Bandar zurück. Wir bekommen so oft und immer so viel Besuch, ... Und wenn man dann so viel Besuch hat und hat keine Kartoffeln, kein Gemüse, keine Eier (ich bekomme eben gar keine), vielleicht auch keine Kaffeebohnen und kein Mehl mehr (wie es mir neulich erging), dann können einem die Haushaltungssorgen schon Kopfzerbrechen machen. Die Geschwister in Toba und Silindung haben keine Ahnung, wie es uns hier manchmal geht. Wir haben vor zehn Wochen Kaffee bestellt und er ist immer noch nicht da. Die Leute hier pflanzen keinen Kaffee; wir können manchmal etwas von Samosir kaufen. Wir haben jetzt unten im Garten Kaffee gepflanzt und auch den Leuten Kaffee zum Pflanzen gegeben. Auch ein nasses Reisfeld lässt Hermann eben anlegen. Die Leute hier haben nur trockene Reisfelder und auf trockenem Land wächst der Reis nicht so gut; da wo fließende Wasser sind, steht der Reis ganz im Wasser und die Bataker verstehen es sehr gut, das Wasser so zu leiten, daß es immer über das Feld rieselt. Das Reisfeld unten am See ist ein gewaltiges Stück Arbeit. Das Land muss dem See gleich gemacht werden, dann wird in das Wasser gesät und später ausgepflanzt. Jetzt wo der Tuan anfängt, nasse Reisfelder zu bauen, fängt unser Nachbar auch an und nutzt den See aus. Die Leute sagen immer, ‚beim Tuan wächst alles besser als bei uns'. Von selbst wächst eben hier nichts und der Boden wird von den Eingeborenen zu wenig bearbeitet. Die Bataker hier haben auch nie Obst, sie pflanzen nur Reis und gadong (Süßkartoffel). Sie trinken auch keinen Kaffee und essen nur zweimal am Tage, morgens um elf Uhr und nachmittags um fünf Uhr."

Dann fährt Martha fort und berichtet: „Vor einigen Tagen kamen Leute, Abgesandte einer Landschaft, und baten um einen Tuan: Sie hätten gesehen, daß die, die einen Tuan hätten, viel glücklicher wären. Hermann fährt jetzt erst einmal hin und dann kommt wohl bald ein Lehrer dort hin."

Wie unzulänglich die medizinische Versorgung und die hygienischen Verhältnisse damals trotz aller Bemühungen waren, verdeutlicht ein Brief Marthas von Sonntag dem 23. Juni: „Es war heute ein sehr schwerer und sehr trauriger Tag. Der Schreiner, ein Christ den uns Bruder Nommensen geschickt hatte für die Schule, war ... gestern und heute sehr krank und heute um drei Uhr ist er gestorben. Wir wissen gar nicht was er hatte, es muss aber eine sehr schwere Krankheit gewesen sein; vielleicht Darmverschlingung oder Bauchfellentzündung oder so etwas. Er lag im Schulraum, im Zimmer neben der Lehrerwohnung; jetzt liegt er schon im Sarg, den der Marinus mit den Jungens gezimmert hat. Er sollte eigentlich diese Nacht nach Si Gumpar gefahren werden, aber unser solu ist leider nicht da und es ist weit und breit keins zu bekommen, das die nötige Größe hätte. Es ist den Batakern (den Heiden noch mehr als den Christen) sehr arg, wenn der Leichnam ihrer Angehörigen nicht in ihrer Nähe beerdigt ist, und wir hätten ihm diesen Wunsch so gerne erfüllt. Seine Frau und alle seine Angehörigen wissen nun noch gar nichts von seiner Krankheit und seinem Sterben ... Wenn unser solu heute Abend noch zurück kommt wird er heute Nacht noch fort gefahren, wenn nicht, muss er morgen früh beerdigt werden." (23. Juni 1907)

Das *solu* kam rechtzeitig und war am Montag schon mit dem Sarg unterwegs. Martha allerdings ist über die Reaktionen einiger Batak im Zusammenhang mit diesen Ereignissen empört: „Jetzt sind die Leute mit dem Sarg unterwegs, ... Ruderer kann man immer dutzendweise bekommen. Es offenbarte sich aber wieder einmal die ganze Gemeinheit der Bataker. Sie lassen keine Gelegenheit recht viel Geld zu erpressen vorübergehen und so forderten sie ... 15 bataksche Ringgit (ungef. 35 M.) obwohl ihnen nur 4 Ringgit zukamen. Hermann machte aber nicht viel Federlesens mit ihnen, als er sie einfach fortschicken und unsere beiden großen Jungens und den Sklaven den wir eben hier haben und noch einen Mann aus dem Dorf nehmen wollte, erklärten sie sich endlich bereit. Man merkt immer wieder die Rohheit dieses Volkes, ... an lauter kleinen Zügen, an der Art und Weise wie sie die Leiche behandelten. Daß wir uns überhaupt um den todkranken Mann so viel kümmerten, fanden sie höchst unnötig. Liebe kennt der Heide gar nicht, wenigstens erstreckt sie sich nur auf sich und seine Kinder. Frauen haben sie ja meistens mehrere; wer Geld hat sich zwei zu kaufen, kauft sie sicher. Neulich hat ein Mann sein zweites Kind verkauft um Geld für Opium zu bekommen; das erste Kind war schon verkauft."

Zu all dem kommt noch ein weiterer plötzlicher Tod hinzu, der des Bruders Mohri, 72 Jahre alt. „Mohris waren einen Tag hier und waren sehr vergnügt und fuhren am nächsten Tag nach Purba und sie waren kaum acht Tage da, als Bruder Mohri plötzlich starb. Nun steht Schwester Mohri allein da mit ihren drei Kinderchen, von denen das Jüngste 1 ¼ Jahr alt ist."

Weissenbruchs bekommen zwar viel Besuch, aber sie reisen auch selbst und das ist dann beinahe wie Erholung. Im August machen die beiden eine größere Rundreise. Zunächst statten Hermann und Martha dem Missio narsehepaar Steinsiek in Lagu Boti, Toba, einen Besuch ab. Martha schwärmt: „Es ist hier wundervoll, so schöne hohe Bäume und Palmen und so viele, viele schöne Blumen. Steinsieks haben einen Garten, wie man ihn eben nur in den Tropen haben kann." Steinsieks Kinder waren alle bereits zum Schulbesuch nach Deutschland geschickt worden. Schwester Steinsiek und Schwester Lisette betreuten jedoch eine Reihe kleiner batakscher Waisenkinder nebenan im „Schwesternhaus". Dort wurden außer diesen Kindern noch etwa zwanzig Mädchen angeleitet und erzogen. Martha freut sich an der Sangesfreude der Batak: „...und sie singen so viel, daß es eine Freude ist, drei vierstimmig. Am Abend kam der Jünglings'[verein?] mit Blasinstrumenten und Trommel und bliesen uns zu Ehren, nicht nur allerlei geistliche Lieder, auch Märsche und deutsche Volkslieder." (6. August 1907)

Auf dieser Reise besuchen Weissenbruchs auch das auf einem luftigen Hügel gelegene Lepra Dorf Huta Salem. Dieses Dorf war eine großartige Errungenschaft in der damaligen Zeit, vor allem, wenn man sich den bisherigen Umgang mit Leprakranken vor Augen führt. Luise Winkler-Metzler berichtet in ihren Erinnerungen, dass nach Angaben ihres Mannes, des Missionsarztes Dr. Winkler, früher die Erkrankten einfach aus dem Dorf ausgestoßen wurden oder man sie in eine kleine Hütte steckte und sie darin einfach verbrannte. Die Angst und die Ansteckungsgefahr waren eben groß und die Menschen hilflos.

In Huta Salem gab es eine Kirche, einen Lehrer und mehrere Aufsichtführende. „Dort sieht man ein unbeschreibliches Elend; aber es sind zum Teil so fröhliche, friedliche Gesichter, und sie freuen sich so sehr, wenn man sie besucht.“ Besonders bedrückte Martha die große Zahl der Kinder, die doch noch ein langes Leben vor sich hätten. Aber die Kranken wurden gut versorgt und sie wussten, dass sie die Besucher nicht anfassen durften.

„... man muss ein fröhliches Herz und ein fröhliches Gesicht zu ihnen bringen. Es sind treue Christen unter ihnen, mit sehr friedlichem Gesicht ... Wenn doch unsere armen Aussätzigen in Parapat auch hier her kommen wollten, aber das tun sie nicht“, seufzt Martha.

Sie besuchen anschließend die alten Pilgrams in Balige und reiten am nächsten Tag weiter nach Si Gumpar, wo sie sich aber nur einige Stunden aufhalten, da Nommensens „am Bauen waren". Die Station liegt in einem Walde mit 40 Meter hohen Bäumen mit riesigen Kronen und dicken Stämmen. Der alte Bruder Nommensen sei mit seinen 73 Jahren noch immer rüstig und unentbehrlich, zu ihm kämen alle mit ihren Bitten und Klagen und er bestimme über alles. „Seine große Liebe ist seine Macht; sie sieht ihm aus den Augen und das empfindet jeder, der mit ihm in Berührung kommt,“ schreibt Martha. (13. August 1907)

Von Sigumpar geht ihre Reise weiter nach Si Antar. Die Lombecks, welche sie dort eigentlich besuchen wollten, waren an Dysenterie erkrankt und gerade am vorherigen Tag war die jüngste Tochter daran gestorben. Martha ist bedrückt und sagt: „Das war sehr traurig, zumal eines der Kinder noch sehr schwer krank ist und beide Eltern auch, wenn auch nicht so schlimm. Bruder Pohlig machte den kleinen Sarg und wir schmückten die kleine Leiche." Martha geht nicht weiter auf das Geschehen ein, so als wolle sie sagen: Das ist Missionsalltag.

Gleich nach der Beerdigung des Kindes reisen sie nach dem 1½ Stunden entfernt gelegenen Pangombuan weiter. Sie müssen einen See überqueren und werden auf zwei sehr langen und schmalen Booten, die nur 80 cm breit und genau so tief sind, hinübergerudert. Die beiden Boote sind zusammengebunden, und quer über beide ist eine Bank festgezurrt. So lassen sich einige mit Schilf bewachsene, sumpfige Gewässer sicher überqueren. Auf der Station der Ginsbergs angekommen berichtet Martha von einem Batak, der sogar ein wenig Deutsch spräche. Das kam manchmal vor, wenn ein Batak sehr lange auf einer Station lebte, war aber doch selten. Auch in Laguboti gäbe es zwei Lehrer, die ganz gut Deutsch verstehen und auch manchmal deutsche Lieder einübten. Von Pangombuan aus kehren die beiden dann nach Si Piak zurück.

Martha ist nun schon fast ein volles Jahr in Si Piak, wie sie in einem Brief an den jüngsten Bruder Karl überrascht feststellt. Sie erzählt von der inzwischen fertig gestellten Schule, die auch für Gottesdienste genutzt wird.

„Es ist heute Sonntag und ... in einer Stunde ist Gottesdienst in unserer neu erbauten Schule. Du müsstest nur einmal unsere Schuljungens singen hören, – vor einem Jahr ging alles noch bunt durcheinander, jeder sang seine eigene Melodie, aber jetzt singen sie schon schwerere Melodien fast fehlerlos. ... Unser Lehrer Marinus ist musikalisch; er spielt auf seiner Geige alle Melodien nach dem Gehör. Sonntags nachmittags gehen Hermann und ich meistens in ein Dorf. Die Leute haben natürlich noch keine Sonntagsfeier, weil wir noch keine Christen haben; wenn morgens um sechs Uhr unsere Miehlener Glocke geläutet wird, dann wissen sie, daß es Sonntag ist, und dann kommen sie. Am Nachmittag arbeiten sie dann ruhig weiter auf den Feldern oder im Dorf, oder sie fischen im See. Wenn wir in das Dorf kommen, bringen sie uns meistens gleich eine reine weiße Matte, legen sie mitten auf den Dorfplatz und dann setzen wir uns, und alt und jung, groß und klein setzt sich um uns herum auf die Erde. Die Hühner und Schweine laufen auch frei umher und kommen uns manchmal in bedenkliche Nähe. Manche Leute wollen nichts vom Tuan wissen und bleiben dann ruhig bei ihrer Arbeit, beim Reisstoßen oder Tuch weben oder färben. Solche Gänge in die Dörfer sind immer interessant; wir unterhalten uns mit ihnen über ihr Tun und Treiben, besehen uns die bunten, oft ganz kunstvollen Verzierungen an den Häusern lassen uns alles mögliche erklären, auch über ihre heidnischen Vorstellungen, und Hermann erzählt ihnen dann von Gott, dem Schöpfer Himmels und der Erde, und von Sünde und Erlösung.“ (15.September 1907) Mitte November bereits schreibt Martha Weihnachtsgrüße nach

Miehlen. Die Schulkinder in Si Piak üben schon Weihnachtslieder und auch in der Schule wollen sie, vorausgesetzt der Schmuck reicht aus, einen Weihnachtsbaum aufstellen. „...in Toba und Silindung sind in jeder Kirche Weihnachtsbäume", schreibt Martha am 18. November 1907, meint aber,

„So schön wie die Feier daheim in der Miehlener Kirche kann unsere Feier natürlich nicht werden. Es berührt einen fremd, geradezu lähmend, unter Menschen zu sein, denen das alles im Grunde noch höchst gleichgültig ist. Und ein Bataker wundert sich so leicht nicht, freut sich so leicht nicht; wenigstens merkt man ihnen nichts an. Wir dürfen ja absolut noch kein Verständnis erwarten, und doch merkt man immer wieder, daß die Leute an ihrer alten Religion irregeworden sind. Ein Mann kommt jeden Sonntagmorgen mit seinem solu dreiviertel Stunden weit angerudert; es ist überhaupt schon ein ganz schöner ‚Stamm' von Kirchenbesuchern und es kommen immer Neue hinzu, besonders Frauen."

Vor Weihnachten steht jedoch noch einmal eine Reise an. Vor der holländischen Bürokratie gelten Martha und Herman immer noch nicht als verheiratet und Martha berichtet: „Wir haben solche Not mit unseren Heiratspapieren. Von der holländischen Regierung sind wir immer noch nicht anerkannt und nun muss Hermann noch einmal nach Si Antar. Wie umständlich die Holländer sind, davon macht man sich keinen Begriff. Daß die Sache sich so lang hingezogen hat, ist lediglich die Bummelei der Beamten. ... Es ist ja jetzt in der Regenzeit gar kein Reisewetter, aber Hermann muss nach Si Antar und ich wäre nur sehr ungern sechs Tage allein. Wir fahren morgen in einem Ruderboot nach Tiga Ras (fünf Stunden) übernachten bei Pandita Samuel und reiten am Samstag sieben Stunden bis Rajah. Die Station liegt ganz im Wald drin. Lieber bliebe ich daheim, aber dann müsste ich allein sein; ...." Aber Sicherheit gibt es auch nicht in Rajah:

„Rajah liegt ganz im Wald und es ist etwas unheimlich dort. Abends nach sieben Uhr geht man keinen Schritt mehr vor die Türe, weil es viele Tiger dort gibt; es ist schon vorgekommen, daß nachts ... Tiger direkt am Haus entlang spazierten." (Dezember 1907 undatiert) Was aus den Heiratspapierenwurde, ist unbekannt, offenbar war die Reise aber erfolgreich.

Hermann fügt diesem später geschriebenen Brief noch einige Zeilen bei. Zur Stärkung von Marthas Gesundheit wollen sie nun zwei Büffel kaufen. „Wir wollen es vorläufig mit den Büffeln versuchen, die billiger sindund sehr fette Milch geben. Sodann Licht, Luft, Wasser, Lehm, Früchte etc. ziehen wir allen starken Medikamenten vor und wir machen gute Erfahrungen damit."

Auch von seiner Arbeit berichtet er bei dieser Gelegenheit sehr zufrieden: „Natürlich halte ich sonntags keine fein disponierte und bis ins Kleinste ausgearbeitete Predigt. Das wäre geradezu Unsinn. Man muss ganz schlicht und einfach zu den Leuten reden und dabei gehe ich wohl auf und ab, frage diesen und jenen, ob er verstanden habe, was ich gesagt, und sollte einer gar die Augen geschlossen haben, was nicht nur daheim, sondern auch bei unseren Batakern vorkommt, dann rufe ich ihn wohl laut beim Namen und sage ihm, er möge nachts schlafen. Gewöhnlich nehme ich jeden Text zweimal hintereinander, damit sich die Hauptgedanken den Leuten besser einprägen. Manchmal lasse ich auch den Lehrer reden, der oft ganz geschickt durch bataksche Sprichwörter und Beispiele aus dem täglichen Leben seine Rede zu erläutern weiß. Einmal wandte er sich an die Frauen, deren Geschäft es ist, Wasser für den Haushalt zu holen. Nicht wahr, sagte er, wenn ihr zum Wasser geht, dann sind doch die Gefäße leer. ‚olo guru, d.h. ja Lehrer', riefen sie. ‚Aber wenn ihr zurück nach Hause geht sind sie doch gefüllt?' ‚I ma tutu' ‚das ist wahr', hieß es. ‚Nun', sagt der Lehrer, ‚wenn ihr kommt, um Gottes Wort zu hören, dann bringt leere Gefäße, leere Herzen mit und lasst sie dann hier füllen mit dem teuren Wort Gottes, so geht ihr befriedigt heim.' Die Bataker sind geborene Redner. Die meisten sind geschickt, ohne besondere Vorbereitung eine Rede zu halten, die manchmal auch recht gehaltvoll und gut ist."

Nach außen dehnt sich die Arbeit auch allmählich immer weiter aus. Vor zwei Monaten hatte Hermann eine Außenstelle in Propa am See eröffnet, und auch in fünf anderen Dörfern hatten die Menschen ihr Interesse für den Bau von Schulen bekundet. Die Leute hatten mit ihm einen Vertrag geschlossen, nach welchem das Bauholz dafür in zwei bis drei Monaten bereitgestellt sein müsste. Er schließt den Brief mit einem Seufzer: „Wenn Bruder Nommensen mir nur Lehrer geben könnte. Wir haben trotz zweier Seminare immer noch großen Lehrermangel."

Im Dezember war der Kontrolleur der Ostküste für einige Tage nach Parapat gekommen. Martha gefällt das gar nicht. „Es ist immer unangenehm, wenn diese Herren über Sonntag in der Gegend sind. Für sie existiert überhaupt kein Sonntag, sie arbeiten wie an jedem anderen Tag und halten natürlich dadurch auch die Leute vom Gottesdienst fern. Es ist dann ein Rennen und Jagen unter den Leuten. Der eine möchte gerne zum radja ernannt sein, der andere zum Polizisten, der andere dies, der andere das. Die Herren machen meist, wenn sie hier sind, einen Besuch bei uns, bleiben auch wohl mal zum Essen. Aber das innere Verstehen fehlt gänzlich; der von der Westküste ist sogar ein ausgesprochener Feind aller Mission. In Medan, wo es von Europäern wimmelt, und ebenso auf den meisten Plantagen kennt man keinen Sonntag; jeden 1. und jeden 15. im Monat haben sie Ruhetag; – ist das nicht schrecklich?", schreibt Martha. (Dezember undatiert)

Für Weihnachten haben sie in Deutschland Christbaumschmuck bestellt. Wenn der noch pünktlich ankommt, wollen sie dieses Jahr einen Baum extra für den Gottesdienst schmücken. „Die Leute verstehen es ja noch nicht, warum wir Weihnachten feiern, aber vielleicht bekommen sie doch allmählich eine Ahnung von Gottes Liebe. Es wird einmal kommen, wenn wir es auch gar nicht sehen und erleben; wenn man das nicht wüsste, wäre die Missionsarbeit zum Verzweifeln. Und doch erleben wir schon so allerlei Nettes an einzelnen Leuten, an Vertrauen und eine Anhänglichkeit, daß wir uns von Herzen freuen können."

Dieses Jahr erwarten sie Besuch zu Weihnachten: „...und dann kommt Schwester Auguste Weetneeks aus Laguboti für acht bis vierzehn

Tage zu uns. Sie ist so viel ich weiß aus Livland, war früher in Rußland Lehrerin und ist ein kleines, feines Persönchen. Sie war schon einmal hier und ich mag sie sehr gerne. Unsere Station scheint den Ruf einer Erholungsstation zu bekommen."

Ihre Gedanken wandern schon in das nächste Jahr: „Dann kommt im Februar die Konferenzreise ... Wie würde ich mich freuen, wenn wir jetzt einmal lange Zeit daheim bleiben könnten; es ist bald zu viel des Reisens und der Besuche. Die Station verwildert dann auch so leicht, ich meine der Garten und die Blumen. Wir haben jetzt einen Blumenflor vor dem Haus, einfach wundervoll. Die Rosen blühen beständig, schon Monate lang. Wir wollen uns von Silindung nächstens noch allerlei Gewächs mitbringen. Blattpflanzen, die der Gärtner daheim mühsam in Treibhäusern zieht, wachsen hier im Wald wild."

Martha beendet ihren Brief mit der Mitteilung, dass Elisabeth Brinkschmitt in Palipi nun doch gestorben sei. Diese hatte wochenlang sehr hohes Fieber gehabt, ohne dass der Arzt eine Ursache finden konnte. „Es ist ganz unsagbar schwer für den armen Mann; und mir ist es auch noch ganz unfasslich." Das Leben ist in dieser Welt noch unmittelbarer bedroht und der Tod greift hier noch tiefer ins Leben ein. Martha selbst wird dies noch oft erfahren.

Eingelebt

Anfang Februar 1908 stellen Weissenbruchs eine deutliche Zunahme der Gottesdienstbesucher fest. In einem Geburtstagsbrief an den Vater vom 2. Februar berichtet Martha: „Es kommen jetzt viele Menschen 100 bis 120, besonders viele Frauen. Die Leute sitzen alle auf der Erde und für uns werden zwei von unsern Stühlen hingetragen; ein Tisch ist auch da. Fast jede der Frauen hat ein kleines Kind in einem Tuch (ulos) auf dem Rücken und wie oft gibt es eine Unterbrechung, weil eins mörderisch zu schreien anfängt." (2. Februar 1908) Oft schreibt Martha einen Brief an mehreren Tagen hintereinander. Am 5. Februar fährt sie in dem begonnenen Brief fort: „Vor acht Tagen kam Missions Konsul, Baron von Bouthelaar aus Batavia aus Java, Konsul für alle evangelischen Missionen in Niederländisch-Indien. Er kam unerwartet, Hermann und Schwester Auguste Weetneeks waren gerade kurz vorher von einer weiten Fußtour auf die Berge zurück gekommen; wir schliefen alle einen festen Mittagsschlaf, so daß wir die Tole gar nicht gesehen hatten. Der Herr ist Holländer, spricht ein sehr gutes Deutsch und ist angenehm und äußerst liebenswürdig. Er wollte in der Tole schlafen, um für die eine Nacht keine Arbeit zu machen, da unser Fremdenzimmer ja besetzt war; aber wir schlugen ihm ein Bett im Studierzimmer auf (Waschbecken auf einem Stuhl und das Handtuch über der Lehne). – Er hatte Hermann so viel zu fragen über die Arbeit hier und wir hoffen nun sehr, daß er bei der Regierung darauf dringen wird, daß die Opium Einfuhr beschränkt wird.“ (5. Februar 1908)

Jetzt im Februar findet auch die jährliche Missionskonferenz in Sipoholon statt. Zu dieser wichtigen Konferenz kommen alle Missionare aus diesem Missionsgebiet der Rheinischen Mission zusammen. Luise MetzlerWinkler meint, es hätten meist so um die fünfzig Missionare mit ihren Ehefrauen teilgenommen. Dort wurden Gremien gewählt, Fragen der Missionsund Gemeindearbeit besprochen und Erfahrungen ausgetauscht. Darüber hinaus war diese Konferenz auch ein soziales Ereignis, wie die damals in Pea Radja lebende Luise Metzler berichtet: „Da gab es viele Tage vorher und nachher ein reges Hin und Her, alle kamen bei uns herein, alle wollten in Tarutung beim 'Toko Hennemann' [10] einkaufen. In den Häusern waren alle Gästebetten belegt, und man kampierte auch auf Matratzen, die auf den Boden gelegt wurden. Das war immer herrlich, man hörte von allen Seiten so viel, besonders die alten Missionare wussten so herrlich zu erzählen. Sie alle waren unsere ‚Onkel und Tanten', weil wir sie und sie uns von unserer Kindheit her kannten.“ (Metzler, Meine Erlebnisse S. 25) Zu dieser Konferenz würde Martha nun zum ersten Mal mitreisen.

„Heute in acht Tagen hat die Konferenz schon angefangen", schreibt sie. „Wir reisen erst nach Laguboti und dann nach Butar und dann nach Pea Radja. Ich werde dann wahrscheinlich in Pea Radja bei Dr. Schreibers und bei Metzlers bleiben während Hermann in Sipoholon auf der Konferenz ist. Sipoholon ist nur eine knappe Reitstunde von Pea Radja entfernt und wenn es etwas gibt, was wir Mitgenießen können, können wir hinreiten ... Unser Marinus bewacht die Station, mit den beiden Kleinen, Si Pangelak und Si Adong. Die Großen gehen mit und müssen das Gepäck tragen. Nach Silingung [Silindung?] sind die Wege gut, das Reiten ermüdet dadurch nicht so sehr. Es werden jetzt überall breite, sechs Meter breite Wege angelegt. Nächstens kommen die Automobile bis zum Tobasee. Das dritte große Boot (Motorboot) ist schon unterwegs. Nächstens ist das Land nach allen Seiten hin erschlossen.“ (2. Februar 1908) Aber noch ist es nicht soweit und die mehrtägige Anreise wird wie geplant mit der „Tole" und zu Pferd bewältigt. „Wir kamen am Samstag mit der Tole in Laguboti an ... Die anderen Tuans und Nonjas waren schon früher gereist. Von Balige, vom Seeufer aus steigt man höher und höher und die Pferde haben ihre liebe Not. Aber man kann doch hinauf reiten, das Gehen würde zu anstrengend sein. Wenn man dann endlich oben ist und schaut zurück, dann sieht man ein so herrlich schönes Stück Erde, wie es wohl wenige sonst gibt. Von dort oben haben wohl auch damals die Europäer den See zum ersten Mal gesehen und wie muss es dem alten Bruder Nommensen zu Mute sein, wenn er ‚Damals' und ‚Jetzt' vergleicht. Damals konnte er mit Mühe sein Leben retten und jetzt ist dort unten am See eine blühende Christengemeinde neben der anderen. Man steht dort oben 1500 m über dem Meer. Dann ging es weiter über die weite Steppe, auf der fast nichts wächst als Myrten und es sah wunderschön aus. Wenn sie dürr geworden sind holen sich die Leute dieses Myrtengestrüpp als Brennholz, weil sie weit und breit keine Bäume haben. ... Am anderen Morgen ging es weiter nach Pea Radja. Es ging allmählich immer mehr in die Tiefe; wir ritten manchmal an ganz schauerlich tiefen Abgründen entlang, wo tief unten ein Gebirgsbach brauste und schäumte; dann kamen wir in das wunderschöne, liebliche Silindungtal. Es ist ein weites Tal und zwei Flüsse ziehen sich hindurch, die sich weiter unten in einem vereinen." (14. Februar 1908)

Während der Konferenz wohnen sie im Haushalt von Missionar Metzler, besuchen aber oft das Haus der Familie Dr. Schreiber. Diese Familie war sehr musikalisch und veranstaltete regelmäßig Hausmusiken. Martha ist begeistert: „Es ist ein so durch und durch musikalisches Haus und diese regelmäßigen musikalischen Abende hier sind wirklich ein Genuss; Harmonium, Klavier und Violine zusammen, es ist herrlich." Es klingt, als erlebe sie hier ein Stück Heimat, vielleicht auch Geborgenheit, denn: „Es sind noch so viele andere Menschen hier, daß es mir ganz schwül wurde vor all den vielen Menschen die ich noch nicht kannte." (2. Februar 1908)

Während Martha an verschiedenen Aktivitäten teilnimmt, ist Hermann auf der Konferenz im nahen Sipoholon beschäftigt. An einem der Tage reitet er mit vielen anderen *Tuans* nach Süden zu einer Stelle, an der die ersten beiden amerikanischen Missionare ermordet worden waren. Zu ihrer Ehre soll dort ein Gedenkstein errichtet werden.

Martha macht sich so ihre Gedanken über einige Menschen, auf die sie in Pea Radja trifft: „Es sind eben zwei holländische Schwestern hier, die Sumatra bereisen; sie kommen wahrscheinlich auch zu uns nach Si Piak, um über die Ostküste wieder zurück zu reisen. Es wohnt auch eine englische Schwester hier im Tal, mit der man sich entweder bataksch oder englisch unterhalten muss. Sie selbst scheint ihr Englisch ganz vergraben zu haben, sie antwortet wenigstens, wenn sie englisch angeredet wird, immer bataksch. Nächstens kommt ein amerikanisches Ehepaar, Missionsfreunde, die Sumatra bereisen wollen. Sie verstehen kein Wort Deutsch und natürlich auch kein Bataksch und mit einer Naivität bitten sie, es möchte sie jemand an der Ostküste abholen und bis zur Westküste begleiten. So etwas können auch nur Amerikaner oder Engländer. Wie die Leute sich das denken, eine Reise von der Ostküste zur Westküste ohne jegliche Sprachkenntnis ist uns allen unbegreiflich. Nach Si Piak kommen sie auch und ich bin gespannt wie es gehen wird." (14. Februar 1908)

Auf der Heimreise machen die beiden Halt bei Meisels, wo Martha sich freute, Mary Meisel, die sie offenbar noch von Miehlen her kannte, zu treffen und die eine glückliche, zufriedene junge Frau sei. Die Missionsstation war auf einer Hochebene, einer Steppe mit, wie Martha fand, „wunderbarem kühlen Klima“ gelegen. Aber eigentlich war es ihr dort oben doch schon zu kalt. Andererseits gab es hier fruchtbaren Boden, auf dem alles sehr gut wuchs. Diebstahl, erzählt sie, ist hier praktisch unbekannt, denn die vielen Tiger hielten die Menschen nachts in ihren Häusern. Von den Meisels erhält Martha unter anderem eine Flasche Honig, gesammelt von im umliegenden Wald lebenden wilden Bienen, eine große Flasche Zitronensaft, und ein Päckchen Zimt, ebenfalls aus dem nahen Wald stammend. „Wir kauften bei Meisels auch drei Gänse, denkt Euch nur!“ (6. März 1908)

Sie nehmen für die Heimreise einen anderen Weg und wieder einmal wird die Reise für Martha ein Erlebnis: „Ein zerklüfteteres, zerrisseneres Land als Sumatra kann man sich gar nicht vorstellen; es könnte einem schwindeln, wenn man von oben hinunterschaut in eine der vielen tiefen Schluchten. Solche Reisen sind überaus interessant und das Reiten ist auf jeden Fall angenehmer als das Bahnfahren in Deutschland. Wir kamen zuletzt durch ein Myrthenwäldchen und dann hatten wir plötzlich Toba und den Tobasee vor uns, ein wundervolles Bild. Dann kam der gräuliche Abstieg hinunter, fast eine Stunde lang zu Fuß steil abwärts. Wir mussten stellenweise rutschen, auch die Pferde. Mit wunden Füßen und zitternden Knien und buchstäblich halb gebraten kamen wir unten an und hatten dann noch eine halbe Stunde bis Laguboti zu reiten.“

Zuhause angekommen finden sie zu ihrer großen Freude jede Menge Post und Geschenke aus der Heimat vor. Auch können sie einer heimreisenden Missionarsfamilie ihr Harmonium für 275 Mark abkaufen, es wird bald mit der Tole bei ihnen eintreffen. Dieser ‚*poti marende*‘, der Singkasten wie die Batak ihn nennen, erweitert ihre musikalischen Möglichkeiten beträchtlich.

Im April schreibt auch Hermann einmal wieder: „Wir hatten heute einen recht heißen Tag wie selten und nun ist der Abend mit seiner angenehmen Kühle hereingebrochen. Draußen zirpen tausende von Grillen und andere Tierchen und mit ihnen um die Wette tun es die Frösche in ihrer allbekannten Art. Sie führen hier dieselbe Sprache wie daheim und wohnen in großen Scharen am sumpfigen Seeufer. Ab und zu lässt ein Nachtvogel seinen eintönigen Schrei vernehmen. Es ist so friedlich, der See so still, der gestern noch so wütend brauste und unser Motorboot mit seinen Insassen zu verschlingen drohte. Martha hat Euch ja schon geschrieben, daß auf Konferenzbeschluss das Boot nun hier nach Si Piak verlegt worden ist. Das hat ja nun im Blick auf die Missionsarbeit am See mancherlei Angenehmes, denn ich brauche mich nicht mehr in Lebensgefahr zu bringen durch die Fahrten in den kleinen batakschen Booten, die leicht umkippen; aber jetzt habe ich auch wieder die Verantwortung für die Tole und muss sorgen, daß sie stets seetüchtig ist und es an keinem Material mangelt. Aber auch mit diesem Boot kann man in Gefahr kommen."

Dann fährt er fort und berichtet: „Vorgestern fuhr ich mit der Tole nach Palipi, um den Kollegen Brinkschmidt zu holen, der mit Fuchs zusammen nach PakPak geht, wo ein neues Gebiet in Angriff genommen werden soll. Ich hatte zwei Leute neues Personal auf dem Boot, denn nur der Maschinist Wilhelm ist nach hier gezogen. Nun ist unser früherer Koch Gajus mit auf der Tole und noch ein anderer als Steuermann. Unterwegs hatte ich ein interessantes Gespräch mit einem mir bekannten Bataker vom Filial Si Bagandung. Er fragte mich nämlich, warum ich denn nicht auch mit nach Pakpak ginge. Ich sagte: ‚Die Leute dort werden mich auffressen (natürlich ein Scherz) denn du weißt doch, daß die Pakpak-Leute vor kurzer Zeit noch Menschen geschlachtet und verzehrt haben.' Auf ihren Märkten wurde oft Menschenhandel getrieben. ‚Fürchtest du dich denn Tuan, dorthin zu gehen' fragte er. Ich: „Nein, ich habe doch auf Si Piak genug zu tun. Aber sag mal, hast du auch schon Menschenfleisch gegessen,' fragte ich ihn. Er:

‚Ja Tuan das habe ich schon, denn ehe ihr Tuans zu uns kamt, gingen wir immer auf Menschenraub aus. Hier an diesem Uferrand und auch auf Si Piak haben wir uns oft versteckt. Manchmal waren wir 50-60 Mann. Wenn dann ein einzelner Fischer ahnungslos vorbeikam, dann stürzten wir mit unseren Booten auf ihn los und ergriffen ihn. Auf dem Markt (tiga radja) wo jeder mit Flinte, langem Messer oder Speer bewaffnet erschien, wurde dann bekannt gemacht: ‚wir haben den N.N. aus der Landschaft X gefangen, wenn die Verwandten ihn loskaufen für 50, 80 oder 100 Dollar dann ist's gut'. Kauften sie ihn nicht los dann wurde er geschlachtet und verzehrt. Ich: ‚Habt ihr denn die armen Menschen ganz aufgegessen?' Er: ‚Nein, nur das beste Fleisch das andere wurde fortgeworfen.' Ich: ‚Was ist denn das leckerste Fleisch am Menschen?' Er, auf seine Finger zeigend: ‚diese und einige Seitenstücke. Aber ich habe nur einmal mitgegessen denn ich fürchte mich Menschenfleisch zu genießen'." (22. April 1908)

Hermann lernt auch auf dieser Fahrt viel über bataksche Geschichte und Bräuche: „Mittlerweile waren wir ein gut Stück vorangekommen. In der Straße von Si Gaol, auf einem Gebirgszuge bemerkte ich zwei kleine Wäldchen. Auf meine Frage danach erhielt ich folgende Antwort: ‚Hier oben im Wald ist eine Anbetungsstätte. Früher klang es dort immer als wenn eine „agung" (Beckeninstrument) spielte. Sieh, Tuan, unterhalb des Waldes ist ein Marktplatz der „onan ituk" genannt. Dort gingen früher unsere Vorfahren hin und handelten mit den „begu" (bösen Geistern). Diese kamen in Menschgestalt und machten den Markt sehr belebt. Als aber einmal Leute von Ambarita (Samosir) Hunde mit zum Markt brachten, flohen die begu alle und haben sich nie wieder sehen lassen. So ging der „onan ituk“ in die Brüche.' Gelt, die Bataker können einem mancherlei Interessantes erzählen und man lernt ihre Denkweise und Sitten dadurch am besten kennen. Wenn das Evangelium nicht die Wahrheit wäre und kräftig wie ein zweischneidiges Schwert, es würde wohl nimmermehr diese heidnische, auf Lug und Trug und Aberglauben aufgebaute Religion zerstören können. Aber die Wahrheit siegt und im Lichte dieser Wahrheit lernt auch der ehrliche Bataker das Lügengewebe seiner Religion erkennen. Es ist ein harter Kampf den wir zu führen haben und in versteckter Weise versucht der Feind den Siegeslauf des Evangeliums aufzuhalten, indem er Lügengerüchte in Umlauf setzt und die Leute in Angst jagt. Als ich am vorigen Sonntag nach Schluss des Gottesdienstes zu den Leuten sagte, sie möchten doch die Kinder fleißiger zur Schule schicken und zum Gottesdienst auch noch Bekannte mitbringen, da sagten einige: ‚Tuan, man verspottet uns, lacht uns aus und sagt: ‚Wie viel Geld und Gold bekommt ihr denn wenn ihr zum Gottesdienst geht, habt ihr davon zu essen' – usw. Ihr seht, auch hier wie daheim sind Christen vor der Welt verachtete und geschmähte Leute. Doch mir ist dies ein gutes Zeichen, denn wenn Satan merkt, daß sein Reich zerstört wird, dann setzt er sich zur Wehr und spart nicht mit Lügen, Spott und Schmähreden.“

Auf der Rückfahrt von Palipi zeigt sich der sonst so idyllische Tobasee von seiner anderen Seite, er kann durchaus bisweilen zum stürmischen Meer werden. Hermann schildert eine solche Gelegenheit: „Wir waren aber noch nicht weit gekommen, als von Muara her mächtige Wellen herangewälzt kamen. Der Wind wehte heftig und unser Boot hatte seine liebe Not im Kampf mit den Elementen. Bald mussten wir das Oberdeck verlassen da die Wellen uns ins Gesicht spritzten und wir uns nicht mehr halten konnten. Das wäre ja nun weiter nicht so schlimm gewesen, wenn nicht plötzlich die Maschine versagt hätte. Nun war das Boot ein Spielball der Wellen, die es gewaltig hin und her warfen. Das war ein kritischer Augenblick und wir mussten jeden Augenblick befürchten, dass das Boot umkippen würde. Bruder Brinkschmidt warf schon Schuhe und Jacke von sich, um sich wenigstens durch Schwimmen retten zu können. Doch behielt ich glücklicherweise meine Ruhe und konnte die nötigen Anweisungen geben und auch der Maschinist Wilhelm hielt sich tapfer und brachte auch endlich den Motor wieder zum Laufen. Noch einige Male wollte er versagen, bis er nach und nach wieder im rechten Geleise war. Wie froh und dankbar waren wir, als wir endlich die Wellen im Rücken hatten. Da ging's schnell Si Piak zu und bald hatte ich mein liebes Marthachen wieder in meine Arme geschlossen. Ihr seht, der Tobasee kann auch gefährlich werden, so friedlich er sich sonst auch ansieht.“

Im Mai schreibt Martha einen Brief an ihre Schwester Ria. Da ihr

Füllfederhalter kaputt gegangen war benutzt sie eine Gänsefeder. Man muss sich eben in allen Lebenslagen zu helfen wissen. Dieser Brief ist ausdrücklich nur für die Schwester bestimmt, ein Brief von Frau zu Frau: „Der Brief ist ja nur für Dich, da kann ich Dir einmal schreiben was mir eigentlich fehlt – ich habe Mutter noch nichts davon geschrieben, weil die Miehlener Briefe manchmal von mehr Menschen gelesen werden.“ (13. Mai 1908) Zunächst berichtet sie aber von Si Piak. Mit den vielen Besuchern kann sie zunehmend gelassener umgehen. Immer noch anders ist es, wenn Regierungsleute auftauchen. Einige von diesen versuchten, der Mission Schwierigkeiten zu machen, während andere helfen, wo sie nur können. Vor allem die moralischen Zustände an der Ostküste bezeichnet sie als schrecklich, weshalb es diesen Herren nicht so genehm sei, die Mission dort zu haben. Auch brächten diese Herren meist ihr Personal mit, weshalb Martha unter anderem immer ihre Handtücher zählen müsse, um sicher zu stellen, dass alles da blieb.

Auch waren wieder einige Missionsfamilien nach Deutschland zum Urlaub und zur Erholung gereist, wobei sie dann ihre älteren Kinder besuchten, die zu ihrer Weiterbildung dorthin geschickt worden waren. Viele der Missionsfrauen litten sehr darunter, dass sie ihre älteren Kinder für viele Jahre nicht sehen konnten. „O es gibt so viel Elend hier und das Leben ist hier oft so grausam; ich meine Grausamkeiten die einfach durch die Verhältnisse bedingt sind. Manche Missionsfrau geht fast zu Grunde unter der Trennung von ihren Kindern. Auch wenn die Frauen hier so oft allein auf der Station sein müssen, auch nachts, das ist wahrlich nicht leicht. Schon das Gefühl des Fremdseins und ringsum so viel Teufels Gewalt und ringsum keinen Menschen der Gott wirklich kennt. Aber es ist mir dann oft als ob derHimmel dann näher wäre und es ist auch wohl so.“

Dann kommt Martha zu ihrem eigentlichen Anliegen, welches sie, dem Geist der Zeit folgend, dezent umschreibt. Sie berichtet der Schwester, dass sie manchmal fast verzweifele, weil sie sich körperlich so schlecht fühle. Bereits seit einiger Zeit sei sie nicht mehr in der Lage, etwas zur Mittagszeit zu essen. Dann kommt sie zum eigentlichen Thema: „Hier in den Tropen verstärkt sich das Unwohlsein sehr, und bei sehr Blutarmen ganz besonders. Zuerst bin ich sehr erschrocken, bis mich Anne Guillaume darüber aufklärte. Bei mir ist es aber oft so, daß ich mich von einem Monat zum andern gar nicht erholen kann und Dr. Schreiber hat schon zweimal Blut aus meinem Finger gezapft und untersucht auf Malaria. Er kann aber nichts finden und neulich hat er eine innere Untersuchung vorgenommen, ob vielleicht die Unterleibsorgane nicht in Ordnung seien. Aber er fand nichts und kam zu dem Schluss, daß alles nur sehr große Blutarmut sei. Wenn die ersten Tropenjahre vorbei sind, wird es mit Gottes Hilfe besser werden. Es ist für uns ein Glück, daß wir noch kein Kind haben. Als die alte erfahrene Schwester Lina vorgestern kam, waren wir sehr froh, jemanden zu haben der mir raten konnte. Nun hat sie angeordnet, daß ich 46 Wochen auf die Steppe gehe, einige hundert Meter höher und kühler als hier und dort eine Milchkur durchmache. Es ist ja das Elend, daß wir keine Milch haben. Hermann setzt alle Hebel in Bewegung um Kühe zu bekommen, aber bis jetzt haben wir nur den einen horbo, der noch keine Milch gibt."

Es muss etwa Juni gewesen sein, als Hermann an hohem Fieber erkrankt. Beide gehen zunächst von einem Anfall von Malaria aus, aber das Fieber steigt und steigt und geht überhaupt nicht wieder zurück. Martha, in höchster Sorge, schickt einen ihrer Jungen mit dem *solu* zu Nommensen in Sigumpar, um diesen um Rat zu bitten. Der See ist stürmisch, die Ruderer kommen schwer voran. So kommt erst nach zwei Tagen die Antwort: „Wenn noch transportfähig, dann sofort zum Arzt." Die Situation entwickelt sich dramatisch. Dazu Martha: „Bruder Nommensen bat um sofortige Nachricht, ob wir kämen oder ob der Arzt kommen sollte, ich schickte deshalb sofort unseren Manasse mit noch einem Mann über Land, weil der See zu unruhig war zum Rudern. Die beiden brachen sofort auf trotzdem es schon später Nachmittag war und der gute Junge ist die ganze Nacht durch gelaufen; der Mann konnte nicht mehr mit und da ließ er ihn einfach zurück. Es sind mindestens zwölf Stunden bis Si Gumpar und morgens kam er an. Bruder Nommensen telefonierte um Dr. Schreiber und schickte mir Antwort, daß der Doktor kommen würde. Nommensens hatten dem Manasse ein Paket Citronen mitgegeben und der Junge, in dem Glauben, es sei gute Medizin für den Tuan, rennt wieder sofort zurück die zwölf Stunden an einer Tour und kam abends um 11 Uhr noch bei uns an. ... Der arme Kerl konnte am anderen Tag gar nicht gut gehen vor Schmerzen in den Füßen." (21. Juni 1908)

Als Dr. Schreiber schließlich von Pea Radja herüber kommt und bei Hermann Typhus diagnostiziert, sind die schlimmsten zwei Wochen bereits überstanden. „Es waren schreckliche Tage, die Zeit des Alleinseins und welche Bergeslast mir mit Dr. Schreibers Kommen vom Herzen fiel könnt Ihr Euch denken," schreibt Martha am 21. Juli 1908, nachdem alles glücklich überstanden ist. Hermann muss aber zur weiteren Behandlung mit nach Pea Radja. „Einige Leute machten unsere langen Rotangstühle als Tragbett fertig mit einem Grasmattendach – die Bataker sind in solchen Dingen sehr geschickt – und so wurde Hermann am andern Mittag um 1 Uhr in die Tole getragen und wir fuhren nach Balige. Von dort aus ging es am nächsten Tag bis Si Borongborong in das dortige Passantenhaus. Hermann wurde von Männern in seinem Stuhlbett getragen und hatte immer hohes Fieber dabei; Dr. Schreiber und ich ritten nebenher." In Pea Radja pflegt Martha ihn dann unter Aufsicht des Arztes selbst. Es kommt dann dort sogar noch eine Delegation aus Si Piak an, wo man irrtümlich gehört hatte, dass ihr Tuan Weissenbruch gestorben sei. Gut, dass er sich bald erholt und die beiden nach Si Piak zurückkehren können.

Kaum ist diese Krise glücklich überstanden, kommt überraschend die Nachricht, dass sie möglicherweise von Si Piak nach Pakpak versetzt werden sollen, worüber sie gar nicht glücklich sind. „Es scheint dort oben ein sehr schwieriges Arbeitsfeld zu werden. Der Islam ist schon sehr vorgedrungen; ganze Stämme treten über zum Mohammedanismus und die Bevölkerung scheint noch misstrauischer, unfreundlicher und unliebenswürdiger zu sein als sonst immer in heidnischen Gegenden. Aber das sind sie ja überall, da wo Mohammedaner [11] ihren Einfluss ausüben." (23. November 1908)

Gleichzeitig gibt es aber auch eine gute Nachricht. Es war den Weissenbruchs gelungen, sich zwei Kühe zu beschaffen, davon eine sogar mit Kalb. Einer ihrer Jungen melkt sie und jetzt haben sie bereits seit zwei Wochen zwei Liter Milch pro Tag. Martha macht jeden vierten Tag Butter. Dazu gießt sie die Sahne in einen dicht verschlossenen hohen Behälter, den sie morgens oder abends, dann wenn es kühler ist, so lange schüttelt, bis die Sahne zu Butter geworden ist. Anschließend knetet sie die Butter mit Wasser, so wird sie fest und kann geschnitten werden. Jeden Morgen trinkt Martha nun ein Glas frische, ungekochte Milch. Sie schreibt ihrer Mutter:

„Du wunderst Dich über unsere wenige Milch? Ja, hier ist eben alles Vieh minderwertig; hier fehlt es auch gänzlich an gutem Futter, sie haben nur das harte, raue Rindergras, das daheim die Tiere gar nicht fressen. Guillaumes sagten, daß die Kuh mit der Zeit immer mehr gibt und das merken wir jetzt schon; wir hoffen noch 4 Liter täglich von einer Kuh zu bekommen. Wir hoffen, daß unseren Tieren während unserer Abwesenheit nichts passiert. Unsere Weide ist nicht eigentlich gefährlich für die Tiere, da wo eine steile, schroffe Felswand zum See ist haben wir ein Geländer machen lassen. Guillaumes sind im letzten Jahr fünf Kühe abgestürzt und zerschellt; dort ist es sehr gebirgig und die Tiere erklettern die höchsten Höhen und die Hütejungen passen nicht auf." (8. Januar 1909)

In diesem Januarbrief berichtet Martha auch von einem Besuch der Nommensens im Dezember, über den sie sich sehr gefreut habe. „Tante" Nommensen war bei ihr in Si Piak geblieben, während die Männer eine Reise über einige Dörfer unternommen hatten. „Tante Nommensen hat manchmal Zeiten der Schwermut, es war schon manchmal ganz schlimm mit ihr, aber als sie hier war, war sie sehr wohl, so wohl wie ich sie noch nie gesehen hatte, sonst hätte Bruder Nommensen sie auch nicht hier gelassen. Wir verlebten ganz nette gemütliche Tage miteinander und als unsere Männer nach langem Warten endlich kamen, war die Freude groß."

Auf ihrer Reise sind die Männer auch in Pak Pak gewesen und bringen von dort gute Nachricht mit: „Nach Rücksprache mit dem dortigen Kommandanten ist nun beschlossen, daß wir hier in Si Piak bleiben. Den Herren dort oben sind jetzt so viele Stationen auf einmal gar nicht erwünscht, das Gebiet ist ihnen noch nicht sicher genug und sie bitten nur um viele batáksche Lehrer für die ersten zwei Jahre. ... Darüber sind wir natürlich sehr froh, wir wären doch nur schweren Herzens von hier fortgezogen."

Im Februar ist Martha noch einmal zu Gast bei Guillaumes in Purba, während Hermann an der jährlichen Konferenz teilnimmt. Immer wieder äußert sie ihre Freude darüber, in Si Piak bleiben zu können: „Es wäre Hermann sehr schwer geworden seine Arbeit zu verlassen. Und dann glauben wir auch nicht, daß wir mit dem Klima einen guten Tausch gemacht hätten. Es ist ja wohl kühl dort oben, aber immer nass und regnerisch und das wäre für uns beide nichts gewesen. Außerdem wächst dort oben, wenigstens wie die Frau Kommandant sagt, auch kein Gemüse. So bleiben wir alsomit Freuden in Si Piak." (6. Februar 1909)

Während sie schreibt beobachtet sie Anne Guillaume, die gerade ihre Kinder unterrichtet: „Es ist eben Morgen und Anna Guillaume unterrichtet die Kinder. Die Annie ist schon zwölf Jahr alt und müsste schon längst in Deutschland sein, aber ich glaube, sie ist nicht zurück in ihren Kenntnissen. Es ist eine gewaltige Arbeit die drei schulpflichtigen Kinder regelmäßig zu unterrichten."

In Sipiak werden derweil allerhand Gäste erwartet, unter ihnen der Kontrolleur der Ost und Westküste. Martha ist heilfroh, dass sie selbst nicht dort ist und sich um den Besuch kümmern muss. In diesem Zusammenhang stellt sie fest: „Es ist gar nicht schlimm, daß ich kein Holländisch gelernt habe; jeder gebildete Holländer versteht und spricht Deutsch und nur mit den Halbeuropäern muss ich mich abplagen um sie zu verstehen. Hermann versteht sehr gut Holländisch."

Am Ende des Briefes äußert sie Sorgen über die Nachrichten, die sie aus und über Deutschland bekommen: „Aber wie sieht es denn im lieben deutschen Vaterland aus? Die „Sumatra Post" brachte so hässliche Artikel über die Deutschen und den deutschen Kaiser, daß man sich hier im Auslande ja fast schämen muss Deutsche zu sein."

Wieder zurück in Si Piak berichtet Hermann den Eltern von den ungewöhnlich starken Regenfällen, die das ganze Silindungtal während der kürzlich stattgefundenen Konferenz in einen See verwandelt hatten. Überall hatte es Überflutungen gegeben und viele Brücken waren zerstört. Hermann schreibt: „Schlimm stand es mit der Heimreise. Der Wagen sollte uns wiederin die Nähe des Tobasees bringen. Doch morgens um 5 Uhr kam die Nachricht, die Flüsse seien alle über die Ufer getreten und die Brücken zerstört. Silindung glich einem See. Nun war guter Rat teuer, die Flüsse konnten wir nicht umgehen und warten bis das Wasser sich verlaufen hatte, wollten wir auch nicht. So mussten wir denn hindurch. Bruder Wagner setzte sich fast ganz angekleidet auf seinen Schimmel von dem im Wasser nur noch der Kopf zu sehen war. Wir andern schwammen durch die Fluten und wurden von ihnen ein Stück fortgetrieben. Einige Nichtschwimmer ließen sich von zwei starken Leuten hindurch tragen. Trotzdem die Sache nicht ungefährlich war, machte uns das Manöver doch riesigen Spaß. Am anderen Ufer wurde dann Toilette gemacht, doch mussten wir noch einmal durch einen breiten Fluss, der so starke Strömung hatte, daß einige Brüder, die zu Pferde waren, einen weiten Umweg vorzogen, um nach Butar zu gelangen. Durch einen dritten Fluss konnten uns die Leute hindurch tragen, da er nicht so tief war. In Butar fanden wir uns zu 12 Mann ein und hier stärkten wir uns für die Weiterreise. Erst am Abend erreichten wir bei strömendem Regen unser Nachtquartier in Paranginan auf der Steppe. Das war eine Tour, die wir nicht so bald vergessen werden, ein neunstündiger Marsch mit Schwimmübungen. Von Paranginan ging's am andern Morgen weiter nach dem zwei Stunden entfernten Mara wo die Tole auf uns wartete. Nun kamen wir vom Regen in die Traufe. Denn der See war in großer Aufregung und unser Schifflein wurde hin und her geworfen und die Wellen schlugen hinein. Schon war die böse Seekrankheit vor der Tür, da gelangten wir glücklich in Nainggolan auf der Insel Samosir an. In Nainggolan versahen wir uns mit neuem Proviant denn wir mussten damit rechnen, daß der Sturm unser Schifflein still legen konnte. Gegen Abend traf das auch wirklich ein. Da haben wir dann in der kleinen Kajüte zu fünf Mann gelegen, gepackt wie die Heringe. Gegen vier Uhr morgens fuhren wir im Mondschein weiter, setzten in Si Lalahe den Bruder Fuchs ab, der nach Pakpak zurückkehrte und dann ging's nach Purba wo ich mein liebes Marthachen überraschte, denn niemand hatte gedacht, daß wir so früh wiederkommen würden." (9. Februar 1909)

Weiter fortfahrend berichtet er über die Arbeit: „In diesem Jahr dürfen wir, will's Gott, die Erstlinge taufen. Vorhin konnten wir mit der ersten Frau, die um die Taufe gebeten hat, den Taufunterricht beginnen. Es ist die Frau unseres früheren Kochs und jetzigen Steuermanns Gajus. Er selbst wurde vor drei Jahren in Pansur na pitu getauft und nun möchte seine Frau mit einem kleinen Kindchen getauft werden. Da hat Martha eine schöne Aufgabe erhalten und reichlich Gelegenheit, sich in der Bataksprache zu vervollkommnen. Ich habe vorhin mit innerer Freude von meinem Studierzimmer aus zugehört, wie die beiden sich unterhielten und Johannes 3,(Vers) 16 auswendig lernten, worauf Martha der Frau den Spruch erklärte."

Auch Martha berichtet im März ihrer Schwester Ria ganz begeistert von den Fortschritten ihrer Arbeit: „Denkt Euch nur, wir haben jetzt ungefähr zwanzig Leute im Taufunterricht und wie sehr uns das freut könnt Ihr

Euch denken. Sie kamen ganz von selbst und baten um Unterricht. ... Die jungen Mädchen und jüngeren Frauen lernen ganz leicht, aber die Älteren natürlich nicht mehr. Es ist so furchtbar schwer ihnen etwas klar zu machen; sie müssen überhaupt das Denken erst lernen. Abends hat Hermann die Männer oben in der Schule um sich versammelt. Es war für uns eine große Freude, als die Leute kamen und um Unterricht baten. Wir wünschen so oft, wir könnten uns einmal in eine solche Batakseele hineinversetzen. Wir möchten so gerne wissen, was sie nun eigentlich dazu treibt getauft werden zu wollen. Unser alter treuer Ama ni Aba meinte neulich, ob er nicht erst getauft werden könnte und dann erst lernen, weil er meinte, es sei ihm dann leichter aus dem alten heidnischen Wesen heraus zu kommen. Auch unser Manasse und unser Mitta sind bei den Lernenden. Sie heiraten nächstens Beide und ich muss mir neue Jungens anlernen. Zwei Neue sind schon da und ein Dritter kommt noch. Wir wollten eigentlich keine drei Jungens aber wir können keinen von den dreien gut abschieben. Der eine hat keine Eltern mehr und hat schon so oft gebettelt wir möchten ihn doch hier behalten und der zweite ist ein Christ aus Silindung der Lehrer werden wollte und beim Aufnahmeexamen durchgefallen ist und dann das Land durchwanderte und Arbeit suchte. Schon vor fünf Monaten kam er hier her und wollte absolut hier bleiben aber wir konnten ihn nicht nehmen. Nun war er die Zeit über Schreiber eines radja in Samosir unter lauter Heiden und nun kam er wieder und sagte, er könnte es unter den Heiden dort nicht aushalten, er könne nicht tun was sie von ihm verlangten. So kommt er nun auch her und wird mein Koch werden. Der Dritte ist ein netter, sauberer, fixer Junge aus Adji Bata, der schon Monate lang bei uns im Garten arbeitete als Tagelöhner und den ich gerne als Zimmerjungen haben möchte. So sind wir nun wieder reichlich versorgt und hoffentlich geht es gut. Leider versteht noch keiner von den Neuen das Melken. Denk nur, wir bekommen jetzt jeden Morgen vier Liter Milch, manchmal noch mehr und wenn wir die Kälbchen tagsüber absperrten und abends auch melken wollten, dann könnten wir noch einmal so viel haben, aber wir brauchen ja nicht mehr. Ich buttere alle drei Tage und bekomme immer fast ¾ Pfund Butter. Und dann habe ich schon kleine Handkäse gemacht mit Kümmel und Salz, und Quark haben wir so oft zum Brot und Dickmilch abends. Wenn ich sie in kaltes Wasser kühl stelle ist sie wundervoll kühl. Ich habe einen solchen Spaß an meiner Milchwirtschaft und es ist eine so große Ersparnis weder Milch, Butter noch Käse kaufen zu müssen." (21. März 1909)

Trotz der Unterleibschmerzen sei ihre Gesundheit relativ gut, erzählt Martha ihrer Schwester, dass sie aber weiterhin an Blutarmut leide. Nur Dysenterie dürfe sie nicht mehr bekommen wegen dem damit verbundenen schrecklichen Blutverlust. „Die Dysentrie ist eine ganz schreckliche Tropenkrankheit, die immer irgendwo spuckt und nie ganz zur Ruhe kommt. Damals habe ich meine Kraft verloren und seit der Zeit auch nicht mehr voll zurückbekommen, trotz aller Pflege und großer Vorsicht, und es waren im Februar schon zwei Jahre. Was uns am meisten Sorgen machte war, daß die Unterleibsgeschichte mir manchmal so auf das Gemüt drückte, daß ich mir gar nicht zu helfen wusste. Nun ist es besser und ich hoffe, es bleibt so und wird noch besser. Aber ich fürchte mich vor jedem Alleinsein und wie oft muss Hermann einen, zwei oder drei Tage weg. Nachts, wenn ich dann allein bin in dem großen Haus, kann mich manchmal eine solche Angst fassen, daß ich die ganze Nacht die große Lampe brennen lasse. Manchmal dagegen schlafe ich so fest und sicher und ruhig und denke gar nicht an Angst. Aber ich bin absolut keine tapfere Missionsfrau."

Es war Mitte Juni, als sie den tragischen Tod ihres besten und treuesten Schülers, Hudjal, erleben müssen. Er war der Stolz seines Vaters, des Radja von Lotung gewesen. „Er war hier bei unserem Lehrer 'in Pension', um recht viel zu lernen. Was ihm fehlte wissen wir nicht, aber er war sehr krank und starb dann unvermutet schnell und wir mussten die Nachricht den Eltern mitteilen. Das Schmerzensgeheul des Vaters war schrecklich, dieses echt heidnische Klagegeheul. Und nun kam am Montag die erschütternde Nachricht, daß Frau Missionar Theis in Rajah plötzlich am Lungenschlag gestorben ist. Sie hat vier Kinderchen, die beiden Jungens drei und fünf Jahre und das dritte 14 Monate und das kleinste war gerade zehn Tage alt. Sie starb ganz unerwartet schnell, ohne daß jemand es ahnte und sie selbst auch nicht. Sie wollte zum ersten Mal aufstehen, war schon halb fertig und Schwester Lina wollte ihr eben noch schnell einen Schluck Wein holen, wie sie das immer tut beim ersten Aufstehen. Wie sie nach einer Minute wieder kommt liegt Schwester Theis quer über dem Bett und ist nicht mehr aufgewacht. Ihre Eltern sind beide auch so schnell gestorben. Da möchte man auch fragen: 'Herr warum?' Nun sind die beiden Ältesten in Si Antar bei Müllers. Und vorgestern Abend kam Schwester Lina mit den zwei Kleinen abends um 10 Uhr hier an. Es kamen noch Tuan Link und Dannert ... mit, die zufällig auf Reisen waren und ihr dann etwas helfen konnten. Nun ist die kleine Hanna (14 Monate) hier bei uns und das kleinste Kindchen hat Schwester Lina nach Nainggolan gebracht. Nun sitzt der arme, arme Mann ganz allein in Rajah. Die Station liegt so düster mitten im Urwald und die Leute sind so misstrauisch und finster und verschlossen. Er arbeitet schon Jahre lang unter diesen Rajanesen, ohne irgendwelchen Erfolg. Klein Hannachen ist ein sehr zartes schwächliches Kind; es war von Februar bis Mai immer krank, hatte typhoses Fieber, acht Wochen lang nie unter 39, so daß es den Eltern schließlich ein Wunder war, daß es immer weiter lebte. Infolgedessen ist es sehr zurück geblieben, hat sehr dünne Beinchen und fängt eben erst an im Wagen von Kissen gestützt sitzen zu können. Es hat ein so bleiches

Gesichtchen und große dunkle Augen und es ist in seiner Hilflosigkeit und Schwäche doppelt lieblich. Nun hoffen wir so von Herzen, daß es gedeiht, und daß es ihm bei uns wohl geht. Es trinkt tüchtig, 3 Teile lombumilch, 1 Teil Haferschleim und ist auch sonst ganz munter. Die Zähne machen ihm nur öfter zu schaffen. Schwester Lina hatte so wenig Zeit mir alles zu sagen und zu zeigen, da am anderen Morgen die Tole weiter fuhr. Bis die Nachtlager für die drei Tuans und die beiden Kinder und Schwester Lina zurecht waren und sie noch etwas gegessen hatten und die Flaschen zurecht und wir alle zur Ruhe gingen war es ½ 1 Uhr. Und dann erst konnte sie mir mit Ruhe alle meine neuen Pflichten sagen. Jetzt die ersten Tage sind nicht so leicht, bis sich die Jungens auch etwas an die vermehrte Arbeit gewöhnt haben und ich mich auch. Alles was mit dem Kind zusammen hängt mache ich natürlich selbst, Flaschen und Gummistopfen reinigen usw. Unser Zimmerjunge Mandur machte mir erst ein ganz brummiges Gesicht über die viele Kinderwäsche, trotzdem ich die schmutzigen immer gleich in Wasser stecke und selbst herausschwenke und dann in Seifenwasser stecke. Nun habe ich ihm ein bisschen gut zugesprochen und nun wäscht er ganz willig täglich und streckt und faltet sie auch wenn sie trocken ist.“ (18. Juni 1909)

Dem Brief folgt ein post scriptum: „Meinen letzten Brief hast Du doch wohl erhalten? Das wäre mir eine schöne Geschichte, wenn im Dezember unser Baby hier ankäme und ich hätte keine Sachen....“ Wahrscheinlich sind Briefe verloren gegangen, denn es ist hier das erste Mal, dass Martha von einer bestehenden Schwangerschaft schreibt.

Im August wird die ganze Familie Weissenbruch, einer nach dem anderen, einschließlich Hanna und den Jungs, von einer Erkältung befallen. Hanna hatte sich gut entwickelt, aber Martha meint, das Kind nicht für zehn Minuten einem Batak überlassen zu können, da diese nicht sauber genug seien. Oft hat sie Schwierigkeiten, das kleine Mädchen vor der Berührung der Batakfrauen zu schützen, die gekommen waren um es zu sehen, denn viele litten an Krätze und verschiedenen, hässlichen Geschwüren von all dem Schmutz, dem sie ausgesetzt waren.

Bruder Theis, Hannas Vater, war vergangene Woche zu Besuch gekommen und ist glücklich darüber, dass sich sein kleines Mädchen so gut entwickelt. „Hannachen hat eine kleine Celluloidpuppe, die die Bataker außerordentlich interessiert; sie wollen immer das ‚Menschenbild‘ sehen und genau betasten. Ich sage ihnen immer, daß die Puppe nur zum Spielen ist, sonst meinen sie noch, es sei ein Schutzmittel gegen böse Geister usw....“ (10. August 1909)

„Wir haben jetzt auch ein kleines Schweinchen im Hof herum laufen. Der ‚Tuan’ Si Polha hat es uns geschenkt, weil er ‚damals als die Nonja kam gar kein Willkommensgeschenk gebracht hatte’. Solche Geschenke sind nicht angenehm und wenn es irgend geht ohne die Leute zu beleidigen nimmt man sie nicht an. Die Bataker verfolgen doch immer nur ihren eigenen Vorteil und wollen manchmal durch solche Geschenke nur den Tuan für sich günstig stimmen. Manchmal, aber sehr, sehr selten ist es Dankbarkeit, wenn Hermann einen Kranken Monate hindurch behandelt hat. Aber das ist sehr selten, die Meisten nehmen die Medizin und lassen ihre Wunden behandeln ohne auch nur daran zu denken, daß sie sich bedanken müssen. Sie bitten nicht, sie fordern Medizin. Wenn man dann einmal Dankbarkeit findet, freut man sich doppelt. So kommt z.B. öfter eine Frau, deren Mann viel krank ist; sie strahlt immer mit dem ganzen Gesicht, wenn sie mir manchmal einige junge Maiskolben oder etwas frischen Reis bringen kann. Sie ist wirklich dankbar, daß der Tuan ihren Mann so oft behandelt."

Vor einigen Tagen hatten die Weissenbruchs Besuch vom alten Ephorus [12] Nommensen. Seine Frau, die schon lange schwächlich gewesen war, ist inzwischen gestorben, wahrscheinlich an Typhusfieber. Bruder Nommensen sei alt geworden, stellt Martha fest und meint: „Es ist gut, daß Nommensen seinen Sohn noch hier hat, so ist er doch nicht so einsam."

In ihrem Haushalt läuft augenblicklich alles nicht so glatt wie sie sich das wünscht: „Ich möchte den Haushalt so gerne einmal an den Nagel hängen können. Ich habe solche Not mit meinem neuen Koch, er stellt sich so ungeschickt an und macht so Vieles verkehrt. Wie viel Mühe und Not man mit den verlogenen ganz und gar unzuverlässigen Jungen hat, davon macht Ihr Euch keinen Begriff. Hannachens Mutter hat ganz besonders viel darunter gelitten; in dem einsamen Raja blieben die Jungens nie lang. Die Jungens kosten so viel und leisten so wenig dafür und fordern immer noch mehr Geld und Kleidung als ihnen zukommt. Wir haben eben lauter echte Heiden, die aber auch gar nichts anderes wollen und wünschen als recht viel Geld verdienen."

Dann, ebenfalls im August, stellt Hermann in einem Brief an Marthas Mutter fest, dass es nun bereits ein Jahr her sei, seit er von seiner schweren Krankheit genesen sei und mit Martha nach Si Piak zurückkehren konnte. Er schreibt: „Seitdem hat uns der Herr gesund erhalten und auch Martha wunderbar gestärkt. Schwächezustände, wie sie früher öfter auftraten, kennt Martha gar nicht mehr. So hat der Herr sie vorbreitet auch die Arbeit tun zu können, die ihr jetzt so lieb geworden ist, nämlich der kleinen Hanna Theis die Mutter zu ersetzen. Die Kleine macht uns neben mancherlei Arbeit auch viel Freude; ja ich bin sogar entbehrlicher geworden, indem mich mein liebes Weib jetzt nicht mehr mit schwerem Herzen ziehen lässt, wenn ich auf Reisen muss, wie das früher wohl der Fall war. So habe ich das denn auch ausgenutzt und teils über Land nach Si Antar, teils über den See nach Toba (Si Gumpar etc.) kleine Reisen gemacht. Von Toba brachte ich unsern alten Präses D. Nommensen mit, der nun mit Missionar Theis nach Si Antar gereist ist. Es ist für den 78jährigen Greis nicht leicht, seinen großen Sprengel öfter zu inspizieren. Von Si Gumpar reicht sein Ephorat nach allen 4 Himmelsrichtungen hin je 35 Tagereisen weit. ... Vor ca. 14 Tagen ging die Schwester Nommensen in die obere Heimat. Nun wohnt Bruder Nommensen mit seinem siebenjährigen Töchterlein bei seinem verheirateten Sohn Jonathan, der nun schon 8 Jahre lang Gemeindemissionar von Si Gumpar ist." (10. August 1909)

In dieser Zeit werden überall in der Familie Kinder geboren. Auch in Hirschberg bei Ria und Max war inzwischen ein weiteres Kind, Gustav, angekommen. Hermann nimmt das zum Anlass, über die Batak und deren Verhältnis zu ihren Kindern zu schildern: „Ein Bataker würde bei solchem Reichtum die beiden jüngsten im Tuch auf dem Rücken tragen und an jeder Hand eins führen, das sieht gar nett aus. Die Bataker haben ihre Kinder auch sehr lieb, leider oft genug in verkehrter Weise, indem sie sich fürchten, das unartige Kind zu strafen, es könnte ja plötzlich sein „tondi" (Geist) von ihm fliehen und dann würde es krank oder müsste sterben. Soll der sechsjährige Bub zur Schule, dann fragen ihn die Eltern erst, ob er auch will und Lust hat und sagt dann der Bengel nein, dann wird dem Tuan gesagt: der Junge will nicht, ... d.h. da ist nichts zu machen. Ich glaube zwar, daß da doch noch was zu machen wäre, aber die Zeit für die Neunschwänzige [13] ist hier noch nicht gekommen und daheim wohl vorüber in den Schulen."

Ende August holt Hermann Martha aus Purba ab, wo sie sich bei Guillaumes noch einmal für einige Zeit erholt hatte. Hermann ist froh, seine Martha „gesund und wohl" vorzufinden, denn zu Hause erwarten sie wieder einige Anstrengungen. Er schreibt: „In den beiden nächsten Monaten haben wir wieder reichlich Besuch zu erwarten, da freue ich mich, daß es möglich gemacht werden konnte, daß Martha hier neue Kräfte sammelt. Diese Station liegt auf halber Berghöhe, ca. 300 m über dem Tobasee. Eine größere Ebene ist nicht vorhanden, eben ist nur der Platz, auf dem das Haus steht, von unten sieht die Station aus wie ein Schwalbennest, das an eine Bergwand angeklebt ist. In den vielen tiefen Schluchten und dem zerklüfteten Gelände hausen viele Wildschweine. Sie kommen sogar nachts auf die Station. Morgen früh um 4 Uhr werde ich im Mondschein den frechen Gesellen einmal auflauern und sehen, ob ich eins erlegen kann. Kürzlich schoss Bruder Theis in Parapat einen Hirsch, dessen eine Hinterkeule in (den) Weckschen Apparat wanderte."

Einen Monat später, es ist inzwischen September, beschreibt Martha ihren Eltern wie ihr neuer Koch, Pondia, Hanna in ihrem kleinen Babywagen draußen im Schatten herumfährt. Es geht ihr gut mit der kleinen Hanna und sie sagt: „Das Kind ist unser täglicher Sonnenschein, sie plappert jetzt so niedlich und sieht so wohl aus." Sie berichtet, dass die Gottesdienste gut besucht seien und besonders die Taufbewerber Hermann viel

Freude bereiten. „Einige sind darunter die wirklich mit ganzer Seele dabei sind und immer scharf aufpassen und manchmal Fragen stellen, die von innerem Leben zeugen", schreibt Martha. Allerdings hätten sie es oft nicht leicht und würden von anderen Stammesangehörigen verspottet. Immer wieder schwierig sei die Loslösung von der '*adat*', dem batakschen Sittenkodex. Sie erzählt: „Einer der Taufbewerber, ein radja, wurde kürzlich zu seinem Fürsten dem Tuan Dolok befohlen zu einem Knochenfest das der Tuan feiern wollte. Die Bataker haben nämlich die Knochen ihrer Eltern, die nach kurzer Zeit wieder ausgegraben sind, vielfach im Haus aufbewahrt und nach längerer oder kürzerer Zeit werden sie dann mit allerlei heidnischen Zauberbräuchen noch einmal begraben. Je mehr Ehrungen sie den Knochen bezeigen, umso mehr hoffen sie von den Geistern der Verstorbenen gesegnet zu werden. Es ist dann ein großes Festessen und die Tiere die geschlachtet werden sind den Geistern geweiht. Es war eine große Versuchung für unseren Ama ni Aba; solche Feste üben eine magische Gewalt auf die Bataker aus; aber er erklärte seinem Fürsten, er könne diese Geisterverehrung nicht mehr mitmachen und auch nichts von dem Opferfleisch essen. Er musste selbst nach batakschen Recht einen horbo zum Fest stiften; das tut er ganz willig, aber er selbst wollte nichts mehr damit zu tun haben." (23. September 1909)

Im November ist wieder einmal Besuch zur Erholung in Si Piak einquartiert. Dr. Schreibers Frau war für vier Wochen gekommen, um sich von dem unruhigen Pea Radja, wo sie wohnte, zu erholen. Sie kam deshalb auch ohne ihre fünf Kinder und sah bei ihrer Ankunft sehr blass aus. Seit Monaten schon war es ihr kaum möglich gewesen, richtig zu schlafen und sie fürchtete, nach Deutschland zur Erholung gehen zu müssen.

Im gleichen Brief bedankt sich Martha für die Babysachen, welche die Miehlener geschickt hatten und berichtet von ihrer Schwangerschaft – die aber nie offen angesprochen wird – und schreibt: „Es geht mir vorzüglich, ich habe immer einen schrecklichen Hunger und ich bin so leistungsfähig wie früher selten; auch meine Kopfschmerzen haben sich merkwürdigerweise ganz verloren in dieser Zeit. Wir hoffen und erbitten, daß Alles gut geht und auch pünktlich kommt. Am 10. Januar spätestens muss Schwester Lina in Si Antar bei Müllers sein, das ist ein bisschen nah zusammen und es wäre schrecklich, wenn sich bei uns die Sache verzögerte. Im Dezember kommt Dr. Schreiber noch einmal hier her und nach Si Antar und, wenn er es für nötig hält, werden Müllers wohl hier her kommen, damit Schwester Lina uns zusammen hier hat. Müllers fürchten immer eine Frühgeburt; sie hatten im vorigen Jahr ein totes Kindchen und waren allein, ohne jegliche Hilfe und sie fürchten, daß etwas nicht in Ordnung ist." (November 1909 undatiert)

Während Martha sich vor allem jetzt auf die Geburt ihres ersten Kindes vorbereitet, ist Hermann immer noch ganz bei seiner Arbeit. Er scheint glücklich mit dem was er tut. Mitte Dezember schreibt er an Max und Ria: „Ich wollte, ich könnte Euch unsere Taufbewerber einmal vorstellen! ‚Die schmutzigen Bataker', so hört man manchmal von gewissen Leuten sagen. O, sie sind auch äußerlich schon viel reinlicher geworden als früher und die Herzen unserer Taufbewerber, die nach Vergebung und Frieden schmachten, ob sie nicht viel reiner sind wie manches Herz ungläubiger Europäer? Wo sind die Pflanzer und Ansiedler die wie unser 'Ompu Taini' mit Ernst und Sorge fragen, ob sie nicht zu sündig und zu schlecht seien, um Vergebung aller Sünden von Gott zu erlangen?" (15. Dezember 1909)

Dann erzählt er, dass zu Beginn des Jahres 1910 hoher Besuch erwartet wird: „Ende Januar respektive Anfang Februar kommt der Herzog Johann Albrecht v. Mecklenburg-Braunschweig nach Sumatra. Es war zunächst geplant, daß er bei uns eine Nacht logieren solle. Doch nun ist es

.... dahin geändert worden, daß der hohe Herr bis Toba (Laguboti) fährt und dort die Erfolge der Missionsarbeit in Augenschein nimmt u.a. die Industrieschule, Seminar und Aussätzigenasyl besichtigt. Die deutsche Kolonialregierung mag sich die holländische Regierung zum Vorbild nehmen, die in ganz anderer Weise wie die Deutschen die Mission unterstützt. Z.B. erhält jede Schule, wenn 25 Schüler eingeschrieben sind, jährlich eine Subsidie von M.200 und für die erste Einrichtung M.630. Diese Summen steigen mit der Schülerzahl. Industrieschule und Seminare erhalten jährlich je M.850 und für Huta Salem, wo jetzt über 200 Leprakranke sind, bezahlt die Regierung pro Kopf und pro Monat M.8,50. Außerdem erhalten alle Missionare jährlich eine große Sendung Medizin und Verbandstoffe, dazu alle nötigen Geräte wie Wage, Mörser etc. Das tut eine Regierung die Erfahrung hat in kolonialer Hinsicht."

Kurz vor Weihnachten 1909 schreibt auch Martha noch einmal an ihre Eltern: „Der Gottesdienstbesuch nimmt so stetig zu, daß es eine Freude ist; heute war der Schulraum bis auf das letzte Eckchen erdrückend voll. Es sind allein 125 Schulkinder, darunter 45 Mädchen; sie üben jetzt mit großem Fleiß und Eifer die Weihnachtslieder; eine ganze Menge Weihnachtslieder sind in bataksche Sprache übersetzt, wie wir ja hier überhaupt ein Gesangbuch haben mit 277 Liedern." (Dezember, 3. Advent)

Außerdem erzählt sie, dass ihr Weckapparat mit Volldampf arbeite. Sie hätten in der vorigen Woche ihr Schweinchen geschlachtet, was vier Schweinebraten, zwölf kleine Gläser Leberwurst, nach Schwester Steinsieks Rezept, und vier Gläser Sülze ergeben hätte.

Die Schlachtung verlief gut, sie sei aber froh gewesen als es vorbei war. Bei dieser Gelegenheit erwähnt sie, dass ihre Speisekammer außerdem auch drei Gläser Rehbraten, sieben mit Kohlrabi und vier Gläser Bohnen enthalte. Es macht ihr augenscheinlich Freude, ihre Vorräte zu bewundern. Die Rippen des Ferkels pökelte Martha ein und sie aßen diese dann mit Erbsen, Bohnen und Linsensuppe.

Auch erwähnt Martha, dass Bruder Gabriel von Purba gekommen sei und, zusammen mit vielen Rosenstecklingen, 3.000 Gulden Schulsubsidiengeld in Silber bei ihnen deponiert habe. Er wage es nicht das Geld in Purba zu behalten, da er dort alleine sei und oft reisen müsse. In Si Piak hatten sie eine eiserne Kassette, das schien ihm sicherer. Die Missionsstation hatte damals also auch die Funktion einer Bank. Martha freut sich, dass die Schulen nun offiziell unterstützt werden und sagt: „Nun kommen also endlich auch für unsere Schulen Subsidien von der Regierung und dadurch wird der Mission eine große Ausgabe gespart."

Wie Hermann berichtet auch Martha vom anstehenden Tauftag: „Morgen werden unsere Leute getauft; ein Ehepaar ist dabei, ein radja mit seiner Frau aus vornehmer Familie, beide sehr gescheit, die mit einer Tiefe und Innigkeit den neuen Glauben erfassen, daß man sich nicht genug freuen kann. Er ist eigentlich nur stellvertretender radja, sein älterer Bruder, der durch starken Opiumgenuss die Sprache verloren hat, ist der eigentliche radja; und nun ist es rührend zu sehen, wie er seinen älteren Bruder immer mitbringt zum Gottesdienst und auf ihn einredet: ‚wenn Du auch nicht sprechen kannst, Du kannst aber hören und kannst Gottes Wort in Dein Herz hinein lassen.' – Wir haben so schöne Weihnachten; gestern Abend kamen solus voll Menschen im Mondenschein über den See gerudert, von den Filialen, und unsere nun vergrößerte Schule erweist sich Sonntag für Sonntag als zu klein; gestern Abend standen gewiss noch 200 Menschen draußen.

– Es ist so nett wie die Täuflinge bestrebt sind, in recht reiner Kleidung zu sein an ihrem Tauftag. Sie kaufen sich alle neue Jacken, weil sie in ihren ‚Heidenjacken nicht getauft sein wollen'. Die eine Radjafrau ... brachte eine sehr kostbare Jacke aus schwarzer Seide mit roten und goldenen Schnüren und silbernen feinen Ketten und fragte, ob sie die als Christin noch tragen dürfte. Das darf sie natürlich, denn die Jacke hat keinerlei Bezug auf ihr Heidentum; aber sie meint die Leute sagten dann, das wäre der badjudipelebegu (die Jacke in der sie den Begus geopfert hätte). Jedes Museum würde eine hohe Summe für diese Jacke bezahlen, sie ist wirklich schön und kostbar und echte bataksche Arbeit. Wir staunen immer über den guten Geschmack der Leute; sie zeigen eine Harmonie und eine Feinheit in Farbenzusammenstellung und gar nichts Überladenes."

Elisabeth

Am 31.12.1909 um 4 Uhr morgens meldet Hermann den Eltern die Geburt einer Tochter, Elisabeth. „Ihr lieben Eltern und Großeltern! Gottes Güte schenkte uns vor 2 Stunden ein gesundes Töchterlein (Elisabeth) respektive Else. Mutter und Töchting befinden sich Gottlob wohl. Dem Herrn sei Dank für seine Hülfe und Gnade.

Eure glücklichen und dankbaren Kinder Martha und Hermann"

Drei Wochen später berichtet Martha in einem langen Brief an die Eltern: „Es ist ein so gesundes, kräftiges Kindchen, unsere kleine Elisabeth; sie wog gut 7 ½ Pfund und sie guckt so munter und rosig in die Welt. Es ist ein so liebes kleines Mäuschen und ich wünschte nur, Ihr könntet einmal hier sein und es einmal sehen.... Ich bin so froh, daß ich das Mäuschen selbst nähren kann und ich will es auch auf jeden Fall so lang wie möglich durchsetzen; für Tropenkinder ist es doppelt wichtig." (21. Januar 1910)

Die batakische Bevölkerung hätte regen Anteil an der Geburt des Kindes genommen erzählt sie: „Die Bataker freuten sich sehr mit uns über unser Töchterlein; ihre Mitfreude war wirklich rührend. Die Lehrersfrauen und unsere Christenfrauen kamen gleich, um es zu sehen und waren stolz, wenn sie es einmal auf den Arm nehmen durften. Wie oft musste Hermann sein Töchterlein auf die Veranda bringen, weil die Leute es sehen wollten. Ich glaube zwar, daß uns mancher im Herzen bedauert, weil es ‚nur ein Mädchen ist'." Es ist ihr erstes Kind und so ist Martha froh, in dieser Zeit die Unterstützung Schwester Linas gehabt zu haben: „An Schwester Lina hatten wir eine Hilfe und Pflegerin, wie ich sie mir nicht besser hätte wünschen können. Leider musste sie am 12ten schon wieder weiter; ich hätte sie noch so gut einige Tage brauchen können aber leider war keine Möglichkeit, daß sie noch bleiben konnte. Ich war erst am 10ten Tag zum ersten Mal aufgewesen, weil ich etwas Fieber hatte und als Schwester Lina fort war, fühlte ich mich so verlassen, weil ich noch gar nicht die Kraft hatte für mein Töchterlein zu sorgen. Aber es ging dann schließlich doch; Hermann badete das Kind und ich machte es dann zurecht." Auch sonst lief wohl alles ganz gut, denn sie fährt fort: „Mein Koch gab sich alle Mühe, mir des Lebens Mühe etwas zu erleichtern, das Zeugnis muss ich ihm wirklich ausstellen .... Mein Weckscher Apparat kommt mir in dieser Zeit sehr zustatten; ich habe Fleisch und Gemüse eingekocht und brauche nur zu wärmen; das ist eine sehr große Erleichterung."

Zwei Wochen später hat Hermann Geburtstag und Martha lässt sich etwas Originelles einfallen: „Gestern war Hermanns Geburtstag; ich habe ihm sein Töchterlein auf den Geburtstagstisch gelegt, in einem weißen Tragkleidchen, und Rosen ringsrum."

Danach folgen unruhige Wochen: Die kleine Pflegetochter Hanna musste ins Krankenhaus nach Pea Radja und im Februar fand auch wieder die große Missionskonferenz statt. So schreibt Martha erst zwei Monate später den nächsten Brief. Sie berichtet von dem „hohen" Besuch, den sie hier im Batakland hatten: „Wir hatten recht unruhige Wochen die letzte

Zeit. ... Der Herzog [Johann Albrecht von Mecklenburg-Braunschweig] ist vorbeigereist, war aber nicht bei uns ... Sie waren über Sonntag in Laguboti und alle sind entzückt von dem Herzoglichen Paar. Eine jetzt leer stehende Offizierswohnung war ihnen mit aus allen Gegenden zusammengeliehenen Möbeln ausgestattet worden. Sie speisten mit ihrem Gefolge (Adjudant und Frau, Professor, ein Doktor und einige der hiesigen holländischen Beamten) bei Pohligs. Als sie am Strand in Toba landeten, wurden sie von 80 batakschen Posaunenbläsern mit ‚Deutschland, Deutschland über alles' empfangen. Die junge Herzogin (25 Jahre) soll reizend gewesen sein; als bei Pohligs der Tisch gedeckt wurde, sagte sie: ‚Ich würde so gerne helfen, aber es schickt sich wohl nicht für mich.' Und mit den Missionskindern sprach sie so freundlich. – Wir hatten hier oben auf unserem Si Piak Berg eine Kanone stehen und die Bataker hatten Pulver fabriziert; der erste Schuss dröhnte sehr laut über den See als die Herrschaften vorbei fuhren, beim zweiten Schuss platzte das Rohr auseinander und die Eisenstücke flogen den Leuten, die sehr weit abseits standen, über die Köpfe in die Erde. Zum Glück wurde niemand getroffen; die Leute sagten gleich, ‚Tuan da hat uns Gott bewahrt', und da haben sie gleich um die kaputte Kanone stehend Gott für die Bewahrung gedankt. – Drüben auf Samosir landete das Boot und die Herrschaften besahen sich ein altes echt heidnisches Dorf mit seinen Bewohnern ... unsere Lehrer waren dort, kamen aber ganz enttäuscht zurück; sie hatten gemeint, der Herzog hätte doch mindestens die Brust voll ‚Sterne', und er reiste im einfachen Kakianzug. – Die Herrschaften waren aber so müde, daß der Herzog beim Assistent Residenten in Sari Budolok bei Tisch eingeschlafen war. Man kann das gut verstehen, alle die ins Land kommen, können sich im ersten halben Jahr vor Müdigkeit nicht retten, wie viel mehr solche Menschen, die überall wo sie hin kommen gefeiert werden. Nun aber genug von dem Herzogbesuch", meint sie dann und kehrt zu ihrem eigenen Leben zurück.

Auch in diesem Jahr werden wieder viele Besucher erwartet. Martha hat sich langsam daran gewöhnt und meint: „Allmählich lernt man es, keinerlei Umstände zu machen und sich nicht abzuarbeiten bei Besuchen. Vielfach bringt man sich hier auch seine Bedienung mit." Unter den Besuchern wird auch Misssionsdirektor Spieker aus Barmen sein, ein Besuch, der mit Spannung erwartet wird, denn es stehen Auseinandersetzungen um die Finanzen an: „Wir sind ganz Deiner Meinung, Mutterchen, daß uns eigentlich nicht zugemutet werden darf, die Bauschulden vom Gehalt abzuzahlen; aber Barmen mutet es uns einfach zu. Von der diesjährigen Konferenz ging die einstimmige Bitte nach Barmen, daß sie Hausbau und Nebengebäude völlig übernehmen. Herr Inspektor Wegner schrieb neulich, er hoffe, daß wir uns nun auch durch die Aufbesserung allmählich von der Bauschuld befreien könnten. Aber das ist unmöglich und Barmen muss das endlich einsehen. Barmen gibt zu allen Stationen die gleiche

Summe, da wo das Holz spottbillig und auch da wo es unverschämt teuer ist und wo überhaupt alles teurer ist. Speziell wir wurden im Konferenz-Protokoll angeführt als Beispiel, um Barmen zu zeigen, was sie ihren Leuten zumuten."

Unter den Besuchern war auch wieder einmal Missionar Nommensen gewesen. „Vor acht Tagen reiste Nommensen hier durch, auf der Reise nach Java, Engano, Mentawei. Der alte Mann reist ganz allein, hat jede Begleitung abgelehnt. Man denkt etwas mit Angst an ihn. Er ist von Barmen zu der Reise beauftragt." (16. März 1910)

In demselben Brief erklärt Martha ihrer Mutter auch, warum die Missionare keine Mädchen als Haushaltshilfen ausbildeten: „Du wunderst Dich, daß man sich hier keine Dienstmädchen heranzieht? In Silindung geschieht es vielfach, da wo viele Kinder sind; aber viel Hilfe ist nicht dabei und wer es einigermaßen bewältigen kann, besorgt seine Kinder allein. Wo sollte man auch ein solches Mädchen unterbringen? Dazu kommt, daß man die meist ‚belebten' langen Haare der Mädchen fürchtet; in Silindung sind die Christenmädchen schon reinlicher. Es ist überhaupt keine batakscche Sitte, daß die Mädchen in den Dienst gehen, die meisten heiraten sehr früh."

Ebenfalls noch im März gratuliert Hermann seinem Schwiegervater zum Geburtstag und berichtet: „Heute Nachmittag um 2 Uhr kam ich von einem 2 Stunden weit entfernten Filial zurück, das ich erst November vorigen Jahres angelegt habe. Der junge, erst kürzlich vom Seminar gekommene Lehrer hat dort einen schweren Stand. Es herrscht noch das krasse echte Heidentum in jenem Bezirk und zum Gottesdienst fand sich kaum jemand ein. Da ist es nun köstlich und erhebend zu beobachten, wie in dieser finsteren Nacht des Heidentums die Lichtstrahlen des Evangeliums erleuchtend und belebend ihre Kräfte entfalten. Da ist z.B. ein Häuptling, der mich vor einiger Zeit bat, ihn in seinem Dorfe doch einmal zu besuchen, er wolle mit dem Heidentum brechen und Gottes Wort annehmen. Diesem Mann galt mein heutiger Besuch. Sogleich beim Eintreten in sein Dorf merkte ich, daß es ihm eine Freude war, den Tuan als Gast begrüßen zu dürfen. Für mein Pferd war Gras geschnitten worden und eine Reisscheune mit Matten belegt und behängt, denn dort sollte ich die Mahlzeit einnehmen. Schon lag das für den Braten bestimmte schwarze Schweinchen leblos am Boden und war zu meinem Erstaunen ganz weiß geworden. Sie hatten es nämlich, unserer europäischen Sitte gemäß, mit heißem Wasser abgebrüht und so die Borsten entfernt. Ihrer Sitte nach halten sie das soeben getötete Borstentier über ein Strohfeuer und brennen und sengen so alles ab, was für den batakschen Magen ungenießbar ist. Aber Wasser kommt nicht daran. So musste ich also in Geduld warten, bis die Mahlzeit zubereitet war. Dies gab mir Gelegenheit, mit den Männern über ihre Sitten und Gebräuche zu reden. So erzählten sie mir u.a., daß eine junge Frau, die zum ersten Male das Haus ihres Mannes betrete, Glück oder Unglück ins Haus bringe, je nachdem sie mit dem rechten oder linken Fuß zuerst die Haustreppe betrete. Setze sie den linken Fuß zuerst auf die Leitersprosse, dann bringe sie einen bösen Geist mit ins Haus, ist's aber der rechte, dann bringt sie Glück. Wäre diese heidnische Vorstellung richtig, dann müsste mein Marthachen ja den rechten Fuß zuerst auf die Treppe gesetzt haben, denn sie hat mir ein reiches Glück mit ins Haus gebracht. Unter diesen Gesprächen war die Mahlzeit bald zubereitet. Auf einen sauber gedeckten Tisch wurde eine große Schüssel mit Reis aufgetragen dazu 3 Schüsseln mit verschieden zubereiteten Fleischspeisen, gekochte Hühnereier, Bananen und Trinkwasser ..." (16. März 1910)

Wegen des vielen Besuchs kommt Martha kaum zum Briefeschreiben, wie sie den Eltern im Mai berichtet: „Wir hier haben schon seit Wochen immer Besuch, deshalb bin ich auch gar nicht zum Schreiben gekommen. ... So hatten wir denn das Haus voll für acht Tage und ich hatte reichlich Arbeit; es waren aber doch schöne Tage. Hier wo man die langen breiten Veranden hat und die großen Räume merkt man es eigentlich nur bei Tisch, daß so viele Menschen im Haus sind. Bei der Reistafel macht es auch nicht so viel aus, ob es sechs oder acht Menschen mehr sind. Die Kinder bekamen, wie es allgemein hier Sitte ist, morgens Reisbrei und Obst und Milch und abends um sechs Uhr eine Suppe oder sonst etwas, und dann mussten sie ins Bett; doch sie schliefen alle auf der Erde. In einer Nacht kam auch Schwester Lina noch hinzu, mit einem drei Monate alten Kindchen. Hannachens Vater war mit den Jungens fast drei Wochen da, sie sind gestern erst abgereist." Nach einer Woche liegt der begonnene Brief immer noch da:

„Nun ist wieder fast eine Woche dahin gegangen und der Brief liegt noch unvollendet da. Meine Zeit ist eben immer sehr besetzt; ich habe die ganze Woche genäht, die so genannten Hansops (eine echt indische Tracht für kleine Kinder). Es sind eine Art Hemdhöschen, Beinchen und Schenkel, Ärmchen und Hals ganz freilassend, sehr weit und luftig. Ich kann nicht begreifen, warum man nicht auch in Deutschland diese bequeme einfache Kleidung für Kinder verwendet... Unsere Elsemaus fängt an zu zahnen; sie ist so rundlich und sieht sehr gesund aus, Gott sei Dank! ... Die Leute können sich nicht genug wundern, daß das Kind noch keinen Reis isst." (Trinitatissonntag 1910)

Im Juli ergänzt Martha dazu: „Uns geht es soweit gut, nur unser Elsekindchen scheint zu zahnen; sie trinkt seit zwei Tagen sehr wenig und sieht bleich aus. Ich hoffe, daß es weiter nichts auf sich hat und bald vorüber geht; sie ist nicht besonders unruhig und schläft auch nachts fest. Sie ist so gesund und so kräftig und deshalb hoffen wir, daß sie das Zahnen gut übersteht. Vor den Batakfrauen hat sie große Angst, sie schreit ganz ängstlich, sobald eine Frau sie nur genau anguckt. Ich will ihr das auch gar nicht abgewöhnen; man muss die Kinder den Leuten etwas fern halten. Hannachenist leider viel zu frei den Leuten gegenüber." (9. Juli 1910)

Marthas Briefe sind immer lang und ausführlich. Ob Familie, Haushalt, Garten, Gemeindearbeit und Baufortschritte – an allem lässt sie ihre Eltern teilhaben. So hatte die Missionsstation Si Piak inzwischen wohl tatsächlich den Ruf einer Erholungsstation bekommen und Martha erzählt, wie sie dies manchmal in unangenehme Situationen bringt: „Während Müllers noch hier waren kam eine Anfrage von einer Frau von Grumkow, einer Pflanzersfrau; sie wollte zu uns zur Erholung in Pension. Die Dame bat sehr und es war ganz peinlich es abzulehnen. Aber dafür habe ich keine Kraft und bei einem kleinen Kinde kann man auch so etwas nicht brauchen. Und besonders wenn die Dame bezahlt, hätte ich mir doch täglich die größten Sorgen gemacht, ob ich sie auch gut genug versorge. Zumal nun das Mäuschen nicht in Ordnung ist, bin ich doppelt froh, daß wir abgelehnt haben. Die Frau von Grumkow ist sehr reich und kann wer weiß wohin gehen zur Erholung und ich hätte mich doch nur kaputt gearbeitet."

Zu diesen Schwierigkeiten kommt ein ständiger Dienstbotenwechsel hinzu: „Ich muss mir eben wieder einen neuen Koch anlernen, der alte will Handelsmann werden. So geht es leider immer, wenn man sie mit vieler Mühe soweit hat, daß sie ihre Arbeit selbständig besorgen, dann haben sie sich etwas Geld verdient und dann passt ihnen das regelmäßige Arbeiten nicht mehr. Wir können Jungens genug haben, es bieten sich immer welche an, aber manche davon sind für uns ganz unbrauchbar."

Sie erwähnt auch, dass im Juli 1910 der Halleysche Komet über Sumatra hinweg gezogen sei, d.h. Martha benennt ihn nicht, erzählt aber:

„Den Kometen hat man hier in strahlender Helle gesehen, zuerst morgens 4 Uhr und dann abends um 9 Uhr. Die Bataker meinten, es käme nun ein großes Sterben unter die Menschheit. Die meisten machen sich selber wohl überhaupt keine Gedanken darüber, nach echt batakscher Art."

Gegenwärtig bestehe eine extrem große Trockenheit, weshalb sie ihre Kühe hoch in die Berge treiben müssten. Wegen der Tiger müssen sie jedoch jeden Abend wieder nach Hause in den Stall gebracht werden. Selbst auf der Insel Samosir hätten sich drei Tiger eingenistet und ängstigten die Menschen. „Man kann sich gar nicht recht erklären wie sie hinüber gekommen sind. Die Landzunge, die die Insel mit dem Festland verband, ist durchbrochen; die Stelle hat allerdings bei großer Trockenheit manchmal wenig Wasser." So konnten die Tiger wahrscheinlich leicht hinüber schwimmen. Abschließend äußert Martha wieder einmal ihren Wunsch nach „gutem" Samen und zwar für Petersilie, Sellerie, Lauch, Karotten, Kohlrabi, Römischen Kohl, Salat, Zwiebeln und Roter Bete.

Im August ist Hermann einmal wieder mit der Tole unterwegs nach Toba, um dort eine ganze Schiffsladung ungeschälten Reis abzuholen, die Nommensen für sie gekauft hatte. „Wenn man solche Arbeit den Batakern überlässt", meint Martha, „wird man zu sehr bestohlen und deshalb ist Hermann selbst gefahren."

Dann fährt sie fort: „Leider ist die Cholera wieder im Anzuge und es herrscht große Angst unter den Leuten. Es sind schon mehrere Fälle vorgekommen und durch die unheilvolle Manier der Bataker, Kranke oder Sterbende und sogar Leichname noch auf jeden Fall in die Heimat zu transportieren, wird die Krankheit immer weiter verschleppt. Es ist den Batakern eine Schmach, in der Fremde zu sterben, aber die meisten holen sich die Krankheit in den Plantagen oder auf ihren Handelsreisen. Die Regierung hat strenge Maßregeln getroffen, um diese Krankentransporte zu steuern. Gott wolle in Gnaden Einhalt tun, daß die schreckliche Krankheit nicht weiter um sich greift." Später vermerkt sie, sich selbst beruhigend:

„Die Cholera scheint sich in unserem Gebiet Gott sei Dank nicht weiter auszubreiten. Bei uns halten sich keine Epidemien, wohl weil der sehr starke Wind alles Ungesunde hinweg fegt." (1. August 1910)

Wie so oft erzählt Martha von allem, was ihr irgendwie berichtenswert erscheint. So vermittelt sie auch eine Vorstellung von den vielen anderen Europäern, die in diesem entlegenen Teil der Erde leben: „Hier in Si Malungun sind eine ganze Reihe Assistenten auf den Plantagen aus den höchsten Kreisen Berlins; meist Söhne, die großer Schulden halber den Dienst quittieren mussten. Auch ein Duzfreund vom Kronprinzen ist da; sein Vater ist erster General und Flügeladjutant und alles mögliche beim Kaiser. Auch ein Bruder vom Prälat Weitbrecht ist da, ein ganz verkommener Mensch, der alles vertrinkt und ein schlechtes Leben führt." Es scheint, dass Martha durchaus ein gewisses Faible für die oberen Gesellschaftsschichten hat, diese daher auch immer ausführlich Erwähnung finden.

In dieser Zeit gibt es auch wieder Gerüchte über den Singamangaradja. In den Köpfen der Leute spuke viel herum, stellt Martha fest. Vom Singamangaradja, der vor drei Jahren von Regierungstruppen getötet worden war, würde nun behauptet, dass er noch am Leben sei und nun wieder Mitläufer erhielte. Nach dem Glauben der Menschen hier sei der Mann eigentlich unsterblich. Dann berichtet sie von einem eigenartigen Phänomen. Sie schreibt: „Auch haben sie hier in einem Feld eine Pflanze entdeckt, von der sie glauben, daß daraus ein Mensch erwächst und die sie jetzt deshalb verehren. Die Christen kommen und fragen: ‚Tuan, was ist das denn eigentlich, ist das wahr?'." Über diese Pflanze äußert sich Hermann in einem späteren Brief etwas genauer: „Die Batak haben eine Gemüseart, die heißt ‚Sidjungkot'. Nun ist bei Parapat in einem Felde dies

Gemüse gewachsen, aber ganz anders, wie es die Leute bisher gesehen haben. Das sonst kleine Gemüse ist so hoch wie ein Mensch geworden und sein Stamm geht nach oben zu ganz in die Breite wie ein Brett und überall hängen Blätter daran. Dann teilten sich an den Seiten 2 Arme ab, die an den Enden Menschenhänden nicht so sehr unähnlich sind. Diese Pflanze wurde plötzlich entdeckt und nun gab's eine förmliche Völkerwanderung dorthin. Sogar die Christen und Taufbewerber gerieten in Aufregung und eilten, um die wunderbare Pflanze zu sehen. Bald kam ein Mann zu mir und bat um Medizin gegen böse Geister. Die Pflanze war zum ‚sinumba' geworden, d.h. in ihr wurde gleichsam eine unbekannte Macht, ein Geist verehrt. Die Leute machten einen Zaun darum und brachten ihr Opfer dar. Einzelne Blätter pflückten sie ab, um sie auf ihre Felder zu bringen, damit diese ‚gabe' d.h. reiche Früchte bringen sollten." (21. August 1910)

Während Hermann diesen Brief schreibt, ist er allein In Si Piak, denn Martha weilt zur Erholung in Purba. Das Alleinsein scheint ihm schwerer zu fallen als gewöhnlich, denn er schreibt: „Wie einsam ists doch hier ohne Martha! Wie starrt mich alles so kalt an, so öde und leer kommen mir alle Räume des Hauses vor. Und doch habe ich so reichlich zu tun und muß nebenbei in Küche und Vorratskammer Aufsicht üben, denn ich behelfe mich mit unserem früheren Koch Minta (jetzt als Christ Hendrik) der in einem nahen Dorf verheiratet ist. Gell, Vater, Du fühlst das mit mir, wie es mir zu Mute sein mag. Denk nur, Du solltest 14 Tage allein im Miehlener Pfarrhaus sein, ohne Mutter und ohne irgend ein freundliches Gesicht." Er hofft aber, Ende des Monats auch zwei gemeinsame Ferienwochen möglich machen zu können. Bis dahin gibt es viel zu tun. Es ist vor allem der Kirchenbau, der ihn beschäftigt, das ist ein richtig großes Projekt und er gibt eine anschauliche Beschreibung von der Anstrengung, die eine solche Bauplanung mit sich bringt: „Augenblicklich steht im Vordergrunde der Kirchbau. Nicht, als wären wir schon am bauen, aber die Vorarbeiten sind im vollen Gange. Die Häuptlinge der beiden zur Stationskirche gehörenden Landschaften Parapat und Adji Bata haben sich bereit erklärt, das nötige Bauholz noch in diesem Jahre zu liefern. Ihr seht, solch eine Arbeit wird nicht den Christen allein aufgebürdet, denn sollten die Christen eine Kirche bauen, dann würde ich wohl noch 1015 Jahre warten müssen. Nein, Schule und Kirche ist Gemeingut, ist Volkssache, da hilft Freund und Feind mit. Sie ist's von je her bei den Bataks gewesen, wenn die Häuptlinge eine Sache für gut befanden und ausführen wollten, dann wurden alle Untertanen auf die Beine gebracht. So muss auch der Missionar die Volkssitte willkommen heißen, wenn er eine solch große Arbeit wie einen Kirchbau zustande bringen will. Freilich geht's nicht immer so. In einigen Gegenden gehen 1015 Jahre ins Land, ehe ein Kirchbau zustande kommt. Der gute Wille des Missionars und sein Eifer tut's allein nicht. Es gehört dazu die Einigkeit der Häuptlinge, sonst scheitert die Sache. Nun muss ich zwar bekennen, daß es absolut nicht mein Verdienst ist, daß die Häuptlinge von 2 verschiedenen Landschaften und Stämmen, die doch fast alle noch echte Heiden sind und zum Teil noch gar nicht den Gottesdienst besuchen, in dieser Sache des Kirchbaus eins wurden. Ich persönlich dachte noch gar nicht daran, eine Kirche zu bauen, der Gedanke lag bei mir noch in weiter Ferne. Nur ein Lehrerhaus wollte ich errichten und die Schule vergrößern, das war mein Plan. Da sind mir meine ersten Christen und unter ihnen besonders der Radja Israel zuvor gekommen. ‚Tuan', sagten sie, ‚lass uns doch gleich eine Kirche bauen, das ist dann eine Arbeit und das Lehrerhaus kommt dann schon mit zustande.' Ich musste lachen über den verwegenen Plan und sagte dann: ‚Es ist gut was ihr da sagt, doch ihr scheint keine Ahnung zu haben von der Größe und Schwierigkeit der Aufgabe, die ihr euch damit stellt. Kommt mit nach Toba, damit ich euch erst einmal eine Kirche zeige.' Gesagt, getan. Eines Tages wurden die Rösslein gesattelt und die Kirche in dem 7 Stunden entfernten Lumbun Lobu in Augenschein genommen und die Größe und Menge des nötigen Bauholzes festgestellt. Von dort gingen meine Leute dann nach den Stationen Si Toran und Pangombusan, wo sie überall von den Missionaren und seinen Leuten als die ersten Christen von Sipiak herzlich willkommen geheißen wurden. Sie rühmten nachher die Gastfreundschaft der Christen, die ihnen doch ganz fremd waren, und wohl zum ersten Male in ihrem Leben spürten sie etwas vom Inhalt des 3. Artikels: ‚Ich glaube an eine Gemeinschaft der Heiligen'. Früher war nur der Stammesgenosse Freund, alles andere Feind. Jetzt verbindet der Glaube an den einigen Heiland und Erlöser und die Liebe zu ihm auch die, die einander früher ganz fremd waren und fern standen."

Dann berichtet Hermann weiter: „Nun wagte ich im Januar, die Häuptlinge zur gemeinsamen Beratung zusammenzurufen, und ob auch einige vor der Größe der Aufgabe zurückschreckten und andere eine mehr abwertende Stellung einnahmen, das Ergebnis war doch, die Kirche soll gebaut werden. Nun machte ich Baupläne, rechnete und verteilte die Menge des Bauholzes auf die einzelnen Landschaften und dann hieß es in mir: Tole, im Glauben vorwärts! Im April fand eine zweite Beratung mit den Häuptlingen statt, vor der mir etwas bange war, denn ich fürchtete, sie würden vor der Menge des Bauholzes erschrecken oder darüber in Uneinigkeit geraten.

... Im großen Halbkreis saßen sie auf dem Hofe und, um die Gemütlichkeit zu fördern, ließ ich eine Kiste Zigarren rundgehen, die schnell geleert wurde. In Ruhe hörten sie auf meine Worte und in ½ Stunde war alles klar und angenommen. Das war mehr als ich zu erwarten wagte. Da musste noch ein Kistchen Zigarren herhalten und dann wurde das Harmonium auf die Emper gerollt und das Waldhorn an die Lippe gesetzt und dankbaren Herzens schallte es: ‚Lobe den Herren der herrlich zugleich erhaben ist' (Lobe den Herren den mächtigen König)." (21. August 1910)

Anschließend gibt Hermann eine genaue Beschreibung der Menge des Bauholzes, das die 140 Familien liefern mussten. Diese Menge war wirklich erstaunlich. Einige der 9 m langen und 30 cm dicken Stämme mussten in den Bergen 900 m über dem Tobasee gehauen und dann von 7080 Mann von dort hinunter transportiert werden. Und dies war bei weitem noch nicht alles, was an Bauholz gebraucht wurde! Hermann will sich daher bei dem Bau der Kirche Zeit lassen, die finanzielle Last soll zeitlich gestreckt werden, denn keiner der Menschen war reich. Die Vorarbeiten sind aber schon im vollen Gang wie Martha bereits im Juli erzählte „... eine ganze Reihe dicker langer Holzsäulen liegen schon oben in der Schule. Mit großem Geschrei wird das Holz herbei geschleppt; wir hören sie hier schon schreien, wenn sie noch hoch oben im Gebirge im Wald sind. Es ist überhaupt erstaunlich, wie weit man hier jeden Ton deutlich und klar hört, über den See hin." (9. Juli 1910)

Nachdem Hermann bereits von der menschenähnlichen Pflanze berichtet hat, beklagt er einen weiteren Aberglauben, der jetzt aufgetaucht sei. Es werde erzählt, dass in Kürze ein großer Mann erscheinen würde, stärker als jeder zuvor, selbst stärker als die Holländer. Er würde alle zerschmettern, die sich ihm nicht unterwerfen und nicht das kleine Stück Blei als Symbol ihrer Unterwerfung tragen würden.

Diese kleinen Bleistücke spielten eine große Rolle im Leben der heidnischen Batak. Zauberpriester beschrieben die Amulette mit allen möglichen Sprüchen. Sie wurden um die Nacken der Kinder gehängt oder im Hausaufbewahrt, um die Menschen vor Krankheiten zu schützen.

Hermann war der Sache nachgegangen und berichtet: „Auf meine Frage, wer denn der mächtige und angesehene Fürst sei, der in Bälde komme, und woher die Bleistückchen kämen erhielt ich zur Antwort, daß das ganz geheim gehalten werde. Bald merkte ich, daß die Sache nicht so unschuldig war wie sie anfangs zu sein schien. Der vor 3 Jahren von der Regierung verfolgte und getötete Priesterkönig Singamangaradja sollte wieder leben und alle, die das Blei annehmen, stellten sich dadurch unter seine Herrschaft und alle, die sich weigerten, sollten zu Staub zermalmt werden. Bezeichnend war, daß den Christen und Taufbewerbern gegenüber völliges Schweigen bewahrt wurde, damit diese die Sache nicht an ihren Missionar oder gar an die Regierung verrieten. Ich schickte nun, bevor ich nach Purba reiste, einige zuverlässige Leute aus, mit dem Auftrage, alles zu versuchen, um Licht in dieses Dunkel zu bringen. Auch berichtete ich über die Sache nach Siantar, wo der holländische Beamte wohnt. Als ich nun am Donnerstag von Purba zurückkam, war bereits ein inländischer Beamter eingetroffen, dem es mit Hülfe meines Lehrers und zweier schlauer Christen gelungen war, der Sache auf die Spur zu kommen. Die Christen hatten sich verstellt und getan, als wäre es ihnen sehr darum zu tun, auch unter den Schutz dieses ‚Mächtigen' zu kommen. So fand sich bald einer, der ihnen ein Stückchen geweichtes Blei für 2 Gulden verkaufte. Dieser wurde daraufhin festgenommen und die Folge davon war, daß in 3 Landschaften ca. 120 Personen festgestellt wurden, die dies Blei gekauft hatten, zum Teil für fl. 19. Woher kam nun diese Bleigeschichte? Die Leute sagten aus, daß in Toba auf der Hochfläche, 3 Tagereisen von hier entfernt, ein radja ‚Nasiatbagi' wohne, von dort aus werde das Blei vertrieben. Schon waren viele Leute von hier aus dorthin gegangen, um bei genanntem Häuptling die Kunst zu lernen, das Blei durch Öl und Zitronen zu weichen, um es dann als Agenten im ganzen Land zu verkaufen. Die Folge davon war, daß die Leute ihre Kinder nicht mehr zur Schule schickten, vom Gottesdienst sich fern hielten, und das Ende wäre eine Empörung gegen die holländische Herrschaft gewesen. Deshalb sandte der holländische Beamte sofort seine Leute und dadurch wurde dem Unwesen ein Ziel gesetzt. Am Sonnabend mussten nun alle, die Blei verkauft oder gekauft hatten, nach Siantar aufbrechen, um sich vor dem Kontrolleur zu verantworten. Zuvor hatte ich aber Gelegenheit, den aus der ganzen Umgegend versammelten Häuptlingen ein ernstes und warnendes Wort zu sagen, das nicht ohne sichtlichen Eindruck blieb. ... Gefreut hat es mich, daß aus der Landschaft Parapat, wo das Evangelium schon Wurzel gefasst hat, nur 4 Leute das Blei gekauft haben, und daß sich von den Christen und Taufbewerbern niemand damit abgegeben hat."

Dieser außerordentlich lange Brief ist in mehrfacher Weise interessant. Aus heutiger Sicht gelesen erzählt er nicht nur die Geschichte von Heidentum und Christentum, sondern vor allem auch vom immer wieder versuchten Widerstand, von Rebellion gegen die Kolonialmacht und gegen die ganze europäische Dominanz. Und nicht nur das, der Brief kann durchaus auch als Beleg für den Vorwurf gelesen werden, der heute den Missionaren gemacht wird, dass nämlich diese mit den Kolonialmächten zusammengearbeitet und deren Macht gefestigt haben.

Inzwischen aber nimmt das Leben in Si Piak seinen Lauf. Die Familie wird sich vergrößern, denn im Oktober schreibt Martha, dass, mit Gottes Willen, sie im nächsten April ein „Brüderchen" erwarten: „Ich hoffe, daß ich mich in den kommenden Monaten noch etwas erhole, ich habe es so bitter nötig, damit ich Kraft genug habe für die neuen Pflichten." Die kleine Else entwickelt sich gut: „Unser Elsekind zahnt eben und ist öfter unruhig; sie hat immer erst zwei Zähnchen. Sie steht jetzt schon ganz stramm an den Stühlen und überall, wo sie sich fest halten kann, richtet sie sich auf. Weihnachten wird sie wohl laufen können. Sie bekommt jetzt öfter Reissüppchen und Reisbrei und Zwieback und Obst und Gemüse. Pisang (Bananen) isst sie sehr gern und es gibt ja wohl auch kaum ein nahrhafteres Obst als Pisang und auch keins was man in solcher Menge hat wie

Pisang, mit so vielerlei verschiedenen Sorten.“ (19. Oktober 1910) Martha selbst geht es in dieser Zeit nicht gut. Sie schreibt: „Mir geht es all die Zeit gar nicht gut und ich würde nichts lieber tun, als auch einmal, wie Ria, fünf Wochen nach Miehlen kommen und mich pflegen lassen. Man hat hier auch keinen Menschen der einem einmal ein bisschen hilft wenn einmal die Kraft versagt. Hermann hat so überreichlich Arbeit und im Haushalt kann er mir doch auch nicht helfen. Es wartet wieder so viel Näherei auf mich, eine Matratze für Klein Else (die Schreiner machen ihr eben ein größeres Bett) und Höschen für beide Kinder und so alles mögliche.“

Danach folgt eine lange Briefpause, bis Januar 1911, da berichtet sie: „Es gehen jetzt wieder eine ganze Reihe Familien nach Deutschland. Steinsieks gehen auch für acht Monate, ehe der nächste Winter kommt wollen sie wieder hier sein. Missionar Steinsiek verliert manchmal vollständig sein Gedächtnis, so daß es vorgekommen ist, daß er frisch und wohl auf ein Filial ritt oder fuhr und dort angekommen gar nicht mehr wusste, wo er war, und was er wollte und der dortige Lehrer ihn nach Hause bringen musste. Diese Anfälle kommen selten aber sie kommen immer wieder. Was mögen die Kinder in Deutschland sich freuen auf der Eltern Kommen. Wie die Missionsleute hier draußen unter der Trennung von den Kindern leiden, davon macht sich kein Mensch einen Begriff. Es ist und bleibt auch unnatürlich und ich habe schon jetzt Angst vor dem, was uns ja auch einmal bevorsteht.“ (14. Januar 1911)

Auch die junge Witwe des Missionars Brockhaus wird nach Deutschland zurück fahren, wie Hermann im Februar berichtet: „Soeben schreibt mir unser Ephorus D. Nommensen, daß der junge Missionar Brockhaus in Nias im Meer ertrunken ist, als er mit 4 Niassern zum Dampfschiff fahren wollte. Das Boot ist umgekippt und nur ein Mann, der des Schwimmens unkundig sich am Boot festhielt, ist gerettet worden. Das ist ein besonders trauriger Fall. Brockhaus war mein Nachfolger in der Vereinsarbeit in Barmen und erst einige Monate verheiratet. Die junge Witwe, eine Lehrerin, wird im Juli mit den Geschwistern Mindermann die Heimreise antreten. Bei unserer Arbeiternot in Niederländisch-Indien ist dieser Todesfall äußerst schmerzlich.“ (20. Februar 1911)

Diese Personalprobleme beschreibt auch Martha: „Es fehlt ja immer wieder an Arbeitskräften und deshalb sollen einige Stationen, auf denen eine zeitweilige europäische Aufsicht von der Nachbarstation aus möglich ist, mit Pandita Batak besetzt werden. Viele halten das für verfrüht, weil sich immer wieder gezeigt hat, daß ein Pandita Batak nicht selbständig arbeiten kann, aber es soll nun einmal probiert werden, weil die Kräfte so sehr fehlen.“ (14. Januar 1911)

Es gilt also, möglichst viele Lehrer und Prediger auszubilden.

„Unsere Batak-Mission gewinnt allmählich die Gestalt einer Volkskirche", stellt Hermann fest. „Da gibt's viel Arbeit, um allen Anforderungen, die an uns gestellt werden, gerecht zu werden. ... Die Bibel soll in Kürze revidiert zum Druck fertig sein, für Erbauungs und andere Literatur muss eine andere Kommission sorgen... Wichtig ist, daß jetzt wieder ein Kursus für eingeborene Prediger beginnt. Aus den über 600 Lehrern (mit Hilfslehrern) wurden die besten 10 ausgewählt, die alle 1015 Jahre sich im Lehrerdienst ewährt haben. Diese ziehen jetzt mit Familie nach Sipoholon, wo sie in zweijährigem Kursus zum Predigtamt vorbereitet werden. Nach dem Examen werden sie in den Gemeinden angestellt und nach mindestens halbjähriger Bewährung erhalten sie die Ordination. Bei der großen Menge von Nebenstationen müssen wir Missionare sehen, daß wir möglichst viele eingeborene Mitarbeiter bekommen." (20. Februar 1911)

Die Arbeit wächst und wächst und verlangt den vollen Einsatz aller Missionsmitarbeiter. Was den in der Missionsarbeit stehenden Menschen aber abverlangt wurde und mit welchen gesundheitlichen Schwierigkeiten sie dabei zu kämpfen hatten, davon können wir uns heute gar keinen Begriff machen, es wird aber durch Marthas Mitteilung deutlich: „Unsere Schwester Lina ist neulich plötzlich nach Mentawei [Inselgruppe vor der Westküste Sumatras] gerufen worden. Dort sind nur zwei Missionarsfamilien, und was für ein Elend traf sie dort an. In der einen Familie wurde in den nächsten Tagen ein Kindchen erwartet und bei der anderen Familie lag der Mann an Schwarzwasserfieber schon sechs Tage bewusstlos und seine Frau im andern Zimmer in hohem Fieber. Die beiden Fieberkranken wurden sofort nach Sumatra transportiert. Mit dem Klima sind wir hier doch so viel besser daran." (14. Januar 1911)

Dennoch werden auch die Weissenbruchs von Krankheiten nicht verschont. Bereits seit Februar des Jahres 1911 haben sie mit heftigen gesundheitlichen Problemen zu kämpfen. Zwar entwickelt sich die kleine Else nach wie vor gut: „Unserer kleinen Elsemaus geht es gut, soweit es die Zähnchen erlauben. Sie läuft flott und strebt immer hinaus ins Freie. Wenn es die Hitze erlaubt, trägt sie mein Zimmerjunge nachmittags im Schatten vor dem Haus spazieren, nach echt batakscher Art in einem Tuch auf dem Rücken." (20. Februar 1911) Aber dann bekommt Weissenbruchs kleines Pflegekind Hanna Malaria. „Am Donnerstag bekam sie plötzlich Malaria und am Abend um ½ 7 Uhr traten ganz plötzlich Krämpfe ein mit einer Heftigkeit und Gewalt, daß es ein grauenhafter Anblick war. Erst um neun Uhr ungefähr wurde der Körper ruhiger, aber die Augen blieben starr und um 11 Uhr kam der Anfall mit gleicher Heftigkeit wieder und erst gegen drei Uhr kam sie allmählich wieder zu sich. Was wir in der Nacht ausgestanden haben, kann ich keinem Menschen sagen, und wie froh und dankbar wir waren, daß Gott sie in dem Anfall nicht sterben ließ, könnt Ihr Euch wohl denken. Es ist in solchen Fällen ganz schrecklich, daß man keinen Arzt hat und sich alle Hilfsmittel aus Büchern zusammensuchen muss.“ Nach diesem Malariaanfall muss das kleine Mädchen eine Chininkur machen.

Kaum ist Hanna wieder einigermaßen gesund, bekommt Hermann einen erneuten Anfall von Dysenterie, von dem er sich nur sehr langsam erholt, und trotz aller Hygiene und Vorsicht hatte sich nun auch die kleine Else angesteckt. Martha, selbst hochschwanger, ist voller Angst, Sorge und Mitleid: „Unser Mäuschen ist ernstlich krank und hat Dysenterie. Sie weint viel und krümmt sich vor Schmerzen und wohl täglich 1012 x geht unter Schmerzen Blut und Schleim und Eiter aus dem Darm ab. Sie ist sehr, sehrab und bleich und guckt einen mit so müden traurigen Augen an. .... Am Freitag und gestern haben wir sehr gebangt um unseren Liebling und wir sind auch jetzt noch nicht über den Berg; ... Wie schwer ist es doch, das Kindchen so leiden zu sehen! Wenn sie uns der liebe Gott nur erhält!“ (5. April 1911)

Erst am 18. April, acht Tage vor Gertruds Geburt, kann Martha endlich Besserung melden. Aber: „Das Laufen wird Elschen wohl wieder neu lernen müssen.“ (18. April 1911)

Rückblickend berichtet sie: „Unser Zimmerjunge Ortas, Elsens Kindermädchen, war rührend teilnehmend bei Elschens Krankheit und immer bereit, für das Kind etwas zu tun oder sie im Wagen zu fahren. Else hängt auch sehr an ihm, er kann sich sehr nett mit ihr beschäftigen und istmir dadurch wirklich eine Hilfe.“ (19. Mai 1911)

In dieser Zeit bahnt sich in der Familie eine Veränderung an. Hannas Vater hatte sich mit Schwester Langemann verlobt. Das bedeutete, dass, sobald die beiden verheiratet waren, die kleine Hanna zu ihrem Vater und seiner neuen Frau zurückkehren konnte.

Gertrud

Am 26. April 1911, um 11:30 Uhr, wird Gertrud geboren, acht Pfund schwer und gesund. Auch Martha gehe es gut, berichtet Hermann den Schwiegereltern und erzählt weiter: „Soeben kam der Lehrer Kenan und freut sich mit uns, daß uns Gott ein gesundes Mädelchen geschenkt hat. Er meinte aber, es hätte eigentlich ein Sohn sein müssen. Der Bataker hat gern viele Söhne, doch auch der Deutsche will nicht gern den Stammhalter missen. Metzlers wurden ja sechs Töchter hintereinander geboren, da kamen die Bataker zuletzt und drückten dem Tuan und der Njonja gegenüber ihr Beileid aus.“ (26. April 1911)

Martha erzählt, dass die Batak auch einen Monat später immer noch Schwierigkeiten hätten, sich mit der Geburt des Mädchens abzufinden. Sie schreibt: „Die Bataker konnten gar nicht recht begreifen, daß die Kleine kein Sohn war, – ich glaube sie haben uns im Herzen sehr bedauert und unser Zimmerjunge Ortas fragte immer wieder, ob die Njonja denn wirklich froh und glücklich wäre über das Kind." (19. Mai 1911) So ganz unberechtigt war diese Frage vielleicht auch gar nicht. Hatte nicht Martha selbst erst vor einigen Monaten noch von dem „Brüderchen" gesprochen, welches man erwarte?

Letztendlich aber ist nur wichtig, dass das Kind gesund ist trotz der Krankheiten, welche die Familie in den letzten Monaten heimgesucht hatten. Aber die kleine Gertrud ist kaum sechs Wochen alt, als im Juni die Cholera ausbricht. „In der Nacht von Montag auf Dienstag bekam Hermann zu unserem großen Schrecken einen Choleraanfall. Es war eine entsetzliche Nacht. Als es Morgen wurde, sah Hermann so fahl und fast blauweiß aus, daß ich sofort die Tole nach Balige schickte und Dr. Schreiber telegraphisch rufen ließ." (20. Juni 1911)

In ihren Lebenserinnerungen schreibt Martha dazu: „Die Cholera kam damals in jedem Jahr, aber 1911 besonders stark. Unsere Station war dadurch besonders gefährdet, weil wir außer dem See kein anderes Wasser hatten, und weil hier der Durchgangspunkt war für alle Tobanesen und Silindunger, die infiziert, krank, sterbend oder tot von den Plantagen auf der Ostküste zurück kamen oder getragen wurden. ... Einmal lag eine Leiche stundenlang bei uns im Gras und mein Mann konnte die Leute nicht dazu bringen, ihn sofort zu beerdigen. Nein, er mußte unter allen Umständen noch zurück in sein Dorf gebracht werden. Sie fanden schließlich 4 Ruderer, die für viel Geld zu diesem Dienste willig waren. Sie ruderten die ganze Nacht, kamen abends zurück und waren am anderen Morgen alle 4 tot. Zu uns kamen die Leute um Rat und Hilfe und Medizin und die Gefahr der Ansteckung war sehr groß." (Erinnerungen S. 14)

Martha erlebt wohl die schlimmsten Stunden ihres Lebens: „Was wir an dem Tag durchgemacht haben an Entsetzen und Angst, davon macht sich kein Mensch einen Begriff; Angst um die Kinder, die ich doch neben der Pflege auch noch besorgen musste, zumal ich Gertrudchen selbst stille." Doktor Schreiber kommt schließlich nachts um ½ 3 in Si Piak an. Gegen Mittag wird zwar absehbar, dass Hermann wieder gesunden würde, aber Martha steht jetzt zwischen Mann und Kindern, hat Angst diese anzustecken:

„Ich ging nie aus der Krankenstube zu den Kindern, ohne mich vorher umgezogen und gewaschen zu haben." Doktor Schreiber meint, dass die Ansteckung vom Seewasser herrühre, obwohl sie dieses nie verwendeten, ohne es vorher abgekocht zu haben. Jetzt wird sie noch vorsichtiger. „Nun lasse ich zur Vorsicht auch alles Spül-, Waschund Badewasser abkochen, sogar das Wasser zum Nachspülen der Kinderwäsche." (20. Juni 1911) Rückblickend sagt sie: „Ich hatte eine unsagbare, furchtbare Angst im Herzen und Sorge, wenn er stirbt, wie komm ich zu einem Sarg? Wer hilft mir?“ (Erinnerungen S. 16)

Von außen hat Martha keinerlei Unterstützung, denn auch der Lehrer Marinus ist an Cholera erkrankt. Martha ist froh, dass wenigstens die Jungen ihr nicht davonlaufen und sich um ihr drei Jahre altes Pflegekind, Hanna, kümmern können.

In der Familie kursierte später die Geschichte, Martha habe sich des Schlagers „Schnaps ist gut für die Cholera“ erinnert und habe diesen Hermann eingeflößt, was ihm geholfen habe, die Zeit zu überleben bis endlich der Arzt kam. Ob das wohl stimmt?

Aber auch diese schlimme Zeit ist schließlich überstanden. Im Juli ist Taufe: „Gertrudchen war so brav und lieb, sie schlief den ganzen Nachmittag und Abend, so daß ich gar keine Last mit ihr hatte. Das Kindchen gedeiht geradezu prächtig, es fehlt ihr nie was, war noch nie wund, ist überhaupt ein so gesundes rundes Äpfelchen“. (21. Juli 1011) Und im August plant die kleine Familie nun auch einen Urlaub oben in Pakpak, um sich in dem dort kühleren Klima zu erholen. „Es ist eine lange beschwerliche Reise, sieben lange Reitstunden, aber das kühle Klima lockt uns. ... Für mich wird auch auf halbem Weg eine tandu (Tragstuhl) bereit stehen, ich kann doch nicht mehr solche langen Strecken reiten. Es graut mir ordentlich vor der Reise, aber die Kälte dort oben auf dem Gebirge wird uns gut tun.“

Als es dann soweit ist fahren sie, wie so oft schon, zuerst sechs Stunden mit der Tole und übernachten in einem Passantenhaus. „Es sind das von der Regierung erbaute Häuser mit drei – vier Zimmern und einer Küche, mit allem Nötigen notdürftig ausgestattet. Bettstelle, Matratze und Kissen (Decken muss man mitbringen) – auch Kochgeschirre und Porzellan, sogar Tischtücher sind da. Ein Bataker verwaltet das Ganze und es ist alles von sehr zweifelhafter Sauberkeit; – immerhin sind solche Logierhäuser angenehm und notwendig auf weiten Reisen“, beschreibt Martha diese Häuser. (28. August 1911) Dann geht die Reise am nächsten Tag weiter und Martha erzählt lebendig, wie sie mit zwei Kleinkindern und einem Säugling eine Tagesreise zu Pferd bewältigen: „Hermann und ich zu Pferd und die Kinder in sogenannten tandus. Wir hatten die tandus aus unseren Wäschekörben hergestellt; Hanna und Else zusammen in dem größten mit einem Dach von schwarzem Wachstuch, und Bambusstäbe als Tragleisten, – vier Bataker trugen sie. Gertrudchen lag so mollig und wohl geborgen in einem kleinen Korb auch mit Dach und wurde von unseren beiden Hausjungens Urbanus und Ortas getragen. Es war mir eine Beruhigung, daß unsere Jungens das Kleinchen trugen, sie haben schon etwas mehr Verständnis dafür wie wir solch ein Kleinchen behandeln. Sie trugen es auch prachtvoll ohne zu große Schaukelei und ich ritt immer hinterher.“... Vier batakschc Gepäckträger müssen ausgewechselt werden: „Leider hatten wir als Träger Opiumraucher erwischt, die nichts leisten konnten und so mußte Hermann unterwegs andere Träger suchen, die wir zum Glück bald bekamen. Eine Gebirgswand von 700 m Höhe mußten wir hinauf. Ich war mit unseren beiden Jungens ... weit voraus. Das Pferd trug mich keuchend und pustend fast bis oben hin, nur das letzte steilste Stückchen ging ich zu Fuß. Die Gebirgswand steigt sehr steil auf, ... und der Pfad führt in Schlangenlinien. Mit Schaudern betrachtete ich mir von unten die steilen Windungen, die ich reiten mußte, aber unsere Batak-Pferdchen klettern ja wie die Katzen. Oben wehte uns ein so kühler erfrischender Wind entgegen, daß es ein ordentlicher Genuss war einzuatmen. Dort oben ist wundervoller Hochwald; – ich wartete dort wohl ¾ Stunden auf Hermann mit den Kindern, besorgte während der Zeit mein Gertrudchen und dann ging es weiter. Der Weg ist wunderbar schön, zum Teil wild romantisch mit rauschenden Gebirgsflüssen. Wir hatten eine solche Freude am Reiten durch diese wunderbare Gebirgswelt, in der frischen Morgenluft. Auch die Kinder waren vergnügt; sie konnten sich in ihrer tandu nach Belieben setzen oder legen und schliefen manchmal prachtvoll. Einmal mußten wir an einem Fluss ungefähr 150 m hinunter, unten über eine Rotang Hängebrücke, an der kein einziger Nagel war, über ein wild reißendes Wasser und dann an der anderen Seite zur selben Höhe wieder hinauf. Solche lange Reise würde noch viel mehr ermüden, wenn der Weg nicht solche Schönheiten böte. Abends um ½ 5 Uhr kamen wir sehr müde aber sehr vergnügt hier an; und nun freuen wir uns, daß wir die Reise gewagt haben, es war uns sehr abgeraten worden. Hier gibt es sehr viele Tiger und überhaupt sehr viel Wild; ringsum ist stundenlang alles Wald und nichts als Wald." (17. August 1911) Sie sind nun in Sidikalang angekommen.

Sidikalang, nordwestlich des Tobasees gelegen, gehört zum Stammesgebiet der Pakpak, einem Batakstamm der damals als noch recht wild gilt. Sie wohnen auf der dortigen Missionsstation. Nicht weit von der Station entfernt liegt eine holländische Siedlung, in der ein Offizier, ein Leutnant, und ein Doktor wohnen, die alle, wie Martha ausdrücklich vermerkt, verheiratet, also offenbar ihrer Meinung nach „ordentliche" Leute sind, und welche die Sicherheit in der Gegend gewährleisten sollen. „Augenblicklich", meint Martha, „scheint die Gegend nicht ganz sicher zu sein, wenigstens kam vorhin Befehl, daß in der nun kommenden Nacht gewacht werden muß. Die Soldaten werden die ganze Nacht patrouillieren. Eine Bande aus Atjeh, der die Regierung schon lange auf den Fersen ist, macht die Gegend unsicher; es sind fanatische Mohammedaner. Es macht uns aber weiter keine Sorgen, wir werden diese Nacht ebenso ruhig schlafen wie sonst auch. Die allermeisten Menschen sind hier Opiumraucher, sogar die Frauen. Sogar den Säuglingen blasen sie Opium in die Nase, wenn die Mütter z.B. zum Markt wollen und deshalb wünschen, daß die Kinder einige Stunden schlafen sollen. Es sind deshalb auch bleiche willensschwache Menschen. Die Pakpakleute waren vor nicht langer Zeit noch Menschenfresser. Hier herrscht auch noch die schreckliche Sitte, daß, wenn eine Wöchnerin stirbt, das lebende Kind mit beerdigt oder vielmehr verscharrt wird, denn beerdigen kann man das nicht nennen, die Art und Weise wie sie das machen."

Die Missionsarbeit unter den Pakpak gilt als schwierig, weshalb Hermann Marthas Brief anfügt: „Bruder Brinkschmidt ... hat hier eine schwierige Arbeit, da die Mohammedaner eifrig Propaganda treiben und augenblicklich sogar, ihren Lehren des Koran getreu, ihre Religion mit Feuer und Schwert auszubreiten suchen. Vor ca. 10 Tagen versuchten sie, die ‚huta' eines christlichen Häuptlings anzustecken. Trotzdem sie das Dach, das aus der leicht brennenden Faser der Zuckerpalme hergestellt ist, mit Petroleum begossen hatten, ist das Haus doch nicht abgebrannt. Die Täter sind jetzt flüchtig und ihre Frauen hier gefangen gesetzt. – Die Regierung arbeitet hier mit der Mission Hand in Hand wie wohl sonst nirgends, daher sind die angesehensten Häuptlinge auch schon Christen geworden. Eine schöne Kirche ist schon aufgerichtet und eine Bauhandwerkerschule bietet den Jünglingen Gelegenheit, sich im Baufach und Schreinerhandwerk auszubilden."

Tatsächlich wird etwa eine Stunde von Sidikalang entfernt in der Nacht ein Mann ermordet und Martha seufzt: „Das nennt man nun Erholungsreise!"

Seit dieser Pakpakreise sind inzwischen eine ganze Reihe von Wochen vergangen und Martha berichtet im Oktober aus Si Piak: „Bald nach unserer Rückkehr kam unser Ephorus Nommensen mit noch einigen anderen Tuans, um den von Hermann ausgesuchten Stationsplatz drüben auf Samosir zu begutachten. Dort drüben bekommen wir also nächstens einen Nachbarn hin, 1 ¼ Stunde Tolefahrt. Nommensen brachte auch seinen Sohn mit, einen Weltenbummler ersten Ranges. Er hat sich mehrere Millionen in Brasilien erworben und ist nun seit Jahren beständig auf Reisen, wohnt zeitweise in Paris oder New York und war im Lauf der letzten drei Jahre zweimal hier bei seinem Vater. Wie der junge Mensch es so ohne jegliche Beschäftigung aushält, ist unbegreiflich. Seinem Vater hat er jetzt 3000 M. überweisen lassen, damit er seine Kinder in Deutschland noch einmal sehen kann." (25. Oktober 1911)

Vielleicht ist dieses Geldgeschenk aber auch einem besonderen Anlass geschuldet? Hermann berichtet nämlich: „Unser alter Ephorus Nommensen hat sein fünfzigjähriges Jubiläum gefeiert und ist von Europäern und Batakern sehr geehrt worden. Die Bataker haben ihren alten Ompu (Großvater) sehr lieb. Nommensen hat auch eine sehr große Macht unter den Leuten und sein Wort gilt unbedingt. Er hat auch eine ganz eigene Art, die Leute zu behandeln. Es ist schon vorgekommen, daß er, wenn er irgendwelche Sünder vor sich hatte und sie nicht bekennen wollten, er sie die elektrische Batterie anfassen ließ und vor lauter Entsetzen und Angst bekannten die Schuldigen dann sofort. Oder auch er fühlt denen, die er im Verdacht hat, den Puls und jagt sie dadurch in Schrecken. Zu

Nommensens Jubiläum kam Bruder Theis mit seinen Buben noch angereist und die beiden Herren fuhren dann nach Toba, während wir beiden die Kinder hüteten. Nommensen ist von der Königin zum Offizier des OranjeNassau Ordens ernannt." (29. Oktober 1911)

Vor dieser großen Jubiläumsfeier, Anfang Oktober, hatten die Weissenbruchs ihr eigenes erstes Missionsfest gefeiert und Hermann berichtet in einem Anhang an Marthas Brief: „Wir feierten am 5. Oktober unser erstes Missionsfest, zu dem ich alle Häuptlinge aus meinem Distrikt eingeladen hatte. Es waren ca.1500 Menschen beisammen, denen von einem Pandita Batak, einem Lehrer, und mir Gottes Wort gesagt wurde. Nachher war für die Schüler auf einem großen Platze eine besondere Freude vorgesehen: Klettern, Sacklaufen etc., wobei alle kleine Geschenke erhielten. Die Häuptlinge [brachten] das mir vor einem halben Jahr bereits versprochene Geld für den Kirchbau, es waren über fl.800. Auch ein Büffel, drei Kühe und ein Ziegenbock wurden für die Kirche gegeben. So kann ich im nächsten Jahr mit Bauen beginnen, wenn nur erst das nötige Bauholz zur Stelle wäre." Die Missionsarbeit macht weiter Fortschritte. Im November schreibt Martha: „Wir hatten heute einen besonderen Freudentag; 89 Personen wurden getauft, Erwachsene und Kinder. ... Sumatra christianisiert sich immer mehr, möge es nur etwas weniger in die Breite und etwas mehr in die Tiefe gehen. Man muß aber unsere Leute hier ganz anders beurteilen als die Christen in der Christenheit. Wenn sie sich vom Heidentum los reißen und dem Christentum zuwenden, so ist das schon ein sehr großer Schritt. ... Die Bataker sind ein verschlossenes Völkchen und haben absolut nicht das Herz auf der Zunge und man merkt deshalb nicht so leicht, was in ihnen vorgeht. Aber einen ganz anderen Gesichtsausdruck bekommen sie vielfach als Christen. ... Die Häuptlinge von Parapat sind nun alle Christen. Im nahen Adji Bata feiern sie derweil heidnische Knochenfeste. Die Knochen der Ompus (Großväter), die immer erst im Dorf selbst begraben werden, werden wieder ausgegraben und finden nun außerhalb des Dorfes ihre Ruhestätte mit viel Lärm und Zaubermusik. Viel Spiritismus wird dabei getrieben. Sie haben ihre bestimmten Medien, die dann bei solchen Gelegenheiten in Kraft treten und durch die der Geist des Verstorbenen redet. Solche Feste sind für die Christen, besonders wenn sie mit den gefeierten Knochen verwandt sind, eine große Versuchung. Hingehen ist ihnen streng untersagt. Eine der Täuflinge, eine Frau, war da zum Zusehen und hat heute vor ihrer Taufe vor der ganzen Gemeinde öffentlich ihren Fehler bekannt. Der Heidenspektakel geht nun schon Tage lang, aber heute am Sonntag war alles still, da wagen selbst die Heiden nicht mehr solchen Lärm zu machen." (12. November 1911)

Alle Erfolge können aber nicht darüber hinwegtäuschen, dass die Arbeit sie viel Kraft kostet und das tropische Klima ihre Gesundheit außerordentlich belastet. „Für Hermann waren alle diese Wochen sehr anstrengend, zumal er eben gar keine Lehrer hat. Unser Lehrer Kenan wurde als der Tüchtigste von allen ans Seminar von Narumonda berufen und Ersatz ist bis jetzt noch nicht da. Hermann ist leider gar nicht wohl und wir sind ganz in Sorge, was es werden soll. Immer wieder Fieber und Leibbeschwerden und starke Kopfschmerzen. Und dabei ist er immer mit Arbeit überhäuft und hat keine Hilfe. Hoffentlich ist es nur noch eine Schwäche von der Dysenterie her und nichts Schlimmeres." In den kommenden Jahren sollten Hermanns Darmprobleme als tropische Sprue [14] diagnostiziert werden.

Im Dezember 1911 steht der kleinen Familie nun die bereits erwartete Veränderung bevor: Missionar Theis, der Vater ihres Pflegekindes Hanna, hat geheiratet und so können die vier Kinder wieder in ihre Familie zurückkehren. „Anfang Dezember wird Hannachen geholt, ins Elternhaus zurück. Es wird uns sehr schwer, sie abzugeben." (12. November 1911) Und im Dezember heißt es: „Unser Hannachen ist nun zurück im Elternhaus; sie fehlt mir noch überall, es wurde mir gar nicht leicht, sie abzugeben. Aber ein gutes Stück weniger Arbeit habe ich nun, das empfinde ich ganz dankbar. Else hat sich am ersten Abend in den Schlaf geweint, nun gewöhnt sie sich ohne Hannachen." (8. Dezember 1911)

Die Zeit vergeht, mittlerweile ist es Februar 1912 geworden. Martha berichtet den Großeltern in Miehlen von ihren Enkeln: „Gertrudchen macht sich ganz prächtig; Sie hat ein ganz ausgeprägtes niedliches Mädchengesichtchen und ist immer wohl und vergnügt. Else ist viel zarter, sie ist ein rechtes Sorgenkind seit sie die Dysentrie hatte, sieht oft sehr blaß aus und ißt sehr wenig. Sie ist aber vergnügt und sehr geschäftig den ganzen Tag, das ist doch immerhin ein gutes Zeichen. Große Tierfreunde sind sie beide, wie ihr lieber Vater auch. Wir haben einen Hirsch auf der Station, er läuft in einem größeren eingezäunten Gehege frei herum, kommt wenn man ihn ruft und frißt aus der Hand. Auch Kaninchen haben wir und drei Hunde." (15. Februar 1912)

Von ihrer jungen Gemeinde berichtet Martha, dass mit der wachsenden Anzahl von interessierten Menschen das kleine Schulgebäude viel zu eng wird. „Es ist hohe Zeit, daß die Kirche gebaut wird. Die Gottesdienstbesucher finden in der Schule keinen Raum mehr, so daß die Sache geteilt werden mußte. Der Hilfslehrer hat in der Lehrerwohnung die kleineren Schuljungens und ich habe hier auf unserer Emper ungefähr 30-40 größere und kleinere Mädchen, damit die Erwachsenen in der Schule Platz haben. Die Arbeit macht mir viel Freude." Zusätzlich werden Außenstationen eröffnet. Für den Kirchbau scheint jetzt endlich genügend Holz zusammen gekommen sein, denn Martha meint: „Und nun wird dieses Jahr durch den Kirchbau ein besonders arbeitsreiches Jahr. Sie bekommt eine schöne hohe Lage mit einem wunderbar schönen Blick über den weiten See und die Gebirge ringsum. Die Schreiner aus der Industrieschule in Laguboti haben den Bau übernommen."

Im März logiert der alte Missionar Pilgram mit seiner Frau in Si Piak. Die beiden befinden sich auf der Durchreise nach Deutschland.

„Hannachens beide Brüder reisen auch mit. Pilgrams hatten sich ganz plötzlich entschließen müssen zu der Reise, da dem alten ‚Ohm Pilgram' plötzlich die Kräfte versagten, so daß er nur noch sehr schlecht gehen und manchmal gar nichts mit den Händen fassen kann. Ein Nachfolger für ihn in Balige ist nicht da. Es ist immer Mangel an Arbeitskräften und aus dem Grund kann auch aus der neuen Station Ambarita uns gegenüber auf Samosir noch nichts werden", stellt Martha mit Bedauern fest und fährt fort: „Für den Anfang April haben sich Familie Fries aus Nias bei uns angemeldet; sie weilen hier in Sumatra zur Erholung, wie die Geschwister von Nias das sehr gerne tun. ... Friesens haben sehr viel durchgemacht, es sind ihnen zwei Kinder (ich glaube, an einem Tag) an der Dysenterie gestorben. Wir Sumatraner haben doch mit dem Klima viele Vorzüge vor den Niassern," schließt Martha ihren Brief. (März 1912, Sonntagabend)

Marthas Aussage über die schwierige Situation der Missionsleute, vor allem auch ihrer Frauen in Nias findet ihre Bestätigung in Annemarie Töpperwiens Buch "Seine Gehülfin". Nias, eine Insel vor der Westküste Sumatras gelegen, hatte ein schwülheißes, ungesundes Klima und eine ärztliche Versorgung war so gut wie nicht vorhanden. Von den Frauen wurde erwartet, dass sie ihre Männer in allem unterstützten, und sie litten oft „bis dass der Tod uns scheide." Wenn sie ihre Ehemänner nicht durch Krankheit verloren, mussten sie oft genug den Tod ihrer Kinder betrauern.

Mit der Dysenterie mussten alle leben. Auch Hermann erkrankte wieder um Pfingsten herum und musste das Bett hüten. Martha selbst fühlte sich bereits seit Monaten schwach und miserabel. Dr. Winkler, Schwager von Missionar Fries, untersucht sie und kommt zu folgendem Ergebnis:

„Nun hat aber leider Dr. Winkler konstatiert, daß beide Lungenspitzen und der rechte Lungenflügel unten angegriffen sind. ... Eine verschleppte Rippenfellentzündung ist auch dabei. Husten habe ich nicht. Und nun hoffen wir auf Heilung und bemühen uns, keine trüben Zukunftsbilder, die manchmal aufkommen wollen, aufkommen zu lassen. Aber es liegt wie ein Schatten über uns." (Mittwoch nach Pfingsten 1912)

Dennoch macht ihr die Gartenund Viehwirtschaft immer noch Freude. „Es ist eben eine schöne Zeit, die schönste Zeit im Jahr, und wir sind ziemlich viel draußen im Freien. Morgens ist meistens mein erster Gang mit den Kindern zu den Küken, um sie zu füttern und los zu lassen. Denkt Euch, ich habe eben über 70 kleine Küken und fast 100 Hühner und Hähne ... Soviel muß man auch haben, um immer genug Fleisch und Eier zu haben. Leider legen sie die Eier so gerne ins hohe Reisgras, so daß wir kaum genug Eier haben; sie brüten auch im hohen Gras und so kommen einem die Küken zugewachsen, ohne daß man es merkt. Um die Kühe kümmere ich mich nicht, das geht auch ohne mich seinen Gang." (12. November 1912)

Es ist immer wieder erstaunlich, in Marthas Briefen zu lesen, wie viel an Samen und anderen Materialien, auch Kleidung, von ihren Eltern in Deutschland bereitgestellt wurde! Noch erstaunlicher ist, dass die meisten dieser Lieferungen auch tatsächlich in Sumatra ankamen! Einstweilen geht das Leben weiter wie bisher. Si Piak ist Durchreisegebiet und so treffen die Weissenbruchs auf die verschiedensten Menschen. Im September berichtet Martha z.B. über einen Gast, einen „Katholiken" aus Luxemburg, einen richtigen „Globetrotter", der für sechs Jahre die Welt zu Fuß bereise. Er habe einen Vertrag mit einer Zeitung, für die er Berichte und Bilder zu liefern hätte, wofür er nach seiner Rückkehr eine Zahlung von 65,000 Franken erhalten würde. Er wollte über Java nach Australien und von dort nach Nordamerika. Er reiste ohne irgendeine Waffe und engagierte für jeden Tag seiner Reise einen neuen Führer. Auf seinem Weg von Si Antar nach Si Piak sei er sogar an einem Tiger vorbei gekommen, der nahebei geduckt im Gras lag. Das Tier hätte aber nur den Kopf gehoben und ihn mit seinem Führer ungeschoren vorbeigelassen. Martha beendete diesen Bericht mit: „Man begegnet doch allerlei Leuten hier draußen." (13. September 1912)

Auch die Weissenbruchs sind jetzt mehr unterwegs, denn das Reisen ist erheblich leichter geworden. Es werden vermehrt Straßen gebaut und es gibt auch mehr Autos – derzeit 500 an der Ostküste, wie Martha vermerkt. Die langen, ermüdenden Ritte sind nicht mehr überall notwendig. Für eine Reise Marthas und der Kinder nach Pea Radja haben ihnen die Steinsieks ihren Wagen nebst verlässlichem batakschen Fahrer zur Verfügung gestellt. Bereits nach viereinhalbstündiger Fahrt erreichen sie Butas, von wo Dr. Schreiber sie in einer nochmals zweistündigen Fahrt nach Pea Radja mitnimmt. „Die Tage bei Dr. Schreibers waren sehr schön und interessant dabei. Der Resident von Sumatras Westküste war nämlich mit Frau Gemahlin, zwei Kindern und Kinderfräulein auch da. Sie wohnten Doktors gegenüber in einem Extragebäude, auch die Mahlzeiten, außer abends, wurden ihnen hinüber geschickt. Abends ging es dann aber bei Tisch hochherrschaftlich her. Es gab immer verschiedene Gänge und zwei Diener (ein Javane, ein Bataker), die in tadellosem Weiß servierten. Frau

Resident ist eine durch und durch feine Dame, er weniger, er ist sogar Halbeuropäer und ich glaube, daß sie sehr darunter leidet. Sie hatten bei Schreibers für einen Monat angefragt, da sie alle mehr oder weniger fieberkrank seien. Ein Hauptgrund war auch, wie er später sagt, weil er die Mission kennen lernen wollte. Er ist ein durchaus gläubiger Mann und als solcher ein Segen für das Land. Unerzogene und ungezogene Kinder haben sie, zum großen Kreuz der Mutter. Darin kommt wirklich wieder das indische Blut zum Vorschein. Das Kinderfräulein (eine Würzburgerin) ist ein unglückliches Geschöpf. Sie hatte sich mit einem in Deutschland weilenden Pflanzer von hier verlobt und kommt (wie es so Vielen geht) ahnungslos und fröhlich heraus. Als sie hier hinter die Kulisse guckt und merkt, welch ein Vorleben ihr Bräutigam hat, löst sie die Verlobung und weist auch das Geld für die Rückreise von ihm zurück. Nun war sie erst einige Zeit bei Missionar Heerigs, bis sie diesen Posten bei Residents bekam." Die Schreibers unterhielten ein offenes Haus, nicht nur für Besucher, sondern auch für Kranke, oft auch für Todkranke. Sie machten dies seit Jahren, ohne jemals irgendeine Bezahlung zu verlangen. Martha vermerkt dies mit Bewunderung und meint, Schreibers seien zwar reich, aber sie hätten doch auch sechs Kinder zu versorgen.

Im November 1912 erwähnt Martha, dass sich vielleicht auch bald die Postbeförderung verbessern wird. Eine breite Straße soll zwischen Si Antar und Toba gebaut werden, dann käme jede Woche einmal Post und sie müssten nicht mehr alle möglichen Wege finden, um ihre Post von Si Piak weg zu befördern. Allerdings sorgt sie, dass dann auch der Fremdenverkehr zunähme, eine Vorstellung die ihr weniger angenehm wäre.

Martha berichtet auch die neuesten Ereignisse in der Region. Die Diskussion um eine neue Station in Ambarita auf Samosir scheint hin und her gegangen zu sein. Jetzt soll sie doch im kommenden Jahr gebaut werden und von einem Holländer geleitet werden. Von einer freien holländischen Gemeinde ordiniert, war er von der Barmer Mission übernommen worden.

„Leider", meint Martha, war er Holländer, sie hätte einen Deutschen vorgezogen. Vielleicht würde er aber wenigstens eine deutsche Frau nehmen, wie es die meisten Holländer getan hätten, die für die Rheinische Mission arbeiten. (9. November 1912)

Auch seien Guillaumes von ihrem achtmonatigen Besuch aus Deutschland zurückgekehrt, hätten aber ihr Haus in Purba nicht mehr vorgefunden. Es war abgebrannt. Die Station soll jetzt verlegt werden, da sie für die Missionsarbeit nicht gut gelegen sei. Der alte Platz sei inzwischen von einem Plantagenbesitzer übernommen worden, der dort beabsichtigte, ein Ferienhaus zu errichten. Martha beklagt, dass immer mehr Plantagen angelegt würden und diese immer näher an Si Piak heran rückten. Sie ist besorgt, dass mit den vorwiegend javanischen Plantagenarbeitern auch allerhand schlechtes Gesindel angezogen würde.

Natürlich gibt sie auch Nachricht über die Kinder: „Else und Gertrud sind mit ihrem kleinen Kindermädchen Maria draußen im Garten und spielen. Wenn Ihr die Kinder doch einmal sehen könntet, mit welcher Freude würde ich sie Euch zeigen. Else wird nun im kommenden Monat schon drei Jahre alt; ich glaube sie ist mir sehr ähnlich; Gertrudchen ist in Gestalt und Wesen und in seiner Fröhlichkeit mehr der Vater. Else spricht mit uns deutsch und mit ihrer Maria und den Leuten ein Kauderwelsch, halb deutsch halb bataksch." So berichtet Hermann: „Else fragte gestern Abend: ‚Papa kapal (Boot) Tole?'", womit sie eine anderntags bevorstehend Reise meinte. Hermann reiste zu einer Konferenz nach Rajah und nahm, damit er nicht die sechs Stunden von Purba nach Rajah laufen musste, sein Pferd „Hektor" mit an Bord der Tole.

Stolz berichtet er auch, dass die neue Kirche in drei Wochen fertig sein würde: „Sie wird 22 Meter lang, 12 ½ breit mit 3 m breiten Emporen an den Längsseiten und dem Altar gegenüber. Die Apsis ist ein 7 Eck. Der Turm soll 27 m hoch werden und würde dann wohl der höchste von allen Türmen im Batakland hier." (13. November 1912) Damit wäre dann ein weiteres Ziel endlich erreicht.

Trotz ihres ausgefüllten Lebens wandern Marthas Gedanken immer wieder nach Miehlen. Vor allem in der letzten Zeit hat Martha der Gedanke beschäftigt, was aus den inzwischen hochbetagten Eltern werden soll. In solchen Zeiten wird ihr die weite Entfernung nach Europa besonders schmerzlich bewusst. So ist es für Martha eine außerordentliche Erleichterung, als sie erfährt, dass Max und Ria Conradi die Miehlener Pfarrstelle übernehmen würden und die Eltern somit dort wohnen bleiben können. Sie schreibt: „Aber wie schön ist es doch, daß die Eltern im alten lieben Pfarrhaus bleiben konnten und sich nicht mehr in neue Menschen und Verhältnisse einzugewöhnen brauchten. Und die alte Heimat bleibt uns erhalten und hoffentlich dürfen wir Sumatraner in wenigen Jahren auch wieder einmal unter der alten Linde sitzen." Die Erinnerung an Miehlen und die alten Eltern macht sie wehmütig: „Es ist merkwürdig, wenn man, wie wir Ausländer, zwei Heimaten hat; man ist doch ganz unlöslich mit der deutschen Erde verbunden – und doch ist uns auch unser Si Piak eine rechte Heimat. Missionarskindern geht das Heimatgefühl ganz ab, sie sind später einmal nirgends daheim und hängen nirgends mit dem Herzen fest. Doch das sind ja ganz sentimentale Gedanken. Fort damit! Ich glaube, daß Gertrudchen mit seiner Fröhlichkeit einmal gut durch die Welt kommt." Und sie fährt fort: „Hermann ist heute Morgen um 4 Uhr nach Raja aufgebrochen... und kommt Samstagabend erst wieder zurück. Ich bin sehr ungern allein, aber ich muss es sehr oft sein. Zu fürchten hat man ja eigentlich nichts, man lebt hier sicherer als in Europa. Wie sehr es sich hier schon geändert hat in den sechs Jahren meines Hierseins ist ganz erstaunlich. Die Männer haben ihre langen Haare, in denen früher der ‚Seelenstoff' samt vielerlei, was kreucht und krabbelt hauste, abgeschnitten und sehen jetzt viel reinlicher aus. Die alte heidnische Musik zur Geistervertreibung hört man nur noch ganz selten. Auch die alten eingefleischten Heiden sagen, seit der Tuan die neue Lehre gebracht hat haben die Zauberer und Medien keine Macht mehr. Nun kommt es immer wieder vor, daß Leute bei uns (um) Medizin bitten, um Geister damit zu vertreiben. Oder aber es hat jemand eine Reise vor und bittet um ein Schutzmittel gegen böse Geister oder Krankheit. Den Zauberern sind durch unser Hiersein große Einnahmen verloren gegangen, aber sie stellen sich doch merkwürdigerweise ganz freundlich zu uns; hauhaou, denkt der Bataker, ‚was ist da zu machen', in echt batakschem Fatalismus.“ (12. November 1912)

Zu Weihnachten 1912 können die Weissenbruchs den Eltern nach Miehlen endlich auch einmal ein Foto von den Enkeln schicken, das sie bei einem Chinesen in Pea Radja hatten aufnehmen lassen. Martha ist etwas traurig, dass sie selbst zu Weihnachten noch keines der angekündigten Päckchen aus Europa bekommen hatten, wie sie am 12. Januar 1913 schreibt. Die Postverbindungen müssen doch äußerst schwierig gewesen sein, vor allem auch die lange Zeit, welche Postsendungen benötigten. Das geht aus diesem Brief noch einmal sehr deutlich hervor: „Vor allen Dingen recht herzlichen Dank für das schöne Weihnachtspaketchen, das leider aber erst nach Neujahr ankam. Das war sehr schade, zumal auch das Paketchen mit Spielsachen von Ria noch später ankam und die Sachen von Emma Schüler, von denen Du schreibst, sind überhaupt noch nicht da. ... sehr dankbar war ich Dir für Deinen lieben Brief, der im Paket lag; er ist seit Monaten der erste. Ob Du wohl so lange nicht geschrieben hattest, Mutterchen? Oder ob Briefe verloren gegangen sind? Ich habe zuletzt mit großer Unruhe gewartet und es tut mir sehr leid, daß wir auch zu Weihnachten keinen Gruß von Euch hatten. Da war es mir eine Beruhigung als zwischen Weihnachten und Neujahr ein Brief von Emma ankam, aus dem ich wenigstens sehen konnte, daß nichts passiert war bei Euch...“ Sie fährt am 27. Januar fort: „Nun ist mein Brief doch liegen geblieben bis jetzt und nun kommt er erst Ende Februar in Euren Besitz. .... Auf einen Brief von Euch warten wir immer noch vergebens, der im Paket ist doch noch vom Oktober und Du hast doch sicher wieder einmal geschrieben? Ich bin Dir so dankbar, daß Du alles so genau beschrieben hast wie es nun bei Euch im lieben alten Pfarrhaus aussieht. Wie sehr gerne würde ich einmal wieder hineinschauen und mit Euch zusammen sein.“

Von der Arbeit berichtet sie, dass in letzter Zeit keine Taufen stattgefunden hätten. „Hermann musste in diesem Punkt auch mit seinen Lehrern einen ordentlichen Kampf kämpfen: Eine Schar Taufbewerber haben schon ein Jahr lang den Unterricht besucht, und weil der große von der Regierung eingesetzte Häuptling von Adji Bata dabei ist, meinten die

Lehrer, den Mann dürfe man doch nicht so lange warten lassen. Aber gerade dieser Häuptling wird wohl bei der Taufe, die bald stattfindet, noch einmal zurück gestellt werden müssen. Es werden von den Lernenden nur eine Auswahl getauft und die die lässig waren im Unterrichtbesuchen müssen noch weiter lernen.“

Am 16. Februar kommt sie noch einmal auf das Thema der Taufen zurück: „Wir haben heute die Prüfung der Täuflinge und nächsten Sonntag ist die Taufe. Der Oberhäuptling von Adji Bata, von dem ich neulich schrieb, ist freiwillig zurückgetreten. Es war schließlich heraus gekommen, daß er seiner alten noch lebenden Mutter noch ein heidnisches Totenfest machen wollte, mit allem Heidenlärm der dazu gehört und als Lernende oder Getaufte dürfen sie das natürlich nicht. Diese Knochenfeste sind meistens der Abschluss und sie sind oft der Grund, daß das Christwerden Jahre lang hinaus geschoben wird. Die alte Mutter ist eine echte Heidin und nach batakschen Vorstellungen ist ihr ‚tondi‘, Geist, niedrig und verachtet, wenn ihr Sohn dieses Fest nicht feiert. Er wollte gern zu dem Fest neben der Heidenmusik, ‚gondang‘ unsere christlichen Posaunenbläser haben, aber das muss streng geschieden bleiben und darf nicht vereinigt werden. Bei diesem gondangen haben immer alle bösen Geister die Oberherrschaft; deshalb muß auch ein Christ, der daran teilnimmt, vor der ganzen Gemeinde öffentlich seinen Fehltritt bekennen, unter Umständen wird er sogar aus der Gemeinde ausgeschlossen.“ (16. Februar 1913)

Noch im März 1913 kommt ein Weihnachtspäckchen an, das u.a. auch getrocknete Birnen aus dem Miehlener Garten enthält. Martha ist sehr froh über ihre Vorräte, denn die Lebenshaltungskosten steigen gegenwärtig.

„Hier wird das Leben immer teurer und es wird sicher nicht mehr lange so weiter gehen, dann geht die allgemeine Bitte um Gehaltserhöhung nach Barmen. Reis gibt es schon seit über einem Jahr für einen Gulden nur ein Viertel von dem was man vor drei, vier Jahren bekam. Und so geht es in allen Dingen und man weiß nicht wo das noch hinaus soll. Wir müssen auch trotz der Kühe manchmal Monate lang Konserven, Milch und Butter kaufen. Zum Glück trinken die Kinder die süße Blechmilch gerne, während es einem Erwachsenen fast unmöglich ist, sie zu trinken. Wir sind bei den Leuten immer am betteln um Horbo-Milch (Büffel) aber sie ist hier wenig zu haben, und wenn die Leute sich dazu verstehen, ihre Tiere zu melken, dann wollen sie sie auch gut bezahlt haben. Für sich brauchen die Bataker gar keine Milch, sie sind durch uns Europäer erst darauf gekommen, daß man Milch trinken kann. Die Batakkinder wachsen ohne Milch auf, sie werden aber unter Umständen von der Mutter 2-3 Jahre genährt. Man sieht aber auch sehr viele kümmerliche Pflänzchen, die nicht leben und sterben können.“ (7. März 1913)

Zu den alltäglichen Sorgen kommen Seuchen und andere Krankheiten: „Augenblicklich herrschen hier überall, fast in jedem Dorf, die Pocken unter den Kindern und ich bin immer etwas in Sorge um unsere beiden. Fast täglich kommen Frauen mit ihren pockenkranken Kindern auf dem Rücken auf die Station und bitten um Medizin. Und daß sie dann auch nur im geringsten Rücksicht nehmen auf unsere Kinder und denken, sie könnten sie anstecken, das kennen sie nicht. Sie geben ihnen wo möglich in aller Freundlichkeit die Hand. So muß ich sorgen, daß die Kinder mit den Medizinholern gar nicht in Berührung kommen. Übrigens glaube ich nicht, daß es dieschlimmen Pocken sind, es sieht gar nicht darnach aus."

In einem zu Pfingsten geschriebenen Brief berichtet Martha ihren Eltern, dass sie eine Operation benötige, so war es Martha nach einer gemeinsamen Untersuchung durch Dr. Schreiber und dem aus der französischen Schweiz stammenden Arzt Dr. Senn in Siantar geraten worden. Aus ihrem Brief geht nicht hervor welcher Art dieser Eingriff sein sollte, davon wird sie erst drei Monate später berichten. Martha macht sich wegen dieses Eingriffs erhebliche Sorgen. Wohin in dieser Zeit mit den Kindern? Auch hat sie keine ordentlichen Nachthemden mehr und bittet in Miehlen dringend um neue. Dr. Senn und seine Frau beeindrucken Martha durch ihre Großzügigkeit und sie meint: „Daß sie die Sache umsonst machen ist weniger aus Interesse an der Mission als aus ihrer noblen Gesinnung heraus. Sie wissen wie die Geldverhältnisse der Missionsleute sind und nehmen von Missionsleuten nie einen cent. Dr. Senn ist schon mehrere Male von Missionsleuten konsultiert worden."

Zu den Sorgen um ihre Gesundheit soll jedoch noch eine weitere hinzukommen. Im Juni 1913 hatte Hermann wieder einmal an der großen Jahreskonferenz in Silindung teilgenommen und kommt mit schlechter Nachricht zurück. Martha berichtet die „Schreckensnachricht": „Wir müssen unser Si Piak verlassen und werden nach Balige, einer Station am Südufer des Tobasees, versetzt. Das war ein Schrecken und wie schwer es uns wird könnt Ihr Euch denken. Es ist eine schon längere Zeit verwaiste Station. Bruder Pilgram der die Station vor über dreißig (Jahren) gegründet und dort schwere Kriegszeiten miterlebt hat liegt nun auf seinem nach menschlicher Berechnung letztem Krankenlager in Laguboti. Er war im vergangenen Jahr ½ Jahr in Deutschland und ist dann anscheinend gekräftigt und erfrischt wieder abgereist, aber krank hier angekommen, und liegt nun schon all die Monate. Balige ist, so gut wie es bei der Überfülle der Arbeit möglich ist, von den Nachbarstationen mitversorgt worden. Aber es sind allmählich ganz verlotterte Verhältnisse in der Gemeinde; alle Gemeindegelder und Kassenbücher sind schon seit über einem Jahr in den Händen der Bataker und Hermann wird saure Tage haben, bis alles wieder klar ist. Auch unter den Christen sind große Streitereien. Es sind über 6000 Christen in Balige. – Und nun kommt noch hinzu, das Haus ist alt und hinfällig und eng und klein und ungesund. Es wird ein neuer Stationsplatz gesucht – der alte liegt mitten im Staub und Rauch und Dunst der Dörfer und Reisfelder – und Hermann muß wieder bauen und wir haben alle Mühe und Not, die mit Anlegung einer Station verbunden ist zum zweiten Mal und auch viele Auslagen zum zweiten Mal, ohne daß uns die Auslagen für Si Piak ersetzt werden. Zum Glück ist es mit dem Hausbau jetzt mehr geregelt, daß man nicht mehr aus der eigenen Tasche zuschießen muß. Hermann hat sich gegen die Versetzung gewehrt so gut er nur konnte; er ist hier mitten im Kirchbau und dann auch um meinetwillen, um mir die Unruhe und Last des Umzuges zu ersparen. Auch ist die Luft in Balige lange nicht so frisch und rein und unsere Sonnenund Luftund Seebäder fallen dort ganz weg. – Bruder Nommensen hatte auf alle Vorstellungen nur die eine Antwort: ‚Ich sehe keinen anderen Ausweg, so gern ich Euch auch in Si Piak ließ'. So müssen wir uns an den Gedanken gewöhnen, so schwer es uns auch wird. Es ist eine etwas eigenartige Arbeit in Balige; Bruder Pilgram hat dem Ganzen sein besonderes Gepräge aufgedrückt und er stand eigentlich etwas allein in seiner Arbeitsweise." (10. Juni 1913)

In Missionskreisen ist man sich durchaus einig, dass es nicht leicht sein würde, Pilgrams Nachfolger zu werden. „Bei unseren Leuten hier ist die Trauer groß und sie wollten gleich nach Si Gumpar zum ‚Ompu' [reisen]. Das Gerücht von unserer Versetzung war schon vor unserer Ankunft bis hierher gelangt Aber Nommensen meint, wir müßten nach Balige und da müssen wir wohl hin." (16. Juli 1913)

Im Juli stirbt Missionar Pilgram und seine Witwe fragt bei den Weissenbruchs an, ob sie bis zu ihrer Rückreise nach Deutschland im nächsten Jahr bei ihnen in Balige wohnen bleiben könne. „Sie wollte ihrer alten Gemeinde noch gern dienen so lange sie noch hier ist. Tante Pilgram hatte keine Kinder und hat sehr viel in der Gemeinde gewirkt; sie war früher Lehrerin und ist eine sehr gebildete Frau. Wir haben ohne Bedenken ja zugesagt, wenn es auch für Hermann nicht immer leicht sein wird, sich neben ihr in die neuen Gemeindeverhältnisse einzuleben."

Martha äußert die Hoffnung, dass sie selbst in den nächsten Jahren auch zu einem Heimaturlaub nach Deutschland reisen können, schon wegen Hermanns labiler Gesundheit und meint: „Daß es Dir, liebes Väterchen, so gut geht, ist doch prachtvoll. Und will's Gott dürfen wir uns auch noch einmal wieder sehen. Daß Du mir damals gesagt hast, ‚ich sehe Dich nicht wieder', das ist mir lange nachgegangen. Ich denke manchmal es wird gar nicht mehr so lange dauern bis zu unserer Heimreise. Hermann ist auch immer gar nicht wohl, hat fast immer drückende Kopfschmerzen viel schlaflose Nächte und Herzbeklemmungen, so daß wir fast fürchten, daß das Herz nicht mehr in Ordnung ist. Seit sich damals vor zwei Jahren Dysenterie und Cholera aufeinander folgten, ist er nicht mehr so recht in

Ordnung und es macht uns oft Sorge. Wenn wir nächstens in Si Antar sind wird Herr Dr. Senn wohl einmal eine Untersuchung vornehmen, damit wir Klarheit bekommen. Unter all diesen Umständen wäre es ja wohl besser gewesen, man hätte uns ruhig hier in unserem Si Piak gelassen und uns nicht mehr versetzt."

Als ihren Nachfolger hatte Nommensen Missionar Brückner aus Muara bestimmt aber diese Entscheidung scheint problematisch: „Mit unserem Nachfolger hier ist es eine ganz böse Sache. Auf Betreiben von Tuan Brückner wurde der Oberhäuptling von Muara von der Regierung abgesetzt ... und nun hat er sehr viele Feinde in seiner Gemeinde und soll deshalb auf Wunsch des Residenten von Muara fort." Also gibt es nun Überlegungen, ihn nach Si Piak zu versetzen, was auf allgemeinen Widerstand stößt und alle hoffen, dass eine vernünftige Lösung möglich wird.

Mitten in dieser unruhigen Zeit erfolgt im August eine nochmalige Untersuchung Marthas in Siantar. Offenbar geht es um ihre Nieren und den Blinddarm, denn sie schreibt: „Die Nieren sind immer noch nicht in Ordnung bei mir, ich muß liegen und immer wieder liegen, muß Lebertran, Somatose und allerlei Medizin nehmen. Die Geschwulst [des linken Eierstocks] ist nun so weit zurückgegangen, daß die linke Seite gar nicht mehr operiert zu werden braucht. Nun ist es nur noch der Blinddarm, der ganz verwachsen ist und allerlei Zerrungen verursacht. Dr. Senn ist sehr gründlich und es ist rührend wie er bei seiner vielen Arbeit und seiner kranken Frau immer regelmäßig kommt, um nach mir zu sehen. Vielleicht fahre ich in sechs Tagen mit den Kindern nach Sariboe Dolok, in die Kühle. Im Auto machen wir die lange Reise von ungefähr 12 Stunden in 2-2 ½ Stunden. Die Kinder werden dort bleiben und ich fahre nach ungefähr einer Woche nach Si Antar zurück und dann kann ich hoffentlich operiert werden." (13. August1913)

Einstweilen genießt Martha ganz offensichtlich die Zeit bei den Senns. Beinahe schwärmerisch beschreibt sie das Leben dort: „Es ist ein reges Leben hier in Si Antar, ein Kommen und Gehen den ganzen Tag, Europäer, Chinesen, Malayen (Geschäftsleute) und Bataker und alles mögliche Volk. Unter den Europäern sind wohl alle Nationen hier vertreten.

... Dr. Senn ist ein äußerst liebenswürdiger lebhafter, feiner Mann, ein Arzt zu dem man direkt unbedingtes Vertrauen hat; er ist schon älter, hat schon ganz graue Haare. Frau Dr. Senn stammt aus einer russischen Offiziersfamilie, ihr Vater ist höherer Offizier und ihre sechs Brüder sind Offiziere. Sie ist durch und durch Dame, aber sie hat gar nichts Emanzipiertes an sich und ist so lieb und nett und gemütlich, daß ich es gar nicht so unangenehm empfinde, von ihr nächstens gepflegt zu werden. Leider ist sie immer noch krank; aber der Haushalt geht am Schnürchen weiter, ob die Hausfrau da ist oder nicht; – es wird höchstens etwas mehr als gewöhnlich gestohlen. Solche Leute haben ganz andere Bedienung als wir

Missionsleute. Die ChinesenKöche sind so gut wie jede gute Köchin in Europa; er kocht komplizierte Sachen, die Unsereiner höchstens aus dem Kochbuch, aber nicht aus der Wirklichkeit kennt. Und der ‚Boy' für die Zimmer hat nichts zu tun als die Wohnräume in Ordnung zu halten und bei Tisch zu bedienen, zu servieren. Für die Schlafräume sind die ‚babus' da, Javaninnen, die immer zur Verfügung stehen. So bequem wie das auch ist, so möchte man es doch gar nicht so haben, aber viel Kräfte werden dadurch gespart, das ist Tatsache." (19. August 1913)

Dann fährt sie fort: „Unsere Versetzung wird wohl fest bleiben, trotzdem Spieker [Missionsdirektor] wie es scheint, gar nicht so sehr dafür ist. Er schrieb uns wenigstens, daß er es richtiger fände, wir blieben in Si Piak und Missionar Lombek, der bald von Deutschland zurück kommt, käme nach Balige. Aber Nommensen ist wie vernagelt in seinen Plan. Er wollte uns sogar zumuten, erst fix umzuziehen und dann zur Operation zu reisen. Daß man dabei das bißchen Kraft auch noch vorher verbraucht, das bedenkt er gar nicht. Wir waren auch schon am Zurüsten für die Si Antarreise als er es schrieb; und wir hätten auch sowieso ihm in dem Punkt nicht gehorcht. Bei Nommensen muß man sich seiner Haut wehren; zumal auf kranke Frauen nimmt er gar keine Rücksicht. Hermann ist nun heute in Si Gumpar und wir sind gespannt, ob der Brief von Direktor Spieker vielleicht doch eine Änderung bezweckt. Wir sind ja ganz bereit zu gehen, aber man soll uns nicht so drängen und uns vorläufig in Ruhe lassen."

Martha reiste dann tatsächlich nach Saribu Dolok und berichtet in einem am 5. September in Siantar geschrieben Brief: „Also ich war 14 Tage in Saribu Dolok und habe mir dort wirklich etwas dickere Backen geholt. In den ersten Tagen froren wir, die Kinder und ich, ganz schrecklich. Der Unterschied zwischen Si Antar und Sariboe Dolok ist sehr groß. Si Antar liegt 370 m über dem Meer und ist sehr heiß – und Saribu Dolok liegt 1500 m über dem Meer und hat abends und morgens ungefähr 13 Grad R. In den ersten Tagen sehnte ich mich ordentlich nach Sonne und Wärme, aber dann habe ich die Kühle und Frische sehr genossen, und fühle mich nun wirklich gekräftigt. Am Donnerstag, gestern, reiste ich ab und ließ die Kinder dort. Else hatte in den ersten Tagen unseres Dortseins einen tüchtigen Fieberanfall, aber dann erholte sie sich zusehends; und Gertrudchen wird täglich rundlicher und ist ein strammes Persönchen. Sie hat auch, wie es scheint, ein Gefühl von Wohlbehagen in der frischen Luft; als sie am letzten Morgen aufwachte, sagte sie: ‚Mama, Gergut (Gertrud) hat schon schmeckt gut geschlafen.' Als das Auto von Toko Hennemann kam, um mich zu holen, wollten sie natürlich mit, sie haben sich dann aber doch von der Tante Guillaume beschwichtigen lassen. Die Autofahrten sind prachtvoll; mit dem Wagen hätte ich die Reise gar nicht in einem Tag machen können; es sind 66 km; – im Auto fährt man drei Stunden. Und dabei fährt mich niemand unter 16-18 Gulden nach Saribu Dolok und das Auto kostet höchstens 25 fl. Und was man im Wagen an Geld spart, verliert man doppelt und dreifach an Kraft. In Rajah bei Theisens hielt ich mich über Mittag auf, bis die Hitze etwas vergangen war. Unser altes liebes Hannachen ist ein großes starkes Mädchen geworden, aber sie bekommt immer wieder krampfartige Anfälle. Sie kannte mich noch sehr gut und auch Else und Hannachen kannten sich wieder. Auf dem Hinweg waren wir auch dort gewesen, aber nur kurz, weil dort unter der Bevölkerung die schlimmen schwarzen Pocken sehr stark herrschen. Wir sind uns nicht recht klar, ob wir die Kinder nicht doch lieber impfen lassen sollen. Die Pockengefahr ist doch hier wirklich groß und man würde sich ja die größten Vorwürfe machen. Aber nun sind die Kinder nicht mehr hier."

Marthas Geschwulst schien zu schrumpfen und damit keine Operation mehr erforderlich zu sein: „Die Geschwulst geht immer mehr zurück und braucht deshalb nicht geschnitten zu werden und der linke Eierstock, der mit der Geschwulst heraus sollte, bleibt erhalten. Die Sache mit dem Blinddarm besteht nach Dr. Senn's Meinung schon sicher fünf Jahre und hat mir all das Elendsein hauptsächlich eingetragen. Auch die Lunge ist dadurch sehr geschädigt. Leider sind nun die Nieren wieder nicht ganz klar und die Operation muss deshalb wieder acht Tage hinausgeschoben werden. Dr. Senn ist überzeugt, daß auch der Zucker erst nach der Operation dauernd verschwinden kann; es darf nur gerade am Tag der Operation und in den ersten Tagen nachher kein Zucker gefunden werden, da das die Heilung sehr erschwert. Sollte ich mich nach der Operation nicht genug erholen können, dann muß ich nach Deutschland. In Si Piak könnte ich mich, wie ich glaube, erholen – in Balige wo es am Nötigsten, an Luft und Licht mangelt, ist die Sache sehr zweifelhaft. Unsere Versetzung steht bei Nommensen bombenfest und zwar ist sein Wunsch, daß die Sache ohne mich vor sich geht und ich also gar nicht mehr nach Si Piak zurückkomme." Martha ist mit dem Umzug gar nicht einverstanden und es ist viel Bitterkeit zu spüren wenn sie über Nommensen schreibt: „Rücksichten auf kranke Frauen kennt er garnicht. Er selbst hat seine erste kranke Frau wohl ein halbes Jahrzehnt, ich glaube sieben Jahre, mit den Kindern allein in Deutschland gelassen, bis sie dann auch ohne ihn gestorben ist. Wir hier draußen denken dabei weniger an das was in den Jahren Nommensen geleistet hat, sondern an die bitteren Jahre des Verlassenseins die seine erste Frau durchgemacht hat. Und da fragt man sich auch, war das so Gottes Wille? – Unser liebes Si Piak zu verlassen ist uns sehr schwer, aber wir wollen gerne gehen wenn es sein muß, wenn man uns nur jetzt etwas Ruhe ließe bis die Operation glücklich durch ist und ich wieder auf den Beinen bin. Es ist eine Unbarmherzigkeit die einen ganz bitter macht. An Barmen hat man gar keinen Halt. Spieker ist uns garnichts, rein garnichts, die ganze Missionsgemeinde denkt nur mit Bitterkeit an ihn."

Der Umgang Nommensens mit der Nachfolge für Si Piak sowie der Versetzung der Weissenbruchs selbst wirft ein Licht darauf, was Hermann Weissenbruch gemeint haben mag, als er nach Nommensens Tod konstatiert, dass die patriachalischen Zustände nun vorbei seien. Als „Patriarch" hat dieser es den jungen Missionaren offensichtlich nicht immer leicht gemacht, und nicht nur den Missionaren, wie an Marthas Reaktion zu sehen ist. Sie, die sich nicht so leicht in neue und fremde Verhältnisse zu schicken scheint, muss mit wenn auch uneingestandener Wut auf diesen willkürlichen Eingriff in ihr Leben reagiert haben und das auch noch zu einer Zeit, als sie von gesundheitlichen Sorgen sich sehr bedrängt fühlte. Daher die große Bitterkeit. Auf der anderen Seite haben wahrscheinlich sein Eigensinn, Dickköpfigkeit und Hartnäckigkeit Nommensens Arbeit auf Sumatra erst möglich gemacht und waren Grundlage für seinen Erfolg. Auch Martha selbst hat in späteren Jahren, jenseits aktueller Bedrängnisse, nur mit allergrößter Hochachtung von ihm gesprochen. Nommensen war ein begnadeter Geburtshelfer, war bei Batak und Missionarsfrauen daher hochgeschätzt und hatte, wie andere Menschen auch, noch eine andere Seite, war lieb und zugewandt, wie eine Kindheitserinnerung Gertruds zeigt: Sie saß vor dem Haus und „buk" Lehmküchlein, die sie in der Sonne trocknete. Da kam Nommensen zu Besuch und sie bot ihm ein Plätzchen an. Er nahm es und biss auch tatsächlich hinein. Nicht nur für die Batak, auch für Martha war er letztlich immer der *Ompu*, der Großvater Nommensen geblieben.

Im selben Brief geht Martha auch auf eine Bemerkung ihrer Eltern ein, dass es ungerecht sei, dass sie und Hermann nicht für ihre Ausgaben beim Aufbau der Station in Si Piak entschädigt würden. Es gäbe inzwischen neue, für die Missionsleute günstigere Regelungen: Für neue Stationen zahlt die Missionsgesellschaft nun nicht nur für das Haus und den Anstrich, sondern auch für alle Nebenbauten, wie das Jungenhaus, das Lager, und den Pferdestall, alle von einem Stacheldrahtzaun umgeben. Nach der alten Regelung erhielten neue Missionare für den Aufbau ihrer Station nur 2.000 Mark, und wenn etwas teurer wurde, mussten die Mehrkosten von den neuen Stationshaltern aufgebracht werden. Das hatte für zunehmenden Unmut gesorgt und Barmen hatte wohl schließlich verstanden, dass es unmöglich sei, eine Station mit weniger als 5.000 Mark aufzubauen. Das Leben wurde immer teurer, wohingegen die Gehälter noch immer auf dem Stand von vor fünfzig Jahren stehen geblieben waren. Und wenn jemand nicht bei guter Gesundheit war und mehr Gehilfen brauchte, war es unmöglich, damit auszukommen. Soweit Marthas Erklärungen. Über ihren jetzigen Umzug klagt sie: „Keiner unserer Dienstboten zieht mit, ich muß mit lauter neuen Hilfskräften anfangen und was das heißt, kann nur der verstehen, der schon einmal bataksche Dienstboten angelernt hat. Wie es gehen soll ist uns ein Rätsel, zumal Tante Pilgram doch auch alt und sehr viel kränklich ist. ... Aber daß er [Nommensen] gerade auf uns verfallen ist, ist allen ein Rätsel; es ist auch gar nicht praktisch, denn wenn die Station nun hergerichtet ist und Hermann sich recht hinein gelebt hat, gehen wir ja doch nach Deutschland und dann kommt ein Anderer ins fertige Nest; und die Gemeinde hat wieder den Wechsel. Bei all dem hat es mich neulich doch sehr gefreut, dass Tante Steinsiek mir sagte: ‚Mein Mann wird um fünf Jahre jünger, wenn er Deinen Mann als Nachbar nach Balige bekommt.' Die beiden Gemeinden greifen sehr ineinander."

Am 9. September 1913 schließlich kann Hermann aus Si Antar an Marthas Mutter berichten, dass es seiner Frau, nur sechs Tage nach ihrer Operation, sehr gut ginge. Ihr deformierter Blinddarm musste entfernt werden. Sie hätte auch den noblen Lebensstil bei Dr. Senn sehr geschätzt. Und dann bittet er darum, einige nette Kleider für Martha zu schicken, die er ihr zu Weihnachten schenken wolle, und die er dann zahlen würde.
Versetzung nach Balige

Im Oktober 1913 geht Martha mit den Kindern nach Laguboti. Wegen der gerade überstandenen Operation und ihrer noch immer labilen Gesundheit soll sie so lange dort bleiben, bis Hermann das Haus in Balige weitgehend eingerichtet hat. Eine Woche später würde sie dann ebenfalls nach Balige kommen. Noch während Martha in Siantar in Behandlung war, hatte Hermann den ganzen Haushalt von Si Piak nach Balige umgezogen und, nachdem Martha wieder ganz hergestellt war, holt er sie aus Laguboti ab. Sie reisen über Si Piak, wo sie „mit einer ganz rührenden Freude empfangen" werden. Auch gibt es noch allerlei Abschiedsfeste mit den Ältesten und Lehrersfamilien und dann geht es weiter nach Balige.

Balige, zentral zwischen verschiedenen Missionsstationen gelegen, ist eine Art bataksche Kreisstadt. Martha beschreibt den Ort:

„Balige ist eine rechte Hafenstadt mit viel Handel und Verkehr und allerlei Volk. Ein EingeborenenLaden reiht sich an den andern, zwei europäische Firmen haben Filiale dort; es ist Post und Telegraphenstation, ein Regierungsbeamter und ein Tierarzt wohnen mit Familie da. Das Gefängnis ist da, das immer voller Eingebornen steckt. Die Baligeleute sind rechte Handelsleute, die mit ihren europäisch gebauten Booten, die sie sich selbst zimmern, von einem Markt zum andern fahren." (10. Juni 1913) Die zentrale Lage bedingt, dass immer auch Europäer kommen, die hier etwas zu erledigen haben. „... in dem Punkte sind wir wirklich aus dem Regen in die Traufe gekommen," meint Martha, „es geht an manchen Tagen wie ein Taubenschlag, zumal jetzt vor Weihnachten haben Alle noch Besorgungen hier in den Tokos zu machen, oder die Herren haben beim Kontrolleur zu tun. Bei den hier wohnenden Europäern haben wir Besuche gemacht und Gegenbesuche empfangen. Wie es sich weiter gestalten wird wissen wir noch nicht; wir für unser Teil haben über und über Verkehr genug.“ (4. Advent 1913) Was das genau heißt macht sie in einem späteren Brief konkret:

„Gestern war wieder so ein rechter Baliger Tag; zum Mittagessen waren wir 11 Personen und zum Nachmittagskaffee sogar 15. Das geht oft so und macht doch sehr müde. Zum Glück habe ich einen guten Koch; und ich halte auch an meiner Mittagsruhe fest, täglich, auch dann, wenn die ganze Galerie voller Besuch sitzt.“ (20. Juni 1914)

Seit November sind die Weissenbruchs nun in Balige. Hermann stürzt sich gleich in die Arbeit, was im Augenblick heißt: Verwaltungsarbeit.

„Aus jeder einzelnen Filialgemeinde kommt der Lehrer mit den Ältesten zur Abrechnung; dann werden die Statistiken aufgestellt und Rechnung abgelegt über alle Ausgaben und Einnahmen, über Klingelbeutelgelder usw. Dann müssen die Subsidien und Medizinanfragen für die Regierung fertig gestellt werden – usw., so daß einem vom Zusehen schon ganz wirr wird Und bei dem allen sind die Baliger ein so selbstherrliches Volk, die alle mitbestimmen und mitregieren wollen und Hermann muß bei aller Freundlichkeit und Güte die Zügel stramm halten.“ (18. Januar 1914) Das Problem bei der ganzen Rechnerei ist, dass seit zwei Jahren nicht abgerechnet worden war und dass die Unterlagen oft ungenau sind. Dabei geht es um große Summen, von 7000 Gulden ist die Rede.

Wegen der zentralen Lage Baliges soll von hier aus auch die Verteilung medizinischer Güter erfolgen: „Balige [ist] seit diesem Jahr Central Niederlage der Medizin für ganz Toba, Uluan und Samosir geworden und von hier aus muß die Medizin nach allen Stationen verschickt werden. Und alle Anfragen um Medizin sammeln sich hier und Hermann muß sie zusammenstellen und an die Regierung weiter geben“, berichtet Martha. Auch um das Motorboot Tole, das mit ihnen nach Balige umgezogen ist, muss Hermann sich kümmern. Er ist erschöpft, der Anfang in der neuen Gemeinde war schwer und Martha klagt: „Uns will in diesem Jahr die Weihnachtsstimmung noch nicht so recht kommen. Hermann ist seit einem Monat seine Kopfschmerzen nicht mehr recht losgeworden; und dabei die Arbeitsfülle, die kaum zu bewältigen ist.“ (4. Advent 1913)

Die Gemeinde Balige ist groß, 10 000 Christen umfasst sie und die sind sich nicht einig, weil, wie Martha bemerkt, eine alte Feindschaft zweier Stämme immer noch nachwirke. Auch noch anderen Ärger gibt es in der Gemeinde: „So hat Hermann einen Lehrer auf einem Filial, der seit 1910 ihm anvertraute Gemeindegelder unterschlagen hat. Und noch so allerlei ist da was gar keine rechte Freude aufkommen läßt.“ (15. Februar 1914) Manchmal fragen sie sich, ob sie überhaupt die richtigen Leute für diesen Platz seien, ob ihre Kräfte für die anstrengende Arbeit reichen. So schreibt Hermann an seinen Schwiegervater: „Diese große Arbeit hier mit den fast 10000 Christen hat etwas Erdrückendes für mich, ... Kürzlich war ich 2 Tage in Sipiak. Da sagten die Leute: ‚Tuan, was hast du nur durchzumachen in Balige, du wirst ja ganz mager. Laß es uns doch wissen, damit wir mit dir tragen.' Das war gut gemeint, aber die lieben Leute dort können mir davon nichts abnehmen. Nun kommt auch das Bauen hinzu und bin ich damit fertig, dann wird wohl eine Erholungsreise nach Deutschland nötig sein, besonders im Blick auf Martha. O es ist herrlich Missionsarbeit tun zu dürfen, aber wenn man mit körperlicher Schwäche immer wieder zu kämpfen hat, dann drückt das alles zuletzt danieder und lähmt die Freudigkeit, die man doch so notwendig gebraucht im schweren Missionsdienst. Nun, hoffen wir, daß noch alles gut wird." (16. Februar 1914)

Ja, zu der ganzen Arbeit kommt noch der geplante Neubau ihres Hauses dazu. Das Haus, in dem sie gegenwärtig wohnen, sei sehr klein, aber doch ganz gemütlich und für ein Jahr lasse sich schon darin wohnen, wenn die Luft durch die vielen Dörfer und Reisfelder ringsum auch nicht so rein und frisch sei wie in Si Piak, hatte Martha kurz nach ihrer Ankunft in Balige zunächst gemeint. Nach drei Monaten klagt sie aber doch: „In unserem dumpfen Haus hält sich die feuchte kalte Luft zu lange, weil die Sonne zu wenig Macht und Raum hat. Else macht uns eben viel Sorge; sie ißt seit fast drei Wochen fast nichts und sieht sehr elend und bleich und spitz aus. Daß Nommensen die alte Station Balige für gesund erklärt glaubt ihm hier kein Mensch, – und Alle wissen auch, daß Nommensen, um seine Pläne durchzusetzen, wohl auch mit großer Bestimmtheit schwarz für weiß erklärt, darin ist er allzu viel ein Bataker geworden." (18. Januar 1914) Martha ist immer noch verärgert über Nommensen wegen des Umzugs. In Ihren Erinnerungen schreibt sie: „Als wir zwei Tage dort [in Balige] waren, kam ein Brief von Barmen, daß wir unter allen Umständen in unserer Arbeit in Si Piak bleiben sollten, aber Nommensen sagte nur: ‚Na, es ist gut, daß ihr da seid'." (Erinnerungen S. 18) Bedenkt man, wie viel Kraft und Liebe Hermann und Martha in den Aufbau der Station Si Piak gesteckt hatten, kann man diesen Zorn schon nachvollziehen. Trotzdem scheinen sich die beiden wieder anzunähern: „Ich sagte ihm neulich, daß ich sehr böse auf ihn gewesen sei, da lachte er und sagte: ‚Das glaube ich Ihnen, das wäre ich an Ihrer Stelle auch gewesen'." (18. Januar 1914)

Mit in diesem Haus lebt die Missionarswitwe Pilgram. Sie hatten mit etwas Sorge auf das Zusammenleben mit „Tante" Pilgram geschaut, sind aber jetzt positiv überrascht: „Tante Pilgrams Hier sein ist uns sehr lieb; sie hilft und wirkt aufklärend wo sie nur kann. Es war uns etwas bange vor dem Zusammenwohnen und es hätte auch ... nicht so gut gehen können, aber sie ist uns Allen, den Kindern und mir auch, eine liebe Tante im Haus. Sie hilft mir sehr viel bei aller Arbeit, zumal beim Kochen." (4. Advent 1913) Frau Pilgram wird bis zu ihrer Rückreise im nächsten Frühjahr noch bei ihnen wohnen bleiben.

In ihrer Hauswirtschaft müssen sie hier in Balige Veränderungen hinnehmen. Die Kühe, um deren Anschaffung sie jahrelang gerungen haben, konnten nicht mit nach Balige umziehen, da hier die Weideverhältnisse sehr schlecht sind. „Wir finden es sehr schade, daß wir die schöne frische Milch nicht mehr haben können. Augenblicklich können wir zwar 7 ½ Liter für 1.70 M. kaufen, doch muß ein Dienstjunge jeden Morgen die Milch von dem ½ Stunde entfernten Dorf abholen," schreibt Hermann. (16. Februar 1914) Zuletzt hatten sie 15 Kühe gehabt. Die Hälfte gehört ihnen noch, die andere Hälfte konnten sie ihrem Nachfolger verkaufen. Das eingenommene Geld sollen die Großeltern anlegen für die künftige Ausbildung Elses und Gertruds.

In diesen Februar fällt auch der achtzigste Geburtstag von Missionar Nommensen, den sie in Sigumpar feiern. Dessen nach wie vor gute Gesundheit ist ihnen erstaunlich, und Hermann berichtet nach Miehlen:

„Nommensen fühlt kein Abnehmen seiner Körperkraft. Er kann noch heute in den Tropen reisen sei es zu Pferd, per Boot oder Wagen und ist er müde, dann legt er sich hin, sei es auf hartem Brett im Boot zwischen Kisten und Kasten oder sonst wo und im Augenblick schläft er. Seit einigen Monaten ist er ganz Vegetarier geworden und darauf führt er sein Wohlbefinden zurück. Er möchte nun gerne alle dafür gewinnen doch dann wird ihm oft entgegnet:

‚Bis 70 Jahre hast du guten Kaffee und auch Fleisch genossen, wenn wir mal so alt sind tun wir's vielleicht dir nach'. Gewiss kann man Fleisch entbehren aber hier in den Tropen fehlen vielfach die guten Ersatzmittel wie Gemüse, Butter etc.."

Indessen, ihr Hausbau verzögert sich. Die Schüler aus der Industrieschule sollen das Haus bauen, damit es nicht zu teuer wird, aber die haben jetzt noch keine Zeit. Im Juni berichtet Martha dann, dass es Schwierigkeiten mit ihrem Bauplatz gegeben habe. Zusagen waren zurückgezogen worden, ein neuer Platz ist noch nicht gefunden. Doch jetzt scheine es zu klappen:

„Nun hat sich in dieser Woche so mancherlei geklärt; ein radja schenkte uns einen Platz, und so bekommen wir nun schließlich den schönsten und gesündesten und höchst gelegenen der drei in Frage kommenden Plätze. Wasseradern sind auch da und nun muss nur erst die Wünschelrute wieder in Tätigkeit treten, um den genauen Platz für einen Brunnen zu finden. Wann das Haus nun fertig sein wird, läßt sich nicht mit Bestimmtheit sagen, wahrscheinlich aber im Oktober, und im Grunde genommen hätte unser drittes Kindchen zu keiner unpassenderen Zeit erscheinen können. Der Umzug wird verzögert werden und doch freuen wir uns über jeden Monat, den wir nicht mehr hier zubringen müssen, zumal wenn die Regenzeit wieder einsetzt. Wir nehmen alle miteinander hier in Balige in einem halben Jahr mehr Chinin als in Si Piak im ganzen

Jahr…" (20. Juni 1914)

Martha ist also noch einmal schwanger und wie bei ihrer letzten Schwangerschaft grassiert gerade die Cholera. Diesmal in Silindung, so dass die für den 1. Juli geplante Konferenz voraussichtlich verlegt werden muss. Martha schreibt: „Ich werde während der Konferenzwoche mit den Kindern bei Tante Steinsiek in Laguboti sein." Martha geht es verhältnismäßig gut, sie fühlt sich durch Frau Missionar Pilgram sehr unterstützt und wenn diese nach Deutschland abgereist sein wird, sollen sie Schwester Anna Alfs als Hilfe für die Gemeindearbeit bekommen. Martha will sich aus der Gemeindearbeit zurückziehen, es wird ihr mit den dann drei Kindern zu viel.

Im August 1914 bricht der Erste Weltkrieg aus. Beide Weissenbruchs sind, wie so viele, deutschnational gesinnt und bangen um ihr Vaterland. Zunächst herrscht Kriegsbegeisterung vor, aber je länger der Krieg dauert und Menschenleben, auch in der Familie, fordert, umso mehr wächst der Wunsch nach Frieden. Sie fragen sich als Pietisten, ob der Krieg nicht ein Anzeichen dafür sei, dass jetzt bald das Reich Gottes käme. Zum Ende des Krieges werden auch dessen Auswirkungen auf die Missionsarbeit immer deutlicher und darin sind sie dann auch selbst direkt betroffen. Am

14. August schreibt Martha noch: „Gott wolle geben, daß unser liebes Vaterland siegreich hindurch dringt und nicht allzu viel Menschenleben vernichtet werden. … Ob die Briefe überhaupt noch befördert werden ist ja sehr die Frage, aber bitte, stellt deshalb das Schreiben nicht ein, auf irgend eine Weise werden Privatbriefe ja doch wohl befördert werden, wenn es auch länger dauert. Wir erwarten hier täglich mit Spannung neue Kriegsnachrichten; leider kommen nur noch englisch gefärbte Telegramme hier nach Nederlands-Indie und so werden wir über Deutschland wohl nicht allzu viel Gutes hören. … Unsere Lehrer und die geweckteren Gebildeten sind erstaunlich gut unterrichtet in der Weltlage und Geographie…" (14. August 1914)

Der Kriegsausbruch wirkt sich umgehend auf das alltägliche Leben aus: „Alle Lebensmittel sind ganz bedeutend im Preise gestiegen, und wir Alle haben uns verproviantiert so gut es ging, weil wahrscheinlich keine Waren von Europa aus geliefert werden, zumal mit Mehl wird man wohl in Not kommen, wenn der Krieg lange dauert. Die Tokos sind schon jetzt mit all diesen wichtigen Dingen wie Blechmilch, Mehl, Streichhölzer usw. fast ausverkauft. – Die Gedanken wandern unaufhörlich ins liebe deutsche Vaterland und man hat gar keine innere Ruhe mehr." (11. August 1914)

Martha ist im 7. Monat schwanger, da kommt zu den Ungewissheiten des Krieges noch eine andere Sorge hinzu: „Es will mir manchmal etwas angst werden; wir haben eben keine Schwester im Land die gründlich in Geburtshilfe ausgebildet ist und sich in allen Fällen zu helfen weiß. Da ist die Nähe von Si Gumpar ein wahrer Trost; der alte ‚Ompu' Nommensen hat schon manchmal geholfen in solchen Fällen bei Europäern und ungezählten Batakfrauen.“ Der Hausbau macht zwar inzwischen Fortschritte, aber es ist schon abzusehen, dass sie vor der Geburt des dritten Kindes nicht einziehen können.

Im Oktober wird Hanna geboren. Martha hat die Geburt des dritten Kindes gut überstanden und sorgt sich jetzt um ihre Brüder: „...ich bin jetzt wieder so weit erholt, daß ich schon etwas schreiben kann. Wie mag es bei Euch stehen und wo mögen jetzt Martin, Wilhelm und Karl sein? So fragen wir uns täglich. Wir haben ja leider seit Vaters Karte vom 1. August nichts mehr von Euch gehört und wir können das gar nicht begreifen, denn die Post kommt, wenn auch etwas ungeregelt, ganz gut durch.“ Dann fährt sie fort:

„Nun ist unsere kleine Maus schon vierzehn Tage alt, und vorgestern ist die Pflegeschwester abgereist; Anna Alfs versorgt mich nun ganz rührend und nimmt mir die Haushaltssorgen vorläufig noch ab. Ich erhole mich sehr, sehr langsam, muß immer wieder liegen ... Das Kleinchen gedeiht Gott sei Dank, und ich bin froh, daß ich es selbst nähren kann – vorläufig; ... Else und Gertrud hatten so große Freude über das kleine Schwesterchen.“ (29. Oktober 1914) Da Martha sich nicht so gut fühlt, setzt Hermann den Brief fort. Er kommentiert die Kriegsvorgänge in Europa und fügt einige patriotische Wünsche für sein Vaterland an. Beide verfolgen das Kriegsgeschehen über die wenigen deutschen Zeitungen, die durchkommen. Die allgemeine Stimmung in den hiesigen Blättern – auch die der Holländer – sei deutschfeindlich, stellt Hermann fest. Er zeigt sich immer noch kriegsbegeistert: „Oft kribbelt und krabbelt es mir in den Gliedern und man möchte mit dabei sein. ... Unsere feste Zuversicht ist, daß unser liebes Vaterland siegreich, wenn auch aus tausend Wunden blutend aus diesem Riesenkampf hervorgehen wird.“

Am 12. November setzt Hermann einen weiteren Brief Marthas fort. Er begreift den Krieg als Reinigungsprozess von der Welt und Vergnügungssucht des deutschen Volkes und als Gericht Gottes. Mit patriotischem Enthusiasmus schildert er ein erfolgreiches Gefecht des deutschen Schiffes „Emden“, die mehrere feindliche Schiffe versenkt aber anschließend die Schiffbrüchigen in Beibooten aufgenommen habe. „Ganz Penang“, erzählt Hermann, „war von einer furchtbaren Panik ergriffen, und die englischen Zeitungen durften über diesen Vorgang nichts !!! schreiben. Der Handel (engl.) hier liegt still wegen der Emden. Die ‚Times‘ schreibt, daß 9 deutsche Kreuzer im atlantischen und indischen Ocean kreuzten, sie hätten aber jetzt 70 ! Kreuzer ausgesandt, um den 9 feindlichen Schiffen das Handwerk zu legen. Welch eine Ehre für uns! Übrigens haben die Engländer in Penang alle Deutschen (auch Familien) festgenommen aus Furcht. Man glaubt nämlich, daß die Emden, wer weiß woher, vielleicht auch von der sumatranischen Küste drahtlose Berichte bekommt! O der stolze Albion [15], wie hat er sich verrechnet!“ (12. November 1914)

Dann fährt Hermann fort: „Das erste Jahr in Balige liegt hinter uns,“ und meint: „Es war mein schwerstes Jahr hier in Sumatra.“ Es hatte viel Opposition und Ärger gegeben. Er wartet auf Nachrichten von der Familie, andere bekommen fast regelmäßig Post. Briefe von zu Hause über Amsterdam waren jetzt etwa sechs Wochen unterwegs.

Ebenfalls im November äußert sich Martha noch einmal empört über die Falschinformationen, die von indischen, malaiischen, und batakschen Zeitungen verbreitet würden, in denen nur von deutschen Niederlagen und Gräueln berichtet werde. Auch von der angeblichen Verzweiflung in der deutschen Armee, Dinge, von denen jeder Deutsche wisse, dass sie Lügen seien. Jeder Europäer wisse es, aber die Indonesier sollten nicht die Wahrheit erfahren. Durch den Krieg kämen die Missionsleute auch in Erklärungsnot. Sie schreibt: „In den speziellen batakschen Blättern wirkt die Mission aufklärend so viel es geht. Die Leute werden tatsächlich ganz irre: ‚Tuan. bei uns hat der Krieg aufgehört, seit das Christentum da ist; wir dachten ihr weißen Leute führtet keine Kriege mehr.’ Da ist gar nicht so leicht darauf zu antworten.“ (24. November 1914) Ihre eigene Haltung den verschiedenen Nationalitäten gegenüber beschreibt sie folgendermaßen: „Wir sind hier sehr stolz Deutsche zu sein und bleiben auch den neutralen, meist Englandfreundlichen Holländern gegenüber sehr siegesgewiss und stolz auf unsere Nationalität. Im Übrigen freuen wir uns, daß wir in einer holländischen Kolonie sitzen und nicht in einer englischen.“

Am meisten befürchten sie jetzt die Verknappung von Lebensmitteln. „Wir werden vielleicht, wenn es noch lange dauert, mit Lebensmitteln sehr abgeschnitten werden – vor allem Mehl, Milch. Butter, Zucker. Mehl ist schon längst keines mehr zu haben und wir müssen nächstens Mais und Reisbrot backen. Schlimmer ist die Frage, ob wir Gehalt bekommen werden im nächsten Quartal.“

Sie schließt den Brief mit Familiennachrichten. Zu Weihnachten hoffen sie endlich im neuen Haus zu wohnen. „Und wir sind glücklich hier aus der Feuchtigkeit heraus zu kommen. Klein Hannakind gedeiht prächtig. ... Es ist ein so besonders gesundes kräftiges Kindchen; auch nachts macht es wenig Mühe, schläft fast regelmäßig durch von abends neun bis drei Uhr. Else kann mir schon mancherlei kleine Dienste tun und sie freut sich, wenn sie dem Schwesterchen das Bett machen darf. Gertrud ist ein richtiger kleiner Kobold; es gibt immer etwas bei ihr zum Lachen. Das Deutsch der Beiden ist schrecklich; sie denken vielfach bataksch und übersetzen es dann ins Deutsche.“

Am 11. Dezember ist es endlich so weit, sie ziehen glücklich in ihr neues Heim und fühlen sich dort sofort besser. „Hier oben sieht man erst wie viel Naturschönheiten Balige hat. Zu welchem Fenster und welcher Türe man auch herausschaut, überall hat man einen schönen Blick. Und das Haus selbst ist durch die ganze Art der Arbeitsweise so wunderschön geworden." (2. Januar 1915)

In einem Brief vom April 1915 spricht Martha von den vielen Verwandten und Freunden, die im Krieg verwundet, gefallen oder verschwunden waren. Trotzdem erwarteten sie, ebenso wie Nommensen, auch weiterhin Deutschlands Sieg. Der Krieg ist da und dennoch weit weg und so wechselt Martha das Thema und berichtet von ihrem neuen Heim mit den wunderschönen Wiesen dahinter und den verschiedenen Bäumen, die Hermann gepflanzt hatte. Das alte Haus wird nun zur Verteilung von Arzneien verwendet, es findet dort sowohl Nähunterricht als auch Religions und Konfirmandenunterricht statt. Auch gibt es dort jetzt zwei Mädchenklassen, in welchen Hilfslehrer Unterricht erteilen.

Die Situation in der Gemeinde Balige ist nach wie vor schwierig. Leute, die seit 27 Jahren Älteste der Muttergemeinde Balige gewesen waren, wurden in einer großen Gerichtssitzung alle abgesetzt und es ist kaum möglich, Ersatz zu finden. „Der eine der abgesetzten Ältesten war nahe daran sich eine zweite Frau zu nehmen und hatte auf eine Warnung nur die Antwort, er täte doch damit keine Sünde; Abraham hätte vier Frauen gehabt und wurde doch der Vater der Gläubigen. Es ist viel tief innerlich gegründetes Christentum in Balige, aber gerade die Stationsgemeinde ist besonders schwierig." (1. April 1915)

Im Mai erzählt Martha ihrer Schwester Ria von den vielen und guten zwischenmenschlichen Kontakten, welche sie hier in Balige haben, vermerkt aber: „Der Verkehr hier in Balige mit den Holländern hält sich in gewissen Grenzen. Es ist merkwürdig, eine Kluft bleibt immer zwischen Holländern und Deutschen, auch in unserem Missionskreis wo wir ja verschiedene Holländer haben. Zumal jetzt in der Kriegszeit scheiden sich die Nationalitäten; die Deutschen schließen sich zusammen und leiden und hoffen gemeinsam fürs liebe Vaterland." (6. Mai 1915) In diesem Brief bittet Martha auch dringend um Nachricht über ihren jüngsten Bruder Karl, der im Schützengraben verwundet worden war. Im August wird sie der Mutter zu seinem Tod kondolieren, er hatte seine Verletzungen nicht überlebt. Jetzt schreibt sie aber weiter: „Hier herrscht leider wieder Cholera. Unser Her De Boer hier hat dreimal Stacheldraht um seine wertvolle Person gezogen und lässt keine Eingeborenen mehr in die Nähe seiner Wohnung kommen. Die infizierten Dörfer werden sofort vollständig gesperrt und die Märkte sind aufgehoben, so hofft man, daß die Krankheit nicht weiter um sich greift." Ungewöhnlich schwere Gewitter, die zu Überschwemmungen geführt und große Teile der Ernte vernichtet haben sowie wöchentliche Erdbeben machen das Leben derzeit schwierig.

Genau die gegenteilige Situation erleben sie im August 1915: „Wir haben hier so viel Sturm und augenblicklich eine Dürre und Trockenzeit, die keinen grünen Halm mehr leben lässt." Vergeblich hat Martha gesät und gepflanzt, aber nichts will wachsen. Noch einmal bittet sie um Samen und hofft auf die nächste Europapost. „In dieser Zeit erwartet man mit großem Verlangen allerlei Nachricht." (4. August 1915)

Auch macht Martha sich Gedanken darüber, wie verändert sie ihr Deutschland bei einem möglichen Heimaturlaub vorfinden würde.

Im Oktober erhalten sie einen Brief, der zehn Wochen bis Balige unterwegs gewesen war. Ein Schiff mit 300 Postsäcken war kürzlich verbrannt und Martha vermutet, dass auch Post für sie auf diese Weise verloren gegangen ist. Besonders schlimm sei das für viele Missionare, die um ihre Kinder bangten und keinerlei Nachricht erhielten.

Immer wieder äußern sich beide Weissenbruchs zum Krieg und der Wunsch nach Frieden wird immer lauter. So schreibt Hermann vermutlich im November 1915: „...daheim wird sich jeder nach Frieden sehnen, nach einem ehrbaren dauernden Frieden, der der schweren Opfer wert und würdig ist" und weiter: „Kürzlich haben fast alle Missionsgeschwister von hier Päckchen warmer Kleidungsstücke, Strümpfe, Leibbinden etc. für unsere gefangenen Landsleute in Sibirien abgesandt. Ob die armen Menschen dort noch einen Winter aushalten müssen? Nun, Gott sitzt im Regimente und führet alles wohl. Er macht keine Fehler." (ohne Datum)

Sogar im Batakland sind konkrete Auswirkungen des Krieges zu merken. Martha berichtet: „Chinesen und Japaner fluten in die Bataklande; sie tauchen überall auf und machen Geschäfte. ... Sie kaufen überall Zink auf; ein Japaner wollte durch allerlei Zwischenhändler das Dach der alten Kirche (Zinkplatten) kaufen, wollte neues schönes Wellblech dafür liefern. Hermann hat es natürlich nicht gegeben. Nun hören wir, es sollten Kugeln davon gegossen werden." (17. Februar 1916)

Fast fünf Monate vergehen bis Martha wieder schreibt. Es könnte auch sein, dass in der Zwischenzeit geschriebene Briefe verloren gegangen sind. Martha gibt aber am 29. Juni zu, dass sie, mit Ausnahme einiger Postkarten, lange Zeit nicht geschrieben, jedoch auch keine Post von zuhause erhalten hat. Sie bittet ihre Eltern dringend, öfters zu schreiben. Sie planen, bald einen drei bis vierwöchigen Urlaub in einem Erholungsheim in den Bergen, dem „Jungborn" zu machen. Sie fühlt sich nicht sehr kräftig, vor allem die Augen machen ihr sehr zu schaffen und so freut sie sich auf die Ruhe und Abgeschiedenheit dort. „Wir haben ein so lebhaftes Haus, es vergeht kaum eine Woche in der wir nicht an zwei, drei Tagen Gäste haben. Und immer wieder Andere. Das macht müde und, vor allen Dingen, kostet mehr als wir eigentlich zahlen können. Ich weiß manchmal nicht woher ich es nehmen soll bei den jetzigen Preisen." ... Da kommt Martha ihre Vorratshaltung sehr zustatten: „Vor acht Tagen haben wir ein Schwein geschlachtet und ich habe 24 Fleischwürste – in eingefetteten

Stoffdärmen – Speckstücke, Schinkenstücke und allerlei Rauchfleisch in der Räucherkammer und Sülze in den Weckschen Gläsern. – Was sagst Du dazu, Mutterchen? Es war ungefähr ein Schwein von 40-50 Pfund; aber ich kann das schlecht schätzen. Die Sachen halten sich Monate.“ (29. Juni 1916)

Zehn Tage später, am 9. Juli 1916, bestätigte Martha den Erhalt eines Briefes ihrer Eltern von 30. Januar! Sie schreibt: „Augenblicklich bin ich für eine Woche allein mit den Kindern. In Sipoholon ist Konferenz und sämtliche Tuans von Toba, Samosir und Si Malungun sind auf einem großen Frachtauto hingefahren. Daß Warneck nach dem Krieg hier heraus kommt, um dann so nach und nach an Nommensens Stelle zu treten, wißt Ihr ja wohl schon. Wir freuen uns darauf. Die Batak Mission geht einer kritischen Zeit entgegen. Die Beamten, zumal die hohen und auch die niederen sind Mohamedanerfreunde und die Mission wird geduckt und gequetscht wo es nur angeht.“ (9. Juli 1916)

Es seien vor allem die Schulen, staatliche und christliche, wo Regierung und Mission im Gegensatz zueinander stehen. Die Regierungsschulen seien nichtreligiös und vermieden besorgt alles, was irgendwie den christlichen Glauben fördern könnte. Hinzu käme, dass diese versuchten, die besten und fähigsten Kinder in ihre Schulen herüber zu ziehen. Auch verschiedene amtliche Regelungen und Gesetze schränkten die Missionsarbeit ein. Nommensen habe bereits einige scharfe Briefe an den Generalgouverneur in Batavia geschrieben, in denen er drohte, den Weg bis zur holländischen Königin zu gehen, falls diese Probleme nicht gelöst würden. Es müsse wohl erst zu einer Krise kommen, um die Dinge zu klären. Überall spüren sie die veränderten Zeiten: „Wir stehen mit der Batakmission in einer schweren Zeit; die Kultur kommt mit Riesenschritten über das Volk und es ist noch nicht reif dazu. Geldverdienen ist die Losung und die Gleichgültigkeit gegen Gottes Wort ist sehr groß.“ (undatiert)

Trotz alledem gibt es Erfolge. 1916 wird das Schwesternhaus fertig gestellt und eingeweiht, das Krankenhaus und die Schule kurz danach ebenfalls.

Abschließend gibt sie noch Nachricht von den Kindern: „Den Kindern geht es gut. Hannachen ist eben so recht in einem stroppigen Alter; sie steigt auf alle Tische. Else und Gertrud gebe ich täglich von 8-10 Uhr Unterricht; es hält in unserem unruhigen Haus oft schwer die Zeit dazu fest zu halten.“ (9. Juli 1916)

Vielleicht kriegsbedingt existieren aus diesem Jahr 1916 keine Briefe mehr. Erst im Frühsommer/Sommer 1917 ist von einem weiteren Aufenthalt im Jungborn im Monat April zu lesen, wo sie ein großes Unglück getroffen hat. Die kleine Hanna hatte, während Martha die älteren Töchter unterrichtete, die mit Zuckerglasur überzogenen Chinintabletten Marthas gefunden und geschluckt und war daran gestorben. Martha berichtet nach

Deutschland: „Am 17. April hat Gott unser Herzenskind, unser Hannachen zu sich in den Himmel geholt. Wir waren auf dem ‚Jungborn' seit acht Tagen und hatten dort schöne Tage des Zusammenlebens mit den Kindern, wie sie hier im Getriebe der täglichen Arbeit selten möglich sind. Dort ist sie an das Chinin geraten, ohne daß wir davon wußten – wir fanden Chinin unter dem Erbrochenen – und in Zeit von einer Stunde war sie auf meinem Schoß eingeschlafen, um nie mehr zu erwachen. ‚Mutter, Hanna müde.' ‚Will Hannachen schlafen?' ‚Ja.' Und dann schlief sie sanft ein, und die Engel trugen ihre Seele in die ewige Heimat. Gott hatte uns in dieser schweren Stunde den Bruder Steingräber herauf geschickt. Und es war merkwürdig, er hatte gar nicht den Aufstieg aufs Gebirge machen wollen weil es etwas regnete, aber er mußte, es trieb ihn eine Unruhe, als hätten wir Hilfe nötig. Wir mußten dann schleunigst alles packen, mußten Leute haben, die mich im Stuhl das Gebirge hinunter trugen, mußten eine kleine Bahre zimmern. Unten in Passambilan holte uns Nommensen junior mit seinem Wagen, unser Wagen war auch da und so kamen wir am Abend in Balige an. Am anderen Morgen betteten wir sie in den Sarg und um 10 Uhr war die Beerdigung. Die Missionsgeschwister waren gekommen und eine Menge Bataker. Die Anteilnahme der Bataker hat uns sehr wohl getan; sie hatten das Kind sehr geliebt und an dem Freitagabend kamen sie in Scharen bis 10 Uhr, um sie noch einmal zu sehen." (Balige 1917, undatiert)

Gerade diesmal wäre die Erholung für Martha besonders dringend nötig gewesen. Sie war seit einer Fehlgeburt im vorangegangenen Dezember nicht mehr so recht auf die Beine gekommen. Jetzt sucht sie Trost in ihrem Glauben, versucht diesem Tod einen Sinn zu geben: „Gott allein weiß, welche Mission das Kleinchen hier auf Erden zu erfüllen hatte und ob es nicht durch sein Sterben noch Vielen zum Segen wird. Es war ein Segenskind und wird es uns auch bleiben bis in alle Ewigkeit. Wir hatten das Leid wohl nötig auf unserer Pilgerreise dem Himmel zu. Und wer weiß, wovor Gott das Kind bewahrt hat."

Aber sie kommt doch nur schwer über das Geschehene hinweg. Wie sehr muss sie sich auch immer wieder im Innersten Vorwürfe gemacht haben, dass sie die Chinintabletten nicht an einem für Kinder unerreichbaren Ort aufbewahrt hatte. In einem späteren, ebenfalls undatierten Brief schreibt sie: „Was waren das für unsagbar schwere Wochen und Monate die hinter uns liegen und auch jetzt stehe ich immer wieder davor, als wäre es gestern geschehen." Und weiter heißt es: „Mir ging es gar nicht gut in den letzten Monaten. Das Herz versagte zeitenweise, jeden 3. 5. Schlag und ich dachte oft, es müßte plötzlich ganz still stehen." Das schlimme Ereignis schwingt in ihrem Körper nach. Sie leidet und eigentlich soll sie sich schonen, d.h. viel liegen und keine Besucher versorgen, aber das ist in Balige fast unmöglich.

Auch aus diesem Grund versuchen die Weissenbruchs, einen Heimaturlaub in Deutschland genehmigt zu bekommen: „Wir wollen auf der diesjährigen Konferenz um Erholungsurlaub anfragen, um in 2 Jahren sicher reisen zu können; früher zu reisen wird wohl nicht möglich sein, es sind zu Viele die noch länger im Land sind. Wir denken manchmal daran, Else schon vorher zu schicken, mit ‚Tante Anna', die wohl früher reist als wir." Sie hoffen, dass Else vielleicht bei der Mutter von Anna Alfs, die eine „ganz prächtige Frau" sein soll, leben könnte. Einstweilen bittet sie darum, Schulbücher für das zweite und dritte Schuljahr zu schicken, sobald dies wieder möglich wäre.

Etwa ein halbes Jahr vergeht. Briefe von zuhause scheinen selten geworden zu sein. Es muss etwa Oktober 1917 gewesen sein, als Martha wieder einmal dringend um Nachricht bittet. Sie ist beunruhigt durch einen Traum, in welchem sie vom Tod ihres Vaters geträumt hatte und will sich vergewissern, dass zu Hause alles in Ordnung sei.

Am 4. Dezember 1917 war dann tatsächlich Marthas Vater in Deutschland gestorben und dass sie ihn nicht mehr hat sehen können, liegt ihr schwer auf der Seele. In einem Brief von April 1918 bezieht sie sich auf andere, nicht mehr vorhandene Briefe, in denen sie sich zu ihres Vaters Tod geäußert hat. Auch ist diesem Brief zu entnehmen, dass sich Hermanns Arbeitsbelastung bis dahin in keiner Weise verringert hat, was die Sorge um seine Gesundheit verstärkt: „Hermann hatte 36 Kinder zu taufen und nun hat er auch noch eine Versammlung mit den Ältesten. Er hat von morgens 7 Uhr bis abends 7 oder noch länger immer Leute da, und es sind gerade in der letzten Zeit so viel unerquickliche Dinge die zu ordnen und zu schlichten sind. Ich fürchte manchmal, er hält es gar nicht mehr lange aus; hier nach Balige gehört eine eiserne Kraft. Wann wir nach Europa können ist noch sehr unsicher; es hängt alles vom Frieden ab und wann der erste Trupp reisen kann von solchen, die schon viel länger hier sind als wir. Auch wegen meiner Lunge ist Dr. Winkler sehr zögernd uns reisen zu lassen, solange die Lebensbedingungen in Europa noch so unklar sind; die Nahrungsmittel so knapp und ungenügend. Wir lassen uns führen von einem Tag zum andern..." (18. April 1918)

Im August 1918 schreibt Martha noch einmal: „Wie sehr wirst Du, liebe Mutter, den lieben Vater vermissen und wie schmerzlich ist es mir, ihn hier auf Erden nicht mehr wieder sehen zu können. Aber er ist in der Herrlichkeit und wir wünschen ihn wirklich nicht zurück in seinen Fahrstuhl [Rollstuhl], nicht wahr. Nun hat unser Hannekind den Großvater im Himmel kennen gelernt." (29. August 1918)

Auch um die Mutter macht sich Martha Sorgen. Sie äußert sich beunruhigt über die Einlieferung der Mutter ins Krankenhaus, ins Paulinenstift in Wiesbaden. Sie hofft, dass es sich nicht um etwas Ernstes handele und wartet unruhig auf genaue Nachricht. Dann berichtet sie: „Seit Hannachens Heimgang habe ich kein Mädchen mehr; bei größeren Kindern ist es nicht gut wenn man Mädchen im Hause hat, sie eignen sich zu leicht allerlei bataksche Unarten an, und die Mädchen reden mit den Kindern leicht Dinge, die nicht für Kinderohren sind. Ich wollte jetzt mal versuchen, mir mein früheres Mädchen, die jetzt verheiratet ist, stundenweise ins Haus zu nehmen zum Stopfen und Flicken. Es geht mir sonst jetzt sehr viel besser, die Herzgeschichten haben ganz aufgehört. Else und Trude sind auch wohl und frisch; bei Else muß ich immer aufpassen, daß der Unterricht sie nicht zu sehr anstrengt. Gertrud ist sehr viel kräftiger. ... Auch im Garten arbeiten sie sehr gerne, sie haben ihre Beete für sich, pflanzen Blumen und Zuckerrohr und Mais und alles Mögliche. Wir wollen Else nun doch nicht vorschicken nach Deutschland, wir können uns nicht dazu entschließen und wer weiß wann die Wege nach Europa wieder geöffnet sind. ... Wir haben es ja sehr gut hier und merken außer allgemeiner Teuerung wenig von Kriegsnot. Das Mehl scheint jetzt knapp zu werden (aus Australien), aber wir haben uns alle Vorrat gekauft und können es eine Zeitlang ertragen.“ (16. Mai 1918)

Der 24. Mai 1918 wird dann zur großen Zäsur in der Missionsarbeit auf Sumatra. Ludwig Nommensen stirbt in Sigumpar. Er war 84 Jahre alt geworden. Hermann beschreibt die Situation prägnant: „Die patriarchalischen Zustände sind vorbei.“ (nach Siebert, S. 82) Die weitere Entwicklung scheint noch offen.

Im September berichtet Martha von einer allgemeinen Zunahme der Krankheiten, was typisch für die Zeit des Wechsels von der Trocken zur Regenzeit sei. Diesmal kommt aber noch die Spanische Grippe hinzu, welche Europäer wie auch die einheimische Bevölkerung erfasst hatte und viele Opfer fordert.

Wie lange sie wohl noch auf die Heimreise nach Deutschland warten müssen? Infolge des Krieges gäbe es auch viel zu viele, deren Heimatbesuch überfällig war. „Die Geschwister von Nias kommen hier herüber nach Sumatra, um hier Erholung zu suchen; es ist die reinste Auswanderung von Nias und hier weiß man nicht wohin mit ihnen, weil alle Hausfrauen selbst erholungsbedürftig sind.“ Und auf dem ‘Jungborn’ sei es für die Nias-Leute zu kalt. (27. September 1918)

Wieder einen Monat später schreibt Martha in einem Brief an ihre Mutter: „... daß es Dir, lieb Mutterchen, wieder wohler ist, ist ja prachtvoll und wir sind so froh und dankbar dafür. Du mußt ja auch wieder ganz kräftig werden, damit ich Dich doch noch einmal wieder sehen kann Es gibt auch hier sehr viel Elend durch den Krieg, Viele sterben, weil sie nicht zur Zeit nach Europa konnten. Und für die Bemannung von den deutschen Schiffen, die nun schon so lange untätig liegen, ist es auch schwer. ... Es sind so viel Deutsche stellungslos hier im neutralen Gebiet. Die Plantagen bekommen einfach keinen Reis mehr geliefert, wenn sie ihre deutschen Angestellten nicht entlassen. Sumatra liefert längst nicht genug Reis für alle Kulis auf den Plantagen, er wird aus englischen Gebieten eingeführt. Wenn doch endlich Friede würde! Man merkt den Einfluss des Krieges auch sehr unter den Eingeborenen. Sie sind so aufsässig und rabiat, Sozialdemokraten vom reinsten Wasser." (31. Oktober 1918) Überhaupt ändern sich die Zeiten deutlich: „Hier nach Balige kommen immer mehr Europäer, Hotels und Fremdenpensionen und was nicht alles. Das ist in keiner Weise angenehm. Aber wir wohnen hier oben ziemlich außerhalb des Getriebes, zum Glück. ...

In unserem früheren Si Piak wird eine kleine Villa neben die andere gebaut, lauter kleine Erholungshäuser, die reiche Leute sich bauen, um einige Monate im Jahr dort zuzubringen."

Es ist Dezember geworden, und auch Martha scheint die Zeitereignisse, Krieg und Spanische Grippe, im Sinne einer bevorstehenden Apokalypse zu deuten. Sie schreibt am Sylvestertag des Jahres 1918: „Was ist das für eine ernste Zeit in der wir leben. Wir warten und hoffen auf Nachricht von unserem lieben Vaterland, die uns die ganze Sachlage etwas erklären soll. Wir gehen doch wohl den letzten Zeiten entgegen? Was denkt Ihr darüber? Und dabei die Krankheit [die Influenza] und so Viele werden hingerafft. Nach den Zeitungen sollen hier in Indien allein über 1 ½ Million gestorben sein. Wir haben hier schon seit Wochen täglich 12 Sterbefälle, besonders viel Kinder. Wir kochen täglich Haferschleim und die Leute kommen dreimal täglich und holen für ihre kranken Kinder, das heißt Einzelne, die hier in der Nähe wohnen. Unsere Kinder sind, Gott sei Dank, bis jetzt ganz verschont geblieben." (31. Dezember 1918)

Auch vom vergangenen Weihnachtsfest berichtet sie: ...„Wir hatten schon am Montagabend in der Kirche die Feier für die Kinder, am Dienstag für die Erwachsenen (weil die Kirche zu klein ist). Dann am 1. Feiertag Abend hatten wir die Europäer hier unter unserem Christbaum; wir waren 14 Erwachsene und 6 Kinder. Ich hätte es so gerne in diesem Jahr abgeschoben, aber wir haben doch wieder gemerkt, wie gerne sie kommen und es war wirklich ein schöner Abend. Wir haben unsere alten lieben Weihnachtslieder gesungen, Else und Trude haben die Weihnachtsgeschichte erzählt und Hermann las sie dann noch aus der holländischen Bibel. Nachher war gemütliches Beisammensein bei Tee und Konfekt. Um ½ 9 Uhr gingen sie; die Holländer essen erst um 9 Uhr Abendbrot und wir haben dann auch erst so spät gegessen. Auch zwei deutsche Pflanzer aus Deli waren dabei, die zufällig hier im Hotel übernachteten. Sie hatten am heiligen Abend einen Spaziergang gemacht und waren an einigen Kirchen vorbei gekommen, wo Weihnachtsfeiern waren. Das hatte sie so mächtig gepackt, daß sie bei uns anfragen ließen, ob sie mitkommen dürften. Sie hatten ein Jahrzehnt keinen Christbaum mehr gesehen und es ist ihnen, wie es scheint, allerlei wieder aufgewacht bei dieser Christfeier. Der Eine von ihnen, ein Bayer, war so bewegt, daß ihm die Tränen in den Augen standen."

Wie so oft setzt Martha den Brief einen oder mehrere Tage später fort. „Nun sind wir ins neue Jahr [1919] hinein getreten und Gott allein weiß, was es bringen mag. Wann wird unser armes Vaterland Ruhe bekommen von seinen Feinden? Und wie mag es mit den Lebensmitteln sein in diesem Winter? Wir hoffen immer, daß die Postverbindung bald wieder geregelt wird und auch die Schiffe frei gegeben werden für die Deutschen, die reisen wollen. So Gott will und wir noch leben, kommen wir im Frühjahr 1920. ...

Bis 1920 hat sich dann alles mehr geklärt. Else bleibt auch noch hier, bis wir zusammen reisen; sie ist zu zart, um sie so allein in die Welt hinaus zu schicken. Ob Ihr wohl an die Schulbücher fürs 4. Schuljahr denkt, sobald es möglich ist? Bitte, besorgt mir das, es ist dringend nötig. ... dann auch ein Lesebuch für das 4. Schuljahr; in dem alten was ich hier habe ist noch die alte Schreibweise, thut und that usw. ... und wenn das Schicken noch irgendwelche Schwierigkeiten macht, dann schickt sie bitte an J.H. Meerwaldt in Utrecht. Es ist wirklich eine Notsache und ich bitte herzlich, schiebt es nicht hinaus und laßt nicht erst so viel Wochen vergehen bis zur Besorgung. Über Holland ist wohl überhaupt der sicherste Weg. Also bitte, bitte!"

Und Hermann fügt hinzu: „Die Arbeit hier hat auch einen Stillstand, wenn nicht Rückgang zu verzeichnen. Die Lauen und Trägen fallen zurzeit ab, dagegen die Ernsteren schließen sich zusammen. ... Der Krieg hat viel zerrissen. Wir warten so sehr auf Hülfe von drüben besonders auch auf Warneck. Warum läßt man die Missionsarbeiter nicht reisen? Manche Missionarsfrauen sind so krank, daß sie Europa vielleicht nicht wieder sehen. Und dennoch! Wir arbeiten zuversichtlich weiter, hoffen, beten und glauben, daß die Arbeit nicht vergeblich ist, hoffen auch für unser armes Volk."

In einem Brief an ihre Mutter, es war mittlerweile Februar geworden, äußert Martha ihre anhaltende Sorge um die Familie daheim sowie um die Situation Deutschlands im Allgemeinen. „Es fehlen Euch doch so viele Nahrungsmittel, die eigentlich nicht zu entbehren sind. Wir denken mit Sorge an unser liebes Vaterland und unsere Lieben darin; wie mögt Ihr Euch durchschlagen müssen bis zur Ernte? Und wir haben es hier so gut wie in keinem Land, so daß man sich fast schämt. ..." (23. Februar 1919)

Dann, im März, beschwört Martha ihre Mutter ihr doch endlich mitzuteilen, woran sie eigentlich leide, da sie niemals davon geschrieben habe. Auch über die Verhältnisse in Deutschland erhalten sie auf Sumatra nur widersprüchliche Informationen und fragen sich zum Beispiel, ob es zu einer Trennung zwischen Kirche und Staat kommen würde. Auch in der Batakmission gärt es und es gibt ein vermehrtes Streben nach Unabhängigkeit. „Und doch gibt es auch wieder Lichtblicke; die Geister scheiden sich und manche wenden sich klarer und intensiver dem Christentum zu. Wir warten so sehr auf Warnek, wir sind ja hier jetzt ganz ohne Oberhaupt, seit Nommensens Tod. ... Und doch müssen wir hier dankbar sein, daß wir es noch so gut haben. Wie gerne gäben wir Euch etwas ab, wenn es nurmöglich wäre." (25. März 1919)

In Deutschland war inzwischen Marthas Bruder Martin auch ein kleiner Sohn, Karl, gestorben. Martha sucht nach tröstenden Worten und schreibt am 27. März 1919: „Jede Leidenszeit birgt auch ihren Segen in sich, und Gott macht ganz gewiß keine Fehler. ... Gott schickt nichts, wozu er nicht auch die Kraft gibt, das werdet Ihr auch erfahren haben." Sie erkundigt sich nach der Situation in Deutschland: „Sehr gerne hörten wir mal genau wie es eigentlich steht in unserem Vaterland, ob die große Masse sich mehr zu Gott gekehrt hat in diesen schweren Jahren, oder ob das Gegenteil der Fall ist. Bitte schreibt uns das doch mal. Es ist eine merkwürdige Zeit in der wir leben und es ist doch wohl so, daß es dem Ende zugeht, wenn es auch noch einige Generationen dauern kann. Wir hier haben auch in den letzten 23 Jahren einen solchen Wechsel der Zeiten und Verhältnisse erlebt, daß die Geschwister, die nun von der Urlaubsreise aus Europa zurückkommen großeAugen machen werden." (27. März 1919)

In dieser Zeit muss auf der Insel Nias so etwas wie eine Wiedererweckungsbewegung entstanden sein, denn die Weissenbruchs wünschten, dass diese Bewegung auch auf das Batakland übergreifen möge. Allerdings meint Martha: „Es wird bei unseren Batakern sehr viel schwerer dazu kommen. – Der Niasser ist Gemütsmensch, der Bataker reiner Materialist, Verstandesmensch." (22. April 1919)

Martha macht sich zunehmend größere Sorgen um ihre Mutter, von der sie so gar keine Nachricht bekommt. „Gott erhalte Dich uns noch recht lange, mein liebes Mütterchen! Dich müssen wir doch noch vorfinden, wenn wir zurückkommen, das wäre doch sonst zu schwer. Else und Gertrud sprechen oft von der Großmutter. Es ist ihnen so recht klar geworden was eine Großmutter eigentlich ist, als wir im vorigen Jahr bei Dr. Winklers waren. Die Kinder dort haben ihre Großmutter auch in Pea Radja wohnen. Da kamen sie auf einmal mit der Frage: ‚Mutter, warum haben wir denn keine Großmutter hier?' Neulich sagte Else: ‚Mutter, wenn Du mal so ganz alt bist, so hundert Jahr, wem seine Großmutter bist Du denn dann'?"

Im Juni erreichen sie endlich nach langen Monaten des Wartens einige Postkarten von zu Hause. Martha selbst schreibt jetzt jeden Monat. Lebensmittel sind nach wie vor teuer und außerdem leidet Sumatra derzeit unter einer großen Dürreperiode. Sie berichtet: „Was uns mangelt in diesen trockenen Monaten das ist Gemüse und Kartoffeln. Es hat seit 2 Monaten keinen Tropfen mehr geregnet und es ist eine Hitze und ein

Staub, nicht zu beschreiben. Auch hatte es einen großen Vulkanausbruch auf Java mit Tausenden von Toten gegeben. ...“ Über die vielen deutschen Schiffe, die während der Kriegsjahre vor Sumatra festliegen, werden die Weissenbruchs sehr konkret mit den Kriegsfolgen konfrontiert. Martha macht sich Gedanken über die gegenwärtigen Zeitläufe: „Wann werden sich die Verhältnisse einmal wieder klären? Hier laufen auch so viele Deutsche herum, verdienstlos, stellungslos. Vor einigen Tagen waren zwei Heizer und ein Matrose bei uns, von den deutschen Schiffen, sie wollen auf den Plantagen Arbeit suchen. Die holländische Regierung hilft solchen Leuten, sorgt für freie Reise und Unterkommen, wenn sie auf Arbeitssuche sind. Viele von diesen Leuten haben seit Jahren keine Nachricht mehr von Weib und Kind in der Heimat. Die Mission ist aus China ausgewiesen, wie mag es in Afrika sein?“ (19. Juni 1919)

Jetzt, nach Kriegsende, ist es endlich nicht mehr nötig, Briefe über Mittelsleute zu senden, berichtet Martha Mitte August 1919. Sie hatte offenbar Päckchen mit Tee und Kaffee geschickt und erkundigt sich, ob diese angekommen seien. Sie weiß noch immer nicht, woran die Mutter leidet und warum sie jetzt wieder nach Wiesbaden zur Kur muss. Über sich selbst schreibt sie: „Wir sind seit drei Wochen wieder auf dem Jungborn, um die Nerven aufzufrischen. ... Schwester Anna ist mit uns hier. Sie darf ja immer noch nicht nach Deutschland, trotzdem sie es so nötig hätte. Der englische Konsul gibt den Deutschen, auch Kranken, nicht die Erlaubnis. Also die, die gesundheitlich dringend reisen müssen und solche die 14 oder 12 jährige Kinder haben – können erst im nächsten Frühjahr reisen, so werden wir wohl erst im Frühjahr 1921 reisen dürfen. Wir haben lang überlegt, ob wir die Kinder nicht vorschicken müßten, aber wer schickt seine Kinder in diesen Zeiten allein in die Welt. Wir behalten sie hier bis wir auch reisen können, auch wenn sie dadurch ein Jahr zurück bleiben. Und wohin mit den Kindern? Das ist auch eine Frage die uns sehr bedrückt und noch ganz unklar ist. Wir würden sie sehr ungern nach Mettmann [Missionskinderheim] tun. Aber wohin mit ihnen?... Schreibt uns mal wie Ihr darüber denkt. Die Familienerziehung ist ganz sicher der Anstaltserziehung vorzuziehen aber es ist schwer, Jemand zu finden, dem man eine solche Aufgabe stellen darf.“ (14. August 1919)

Hermann führt den Brief fort und schreibt: „Auch hier (sind die Kosten für) alle Landesprodukte um 200-300% gestiegen. Reis, Milch, Eier, gar nicht zu reden von europäischen Waren, die für uns unerschwinglich sind! In Barmen wird man beim Lesen unseres Konferenzprotokolls große Augen gemacht haben. Die Konferenz bittet einstimmig um Gehaltsaufbesserung mit rückwirkender Kraft. Man läßt uns hier dahinleben, ohne auch nur einmal zu fragen, wie wir zurechtkommen und auf welche Weise wir Missionsleute uns durchschlagen und dabei ist das Gehalt noch wie vor 50 Jahren. Ich mußte mich neulich an unseren jetzigen Ephorus Kessel wenden und schrieb ihm, wenn er nicht sorgen könne, daß wir hier auf dem besonders teuren Platze Zulage erhielten, dann bäte ich um meine Versetzung. Das hat dann doch geholfen und wir bekommen nun fl.200 jährlich mehr. Aber Martha weiß nicht, wie sie rumkommen soll."

Zu diesem Thema ergänzt Martha in ihrem nächsten Brief: „Die anderen Europäer denken und sprechen es offen aus, die Missionare müssen ja allerlei heimliche Quellen haben und Unredlichkeiten begehen, sie können einfach mit dem Gehalt nicht auskommen. So denken viele und so lesen es die Eingeborenen immer wieder in der Zeitung. Es schadet aber nichts, die das von uns glauben, die schließen nur von sich auf andere." (4. September 1919)

Anschließend reflektiert sie die gegenwärtige Entwicklung in der Region: „Es ist jetzt auch hier eine ganz andere Zeit als früher und die Missionsleute, die jetzt nach 5 jähriger Abwesenheit nach hier zurückkommen, werden sich kaum zurecht finden. Und doch kann man gar nicht sagen woran es eigentlich liegt. Der ganze Geist ist ein anderer geworden, die Stellung der Leute zu den Europäern. Das liegt ja auch nach diesem Krieg klar auf der Hand. Dazu kommt, daß die Entwicklung des Batakvolkes mit Riesenschritten vor sich geht. Das zeigt sich erst mal rein äußerlich; früher verkamen sie im Schmutz und hatten nie gewaschene blaue selbstgewebte Tücher um; und nun haben die Wäscher und Bügler am Passar volle Arbeit, um alle weißen Anzüge zu besorgen. ... Wir haben hier in Balige allein 5 Schulen, eine holländische, eine englische, eine Gouvernements-Schule (malaisch) und unsere Missions – Knaben und Mädchenschule. Die holländische Schule wird durch einen Europäer geleitet; die kleine Englishschool hat einen Bataker, der lange Jahre in Singapore in der englischen Methodistenmission war. Wir haben eine wahre Musterkarte von Menschenrassen hier wohnen, Europäer, Halbeuropäer, Japaner, Javanen, Inder, Chinesen, Malaien, Bataker. Balige breitet sich immer mehr aus als Hauptknotenpunkt zwischen Ost und Westküste."

Dann fährt Martha fort: „Gestern übernachtete ein Deutscher bei uns, ein Maschinenmeister vom deutschen Schiff „Kleist", der das teure Hotel hier (1 Nacht fl.8,50.) nicht zahlen konnte. Die armen Kerle wandern jetzt alle nach der Ostküste, um sich auf den Plantagen irgendwelche Arbeit zu suchen. Die deutschen Schiffe werden in nächster Zeit von den Engländern abgeholt mit samt der Ladung. Die Mannschaft bekommt ihre Barschaft nicht ausgezahlt; wer will hat freie Heimfahrt, aber sie sagen, was sollen wir jetzt ohne Arbeit, ohne Brot in Deutschland und suchen hier unterzukommen. Wir helfen ihnen weiter so gut wir können, aber es gibt nicht viele Plantagen die Deutsche aufnehmen. Die Engländer haben durch das Kapital überall die Macht in Händen und hier in Niederländisch-Indien regieren nicht die Holländer, sondern der englische Konsul. Er hörte neulich zu seinem Erstaunen, daß hier im Binnenland so viele deutsche Missionare sitzen und hat sich sehr entrüstet darüber ausgesprochen. Aber so weit geht seine Macht zum Glück doch nicht. Aber viele Deutsche sind stellungslos, das ist sein Werk und viele Holländer finden das ganz in der Ordnung."

Dass Hermann immer so sehr viel arbeiten müsse, läge an der viel zu großen Gemeinde, erzählt Martha ihrem Bruder Martin. Die Hilfskräfte seien sehr unselbstständig und unzuverlässig und dabei hätten sie doch auch sehr gute Prediger unter den Lehrern und damit hervorragende Voraussetzungen, denn: „Die Bataker sind ein intelligentes, sehr bildungsfähiges Volk; sie verlangen von der Regierung immer mehr höhere Schulen und bekommen sie auch; sie schicken ihre Kinder nach Medan oder Batavia auf Schulen, sie müssen monatlich viel Geld dafür zahlen, aber das schreckt sie nicht. Viele versehen dann später ziemlich hohe Stellungen, als Regierungsbeamte, Ärzte, Tierärzte, Postbeamte, Eisenbahnbeamte usw. ... Die Regierungsschulen entfremden die Jugend leider sehr dem Christentum, das ist ein großer Schade, aber die Mission hat leider zu spät mit den höheren Schulen eingesetzt. Unsere Missionslehrerin Anna Alfs hat eine Mädchenschule von 525 Schülerinnen unter ihrer Leitung, mit zwei Volllehrern, sechs Lehrerinnen (bataksche, die sie sich selbst ausgebildet und die ihr Examen vor dem Regierungsbeamten gemacht haben) und einigen Hilfslehrern. Es ist eine Freude den Betrieb zu sehen. Der Besuch ist gänzlich freiwillig." (17. September 1919)

Bezogen auf ihre Missionsarbeit meint sie: „Der Krieg hat sehr viel geschadet – indirekt. Wir konnten ja ruhig weiter arbeiten, aber die Inländer sehen nun die europäische Christenheit und auch besonders uns Deutschemit ganz anderen Augen an."

Zunehmend kehren auch Menschen zurück, die durch den Krieg in Deutschland festgehalten worden waren. Durch sie erhalten die Weissenbruchs endlich genauere Informationen über die Kriegszeiten. „Heute kam eine Kaufmannsfrau mit ihren beiden Kindern hier an, die sechs Jahre ohne ihren Mann in Deutschland war und sich allein hat zurechtfinden müssen in den schweren Jahren. ... Wie viel Not habt Ihr doch durchgemacht, davon haben wir doch so recht keine Ahnung, " schreibt Martha im November. (29. November 1919)

Die Nachrichten lassen sie daran zweifeln, ob sie Else und Gertrud nach Deutschland schicken können. Martha fühlt sich mit dem Unterricht zunehmend überfordert und fürchtet, dass die beiden den Anschluss an die deutsche Schule verpassen werden. Auch wissen sie immer noch nicht, bei wem die Kinder würden leben können. Von Alfs war bislang noch keine Antwort auf ihre Anfrage gekommen. Trotzdem bemühen sie sich bereits um Passageplätze für den kommenden April, müssen dies aber aufgeben, weil Stornierungen ohne erhebliche finanzielle Einbußen nicht möglich sind. „So lassen wir es darauf ankommen und warten ruhig ab und vertrauen auf Gott, der uns den rechten Weg zeigen wird. Können wir später keine Passage mehr bekommen, so bleiben sie in Gottes Namen hier, bis wir auch hoffentlich 1921 reisen können.“

Einstweilen versucht Martha die Kinder mit Kleidung auszustatten. Sie schreibt der Mutter: „Du wirst Dich vielleicht wundern über die viele gehäkelte Spitze an den Hemdchen und Höschen und Röckchen. Die haben alle die Mädchen gehäkelt und auch alle Knopflöcher gemacht, sie reißen sich drum es tun zu dürfen; das ist mir eine große Hilfe in dieser Zeit. Die Sachen sind doch haltbarer mit Spitze als ohne. Auch allerlei Abschiedsgeschenke arbeiten sie, ich bin mal ganz gespannt, was es werden wird.“

Jede neue Information lässt sie wieder schwanken: „Ein Herr Leithäuser von Elberfeld, der kürzlich hier ankam und an der Industrieschule tätig sein wird, erzählte uns ausführlich von den äußerst traurigen Zuständen daheim. Es meinte es wäre Selbstmord, die Kinder nach Deutschland zu schicken. Nun, wir warten noch ab.“ (10. Dezember 1919)

Die Barmer Mission musste enorme Gelder für die vielen Missionsangehörigen ausgeben, die jetzt nach dem Krieg heim oder ausreisen sollen. Die aus Deutschland Anreisenden erzählen, die Mission stehe kurz vor dem Bankrott und dass die Löhne möglicherweise nur noch für ein Vierteljahr lang gezahlt werden könnten. „Wie das werden wird, wir wissen es nicht; wir hätten nicht für einen Monat zu leben, wenn das Geld ausbleiben würde.“

Im Februar 1920 erhalten sie Nachricht, dass Marthas Schwester Ria und ihr Mann, der die Nachfolge von Marthas Vater im Pfarramt in Miehlen angetreten hatte, bereit waren, die Mädchen aufzunehmen. Hermann bittet dafür in Barmen um finanzielle Unterstützung: „Bei dieser Gelegenheit möchte ich denn auch die Herren ... herzlich bitten, zu gestatten, daß unsere beiden Töchter entweder in Miehlen, oder bei meinem Schwager Wilhelm Schmidt in Orenbach bei Gießen erzogen werden dürfen. Beide Familien sind gern dazu bereit, doch können (sie) es nicht ohne die von der Deputation sonst bewilligte Beihilfe. Meine Schwiegereltern haben ja 3 Söhne vom alten Bruder Diehl Jahre lang bei sich gehabt, ohne eine Vergütung gebeten oder empfangen zu haben, das ist obigen Familien nicht möglich. Wir bitten daher herzlich, unseren Wunsch wohlwollend zu erwägen und wenn ... möglich erfüllen zu wollen.“ (Februar 1920, PA) Obwohl die „Missionsväter“ wohlwollende Unterstützung zugesagt hatten, scheint die schlechte Finanzlage sich negativ ausgewirkt zu haben. Als die Mädchen schließlich Mitte 1920 nach Deutschland kamen, fanden sie Aufnahme in den Missionskinderheimen Mettmann und später Kaiserswerth, dievon den Schwestern Anna und Millie Alfs geleitet wurden.

Der Abschied von der zehn Jahre alten Else und der neun Jahre alten Gertrud war schwer. Martha berichtet in ihren Erinnerungen: „Damals brachten wir Eltern unsere Kinder bis nach Belawan [Hafen]; es waren 23 Kinder, die unter der Obhut von 8 Familien reisten. Gott gibt zur rechten Zeit die Kraft, das haben wir damals erfahren.... Bei solchem Geschehen prägen sich die Einzelheiten unauflöslich ein und so brennen mir wohl manchmal heute noch die Tränen auf der Seele, die die Kinder kurz vor Medan noch weinten, weil ich sie zurechtweisen mußte. Dann kam das Übernachten bei der Familie Collins und am anderen Morgen ging's aufs Schiff. Gertrudchens Weinen und Rufen: „Mutter, du mußt mit! Mutter du mußt mit!" steht mir unauslöschlich in der Seele. Es war schließlich eine Erlösung als der Schritt gemacht war, und das Schiff davon fuhr. Eine Trennung, wie wir meinten, für höchstens 2-4 Jahre, aber es sind sieben daraus geworden.“ (Erinnerungen S. 20) Die Kinder kamen zur schlimmstmöglichen Zeit nach Deutschland – es waren die Jahre der Knappheit und Unterernährung.

Im Juni 1920 erlag Marthas Mutter einer Krebserkrankung.

Dann, im Oktober 1922, schreibt Martha: „Das Arbeiten unter den Batak wird ... immer schwieriger; es herrscht ein recht bolschewistischer Geist unter den Leuten. Es ist ein Volk das durch und durch in den Flegeljahren steckt. Die ganze Entwicklung ist zu schnell über das Volk gekommen und nun herrscht ein Hochmut und ein Größenwahn unter ihnen, der keine Grenzen kennt ... So wurde Warneck neulich mit Judas verglichen, ... weil er ihnen ihre Bitte um Selbstverwaltung bestimmter Gelder abgeschlagen hatte.“ (16. Oktober 1922)

Hermann ist inzwischen am Ende seiner Kräfte. Spät nach Mitternacht, am 10. Februar 1923, schreibt er von Balige aus einen Brief an Martha nach Pangururan, in dem er seine tiefsten religiösen Gefühle ausdrückte. „Darin, mein liebes Herz, ist mein ganzes Leben und Sein niedergelegt,“ schreibt er. Sorgen um seine Gesundheit und um sein zukünftiges Wohlergehen quälen ihn. Heftige Herzbeschwerden hatten sich nach einer von Zank und Streit geprägten Sitzung eingestellt und er sorgt um sein Leben. Er gibt Martha Instruktionen über Ersparnisse, die er auf Zinsen verliehen hatte und informiert sie über alles, was sie wissen müsste im Falle seines Todes.

Probleme beim Bau der Kirche und auch mit gewissen Leuten in Balige hatten sich seit einiger Zeit vergrößert, was ihn sehr belastete. Hermann zweifelt an sich selbst: „Ich möchte nach fast 9 ½ jähriger Arbeit in Balige sagen: warum mußte ich nach hier, der ich doch solch einer schwierigen Arbeit nie gewachsen war. Es war ein stetes Kampfesleben mit der Doppelgemeinde, die ach so wenig innerlich verbunden ist. Jede hatte ihr besonderes Steckenpferd. Wir Menschen machen halt so manches anders, wie der Herr es machen würde. Immerhin haben wir Seinen Willen tun wollen. Nun ist mein armes klopfendes Herz wieder etwas ruhiger geworden, zwar sind starke Kopfschmerzen eingetreten. Noch nie hatte ich solch eine Beklemmung des Herzens wie in dieser Nacht. Gottlob ist noch eine Ruh vorhanden dem Volke Gottes!

Nun gut Nacht mein Lieb. Du schläfst hoffentlich ruhig und getrost in Pangoeroeran. Behüt Dich Gott und unsere Kinder auch und auch unsere Gemeinde wolle ER segnen und allen friedlosen seinen Frieden schenken. Das ist mein Gebet."

Ungefähr 50 Jahre später erinnert sich Martha: In Balige geht es dann doch vorwärts in den nun folgenden Jahren. „...nach einigen Jahren schwerer Kämpfe wurde die wundervolle Kirche erbaut, die schönste in ganz Niederländisch-Indien. ... 1924 wurde sie eingeweiht und dann folgten wundervolle Jahre des Friedens und der Ernte. Es war schön zu beobachten, welchen Eindruck dieses Gotteshaus auf die Leute machte." (Erinnerungen S. 21). Sie müssen jedoch zu den ersten Gottesdiensten einige Älteste am Eingang postieren, die von den Frauen verlangen, vor Eintritt ihren Betelpfropfen auszuspucken. Auch ist es Frauen um der Andacht willen nicht länger erlaubt, ihre Kleinkinder zum Gottesdienst zu bringen. Für diese gibt es jetzt einen gesonderten Gottesdienst in einem Nebengebäude.

In einem Schreiben vom Dezember 1926 teilt Hermann der Mission in Barmen dann schließlich mit, dass er und Martha planen, am 11. März 1927 mit dem Dampfer „Derfflinger" nach Deutschland zurück zu kommen. Ihre Zeit in Balige geht also ihrem Ende zu. In ihren Erinnerungen schreibt Martha: „Dann kam das Jahr der Heimreise, 1927. Nun war es wundervoll zu spüren, wie die Liebe und Anhänglichkeit der Gemeinde zu Tage trat. Und daß mein Mann es erlebte, daß sein stärkster Gegner, der radja Titus zu ihm kam mit Tränen in den Augen und sagte: ‚Tuan, wir haben Dir das Leben erschwert, wo wir nur konnten, vergib uns; wir sehen nun ein, daß wir im Unrecht waren und wir danken Dir, daß Du fest geblieben bist.' – Das war uns eine große Freude." (Erinnerungen S. 22)

Am 12. März 1927, mehr als 20 Jahre nach ihrer Ankunft auf Sumatra, ist es endlich soweit: Die Weissenbruchs treten ihre Heimreise auf der „Derfflinger" an. „So reisten wir dann ab ... in großer Dankbarkeit für die Jahre des Friedens und des Segens, die wir noch zuletzt in Balige hatten haben dürfen", vermerkt Martha.

Die Weissenbruchs reisen zusammen mit einigen anderen Missionarsfamilien und erreichen am 5. April Genua. Von dort aus geht es ins Tropengenesungsheim nach Tübingen. Die Reise von Balige nach Genua sei ein Kinderspiel gewesen gegen die Tour von Genua nach Tübingen. „Zuerst blieb Vaters Mantel in Zürich hängen, wo wir übernachtet hatten. Dann fehlten uns in Horb drei Gepäckstücke und mussten telegrafisch wieder zurück gerufen werden. Aber glücklich landeten wir doch in Tübingen und sahen unsere beiden lieben Schätze auf dem Bahnhof stehen.

Diesen Moment werde ich nie in meinem Leben vergessen. War das eine Freudeund ein Jubel und Dank! ... wir verlebten acht schöne Tage im Tropengenesungsheim."

Der medizinische Bericht des Instituts über die Familie lautet: „Vom Herbst 1904 bis Frühjahr 1927 verbrachte Hermann Weissenbruch zweiundzwanzigeinhalb Jahre ohne Unterbrechung auf Sumatra. Er litt dort unter Dysenterie, Typhus, und Cholera. Er berichtete von Müdigkeit, Migräne und Magenverstimmung. Er ist gut ernährt und hat ein normales Blutbild. Es zeigen sich bei ihm Herzunregelmäßigkeiten, Herzmuskelentzündung, weswegen er drei Monate totale Ruhe benötigt. Er benötigt eine Brille. Es war höchste Zeit für seine Rückkehr, da längerer Aufenthalt auf Sumatra die Gefahr seiner Sprue erhöht hätte. Seine Magenprobleme sind auf die verschiedenen von ihm erlittenen Krankheiten zurückzuführen. Er wird sich voraussichtlich wieder voll erholen. Seine Frau Martha leidet an den Folgen einer chronischen Brustfell und Lungenentzündung, und einer Wanderniere auf ihrer rechten Seite. Getrud W., die seit 1920 in Deutschland lebt, wurde zum ersten Mal untersucht. Sie leidet an Würmern, d.h. Ankylastomiasis, mit davon resultierender Blutarmut. Else W. litt als Kind an Dysenterie und leidet an Blutarmut." (13. April 1927, PA) Seit sieben Jahren leben Gertrud und Else in Deutschland und wie es scheint, hat sich nie jemand um ihre Gesundheit gekümmert.

Von Tübingen geht es dann weiter in Richtung Heimat. Martha schreibt: „...ich glaube, alle Mitreisenden sahen auf den ersten Blick, daß wir Fremdlinge waren im lieben deutschen Mutterland." Auch die Weiterreise verläuft nicht ohne Hindernisse: „Vater hatte in Gedanken an die gute Zeit vor 25 Jahren 3. Klasse gelöst, wir wurden aber im letzten Augenblick, der Zug war schon fast im Rollen, in die 4. geschubst und dort sind wir auch geblieben. So wurde uns von vorneherein gleich bedeutet wohin wir gehörten und dieses Gefühl hat mich während der ganzen zwei Jahre nicht mehr verlassen." (Erinnerungen S. 25)

Bei ihrer Ankunft in Wiesbaden werden sie von ihren Verwandten begrüßt, von Marthas Geschwistern, Neffen, Nichten, und den Schwägerinnen, aber mit Ausnahme der Geschwister, waren ihnen nach zwanzig Jahren alle unbekannt. Danach trifft sich die ganze Familie zu einem Willkommensfest. Die folgenden Tage sind mit Besuchen bei Freunden, Verwandten und Bekannten ausgefüllt. Natürlich werden auch die Gräber der Eltern in Miehlen besucht. „Das Heimkommen in die alte Heimat gehört mit zu meinen schönsten Erlebnissen und ich hätte nie gedacht, daß so viel Liebe und Anhänglichkeit an unsere Familie in Miehlen steckte," erinnert sich Martha später. (S. 26)

Für die folgenden zwei Jahre hatten Martha und Hermann eine Wohnung in der Reichsstraße in Barmen gefunden, wohin auch Else und Gertrud kommen. Martha beschreibt die Gefühle der Distanz, welche sich durch die lange Trennung zwischen ihnen entwickelt hatten. Diese hätten jedoch nicht dauerhaft angehalten und Martha ist glücklich, dass sie bald wieder zueinander gefunden hätten.

Hermann soll sich dringend erholen, aber davon kann gar keine Rede sein. Es werden Bitten um diesen oder jenen Dienst von den Missionsbrüdern an Hermann herangetragen, die er nur schlecht ablehnen kann und will. So muss Hermann an vielen Sonntagsfestlichkeiten teilnehmen und ist an solchen Tagen kaum zuhause. Während des zweijährigen Aufenthalts der Eltern besuchen die Mädchen die Obertertia und die Untersekunda des Gymnasium und erhalten anschließend ihr Reifezeugnis.

Die Ärzte hatten bei Hermann tropische Sprue diagnostiziert, d.h. einen Mangel an Nahrungsaufnahme bedingt durch die Entzündung des Dünndarms. Als typische Folge dieser Erkrankung gelten Durchfall und Fieber, was zu Gewichtsverlust und Ermattung führt. Vor allem besteht die Gefahr, dass die Krankheit chronisch würde. Hermann muss deshalb öfter nach Holland reisen, um dort von einem holländischen Professor behandelt zu werden. Da er schon wieder allerhand seelsorgerische Pflichten übernommen hat, ist es ein Vorteil dieser Erkrankung, dass die notwendige Diät ihn zwingt, immer zu den Mahlzeiten nach Hause zu kommen und er so wenigstens am Familienleben teilhaben kann.

Am 14. Mai 1928 ist Hermann eine weitere Woche in der Leidener Klinik für Tropenkrankheiten in Holland. Es werden keine Anzeichen von Sprue mehr entdeckt, und die Doktoren sehen ihn wieder als 'tropentauglich' an, mit der Einschränkung, dass ihm ein weiteres Jahr in Deutschland gut tunwürde.

Von seiner Familie getrennt, verbringt Hermann einige Monate an der Universität Hamburg, wo er Kurse in Sprachen, insbesondere Malaiisch und Holländisch belegt, aber auch in Psychologie. Er fühlt sich dem Universitätsleben und den 5000 männlichen und weiblichen Studenten, die das Universitätsgelände bevölkern, gegenüber recht distanziert. Zu den modernen Pagenfrisuren der Frauen und ihrem Zigarettenrauchen stellt er fest: „Ichglaube, daß ich mich nie daran gewöhnen werde!"

In Gesprächen mit SumatraInspektor Warneck, beschreibt er die zunehmenden, von Aufwieglern hervorgerufenen Schwierigkeiten der Mission. Richtigerweise interpretiert er diese Vorkommnisse als verdeckte Angriffe auf die holländische Kolonialregierung, indem er sagt: „Was diese Unruhestifter in den Gemeinden wollen, wollen sie noch mehr im Politischen. Da sie die Regierung nicht direkt konfrontieren können, versuchen sie es bei uns. Die Unruhestifter sind kommunistisch orientiert und werden von indischen und russischen Aufwieglern angestiftet. Was die Mission dieser Tage erlebt lässt ahnen, was früher oder später auch der Regierung gegenüber stehen wird", schreibt er am 13. Dezember 1928. (PA)

Ostern 1929, vor ihrer erneuten Ausreise nach Sumatra, bringt

Martha Else zu ihrer Schwester Ria, der diese für ein Jahr im Haushalt helfen soll. Gertrud bleibt bei Pflegeeltern in Barmen.

Zweite Ausreise nach Sumatra

Am 9. Juli 1929 werden Martha und Hermann mit einer Feier im Missionshaus in Barmen verabschiedet. Wenig später ist der Tag ihrer erneuten Ausreise nach Sumatra gekommen. Mit einigen Unterbrechungen in Deutschland, wo sie sich bei Freunden und Verwandten verabschieden, reisen sie mit dem Zug über Basel nach Genua, wo sie am 23. Juli an Bord der 'Coblenz' gehen. Martha bedauert, dass sie von Basel ab nachts reisen, aber da es Vollmond war, „sahen wir die Wunder der Alpenwelt bei Nachtim hellen Mondschein“. (Erinnerungen S. 29)

Ihr Schiff hat einen Tag Verspätung und so haben sie Gelegenheit, ein wenig die Riviera zu genießen. Mit Herrn und Frau Dahlhäuser, dem Leiter des Seemannsheims, wo sie über Nacht logiert hatten, und ihrem Reisebegleiter Dr. Werdermann machen sie einen Ausflug nach Nervi. Noch in ihren Jahre später verfassten Lebenserinnerungen schwärmt Martha: „Der wundervolle Strand, umrahmt von hohen Gebirgen, die blühenden Gärten und weißleuchtenden Villen, und davor das tiefblaue Meer, boten ein wunderbares Bild.“ (S. 30) Am Abend geht es mit dem Zug wieder zurück nach Genua. Erst spät nachts lichtet das Schiff den Anker und sie können einen letzten Blick auf die terrassenförmig angelegte Stadt mit ihren tausenden, sich bis in die Berge hinaufziehenden Lichtern werfen. In einem letzten noch erhaltenen Brief an ihre Geschwister berichtet Martha von ihrer Abreise: „Dann ‚krochen' wir in unsere Betten, denn anders kann man es nicht bezeichnen, ich schlafe unten und kann mich nicht mal aufsetzen, ohne mit dem Kopf an die Spirale des oberen Bettes zu stoßen, und Hermann muß turnen oder die kleine Leiter hinauf. Aber wir haben Luft genug und sind dankbar dafür, wir sitzen auch im Speisesaal dicht am Fenster, an einem kleinen Tisch mit einer Schwester und einer Frau Dr. Grunack, die zu ihrem Mann reist. Die Gesellschaft an Bord ist sehr gemischt und man merkt schon etwas von der beginnenden Gleichstellung der Völker; neben Deutschen, Engländern, Holländern, Spaniern, auch Japaner, sogar ein japanischer Professor, Chinesen und noch einige undefinierbare Individuen. So etwas wäre vor einigen Jahren noch nicht möglich gewesen, nun nimmt man es als etwas Selbstverständliches hin. Das Chinesengeschnatter um uns ist manchmal schlimm. Aber Völkerkunde zu treiben hat man hier reichlich Gelegenheit.“ (Fragment über die 2. Ausreise von Hermann und Martha Weißenbruch 1929) Noch einmal wird hier Marthas Schwierigkeit, sich an fremde oder veränderte

Verhältnisse anzupassen, deutlich sichtbar. Fremdes, Unbekanntes, gleich ob es sich um Essen, andere Gewohnheiten, oder andere Menschen handelt, scheint sie abzuwehren. Oder versteht sie sich auch als etwas Besonderes, weil sieEuropäerin ist?

Vorbei an den Inseln Elba und Korsika, dem Vulkan Stromboli, dann durch die Straße von Messina, der klassischen Scilla und Charybdis, vorbei an Messina und dem rauchenden Ätna fahren sie in das offene Mittelmehr ein. Sie passieren Kreta „ein ödes Felseneiland ... ohne Baum und Strauch", um schließlich in Port Said anzukommen. Am 10. August 1929 feiern sie in aller Stille Hermanns 25. Amtsjubiläum. Über den Hafen Belawan an der Ostküste von Sumatra erreichen sie schließlich am 16. August Si Gumpar. Bereits am folgenden Morgen reisen sie in Begleitung von Nommensen Jr. weiter ins nahegelegene Sitorang, wo sie feierlich in ihr neues Amt eingeführt werden.

Es war üblich, dass die Batak Melodien deutscher Volkslieder, die ihnen besonders gefielen, übernahmen und diese mit neuen geistlichen Texten unterlegten. So geschieht es nun bei dieser Amtseinführung, dass der Posaunenchor das Lied spielt: ‚Es blickt so still der Mond mich an; es fließt so ruhig der Rhein', und Martha scherzt: „Nun bin ich ja ein halbes Rheinkind, aber das kam mir doch zu überraschend und nur mit Mühe verbiß ich mir das Lachen." Diesem Lied folgten noch einige andere, die sie aber alle nicht so glücklich fand, „eines schlimmer als das andere", war ihr Kommentar. (Erinnerungen S. 30ff)

Am 1. September ziehen sie in ihr neues Heim in Sitorang ein. Ihr Vorgänger hatte ihnen über Sitorang geschrieben: „In Sitorang ist alles wie in Parsambilian", womit er meinte, dass es keinen schlimmeren Platz im ganzen Batakland gäbe. Martha korrigiert jetzt diesen Standpunkt etwas und notiert in ihrem Tagebuch: „Das Urteil ist, Gott sei Dank, doch nicht ganz richtig, wenn es auch schaurig genug aussieht. Etwa 65 Prozent der getauften (Christen) hält sich fern von Gottes Wort; die Ehepaare ungetraut, die Jugend nicht konfirmiert, die Kinder ungetauft, das ist ein Bild von Sitorang." (S. 31)

Das große Gebiet von Sitorang, welches früher von drei Missionaren versorgt worden war, muss Hermann nun allein bearbeiten und ist deshalb sehr viel unterwegs. Viele Gegenden sind nur zu Pferd und über schwierige Pfade zugänglich und Martha beschreibt in ihren Lebenserinnerungen die neue Situation: „Das Gebiet ist groß und weit und mein Mann hat schwere Touren zu machen oben auf dem Gebirge. Im Ganzen sind es 24 Filialen undsie liegen weit zerstreut. Es ist so recht das Reich des Tigers, und im vorigen Jahr sind vier Menschen von Tigern aufgefressen worden." (S. 32) In Lumban Pinaradrung, so berichtet Martha, sei ein Tiger sogar in ein Batak Haus eingedrungen und sie schildert das Geschehen: „Abends spät kam ein Mann mit einem Hund, und dem Hund sprang der

Tiger nach, durch die Haustür. Die Leute saßen wie erstarrt; er stolperte dann über eine Matte, unter der, nach batakscher Art, zwei Mädchen schliefen, bekam dann aber wohl selbst einen Schrecken über die so ungewohnte Umgebung und da er die Tür wohl nicht sah, brach er mit einem Sprung durch die leicht, beschädigte Bretterwand hindurch ins Freie. Im vorigen Jahr hat er ganz in der Nähe der Station Porsoburan einen unserer Ältesten zerrissen, ganz dicht beim Dorf. Der Mann arbeitete im Mondschein in seinem Kaffeegarten und ist dort zerrissen worden. Die Leute nennen nie den Namen, babiat (Tiger), sie sprechen nur vom 'Großvater' oder vom 'Starken.'" (S. 40) So sind Hermanns lange Touren durch sein Filial auch immer mit Gefährdungen verschiedenster Art verbunden.

Zwei Monate nach ihrer Ankunft, schreibt Hermann nach Barmen:

„Die Arbeit hier in Sitorang ist nach jeder Seite hin äußerst schwierig und wenig erfreulich, wenn man auf die große Masse sieht. Und doch ist Verlangen da nach dem Worte des Lebens..." Im gleichen Brief berichtet er auch von einem Besuch in Balige, bei dem ihm späte Genugtuung zuteil wurde: „Am 8. September waren wir in unserer alten Gemeinde Balige. Das war ein Tag der Freude und der Arbeit. Morgens mittags und abends musste ich jedes Mal etwa tausend oder mehr Menschen Gottes Wort verkünden. ... Nach dem Gottesdienst kam ein Mann hinter uns drein und sagte: ‚Tuan verzeihe mir, daß ich oft so frech und lieblos dir gegenüber war, es tut mir leid'." (18. Oktober 1929, PA)

In Sitorang jedoch beginnen sie beinahe wieder von vorne. Martha beschreibt in ihren Erinnerungen noch einmal die Situation: „Die früheren Säulen' der Gemeinde sind verlottert und verkommen und leben in Bigamie und mein Mann wird wohl die 'Freude' haben, sie nächstens ausschließen zu müssen. Es werden jetzt viele Evangelisationsversammlungen gehalten, auch besonders im Mondenschein auf den Dorfplätzen. Die Familien werden auch einzeln besucht und erinnert; wer dann sich noch fernhält, der wird ausgeschlossen und aus der Gemeinde ausgewiesen. Das ging schon wie ein heilsames Aufrütteln durch die Gemeinde und viele kommen jetzt und wollen ihre Sache in Ordnung bringen. Sie müssen dann etwa 3/4 Jahr dreimal die Woche zum Unterricht kommen und werden dann vor versammelter Gemeinde wieder feierlich aufgenommen. Etwa 60 sind nun Ende des ersten Jahres schon aufgenommen und etwa ebenso viele aus den Heiden getauft. Es ist ein merkwürdiger Mischmasch in unserer Gemeinde von Christentum und Heidentum und es ist wohl in früheren Zeiten nicht genug auf strenge Scheidung geachtet worden. Das merkt man besonders bei Todesfällen. Da ist auch bei unseren Ältesten ein Heidenlärm, ... Heulen und Schreien, als ob wir keine Auferstehungshoffnung hätten." (Erinnerungen S. 33)

Trotz alledem hat Martha Freude an ihrer Arbeit mit den Frauen.

Besonders eine Frau erwähnt sie, eine sehr alte, schwerhörige Frau, die, wenn sie zu ihren Lesungen kommt, tief versunken vor ihr sitzt, und die gehörten Worte immer wieder vor sich hin murmelt.

„Wir machen fleißig Dorfbesuche, um den Leuten klar zu machen, wozu wir eigentlich hier sind: ‚Oh, weil es euch drüben zu kalt ist,' hatte uns früher mal einer geantwortet... Nun fragt mein Mann die einzelnen Getauften warum sie nicht mehr in den Gottesdienst kommen. Ein Batak ist nie um eine Antwort verlegen. ‚Bete Du nur daß der Heilige Geist kommt und uns antreibt,' sagte mir kürzlich eine Frau; ich sagte ihr aber, ‚Inang, so lang der Teufel bei euch im Dorf Radja ist, kommt der Heilige Geist nicht, darauf brauchst Du nicht zu warten.' Da guckte sie mich doch etwas verdutzt an, mit dem Teufel sitzen sie doch nicht gern unter einem Hut." (S. 37)

Im November 1929 schreibt Hermann von Sitorang aus einen ersten längeren Bericht nach Barmen über eine mehrtägige Missionsreise, die er ins Gebirge hinein unternommen hat. Der Bericht ist in Form eines Artikels für eine Missionszeitschrift geschrieben und hat den Titel: Auf Missionsfahrten im Gebirge Sumatras. Zum ersten Mal benutzt er hier eine Schreibmaschine.

Die Reise musste sehr gut vorbereitet werden, berichtet er: „Wegen der Regenzeit, die Anfang Oktober eingesetzt hat, mußte alles, was ich an Proviant, Decke und Kleidung mitnehmen wollte, in zwei Petroleumblechen, die je etwa 15 Liter fassen und die mit einem verschließbaren Deckel versehen waren, verpackt werden. Das war gar nicht so einfach, denn es durfte nicht zu schwer werden...." (S. 1) Sein kleines Batakpferd war nicht besonders kräftig, und sein 'Junge', der ihn begleitete, war es noch nicht gewöhnt, mit den zwei Behältern die Steigungen zu klettern. Als der Weg schon bald sehr steil wurde, erlaubte Hermann deshalb dem jungen Burschen, von Zeit zu Zeit seine Traglast auf den Sattel zu legen. Oben, vom Bergkamm aus, konnten sie die Missionsstation tief unten im Tal liegen sehen, wobei der herrliche Tobasee das Sonnenlicht reflektierte. Zweieinhalb Stunden später erreichten sie die erste Missionszweigstelle, Siriaria, am Fuß des gleichnamigen Berges.

Als Hermann dort in die Schule trat, berichtet er: „In der Schule schauten mich vierzig schwarze, glänzende Augenpaare neugierig und etwas ängstlich an, denn sie kannten diesen neuen Tuan noch nicht. An Reinlichkeit waren die Kinder doch noch sehr hinter den Kindern meiner früheren Gemeinde Balige zurück und im Wissen nicht minder." Ein alter Heide, Raja Hurangan, der als Medium böser Geister bekannt war, saß mit seiner weißhaarigen Frau auf einer Binsenmatte. Sie arbeitete mit Flachs, aus dem die Batak in früheren Zeiten ihre Kleidung hergestellt hatten und Hermann erzählt, wie er Zugang zu den Menschen zu finden versucht: „Ich setzte mich zu ihnen auf die Matte und dann knüpfte ich an die

Bedeutung des Namens an. Radja Hurangan heißt eigentlich, der Häuptling der Mangel leidet. ‚Eins fehlt dir, lieber Alter', sagte ich, ‚du hast einen großen Mangel, du kennst nicht die Quelle des Lebens und der lebendige Gott ist dir fern. Darum opferst du den Geistern, den begus. Nun ist aber doch das Wort der Wahrheit auch zu euch Batak gekommen ... Warum hältst du dich denn so fern, du hast die Schule doch so nahe?' ‚Ja, Tuan,' sagte er, ‚ich habe schon öfter einen Anlauf genommen ... aber stets kam mir irgendetwas in den Weg... Entweder hatte ich mein Schultertuch vergessen, oder es war sonst etwas.' ‚Ja, das glaube ich gern', sagte ich, ‚der Teufel will nicht, daß du von der Geisterfurcht loskommst, der legt dir immer etwas in den Weg'." Der *raja* versprach, die Versammlung am Abend zu besuchen, aber er ließ sich nicht sehen.

Die Dorfbewohner hatten zu Hermanns Ehren, der zum ersten Mal nach Siriaria gekommen war, ein Ferkel geschlachtet. Dieses wurde nun nach batakscher Art über dem Feuer abgebrannt und zubereitet. Nach dem stark gewürzten Mahl, zu dem es auch heißes Wasser gegeben hatte, konnte er sich von seinen Vorräten eine gute Tasse Kaffee als Nachtisch kochen. Um sechs Uhr läutete die Glocke zum Gottesdienst. Danach hatte er ein ernstes Gespräch mit den Dorfhäuptlingen darüber, dass die Mädchen viel zu früh verheiratet würden, oft schon im Alter von 13 bis 14 Jahren, woraus dann vermehrte Scheidungen und andere Probleme resultierten. Auch wurden nur die Jungen zur Schule geschickt, nicht aber die Mädchen. Hermann bemüht sich, hier eine Veränderung herbeizuführen: „Ich müsse daraus ableiten, daß sie nur ihre Söhne lieb hätten, auch würden sie in 100 Jahren noch nicht selbständig sein, wenn nicht auch die Töchter, die späteren Mütter, die Schule besuchten. Diese Sprache wurde verstanden und sie versprachen mir, von jetzt ab auch ihre Töchter in die Schule zu schicken", so gibt Hermann das Gespräch in seinem Bericht wieder und weiter: „Ich bin gespannt, ob sie Wort halten oder ob sie auch, wie der Radja Hurangan, einen Hinderungsgrund finden. Die Bataker haben ein treffendes Sprichwort:

‚Molo soada roha, godang sidalian', d.h. wenn man keinen Sinn (für eine Sache) hat, hat man viele leere Ausflüchte. Das kriegen sie von mir wohl öfter zu hören." (S.2)

Am Abend wurde sein Nachtlager fertig gemacht, das aus einer Art Leinwandhängematte mit eingenähten Seitenschlaufen bestand. Durch diese wurden zwei Stangen gesteckt, die sonst zum Reisstoßen verwendet wurden und deren Enden ruhten nun auf zwei Schulbänken. Selbst mit seinen Decken und einem schweren Lodenmantel wurde es ihm kalt in der Höhevon 1.300 m.

Am nächsten Morgen regnete es in Strömen und der Himmel war wolkenverhangen. „Um ½ 7 wurde es aber klarer und nun begann ein Marsch durch Täler und Flüsse, auf schlammigem, glitschigem Lehmboden. Ab und zu konnte ich doch ein Stück Wegs reiten. Die Sonne brach durchs Gewölk und dann bot sich mir ein Panorama sondergleichen! Welche Bergriesen und Klüfte, wie vielgestaltig die Spitzen der Berge", schwärmt Hermann, „drüben wurde Maranti schon sichtbar, die Dörfer auf einem Hochplateau. So nah dem Auge und doch so fern, weil tiefe Schluchten uns von Maranti trennten." (S. 3) Der Pfad verlief jetzt manchmal auf kaum meterbreiten Kämmen mit gähnenden Abgründen auf beiden Seiten. Ein einziger Fehltritt von Mann oder Pferd, und sie wären in die Tiefe gestürzt. Dann kam ein Abstieg, und der Älteste, der sie führte, empfahl Hermann, sich die vierzehn, in den Berg gemeißelten Stufen anzusehen, bevor sie und das Pferd hinunter kletterten. Er berichtet: „Ich bin die etwa vierzehn Stufen auf allen Vieren herunter gekrochen und erklärte dann, daß das Pferd unmöglich daher könne." So blieb nichts anderes übrig, als das Pferd auf einem langen Umweg bis auf den Boden der Schlucht zu führen, wo Hermann sich wieder mit seinen in Schweiß gebadeten Begleitern traf. Aber noch immer waren sie nicht in Maranti. „Nun galt es noch eine besonders tiefe Schlucht zu durchqueren. An beiden Seiten des Weges war der Waldbestand einfach abgebrannt worden und in die Asche hatte man Reis gepflanzt, eine Methode, die die Waldbewohner oft anwenden. Unten angekommen, galt es durch den ziemlich breiten und reißenden Fluß zu kommen. Meine Begleiter gerieten bis an die Hüften ins Wasser und mir gelang es, auf dem Rücken des Pferdes das andere Ufer zu erreichen. Wie mir die Leute nachher sagten, ist bei starkem Regen ein Durchqueren des Flusses einfach unmöglich."

Maranti bestand aus zwölf kleinen Dörfern mit etwa 150 Familien. Hermann stieg vor der Schule ab und schreibt: „Als ich an der Schule vom Pferd stieg, umringten mich im Augenblick etwa 40 Männer, die mich mit zum Teil offenem Munde fragend und staunend anschauten. Ich sah es ihren Gesichtszügen an, das waren noch echte Heiden und teils Glieder einer sonderbaren Sekte, die Pormalims genannt werden. Ihre Religion ist der reinste Synkretismus, das heißt, ist eine Mischung von verschiedenen Religionen, ein Gemisch von batakschem Heidentum, Mohamedanismus und Christentum. Ganz fanatisch eingestellte Leute, meist gänzlich unzugänglich für das Christentum. Überhaupt hatte man den Eindruck, [es] mit einem ganz anderen Menschenschlag als in Toba zu tun zu haben, auch sind sie zum größten Teile noch unberührt von jeglicher Kultur. Hier hatte ich gute Gelegenheit, meinem missionarischen Herzen freien Lauf zu lassen." Er wurde schnell in ein Gespräch mit den Leuten verwickelt und konnte sich über ihre Verhältnisse, Dörfer und Namen orientieren. Hermann vermutete, dass einer von ihnen wegen seiner Blässe ein Opiumraucher sein müsse. Auch hier kamen nur die Jungen, dreiundvierzig an der Zahl, von den teils weit entfernt liegenden Dörfern zur Schule.

Dann berichtet Hermann das folgende Erlebnis: „Während ich noch in der Schule zu tun hatte, setzte in nächster Nähe eine heidnische Trommelmusik mit Klarinettenbegleitung ein. Böllerschüsse krachten und ein ohrenbetäubender Lärm, untermischt von dem Klagegeheul der Trauernden durchzitterte die Luft. Von dem Lehrer erfuhr ich, daß ein sechs oder siebenjähriger Junge gestorben sei und daß dieser Lärm nun schon mehrere Tage anhalte. Nach Schulschluß ging ich hinüber ins Dorf und was ich da sah, hätte ich wohl gerne photographiert ... Auf dem Dorfplatze ein buntes Bild. Hunderte von Menschen saßen auf den Matten oder standen in der Nähe des Trauerhauses. Vor dem Hause stand auf dem Boden der Sarg, ein Stück der ausgehöhlten Zuckerpalme, die die Batak gern zu diesem Zweck gebrauchen, die beiden Hälften mit einem Strick zusammengebunden. Rechts davon saß die bataksche Musikkapelle und machte ohrenbetäubenden Lärm, der aber noch überboten wurde durch die schreienden und jammernden Töne der Männer und Frauen, die, große Tücher über ihren Köpfen haltend, die bataksche Totenklage sangen, wobei sie die Kleidungsstücke des verstorbenen Knaben und seine sonstigen Kleinodien, u.a. auch seine Schultafel hochhielten und jämmerlich dabei klagten. Ergriffen stand ich einige Minuten still, schaute dem Treiben zu, studierte die vom Schmerz verzerrten Gesichter, sah, wie den Frauen das Blut von den zerkratzen Wangen tröpfelte, sah hier die ganze Hoffnungslosigkeit des Gott fernen, irrenden Heidentums und mein Herz wurde aufs tiefste erschüttert. Der Großvater des verstorbenen Kindes, den ich bereits kannte, muß das wohl bemerkt haben, denn er trat auf mich zu und fragte, ob ich die Leiche seines Enkels noch einmal sehen wollte. Ich bat ihn aber, wenn es möglich wäre, dann möchte er für einige Minuten Ruhe verschaffen, ich hätte ihnen ein Wort zu sagen. Nach einigem Bemühen trat Stille ein und dann sagte ich ihnen, wir Christen hätten ein Gotteswort, das hieße ‚weinet mit den Weinenden'. Ich fühle mit ihnen den herben Schmerz, da den Eltern ihr einziges Söhnchen so früh durch den Tod entrissen worden sei und ich trauere mit ihnen über diesen Verlust. Ich sei vor allem auch darum traurig, daß sie ohne Hoffnung des Wiedersehens hier an der Totenbahre klagten. Wir Christenleute, die wir an den Herrn Jesum glaubten, sprächen auch am Sarg und Grab von Wiedersehen, denn wir glaubten an den, der dem Tode die Macht genommen habe und der gesagt habe: ‚Ich bin die Auferstehung und das Leben, wer an mich glaubt, wird leben, ob er gleich stürbe'.

Still hörten alle zu, denn ich redete in ihrer Sprache und doch eine andere Sprache.... Aber ob sie mich verstanden haben? Vielleicht hat sich doch ein Ahnen der Christenhoffnung auf dieses oder jenes Herz gelegt, ein Sehnen nach ewigem Leben, nach Jesum, unbewußt vielleicht." (S.4)

Hermann fährt fort: „Neben dem Sarg, etwa 8 Meter davon entfernt, lag der soeben geschlachtet Büffel am Schlachtpfahle in seinem Blute, er hatte zu dieser Leichenfeier sein Leben lassen müssen.

Vor dem Sarge lag noch etwas, anfangs für mich undefinierbar. Es sah aus wie ein kleiner Sarg und als die wehklagenden Frauen die Umhüllung etwas beiseite schoben, erkannte ich einen Totenschädel und das in Tüchern eingewickelte Gerippe. Es waren die Überbleibsel eines verstorbenen Vorfahren, die man im Hause aufbewahrt hatte und die nun mit dem Enkel zusammen begraben werden sollten. Das war auch ein Akt der Verzweiflung, weil der Vater des verstorbenen Kindes keinen Sohn mehr hatte, er war ‚punu' d.h. kinderlos oder ohne männliche Nachkommen.

Die kleine Leiche wurde, nachdem die Menge ihren Fleischanteil erhalten und sich dann entfernt hatte, still in irgendeiner verborgenen Ecke begraben. Nach der Ursache gefragt erhielt ich zur Antwort, daß man in ganz Maranti keine Gräber fände, sie würden geheim gehalten und dem Erdboden gleich gemacht, denn es sei früher vorgekommen, daß Räuber, gleichsam um Blutrache zu üben, die Köpfe von Leichen geholt hätten, weil es ihnen nicht möglich war, sie von den Lebenden in Besitz zu bringen. Nun hatte zwar die Regierung angeordnet, daß Kirchhöfe und ordentliche Grabhügel angelegt werden sollten. Ich sah auch eine Stelle mit eingefriedeten Gräbern, doch der Lehrer behauptete, daß unter diesen Hügeln keine Leichen zu finden seien.“(S.5)

Hermann besuchte noch einige andere Dörfer, um dann am nächsten Tag vom Häuptling Ompu Sidomdom zum Distriktoberhäuptling von Porduaan begleitet zu werden. Diesen kannte Hermann bereits, denn der Häuptling hatte ihn früher in Sitorang besucht. Auch die acht Kilometer bis Porduaan führten sie wieder durch ein großartiges Panorama. Diese Wegstrecke war Hermann bereits vertraut: „Ich war hier schon einmal vor etwa 12 Jahren mit einigen Kollegen gewesen, um den wunderbaren, gewaltigen Wasserfall dort zu sehen, denn in der Nähe von Porduaan, in Tangga, stürzt der Ausfluß unseres schönen Tobasees vom Gebirge herab unter gewaltigem Getöse in die Tiefe, wo er ein großes Becken gebildet hat. Weithin spritzt die Gischt und befeuchtet die ganze Umgebung wie ein feiner Sprühregen. Durch das starke Brausen der enormen Wassermassen kann man sein eigenes Wort nicht verstehen. Von hier ab heißt der Fluss ‚Aek Arimo' d.h. Tigerfluß und er mündet dann als Assahanfluß in der Landschaft gleichen Namens ins Meer.“ (S. 6)

Hermann hatte die Häuptlinge zu einer Besprechung bezüglich des Neubaus einer Schule, der nicht vorangehen wollte, zusammengerufen.

„Zunächst besichtigten wir die provisorische Schule, die in einer elenden Bambushütte untergebracht war. Das Grasdach war zerfallen, so daß die Schulkinder bei starkem Regen flüchten mußten. Hier wurde den Häuptlingen ad oculis demonstriert, wie nötig die zu erbauende Schule sei.“ Anschließend gingen sie in das Regierungsgebäude, in welchem der holländische Kolonialbeamte oder sein batakscher Vertreter Konferenzen mit den Häuptlingen abhielt. Den Verlauf der Besprechung beschreibt Hermann:

„Als die Häuptlinge zusammen waren, konnte die Besprechung der Schulangelegenheit eröffnet werden. Ich ließ dabei durch den Lehrer Protokoll führen, was auf die Quertreiber immerhin einigen Eindruck machte. Wir wurden nun einig, daß innerhalb eines Monats das nötige Bauholz zusammen sein solle, und daß mir der Oberhäuptling etwaige Widerspenstige melde. Dann setzten alle ihren Namen unter das Schriftstück und da fast alle des Schreibens unkundig waren, so genügte ihr Daumenabdruck."

Bei der Abreise wurde er noch gewarnt, der gefürchtete Tiger habe in diesem Jahr drei Menschen, darunter einen Häuptling, getötet.

Weiter ging die Reise, wieder durch Schluchten und den reißenden Fluß. „In dem dichten Gehölz ließen sich die Affen hören und schauten mit neugierigen Blicken den Reisenden nach," erzählt Hermann und fährt fort:

„Nach einer Stunde erreichten wir einige Dörfer mit Namen Sitonggitonggi. Ich ritt in ein Dorf hinein und knüpfte mit den Leuten ein Gespräch an. Alles Heiden, Schafe, die keinen Hirten haben. Wie oft habe ich gehört, das Batakland sei bald christianisiert. Ja, von Silindung und einigen anderen Gemeinden, z.B. auch Balige, meiner früheren Gemeinde, kann das gesagt werden. Dagegen in meinem jetzigen Sprengel geht's noch nach dem Liede: 'Nacht deckt so weit hin noch das Land', weil finsteres Heidentum hier nochdie Herrschaft hat."

Noch einige weitere Dörfer besuchte Hermann, wo die dort lebenden Menschen entweder Heiden oder schlechte Christen waren. Das letzte Dorf, das er besucht, war Sibide. „Bei dem Aufbruch von Sibide mußte ich nun für die Missionarsfrau, die an dem Essen nicht hatte teilnehmen können, ein Keulchen von dem geschlachteten Ferkelchen mitnehmen. Jetzt gings zurück zur Missionsstation, wo meine liebe Frau in der Abgeschlossenheit, fern von Missionsleuten oder anderen Europäern die Heimkehr ihres Mannes erwartete." Hermann schließt seinen Bericht mit den Worten: „Jedenfalls durfte ich fröhlich und dankbar meine Straße ziehen, waren doch noch Menschen da, die sich (etwas) sagen lassen, die ihre Versäumnisse einsehen und ein neues Leben beginnen wollen und dann denke ich an die vielen Millionen in der deutschen Heimat, die nicht zu bewegen sind zurück zu kehren ... zu Christus. Oh wie groß ist der Jammer unseres Volkes!" (S.8)

„Die Zeit Ende 1930 und Anfang 1931 war sehr ereignisreich für uns", bemerkt Martha. Über das Jahr 1931 berichtet sie, dass in Lumban Silondet etwas in Bewegung gekommen sei. „Dort kommen sie Sonntag abends zusammen, um Gottes Wort zu betrachten und sie bitten, daß ab und zu einer der Lehrer kommt und sie anleitet. Leider sitzt dort in ihrer Mitte ein Porbaringin. Diese Porbaringins sind die Unterkönige des Singamangaradja, die sein giftiges Erbe an sein Volk zu hüten haben; und sie sind meist schlaue Leute, gewandte Redner, denen in Rede und Gegenrede nicht leicht beizukommen ist. ... Auch drüben in Silomba ist die Macht der Porbaringins stark. Kürzlich starb einer und es zeigte sich mal wieder so recht die Macht des Heidentums. Zwei Neue wurden an Stelle des Einen eingesetzt und mit tagelangen gondang gefeiert." Erinnerungen S. 39) Aber Heidentum und Christentum existieren dicht nebeneinander.

„Ende August (1931) war Frauenfreizeit in Laguboti und fünf von meinen Frauen waren auch dort. Und jetzt sind die Tage vor (der) Evangelisation. Pandita Igranus kam unerwartet, das heißt, er war für später bestellt, aber trotzdem es also unvorbereitet war, hatten wir am Abend doch eine volle Kirche und so bis jetzt die ganze Woche hindurch." (S. 43)

Die besondere Lebens und Arbeitssituation in Sipirok geht nicht spurlos an Martha vorbei. Ganz anders als früher in Sipiak und Balige leben hier keine Europäer in der näheren Umgebung. Auch liegt Sitorang abseits der üblichen Reiserouten, so dass die ständigen Besuche von Durchreisenden wegfallen. Sie lebt hier ziemlich isoliert. Auch dies prägt ihre Gedanken zum Stand der Welt. Diese sind gegenwärtig sehr sorgenvoll. Die Menschen lebten nur für den Tag, ohne zu wissen was morgen käme. Auch ist sie durch Unstimmigkeiten und Unfrieden in der Missionsleitung in Barmen beunruhigt.

Umso mehr freut es sie, dass, als sie am 31. Oktober 1931 ihre silberne Hochzeit feiern, am gleichen Tag die Tochter Gertrud sich in Kaiserswerth mit dem Missionar Alfred Rutkowsky verlobt. Martha ist froh und dankbar und notiert in ihr Tagebuch: „Unsere beiden lieben Mädels haben wohl ihren Weg gefunden ... Mit Else dauert es wohl noch eine Weile, aber Gertrud wird ihre Lebensarbeit hier in der alten Heimat finden, in Sumatra." (S. 41ff) Und unter Bezugnahme auf eine alte familiäre Überlieferung fährt sie fort: „Ihre [Gertruds] Führung in die Mission ist uns ein Beweis wie Gott das Gebet eines Menschen wirken läßt durch Geschlechter hindurch. Ein Urahn von uns hatte einen Sohn, der in die Mission wollte, und dem er es aber nicht erlaubte. Später machte ihm das Gewissen Unruhe und er hat dann durch Jahrzehnte hindurch gebetet, Gott möchte viele seiner Nachkommen in die Mission senden; ich war die 36. und Gertrud wird die 37. sein. Das ist ein wunderbarer Beweis von Gottes Vatergüte. Wahrscheinlich bittet der Urahn auch im Himmel noch weiter darum und es wird ihm gewährt. Gott lege seine segnende Hand auf unser Kind! Auf beide, mein Herr und Gott, samt ihren Männern!"

Seit der Weltwirtschaftskrise war die wirtschaftliche Situation in Deutschland schwierig. Das wirkte sich auch auf die finanzielle Situation der Mission aus. Um Ausgaben einzuschränken, hatte die Mission ihre Aktivitäten in Neu Guinea eingestellt und die Missionsarbeit an amerikanische Organisationen übertragen. Die Gehaltszahlungen wurden gekürzt, bei den Angestellten in Wuppertal um 40% und bei den im Ausland tätigen Missionaren um 20%. Erst im Dezember 1932 werden die Kürzungen teilweise zurückgenommen. Nach all den schlechten Nachrichten ist die Freude über einen Brief vom 27.4.1932, den die Weissenbruchs aus Wuppertal erhalten, umso größer: „Heute kann ich Euch die erfreuliche Mitteilung machen, ... daß Euer Schwiegersohn Rutkowsky in der vorgestrigen Deputationssitzung für die baldige Ausreise bestimmt ist. Bisher mußte ich ihn immer noch zappeln lassen, da heute jede Ausreise drei viermal überlegt wird", meldet Missionar Warneck aus Barmen. (27. April 1932, PA) Im September 1932 schließlich kommt Alfred Rutkowsky, ihr zukünftiger Schwiegersohn, zur Missionsarbeit nach Sumatra.

Am 10. November des gleichen Jahres beantragen die Weissenbruchs in Barmen die vorzeitige Ausreise von Tochter Gertrud. Sie möchten nach all den Jahren der Trennung die Gelegenheit wahrnehmen, noch einmal eine ihrer Töchter bei sich wohnen zu haben.

Sie haben Glück, das Gesuch ist erfolgreich und bereits im April 1933 kommt Gertrud zu ihren Eltern nach Sitorang.

Trotz der angekündigten Besserung der Gehaltszahlungen für Dezember erfolgen diese aber offenbar nicht pünktlich. So klagt Hermann in einem Brief vom 6.2.1933 an den Missionsdirektor: „Unser Gehalt bleibt merkwürdigerweise jetzt immer so lange (weg), daß man in allerlei unangenehme Not kommt. So z.B. heute, am 6.2. noch keinen Cent für den verflossenen Monat Januar, dadurch zwingt man die Brüder aus Gemeindekassen Anleihen zu machen. Wie soll und kann das verantwortet werden?" (6. Februar 1933, PA)

Die Sparmaßnahmen überall greifen tief in die Arbeit ein: „In Sitorang haben wir durch die letzten Maßnahmen auch wieder eine Schule schließen müssen am Gebirge in Natoloetali. Vor 8 Jahren schon wurde eine Schule oberhalb Natoloetali geschlossen, so haben jetzt eine ganze Reihe Kinder 5 Km zu gehen. Die Gehälter sind alle heruntergesetzt mit im Ganzen 17% ... Die Regierung hat noch nichts gelernt, man nimmt es zuerst von dem Volk und wundert sich dann nachher, wenn die Masse unzufrieden wird." Im familiären Bereich entwickeln sich die Dinge positiver. Am 9. November 1933 heiratet Gertrud den Missionar Alfred Rutkowsky und das Paar wird von Hermann persönlich getraut. Die Hochzeit rief in Barmen einige Aufregung hervor, wurde doch die vorgeschriebene Wartezeit beträchtlich reduziert. Die Aufregung legt sich jedoch nach einiger Zeit und das frisch getraute Paar zieht nach Sipirok, wo am 17. Oktober 1934 dieerste Enkelin Christa geboren wird.

Auch Else hat den Mann ihres Lebens gefunden. Karl Heinz Otto ist bei der Wuppertaler Firma Hennemann & Co. beschäftigt, die eine Filiale in Bandjermasin auf Borneo unterhält. Else und Heinz heiraten am 22. Februar 1936 und reisen anschließend nach Borneo aus, das sie am 19. April erreichen. Auf Sumatra hatte man gehofft, dass die beiden ihre Reise hier unterbrechen würden und so war die Enttäuschung groß. „...nach allerlei Missgeschicken werden sie, so Gott will, in diesen Tagen in Borneo landen. Gott hat es uns versagt unser Kind nach siebenjähriger Trennung in die Arme schließen zu dürfen und viel Herzeleid und Tränen hat es uns gekostet uns damit abzufinden", notiert Martha in ihr Tagebuch, dann fährt sie fort: „In diesen Tagen kommt Gertrud mit Christa, recht zum Trost und Labsal für unsere verwundeten Elternherzen. Sie meint, Else und Heinz seien vorgestern, 19. April, angekommen und sie muß nun auch durch diese bittere Enttäuschung hindurch. Wie es kommt, daß die beiden durchreisten, vorbei an Sumatra, wir wissen es noch nicht. Gott wolle unsere Herzen darüber stille machen." (Erinnerungen S. 49) Erst viele Wochen später war es Else möglich, die Eltern für drei Wochen zu besuchen.

Im Januar 1934 berichtet Warneck von den Auswirkungen des politischen Wechsels des Jahres 1933 auf die Kirche, dieser habe große Verwirrung in der Kirche ausgelöst. Es ständen keine wirklichen Hirten mehr an der Spitze, so habe der Reichsbischof das evangelische Jugendwerk aufgegeben und es in die Hitlerjugend eingegliedert. Auf Sumatra ist von diesen Entwicklungen noch nichts zu spüren, aber die finanziellen Nöte setzen sich fort und betreffen auch die Batakkirche. So fährt Warneck in dem Brief fort: „Die Nöte, die ihr durch die Malaise habt liegen auch mir schwer auf der Seele und ich sorge mit euch, wie die Batakkirche durch das Jahr 1934 kommen soll. Da bleibt nur übrig, daß eben auch für die Pandita und Evangelisten die Gehälter herabgesetzt werden. Sie müssen das tragen, so gut wie alle Leute das heute tragen müssen." (4. Januar 1934 PA)

Ein halbes Jahr später geht Warneck auf Selbständigkeitsbestrebungen in manchen Gemeinden ein, welche er für verfrüht hält. „Und doch ist es eine sehr ernste Erscheinung, auf die wir achten müssen. Zeigt sie uns doch, wie jetzt der Eingeborene mit Macht vom Europäer frei sein will ... Es muß ... unsere Aufgabe jetzt sein, mit der Selbständigmachung derjenigen Gemeinden, denen man das heute zumuten kann ernst zu machen. Alle Eure Berichte klagen über die Schulnöte infolge des Rückgangs der Subsidien. Auch da müssen wohl neue Wege eingeschlagen werden, indem die Gemeinden es lernen müssen, ihrerseits an den Schulen mitzutragen. Das wird natürlich Mühe kosten und zu mancher Enttäuschung führen." (5. Juni 1934, PA) Und genau so kommt es.

„Die Zeit des fröhlichen ‚Tole!' im äußeren Auf und Ausbau sind nicht mehr und doch geht es vorwärts," berichtet Hermann am 14. Februar

1935 nach Barmen. Mit der neuen Selbstverwaltung der Gemeinden hat auch Korruption und Unterschlagung zugenommen. Teil des Problems sei die batakscheMentalität, diese seien wie kleine Kinder, auch sei immer noch das Gefühl der Gegensätzlichkeit der Sippen lebendig und stelle ein großes Hindernis dar. „Wird das Batakvolk je einig werden? Wird Indien es?", fragt Hermann und fährt fort: „Die Zerklüftung durch Inseln, Sprachen, Sitten u.a. sind doch viel stärker, als die Unterschiede, die wir in den deutschen Staaten zu überwinden haben oder hatten ... Geht auch das nationale Empfinden gegen den Europäer, so fühlen sie doch ihre eigene Unzulänglichkeit und würden sich zu gegebener Zeit ohne große Bedenken den Japanern ausliefern. Was dann käme, ist auch nicht abzusehen."

In einer Missionskorrespondenz Mitte 1936 wird auf eine Erkrankung Hermanns Bezug genommen, ohne dass klar wird, um was für eine Art Erkrankung es sich diesmal handelt. Deutlich wird nur, dass er die schwierigen Wege ins Gebirge zu den abgelegenen Gemeinden gegenwärtig nicht mehr machen kann. Sogar eine mögliche Rückkehr nach Deutschland wird ins Auge gefasst, auch wenn die Rückkehr jedes älteren Bruders einen schweren Verlust für die Aktivitäten der Mission darstellt. Zwar sind gerade eine ganze Reihe junger, engagierter Missionare eingetroffen, die sich aber erst einarbeiten müssen und denen noch viel Erfahrung fehlt. In diesem Zusammenhang bittet Warneck Hermann um Unterstützung: „Dein Schwiegersohn Rutkowsky muß sich wohl noch etwas die Hörner ablaufen. Ich kann nicht behaupten, daß die Briefe, die er schreibt, sehr wohltuend wirken. Er scheint zu denen zu gehören, die meinen, daß erst mit ihrem Kommen das wahre Licht aufgeht. Alles, was bisher getan ist, ist wertlos. Nun wissen wir Alten ja gut, welche Mängel unserer Mission anhaften und sind auch für verständige Kritik durchaus empfänglich. Aber ein wenig Bescheidenheit und Abwarten, bis das Urteil sich geklärt hat, würde dem jungen Mann doch geziemen. Ich schreibe Dir das vertraulich, vielleicht hast Du Gelegenheit, ihn etwas zu beeinflussen. Es ist doch dringend zu wünschen, daß die tüchtige Kraft, die er doch wirklich ist, unserer Mission und dem Geschwisterkreis zugute kommt." (29. Juni 1936, PA)

In ihren Erinnerungen reflektiert Martha diese Zeit bis 1936. „Wie steht es nun mit unserer Gemeinde? Sind wir gewachsen in den Jahren an Erkenntnis, voran gegangen auf dem Weg zum Leben? Ach, es geht auf und ab, wellenartig; wir hatten Zeiten mit voller Kirche – und dann folgten Zeiten mit Leere, Gleichgültigkeit, als ob alles wieder einzuschlafen droht. Sind wir selbst schuld? Schöpfen wir selbst nicht genug an den Lebensquellen?" Besonders in den Frauen sind ihnen Helferinnen zugewachsen.

„Sie ... besuchen die Kranken; und hin und her wird in den Dörfern Gottes Wort gelesen und gebetet. Sie kommen zusammen und die die lesen kann, liest vor und dann beten und singen sie gemeinsam. ... Gott gab uns in der Frau unseres Heilgehilfen, Andreas, Nonna boru Hasiboean, eine Hilfe und ein Geschenk, für das wir nicht dankbar genug sein können. ... Sie missioniert unter den Frauen und es ist dort oben in ihrem Heim sicher schon manches gute Samenkorn ausgestreut. Sie ist die Führerin; sie geht mit ihnen sonntags in die Dörfer, zu Krankenbesuchen und die Faulen aufzurütteln. Die Zahl der Frauenstunde Besucherinnen war über 100 gestiegen, ist aber jetzt leider wieder zurückgegangen. Unser Pandita Johannes hält sie; ich mußte diese Arbeit krankheitshalber aufgeben und mein Mann, der sie erst übernahm, konnte sie auch nicht weiterführen. Pandita Johannes macht es ganz gut, aber es ist da doch noch ein Unterschied.“

Martha berichtet ebenfalls von den Unabhängigkeitsbestrebungen, die auch vor der Gemeinde in Sipirok nicht halt machen: „Es ist im Grund eine nationale Bewegung unter dem Volk, wie sie jetzt durch die ganze Welt geht. Gegen die Regierung vorzugehen fehlt ihnen die Macht, so muß erst mal die Mission der Amboß sein, auf den geschlagen wird ... Sie wählten sich ihren Ephorus – der inzwischen, weil Geldunterschlagungen vorgekommen waren, schon wieder abgesetzt ist. – Lehrer und Scharen von Ausgeschlossenen fanden sich auch, samt einer Reihe von Zuläufern – und nun sitzen sie hin und her im Land, die ‘Selbstständigen’ mit kleinen Gemeinden und selbstständigen Schulen. Schlimme Dinge kommen vor; sie tauften wahllos, auch ohne vorherigen Unterricht und ohne die Berechtigung und die Macht zu Amtshandlungen zu haben. So wurde viel Zerrissenheit und Verwirrung in die Gemeinden getragen. Unser Sintua Jonathan wurde von ihnen gekapert zum Leiter und er ließ sich fangen trotz der Warnung meines Mannes: ‚Paß auf, daß Du kein Judas wirst’. ‚Um des Geldes willen’, sagte er. Er hat dann einige Monate die Sache geleitet. Seine Frau aber ließ sich nicht mitziehen trotz der 120 Bleche eme (Reis) die sie haben sollte, wenn sie mit herüber käme; sie blieb treu bei uns. Ihr Mann hatte auch kein gutes Gewissen dabei und, wie wir später hörten, hat er ihnen sonntags vorgepredigt: ‚Es ist nicht recht, daß wir uns abgetrennt haben, wir müssen wieder zurück in die gemeinsame Kirche.’ Bis sie ihn dann plötzlich wieder herausschmissen und sich einen anderen Leiter suchten.“ (Erinnerungen S.51ff)

Das größere Problem sieht Martha aber in der katholischen Missionsarbeit: „Viel schlimmer und tiefer eingreifend sind die Katholiken mit ihrer Wühlarbeit, ihrer eifrigen Propaganda, ihrer Fülle von Menschen und – was sich in Batakland besonders zeigt – ihrem vollen Geldbeutel. Die Zentralplätze sind von ihnen besetzt und nun geht es auch in die abgelegenen Ecken. Schulen werden ausgerichtet und: ‚Jeder der sein Kind bei den Evangelischen fort nimmt und zu uns bringt, kriegt von mir fl.20 (20 Gulden).’ Das ist etwa ihre Methode und es ist nicht zu verwundern, daß viele in ihr Garn laufen. Die katholischen Schwestern putzen den Kindern auf der Straße die Nasen, verteilen Leckereien und suchen auf allerlei Weise die Frauen und Kinder zu gewinnen. Einer unserer besten Redner, ein hochbegabter Mensch, der wegen Sittlichkeitsvergehen geschaßt werden mußte, ist seit Jahren ein eifriger Propagandist für den Katholizismus. Aber er hat selbst in einer guten Stunde bekannt: ‚Ich weiß genau, daß ich auf dem falschen Wege bin, aber um des Geldes willen'. Nun versuchen sie sich auch in eine unserer Filialen Nr. 70 hineinzudrängen. Das heißt, einzelne Aufrührer, unlautere Elemente, haben sie gerufen. Es bildet das jetzt überall eine Waffe in ihrer Hand: ‚Wenn ihr nicht tut was wir wollen, dann holen wir uns die Katholiken'. Auch von den Lehrern sind einzelne übergetreten und zumal die junge Lehrerschaft liebäugelt gern mit dem Katholizismus – um des Geldes willen. Das sind traurige Tatsachen."

Die Geschichte von Samaria tröstet da über vieles hinweg. Sie ist typisch für die Art von Geschichten, wie sie damals in Missionskreisen gern erzählt und gehört wurden. Samaria war ein Mädchen aus Marthas Frauenkreis. Sie hatte geheiratet, wurde aber ein Jahr später bereits wieder Witwe. Nach batakscher Sitte wurde sie durch die Heirat Eigentum des Stammes ihres verstorbenen Ehemannes und sollte nun dessen Bruder heiraten, der noch studierte, um Lehrer zu werden. Bis er fertig war lebte Samaria bei ihren Eltern und wurde in dieser Zeit eine wertvolle Kraft für die Mission. Dann zerschlug sich aber die geplante Heirat und die beiden elterlichen Parteien fingen an, über die Erbschaft und die Rückzahlung des Brautpreises zu streiten. „So saß sie auch einmal wieder inmitten der streitenden Parteien vor Gericht, und weil der Wunsch immer brennender in ihr geworden war, durch eine zweite Heirat – wodurch dann die Kaufsumme ersetzt würde – sich dem allem zu entziehen, so betete sie flehend und anhaltend zu Gott, er möge ihr doch einen Bewerber zuführen, damit das Streitobjekt aus der Welt geschafft würde. Und wunderbarer Weise, einige Tage später bekommt sie einen Brief von einem Witwer mit 4 Kindern aus weiter Ferne. Nun war der Schreck sehr groß, denn um einen Witwer mit Kindern hatte sie nicht gebetet und die Sache machte ihr viel Not. Bald aber siegte die Erkenntnis, daß das Gottes Antwort auf ihre Bitte sei, und daß sie dem nicht ein ‚Nein' entgegensetzen dürfe. Es war ein ganz beweglicher Abschied aus unserem kleinen Gebetskreis, dessen lebendiges Mitglied sie geworden war, als sie nun nach Medan reiste, um dort getraut zu werden. Sie kannte den Mann kaum, aber daß sie wußte, er hielt sich treu zu Gottes Wort, das war ihr Gewähr genug. Sie wohnt nun mitten unter den Mohammedanern und ich bin sicher, sie wird auch dort ein Werkzeug werden in Gottes Hand." (S. 34ff)

Hermanns Krankheit führt zu einem ständigen Auf und Ab; manchmal fühlt er sich besser, bald wieder schlechter. Im August 1936 waren sie zusammen mit Nommensens Jr. zur Erholung nach Parapat gereist, dem ehemaligen Nachbarort, in den ihre frühere Gemeinde Sipiak inzwischen eingemeindet worden war. Martha berichtet in diesem Zusammenhang: „Eine besondere Freude war uns, mal wieder in unsere alte Gemeinde zu kommen und diesen und jenen zu besuchen. Zwei Mal konnte Hermann seiner früheren Gemeinde Gottes Wort verkünden und eine besondere Freude war es, daß es gelang, die alte Häuptlingsfrau Emma, Witwe des verstorbenen Radja Israel ... mit ihren Söhnen und Schwiegertöchtern wieder der Kirche zuzuführen. Sie waren – aus allerlei Erbitterung heraus – zu den Selbständigen übergetreten.“ (S. 62ff)

Mit dieser Frau namens Emma verbindet Martha eine ihrer frühesten Missionserfahrungen und Martha erzählt vom Häuptling Ama ni Gane und seiner Frau Emma. Auch dies eine der beliebten Bekehrungsgeschichten:

„Sie war die Frau eines Häuptlings, eine große, stolze Frau, die eine große Macht ausübte über ihr Dorf und die nächste Umgebung. Ihr Mann hatte der neuen Lehre Interesse entgegengebracht, hielt sich zu meinem Mann, kam auch außer der Versammlung am Sonntag öfter mal zu ihm ins Studierzimmer und fragte dies und das. Er war ein kluger Kopf und schon allein die äußeren europäischen Verhältnisse interessierten ihn. Seine Frau haderte mit ihm und warnte: ‚Du sollst sehen wie es mir geht, wenn Du Dich zu dem ‘Weißauge’ hältst; es kommt Unglück über unsere Söhne und unser Vieh wird zugrunde gehen.’ Als tatsächlich eins ihrer Kinder krank wurde und starb, war sie außer sich, tobte und schimpfte und versuchte auf alle Weise ihren Mann von der Missionsstation zurück zu halten. Es gelang ihr auch für lange Zeit ... Aber Gott hatte seine Hand auf dies Ehepaar gelegt; sie waren dazu ausersehen die Ersten zu werden, die sich der neuen Lehre öffneten.“ Dann geschah es, dass sie durch den schwachen Fußboden ihres Hauses hindurch brach und sich schwer verletzte. „Das Bein schwoll dick an und eiterte bald. Nun lag sie in großen Schmerzen und die Not war groß. Der Zauberdoktor wurde geholt und strich Kalk und Teer über die Wunde und verordnete erst, daß ein Büffel und ein Schwein geschlachtet werden mußten und den bösen Geistern die das Unglück verschuldet hatten ein großes Fest [gegeben würde]. Nun hofften sie auf Besserung, aber es wurde schlimmer und schlimmer. Dass der weiße Mann gute Medizin hatte und gern und willig den Leuten half, wußten sie, aber ihre Augen sprühten vor Haß, wenn ihr Mann davon sprach, und sie ließ meinen Mann gar nicht an sich heran.

So vergingen Wochen und die Schmerzen wurden unerträglich. Da endlich ließ sie es zu, daß mein Mann sein kleines, scharfes Messer brachte und – unter Gebet und Flehen zu Gott um Gelingen – einen tiefen Einschnitt machte. Große Mengen Eiter entleerten sich, und von Stund an war sie die Schmerzen los und die Heilung begann, und nach einigen Wochen konnte sie wieder gehen. Nun wendete sich das Blatt und sie wurde diejenige die ihren Mann antrieb: ‚Laß uns doch zu den Versammlungen gehen und etwas von der neuen Lehre hören'.

Und schließlich – nach Jahren waren sie beide die ersten die sich zum Taufunterricht meldeten. Und sie ruhten auch nicht, bis einige aus ihrer näheren Verwandtschaft sich auch meldeten und ein großer Teil der Bewohner ihres Dorfes. Es waren schließlich 38 Erwachsene. Er wählte sich bei der Taufe den Namen 'Radja Israel' und sie, 'Emma'. Nun ist er schon lange in der Ewigkeit." (Erinnerungen, Bekehrungsgeschichten: Der Häuptling Ama ni Gane und seine Frau Emma)

Noch während sie in Parapat weilen, erhalten sie Nachricht von einem schrecklichen Unglück. Dr. Güß, seine Frau, und ein Besucher aus Deutschland, hatten einige in der Nähe gelegene Schwefelquellen besucht und waren dort an den giftigen Gasen erstickt. Auch waren zwei Missionsbrüder plötzlich gestorben, davon einer noch sehr jung, von dem sie erwartet hatten, dass er noch sehr viele Jahre tätig sein würde.

Trotz alledem, das Leben erneuert sich. Am 10. November 1936 wird bei den Rutkowskys eine Tochter namens Ute geboren und auf Borneo eine Renate bei den Ottos.

In einem Brief an den Ephorus von November 1937 ist die Rede von einer „bereits angefragten Passage" nach Deutschland. Hermann berichtet von seinem sehr verschlechterten Gesundheitszustand, und dass er nicht wünsche, dass die Missionsarbeit unter seiner Gebrechlichkeit leide. Er lässt nochmals die vielen Jahre seines Missionsdienstes Revue passieren und schreibt über die letzten Jahre in Sitorang: „Gehorsam zog ich dann 1929 nach Sitorang, obwohl ich damals schon fühlte, daß ich den schweren Dienst in den hohen Bergen ... nicht gar zu lange machen dürfte, doch es sind 8 ½ Jahre geworden und nun kann und darf ich nicht mehr, wie unsere Ärzte sagen. So will ich mich entwurzeln lassen und in Gehorsam nach Deutschland zurückkehren, das uns doch fremd geworden ist ...", ein Satz, in dem die ganze Tragweite dieses Schrittes deutlich wird. (10. November 1937, PA) Vorübergehend war deshalb auch die Idee aufgekommen, dass sich Martha und Hermann auf Sumatra pensionieren lassen sollten. Das milde Klima Sumatras wäre Hermanns Gesundheit zuträglich gewesen, er hätte seinen Kräften gemäß tätig sein können und sie hätten auch ihre beiden Töchter in erreichbarer Nähe gehabt. Die Idee scheiterte offenbar an den Schwierigkeiten des Transfers der Pensionszahlungen. Nun wird in einem Brief vom 14. Dezember 1937 an Missionsdirektor Berner die Abreise ab Belawan für den 4. April 1938 mit der „Scharnhorst" angekündigt. Zum ersten Mal wird hier auch die Krankheit benannt: Nierenschrumpfung und Bluthochdruck. Nun rückt die Frage in den Vordergrund, wohin in Deutschland? Die Mediziner empfahlen das mildere Klima Wiesbadens oder seiner Umgebung, eine Gegend, aus der Martha stammt und wo auch die meisten ihrer Verwandten noch wohnen.

Das Problem, das sie jedoch sehen, ist, dass sie sich dort wohl keine Wohnung würden leisten können.

Die Rückreise verzögert sich noch einmal und war nun auf den 2. Mai mit der „Potsdam“ festgesetzt worden. Diese Verschiebung ermöglicht es Hermann, die Übertragung seiner Verpflichtungen besser vorzubereiten. Er berichtet noch einmal von den Erfolgen seiner Arbeit: „In Habinsaran ist es in den letzten Jahren wunderbar vorwärts gegangen, die einsamen Wald und Gebirgsleute haben sich in großen Scharen dem Evangelium zugewandt. ... In Habinsaran sind die Menschen jetzt zu etwa 80% Christen, wogegen die in Toba liegenden Gemeinden z.T erst zu 52% getauft sind.“ Nun macht sich Hermann Gedanken über die Zukunft seines Arbeitsgebietes, denn bisher war kein Ersatz für ihn gefunden worden: „Was nun mit dem Ressort Sitorang werden wird, wo die jungen Brüder Volk und Sprache noch nicht kennen, weiß man noch nicht. Noch mehr mit der Station Sigumpar vereinigen, ist nicht anzuraten, denn mein Nachbar Bruder Nommensen, der ja auch bald in die deutsche Heimat zurückkehren will, ist mit seinen über

30.000 Christen reichlich überladen. Wird aber Sitorang mit Habinsaran aufgeteilt, dann fürchte ich für mein Ressort einen starken Rückschlag fürdie Gemeinden ...“ (6. Februar 1938, PA)

Es kommt dann doch so, dass Sitorang mit seinen 15.000 getauften Christen und 32 Gemeinden vorläufig von Missionar Nommensen Jr. betreut werden soll und Hermann schreibt mit Kopfschütteln: „Ich habe noch die Zeit erlebt, daß wir in Toba und Uluan 14 Stationsmissionare hatten exklusive Ephorus, Seminar und Industrielehrer und jetzt noch 4!“

Die Frage, wo sie in Deutschland bleiben sollen, ist immer noch nicht geklärt. Auch hatte die Ältestenkonferenz eine Bittschrift an den Ephorus gerichtet, Hermann doch auf Sumatra zu behalten, damit er mit Geist und Seele unter ihnen sei und die Fäden in der Hand halte. Dazu schreibt ihm Direktor Berner: „Es gibt nicht viel Missionare, die Gott der Herr so sichtlich seine Siege über die Mächte des Heidentums schauen läßt, wie es Ihnen vergönnt war. Und wenn die Konferenz Ihrer Lehrer und Ältesten sich an den Ephorus wandten mit der Bitte, daß Sie doch auf Sumatra bleiben möchten, so dürfen Sie daraus doch etwas von der Dankbarkeit Ihrer batakschen Mitarbeiter für das Wort das Sie ihnen gesagt haben, ersehen. Aber es ist wohl doch schon richtig, daß Sie jetzt in die Heimat zurückkehren, ehe Ihre Kräfte ganz verbraucht sind.“ (6. Februar 1938, PA)

Schließlich verlassen Martha und Hermann Weissenbruch Sumatra mit dem Ziel, in Honnef, einer Stadt mit ebenfalls mildem Klima, in Ruhestand zu gehen. Aber ihre Pläne sollten sich noch einige Male ändern. Ruhestand in Deutschland

Am 18. Mai 1938 kommen Hermann und Martha in Wiesbaden an, wo sie zunächst einmal bei Verwandten wohnen können. Auf der Heimreise, noch an Bord des Schiffes, war Hermann wieder an Dysenterie erkrankt und musste strenge Diät halten. Jetzt soll erst einmal sein tatsächlicher Gesundheitszustand festgestellt werden, bevor weitere Entscheidungen getroffen würden. In Düsseldorf wird er von einem Facharzt für Inneres gründlich untersucht. Am 4. August erhält er einen ärztlichen Bericht, in welchem ein systolischer Blutdruck von 255 mm Hg festgestellt wird, der sich aber im Laufe der vierwöchigen Behandlung auf 215 mm Hg habe senken lassen.

„Herr Missionar Weissenbruch wird wieder hergestellt werden, muß aber wegen des Hochdrucks, der durch Überanstrengung und ungünstige klimatische Verhältnisse entstanden ist, mindestens 1/2 Jahr vollkommene körperliche und geistige Schonung haben. Er muß also von jeglicher Missionsarbeit und sonstigen Tätigkeit entbunden werden." (4. August 1938, PA) Die Bedeutung eines milden Wohnklimas wird ebenfalls wieder hervorgehoben, er dürfe nicht in die Berge reisen und auch das hiesige Klima sei Gift für ihn. Hermann schreibt bereits am nächsten Tag an den Missionsdirektor, dass der Arzt weder Arteriosklerose noch Nierenschwund diagnostiziert habe, und: „Wenn ich mich nun auch an die Richtlinien des Arztes halten muß, so werde ich doch nach Maß meiner Kräfte hie und da einspringen."

Schließlich finden sie eine Dreizimmerwohnung in Wiesbaden-Biebrich in der damaligen Schlageterstraße 52, heute Erich Ollenhauer Straße. Die Anstrengungen des Umzugs und die Einrichtung der neuen Wohnung liegen fast gänzlich auf Marthas Schultern, da Hermann wieder schwer erkrankt und zwei Wochen bettlägerig ist. Ein Bronchialkatarrh und eine bereits seit längerem bestehende MagenDarmErkrankung haben die Angst, wieder an der Sprue zu erkranken, geweckt. Erst im neuen Zuhause und unter Marthas Pflege sowie einer kontrollierten Ernährung geht es ihm langsam wieder besser. Der behandelnde Arzt hat seine endgültige Diagnose jedoch noch nicht gestellt.

Im November äußert Hermann die Hoffnung, dass er im kommenden Jahr, 1939, wenn auch reduziert, aber doch wieder aktiv am Kirchendienst teilnehmen kann. Es entstehen sogar Überlegungen, ob Hermann nicht doch noch einmal eine kleine Pfarrstelle übernehmen könnte. Der Gedanke gibt ihm Auftrieb, aber im August 1939 schreibt er an den Missionsinspektor: „Dr. Achenbach, der mich seit September vorigen Jahres behandelt ist der Meinung, daß mein Herz eine Mehrbelastung ... nicht tragen könne, da meine Nierenerkrankung nicht behoben sei und nur durch eine strenge Diät eine gewisse Erleichterung erzielt werden könne ... Eigentlich sei eine Arbeit wie ich sie jetzt tue [u.a. Predigtdienst auf Missionsfesten], weniger anstrengend als die verantwortliche Gemeindearbeit, die immerhin in dieser Zeit unvorhergesehene Nöte und Schwierigkeiten mit sich bringen könne." (12. August 1939, PA)

Am 1. September 1939 ändern sich die Verhältnisse noch einmal radikal. Deutschland fällt in Polen ein und damit hat der Zweite Weltkrieg begonnen. Hermann und Martha geht es noch leidlich gut, aber beide sind sehr beunruhigt über den Krieg. Im Oktober erwähnt Hermann schwere Bombenflugzeuge, die vom nahen Flugplatz Erbenheim starten und dann ihr Haus überfliegen und er stellt fest, dass dies sich auf einen kranken Menschen mit Bluthochdruck nicht gerade günstig auswirke.

Auch ihre finanzielle Situation verschlechtert sich. Hermann wird im Januar 1940 mitgeteilt, dass er zum 1. Mai auf „Wartegeld" gesetzt ist, eine Art halbe Pension, da Vollpension in der Kriegszeit nicht gestattet sei. Volles Gehalt bekommen nur die Mitarbeiter, die ihre ganze Kraft zur Verfügung stellen können. Nur ganz indirekt, vielleicht ihm selbst nicht einmal so ganz bewusst, äußert er leise Kritik an diesem Vorgehen, indem er im Februar schreibt: „Vor zwei Jahren hatte ich nicht den Mut und die Hoffnung, daß ich noch einmal in der Weise mitarbeiten dürfte, respektive könnte, wie ich's doch immerhin noch (tue) ..., wenn auch oft mit Bangen und einiger Sorge. Ich habe eben durch überstandene Tropenkrankheiten meine Kraft und Gesundheit in den Bataklanden gelassen." (2. Februar 1940, PA)

Sie machen sich Sorgen, ob sie unter diesen Umständen die 80 Reichsmark teure Wohnung halten können. In diesem Zusammenhang äußert Herrmann auch ein gewisses Bedauern, nicht doch im näheren Umfeld des Missionszentrums Barmen zu wohnen. Selbst aus Barmen stammend, es ist seine Heimat, fehlen ihm die Missionsgeschwister: „... daß man sich ... so selten sehen kann und auch einmal Gedankenaustausch pflegen. Immer noch bin ich der Meinung, hier nicht bleiben zu sollen, da wir trotz Verwandtschaft in der Nähe ... uns doch immer wieder als Fremdlinge hier fühlen ..." Zu diesen Fremdheitsgefühlen tragen sicher auch die politischen Verhältnisse bei, welche die Kirchenarbeit erschweren. Ein Pfarrer wird des Landes verwiesen, ein anderer erhält deutschlandweites Redeverbot, bei Einstellungen darf es auf keinen Fall jemand – zumindest nicht offensichtlich – von der Bekennenden Kirche sein.

Dass beide Töchter in diesen unsicheren Zeiten so weit entfernt leben, macht ihnen Sorge, auch wenn Tochter Gertrud die Eltern so gut es geht stets mit Nachrichten, auch von der Entwicklung der Missionsarbeit auf Sumatra, auf dem Laufenden hält. Seit einigen Jahren konnte man Briefe per Luftpost schicken, ein Brief Gertruds von Sumatra oder Elses von Borneo benötigte aber immer noch drei Wochen. Am 10. Mai 1940 greift Deutschland Holland an, und da Niederländisch-Indien holländische Kolonie ist, werden die Mitglieder der Rheinischen Mission, sofern sie Deutsche sind, zu Feinden erklärt und umgehend in Internierungslagern gesammelt. Damit bricht der Kontakt zwischen Deutschland und Sumatra erst einmal ab. Über diese Zeit wird in einem späteren Kapitel ausführlicher berichtet werden (Rutkowsky, Kriegszeiten auf Sumatra).

Dr. Achenbach, Hermanns behandelnder Arzt, war ebenfalls zur Armee eingezogen worden. Vielleicht ist dies der Auslöser, dass Hermann das Bedürfnis verspürt, seinen letzten Willen aufzuschreiben.

In einem Schreiben, datiert vom 16. August 1940, gibt Hermann seiner Frau Instruktionen für den Fall seines Ablebens. Nach einigen Überlegungen war er zu dem Entschluss gekommen, dass seine letzte Ruhestätte in Wiesbaden sein sollte. Er bedauert, dass er nicht in Sumatra begraben werden könnte, in seinem geliebten Batakland, wo er sich zu Hause gefühlt hatte. Dann legt er fest, was nach seinem Wunsch als Grabrede gesagt werden solle und welche Lieder zu singen seien. Seine goldene Uhr, die ihm von der Gemeinde in Balige zum Abschied geschenkt worden war, soll an Alfred Rutkowsky, seinen Schwiegersohn, gehen. Es ist ein ideelles Vermächtnis, denn Hermann stellt fest: „Nur eignet sie sich wegen ihrer Zerbrechlichkeit nicht für den täglichen Gebrauch." Eine andere, eine silberne Uhr, will er seinem anderen Schwiegersohn Heinz Otto vermachen.

„Das sind zwar recht unwichtige Dinge, aber es ist gut, wenn alles geordnet ist. Das beste und nicht vergängliche Gut, das ich unseren Kindern und Enkelkindern erbitte ist, daß sie alle Gottes Kinder sind ..." (16. August 1940) Sein diesbezüglicher Wunsch erfüllt sich nur für die nächste Generation, für seine Töchter. Die meisten Mitglieder der danach folgenden Generation entscheiden sich für einen klaren Bruch mit dem Glauben ihrer Großeltern, für den diese so unermüdlich in einem fremden Land gearbeitet hatten.

Nun, da der Krieg auch in Niederländisch-Indien konkrete Auswirkungen zeigt, versuchen Hermann und Martha Kontakt zu ihren Töchtern zu bekommen. Sie wissen nur von der dortigen Internierung der Männer und alles, was sie sonst bisher an Nachrichten erhalten haben, kam über Umwege, vom Hörensagen über heimreisende Missionare und Mitarbeiter. Am 10. September 1941 bezieht sich Hermann auf ein Radiotelegramm, das er von der Asamamaru, einem japanischen Schiff erhalten hatte. Seine Tochter Else sei mit ihren zwei Töchtern, einigen Missionsschwestern und anderen Deutschen in Kobe, Japan, angekommen, nachdem sie von den japanischen Invasionstruppen aus der holländischen Internierung in Blitar, Ostjava, entlassen worden waren. Martha und Hermann versuchen, Luftpostbriefe über Südamerika nach Japan zu schicken, haben aber wenig Hoffnung, dass diese dort ankommen, da der Schiffsverkehr zwischen den USA und Japan gestört ist.

Die Weissenbruchs sind nun bereits drei Jahre wieder zurück in Deutschland. Aber erst nachdem Martha im September/Oktober 1941 drei

Wochen krank lag und immer wieder auftretendes Fieber sie eine Malaria befürchten ließen, reisen beide nach Tübingen ins Tropenheim, um sich auf Tropenkrankheiten untersuchen zu lassen. Malaria war es nicht, aber bei beiden werden Amöben nachgewiesen, bei Hermann eine schon länger bestehende Herzerweiterung konstatiert. Danach kehren sie nach Wiesbaden-Biebrich zurück und leben dort in aller Stille.

Martha erzählte später der Familie, dass Hermann ihr versprochen habe, bis zum Kriegsende durchzuhalten. Dieses Versprechen hält er. Deutschland kapituliert am 8. Mai 1945. Hermann Weissenbruch verstirbt am 21. Juli 1945, nur wenig mehr als zwei Monate später, im Alter von 68 Jahren. Er stirbt friedvoll während er mit seiner Frau am Tisch sitzt. Direktor Berner benachrichtigt Tochter Gertrud auf Sumatra: „Am Abend des 21.7. haben Ihre lieben Eltern zusammen am Tisch gesessen. Die Mutter hatte ein Buch vor sich und wechselte hin und her ein Wort mit dem Vater, als dieser plötzlich mit einem Seufzer und einem Blick nach oben, als ob er seinen Heiland sähe, zusammensank und gleich starb.“ (8. September 1945)

Martha Weissenbruch kann glücklicherweise ohne Einquartierung in ihrer Wohnung bleiben. Dies ist zu dieser Zeit wegen der Zerstörung der Stadt und des Wohnraummangels nicht einfach, aber sie kann nachweisen, dass ihr Schwiegersohn, Alfred Rutkowsky, 1946, nach sechs Jahren Internierung in Indien, nun nach Deutschland kommen wird. Der Rest der Familie stößt erst im folgenden Jahr, 1947, von Sumatra kommend, zu den beiden dazu. Dies bedeutet, dass sechs Menschen in einer Dreizimmerwohnung leben, wobei die Großmutter ein Zimmer für sich bekommt. Ein Jahr später, im November 1948, wird noch eine Tochter Dorothea geboren, wodurch die Wohnsituation noch beengter wird. Bereits 1955 geht Alfred wieder nach Sumatra zurück. Gertrud und Tochter Dorothea folgen ihm im Dezember 1957. Der Wiesbadener Haushalt wird aufgelöst und Martha zieht in das Missionarsaltersheim „Haus Heimatfreude“ in Düsseldorf Kaiserswerth, wo sie viele frühere Kollegen und Missionarsfrauen wieder trifft. Während Alfred und Gertrud 1962 auf Heimaturlaub in Deutschland weilen, verstirbt Martha dort am 16. April an einem Schlaganfall im Alter von beinahe 80 Jahren im Beisein ihrer Kinder und der Enkelin Dorothea.

In Miehlen: Christine und Pfarrer Gustav Schmidt – v. li. Ria Schmidt und Max Conradi, Karl Schmidt, Martin Schmidt, Martha Schmidt und Hermann Weissenbruch

Hermann Weissenbruch bei seiner Ausreise 1904

Batakschés Dorf

Bataksche Familie

Kleines Batakhaus mit Töpferwaren

Si Piak, Wohnhaus von Martha und Hermann Weissenbruch

Die „Tole“

Großer Einbaum

Überschwemmung im Silindungtal

Auf Dienstreise mir Pferd und Pferdejungen

Alte Batakfrauen

Marktplatz in Si Piak

Blick auf die Bucht von Parapat mit Kirche von Si Piak

Zu Pferd

Missionskonferenz 1911 – vorne. Ludwig Ingwer Nommensen 4. v.re.; hinten: Hermann Weissenbruch 6. v.li.

Unter Hermann Weissenbruch erbaute Kirche der HKBP in Balige

Hermann und Martha Weissenbruch mit Hanna, Else und Gertrud in Balige

Martha und Hermann auf Heimaturlaub 1927/29 mit den TöchternGertrud und Elisabeth

Martha und Hermann Weissenbruch um 1943

Elisabeth und Karl Heinz Otto

Heinz und Elisabeth

Elisabeth Weissenbruch, meist Else genannt, wurde am 31. Dezember 1909 in Si Piak auf Sumatra geboren. Nachdem sie ihre Kindheit in Si Piak und Balige verbracht hatte, wurde sie, wie bereits berichtet, 1920 mit ihrer Schwester Gertrud per Schiff zurück nach Deutschland geschickt, um dort unter Obhut der Missionsschwester Anna Alfs die Schule zu besuchen, erst in Mettmann, dann in Kaiserswerth am Rhein in der Nähe von Düsseldorf. Während die Eltern Weissenbruch 1927-29 auf Heimaturlaub in Deutschland weilten, schloss sie 1929 ihre Schulausbildung mit der mittleren Reife am Mittelbarmer Lyzeum in Wuppertal ab.

Bevor die Eltern Weissenbruch wieder nach Sumatra ausreisten, hatte Martha Else zu ihrer Schwester Ria Conradi gebracht. Else sollte dort ein Jahr im Haushalt helfen und Erfahrungen sammeln.

Nach diesem Haushaltsjahr setzt Else ihre Qualifizierung in der Haushaltsführung fort und beginnt 1930 ein Praktikum in der Schweiz, erst in Bern in der Konditorei und Bäckerei Frankhauser und dann in der Pension Schönfels in Gsteigweiler bei Interlaken. 1931 kehrt sie zurück nach Deutschland und übernimmt die Leitung der Küche in der Anstalt AltDüsselthal, einem Heim für verwaiste und verwahrloste Kinder, gelegen in der Nähe von Düsseldorf-Kaiserswerth. Die Arbeit dort war nicht einfach. In einem Brief vom 8.11.1931 an die Eltern in Sumatra schreibt sie: „Je länger ich hier bin, desto mehr merke ich, daß meine Aufgabe hier nicht leicht ist. Ich muß viel schimpfen, weil eine furchtbare Gleichgültigkeit unter den Kindern herrscht. Sie gehen mit dem täglichen Brot um, als ob es keinen Pfennig kostet. Unordnung herrscht überall vor. Es ist manchmal zum Davonlaufen. Aber man muß immer denken, daß es nicht normale Menschen sind. Sie haben wenigstens noch Respekt vor mir, so daß ich mit ihnen fertig werde.“ (8. November 1931)

1932 entschließt sich Else für eine weitere Ausbildung. Am Evangelischen Krankenhaus in Düsseldorf lässt sie sich zur Krankenschwester ausbilden. Sie schließt die Ausbildung im August 1935 mit dem Schwesternexamen ab und arbeitet anschließend einige Monate im Paulinenstift in Wiesbaden. Am 22.2.1936 heiratet sie in Düsseldorf den Kaufmann Karl-Heinz Otto, kurz Heinz genannt.

Während Else bei ihren Eltern in Wuppertal weilte, hatte sie Heinz am 4. Februar 1928 auf einem Missionsfest kennen gelernt. Heinz selbst stammte aus Wuppertal, er wurde hier am 31. März 1909 geboren. Nach seinem Abitur kam er als kaufmännischer Lehrling in die Lehre beim Rheinisch-Bornesischen Handelsverein, einer im Import-Export-Geschäft engagierten Firma.

Diese und ähnliche Firmen waren in enger Zusammenarbeit mit der Rheinischen Missionsgesellschaft gegründet worden, um die in der Fremde tätigen Missionsleute mit den Gütern des täglichen Bedarfs zu versorgen. Entsprechend gründeten diese Firmen Filialen in aller Welt.

Beim Rheinisch-Bornesischen Handelsverein wird Heinz nun nach seiner Lehre fest angestellt. Else schreibt im Februar 1931 in einem Brief an die Eltern: „Von Heinz habe ich gute Nachrichten. Er hat jetzt tüchtig zu tun ... Heinz scheint einen selbständigen Posten zu haben. Man hört hier ... oft, daß Heinz ein tüchtiger Kaufmann wäre. Er wäre im Einkauf besonders tüchtig. Vor allen Dingen wäre er fleißig, gewissenhaft und sehr ehrgeizig.“ (15. Februar 1931)

Noch 1931 ändert sich das Leben grundlegend. In seinen Lebenserinnerungen beschreibt Heinz, wie er zum Vorstand gerufen und wie hier über sein künftiges Leben entschieden wurde: „Ich betrat das Heiligtum. Herr Bader sah mich mit einem lächelnden Gesichtsausdruck an und sagte:

‚Wenn Sie nach Niederländisch-Indien wollen, dann müssen Sie in 4 Wochen fort sein.’ In der Mittagspause eilte ich zu meinen Eltern, die eine Wäscherei und Gardinenspannerei hatten. Eltern und Tanten, die im Betrieb mithalfen saßen schon am Mittagstisch. Als hätte ich was Belangloses mitzuteilen, sagte ich: ‚In 4 Wochen fahre ich nach Indien.’ Die Löffel fielen hörbar in den Teller. ... Alle wischten sich Tränen der Freude aus den Augen. Zukunftssorgen der Eltern waren plötzlich weggewischt. Der Arbeitsplatz war gesichert, was nach dem ‚Schwarzen Freitag‘ 1929 in New York [Beginn der Weltwirtschaftskrise], keine Selbstverständlichkeit war.“

Und so wird Heinz 1931 als Handelsvertreter für Import und Export nach Borneo, damals Niederländisch Indien, versetzt. Am 18. September 1930 tritt er die Reise an. Das Ziel ist Bandjermasin an der Südostküste Borneos. Der größere südliche Teil dieser Insel heißt heute Kalimantan und gehört zu Indonesien.

Else hält inzwischen den Kontakt zur Familie Otto, versucht diese genauer kennen zu lernen und sich dort ein wenig einzuleben. Sie macht die erstaunliche Entdeckung, dass die Familien Weissenbruch und Scholar (Heinz‘ Mutter) schon früher Kontakt gehabt haben und schreibt an die Eltern Weissenbruch: „Du, Vater, hast früher schon durch die Tanten [die Tanten Weissenbruch] Beziehungen zu Familie Scholar gehabt ... Sie haben auch immer ‚Tante Auguste’ und ‚Tante Emma’ gesagt. Mutter Otto hat auch bei Tante Auguste bügeln gelernt.“ (15. Februar 1931)

Fünf Jahre arbeitet Heinz in der Filiale R.A.G Hennemann & Co in Bandjermasin bis zu seinem ersten Deutschlandurlaub 1936. Hier trifft er Else Weissenbruch wieder, mit der er die ganze Zeit in Briefkontakt geblieben war. Diese Zeit der Trennung war für Else nicht einfach gewesen. Man spürt beim Lesen ihres Tagebuchs ihre Einsamkeit und Ungeborgenheit, Gefühle, die bei „heimgeschickten" Missionarskindern immer wieder zu finden sind. Sie müssen mit ihrem Leben allzu früh allein zurechtkommen und sind dabei oft überfordert. Dass Else Karl-Heinz Otto kennenlernt, hat für sie deshalb auch besondere Bedeutung. Auf die erste Seite ihres Tagebuchs hat sie im März 1929 notiert: „Nun habe ich endlich einen Menschen gefunden, dem ich von ganzem Herzen vertrauen kann. Meine Sehnsucht ist erfüllt. Nie habe ich einem Menschen mein Innerstes gezeigt, weil ich dachte, ich würde verlacht werden und man verstände mich nicht." Elses Erwartungen, ihre Sehnsucht nach Nähe sind groß, Heinz jedoch schreibt unregelmäßig. Liegt es an der schlechten Postverbindung, hat er zu viel Arbeit oder denkt er einfach nicht mehr an sie? Else beginnt zu zweifeln, äußert Ängste, die sie ihrem Tagebuch mitteilt. So notiert sie am 30.1.1933: „Die Zeit des Wartens sind für mich qualvolle Tage, Wochen und Monate. Ich glaube ein Brief von ihm würde mir wieder Glück und Freude bringen.... Wenn er mich so liebt, wie er gesagt hat, kann er mir dann sagen:

‚Ich habe keine Zeit'?" Ihre Sorge und Zweifel scheinen berechtigt. Noch im April desselben Jahres ist plötzlich von einem „Abschiedsbrief" von Heinz die Rede. Else ist verzweifelt und todunglücklich. Alles hat sie auf die eine Karte „Heinz" gesetzt und scheint jetzt alles zu verlieren. „Ich bin heute todtraurig. Daß ich meine Zukunft so dunkel vor mir sehe..." schreibt sie noch Ende September 1934, also nach über einem Jahr. Sie sehnt sich sehr nach menschlicher Geborgenheit und notiert im Mai 1935:

„Eben komme ich von Conradis. Es ist gut, wenn man mal einen Zufluchtsort findet. Ich habe so furchtbares Heimweh." Mitte des Jahres scheint die Krise zwischen Heinz und Else überwunden. Sie schreibt nichts Genaueres, nur dass Heinz „den Seinen seit März des Jahres (1934) seine Liebe und Sehnsucht" beteuert, und sie ergänzt skeptisch: „Mein Heinz? in alter unerschütterlicher Liebe?" Jedenfalls, als Heinz schließlich 1936 auf Heimaturlaub kommt, heiraten sie und treten noch im April des gleichen Jahres gemeinsam die Reise mit der „Potsdam" von Genua aus nach Bandjermasin an, wo sie zukünftig in der Heerengracht 9 wohnen werden.

Borneo

Heinz setzt seine Tätigkeit für Hennemann & Co fort. Die Firma handelt mit Holz, Palmöl, Hevea Latex (Hevea brasiliensis, Kautschukbaum), Gewürzen, und anderen Rohmaterialien.

Auch hier, im südlichen Borneo, war die Rheinische Missionsgesellschaft bereits seit fast hundert Jahren tätig. Die Rheinische Missionsgesellschaft hatte im Jahre 1838 ihre Arbeit im südöstlichen Teil Borneos begonnen. Auch Missionar Ferdinand Rott, ein Großonkel von Martha Weissenbruch und damit ein Urgroßonkel von Else, hatte bereits hier gearbeitet und war mit seiner ältesten, erst fünfjährigen Tochter bei den Dayakaufständen 1859 ums Leben gekommen. Seine schwangere Frau Maria wurde damals auf dramatische Weise mit zwei jüngeren Kindern gerettet und kehrte nach Deutschland zurück. Sie eröffnete in Bielefeld eben jenes Mädchenpensionat, in welchem später auch Martha Weissenbruch in ihrer Jugend einige Zeit zugebracht hatte.

Es scheint, dass die Erfolge der christlichen Missionare im Süden Borneos trotz jahrzehntelanger, aufopferungsvoller Tätigkeit eher gering waren. Für Else und Heinz Ottos Geschichte ist sie insofern von Bedeutung, als diese Missionstätigkeit wohl den Boden für Handelsaktivitäten wie die von Hennemann & Co vorbereitet haben.

In seinen Lebenserinnerungen beschreibt Heinz das Borneo seiner Zeit. Borneo, das von 1606 bis 1946, also bis nach dem Ende des Zweiten Weltkrieges, unter holländischer Kolonialregierung stand, ist zwanzig Mal so groß wie Holland. Die Holländer waren kaum ins Landesinnere vorgedrungen und errichteten selbst nur einige wenige Ansiedlungen entlang der Küste. Zu Heinz' Zeit war Borneo mit höchstens drei Millionen Einwohnern nur dünn besiedelt. Im Inneren der Insel wohnten vorwiegend die Stämme der Dajak, der Ureinwohner Borneos. Die Dajak machten die Mehrzahl der Bevölkerung aus. Sie lebten in kleinen Dörfern an den Ufern der Flüsse, wo sie Reis anbauten und ihre Ernährung mit Produkten aus dem Urwald ergänzten. Die meist Handel treibenden Malaien und Chinesen hatten hingegen kleine Dörfer entlang der Küste gegründet, wobei besonders die genügsamen Chinesen ihre Geschäfte stromaufwärts selbst mit den kleinsten Ansiedlungen machten. Ohne die Gegenwart der Chinesen, meinte Heinz, wäre selbst der geringste Handel unmöglich gewesen. Dabei muss man sich vorstellen, dass damals die Flüsse mehr oder weniger die einzigen Reise und Transportwege waren, denn der Dschungel war undurchdringlich, teilweise auch sumpfig und auf dem Landweg waren die Höhenunterschiede kaum zu überwinden.

Der häufige und intensive Regen ließ eine große Vielfalt an Pflanzen wachsen. An die 800 Arten von Orchideen waren hier zu finden. Es gab die verschiedensten Arten von Palmen entlang der Küste und viele Bäume mit wertvollem Holz wuchsen im Inneren der Insel. Diese Hölzer, Harz, Rotang und Sagopalmen, deren Mark essbar ist, waren Handelsprodukte, dazu kamen eine Vielfalt von essbaren Pflanzen und Früchten. Als Ausnahme erwähnt Heinz die bei den Einheimischen und vor allem bei den Chinesen besonders beliebte Durian, auch Stinkfrucht genannt, deren Geruch so intensiv ist, dass man ihren Transport auf Schiffen verboten hatte.

Borneos Flüsse und das die Insel umgebende Meer waren außerordentlich fischreich und in den Flussmündungen und Flüssen lebten Schlangen, Schildkröten und Krokodile, auch Warane fand man landeinwärts. Diese üppige Welt hat Heinz offensichtlich sehr beeindruckt, denn er beschreibt sie ausführlich. So erzählt er von den etwa 450 Arten von teilweise riesengroßen Bäumen, welche damals noch auf Borneo und Sumatra wuchsen, sowie von unzähligen großen Farnen und Farnbäumen. In den Bäumen hingen die schwarzen Nester von Honigbienen, deren Honig sehr begehrt, aber deren Nester nur schwierig und unter Gefahr zu erreichen waren.

Die Ottos leben in Bandjermasin, heute Banjarmasin, und Heinz erklärt den Namen: Malaiisch „bandjir" bedeutet Hochwasser oder Überschwemmung und „asin", salzig, was auf die Lage des Ortes hinweist. Die Siedlung Bandjermasin liegt an einem Fluss, dessen Mündung nur 20 km von dem Ort entfernt liegt. Das Land im Bereich des Flusses ist so flach, dass es dem täglichen Gezeitenwechsel ausgesetzt ist. Es kommen Schiffe von Singapur oder auch von Surabaja, aber nur sehr flach gebaute Boote können in Bandjermasin anlegen und dies eben auch nur wenn Flut war.

So wie alle anderen Häuser in diesem Gebiet, steht das Haus der Familie Otto auf zwei Meter hohen Stelzen. Die hohe Luftfeuchtigkeit von etwa 90% und Temperaturen, die um die Mittagszeit herum oft 32°C erreichen, lassen mehrere Duschen pro Tag notwendig werden. Nachts kühlt sich die Temperatur kaum ab. Myriaden von Moskitos umschwirren die Bewohner bei Tag und Nacht. Sie behelfen sich mit Moskitonetzen in der Nacht und mit Räucherspiralen und Citronella-Öl am Tage.

Die sumpfige Gegend macht die Lieferung von Wasser durch Rohrleitungen unmöglich, weshalb die Anwohner sich ihr eigenes Wasser beschaffen müssen. Sie sammeln daher das ablaufende Regenwasser ihrer Dächer während der Regenzeit von Oktober bis April in riesigen Behältern.

Zwischen ihrem Haus und den ca. 35 Meter entfernten Dienstgebäuden, worin sich Küche, Dusche und Toilette befinden, stehen daher zwei riesige Tanks von je 20 Kubikmetern Fassungsvermögen, um ihren Wasserbedarf zu decken. Das Wasser ist jedoch von den Dachziegeln bräunlich gefärbt und muss erst durch Bimsstein gefiltert werden. Der hohe, nach unten konisch zulaufende Bimssteinfilter fasst gerade einmal einen Eimer Wasser. Das nun klare Wasser muss nochmals vor Gebrauch abgekocht werden. Als Trinkwasser verwendet die Familie importiertes Mineralwasser und Elektrizität gibt es nur zwischen sechs Uhr abends und sechs Uhrmorgens.

Am 26. Januar 1937 wird ihre erste Tochter Renate geboren. Die Schwangerschaft war Else durch die große Hitze außerordentlich schwer geworden, aber jetzt ist sie glücklich und berichtet in ihrem Tagebuch:

„Renate ist bald sechs Wochen alt. Sie ist munter und gesund und gedeiht kräftig. Sie war ja von Anfang an lebendig, aber jetzt reagiert sie schon darauf, wenn man sie anruft und lacht, wenn man mit ihr spielt. Dabei sind Arme und Beine immer in Bewegung. Voll Staunen schauen ihre Augen hin und her. Alles was sie sieht scheint sie mächtig zu interessieren. Renate ist unser goldiges Püppken, wie ihr Vater sie nennt.“ (7. März 1937)

Anderthalb Jahre später, am 7. Juli 1938, kommt die zweite Tochter Irmgard zur Welt und Else notiert: „Sie ist gesund und kräftig.... Sie ist ein echtes Vaterkind, blaue Augen und ein Kopf genau wie ihr Vater, sogarseine Haarfrisur hat sie mitgebracht.“ (6. Oktober 1936)

1939, als der Zweite Weltkrieg ausbricht, ist das Glück jäh zu Ende. Die politischen Spannungen sind auch in Südostasien zu bemerken. Die Holländer scheinen nervös und so wird Heinz Anfang April 1940 verhaftet. Anlass ist der Aufenthalt Richard Sorges bei den Ottos. Sorge, NSDAPMitglied und offiziell Korrespondent der Frankfurter Allgemeinen Zeitung war ein Doppelagent. Er arbeitete mit dem deutschen Nachrichtendienst zusammen, war aber ein russischer Spion deutsch-russischer Abstammung. Er hatte vermutlich geschäftlich mit Heinz zu tun, Genaueres lässt sich über diesen doch befremdlich erscheinenden Kontakt heute nicht mehr feststellen. Sorge hatte einige Tage bei den Ottos logiert, war aber inzwischen schon wieder abgereist. Als die Polizei das Wohnhaus ebenso wie die Firma Hennemann durchsucht, finden sie nichts. Tochter Renate berichtet heute,

„der Vater hat alles, was Sorge versteckt hatte, verbrannt“. Trotzdem wird Heinz wegen Spionageverdachts ins Gefängnis gebracht. Im Mai 1940 fallen die Deutschen in Holland ein, was zur Folge hatte, dass alle Deutschen – zunächst alle deutschen Männer – in Niederländisch-Indien zu Feinden deklariert und in Sammellagern interniert wurden. Heinz kommt direkt vom Gefängnis ins Internierungslager in sogenannte „Schutzhaft“. So wird Heinz die Geburt seines dritten Kindes am 7. Mai 1940 nicht miterleben.

Für Else ist das eine schwere Zeit, hochschwanger, in fremdem Land und ohne ihren Mann fühlt sie sich sehr unter Druck. Am 17. Mai notiert sie in ihr Tagebuch: „Heute ... sind wir nach Hause gekommen (nach der Entbindung). Renate und Irmgard sind ganz beglückt mit ihrem Brüderchen. Ich muss aufpassen, daß sie es nicht zerdrücken mit ihren Liebkosungen. Mit dem Stillen habe ich wieder Mühe. Durch den Krieg mit Holland und all seinen Sorgen ist die Milch so zurückgegangen. Du kannst Dir denken, lieber Heinz, wie wir geschlagen sind. Und doch müssen wir dankbar sein, daß man uns Frauen hier lässt.“ (17. Mai 1940) Heinz wird diesen Sohn, RolfDieter mit Namen, niemals sehen. Der kleine Junge stirbt bereits am 17. Oktober 1940 an einer Gehirnhautentzündung.

Inzwischen lebt Else in großer Unruhe. Sie ist ohne jede Nachricht von ihrem Mann. Am 13. Juni 1940 notiert sie: „Ach Gott, mache ein Ende mit dieser Not! Heinz ist nun bald zwei Monate fort und ich habe noch keinen Bericht von ihm bekommen. Ich kann es fast nicht mehr ertragen, daß er so schweigt, wie mag es ihm gehen? Ist er gesund?" Im Juli erhält sie endlich zwei Postkarten, eine von der Quarantäneinsel Onrust, einer kleinen vor der javanischen Küste gelegenen Insel in der Nähe von Djakarta, und eine von Bord der ‚Ms Plancius'. Im August kommt ein Geschäftsbrief mit den letzten Bilanzen der Firma Hennemann zurück. Ihm liegt ein persönliches Schreiben des Geschäftsführers in Bandjermasin bei, aus dem Else in ihrem Tagebuch zitiert. Sie führt dort mit Heinz ein Zwiegespräch, wobei immer offen bleibt, inwieweit Else tatsächliche Briefe an Heinz nicht auch in ihrem Tagebuch dokumentiert hat: „Ein Satz darin hat mich sehr traurig gemacht. ‚Dies künstlerhaft, genial, brutal allzu Unstete des Mitarbeiters Otto macht einen kaputt'." Sie verteidigt ihren Mann und schreibt: „Obwohl ich es gemein finde, Dir die Schuld des Rückgangs der Umsätze im Engros-Geschäft zu geben, wo er so liederlich gearbeitet hat und Dich in die Schlodderwirtschaft mit gezogen hat, hat er doch mit seinem Urteil nicht ganz unrecht. ... Du hast in der Tat etwas genial künstlerhaft Unstetes an Dir. Wenn man Dir etwas aufträgt, führst Du es nicht aus, vergißt alles, versprichst so manches, was Du nicht ausführst. ... Wir haben alle Fehler und dürfen uns nicht über den anderen stellen, aber dieser Dein ‚Fehler', könnte Dir in Zukunft, wenn Du einmal in einer anderen Firma arbeitest, den Hals brechen. ..." (30. August 1940)

Noch Ende September geht es um diese Thematik: „ ...dann sollst Du sehen, mit welcher Freude Du an Deine Arbeit gehen wirst, weil Du als ein zuverlässiger fleißiger Mitarbeiter beurteilt wirst. – Willst Du dem Rat Deiner Frau folgen? Und Dir das sagen lassen? Ich will Dir helfen wo ich kann, als Deine Kameradin, die mit Dir geht, mit Dir kämpft und mit Dir trägt..." (30. September 1940)

Eine der wenigen erhaltenen Karten von Heinz aus dieser Zeit datiert vom 16. September 1940. Sie stammt von Alas Valley auf Sumatra und lautet: „Geliebte Else! Seit 10 Tagen bin ich ohne Nachricht von Dir. Deine letzte Karte war vom 24. August. Sehnsüchtig warte ich auf weitere Berichte; wie mag es Euch gehen? Wann fährst Du von Bandjermasin ab? Wie hoch ist unser Sparguthaben noch, wovon das monatliche Geld für Dich abgenommen wird? Was ist Deine Adresse? Wie geht es den lieben Kinderchen? Mich betrübt es, daß ich so lange nichts von Euch höre. Sonst geht es mir gut. Hoffentlich hast Du das zweite Paket noch abschicken können. Das ist eine so eine große Freude, wenn was von zu Hause ankommt. – Wenn Du noch ein Bild von Dir selbst schicken kannst, bitte tue es. Am liebsten hätte ich Euch wieder auf einem Bild. Wie geht es mit Dieter? Sobald Du auf reise gehst achte nur gut auf die Kinderchen. Für heute seid herzlich gegrüßt und geküßt von Eurem Pappi.“ Es ist beiden offenbar klar, dass Else nicht in Bandjermasin wird bleiben können, dass eine Veränderung ansteht, wie es dann auch geschieht.

Else leidet sehr an der Kriegssituation und hofft auf baldigen Frieden. Am 30.9. schreibt sie ins Tagebuch: „Mein innig geliebter Heinz! Mein Herz ist so schwer. Es ist mir, als ob ich die Kraft nicht aufbringe für die nächste Zeit. Jeden Tag hoffe ich aufs Neue, daß es Frieden gibt. Und das kostet so viel Kraft. Aber ich kann nicht anders, ich muß glauben, daß es doch bald soweit ist. Ich finde es auch kleingläubig, wenn man nicht daran glaubt, wo so viele Menschen täglich um Frieden bitten. Gott wird uns erhören. Er ist doch ein Gott des Erbarmens, der Liebe, der Gerechtigkeit….“(30. September 1940)

Auch Else und die Kinder werden im November 1940 interniert. Am 2.11.1940 schreibt Else, dass sie sich für die Reise in das Lager auf Java vorbereit. Sie werden in ein Lager in Blitar auf OstJava gebracht. Die Bedingungen in diesem Lager sind hart, die Sterblichkeitsrate beträgt 20%, wie man heute nachlesen kann.

Der Abschied von Bandjermasin fällt ihr nicht so schwer, was ihr aber auf der Seele liegt, ist der Abschied vom Grab des kleinen Rolf, den sie gerade vor zwei Wochen beerdigt haben. Sie muss ihn jetzt noch einmal loslassen. Heinz hatte sie in Briefen zu trösten gesucht und sie bedankt sich dafür. Leider ist keiner der Briefe aus der ganzen Korrespondenz erhalten geblieben. Else hofft darauf, vielleicht irgendwann noch einmal ein Kind zu bekommen, „einen Sohn“. Doch wann wird das wieder möglich werden?

Internierung

„Jetzt bin ich schon einen Monat im Schutzkamp“, berichtet Else am 22. Dezember und fährt fort: „Wir haben uns eingelebt und es geht gut, außer der anstrengenden Arbeit. Es ist einfach zu viel, was von uns verlangt wird. Das Essen ist genügend, aber sehr einfach. Weihnachten steht vor der Tür. Wir sind traurig, daß wir ohne unseren Pappi feiern müssen.“ (22. Dezember1940)

Else hofft nach wie vor, dass alles bald vorüber ist. Immer wieder drückt sie ihre Sehnsucht nach ihrem Mann aus und ergänzt: „Und jetzt, wo es dem Ende zugeht, bin ich innerlich so aufgeregt. Wir glauben alle, daß es bald Frieden gibt.“ Dies schreibt sie Ende 1940. Der Krieg sollte noch fünf lange Jahre dauern.

Im Laufe des Jahres 1941 scheint jedoch klar geworden zu sein, dass an ein schnelles Ende des Krieges nicht zu denken ist, denn Else notiert an Rolfs erstem Geburtstag, dem 7. Mai: „Heute ist Rölfleins Geburtstag. Unsagbar schwer ist es mir ums Herz. Mein lieber kleiner Bub, wie glücklich und froh war ich mit ihm. ... Ich kann es noch nicht fassen. Wie dunkel und schwer ist die Zukunft. Keine Aussicht auf Befreiung unserer Männer. Das Heimweh, die Sehnsucht frisst am Herzen." (7. Mai 1941) Doch es steht wieder eine wichtige Veränderung bevor.

Im Zweiten Weltkrieg war Deutschland mit Japan verbündet und so schickte ungefähr im Frühsommer 1941 Japan auf Antrag der deutschen Regierung ein japanisches Schiff, die „Asama Maru", nach NiederländischIndien, um die deutschen Frauen und Kinder, deren Männer interniert worden waren, „heim ins Reich" zu holen. Die Route sollte über Japan nach Wladiwostok und dann weiter mit der transsibirischen Eisenbahn nach Deutschland führen. Als die deutschen Frauen erfahren, dass die deutsche Regierung mit der japanischen Vereinbarungen getroffen hat, die Frauen und Kinder unter Leitung des Roten Kreuzes via Japan und Russland nach Deutschland zu repatriieren, entschließt sich Else, diese Gelegenheit wahrzunehmen. Doch nur vom eigenen Entschluss scheint diese Reise nicht abgehangen zu haben. Als Else viel später, 1943, an ihre Schwester Gertrud, die derzeit auf Sumatra in der Stadt Padang unter japanischer Aufsicht lebt, schreibt: „... wie mögt ihr es bereut haben, daß Ihr nicht mit uns nach Japan gefahren seid. Wir haben es auch nie verstanden. Ihr seid eigene Wege gegangen. Das war nicht gut", reagiert Gertrud empört: „Das sind wir nicht...! So denkt man also über uns in Japan! Also haben auch die, die von Raja [Internierungslager der Frauen auf Sumatra] aus mit dorthin gekommen sind, uns in dieses Licht gestellt und gesagt, wir hätten nicht gewollt? Und wenn ich bedenke, welche Qualen wir gelitten haben, daß man uns damals nicht mitfahren ließ wenn ich daran denke, könnte ich heute noch heulen." (Briefwechsel zit. n. Tagebuch Gertrud 13. April 1943) Damals war den Frauen der Abfahrttermin des Schiffes so spät bekannt gegeben worden, dass sie es nicht mehr erreichen konnten.

Nun endlich an Bord der „Asama Maru", zwischen Schanghai und Kobe berichtet Else von den letzten Tagen in Niederländisch Indien: „Eine anstrengende, an Strapazen reiche Zeit liegt hinter uns. Am 4. Juli reisten wir in Batavia ab, nachdem wir den Abend vorher mit dem Zug von Blitar abgereist waren und die Nacht durch bis Batavia fuhren. In Batavia angekommen, brachten wir den ganzen Tag am Zoll zu. Unsere Koffer wurden durch Kulis ein und ausgepackt und in fürchterlichem Zustand auf's Schiff gebracht. Viele Sachen sind dabei gestohlen und verloren gegangen. Auf dem Schiff konnten wir nichts wiederfinden. Viele Koffer sind überhaupt nicht abgeschickt worden. Schlüssel, die wir abgeben mußten, haben wir nicht zurückerhalten. Keiner hat uns beigestanden. Wir waren ganz unserem Schicksal und den Holländern ausgeliefert. Selbst der Schweizer Konsul hat für die Unterbringung der Frauen schlecht gesorgt. Wir wurden in dreckige 3. Klasse Kajüten eingepfercht. Frauen mit Säuglingen mußten sehen, wie sie fertig wurden. Kein Handtuch, kein Glas zum Zähneputzen, kein Trinkwasser. Es war furchtbar. ... Zum Glück konnten wir über Tag uns in der 1. Klasse aufhalten. Jetzt sind wir am Schluss unserer Reise. Gott gebe, daß wir ein ruhiges, schönes Plätzchen finden werden, wo wir uns ein bisschen ausruhen können." (11. Juli 1941) Diese Situation muss ein großes allgemeines Ohnmachtsgefühl in den Frauen hervorgerufen haben, unwillkürlich hört man aber auch die Krankenschwester, für die dieses Chaos und diese unhygienischen Zustände eine besondere Härte darstellen.

Noch während die „Asama Maru" sich auf dem Weg nach Japan befindet, beginnt der Russlandfeldzug. Der Heimweg über Russland ist jetzt abgeschnitten und die Frauen mit den Kindern werden nun in Japan auf unbestimmte Zeit festgehalten sein.

Von der „Asama Maru" aus erhalten die Eltern Weissenbruch in Deutschland einen Funkspruch und damit zum ersten Mal Nachricht von ihrer Tochter Elisabeth seit der Krieg ausgebrochen war. Sie versuchen nun ihrerseits die Tochter zu erreichen und fragen in Barmen an: „Zugleich möchte ich auch einmal bei Ihnen anfragen, ob und unter welchen Bedingungen eine Radionachricht nach Japan gelangen kann. ... Wir versuchten ... über Südamerika einen Luftpostbrief zu senden, der aber, da die japanische Schiffart mit USA gestört ist, wohl kaum mit japanischen Schiffen von San Franzisco abgehen konnte. Da unsere Tochter und ihre Kinder nach Bericht des Schwiegersohnes Bruder Rutkowsky kränkeln, würde man ihr so gerne ein Lebenszeichen zukommen lassen." (10. September 1941, PA) Auch an diesem Beispiel wird noch einmal deutlich, auf welch verschlungenen Wegen in jener Zeit Nachrichten von einem Ort zum anderen gelangten: Im September 1941 war Alfred Rutkowsky gemeinsam mit Heinz Otto noch im Internierungslager Alas Valley auf Sumatra untergebracht. Heinz wird diesem aus den nur sehr selten und unregelmäßig eintreffenden Nachrichten von Else von deren Befinden berichtet haben und Alfred war es gelungen, nun wiederum seinerseits seinen Schwiegereltern davon Nachricht zu geben. Dass diese die Nachricht tatsächlich erhalten haben – auch das ein Glücksumstand.

Japan wird zu dieser Zeit von einer nationalistischen Regierung geführt, die von einem japanischen Großreich im Pazifischen Raum träumte. Diese Regierung rückt im Laufe des 2. Weltkrieges zunehmend von ihrer ursprünglich deklarierten Neutralität ab. Vor allem sollte die Herrschaft der Europäer im asiatischen Raum beendet werden. Als die Japaner am 29. Juli die französische Kolonie Indochina, das heutige Vietnam, besetzen, verhängen die USA und Großbritannien ein Embargo gegen Japan, japanische ausländische Finanzmittel werden eingefroren.

Japan, auf diese Weise von dringend benötigten Rohstofflieferungen seiner europäischen Verbündeten abgeschnitten, sieht keine Alternative zu einem Krieg mit den USA und Großbritannien. Vornehmlich sind die ergiebigen Bodenschätze der niederländischen und britischen Kolonien jetzt ein besonders lohnendes Ziel für die Japaner.

Mit dem japanischen Angriff auf die amerikanische Pazifikflotte in Pearl Harbour am 7. Dezember 1941 beginnt der Zweite Weltkrieg nun auch im Pazifik. Am 10. Januar 1942 greifen die Japaner Borneo [Kalimantan], Celebes [Sulawesi] und Ambon an. In der Schlacht in der JavaSee vom 27. Februar bis zum 1. März 1942 zerstören die Japaner die alliierte Flotte, und die Invasion auf Java nimmt ihren Anfang. Am 8. März 1942 müssen die Niederländer auf Java kapitulieren.

Noch kurz vor der japanischen Invasion werden alle deutschen internierten Männer, mit ihnen auch Heinz Otto, von den Holländern nach Britisch-Indien verschifft und in das am Fuße des Himalaya gelegene Lager Premnagar von Dehradun gebracht. Diese Schiffstransporte sind durch den Namen eines der drei Schiffe, der „Van Imhoff" mit der größten Katastrophe und dem unglaublichsten Kriegsverbrechen in dieser Region verbunden. Jahrzehntelang geisterte der Name des Schiffes noch durch die Erzählungen in der Familie, verbunden mit dem Trauma des Nicht-Wissens, ob denn der eigene Ehemann auch auf der „Van Imhoff" war, oder ob er noch lebt. Die Geschichte der „Van Imhoff" darf nicht dem Vergessen anheimfallen undsoll deshalb hier erzählt werden.

Zum 70. Jahrestag des Untergangs der „Van Imhoff" berichtet der Korrespondent Jochen Buchsteiner in der Frankfurter Allgemeinen Zeitung vom 17. Dezember 2011: „1941... wollten die Holländer ihre Gefangenen mit Schiffen außer Landes bringen. Die Deutschen waren zu diesem Zeitpunkt im sumatranischen Zentrallager ‚Alas Vallei' zusammengelegt, ... Am ersten Weihnachtsfeiertag 1941 begann der Transport in die Hafenstadt Sibolga, wo zwei holländische Schiffe ankerten. Etwa tausend Deutsche bestiegen die ‚Ophir', fast genauso viele die 'Plancius'. Handgranaten lagen bereit, um sie im Falle eines Aufstands in die Laderäume zu werfen. Nach zehn Tagen erreichten die Gefangenen Bombay, von wo sie ins Himalayanahe Dehradun gebracht wurden in jenes britische Gefangenenlager, das später durch Heinrich Harrers Erlebnisbericht (und JeanJacques Annauds Film), „Sieben Jahre in Tibet" berühmt wurde.

Die zurückgebliebenen Männer verlebten die Jahreswende im Ungewissen. Mehrmals wurden sie an Bord gebracht, um wieder an Land zu gehen. Ein deutscher Chirurg, Professor Grzywa, bat um die Befestigung einer Rot-Kreuz-Fahne oder wenigstens um eine Unterrichtung der Japaner. Vergeblich. Etwas roch ‚faul' in diesen Tagen, schreibt Chronist Heuken. Erst am 18. Januar lief die ‚Van Imhoff' aus, notdürftig hergerichtet für den Gefangenentransport. An Bord befanden sich 478 Deutsche, zusammengepfercht in Drahtverschlägen unter Deck. Bewacht wurden sie von 62 Kolonialsoldaten und 48 Besatzungsmitgliedern. Am nächsten Mittag – das Schiff hatte die vorgelagerte Insel Nias, hinter sich gelassen – endete die Fahrt: Ein japanisches Kampfflugzeug tauchte auf und ließ fünf Bomben fallen. Eine detonierte so nah am Rumpf, dass die Bordwand leck schlug.

Die Besatzung machte sofort die Motorpinasse und vier Rettungsboote los – das fünfte hatte sich verklemmt – und brachte sich in Sicherheit. Ein Überlebender, der Bielefelder Schiffsingenieur Albert Vehring, berichtete später, dass die Boote mindestens fünfzig Passagiere tragen konnten, aber Kapitän Hoeksema ließ sie mit durchschnittlich 22 Mann zu Wasser. Die Gefangenen wurden beruhigt, dass der Kapitän als letzter Mann von Bord gehe, doch am Ende warf man ihnen nur einen Schlüssel hin, mit dem sie sich ‚befreien' sollten. Manche wussten, dass dies sinnlos war; der Forscher Overbeck unternahm gar keinen Versuch mehr und versank mit dem Schiff. Andere, wahrscheinlich auch Walter Spies [ein auf Bali lebender bekannter Künstler] sprangen ins Meer, und versuchten sich an treibenden Tischen oder Matratzen festzuklammern. In den wenigen Erlebnisberichten der Überlebenden wird geschildert, dass die Niederländer in ihren halbleeren Rettungsbooten jede Hilfe verweigerten. ‚Warum haben die Holländer nicht ein oder zwei Boote den Deutschen überlassen und ihre voll besetzt?', fragt Heuken. ‚Sehr viele Internierte hätten gerettet werden können.'

Dass offenbar bewusst gegen Kriegskonventionen verstoßen wurde, erfuhren die 53 Deutschen, die auf dem fünften (schließlich doch noch entriegelten) Rettungsboot ruderlos in den nächsten Tag getrieben waren. Sie fassten kurz Hoffnung, als ein Schwesterschiff der ‚Van Imhoff' bis auf wenige Meter an sie herankam. Aber nachdem sich der Kapitän der ‚Boelangan' per Megaphon vergewissert hatte, dass keine Landsleute sondern nur Deutsche im Meer trieben, ließ er abdrehen. ‚Wir schrien und hoben den Wassereimer hoch, um wenigstens Trinkwasser zu bekommen, aber wir erhielten keine Antwort', erinnerte sich Heinrich Seitz, der als Bruder Aloysius für die Steyler Mission in Sumatra stationiert war. Dem Missionsmann fällt dafür kein anderes Wort als ‚Barbarei' ein. Später, berichtet Heuken, habe ein holländischer Offizier einem weiteren Überlebenden Pfarrer Weiler berichtet, dass der Befehl vorgelegen habe, ‚bei einem Schiffsunglück sich mit den Deutschen nicht abzugeben'. Seit 1942 wurde darüber gerätselt, warum die ersten beiden Gefangenentransporte durchkamen, das dritte Schiff aber versenkt wurde. Die Japaner waren offenbar informiert gewesen, dass sich an Bord der ‚Ophier' und der ‚Plancius' verbündete Kriegsgefangene befanden – warum bombardierten sie dann die ‚Van Imhoff'? Die Antwort erhielt Heuken von einem Bekannten namens Alexander Papadimitriou. Der Deutsch-Grieche hatte eine halbjapanische Mutter, die ihm in den letzten Kriegsjahren einen Job bei der Tokioter Botschaft in Jakarta verschaffte. Dort erfuhr Papadimitriou, dass die Japaner von den Holländern hintergangen worden waren: Genehmigt waren drei Gefangenentransporte. Die ersten beiden – die ‚Ophir' und die ‚Plancius' – hatten die Niederländer verabredungsgemäß mit Deutschen besetzt, aber mit dem dritten brachten sie heimlich eigene Landsleute in Sicherheit (nach Australien). So mussten die Japaner die ‚Van Imhoff' für ein gewöhnliches niederländisches Schiff halten, erklärt Heuken. Diese Täuschung – in Verbindung mit dem Befehl, keine Schiffbrüchigen zu retten – bezahlten 412deutsche Zivilisten mit dem Leben."

Heinz Otto hat Glück, er war auf einem der anderen Schiffe und wird in Dehradun auch seinen Schwager Alfred Rutkowsky treffen. In diesem Lager bleibt Heinz, bis er 1946 gemeinsam mit Alfred nach Deutschland repatriiert wird. Zu dem Zeitpunkt, als die Van Imhoff untergeht, ist Else schon längst in Japan.

Japan

Am 14. Juli 1941 kommen Else und die zwei Kinder in Kobe, Japan an. Else notiert: „Mit viel Liebe und Herzlichkeit wurden wir empfangen ... Kobe macht einen etwas düsteren Eindruck. Viel Regen und Nebel augenblicklich,obwohl es die wärmere Zeit sein sollte." (17. Juli 1941)

Für die Versorgung der Flüchtlinge scheint zumindest teilweise die deutsche Gemeinde in Japan zuständig gewesen zu sein, denn der Japanologe Herbert Worm schreibt: „In Japan stellte die Unterbringung und Versorgung der an die 700 mittellosen ‚Flüchtlinge' natürlich insbesondere die deutsche Gemeinde vor erhebliche Probleme, zumal die Lage der Bevölkerung insgesamt im Laufe des Krieges zunehmend schwieriger wurde." (Herbert Worm, 2008, S.14) Wolfgang Galinski, damals Legationssekretär bei der Deutschen Botschaft in Tokyo, ergänzt: „Für all diese Frauen und Kinder zahlten die deutschen Konsulatsbehörden bis zum Ende des Krieges und damit der Einstellung ihrer Tätigkeit Hilfsgelder..." (Wolfgang Galinski, 2000, S.137)

Infolge der schlechten Ernährung an Bord war Renate sehr krank geworden und muss gleich nach Ankunft in Kobe für 14 Tage in ein Krankenhaus. Die deutschen Evakuierten werden vom deutschen Konsulatspersonal empfangen und in einem der besten Hotels, dem schönen „Tor Hotel" in der Nähe von Yokohama untergebracht. Irmgard und Renate erinnern sich noch heute an den wunderschönen japanischen Garten rund um das Hotel. Mannschaften deutscher Kaperschiffe und U-Boote besuchen die gestrandeten Landsleute und bringen den Kindern kleine Geschenke wie Malpapier und Farbstifte mit.

Bereits einen Monat später ziehen sie um in die ehemalige Residenzstadt Nara, wo sie im „Hotel Nara“ untergebracht werden und wo sich Rehe und Hirsche bis dicht an das Hotel heran wagen. Aber schon im September geht es weiter in das am Meer gelegene Dorf Atami. Die Fahrt dorthin muss sehr schön gewesen sein so wie Else sie beschreibt: „Auf der Höhe Kiefernwälder, Abhänge mit Anpflanzungen, in der Ebene Reisfelder, durch Gemüse und Obstgärten unterbrochen. Eine harmonische Vereinigung von europäischen und tropischen Pflanzen: Neben Reisfeldern war ein Garten mit Apfel, Pfirsich und Kirschbäumen. Dann sah man wieder eine Bambusanpflanzung oder Rambutanbäume. Landschaftlich ist Japan ganz entzückend. Und wie wir nach Atami kamen, dachten wir an der Riviera zu sein.“ (21. September 1941)

Auch hier sind sie wieder in einem Hotel, dem ‚Mampe Hotel‘, untergebracht. Sie bewohnen zwei Zimmer mit Balkon und hatten Blick auf das Meer. Else schreibt ins Tagebuch: „Im Hotel gibt es heiße Quellenbäder. Ich werde alles tun um mich hier zu erholen. Die Bäder werden meinem Körper gut tun und den Kindern auch. Die herrliche Luft wird für die Nerven gut sein. Und wenn Du kommst, dann sind wir alle drei gesund und frisch...“ Else schreibt Briefe an Heinz in ihr Tagebuch, denn: „Da ich gar nicht an Dich schreiben kann, muss ich öfter in dieses Buch schreiben.“

„Heute dachte ich, daß ich es noch viel besser habe, weil ich Deine Kinder bei mir habe. Sie sind so goldig in ihrer Weihnachtserwartung. Was haben wir doch für köstliche Schätze. Beide so gesund, rosig und frisch und lieb. Wie gerne würde ich sie Dir mal schicken, damit auch Du Dich an ihnen freuen kannst. Renate mit ihren großen blauen Augen. Sie lebt so bewußt das Weihnachtsfest nach kindlicher Art. Irmgard stellt sich Weihnachten als Mann vor, der wie Nikolaus kommt. Sie ist ein goldiger Schatz. Wenn sie Musik hört, tanzt sie gleich im Rhythmus mit... Sie entdeckt auf Spaziergängen alle Käferchen und Vögel ... Gott gebe, daß wir nächstes Jahr wieder zusammen Weihnachten feiern dürfen... Leb wohl, Liebster. Ich umarme Dich im Geiste...“ (21. Dezember 1941)

Am 28. Dezember 1941 ist Else einmal wieder so recht verzweifelt und teilt sich ihrem Tagebuch mit: „Ich bin heute ganz traurig. Fast alle Frauen haben Post von ihren Männern. Nur ich bin mal wieder enttäuscht worden....Warum schreibst Du nicht Heinz? ... Bin ich Dir so wenig wert, daß Du es nicht der Mühe wert hältst?“ Heinz‘ letzte Karte ist von Oktober, kein Weihnachtsgruß, kein Gruß zum Geburtstag, Else zweifelt an ihm, an seiner Liebe und an ihrem eigenen Selbstwert.

Heinz scheint kein großer Briefeschreiber gewesen zu sein, denn aus

Wiesbaden hört man ähnliches. In einem Brief von Juli 1942 an Alfred Rutkowsky in Dehradun schreibt Hermann Weissenbruch: „Ob Heinz wieder bei Dir ist? Er läßt gar nichts von sich hören, auch seine Eltern in der Oede warten sehr auf Nachricht." (18. Juli 1942)

Aus den Adressangaben der ersten Kurznachrichten zwischen Alfred Rutkowsky und seinen Schwiegereltern Weissenbruch, die 1941 über das Rote Kreuz vermittelt wurden, lässt sich schließen, dass sich bis Dezember 1941 Heinz Otto und Alfred Rutkowsky im gleichen Internierungslager befanden. Die Adresse lautete: „Alas Vallei, Koetatjane, Block C Ned, Oost Indie Sumatra". Diese Rote-Kreuz-Nachrichten durften nicht mehr als 25 Wörter umfassen und waren demnach im Telegrammstil gehalten. Am 18. November schreibt Alfred etwa u.a.: „Heinz Familie gesund". Der familiäre Kontakt funktioniert bis dahin, wenn überhaupt, dann nur nach Deutschland, noch nicht zu den Frauen. Hier werden Informationen nur mündlich weitervermittelt. Allerdings scheint sich bezüglich der Briefkontakte etwas zu ändern, denn Hermann Weissenbruch schreibt am 15.10.1941: „Nach Mitteilung vom Auswärtigen Amt soll ja endlich der Briefwechsel der Internierten mit ihren Angehörigen in Gang kommen nach einigen formellen und postalischen Fragen."

Tatsächlich bekommt Else im Oktober 1941 Post aus dem Internierungslager Alas Vallei, auf Sumatra: „Zur großen Freude soeben Briefe 9./18. August, Karten1./6. und 29.7., sowie Telegramm aus Atami bekommen. Vielen lieben Dank. Bin dankbar, daß Euchs gut geht. Erwarte sehnsüchtig weitere Briefe. Hörte hier manches vom schönen Atami. Bitte bald Photos. Mir geht's soweit gut. Heimweh nach Euch kann ich nicht mit Worten beschreiben.... Lernen Kinderchen Japanisch? Hast Gelegenheit mit Kinderchen Musik zu treiben? ..." Die Entwicklung und Bildung der Töchter liegt Heinz am Herzen und so schreibt er auf der bald darauf folgenden Karte vom 13.10.1941: „... Für unsere Mädchen stelle ich in den Mußestunden aus Musikwissenschaftsbüchern lehrreiches zusammen zum späteren Nutzen. ..."

Else hatte gehofft, dass mit der Invasion Japans in NiederländischIndien auch die Befreiung der Männer näher gerückt sei. Sie schreibt im Januar 1942: „Morgen wird unsere Renate 5 Jahre alt und sie muß ihren Geburtstag ohne ihren Pappi feiern. Wir wissen nicht einmal wo Du bist. Vor einigen Tagen erfuhren wir durch die Zeitung, daß Ihr nach BritischIndien gebracht worden seid. Wie schwer der Schlag ist, jetzt wo wir so große Hoffnung auf Eure Befreiung hatten, kannst Du Dir denken. Dann die Sorge, ob Ihr die Seereise gut überstanden habt. Und ob Ihr einigermaßen untergebracht seid." (25. Januar 1942)

Erst Anfang März erfährt Else vom Untergang eines der Transportschiffe. Einige Frauen wissen schon, dass ihre Männer umgekommen sind. Sie notiert am 6.3.1942: „Wir anderen wissen nicht ob unsere Männer leben. ... Wenn wir nur Nachricht hätten!“ Aber in Japan funktioniert der Nachrichtenfluss noch: Bereits am 10.3. werden die Namen der Vermissten bekannt gegeben. Ihr Heinz ist nicht darunter, welche Erleichterung! Und Else fährt fort: „Die Frauen, die Nachricht haben, daß ihre Männer vermißt sind, hoffen immer noch, daß ihre Männer eines Tages auftauchen. Sie glauben es einfach nicht, zumal wir gar nicht wissen, was eigentlich passiert ist.“ (20. März 1942)

Die äußere Welt passt so gar nicht zur inneren. Else beschreibt den Frühling: „Frühling in Japan. Der Blick aus meinem Fenster ist wunderbar. Im Hintergrund das blaue Meer im hellen Sonnenlicht und vor mir eine Blütenpracht! Die Kirschbäume blühen. Zu hunderten sieht man die blühenden Bäume. Wunderschöne, herrliche Natur. Das Leben ist erwacht und die Sonne durchtränkt es mit ihren warmen Strahlen. Wenn es doch auch Frühling in unseren Herzen werden wollte...“ (26. März 1942) Else weiß noch immer nicht, wo sich Heinz befindet und erzählt: „Gerüchte schwirren in der Luft ihr wäret nach Bombay gebracht, aber niemand weiß etwas Bestimmtes.Es ist fast zum Verzweifeln.“ (3. April 1942)

Die Kinder sind Else jetzt ein großer Trost, sie sorgen für die schönen Momente in diesem schwierigen Leben. So erzählt sie: „Die Kindlein sitzen hier neben mir auf dem Fußboden und spielen mit den Tässchen. Sie spielen ‚Einladen‘ und reden sich mit ‚Sie‘ an und essen kleingeschnittene Äpfel. Es ist köstlich, ihnen zuzusehen. Sie sehen heute so niedlich aus in ihren rosa Organdy Kleidchen. Die Kleidchen bekamen sie kurz bevor wir Niederländisch Indien verließen. Jetzt muß ich sie schon wieder länger machen, so gewachsen sind sie. Wie schade, daß Du sie nicht sehen kannst, Deine großen hübschen Töchter. Irmgard ist wie immer ein Strick, hat aber furchtbar Angst vor Hunden, Pferden und Autos. Wie das kommt kann ich mir nicht erklären. Sie muß sich mal sehr erschreckt haben. Renate ist ruhig und besonnen in ihrer Art. Sie ist nur so langsam beim Essen. Aber sonst ein sehr liebes Mädel...“ (24. Mai 1942)

Anfang Februar 1943 folgt eine weitere Verlegung, diesmal nach Yokohama, wo sie in der „Internationalen Schule“ untergebracht werden, die infolge des Krieges leer stand. Else schildert die Situation: „Ich habe mich jetzt ein bißchen eingelebt. Wir frieren nur so schrecklich. Es ist doch ein großer Unterschied Atami und hier.“ (11. Februar 1943) Die Kinder besuchen eine Kinderschule in der Nähe. Mütter stellen die Lehrkräfte.

Im März hat Else die Möglichkeit, ein Konzert zu besuchen. Geleitet von einer Künstlerin, die bei Kriegsausbruch gerade in Japan auf Tournee gewesen war und nun ebenfalls hier festsaß. „Jetzt gibt sie mit japanischen Künstlern Konzerte“, schreibt Else und fährt fort: „Das erste Konzert war nur Bach. 1. Konzert dmoll für Cembalo und Streicher. 2. Sonate für Violoncello und 3. 5. Brandenburgisches Konzert für Cembalo. Heinz, es war eine Feierstunde, wie ich sie in den letzten Jahren nicht mehr erlebt habe.

Mein musikhungriges Herz hat sich gelabt aus frischem Quell. Ich habe die Augen geschlossen und mich ganz dem Einfluß der Töne hingegeben. Dabei kamen mir die Tränen und ich mußte an Dich denken. Ach, wenn Du neben mir gesessen hättest und mit mir erleben hättest können!" (28. März 1943)

Zu dieser Zeit tauchen in Yokohama Überlebende der Van-Imhoff-Katastrophe auf. Sie kennen Heinz Otto aus dem Internierungscamp auf Sumatra und Else ist ganz aus dem Häuschen. Am meisten beruhigt es sie zu hören, Heinz sei im Kamp immer froh und oft lustig gewesen. Bald erreicht sie auch endlich persönliche Nachricht aus Indien, aus dem Internierungslager Dehradun. „Als ich heute Abend müde aus Yokohama zurück kam, fand ich Deinen Brief vor. Ich habe gejubelt vor Freude und Glück. Gerade auf der Heimfahrt in der Kleinbahn hatte ich so intensiv an Dich gedacht. Ich habe mir liebe Worte ausgedacht, die ich Dir sagen will, wenn wir uns wiedersehen. Und diese schöne Überraschung." (2. Juli 1943) Die Briefe und Karten waren oft ein halbes Jahr unterwegs, aber Else ist glücklich, sie fühlt sich nicht mehr ganz so verlassen.

Else nutzt die Zeit in Japan für kulturelle Erkundungen und berichtet: „Vergangenen Sonntag war ich mit einigen Bekannten in der Tempelstadt „NIKO"…. Zwei Stunden sind wir herumgelaufen um diese Pracht anzuschauen. Ein buddhistischer Tempel nach dem anderen. Jeder Bau für sich ein Prachtstück und Prunkstück an Ornamenten und Toren, Bildern und Figuren in schillernder Farbenpracht und purem Gold. Die schweren Tore waren mit Messing beschlagen. Leider waren wir sehr müde. Ich hatte Mühe, mir alles bis ins Kleinste anzuschauen. Todmüde gingen wir in ein japanisches Gasthaus, um unseren Proviant zu essen, denn man bekommt nirgends etwas Eßbares." (15. August 1943)

Als Kriegsflüchtlinge müssen die deutschen Frauen viel improvisieren. Zum Beispiel berichtet Else im September von einer Veränderung:

„Ich bin umgezogen, aber nur zwei Türen weiter. In meinem früheren Zimmer, das sehr groß war, ist eine Schule eingerichtet worden, und zwar die erste Klasse. Renate hat also keinen weiten Schulweg." (18. September1943)

Nicht nur die Frauen aus Niederländisch-Indien sitzen in Japan fest, sondern auch die Besatzungen der deutschen Schiffe, die kriegsbedingt nichtweiterfahren konnten. Es sind oft junge Matrosen darunter und Else scheint sich um diese zu kümmern: „Heute morgen haben wir drei ganz gemütlich Kaffee getrunken in unserem Zimmer. Ich habe ausnahmsweise Kakao gekocht, und es gab noch ein Stückchen Kuchen, den ich gestern für einen jungen Matrosen zum Geburtstag gebacken habe. Die Jungens haben doch immer ein bißchen Heimweh nach der Mutter. Da müssen wir den jungen Burschen ein bißchen Heimat geben." (5. Dezember 1943)

Bereits im Oktober hatte sie notiert: „…ich bin sonst immer so beschäftigt, daß ich wenig Zeit für mich habe. Dazu kommt, daß wir in diesem großen Haus oft so viele Gäste haben, wo man verpflichtet ist dabei zu sein, weil es meist Marineleute sind, die nicht wissen wo sie sonst hingehen sollen, weil sie hier im fremden Land genauso einsam sind wie wir. Sie freuen sich, wenn sie kommen dürfen." (3. Oktober 1943)

Dies trifft sicher auch besonders in der Advents und Weihnachtszeit zu. Else näht Puppenkleider, das ist erschwinglich und sie machen Musik, singen Weihnachtslieder, Else übt jeden Tag Klavier und auch für ein Weihnachtskonzert, welches gegeben werden soll, und welches ein voller Erfolg wird.

Der Januar 1944 beginnt mit großer Kälte. Zunächst verläuft ihr Leben in gewohnten Bahnen. Renate macht sich gut in der Schule, das Zusammenleben mit den Frauen ist weiterhin schwierig. Else notiert: „Mir geht es gesundheitlich sehr gut, nur möchte ich mal eine Zeit aus meiner Umgebung. Jeder Tag ist schwerer zu leben. Und ich muß mich jeden Morgen neu wappnen für alle die Stacheln und Angriffe von Seiten der Frauen mit denen ich gezwungen bin hier zu leben." (13. Februar 1944) Elses Wunsch nach Umgebungswechsel wird ihr schneller erfüllt als ihr lieb gewesen sein wird, denn 1944 beginnt die Bombardierung von Tokio und Yokohama durch die amerikanische Luftwaffe, nicht zuletzt auch wegen des deutschen U-Boot Kontingentes, welches im Hafen von Yokohama liegt. Else, die ausgebildete Krankenschwester, hilft bei der Bergung und Behandlung der Verwundeten. Nach der Bombardierung werden die Familien wiederum umgesiedelt, diesmal, es ist der 16. April 1944, nach Funatsu in das

„Bekkan Hotel" am Kawaguchi-See. Dieser See liegt direkt unterhalb des Fujiyama und vom Hotel aus hat man nach Süden hin einen wunderbaren Blick auf den nahezu 4000 m hoch ragenden, majestätisch sich erhebenden „Fuji", den heiligen Berg der Japaner.

Das Hotel liegt inmitten eines großen Gartens mit Karpfenteichen und kleinen, versteckten Lauben zwischen Lavafelsen und Else notiert am 23. April: „Der Umzug und das erste Einleben liegt schon hinter uns. Es ist manches unbequem und ungemütlich, aber mit gutem Willen und Humor werden wir alles überstehen. Die Gegend, direkt an einem der Fuji-Seen, in 800 m Höhe ist entzückend. Von meinem sehr hübschen Zimmer habe ich den Blick auf den See und die umliegenden Berge. Überall sieht man Lavasteine, auf denen unsere Kinder mit Vergnügen herumklettern und natürlich mit Rissen und Löchern in Kleider und Strümpfen nach Hause kommen. Ein Badeplatz direkt vor dem Haus ist auch da. Wir können auch viele Spaziergänge machen, wozu wir bis jetzt leider noch nicht die Zeit fanden. Ich habe hier das Amt des Gesundheitswesens übernommen und habe bereits seit einigen Tagen zwei Patienten... Es macht mir viel Spaß. Ich werde mir nur noch ein Krankenzimmer mit Medizinschrank einrichten." (23. April 1944)

Das Hotel ist ein Sommeraufenthaltsort, die Böden aus Tatami, einem enggeflochtenen Bast, eingerahmt von mannsgroßen, hölzernen Rahmen. Jeder Rahmen ist als ein Schlafplatz gedacht. Natürlich dürfen die Räume nur ohne Schuhe betreten werden. Zuerst schlafen die drei auf Futons; später werden Betten gebracht, die von der „Gneisenau" ausgebaut worden waren, einem deutschen Kreuzfahrtschiff, das nach Ausbruch des Krieges auch nicht mehr nach Deutschland zurück fahren konnte. Renate las später, dass die Japaner das 20.000 Tonnen Schiff übernahmen und zum Flugzeugträger umrüsteten.

Else beschreibt die vielen Risse in den Fußböden des Hotels und da das Gebäude mit seiner Leichtbauweise nur für Sommergäste gedacht war, ist es als Winterquartier vollkommen untauglich. Else und die Kinder leiden sehr unter der Kälte. Nur einige Räume haben Öfen und diese heizen so schlecht, dass man nur warm wird, wenn man dicht davor sitzt. Der Schnee liegt im Winter so hoch, dass sie, doch nur mit ihren leichten Tropenschuhen bekleidet, bis zu den Knien einsinken. Es werden einige Gummistiefel aufgetrieben, die von den Kindern reihum getragen werden, damit jeder einmal im Schnee spielen kann. Die Wasserleitungen des Hotels frieren ein, einige platzen auch, sogar der große See ist zugefroren. Um Wasser zu bekommen, müssen sie ein Loch in die Eisdecke hacken, dann wird das Wasser mit Eimern von einer Menschenkette zum Hotel transportiert. „Wir nehmen jetzt so viel in Kauf. Alles wiegt auf, wenn man die herrliche Natur sieht und weiß, daß man hier sicher ist", schreibt Else in ihr Tagebuch. (Mai 1944ohne Datum)

Ihre Nahrung besteht hauptsächlich aus Süßkartoffeln und Reis, die die Japaner reichlich zustellen. Manchmal gibt es auch Karotten und Kohl, was den Speisezettel bereichert. Fleisch erhalten sie kaum, wenn überhaupt. Während der ganzen sechseinhalb Jahre ihres Aufenthaltes in Japan erhalten sie nie Frischfleisch. Corned Beef und Thunfisch in Dosen werden als Haschee oder Frikadellen zubereitet. Butter kommt immer ranzig an und das weiche, weiße Brot ist nur zu oft bereits schimmelig. Sie erhalten Dosenfisch und Corned Beef durch das deutsche Konsulat, angeblich von erbeuteten unddann versenkten feindlichen Schiffen.

Der bereits zitierte Legationssekretär der Deutschen Botschaft in Tokyo, Wolfgang Galinski, berichtet über die Versorgung der deutschen Flüchtlinge: „Als dann die Botschaft ihre Tätigkeit einstellte, haben wir am Kawaguchi-See viel für diese Frauen und Kinder gearbeitet: Tische und Bänke für eine kleine Schule dort gebaut, eine Schusterwerkstatt ins Leben gerufen, für die Kinder, die schnell aus ihrem Schuhwerk herauswuchsen, das bei dem steinigen Boden dort auch relativ rasch reparaturbedürftig wurde, die Schuhe geflickt, und auch für die kleine deutsche Gemeinde Brot gebacken.

Die Deutschen bekamen zunächst einmal die gleichen Rationen wie die Japaner. Es gab weißes japanisches Brot und zusätzlich hatten wir dunkles deutsches Schwarzbrot aus unserer eigenen Bäckerei. Dann gab es an Ort und Stelle natürlich Gemüse, zum Beispiel Mais und Kartoffeln, da diese Gegend als Anbaugebiet für Saatkartoffeln für Hokkaido diente.

Außerdem hatten die Deutschen in Japan eine Art Zusatzversorgung. Ein deutscher Hilfskreuzer, der im Pazifik operierte, hatte ein australisches Proviantschiff gekapert. Dieses hatte Schmalzfässer und zahllose Kisten mit Konserven wie Corned Beef und Leberwurst an Bord. Diese eroberten Lebensmittel wurden von der deutschen Marine den Deutschen in Japan zur Verfügung gestellt, wodurch unsere Kost in willkommener Weise aufgebessert wurde. Hinzu kam, dass es in den örtlichen Fleischereien immer Dinge gab, die die Japaner nicht besonders gerne aßen, die aber den Deutschen als Zusatzkost hochwillkommen waren, wie Leber, Herz oder Lunge vom Schlachtvieh." (Galinski, a.a.O. 2000, S.137)

Die Frauen erhalten auch Zigaretten, die dann auf den Bauernhöfen der Umgebung gegen Eier eingetauscht werden können. Darüber hinaus besteht wenig Kontakt zur japanischen Bevölkerung. Erwachsene wie Kinder lernen daher nur die nötigsten japanischen Wörter zur Kommunikation.

Funatsu war also ein kleines, auf Lavafelsen gebautes Dorf, das am Kawaguchi-See liegt und an dessen Ufern damals eine Reihe von sehr netten Hotels gelegen war. Irmgard erinnert sich, dass der See sehr tief war und unzählige kleine Buchten hatte. Die Kinder liebten es, von den hohen Lavafelsen in den See zu springen und hatten ihren Spaß am Badestrand, wo sie einige der Birkenholzmöbel ins Wasser warfen und diese „Flöße" dazu verwendeten, weit in den See hinauszuschwimmen. Es war ein Paradies für Kinder. Einmal schwamm Renate quer über den See. Natürlich wurde sie von ihrer Mutter ernstlich gerügt. Nach Renates Aussage geriet ihre Schwester Irmgard oft wegen ihrer Possen in Schwierigkeiten. Auch Else klagt: „Irmgard macht mir im Augenblick viel Kummer. Sie kann überhaupt nicht gehorchen. Jeden Tag verbiete ich ihr, ans Wasser zu gehen und auf die Felsen zu steigen, weil sie immer nasse Schuhe und Strümpfe bekommt und auf den Felsen macht sie alle Schuhe kaputt. Jeden Tag rege ich mich von neuem auf. Aber alle Strafe war bisher nutzlos, weil es eben die anderen Kinder auch tun." (21. Mai 1944) Überhaupt, die beiden Mädchen könnten unterschiedlicher nicht sein, das hatte Else bereits in Yokohama festgestellt:

„Irmgard kann ich zwanzigmal am Tag waschen weil sie immer wie ein Ferkel aussieht. Sie strolcht überall herum und klettert auf Bäume, dann stochert sie am Ofen herum. Manchmal bringt sie mich zur Verzweiflung, zumal ich keine Seife habe ... Renate ist fast immer sauber. Gestern Nachmittag brachte sie mir ganz von selbst eine Tasse Milch ans

Bett und ein Butterbrot. Alle Frauen hier haben sich darüber gewundert. Sie wird mal ein richtiges Hausmütterchen...“ (21. März 1943)

Erbaut auf Lavafelsen befinden sich unter dem Hotel ausgedehnte Höhlen und Gänge, in welchen die Kinder Versteck spielen. Eines Tages, erzählt Irmgard, entdeckten sie dort unten zwischen den Felsen eine Kiste mit wunderschönem Porzellan, kleine Schälchen in Fischform, Becherchen und Teekännchen, mit denen die Kinder begeistert spielten. Recherchen ergaben, dass all diese Kostbarkeiten dem Hotelbesitzer gehörten, der sie dort vermeintlich sicher zwischengelagert hatte. Die deutsche Botschaft musste nun einiges ersetzen.

Immer wieder leidet Else an der mangelhaften Kommunikation mit ihrem Ehemann, wobei sie nie weiß, sind es die chaotischen Postverhältnisse oder ist es ihr Heinz, der es mit der Beziehungsaufnahme nicht so ernst nimmt. So schreibt sie im Juni 1945: „Endlich einen Brief vom 16.1.1944 von Dir erhalten. Ich danke Dir, Liebster. Wie schön, daß Du gesund bist. Wie glücklich bin ich immer, wenn ich höre, daß Du so aktiv bist, daß Du so strebsam bist. Nur eines fehlt mir sehr in Deinen Briefen... auf keine einzige Frage gehst Du ein, erwähnst nicht mal, ob Dir das Foto gut gefallen hat und ob Du Dich gefreut hast. Das betrübt mich sehr. Ich sinne nach Gründen. Es kann ja sein, daß Briefe verloren gegangen sind ... Ich glaube aus Deinen Briefen zu ersehen, daß Du seelisch und körperlich Kraft hast. Darum Kopf hoch und mutig in die Zukunft schauen. Leb wohl Geliebter, ich gehe jetzt schwimmen. Ich stärke mich für die Zukunft. Deine Else“. (3. Juni 1945)

Irmgard erinnert sich: „Jeden Herbst kamen Scharen von Mönchen und zogen mit Fackeln in der Nacht den Fuji hinauf. Viele Tempel gab es und wir erlebten aufregende Tempelfeste, wie das Kirschblütenfest, das Laternenfest, und das Karpfenfest“. Irmgard hat alles als außerordentlich schön in Erinnerung. Die Mädchen fürchten sich jedoch vor den erschrekkenden Masken der Feiernden und den großen, lauten Trommeln mit ihrer fremden, für sie unheimlichen Musik.

Die verglaste Veranda des „Bekkan Hotels“ wird als Schulzimmer benutzt, wo die ältesten Kinder ihren ersten Unterricht erhalten. Mit dem kriegsbedingt zunehmenden Zuzug deutscher Familien, vor allem Botschaftsangehörigen in das Gebiet um den Kawaguchi-See, kommen auch deren Kinder zur Schule im Hotel, wo jetzt vier Grundschulklassen eingerichtet werden, die von zwei deutschen weiblichen und zwei männlichen Lehrern geleitet werden. Unter diesen neuen Evakuierten sind auch einige „musikalische Größen“, von denen Else sich Rat wegen der musikalischen Ausbildung ihrer Kinder erhofft, die ihr sehr am Herzen liegt.

Hier, am Kawaguchi-See, sehen die Familien wenig Konkretes vom Krieg, obwohl der Fujiyama mit seinen 3700 m Höhe ein Wegweiser für Luftangriffe auf Yokohama und Tokyo zu sein scheint. So schreibt Else im

Juni 1945: „Eben sind wieder über hundert Flugzeuge ‚B 29' über unser Haus geflogen. Es ist ein eigenartiges Gefühl, wenn man das ohrenbetäubende Gebrumme über einem hört und weiß, daß der Feind wieder mal vernichtet, Leben zerstört. Ach Gott, mache Du ein Ende mit dieser schrecklichen Not. Wie lange noch?" (10. Juni 1945) Manchmal können die Kinder sehen, wie einige der Angreifer von der japanischen Luftabwehr abgeschossen werden. Die Frauen und Kinder sind jedoch nie in Gefahr. Als Tokyo und Yokohama mit Brandbomben angegriffen werden und lichterloh brennen, können sie den glühenden Himmel von ihrem Standort aus sehen.

Der Abwurf der Atombomben auf Hiroshima und Nagasaki wird nirgendwo thematisiert. „Die Japaner weinten und klagten laut", erinnert Irmgard und: „Wir mussten einige Tage im Haus bleiben."

Am 15. August 1945 ist auch in Japan der Krieg zu Ende, obwohl die japanische Kapitulationserklärung erst am 2. September 1945 unterzeichnet werden wird. Irmgard ist dieses Datum in besonderer Erinnerung geblieben, denn die Stimmung in der Bevölkerung schlug um. Sie erfuhren als deutsche Staatsbürger deutliche Ablehnung von Teilen der japanischen Bevölkerung. Erklären konnte sie sich das nicht. Erst viele Jahre später las Renate, dass dies mit der Kapitulation zusammengehangen habe. Die Japaner fühlten sich von den Deutschen militärisch im Stich gelassen. Else aber ist erleichtert und schreibt am 19. August: „Nun hat das Kriegstoben aufgehört. Wir können nachts ruhig schlafen und haben nicht mehr die Sorgen um Erhaltung des Lebens und des Besitzes. Wie geht es Euch nur? Wir hörten, daß Ihr nicht mehr in Dehra Dun seid. Auf unsere Anfrage, was mit euch geschieht, haben wir leider noch keine Antwort... Uns geht es hier gut. Aber eine große Arbeitslast liegt vor uns. Wir müssen außer unseren bisherigen Diensten noch Arbeitsdienste leisten: Futter für einen Zugochsen schneiden, das Tier auf die Weide führen, Feld und Gartenarbeit, Essen zu den Holzfällern bringen, ein Weg von 2 1/2 Stunden. Ich bin so todmüde, daß ich oft nicht mehr denken kann. Aber mir ist es gleich, wenn es nur bald ein Ende haben möchte und wir uns endlich wiedersehen."

Als die amerikanischen Besatzungstruppen den Kawaguchi See entdecken, werden einige deutsche Botschaftsangehörige, die in dem schönsten Hotel wohnten, umgesiedelt, um diese erstklassige Unterkunft für die Sieger frei zu machen. Irmgard erinnert sich an die ersten Süßigkeiten, die sie von den Soldaten geschenkt bekamen, etwas, das ihnen bis dahin völlig unbekannt war. Die deutschen Mütter wurden zu Grillpartys eingeladen. Von den amerikanischen Soldaten wurden Ausflüge mit Jeeps organisiert. Auf diese Weise gelangten die Frauen und Kinder erstmalig zu den Eishöhlen am Fujiyama. So wie Renate und Irmgard sich erinnern, war dies für sie als Kinder alles in allem eine wunderbare Zeit gewesen.

Am dringlichsten ist den Frauen in Funatsu die Beantwortung der Frage, was jetzt, nach Kriegsende, mit ihren Männern geschehen, wie es jetzt weitergehen würde. Else schreibt: „Wir haben jetzt in Genf anfragen lassen, was mit Euch wird. Diese Ungewissheit ist so niederdrückend." (15. Juli 1945)

Einen Monat später haben sie immer noch keinerlei Nachrichten: „Wir sind hier alle so unruhig, weil wir so gar nichts über Euer Schicksal wissen. Es gehen so mancherlei Gerüchte herum, daß Ihr abtransportiertseid. Aber offiziell haben wir noch nichts gehört." (16. September 1945)

Auch was aus ihnen selbst werden soll, ist unklar. Jetzt, nach Kriegsende, werden die deutschen Frauen ungeduldig. Sie wollen nach Hause, wollen repatriiert werden, wie man das damals nannte. Doch die Heimreise verzögert sich.

Fast ein Jahr vergeht, bis Else am 26. Mai 1946 wieder ihr Tagebuch zur Hand nimmt. Sie ist resigniert, mutlos und verzweifelt: „Wie lange habe ich nicht geschrieben! Eine Zeit voll Arbeit und bitterer Enttäuschung. Mein früherer Optimismus, meine Ausdauer und Zähigkeit, alles Hoffen schwindet dahin. Ich weiß nicht mehr, was ich glauben und denken soll. Kein Hoffnungsschimmer am Himmel. Alles liegt schwarz vor uns. Und von Dir höre ich nichts. Es ist einfach kein Kontakt da..."

Endlich, Anfang Juni 1946, erhält sie Nachricht von Heinz – aus Deutschland, hört jetzt erst vom Tod ihres Vaters, welcher zu dieser Zeit schon fast ein Jahr zurückliegt. Sie ist betroffen, „da hat man nun so weitergelebt ohne auch nur davon zu ahnen". (9. Juni 1946)

Heimreise

Als schließlich zwei Jahre später, also 1947, das deutsche Botschaftspersonal repatriiert werden soll, ohne dass von den anderen Auslandsdeutschen überhaupt nur die Rede ist, werden einige Frauen aktiv und wenden sich an die zuständigen amerikanischen Stellen. Den Amerikanern ist weder die Existenz von Flüchtlingen aus Niederländisch Ostindien bekannt, noch die Tatsache, dass die Ehemänner dieser Frauen in Dehradun in Indien interniert gewesen waren. Die Organisation der Rückführung ist nach Darstellung des amerikanischen Militärhistorikers Charles Burdick unglaublich chaotisch gewesen. (H.Worm, NOAG, a.a.O, 2008, S.18) Nachdem die Situation endlich geklärt worden war, wird den Frauen und Kindern die Passage auf dem Unterdeck des Militärschiffes „General Black", einem Truppentransporter, versprochen. Knapp 2000 Menschen mussten nach Deutschland zurückgebracht werden, darunter auch Personen, die zwangsweise repatriiert werden sollten. Bereits im

Februar dieses Jahres war die „Marine Jumper“, mit 1068 Deutschen auf direktem Wege nach Deutschland aufgebrochen, ein Schiff vorwiegend besetzt mit Funktionären der NSDAP und deutschen Firmenchefs, sowie einigen wenigen Frauen und Kindern aus Niederländisch-Indien. Die zweite Gruppe setzte sich aus deutschen Botschaftsangehörigen und der Mehrzahl der Frauen aus Niederländisch-Indien zusammen. Diese sollten später mit der „General Black“ reisen.

Am 20. August 1947 schließlich gehen Else und die beiden Kinder mit 806 weiteren Passagieren in Yokohama an Bord der „General Black“. Damit ist ihr erzwungener Aufenthalt in Japan endlich zu Ende. Die Reise geht von Yokohama zunächst nach Schanghai, wo sie einige Tage Aufenthalt haben und wo noch weitere 514 Auslandsdeutsche aus China und der Mandschurei an Bord kommen. In dieser Zeit haben die Kinder reichlich Gelegenheit, das bunte Leben an Land und auf dem Fluss mit seinen Dschunken und Hausbooten zu beobachten. Es ist der Yangtsekiang, der hier bei Schanghai in den Ozean mündet und wegen seines lehmhaltigen Wassers auch der Gelbe Fluss genannt wird. Renate und Irmgard erinnern sich daran, dass sie Essensreste in das Wasser geworfen haben. Auf hoher See wurden doch auch die Speisereste über Bord geworfen, so warfen sie nun auch ihrerseits Eier, Brot, Kuchenstücke und andere Essensreste zu den vorbeifahrenden Booten hinunter und hatten ihre „Freude“ daran, die Menschen unten darum kämpfen zu sehen. Diese Art von „Unterhaltung“ wurde ihnen jedoch bald verboten.

Auf der Weiterfahrt erleben sie einen schweren Taifun, an den sich die beiden Schwestern noch ziemlich genau erinnern. Alles Mobiliar wurde festgebunden und die tiefen Wellentäler, in welche das Schiff scheinbar kopfüber hinein fuhr, sieht Irmgard noch immer lebhaft vor ihrem inneren Auge. Dabei seien sogar große Fische auf das Deck geworfen worden.

Während die Botschaftsangehörigen in den Offizierskabinen untergebracht sind und in der Offiziersmesse ihr Essen von schwarzen Stuarts serviert bekommen, ist die Rückreise für die Frauen und Kinder nicht so einfach, wie auch viele Berichte und Überlieferungen von anderen Rückkehrern anschaulich darlegen. So berichtet Walter Prinzhorn, dessen Vater diese Reise ebenfalls mitgemacht hatte, im Mai 2010 in seiner OnlineFamiliengeschichte: „...Es wurde eine lange schwere Reise mit großer Hitze und salzigem Speck zum Essen. Den ganzen Tag wurden sie von Soldaten mit dem Gewehr in der Hand bewacht.....“ Ähnlich lauten auch Renates Erinnerungen: „Die Botschaftsangehörigen waren in Kabinen und wir gewöhnlichen Leute im Bauch des Schiffes in Sälen mit ca. 300 Kojen untergebracht. Überall wurden wir bewacht von der MP (Militärpolizei). Das Essen schmeckte uns nicht – auf jeden Fall nicht mir. Unsere Mutter musste sich um die Kranken sorgen – so waren Irmgard und ich uns selbst überlassen und sahen sie oft erst, wenn wir ins Bett mussten. Irmgard sah ich auch den ganzen Tag nicht. Wir gingen oft sehr spät schlafen, weil es in den Kojen fürchterlich heiß war. Oft stand ich in der Nacht auf und ging an Deck. Dies tat ich auch, als wir durch den Suez-Kanal fuhren. Dort war es noch heißer und in der Nacht war es angenehm kühl an Deck. Wunderschön war dann die Landschaft im Sonnenaufgang anzusehen und die grünen Palmen entlang des Kanals. Hin und wieder bekamen wir an Deck Filme zu sehen, was für uns ein völlig neues Erlebnis war, genauso neu wie die Schokolade, die wir manchmal geschenkt bekamen." (mündl. Mitteilung)

Für die Fahrt durch den Suezkanal benötigen sie mehrere Tage, da die Passage durch die vielen Schiffswracks behindert wird. In Port Said ankert die „General Black" für einige Tage, was die Frauen dazu benutzen, Kleidung und Schulranzen für die Kinder von ihren ersparten Dollars zu kaufen. Da es niemandem erlaubt ist, von Bord zu gehen, werden Seile zu den Händlern in ihren Booten geworfen und die gewünschte Ware wird hochgezogen, die Zahlung erfolgt auf dem gleichen Wege.

Durch das Mittelmeer hindurch und an Gibraltar vorbei geht die Fahrt weiter nach Bremerhaven. Als sie sich Bremerhaven nähern, fangen sie an zu frieren, erinnert Renate. Die Kleidung ist nicht ausreichend für hiesige Temperaturen. Endlich, am 1. Oktober 1947, kommen sie in Bremerhaven an. Die Neuankömmlinge sind zutiefst erschrocken über die Kriegszerstörungen, die sie sich bis dahin so nicht haben vorstellen können. Sie sehen Menschen, einige davon in Sträflingskleidung, die mit Aufräumungsarbeiten der Trümmer beschäftigt sind. Alle Passagiere müssen sofort von Bord. Sie werden mit dem Zug in ein Übergangslager bei Ludwigsburg gebracht. Es ist eine lange Fahrt mit vielen Unterbrechungen, oft mit stundenlangem Halt auf offener Strecke. An einigen Bahnhöfen werden sie mit Suppe, Tee und einigen Keksen versorgt. In dem riesigen Lager angekommen, müssen sie sich ihre Feldbetten selbst vom Dachboden holen. Renate und Irmgard erinnern sich noch heute, dass es ihnen nie zuvor so kalt gewesen war.

Bereits zwei Tage später trifft ihr Vater ein, der schon vor einem Jahr von Dehradun zurückgekommen war, um sie von Ludwigshafen nach Wiesbaden zu holen. Hier hatte er nach seiner Rückkehr bei Max und Ria Conradi, Martha Weissenbruchs ältester Schwester, Unterkunft gefunden.

Diese Lösung war Folge einer Absprache zwischen Martha Weissenbruch, deren Untermieter inzwischen ausgezogen waren, sowie Heinz und seinem Schwager Alfred Rutkowsky. Alfred sollte mit seiner Familie bei Martha einziehen, weil Heinz zunächst versuchen wollte, im Rheinland wieder bei seinem alten Arbeitgeber unterzukommen. Aber in dieser Zeit Arbeit und Wohnraum zu finden, war nahezu aussichtslos und so blieb ihm schließlich nur die Lösung, in Wiesbaden bei den Verwandten unterzuschlüpfen. Da Wiesbaden in der amerikanisch besetzten Zone liegt, darf die Familie das Lager sofort verlassen.

Die Fahrt nach Wiesbaden wird ein Abenteuer. Die Menschen hängen wie Trauben an den Außenseiten der Wagen. Heinz schlägt vor, sich auf die Puffer des Zuges zu stellen, was Else in einem leidenschaftlichen Streit verhindert. Dann, so erinnert sich Irmgard, fallen ihrer Mutter die Stangen Zigaretten ein, welche sie auf dem Schiff gekauft hatte. Diese bietet sie dem Bahnpersonal an. Das verschafft der Familie recht schnell Platz in einem Abteil, wobei die Mädchen aber auf dem Schoß von fremden Mitreisenden sitzen müssen. Mit einigem Glück kommt auch ihr Gepäck mit. Es ist fünf Uhr morgens, als sie reichlich erschöpft auf dem Hauptbahnhof in Wiesbaden ankommen, von wo aus sie nun mit ihrem Gepäck zur Adelheidstraße 17 laufen müssen.

Das vor der Jahrhundertwende gebaute Haus hatte relativ große Wohnungen. Es war zwar im Krieg nicht zerstört worden, hatte aber doch einige Bombenschäden davongetragen. So waren die Fenster teilweise mit Holzbrettern vernagelt und es gab lange Risse in den Wänden der Küche, in denen sich Feuchtigkeit ausgebreitet hatte, so dass auch schon mal eine große Nacktschnecke über die Wand kriechen konnte.

Hier also finden Else und die Kinder nun ebenfalls Unterkunft, im Heim der Conradis. In dieser Wohnung lebten Tante Ria, Großmutter Marthas Schwester, deren Mann Onkel Max, Pfarrer im Ruhestand, deren Sohn Gustav und die Tochter Elisabeth, genannt „Li“. Obwohl die Wohnung groß war, ist sie doch für so viele Menschen zu eng. Für die nächsten neun Jahre bewohnen Else und Heinz ein Zimmer mit Küchenbenutzung, wobei die Mahlzeiten gemeinsam im Wohnzimmer eingenommen werden. Renates und Irmgards Betten stehen in Tante Lis Zimmer.

Eine Änderung der Situation ist nicht in Sicht, denn der Mangel an Wohnraum in Nachkriegsdeutschland war groß, und es sollte bis 1956 dauern, bis die Ottos endlich in eine eigene Wohnung in der Knausstraße in Wiesbaden einziehen können.

Die Beziehung zwischen den Eheleuten gestaltet sich schwierig. Sieben Jahre Trennung, sieben Jahre unterschiedliches Leben, unterschiedliche Erfahrungen sind für eine Beziehung und Ehe eine große Belastung. Heinz, schon längere Zeit in Deutschland, hatte eine Liaison mit einer der Cousinen angefangen. Für Else, als sie es erfährt, bricht eine ganze Welt zusammen. Alle Hoffnungen, alle jahrelang gehegten Sehnsüchte und Wünsche schwinden dahin. Sie ist verbittert und wird Heinz das in ihrem ganzen Leben nicht mehr verzeihen. Die Moral jener Zeit war rigide, auch leben sie in einem Pfarrhaushalt, wo man nicht darauf eingerichtet war, mit solchen Problemen umzugehen. Sie finden einen Modus, miteinander leben zu können, und dabei wird es bleiben.

Heinz findet eine gute Arbeitsstelle in der Einkaufsabteilung bei den

Chemischen Werken Albert in Biebrich, später Farbwerke Hoechst.

Als Heinz 1974 in Rente geht, zieht das Ehepaar zunächst nach Niedernhausen bei Wiesbaden, anschließend ins südlichste Deutschland, nach Erzingen. Das war Heinz' Wunsch, denn in Erzingen fährt die Eisenahn beinahe auf der anderen Straßenseite. Heinz war ein leidenschaftlicher Liebhaber von Eisenbahnen, großen und Modelleisenbahnen, von denen er selbst auch etliche gesammelt hatte und er liebte es, die Züge gemäß den Fahrplänen zu verfolgen, besonders die ICEs. Es dauert jedoch nicht sehr lange, bis es ihnen dort zu einsam wird. Sie entscheiden sich, zur Tochter Irmgard zu ziehen, die gerade ein eigenes Haus in Dasbach bei Idstein im Taunus baut. Das ist die Gegend, wo sie sich zu Hause fühlen, denn dort sindsie wieder eingebunden in die Familie.

Im Herbst 1984, nach einem Ferienaufenthalt in Holland, erkrankt Else an Bauchspeicheldrüsenkrebs. Von ihren Töchtern gepflegt, stirbt sie zwei Jahre später in Dasbach am 20. Juli 1986. Nach dem Tod seiner Frau zieht es Heinz 1989 wieder in seine Geburtsstadt Wuppertal, wo er bis zu seinem Tod am 14. Februar 1991 in einem Altenheim wohnt.

Renate

Nachdem Renate in Wiesbaden ihre Grund und Hauptschulausbildung beendet hatte, trat sie eine dreijährige Lehre als Schneiderin an. Nach Abschluss ihrer Gesellenprüfung arbeitete sie in einer Modeschule in Frankfurt am Main, wo sie auch den Meisterbrief erwarb. In Frankfurt arbeitete sie dann freiberuflich als Textil-Restaurateurin am Historischen Museum.

1960 lernte sie den dänischen Musiker und Bratschisten Ib Rohde kennen. Das Paar heiratete ein Jahr später am 11. August 1961. Im Laufe der Jahre wurden vier Kinder geboren: Kirsten, Birgit, Annette und Jens. 1968 verlegte die Familie ihren Wohnsitz nach Randers, wo Ib im Orchester des Ortes spielte. 1971 zog die Familie noch einmal um und zwar nach Viborg, wo Ib die Position des Leiters der örtlichen Musikschule erhalten hatte.

Ib war ein guter Musiker und Lehrer. Aufgrund seiner Alkoholproblematik wurde die Ehe 1976 geschieden. Da sie die Familie als Schneiderin nicht ernähren konnte, erlernte Renate den Beruf der Krankenschwester und arbeitete anschließend für zwölf Jahre in der Intensivstation eines Krankenhauses in Viborg. 1977 nahm Renate schließlich die dänische Staatsbürgerschaft an.

Als die Kinder das Haus verlassen hatten, kehrte Renate 1988 vorübergehend nach Deutschland zurück, wo sie zunächst als Haushälterin und dann als Krankenschwester in einem Altersheim arbeitete. Sie fühlte sich jedoch in Deutschland nicht mehr zu Hause und zog 1991 wieder nach Dänemark zurück, da sie ihre Kinder zu sehr vermisste. Dort heiratete sie am 11. Januar 1992 Kjeld Weber Carlsen. Die Ehe war jedoch nicht von Dauer und wurde bereits 1994 wieder geschieden und Renate zog nach Aarhus.

Irmgard

Gemeinsam mit Renate besuchte Irmgard zunächst die Grundschule in Wiesbaden, wechselte dann zur Mittelschule und erwarb dort die Mittlere Reife. Aufgrund von Lehrstellenmangel konnte sie ihren Wunsch, Fotografin zu werden, nicht verwirklichen. Sie ließ sich stattdessen zur Bürofachkraft ausbilden und arbeitete als verantwortungsvolle Chefsekretärin.

1958 lernte Irmgard in einem Sportverein Robert Sponer kennen. Das Paar heiratete am 13. Oktober 1959 und zog nach SchlangenbadGeorgenborn. Dort wurden die Kinder Sabine, Ulrike und Matthias geboren. Ein Sohn, Robert, geboren 1964, starb bereits am Tag nach seiner Geburt.

Am 25. Mai 1979 wurden Irmgard und Robert geschieden. Irmgard zog mit ihren Kindern nach Dasbach, einem kleinen Dorf bei Idstein im Taunus, wo sie im August 1980 Helmut Seifert heiratete.

Die beiden entschlossen sich, in Dasbach ein Haus zu bauen. Das ermöglichte es ihnen, die Eltern Otto zu sich zu nehmen. Diese bewohnten nun bis zu Elses Tod eine kleine Wohnung im Dachgeschoß.

1993 reiste Irmgard mit ihrem Mann noch einmal nach Japan. Sie reisten in Gesellschaft des Ehepaars Schulze. Der Kontakt zu Frau Schulze war noch in der Zeit, als Else Otto in Niedernhausen wohnte, unter eigenartigen Umständen zustande gekommen. Während Else in der Schlange vor einem mobilen Milchhändler stand, bemerkte sie an einer neben ihr stehenden Frau eine japanische Brosche, wie sie selbst auch eine besaß. Natürlich wollte sie wissen, woher die Fremde dieses Schmuckstück habe. Sie machten sich miteinander bekannt, wobei sich herausstellte, dass diese Frau, Ingeborg Schulze, die Tochter des ehemaligen Kulturattachés in Japan war, damals ebenfalls am Kawaguchi-See gewohnt und als Kind häufig mit Renate und Irmgard gespielt hatte.

Die Begegnung mit dem modernen Japan war für Irmgard eine große Enttäuschung. Das „alte" Japan, an das sie sich so lebhaft erinnert hatte, war verschwunden. Alle alten, schönen Hotels am Kawaguchi See waren abgerissen, eine Brücke war über den See gebaut und riesige Parkplätze in die Landschaft gesetzt worden.

Im Dezember 1996 starb Helmut. Irmgard blieb im ihrem Haus in Dasbach wohnen, wo sie auch Klavierunterricht erteilte. Ihre Tochter

Sabine, seit ihrem dreißigsten Lebensjahr an den Rollstuhl gebunden, konntenun in die Parterrewohnung einziehen.

Beide Schwestern blieben dem lutherischen Glauben ihrer Vorfahren verbunden. Irmgard wurde erste Vorsitzende des Dasbacher Kirchengemeinderats und Renate zweite Vorsitzenden des Kirchengemeinderats von „Unsere Frauenkirche“ in Aarhus.

An ihre Zeit in Japan erinnern sich beide mit Freude und Dankbarkeit. Lebten sie dort doch in einer deutschen Enklave und beinahe bis zum Schluss weitab von allem Kriegsgeschehen. Es war das Paradies ihrer Kindheit. Einzig der Anschluss an die Schule in Deutschland sei später schwierig gewesen. Aber diese Brüche im Bildungsverlauf teilen sie mit vielen anderen Kindern und Jugendlichen dieser Kriegsjahre. Renates Resümee: „Ich habe Japan in paradiesischer Erinnerung und möchte diese nicht missen.“

Else November 1934

Heinz Otto vor der Hennemann-Dependance in Bandjermasin

Im Internierungslager Blitar, Else 4. v. li.

Zu Besuch in Sitorang 1937

Japan, Funtazu BekkanHotel am Kawaguchi-See

Else mit Irmgard und Renate

Alfred Rutkowsky und Karl-Heinz Otto während der Internierung

Gertrud und Alfred Rutkowsky

Rutkowskys Weg nach Sumatra

Nachdem die Eltern Weissenbruch 1929 wieder nach Sumatra ausgereist waren, bleibt Gertrud im Haus Heimatfreude, dem sogenannten „Töchterheim“ in Kaiserswerth. Der Wechsel nach Deutschland, die Zeit im „Heim“ erst in Mettmann, dann in Kaiserswerth bleibt ihr zeitlebens problematisch. Die ihr unbegreiflichen Unterschiede im Sprachgebrauch beispielsweise der Zahlen, z.B. „Einundzwanzig“ im Deutschen und „Zwanzigundeins“ im Batakschen, machen ihr in der Schule das Leben schwer und auch im Heim fühlt sie sich wenig verstanden. Sie rebelliert innerlich, sträubt sich gegen den Wechsel ihres Lebensraums. Trost und Freude bringt ihr die Musik. Gertrud ist musikalisch, sie spielt sehr gut Klavier, möchte Organistin werden. Ihr Herzenswunsch geht in Erfüllung. Sie studiert Kirchenmusik am Konservatorium der nahe gelegenen Stadt Düsseldorf. 1931 verlobt sie sich mit dem Missionar Karl Alfred Rutkowsky. Das kam sehr plötzlich. Ihrer eigenen Erzählung nach flog ihr, während sie im Garten des Heims Unkraut jätete, ein Brief in die Schürze, in welchem Alfred anfragte, ob sie ihn als seine Frau nach Sumatra begleiten wolle. Alfred hatte sie in Wuppertal bei ihren Eltern Weissenbruch kennen gelernt, wo sie bei einer Einladung auf dem Klavier vorgespielt hatte. Ihm, der selber leidenschaftlich gern und gut Geige spielte, muss das sehr gefallen haben und da ein junger Missionar niemals ohne Braut ausreisen durfte – er musste schließlich in moralisch einwandfreien und stabilen Verhältnissen leben – erschien ihm Gertrud Weissenbruch wohl als geeignete Wahl. Nach einigem Nachdenken antwortet sie mit einem Brief, der sehr viel über dieses zwanzigjährige Mädchen aussagt:

> Kaiserswerth den 7. Mai 31
> Werter Herr Rutkowsky!
>
> Vor zwei Tagen erhielt ich Ihren Brief. Verzeiht, daß ich so lang auf Antwort warten ließ, doch Sie werden verstehen, daß ich Ihnen nicht gleich hab antworten können. Ihre Frage kommt mir so plötzlich und gänzlich unerwartet, daß es mir unmöglich ist Ihnen jetzt schon eine klare Antwort darauf geben zu können. Sie bitten mich um meine Freundschaft. Freundschaft ist aber das Größte und Heiligste das Sie von einem Menschen erbitten können. Freundschaft heißt, dem anderen sein ganzes Vertrauen entgegenbringen, sich ganz in ihn hineinversenken, Sie sagen es selbst: Ein innerstes Begreifen zweier Menschenkinder in gegenseitigem Helfen. Und die höchste Form der Freundschaft ist doch das Einswerden mit dem anderen. – Kann ich aber einem Menschen meine Freundschaft schenken, den ich fast gar nicht kenne, der mir innerlich noch gänzlich fremd gegenübersteht? Wie, wenn ich Ihnen die Freundschaft nicht

halten kann? Diese Frage ist's, die mich nicht zur Ruhe kommen lässt. – Sie sind Missionar und werden, wie Sie kürzlich sagten, vielleicht in diesem Sommer schon ausreisen. Wie aber, wenn ich Ihnen nach draußen schreiben müßte, daß ich nicht kann? Es wäre mir schrecklich Sie draußen so enttäuschen zu müssen und das ist's wovor mir am meisten bangt. Und dann – ist ein gegenseitiges Kennenlernen in dieser kurzen Zeit möglich? – dazu vielleicht nur auf brieflichem Wege? Mir bangt noch, wenn ich alles überdenke. Ihr Brief kam mir so unerwartet. Ich weiß nicht, ob ich Ihnen ja ein guter Freund sein kann. Doch bin ich gern dazu bereit es zu versuchen. Kann ich Ihnen Ihre Bitte erfüllen, will ich es ganz und mit frohem Herzen. Kann ich es jedoch nicht, so bitte ich Sie, auch dieses mein Nichtkönnen zu verstehenund zu verzeihen.

Es grüßt Sie herzlich
Ihre Gertrud Weissenbruch

Leider ist der Briefwechsel aus dieser Zeit nicht erhalten, aber offensichtlich haben sie den Versuch gewagt. Immer noch muss bei der Missionsleitung in Barmen um Erlaubnis nachgesucht werden, wenn Mitarbeiter heiraten wollen. So schreibt Alfred Rutkowsky an den Missionsdirektor: „Da ich in der nächsten Zeit auf das Missionsfeld gehen werde, habe ich den Wunsch, mich vor diesem Zeitpunkt zu verloben und zwar mit Fräulein Gertrud Weissenbruch … Deshalb möchte ich Sie bitten, mein Vorhaben den Herren der Deputation in der nächsten Sitzung mitzuteilen zur Erwägung von Gedanken, die gegen diesen Schritt erhoben werden könnten…"

Es werden Führungs bzw. Ehetauglichkeitsgutachten über Gertrud eingeholt. Schwester Anna Alfs, die Gertrud bereits aus Sumatra, also von klein auf kennt und nun Leiterin des Töchterheims ist, hält Gertrud für die Missionsarbeit sehr geeignet: „Sie kennt die schweren Seiten des Missionsdienstes. Wohl ist sie noch jung, aber sie faßt die ihr gestellten Aufgaben immer mit ganzer Kraft an und sie tut nichts halb. Wir halten sie für einenaufrichtigen lauteren Menschen, manchmal mag sie ferner Stehenden etwas herb erscheinen, sie verbirgt dahinter ein tiefes Gemüt…." Ein ebenfalls eingefordertes pfarramtliches Zeugnis bestätigt ihre Tätigkeit in Kindergottesdienst und Chor: „Sie ist immer … innerlich dabei, sie sucht nie hervorzutreten" und vermerkt weiter „die nüchterne und durchsichtige Klarheit ihres Redens und Handelns", sie sei „gleich weit entfernt davon der Welt und dem Leben und den Menschen sich zu entziehen, wie sich daran zu verlieren". Kurz, Gertrud wird als geeignet empfunden. Die Verlobung wird von Barmen zum 31. Oktober 1931 genehmigt, ein Datum, welches Alfred sich gewünscht hatte, weil es gleichzeitig das Datum der Silberhochzeit der Eltern Weissenbruch ist.

Nach der Verlobung geht Gertrud nach Holland, um dort Holländisch zu lernen, eine Grundvoraussetzung für die Arbeit in den niederländischen Kolonien. Ihre Ausbildung am Konservatorium bricht sie ab, einmal weil in der damaligen wirtschaftlich problematischen Zeit diese Ausbildung finanziell immer schwieriger zu realisieren ist, zum anderen, weil Gertrud ihre Verlobung als Richtungsänderung für ihr Leben betrachtet. Sie bereitet sich jetzt auf ihr Leben als Missionarsfrau vor.

Alfred Rutkowsky ist zum Zeitpunkt seines Eintritts in die Mission 1926 gerade mal 18 Jahre alt. Er gilt als „überaus begabter, fleißiger und lernhungriger junger Mann“ so der Leiter des Missionsseminars Missionsinspektor Hannig an den Theologen Oestreicher in Heidelberg (25. Mai 1928, PA). Ende 1928 beendet er seine Ausbildung und legt „ein ausgezeichnetes Abschlussexamen ab“ (31. Juli 1931, PA). Für die Arbeit „draußen“ ist er gegen Ende seiner Ausbildung am Missionsseminar noch zu jung. Aufgrund seiner auffälligen Sprachbegabung wird beschlossen, ihn nach Heidelberg zu schicken, um dort bei Pfarrer Dr. Oestreicher und an der Universität Arabisch zu lernen. Es folgen Sprachstudien in Holland an der Universität Leyden und an der Universität Hamburg. Die Mission benötigt einen Islamspezialisten für die Arbeit unter den „Mohamedanern“ auf Sumatra. Diese Aufgabe soll Alfred Rutkowsky übernehmen, dafür wird er sorgfältig ausgebildet.

Karl Alfred Rutkowsky, am 28.Juli 1908 in Lütgendortmund geboren, war jüngster Sohn eines aus Ostpreußen stammenden Bergmanns. Nach dem Besuch der Volksschule kam er Ostern 1922 in das Religionslehrerseminar nach Holzwickede, um dann 1926 in das Missionsseminar in Barmen zu wechseln. Er selbst erzählte über sich, dass er gerne Lehrer geworden wäre, die Familie aber für eine entsprechende Ausbildung kein Geld habe erübrigen können, nach Dieter Becker ein für Missionare typischer Bildungsverlauf: „In vielen Fällen kamen die Bewerber [für den Missionsdienst] nämlich in finanzieller Hinsicht aus einem sozialen Gefüge, das eine Ausbildung der Kinder über die Volksschule hinaus nicht zuließ. Selbst die vergleichsweise kostengünstige Ausbildung zum Dorflehrer konnte für aufgeweckte Kinder aufgrund der wirtschaftlichen Situation des Elternhauses nicht realisiert werden. Die Seminare der Missionsgesellschaften dagegen boten jungen, lernwilligen Erwachsenen, die ohne höhere Schulbildung waren, eine quasi akademische Ausbildung an. Hier konnten junge Männer unabhängig vom Geldbeutel der Eltern Versäumtes kompensieren, ihren Wissensdurst stillen und sich eine Ausbildung aneignen, die deutlich über den Möglichkeiten lag, die ihnen aufgrund ihrer formalen Bildungsqualifikation zugestanden hätte.“ (Dieter.Becker, a.a.O. S.9) Genau so versucht Alfred zu lernen, wo immer es etwas zu lernen gibt, wie etwa auch das Geigenspiel, welches ihm einer seiner Volksschullehrer beibringt und der ihm auch seine erste Geige schenkt. Über seine Lehrer sagt er:

„...[mir sind] viele Lehrer im weiteren Verlauf meines bisherigen Lebens begegnet. Einige haben auf meine innere und äußere Gestaltung bestimmenden, richtunggebenden Einfluß gehabt. Andere sind mir eine Warnung geworden. Sie stehen mir aber alle nahe durch die mir an ihrer Begegnung entstandenen Frage, ob und inwiefern ich von ihnen Lehre angenommen habe." (PA, Lebenslauf) Noch am Ende seines Lebens erzählte er begeistert von der Zeit, in welcher er lernen durfte, in der er Zugang zu Universitäten bekam, philosophische Vorlesungen bei Karl Jaspers in Heidelberg hören konnte und Martin Heidegger las, der damals hochaktuell war.

Im August/September 1931 nimmt er an einem Kursus für tropische Medizin in Tübingen teil. Seine für den Herbst geplante Ausreise nach Sumatra verzögert sich jedoch. „Der junge Bruder Rutkowsky wird nun voraussichtlich im Frühjahr ausreisen. Die finanziellen Verhältnisse unserer Mission haben seine Ausreise jetzt im Herbst, wie wir es wohl vorhatten, leider noch verhindert. Er wird den Winter im Kandidatenkonvikt in Bethel zubringen – eigentlich eine ziemlich dürftige Notlösung. Es versöhnt mich dabei die Tatsache, daß er sicher von dem ehrwürdigen Pastor Wilm viel lernen kann", so Missionsinspektor Hannig in einem Brief an Pfarrer Dr. Oestreicher. (29. Oktober 1931, PA)

Gertrud ist enttäuscht über die Verzögerung von Alfreds Ausreise und drückt das in einem Brief vom Januar 1932 an ihre Eltern aus: „Ob Alfred in diesem Jahr nach Sumatra fahren wird, ist immer noch gänzlich unbestimmt." Die finanzielle Lage der Missionsgesellschaft ist nach wie vor schlecht und die Ausreisegenehmigung wird von Sitzung zu Sitzung verschoben. Und Gertrud will weg, weg aus dem Heim, weg aus Deutschland, je eher desto besser. Der Aufenthalt im Heim bringt ihr nichts mehr, ist vergeudete Zeit, auch fühlt sie sich dort als Kind behandelt, das sie nicht mehr ist, fühlt sich vom „Zwang zur Gemeinschaft" eingeengt. Sie rebelliert und hofft darauf, bereits im nächsten Frühjahr (1933) zu ihren Eltern reisen zu dürfen. „Ich fühle mich hier einfach nicht mehr zu Hause", schreibt sie, die Welt hier wird ihr zu eng. (4. Januar 1932)

Im April bekommen die Weissenbruchs endlich von Missionsdirektor Warneck die lang erwartete Nachricht, dass Alfred demnächst ausreisen wird: „Daß er und Eure Gertrud sehr glücklich darüber sind, brauche ich wohl nicht zu sagen." (27. April 1932)

Alfred soll mit einem holländischen Schiff in der dritten Klasse reisen. Man erwartet, dass er nach seiner Ankunft sofort mit der Arbeit beginnt, zügig sein bataksches Sprachexamen macht und auch die zweijährige Wartezeit bis zu seiner Hochzeit einhält. Warneck schlägt vor, „daß er am besten Bruder Kappner zur Hilfe gegeben wird ... Dort kann er einige Jahre arbeiten, kann dort auch seine Kenntnisse des Mohammedanismus verwerten und mit seinen jungen Beinen in den schwierigen

Bergfilialen herumstiefeln; doch das wird sich ja dann finden, nachdem er die Sprache einigermaßen gelernt hat."

Schließlich, am 27. August 1932 verlässt Alfred Deutschland Richtung Sumatra, wo er am 16. September ankommt. Er bleibt zunächst bei Nommensens in Si Gumpar, um die bataksche Sprache zu erlernen.

Inzwischen klären sich auch die Gedanken dazu, wie Gertrud die Zeit bis zur Hochzeit verbringen könnte. Es steht zu vermuten, dass Gertrud im Hintergrund an diesem Ergebnis kräftig mitgewirkt hat. Am 10. November 1932 beantragt Hermann Weissenbruch in Barmen die baldige Ausreise ihrer Tochter Gertrud nach Sumatra: „Wir Eltern hatten eigentlich den Gedanken, unser Kind noch für einige Monate in einem deutschen Haushalt unter zu bringen, nach reiflicher Überlegung haben wir uns aber gesagt, daß unsere Tochter die beste Vorbereitung für ihren künftigen Beruf doch eigentlich im Elternhause selbst erhalten könnte, wo die Mutter sie in den indischen Haushalt und zugleich auch in die Bataksprache einführen würde.

Es kommt noch hinzu, daß unser Kind in Deutschland kein Heim hat, wo sie gerade das lernen könnte, was für die indischen Verhältnisse erforderlich ist.

Außerdem wäre es uns Eltern, die vor dem Urlaub (1927) 7 Jahre lang und nun nach dem Urlaub 3 1/2 Jahre lang keins ihrer Kinder mehr bei sich haben konnten, (eine große Freude) nun noch eine Zeitlang eine Tochter im Hause haben zu dürfen, zumal die Mutter sehr viel allein sein muß." (10. November 1932 PA)

Zur großen Freude aller Beteiligten wird dem Antrag stattgegeben. Am 27. Januar 1933 schreibt Inspektor Warneck an Alfred: „In der letzten Deputationssitzung ist beschlossen worden, daß ihre Braut, Gertrud Weissenbruch, im Frühjahr ... ausreisen darf. Ich selbst bin sehr dafür, daß eine Braut schon Monate vor der Heirat nach draußen geht, um sich dort einzuleben. Bei ihrer Gertrud ist das ja umso leichter möglich, als sie in das Elternhaus einziehen darf." Dann ermahnt er Alfred zu einem sittlich einwandfreien Verhalten. Er schreibt: „Es ist wohl nicht nötig, Sie noch einmal daran zu erinnern, daß Sie natürlich den Verkehr mit ihr draußen auf ganz seltene Gelegenheiten beschränken müssen. Das Beste wäre, Sie sähen sich überhaupt nicht. Sie müssen da sehr berücksichtigen die Sitte und Mentalität der Bataks, die es absolut anstößig finden, wenn Verlobte miteinander verkehren. Selbstverständlich ist jede Art, auch die harmloseste, von Zärtlichkeit ausgeschlossen. Doch das werden Sie sich wohl jetzt selbst sagen. Wann Sie dann heiraten können, muß seitens der Konferenz bestimmt werden."

Auch sonst wirft dieser Brief ein helles Licht auf Alfreds erste Zeit auf Sumatra. Alfred ist jung, 25 Jahre alt, ehrgeizig und hat sich offenbar mit großem Engagement in seine neue Tätigkeit gestürzt, dabei wohl auch nicht mit Kritik an Menschen und Verhältnissen gespart. Warneck, selbst durch jahrelange eigene Tätigkeit ausgezeichneter Kenner der sumatranischen Verhältnisse, sieht sich auf jeden Fall genötigt, hier etwas erziehlich mildernd einzugreifen und fährt in seinem Schreiben fort: „Sie sind nun eine geraume Zeit bereits im Lande und werden die Augen aufgetan haben. Es kann nicht ausbleiben, daß Sie im Laufe der Zeit manches sehen und hören, was vielleicht ihre Kritik herausfordert. In einer Kirche, die so schnell gewachsen ist, zumal wenn die Zahl der europäischen Arbeiter so rapide vermindert werden mußte, ist natürlich längst nicht alles so, wie es sein sollte. Da ist es nun sehr billig, die Fehler zu suchen und große Reden darüber zu führen. Ich hoffe, daß Sie in der Hinsicht vorsichtig sind. Ich habe allerdings etwas munkeln hören, als ob Sie mit reichlicher Kritik sehr schnell bei der Hand wären. Das ziemt einem so jungen Mann wie Sie sind, wirklich nicht. Ehe man das Recht hat, Kritik zu üben, muß man die Dinge wirklich kennen und verstehen. All die jungen Brüder, die jetzt hinausgehen, wissen ja nichts von den Zuständen, aus denen das bataksche Volk sich in wenigen Jahrzehnten mit rasender Schnelligkeit nach oben hin entwickelt hat. Wer z.B. sich daran stößt, daß er noch manches heidnische im Denken und Leben der christlichen Bataks findet, der hat noch keine Ahnung davon, mit welch einem verderblichen Erbe die jetzige Generation belastet ist, vielleicht ohne es selbst zu ahnen. Daß dieses Erbe nicht mit einem Schlag verschwindet, sollte doch wohl einleuchten. Wer nun allerhand entdeckt, was nicht gut und richtig ist, der sollte nach besten Kräften zupacken, daß es besser wird. Aber viel darüber reden, und womöglich gar die Missionsarbeiter des Ungeschicks und der Untüchtigkeit zu bezichtigen, ist weder klug noch brüderlich. Ich erwarte allerdings von den jungen Brüdern, die jetzt hinausgehen, daß sie mit der Zeit kräftig zupacken und helfen, daß vieles besser wird. Aber dazu müssen sie erst alles gründlich kennen und können. Sollten diese meine Ausführungen auf Sie nicht zutreffen, dann umso besser. Es wird immer schwierig sein, daß die jungen Brüder mit den älteren sich verstehen. Denn es ist nun einmal so, daß die älteren etwas einrosten, und die jüngeren den Himmel stürmen wollen. Beide müssen sich dann beherrschen." (27. Januar 1933)

Dann wechselt Warneck das Thema und wendet sich Alfreds zukünftiger Tätigkeit zu, versucht Weichen zu stellen: „Die Zeit wird nun herankommen, wo Sie nach dem Süden gehen, um sich nun näher mit der Mohammedanermission zu beschäftigen. Da wünsche ich Ihnen nun offene Augen und ein Herz voll Liebe. Letzteres werden Sie sehr nötig haben. Die Arbeit an den Mohammedanern ist wohl die schwierigste, die wir zu tun haben. Der einzige Schlüssel zu ihrem Herzen ist die Liebe, nicht das Disputieren, nicht das Predigen und vor allen Dingen nicht das Polemisieren. Seien Sie also recht vorsichtig. Dadurch, daß wir jetzt Gruppen von christlichen Bataks inmitten von mohammedanischer Umgebung haben, wird uns vielleicht ein Weg in diese Festung geöffnet. Wir Europäer müssen dabei absolut zurücktreten, denn der Moslem will nun einmal von uns nichts wissen."

Im Februar 1933 zieht Alfred nach Padang Sidempuan zu Missionar de Kleine, einem Holländer, um dort in den Angkola Dialekt, die Sprache der Batak im moslemischen Süden, eingewiesen zu werden. Heinrich de Kleine wird später ein guter Freund Alfreds werden und auch Pate seiner Kinder Ute und Michael.

Alfred steht in brieflichem Kontakt mit seinen zukünftigen Schwiegereltern Weissenbruch, die ihn in vieler Hinsicht unterstützen. So versucht Weissenbruch, ein geeignetes Pferd für die zukünftige Arbeit in Sipirok zu finden und Alfred bittet darum, die Kosten zu verauslagen, da er seit drei Monaten kein Gehalt bekommen habe. Im Juli berichtet er von einer bevorstehenden Reise mit de Kleine nach Padang und davon, dass er im August die Missionsstation in Sipirok übernehmen solle.

Am 1. Mai 1933 besteigt Gertrud das Schiff, welches sie wieder nach Sumatra zurück bringen soll und wo sie am 25. Mai ankommt. Sie erlebt jetzt eine Zeit, von der sie in einer Notiz zu ihren Lebenserinnerungen sagt, es sei eine der schönsten Zeiten ihres Lebens gewesen. „Was mir von meinem 8. Lebensjahr ein Unglück war – nämlich von meinem Elternhaus getrennt leben zu müssen – jetzt wurde es mein Glück: Ich hatte mich 1931 mit Alfred Rutkowsky verlobt, der im gleichen Jahr noch als Missionar nach Sumatra ausreisen sollte und in Sumatra waren meine Eltern schon seit 1904 als Missionsleute tätig. Mir erlaubte man in Barmen darum schon nach einem Jahr, statt der vorgeschriebenen 2 Jahre Wartezeit auszureisen und bei meinen Eltern in Sitorang bleiben zu dürfen. Wie glücklich war ich! Alfred wohnte bei Nommensens in Sigumpar und lernte dort die Sprache.

Es war wohl die glücklichste Zeit meines Lebens im Elternhause. Ganz aus der Tiefe meines Gedächtnisses kramte ich mein Bataksch raus und freute mich, von Tag zu Tag mich besser mit den Dorfleuten unterhaltenzu können."

Bereits kurz nach ihrer Ankunft darf sie ihren Vater auf einer zweitägigen Reise zu einer seiner abgelegensten Gemeinden hoch in den Bergen begleiten, an die sie sich lebhaft erinnert.

Ihre Mutter hatte einigen Proviant eingepackt und einer ihrer „Jungen" sattelte ein Paar Pferde. Während sie durchs Dorf ritten, wurden sie wie üblich von einer Schar lachender und schreiender Kinder begleitet. Außerhalb des Dorfes dann schlängelte sich der Pfad in die Berge. Links und rechts des Weges wuchsen Riedgras, Farne und HaramottingSträucher. „Wie freute ich mich über jedes Kräuterchen, Moos und Blümchen am Wege, – alles Weggenossen meiner Kindertage!" Von Zeit zu Zeit machten sie Rast, um den wundervollen Ausblick auf den Tobasee und die ihn umgebenden grünen Reisfelder zu genießen, wo hier und dort ein Dorf seine Dächer über die Kronen der Bäume hob. Je höher sie ritten, umso großartiger wurden die Aussichten. Plötzlich gähnte ein tiefer Abgrund vor ihnen. Riesige Bäume wuchsen davor, deren Stämme über die Schlucht hinausragten, während tief unten ein Wildbach strömte. Es gab keine Brücke. „Wir stiegen ab", schreibt sie, „und sehr vorsichtig stiegen wir Schritt für Schritt in die Schlucht hinab. Je tiefer wir kamen, umso angenehm kühler wurde es. Schon von weitem hatten wir den Lärm der Affen gehört, dann, vor uns, sahen wir sie von Ast zu Ast schwingen. Am Boden der Schlucht angekommen, machten wir wieder Rast. Ich tauchte meine Füße in das kühle Wasser, während die Pferde ihren Durst stillten." Gertrud erlebt alles mit ganz offenem Auge und Gemüt. Ihr Glücksgefühl, wieder in der „Heimat" zu sein, ist deutlich zu spüren.

Bereits in einem Brief vom 3. Juli 1933 – die erforderliche Wartezeit von zwei Jahren war noch mitnichten abgelaufen – fordert Alfred seinen Schwiegervater auf, sich zu einem möglichen Hochzeitstermin zu äußern. Er gehe vermutlich bereits im August nach Sipirok. Es gehe dabei gar nicht in erster Linie um ihn, sondern um die Leute in Sipirok, die ein Fest veranstalten wollten und sich darauf vorbereiten möchten.

Am 9. November 1933 werden Gertrud und Alfred von ihrem Vater in der von ihm gebauten schönen Kirche in Balige getraut. Diese frühe Heirat sorgt in Barmen für Irritationen. Als Missionsinspektor Warneck, der Missionsdirektor, von der frühen Heirat hört, ist er verärgert. In einem Januarbrief an Hermann Weissenbruch drückt er sein Missfallen aus: „Ich hatte bereits gerüchteweise gehört von der Trauung Ihrer Kinder. Ich kann nun nicht leugnen, daß mich die Nachricht sehr überrascht hat. Dein Schwiegersohn, der noch sehr jung ist, sollte nach unserer Auffassung noch etwas warten, zumal von jetzt ab die jungen Brüder vier Jahre warten müssen, ehe sie heiraten dürfen. Ich hatte auch in diesem Sinne nach draußen geschrieben, und war darum ehrlich gestanden, nicht gerade sehr angenehm berührt von der Nachricht, daß die Hochzeit schon stattgefunden hat. Ich hatte geglaubt, Euch eine Freude zu machen, wenn Eure Tochter noch länger in Eurem Hause bleiben könnte. Ich wundere mich auch, daß Dein Schwiegersohn es nicht der Mühe für wert gehalten hat, an die Missionsleitung zu melden, daß er sich verheiratet hat." (4. Januar 1934)

Nach längerem Hin und Her werden einige Missverständnisse ausgeräumt. Übrig bleibt die Sorge, die „jüngeren Brüder" könnten durch diese Hochzeit gegen die ihnen auferlegten vier Jahre Wartezeit rebellisch werden.

Aber geschehen ist geschehen, und für Alfred und Gertrud wird es nun Zeit, von Sitorang nach Sipirok zu ziehen. Sie treiben einen alten Lastwagen auf. Der wird nun mit den Überseekoffern, Kisten, Möbeln,

Nahrungsmitteln, und nicht zu vergessen dem Klavier, das Gertruds Vater in Medan für sie gekauft hatte, beladen. Der Abschied fällt schwer. Ihr Reiseziel liegt ca. 480 km gen Süden. Das Paar findet nicht ganz so komfortable Sitze neben dem Fahrer. Dann geht es los, natürlich für einige Meter von der üblichen Horde schreiender Kinder begleitet. Die Strecke führt entlang dem Tobasee, durch den Ort Tarutung, dann in die Berge. Gertrud beschreibt diese Reise später in einer Erinnerungsskizze, erzählt, wie ihre „Hochzeitskutsche" stöhnte und krächzte und der Kühler dampfte, so dass ständigWasser nachgefüllt werden musste.

Es ist schön, entlang den terrassierten Reisfeldern und den gelegentlich auftauchenden Dörfern zu fahren und hin und wieder einen Blick auf den Tobasee zu haben. Vieles davon erinnert Gertrud an ihre frühe Kindheit. Viele Stunden geht ihre Fahrt auf engen und holprigen Wegen einmal hoch, dann wieder hinunter, an Abgründen entlang und Wasserfällen, bis sie endlich den Hafen von Sibolga erreichen und das Meer sehen. Nach kurzer Rast dort, geht es weiter in Richtung Padang Sidempuan, immer der Küste entlang und über viele holprige Brücken. Als es Abend wird und die Dunkelheit wie in den Tropen üblich, sehr plötzlich hereinbricht, stellt der Fahrer die ziemlich dürftigen Scheinwerfer seines Lastwagens an, die aber bald gänzlich ausfallen. Er hält an, steigt aus, zieht im strömenden Regen seine Zigarettenpackung heraus, reißt ein Stück der Metallfolienverpackung ab, spielt ein wenig mit dem Lichtkabel des Lastwagens, und siehe da, das Licht brennt wieder. Einige Kilometer weiter passiert das gleiche – das Licht fällt aus und wird in gleicher Weise wieder hergestellt – und so wiederholt sich das durch diese „schwärzeste der Nächte", während sie an steilen Abstürzen auf der einen Seite und turmhohen Felsen auf der anderen entlang fahren. Gertrud erzählte später, „daß ein schnelles Gebet nach dem anderen meiner Seele entsprang".

Plätze zum Anhalten gibt es nicht, außerdem leben Tiger in dieser Gegend. Und Gertrud erzählt: „Es hieß also: weiterfahren! Der Fahrer fing an zu singen – die beste Art, Angst zu vertreiben! Auf gerader Strecke beschleunigte er das Tempo; aber kurz vor einer Kurve – wieder Licht aus! – stockfinstere Nacht – ein Ruck und wir saßen im Straßengraben ... mit all unseren Siebensachen und dem Klavier. Der Regen hatte offenen Zugang, alles wurde naß. Gott sei Dank war keiner verletzt. Mit heilen Knochen befreiten wir uns aus dieser mißlichen Lage. Wir atmeten auf, als wir feststellten, daß wir in einer Wegschneise festsaßen wo es sonst nur Steilhänge zu beiden Seiten gab und es also in den Abgrund ging." Und weiter erzählt sie: „Bedäppert und frierend standen wir beisammen und berieten, was nun zu tun sei. Hilfe herbeizuholen in solch einer Nacht war nicht möglich. Eine Plane verhinderte inzwischen den ungehinderten Eintritt des immer noch strömenden Regens." Schließlich trafen sie eine Entscheidung: „Der Fahrer und seine Leute blieben beim Wagen. Alfred und ich liefen durch die Nacht bis zu einer nahegelegenen Siedlung – es war Mitternacht – klopften an eine Haustür und wurden eingelassen. Wir erzählten unsere Geschichte und der Hausherr war bereit, uns mit seinem Wagen nach dem nächsten Ort Sidempuan zu fahren, wo wir bereits von Familie de Kleine mit Sorge erwartet wurden.“ Erschöpft fielen sie nach einem kleinen Imbiss in die Betten. Welch eine Art für Neuverheiratete, das gemeinsame Leben zu beginnen!

De Kleine, schon längere Zeit auf Sumatra stationiert, wird als der Ältere Mentor des Anfängers Alfred Rutkowsky. Alfred sollte von ihm den Angkola Dialekt lernen. Dann, so will es Barmen, soll er die Bibel in diesen Dialekt übersetzen.

Das junge Paar lässt sich in Sipirok nieder, das etwa 160 km nördlich von Padang Sidempuan liegt.

Nach einem Jahr, im Januar 1935, schreibt Alfred einen langen Brief an Inspektor Warneck, in dem er sich für die Glückwünsche zur Geburt seiner ersten Tochter Christa am 17. Oktober 1934 bedankt: „Sie ist inzwischen schon vier Monate alt geworden und entwickelt sich in dem günstigen Klima von Sipirok gut zur Freude ihrer Eltern. Ihrer Mutter ist sie ein rechter Trost, der ihr das zeitweilige Alleinsein vertreiben hilft. Nicht als ob es an sich hier einsam wäre, darüber haben wir hier nicht zu klagen, aber die ausgestreckten Bezirke lassen die Missionarsfrau oft allein sein und da hilft die kleine Tochter schon tüchtig der Mutter, die Einsamkeit zu tragen.“ Dann fährt er fort und legt seine bisherigen Erfahrungen und seine Einschätzung der Missionstätigkeit unter den Moslems dar: „So empfinden wir auch gar nicht den so genannten deprimierenden Charakter der Mohammedanermission bei uns selbst, da wir uns auch nicht um Erfolge gekümmert haben, sondern fröhliche Saatarbeit taten. Dazu haben wir eine Menge mohammedanischer Freunde gefunden, die uns ein unmittelbares Verhältnis zu unserer Arbeit erleichterten.“ Alfred nimmt Stellung zu der geplanten Neuorganisation der Missionsarbeit, welche den Missionar aus der direkten Missionsarbeit herauszieht, um, gleichsam über den großen Gemeinden schwebend, die Arbeit nur noch zu überwachen und wehrt sich: „Ich weiß wohl, daß die Not Barmen zur Einschränkung zwingt und wahrscheinlich wird Sipirok dran glauben müssen, aber deswegen geht es noch lange nicht an, aus der Not eine Tugend zu machen.“ Er verteidigt die Basisarbeit, die er macht: „In übersichtlichen Verhältnissen kommt ein persönlicher Einsatz viel besser zur Auswirkung. Die Gemeinde zwingt einen zu Panditamäßiger Betätigung und läßt einem keine Zeit, den über dem Ganzen schwebenden *Beheerder* [niederl. Verwalter] herauszukehren.“ Über die Frage, ob ihm seine Islamstudien bei der Arbeit nützten, drückt er seine Verwunderung aus: „Mir scheint eine solche Frage nur prinzipiell lösbar zu sein und da muß ich den Nutzen einer islamwissenschaftlichen Schulung für die Mohammedanermission bejahen, denn mir scheint eine Verkündigung des Evangeliums an Mohammedaner ohne genaue Kenntnis ihres geistigen und religiösen Besitzes keinen Sitz im Leben zu haben. ... Wie soll man überhaupt ein sachliches oder persönliches Gespräch mit einem Mohammedaner beginnen, wenn man nicht die innersten Intentionen seines religiösen Lebens kennt und sich in seiner Terminologie nicht zurechtfindet." Man spürt auch seinen Ärger über die in Missionskreisen gängige Sicht von der Arbeit mit Muslimen, wenn er schreibt: „Bis jetzt habe ich noch jedes Mal den hiesigen Mohammedanismus unterschätzt, wegen des oberflächlichen Geredes in Europa vom übertünchten Animismus...." und „von dem was ich bis jetzt gelernt habe an islamischen Dingen habe ich schon manchen Vorteil gehabt.

... Ich habe einen ungehinderten Verkehr zu vielen mohammedanischen Scheichen, Malims [arab. Lehrer] usw. Durch eine gewisse Kenntnis des Arabischen, wovon die Leute erfahren haben, habe ich ein merkwürdiges Vertrauen bei den Mohammedanern bekommen, das ging so weit, daß sie sich erzählten, ich sei eigentlich ein Mohammedaner und nur protestantischer Pandita, weil ich gegen den Zwang meiner Eltern nichts ausrichten gekonnt hätte. ...Wie man aber fruchtbringende Mohammedanermission treibt ... ist eine andere Sache. Ob die Zeit schon da ist? Wenn sie jedenfalls kommt, ... Dann müsste eine starke Batakkirche da sein, um in die Bresche einzuspringen." (29. Januar 1935 PA)

Im Dezember desselben Jahres schickt Alfred einen Brandbrief an Direktor Warneck ab, in welchem er seine Sorge über die Folgen der Umstrukturierung der Missionsarbeit Ausdruckt verleiht und dabei kein Blatt vor den Mund nimmt. Der Brief sagt viel über Alfreds Denken, sein Wesen und Engagement. Es geht unter anderem um die angestrebte Selbständigkeit der Batakkirchen: „Der Fehler der meisten Selbständigmachungsbestrebungen ruht m.E. darin, daß sie nicht von rein kirchlichen Gesichtspunkten ausgehen, sondern von politischen Ressentiments veranlaßt sind. Es ist typisch für diese Art der Verselbständigung, daß sie mit dem Erwachen des Nationalismus Aktualität bekommen hat und zwar eine sehr zweifelhafte." Es geht um die Rolle der Missionare in der Arbeit, ob diese von oben her, als „Beheerder" herrschen oder sie ihre Arbeit in der Betreuung und Seelsorge finden. Es sei ein Fehler, so schreibt er: „... wenn wir uns in die Wolken setzen und die Gemeinden im Stich lassen, weil einzelne Batak keinen Europäer sehen können, – aus falschen Konzessionen an den Nationalismus. Die Frage der europäischen Missionare in der Batakkirche ist eine Lappalie, die sich zu gegebener Zeit damit erledigt, daß die weiße durch die schwarze Haut ersetzt wird." (4. Dezember 1935, PA) Die Missionsmitarbeiter dürften nicht reduziert werden, denn ganze Gemeinden machten sich selbständig und wandern anschließend zum Katholizismus ab. Alfred kritisiert mit harschen Worten und macht auch vor seinen Mitarbeitern nicht halt: „Wenn Sie davon nichts lesen, dann liegt das an der Unglaubwürdigkeit unserer Berichterstattung, um der ‚Propaganda' willen, und an der Fähigkeit mancher Brüder in den unmöglichsten Verhältnissen zu behaupten, daß bei ihnen alles in Ordnung wäre, ja stets voraus gehe." Und weiter: „Die batakschen Christen wollen uns nicht los sein, aber unsere Autorität soll geistlicher Art sein."

Der Einfluss des Katholizismus könne nur eingedämmt werden, wenn der persönliche Einsatz des Missionars gestärkt würde: „Viele laufen über, geworben durch die große ‚Liebe' und ‚Opferwilligkeit' der Katholiken ... Es gibt dann Missionare, die den Mut haben zu behaupten, das sei der Abschaum und Ausschuss. Der Missionar und die Arbeit ist gut, nur die Leute taugen nicht. Ich glaube, daß sich hier die Folgen des ‚Beheerdertums', das über dem Ganzen schwebt, auswirken. ... Und wenn man schon mit diesen Verhältnissen zu rechnen müssen meint, warum legt man nicht mehr Fürsorge auf die Ausbildung unserer eingebornen Mitarbeiter? Unsere Lehrer versagen, wären unsere Pandita nur besser, klagt man allgemein, aber es wird kein Versuch gemacht ihre Ausbildung zu heben. ... Wenn man die Fürsorge anderer Missionsgesellschaften gerade an diesem Punkt der Arbeit sieht, ich habe dabei Leipzig und Basel vor Augen, dann schämt man sich der eigenen Zustände ... Könnten wir uns auf unsere eigenen Mitarbeiter verlassen, dann brauchten wir weder die Selbständigen noch die Katholiken zu fürchten." Auch den Umgang mit einigen „Brüdern" kritisiert Alfred hart: „Aus falschem Mitleid sitzen hier Leute, die längst nach Hause gehörten. Es ist noch viel zu viel Behagen mit unserer Arbeit hier verbunden, die den Aufenthalt hier lieblich und angenehm macht." Er beendet den Brief mit den Worten: „Es schadet nichts, wenn Sie mir zürnen meiner Zeilen wegen. Ich glaubte nicht schweigen zu dürfen. Es geht um entscheidende Dinge."

Warneck antwortet ein paar Monate später, im März des folgenden Jahres und wieder einmal versucht er Alfred zu erziehen, seine harsche Kritik zu mildern: „Es wird mir schwer, Ihren Brief ... zu beantworten, nicht des Inhalts wegen. Denn in vielen von dem, was Sie schreiben, stimme ich Ihnen zu. ...Was mir an Ihrem Brief so weh tut und das Beantworten schwer macht, das ist der Ton, in dem er abgefaßt ist." Er greift einige Kritikpunkte auf und meint dann: „Und wenn wirklich einige Brüder das [dass es eine innere Selbständigkeit geben müsse] noch nicht einsehen, dann wollen wir ihnen in verständiger und zarter Weise dazu helfen. Aber mit einer Kritik, die alles über den Haufen wirft, ist es nicht getan. Das klingt dann schließlich doch so, als ob der Betreffende doch sagen wollte: ich allein weiß, wie es geschehen muß und wer darüber nicht denkt wie ich, der ist eben beschränkt. Das wollen Sie doch wohl nicht." (31. März 1936, PA)

Unwillkürlich stellt sich einem Leser dieser Briefe die Frage, wie die kompromisslose und strenge Art Alfreds sich auf die junge Familie ausgewirkt haben mag. Aber darüber ist nichts zu erfahren. Es werden in rascher Folge Kinder geboren: Christa, am 17. Oktober 1934 in Tarutung, dann Ute, am 10. November 1936, ebenfalls in Tarutung, Peter, am 28. Dezember 1937, und Hans Michael, am 8. Mai 1939, in Balige. Es gibt wohl eine, vielleicht auch zwei Fehlgeburten, über die man aber nichts Genaueres erfährt.

1938 bricht eine Tragödie über die Familie herein: Peter und Ute erkranken beide an Dysenterie. Diese mit Blut und eitrigem Schleim einhergehende tropische Durchfallerkrankung ist besonders für kleine Kinder und Säuglinge lebensbedrohlich. Am 21. Juli schreibt Gertrud aus Tarutung an ihre Eltern, die inzwischen in Deutschland leben, dass ihr ein halbes Jahr alter Sohn Peter, am 17. Juli gestorben sei. Gertrud berichtet, auch Ute gehe es immer noch nicht gut. Alfred hatte den kleinen Peter zweimal mit seinem Auto zu einem Doktor nach Sidempuan gebracht, wo ihm beide Male versichert wurde, dass das Blut in des Jungen Stuhl nicht bedrohlich sei. Auch war Peter munter und schien keine Schmerzen zu haben. Dann wurde es jedoch immer schlimmer und auch Ute zeigte die gleichen Symptome, sodass die ganze Familie aufbrach, um ins Krankenhaus nach Tarutung zu fahren. Dort hatte man dann bei beiden Kindern Dysenterie diagnostiziert. Zwar bekam die ganze Familie noch Spritzen gegen die Krankheit, für Peter kam jedoch alle Hilfe zu spät. Dabei sah es zunächst ganz gut aus wie Gertrud schreibt: „Die Nacht von Freitag auf Samstag verlief günstig; am Samstagmorgen schien es Peter besser zu gehen, Dr. Johannsen und wir alle waren voller Hoffnung, doch nach dem Mittagessen setzte ein Krampf ein, bewirkt durch die Gifte, die schon zu sehr ins Blut gedrungen waren. Dr. Johannsen tat, was er noch tun konnte um das Herzchen zu stärken, aber es half nichts mehr. Stunde um Stunde saßen wir am Bettchen und konnten doch nicht helfen.“ Es folgen Erinnerungen an das kurze Leben Peters, dann schreibt sie: „Es war mir schwer, arg schwer das Peterlein herzugeben. Doch als der Herr es dann zu sich nahm – was blieb uns anderes übrig als es herzugeben, freiwillig und ohne Murren.“ (21. Juli 1938)

Gertrud ist immer noch bei Ute im Krankenhaus in Tarutung, während Alfred jetzt allein zu Hause ist, weil er den Bau des Missionsgebäudes in Languboti beaufsichtigen muss. Nachdem ihm von der Regierung in Batavia [1] Gelder für die Einstellung einer Krankenschwester zugesagt worden waren, muss er auch für diese ein Haus bauen. Auch wird wegen der vielen Fälle von Dysenterie dringendst eine Isolierstation für das Krankenhaus benötigt. „Diese Krankheit ist schrecklich ansteckend”, schreibt Gertrud. So sei vor zwei Wochen ein mit schweren Anzeichen von Dysenterie ins Krankenhaus eingelieferter Mann am Sonntag gestorben und am Montag hätten sich bei Peter bereits die ersten Symptome gezeigt.

Am 18. August schreibt Gertrud aus Tarutung, dass sich die Gesundheit der nun eineinhalbjährigen Ute nur sehr langsam bessere. „Utelein geht es zwar besser – aber sooo langsam. Ihr Stuhl ist immer noch nicht frei. Die Darmwände sind ja so empfindlich, daß sie noch gar keine Diätänderung vertragen können und ich möchte sie auf jeden Fall so lange hier lassen, bis sie wieder etwas andere Kost vertragen kann. Sie bekommt jetzt nur Haferschleim mit oder ohne Eigelb, Maizenabrei oder Zwiebackbrei und Milch ... Sie ist immer sehr munter und schläft gut. Wenn sie nicht so blaß wäre, würde man sie einfach nicht für krank halten." (18. August 1938)

Alfred und Christa sind nun schon seit sieben Wochen von Gertrud und Ute getrennt. „Alfred fällt das Alleinsein dieses Mal recht schwer", schreibt Gertrud. „Zu Hause in der alten Umgebung erinnert ihn alles an Peterchen und er spürt den Verlust in doppelter Weise. Auch läßt die Sorge um Ute ihn nicht zur Ruhe kommen."

Dabei geht es Ute durchaus besser, aber die Genesung des Darms geht nur sehr langsam voran. Nur esslöffelweise kann ihr andere Nahrung zugeführt werden und nicht immer verträgt sie diese. Gertrud selbst tut die doch eher ruhige Zeit in Tarutung gut. Wenn sich Mitfahrgelegenheiten bieten, fährt sie auch mal nach Sipirok, stellt fest, dass das Haus tiptop in Ordnung ist oder nach Siantar, wo sie Wolle kauft, um für die Kinder Pullover zu stricken. Sie bereitet sich schon vor auf den Deutschlandbesuch, den sie im kommenden Jahr hoffen machen zu können – oder vielleicht 1940/41. Erst Wochen später, es ist inzwischen Mitte September, ist die Familie wieder in Sipirok vereinigt. Gertrud schreibt am 20. September: „Fast neun Wochen war ich mit Ute im Hospiz. Und wie dankbar sind wir, daß wir Utelein haben behalten dürfen. Die Ärzte selbst wundern sich, daß das Kind durchgekommen ist. Ich selbst wußte es nicht, daß es mit Ute so schlimm stand; aber es war wohl auch gut so, vielleicht hätte ich sonst nicht die Ruhe gehabt, das Kind zu pflegen." (20. September 1938)

Ende Oktober berichtet Gertrud in einem Brief an ihre Eltern in Wiesbaden von politischen Spannungen, die bis nach Sumatra reichen:

„Inzwischen wird es bei Euch nun auch um vieles ruhiger geworden sein. Die Spannungen waren in der ganzen Welt ungeheuerlich. Die Holländer sind hier allgemein erstaunt, daß wir Deutschen kaum an einen Krieg geglaubt haben, so brenzelig die Sache auch stand. Von der Beyl ist felsenfest davon überzeugt, daß, hätte es Krieg gegeben, in Deutschland selbst Revolution ausgebrochen sei. Jetzt, wo die Koloniefrage stark in den Vordergrund tritt, haben die Holländer Angst, daß Deutschland ihnen Sumatra nehmen würde. Es gehen hier tatsächlich dergleichen Gerüchte im Lande herum, die von England herübergeweht zu sein scheinen." (27. Oktober 1938)

Eine gute Neuigkeit, die Gertrud mitteilt, sie ist wieder schwanger. Sie hofft auf ein „Brüderlein“, einen Ersatz für den kleinen Peter, den sie schmerzlich vermissen.

Die Kommunikationsmöglichkeiten haben sich jetzt sehr verbessert. Briefe waren nun nicht mehr mehrere Wochen mit dem Schiff unterwegs, sondern konnten mit Luftpost transportiert werden, eine großartige Verbesserung, die sich in häufigen Briefen Gertruds an ihre Eltern ausdrückt. So wie Martha ihre Eltern am Aufwachsen der Enkel hat teilnehmen lassen, so berichtet auch Gertrud von den Kindern, erzählt von ihren Äußerungen und Taten. „Es vergeht kein Tag, an dem Ute nicht kommt: ‚Mutti, singen‘. Und dann muß ich mich mit ihr ans Klavier setzen und ein Lied nach dem anderen singen. ‚Mehr, mehr‘ ruft sie dann nach jedem Lied und ergötzt sich an den Bildern. Oft sitzt sie auch allein vor dem Klavier, schlägt z.B. das Frühlingsbild auf und singt: ‚Frühling kommen, Frühling kommen‘, oder ‚Vöglein kommen, Backe Kuchen‘ – wobei sie dann mit ihren Händchen eine eigene Begleitung ‚tippt‘.“ Oder sie berichtet von Christa: „Bei Christa treten jetzt sehr häusliche Züge zu Tage. Sie deckt sich immer den Tisch mit ihren Tässchen, holt sich alles, was sie nur brauchen kann aus meinen Schränken heraus ... Ebenso ist es in der Küche, da stehen dann oft vier und mehr Töpfchen auf dem Herd ... In einem Topf ist Reis in dem anderen ein Gemisch von Kaffee, Zucker, Milch, Salz, Bohnen und wer weiß was für Raritäten noch, alles fürs Püppelein.“ (27. Oktober 1938)

Auch Gertrud hat zwei Hausangestellte, Augustus und Ladimer, von ihnen berichtet sie: „Während Ladimer wirklich treu in seiner Arbeit ist und ich an ihm eine große Hilfe habe, ist August sehr wechselnd ... in der Arbeit. Ich merke oft, daß er mich belügt und auch sonst nicht so ganz vertraubar ist. Es gibt halt doch kaum Jungens, die den Versuchungen, die die Küchenarbeit nun einmal mit sich bringt, widerstehen können. Außer denbeiden Jungen haben wir nur noch den Pferdejungen.“

Besonders wichtig ist es Gertrud, ihre Eltern immer über die aktuelle Missionsarbeit und alle damit verbundenen Personalien auf dem Laufenden zu halten, ebenso wie über anstehende Besuche, Geburten und Todesfälle. Bezüglich der Missionsarbeit nimmt sie selbst auch immer wieder sehr pointiert Stellung, manchmal mit einer erstaunlichen Schärfe, die den Einschätzungen Alfreds kaum nachsteht.

Im selben Brief berichtet sie von einer Sitzung, in welcher es um die Sparpläne und Verteilung der Ressorts gegangen war. Alfred hatte sich zurückgehalten, hatte nur angemerkt, dass, wenn sie dann in Heimaturlaub gingen, keine angemessene Vertretung in Sipirok sein werde. Dann fährt Gertrud fort: „Schließlich, als man Alfred aufforderte etwas zu sagen, muß er auf seine Weise ziemlich scharf losgelegt haben, über all die kurzsichtigen Beschlüsse, wenn das Moderamen [das tagende Kontrollgremium] ein bißchen Rückgrat hätte, hätten wir Richter [offenbar ein Missionar der noch in Barmen ist] draußen usw. Möller hat dann auch ganz offen gesagt, daß Warneck da der Quertreiber sei, der Richter nicht herausgeben wolle. Kurz und gut, der Erfolg von Alfreds Erguß war, daß alle neugefassten Beschlüsse über den Haufen geworfen wurden. Möller setzte einen Brief nach Barmen auf, das Moderamen bäte nochmals dringend um die Aussendung Richters, anderenfalls würde das Moderamen geschlossen zurücktreten und nicht mehr mitarbeiten. Alle, auch der Ephorus haben den Brief unterzeichnet. Nun sind wir sehr gespannt, was Barmen machen wird ... Ich bin so froh, daß Alfred trotz allen oft ausfälligen Redens auch im Moderamen, doch gut gelitten ist und auch der Ephorus (er war am Sonntag noch auf der Durchreise bei mir) ihm nichts nachträgt." Ist da nicht auch ein wenig Stolz herauszuhören, dass ihr Mann in die Verhältnisse gestaltend eingreift?

Inzwischen soll ein junger Bruder Alfred bei seiner Arbeit unterstützen, so dass er sich einige Monate zurückziehen kann, um seine Übersetzungsarbeit in Ruhe voranzubringen.

In einem Geburtstagsbrief an ihren Vater Anfang Januar 1939 erzählt Gertrud von ihrem Weihnachtsfest und davon, wie sie versucht hätte, die Vorfreude der Kinder immer noch ein bisschen mehr aufzustacheln: „Um sie [Christa] in Spannung zu setzen ließ ich hier und da mal das Christkind schlabbern. Diese Freude, wenn sie in dem Häuschen, das sie für das Christkind gebaut hatte, am anderen Morgen wirklich ein Grüßlein und ein paar Häärlein (Lametta) vom Christkind lagen!" (2. Januar 1939) Die Freude der Kinder hilft Gertrud über die gerade zur Weihnachtszeit sich wieder verstärkende Trauer um den kleinen Peter hinweg.

Sie berichtet weiter, einer ihrer Angestellten, Augustus, habe einen Tag nach Weihnachten gekündigt, nachdem er noch die neue Ausstaffierung zu Weihnachten „mitgenommen" habe, und Ladimer würde heiraten, aber bei ihnen bleiben. Jetzt muss sie sich noch einen neuen Jungen suchen und anlernen. Doch ihre Planung geht gründlich schief. Im letzten Moment vor Ladimers Hochzeit stellt sich heraus, dass die Eltern seiner Verlobten ihn hintergangen hatten. Diese hatten das Alter des Mädchens mit 16 Jahren angegeben, daran fehlten aber noch fünf Monate. Diese Unstimmigkeit verursachte nun das übliche Hin und Her zwischen den Verwandten. Diese übten Druck auf Ladimer aus, trotzdem zu heiraten und er hatte nachgegeben. Da Ladimer wegen der fehlenden Volljährigkeit seiner Braut nun nicht kirchlich heiraten konnte, war es Rutkowskys unmöglich, ihn weiter zu behalten, obwohl er selbst gerne geblieben wäre und auch Gertrud ihn sehr mochte. Und nun, kurz nach seinem Ausscheiden, hat Gertrud das Haus voller Gäste und keine Hilfe und es werden mehr Gäste in den kommenden Wochen erwartet als in den ganzen vergangenen fünf Jahren zusammen. Die für Februar geplanten Ferien in Toba werden also erst einmal auf April verschoben.

Gertrud ist überanstrengt, wird krank und muss zehn Tage das Bett hüten. Sie freut sich auf den April, wo sie den ganzen Monat Ferien machen werden, denn nachdem während der Schwangerschaft Komplikationen aufgetreten waren, hatten die Ärzte Gertrud geraten, sich bereits einen Monat vor der Geburt in der Nähe des Krankenhauses aufzuhalten. Nun hofft sie, während der Ferien sich so zu erholen, dass sie zum Zeitpunkt der Geburt frisch und ausgeruht ist. Vielleicht werden sie wieder nach Sipoholon reisen. Alfred könne von dort aus leichter Siantar erreichen, um dort gemeinsam mit Radja Matoea die Arbeit an der Übersetzung des Neuen Testamentes fortzusetzen. „Vielleicht muß ich auch noch dorthin, da meine Zähne mir viel zu schaffen machen. Nach der Geburt besteht kaum Aussicht, zum Zahnarzt zu kommen. Bis wir nach Deutschland reisen, werde ich alle Backenzähne verloren haben.“ (4. März 1939) Da ist Gertrud gerade mal achtundzwanzig Jahre alt.

Gertrud bedankt sich auch für 70 Gulden, welche die Eltern ihnen geschickt haben. Diese wollen sie für ihre Reise nach Deutschland zur Seite legen. Außerdem sind sie glücklich, seit dem letzten Jahr keine Schulden mehr zu haben und sind nun sogar in der Lage, etwas zurückzulegen. Gertrud freut sich: „Nun können wir doch endlich mal für die Zukunftsparen.“

Ute habe sich weiterhin gut erholt. Sie erzählt: „Aber ein Schelm ist sie und weiß genau, wie sie etwas erreicht. Oft kommt sie und fragt: ‚Mutti, Ute muß Bonbon haben.‘ Ich frage: ‚Wie heißt das?‘ ‚Mutti, Ute muß bitte danke Bonbon haben‘. Das sagt sie aber mit einem so schmeichelnden Unterton, daß man ihrer Bitte kaum widerstehen kann.“

Abschließend nimmt Gertrud noch Bezug auf einen Zeitungsausschnitt, den ihr der Vater geschickt hatte. Dort war es um die moralischen Verhältnisse unter Europäern auf Bali gegangen und sie schreibt: „Denkt Euch; diese Mißstände wurden zuerst hier auf der Ostküste aufgedeckt, daraufhin forschte die Regierung in Java und Bali nach und fand überall die gleichen Zustände. Ganz Niederländisch-Indien scheint mit diesem homosexuellen Treiben verseucht zu sein. Es ist ein großer Skandal.“ Sogar einer der Missionsleute ist in diese Sache verwickelt und sitzt nun in Siantar in Untersuchungshaft. Er wird wohl entlassen werden müssen.

Es ist bereits Ende April, als sich Gertrud wieder bei den Eltern meldet. Drei Wochen ihrer Ferien sind schon vorbei, zuerst zwei Wochen Balige, jetzt sind sie in Sigumpar, bei Timeyers. Gertrud genießt das Baden im Tobasee, das Schwimmen tut ihr gut und sie stellt fest: „Ich selbst fühle mich ja nirgends wohler, als wenn ich mich mit meiner ganzen Schwere demtragenden Wasser überlassen kann.“ (30. April 1939)

Sie haben jetzt auch ein Auto, denn Alfred hatte sein Motorrad verkauft und stattdessen einen kleinen Opel erstanden. Beide sind froh, dass sie nun die zwei Räder gegen vier ausgetauscht haben und freuen sich über die Unabhängigkeit, welche ihnen das Auto verleiht. Und obwohl die Niederkunft nahe bevorsteht, reist die Familie noch immer herum, um Freunde zu besuchen. Doch dann bricht der Brief ab und statt ihrer setzt Alfred eine gute Woche später den Brief fort: „Gertrud ist nicht weit mit ihrem Brief gekommen, deswegen möchte ich Euch den freudigen Schluß machen. Montagmorgen haben wir einen Jungen bekommen. Als Gertrud merkte, daß ihre Stunde gekommen war, brachen wir so schnell wie möglich nach Balige auf. Gertrud wollte sich noch fertig machen für die Geburt und ich ging deshalb mit den Kindern an den See zum Baden. Als wir zurückkamen nach einer Stunde kam uns Dannert lachend entgegen. ‚Du hast einen Sohn bekommen', sagte er. In einer Stunde war alles vorbei, Gertrud lag frischgemacht in ihrem Bett und lachte. Sie hatte noch nie eine so leichte Geburt gehabt. Mit drei Wehen war das Büblein auf der Welt." Es heißt Hans Michael. Christas Reaktion beschreibt Gertrud so: „Ja, als sie an dem Morgen zum Baden gingen, war Mutti noch gesund und als sie eine Stunde später zurückkamen, lag da ein Brüderchen in der Wiege und Mutti war so müde, daß sie im Bett bleiben mußte, das war Christa unbegreiflich." (2. Juni 1939) Von Ute berichtet sie dann mehr allgemein: „Ute ist ein Geist, der stets verneint. Wenn die ihre Touren hat, kannst du sagen was du willst, sie antwortet immer nur mit einem trotzigen ‚nein'. Sie hat es überhaupt faustdick hinter den Ohren; man kann ihr kaum böse sein, was die Erziehung aber oft recht erschwert. Ich habe schon oft gedacht, schade, daß man von Ute keinen Film drehen kann, der würde sicher nicht langweilig werden."

In der Missionsarbeit gibt es zunehmend Probleme, wie Gertrud in einem Brief vom zweiten Pfingsttag 1939 berichtet: „Es sieht traurig aus in unserer Mission, seit ihr Alten fort seid. Es sind jetzt nur noch wenige, die das Vertrauen der Leute haben. Die ganze junge Generation hängt in der Luft ... bei den neu Herauskommenden findet man so keine, oder nur sehr wenig Missionsbegeisterung ... Alfred sagte mir gestern noch: sie wollen heiraten und Gehalt haben." (2. Pfingsttag 1939) Die Ursache dieser Entwicklung sieht sie bei der Missionsleitung in Barmen. Dort habe man aus der Mission ein Geldgeschäft gemacht und dieser Geist habe sich auf die jungen Leute übertragen. Auch schienen einige von ihrer Persönlichkeit her recht ungeeignet. Einer etwa schimpfe über die Batak, bevor er sie überhaupt kennengelernt hatte. „Wie will der Mann je ein gutes Verhältnis zu den Leuten bekommen", fragt sich Gertrud. Ein anderer sei ein Aufschneider, er nehme es mit fünf Holländern auf, sagte der öffentlich und wäre beinahe des Landes verwiesen worden, als diese Reden dem Kontrolleur zu Ohren kamen. Alfred meine, der wäre besser ein Romanschriftsteller geworden statt Missionar, er nehme es mit der Wahrheit nicht so genau. Gertrud glaubt, dass es an der Anleitung durch die Älteren fehle und erinnert daran, wie ihr eigener Vater zu Anfang Alfred oft hat bremsen müssen.

Weil Pfingsten ist, wandern Gertruds Gedanken in die Vergangenheit. Um Pfingsten herum, das war die Zeit, in welcher sich Alfred und Gertrud verlobt hatten. Und das geht ihr in diesem Brief durch den Kopf:

„Gestern sind es acht Jahre, daß Alfred und ich uns verlobten und unsere schönen Wanderungen durchs Ruhrtal und durchs Bergische Land machten." Und fährt dann fort zu spekulieren, wo sie mit Alfred und ihrer Familie wohl leben würde, wenn sie in zwei Jahren nach Deutschland zurückkehrten.

In einem Nachwort berichtet sie, dass Alfred wieder auf *Nisang* Jagd gegangen sei. Der Nisang, ein katzenähnliches, langschwänziges Tier, das sich von Früchten und Kleintieren ernährt, hatte fast all ihre Tauben und Hühner geholt. Drei von ihnen hat Alfred schon in dieser Woche erlegt. Dorothea, die jüngste Tochter von Alfred und Gertrud erinnert sich, dass diese Tiere häufig auf dem Dachboden herumgetobt und dort, weil mit einem entsprechenden Drüsensystem ausgestattet, einen übelriechenden Geruch verbreitet hatten. Damals wurden die Tiere in Fallen gefangen und anschließend von den Batak gegessen.

Anfang Juni gibt es Neuigkeiten, die ein Licht darauf werfen, wie sich die Zeiten doch langsam ändern. Gertrud berichtet, dass zwei junge Neuankömmlinge, die Missionare Graumann und Schildmann, in den nächsten Tagen heiraten würden. Dies sei eine kleine Revolution, denn eigentlich hätten auch sie noch länger auf die Eheerlaubnis warten müssen. Das kam so: Der Arzt Dr. Groß hatte sich in Singapur englisch, d.h. standesamtlich und kirchlich in einem, trauen lassen. Gertrud sagt „zum Glück", denn Dr. Groß, der von sich selbst sage, er sei ein Heide, hätte sich sonst nur standesamtlich trauen lassen. Und da sein Vorgesetzter Verwiebe es nicht gewagt hätte, ihm die Heirat zu verbieten, musste er wohl oder übel den anderen auch das gleiche Recht einräumen. Die patriarchalen Strukturen bekommen offensichtlich weitere Risse.

Auch scheint es ihr so, als seien die Zustände in der Mission wie auch bei ihren Mitgliedern, Europäern wie Batak, ein Spiegel der sich in Gärung befindlichen Welt.

Es war der 29. August 1939, drei Tage vor Ausbruch des Zweiten Weltkrieges, als Gertrud wieder schreibt. Sie erwartet die Rückkehr ihres Mannes von einer Schultagung in Tarutung und hofft, dass er aktuelle Nachrichten über die politische Lage mitbringt. Sie äußert sich begeistert über Hitlers Pakt mit Russland: „Hitler ist doch ein Kerl, Junge, ja! Der Pakt mit Rußland, das war mal wieder ein Schachzug, der ihm ähnlich sieht und den ihm so leicht keiner nach macht. Der ganzen Welt blieb da auf einmal – santabi! – die Spucke weg. Alfred findet nachts keine Ruhe mehr, so bewegt ihn die augenblickliche politische Lage: Was mag nun werden? Was wird mit Polen? Wenn es nur keinen Krieg gibt!" (29. August 1939) Unwillkürlich hält ein Leser dieser Zeilen die Luft an. Was sind das für Töne? Aber fernab der Heimat sind die Menschen damals patriotischer als in Deutschland selbst und dieser Patriotismus wird dann nicht selten äußerst fragwürdig.

Die Zeitungen berichten über die Mobilmachung verschiedener Staaten und schreiben auch, dass Deutschland seine Handelsflotte von den Meeren zurückgezogen habe. Die politische Lage führt sogar zwischen Missionsmitgliedern zu vermehrten Reibereien. So scheidet ein Holländer aus dem Missionsdienst aus, weil er seinen Hass auf die Deutschen nicht länger zurückhalten kann.

Seit dem 1. September 1939 ist nun doch Krieg. In einem Brief vom 3. Dezember 1939 berichtet Gertrud, dass auf Sumatra erste Auswirkungen des nun seit drei Monaten währenden Krieges zu spüren sind. Die Gehaltszahlungen werden zum Problem. Was bisher noch an Geldzahlungen nach Niederländisch-Indien durchkam, wurde bisher prozentual unter den Mitarbeitern verteilt. Nun, da die Gehälter gar nicht mehr von Europa transferiert werden können, hat Barmen alle Missionsmitarbeiter formell aus dem Missionsdienst entlassen. Diese gälten jetzt als arbeitslos und erhielten vom holländischen Staat eine Unterstützung von 50 Gulden, teilt Gertrud mit. Berlin habe aber zugesagt, für die Übermittlung der Gehälter sorgen zu wollen und damit wäre diese Regelung dann wohl hinfällig.

Auch die Preise steigen. Milch ist 30% teurer, obwohl die Regierung streng darauf achtet, dass kein Wucher betrieben wird. Der Preis für Butter hingegen sei stabil, denn diese werde von Australien importiert, das nicht am Krieg teilnimmt. Die Post komme nur unregelmäßig. Der letzte Brief der Eltern Weissenbruch sei sechs Wochen unterwegs gewesen und einige Briefe von Sumatra nach Deutschland seien gar nicht angekommen. Darüber hinaus äußert sich Gertrud sehr zufrieden, dass alle Briefe aus Deutschland, auch die an andere Mitarbeiter gerichteten, sehr optimistisch hinsichtlich des Kriegsgeschehens seien, die ostindischen Zeitungen dagegen würden immer das Gegenteil darstellen. „Hoffentlich dauert er [der Krieg] nicht mehr so lange! Die jungen Brüder tun einem ja doch leid, die so lange auf ihre Bräute warten müssen. Verwiebe hat ja nach Barmen geschrieben, sie sollten alle Hebel in Bewegung setzen, um die Bräute über Genua nach hier zu schicken", schreibt sie. (3. Dezember 1939)

In der Missionsarbeit stellen sich die verschiedensten Probleme. Zum Beispiel gibt es für die neue Schule nicht genug Lehrer. So reist Alfred bis hinauf nach Medan, um irgendwie Lehrer aufzutreiben. Schließlich muss er selbst noch einspringen und an der Schule unterrichten, um die Zeit bis zur Ankunft des holländischen Lehrers zu überbrücken. Dann führt ein gewisser *Pandita* Jason in Batangtoroe neue Regeln ein, wie zum

Beispiel, dass die Gemeinde zum Beten nicht länger aufstehen muss, sondern sitzen bleibt, so wie es angeblich die *adat*, die batakische Sitte, verlange. „Zurück zur alten Kultur unserer Vorfahren"; kommentiert Gertrud. Auf der kürzlich stattgefundenen Bezirkssynode habe Jason gefordert, dass das Geld für die Gehälter der Missionsmitarbeiter durch die H.K.B.P. [2] verwaltet werden müsse, da es für die Batakmission bestimmt sei etc. Ein anderer *Pandita* mit Namen Herkules habe versucht ähnliche Änderungen einzuführen, war aber durch seinen Vorgesetzten zurückgepfiffen worden.

Alfred fügt Gertruds Brief an: „So gefährlich wie Gertrud schreibt ist die Sache mit Jason nicht. Er hat hier keinen Anhang ... Die Leute könnten aber schon gefährlich werden, wenn sie den nötigen Anhang hätten, so zeigen sie nur ihre Hörner. Es ist aber auffallend, wie sehr die Kriegszeiten den Leuten neuen Mut machen." Dann berichtet er, dass die Posaunen gut angekommen seien, dass er aber 250 Gulden Zoll habe darauf bezahlen müssen. „Ich muß einmal zusehen, woher ich das Geld bekomme. Die Gemeinde Boengabondar hat ein großes Fest gemacht ... Bis jetzt hat die Gemeinde erst 60 Gulden aufgebracht zur Abzahlung des Zolls, den Rest werden wir wohl vom Gemeindegeld nehmen müssen;" und er fährt fort,

„Vom Krieg hören wir meist wenig und dann meistens die schlechten Dinge. Wir haben uns schon oft ein Radio gewünscht, um Deutschland hören zu können. So sind wir nur auf die Zeitung angewiesen."

Dieser Brief ist die letzte erhalten gebliebene Nachricht Alfred und Gertruds, bevor sich 1940 die Verhältnisse dramatisch ändern sollten.

Kriegsjahre auf Sumatra

Am 10. Mai 1940 fallen die deutschen Truppen in Holland ein. In der Folge werden umgehend alle deutschen Staatsangehörigen, Pflanzer, Geschäftsleute und Missionare in Niederländisch Ostindien in so genannte „Schutzhaft" genommen. Die Männer kommen ins nördlich von Padang gelegene Fort de Kock, das heutige Bukittingi, die Frauen und Kinder werden zunächst in ihren „Heimatorten" festgehalten und ab November im Lager Raja bei Brastagi [3] gesammelt. Nach mündlicher Überlieferung wurde Alfred am 10. Mai, während er geschäftlich unterwegs war, auf offener Straße verhaftet und sein Auto konfisziert. Gertrud war es nur noch erlaubt, ihm einen Koffer zu packen und dann hat sie ihren Mann für sieben Jahre nicht mehr gesehen. Solange Gertrud in Sipirok festsaß, hatte sie wohl die Möglichkeit, einige Kisten mit persönlichen Gegenständen zu packen, darunter vor allem Alfreds Bibliothek. Über die besonderen Geschehnisse dieser Zeit gibt es keine persönlichen schriftlichen Unterlagen von Alfred und Gertrud. Aber andere Betroffene haben über diese umwälzenden Ereignisse berichtet und das deckt sich sehr mit dem, was auch Gertrud später immer wieder erzählt hat. Auch noch nach Jahrzehnten hörte man in ihren Erzählungen die Aufregung und Betroffenheit über das damals ihr so unfassbare Geschehen.

Ein Kollege von Alfred, der Missionar Erich Klappert, hat in seinen Erinnerungen die Ereignisse beschrieben und gibt ein gutes Bild von dem, was die Menschen damals erlebten: „Wie ein Blitz aus heiterem Himmel kam am Nachmittag des 10. Mai 1940 ein kleiner grüner Personenwagen auf unsere Missionsstation Djandjimatogu am Tobasee gefahren. Zu meinem großen Erstaunen stiegen zwei mit Gewehr bewaffnete inländische Soldaten aus dem Auto. Ich ahnte nichts Gutes. Ohne viel Umschweife erklärten mir die beiden, daß ich mit ihnen zum holländischen Beamten nach Balige kommen sollte. Es könnte sein, daß ich auch über Nacht bleiben würde. Ich sollte mir deshalb auch etwas für die Nacht mitnehmen. Meiner erschrokkenen, aber sehr gefaßten Frau übermittelte ich das Anliegen der Soldaten so schonend ich konnte. Die beiden hatten ja auch kein Wort gesagt, daß zwischen Holland und Deutschland Krieg ausgebrochen sei. Meine Frau packte mir Schlafanzug, Handtuch, Seife, Zahnpasta und Rasierzeug in ein kleines Köfferchen. Und so nahm ich von meiner Frau und meinem zehn Monate alten Sohn Berthold, der vergnügt in seinem Laufställchen saß, einen schnellen Abschied. In der Aufregung wollte meine Frau noch nicht einmal einen Hundertguldenschein, den ich aus dem Kassenschrank hinhielt, annehmen. Es sollte ja auch eventuell nur für eine Nacht sein, denn von Krieg wußten wir ja nicht Nun blieben Frau und Kind alleine in großer

Ungewißheit und Unruhe zurück." (Klappert, 1978, S. 12) Seine Frau nahm dann am folgenden Tag nach einer unruhigen und schlaflosen Nacht Kontakt mit den zunächst wohnenden Missionsleuten auf. „Dort erfuhr sie das ganze Geschehen, denn alle Männer waren ohne Ausnahme interniert worden ... Anstatt mich, wie doch gesagt, zum holländischen Beamten zu fahren, fuhr man mich zum inländischen Gefängnis wo ich meine Missionsbrüder aus dem Tobatal schon alle vollzählig im Gefängnishof vorfand." (Klappert S. 13)

Interessant ist hier eine Beschreibung aus holländischer Sicht, welche zeigt, dass auch für Holländer die Situation nicht immer leicht war. Die holländische Verwaltung hatte sich auf einen möglichen Einmarsch der Deutschen in ihr Land gründlich vorbereitet und als von Batavia der Funkspruch „Berlijn" eintraf, wusste jeder, was zu tun war. Es ist C. van Heekeren, der, als Kontrolleursanwärter in Tarutung tätig, die Ereignisse des 10. Mai in seinem Buch „Batavia sent: Berlijn" beschreibt. Er erzählt, wie nervös er an jenem Morgen des 10. Mai war, denn außer, dass die Holländer jetzt mit den Deutschen im Krieg lagen, wusste er weiter von nichts. Er berichtet, wie er sich seine weiße Uniform anzog und sich dann mit einem Auto, dem Fahrer und einem batakschen Polizeioffizier auf den Weg nach Pangariboean machte, um dort den deutschen Missionar Schreiber zur Internierung abzuholen. Als er sich dem Haus näherte, stieg sein Gefühl des Unbehagens und dieses steigerte sich noch, als ihm ein bejahrtes weißhaariges Ehepaar entgegenkam und ihn freundlich begrüßte. Als sie ins Haus traten, hing dort ein großes Portrait von Hitler, was es ihm nun erleichterte, seinen Auftrag auszuführen. Allerdings hielt er sich nicht ganz an die Vorschrift und ließ die alten Leute einen Moment allein, damit sie voneinander Abschied nehmen konnten.

Auf der Rückfahrt musste der ihnen mit dem Auto entgegenkommende Missionar Rebuschat umkehren und ihm nach Tarutung voraus fahren. Unterwegs verlor van Heekeren das Auto jedoch aus den Augen, es war eine Nebenstrecke gefahren. In Siborongborong vor dem Polizeigebäude traf er die Rebuschats wieder: Sie hatten ihren Säugling bei Bekannten abgeholt, weil sie unter den gegebenen Umständen befürchten mussten, von ihm getrennt zu werden. Van Heekeren dazu: „Sehr klug von ihnen, denn falls sie mich gefragt hätten, hätte ich dazu keine Genehmigung geben können."(a.a.O. S.7)

Die batakschen Bevölkerung reagierte meist mitfühlend, wie Erich Klappert beschreibt: „In den Dörfern hatte sich das Geschehen schnell herumgesprochen. Batakfrauen kamen, um meine Frau zu trösten. Sie sagten: 'Wir können dich doch nicht recht trösten. Fahre zu den Frauen, die auch jetzt alleine sind'." Die Anteil nehmende Reaktion der batakschen Bevölkerung hatte auch Gertrud erfahren, hatten doch die Missionare oft schon viele Jahre, wenn nicht sogar Jahrzehnte mit und bei den Batak gelebt. Noch am Abend desselben Tages wurden die Männer mit Lastwagen abtransportiert. Ziel war das etwa 900 km entfernte und in klimatisch angenehmer Höhenlage liegende Fort de Kock, welches sie nach zwei langen Nachtfahrten völlig übermüdet am 12. Mai erreichten.

Erich Klappert beschreibt das Internierungslager eingehend: „In der für diesen Zweck freigemachten Polizeischule, die man mit Stacheldraht und Wachen ausbruchssicher gemacht hatte, wurden wir in kleinen Kammern zu je sechs und in einem größeren Saal zu etwa zwanzig untergebracht. Schnell füllte sich das Lager mit deutschen Kaufleuten und vor allem mit vielen Seeleuten, die man von den deutschen Schiffen, die im Hafen von Padang lagen, in einer Nacht-und-Nebel-Aktion – damit sie die Schiffe nicht versenken konnten – heruntergeholt hatte. Von den Vorräten der Schiffe wurden wir mit Eintopflinsensuppe, in der viele kleine Würmlein schwammen, wochenlang versorgt. Später versuchten dann die Schiffsköche, das Essen für die rund 300 Menschen des Lagers selbst zu kochen und damit auch etwas geschmackvoller herzurichten.

Nachdem jeder von uns mit seinen wenigen Sachen ganz gründlich untersucht worden war, gab es einen großen Blechteller, Blechlöffel und eine Blechtasse. Das war nun für die langen Jahre der Internierung das ganzeEssbesteck." (Klappert S. 14)

Über das Niederländisch-Indische Rote Kreuz war es später erlaubt, einmal in der Woche einen Kartengruß von maximal 25 Wörtern mit Frau und Kindern im Lager Rajah zu wechseln, nachdem dieser zuvor gründlich zensiert worden war. Eine Sammlung von Postkarten bezeugt die dürftige Verbindung, welche die Familie zwischen den beiden Internierungslagern hatte. Die Datierung der Postkarten beginnt im Februar 1941 und endet am 7. Januar 1942. Wegen der Zensur ist der Inhalt immer „harmlos", aber es reichte, um über das Wichtigste, das Leben und Wohlergehen zu informieren.

Über die tatsächliche Lebenssituation der Frauen in Raja ist wenig zu erfahren. Auch Raja ist ein mit Stacheldraht eingezäuntes Internierungslager, es scheint aber, dass sich die Frauen und Kinder gelegentlich – innerhalb festgelegter Grenzen – auch außerhalb des Camps bewegen können. Über den Verbleib ihrer Schwester Else und deren zwei Kindern, Renate und Irmgard, die auf Borneo mit Ehemann Heinz Otto, einem Geschäftsmann, gewohnt hatten, ist Gertrud noch immer nichts bekannt.

Im Oktober 1940 werden die Männer nach Alas Vallei in Atjeh verlegt. Erich Klappert berichtet: „Inzwischen hatten die Holländer in dem ganz malariaverseuchten und von hohen Bergen eingesäumten feuchtheißen Alastal ein für mehr als 2.000 Deutsche weit abgelegenes Stacheldrahtlager errichtet. Die Fahrt ging nun zurück durchs ganze mittlere und nördliche Sumatra und wurde seltsamerweise fast zu einer Triumphfahrt. Für die etwa 40 mit Stacheldraht umwickelten Autos hatte man den gesamten übrigen Verkehr gesperrt. Dadurch war die Bevölkerung auf den Vorgang erst richtig aufmerksam gemacht worden. So standen sie besonders im Batakland – angefangen in Sidempuan über Sibolga, Tarutung, Balige, Porsea, Siantar, Saribudolok usw. – geradezu Spalier an der Hauptstraße und riefen den gefangenen Deutschen ein wirklich tausendfaches, ‚*horas, horas, horas*' [Sei gegrüßt] zu. Die Bewachung war gegen diese Sympathiekundgebung völlig machtlos. Die Leute wussten natürlich, daß ihre Missionare, an denen sie in Liebe hingen, mit in diesen Autos saßen." (Klappert S. 19)

Alfred nutzt die Zeit im Lager, um mit anderen Missionaren zusammen alte Sprachen zu lernen oder wie andere Väter auch, seinen Kindern zu Weihnachten 1941 verschiedene Spielzeuge zu basteln und zu schicken. Missionar Klappert schreibt z.B. an seine Frau: „Bertolds Holzdampfwalze muss ich noch fertig anstreichen. Ohne jegliche Modellvorlage ist sie doch ganz gut gelungen. Eine Erlaubnis für eine größere Sammelsendung an Euch [Frauen/Kinder] ist schon da. Es ist wirklich von allen angestrengt gearbeitetworden. Einige haben sich sogar überarbeitet!" (Klappert S. 27)

Alfred hatte für seine Familie eine Krippe mit unendlich vielen Figuren als Holzsägearbeit hergestellt. Dort gab es außer den Hauptkrippenfiguren noch Hirten, Kinder, Frauen und Männer, Könige, Tannenbäume in allen Größen und sehr schöne, natürlich aussehende Feldzäune, um das Ganze einzufrieden; und noch lange Zeit nach dem Krieg hingen alle Kinder der Familie mit Liebe an dieser Krippe.

Die Männer bleiben bis Ende des Jahres 1941 im Lager Alas Vallei. Als die Japaner dann Singapur eroberten und die Invasion der Inseln und damit die Befreiung der Gefangenen nur noch eine Frage der Zeit war, gelang es den Holländern, die meisten ihrer männlichen Gefangenen mit drei Schiffen nach Britisch-Indien zu bringen. Eines dieser Schiffe, die „Van Imhoff" wird, wie bereits berichtet, von den Japanern torpediert. Dabei kommen 412 Zivilisten, darunter 6 Missionare der Rheinischen Mission, um. Mit dieser Verlegung der Männer nach Indien ist auch die Postverbindung mit den Frauen gänzlich unterbrochen. Missionar Klappert erklärt das so: „Da die Japaner nicht mit dem Roten Kreuz zusammenarbeiteten, war für uns von Indien aus keine Postverbindung möglich. Wir schrieben unter Zulassung der Engländer zwar viele Briefe, die aber nie ihr Ziel erreichten. Es kam niemals ein Echo. Die Japaner gaben diese Briefe – obwohl sie doch Bundesgenossen waren – einfach nicht weiter. Die Frauen hörten ihrerseits auch nur, daß eine Möglichkeit der Postverbindung nicht bestünde. So kam gleichsam über Nacht die große Nacht der Trennung, wo niemand mehr wusste, wo, wie und wovon man gegenseitig lebte. Noch schlimmer war es, daß man ja auch gegenseitig nicht wusste, ob man noch lebte." (Klappert S. 33) Dieser Zustand dauert bis 1946, bis zur Entwaffnung der Japaner durch die Briten, an.

Die Nachricht von der Verlegung der Männer findet irgendwie ihren Weg zu den Frauen, auch davon, dass eines der Schiffe untergegangen ist, hören sie. Was sie nicht erfahren ist, wer von den Männern sich auf diesem Schiff befunden hat. Diese Ungewissheit muss für die Frauen entsetzlich gewesen sein. Es dauerte Wochen, bis sie über den Schweizer Konsul eine Liste der Leute erhielten, die Indien erreicht hatten, und die Ungewissheit endlich ein Ende hatte.

Nach dem Abtransport der Männer ziehen die Frauen ins nun freigewordene Lager Fort de Kock ein. Als im März 1942 japanische Truppen Niederländisch-Indien erobern, ändert sich die Situation der Internierten auf Sumatra grundlegend. Die Japaner, als Verbündete Deutschlands, befreien im Dezember 1942 alle deutschen Internierten, sowie auch alle Österreicher und Italiener, da diese ebenfalls zu den Achsenmächten gehören.

Durch die Japaner „befreit", leben Gertrud und die Kinder ab Januar

1943 in der Stadt Padang in einem Haus, das zuvor einer holländischen Familie gehört hatte. Denn die Befreiung der Deutschen hatte nun umgekehrt die Internierung der Holländer zur Folge gehabt. Davon sind auch in der Rheinischen Mission tätige holländische Missionare wie Heinrich de Kleine, Utes Pate, betroffen und die Alliierten Internierten leben jetzt sehr viel schlechter in japanischer Gefangenschaft als vorher die Deutschen in holländischem Gewahrsam.

Christa ist nun acht Jahre, Ute sechs, und Michael drei Jahre alt. Die Befreiung ist jedoch nur eine halbe, denn die Frauen müssen sich regelmäßigbei den Japanern melden (Klappert, S.33).

Am 3. April 1943 entschließt sich Gertrud, ein Tagebuch zu führen, so gibt es ab jetzt Informationen über die Internierungszeit auf Sumatra.

Die Stadt Padang, in der sie nun leben, liegt direkt am Meer und ganz nah am Äquator. Entsprechend heiß und schwül ist das Klima und so klagt Gertrud im April: „Die Tage sind so heiß, die Sonne brennt, daß einem das Hirn schier eintrocknet. Todmüde legt man sich abends zu Bett, um noch müder und mit brummendem Kopf am Morgen aufzustehen. Bei der geringsten Arbeit rinnen die Schweißbächlein, die Haut beginnt zu jucken – zum Auswachsen! Und hier werden wir vielleicht noch Jahre aushaltenmüssen." (9. April 43)

Gertrud beginnt ihr Tagebuch nicht zufällig mit dem Bericht, dass zwei andere Missionarsfamilien das gemeinsam bewohnte Haus verlassen haben und nach Brastagi gezogen seien, denn dies hat für sie große Bedeutung. Sie hat nun ein eigenes Zimmer und einen Schreibtisch und sie hofft, dass dies ihr das Schreiben leichter machen würde. Dieser Raum für sich selbst wird ihr immer wichtig sein, ihr die Internierungszeit erleichtern. Hier kann sie ausgiebig lesen, ihren Gedanken nachgehen, sich mit der geliebten Musik beschäftigen. Sie versucht in schwieriger Zeit, sich einen Innenraum zu erhalten, in welchem es noch immer Wertvolles gibt.

Zunächst hat sie das Haus mit ihren eigenen Möbeln eingerichtet, die Bilder hängen an der Wand und zum ersten Mal seit dem Beginn der Internierung vor drei Jahren fühlt sie sich hier beinahe heimisch. Sie schreibt: „Wie habe ich mich nach einem eigenen Zimmer gesehnt – und wie dankbar bin ich, daß ich es nun haben darf. Im Ganzen spielt sich unser tägliches Leben jetzt ruhiger ab, seit wir weniger Menschen sind. Die Ruhe tut einem so wohl. An das Alleineschlafen muß ich mich erst richtig wieder gewöhnen. Es war doch schön mit den Kindern zusammen – aber das Alleinsein ist auch nötig. Für die Kinder soll auch der Aufenthalt in meinem Zimmer etwas Besonderes sein – sie dürfen nicht immer hinein – etwas worauf sie sich selbst freuen. So halten wir jeden Abend die Andacht in meinem Zimmer und dann lese ich ihnen noch etwas vor. – Christa ist so hinter Geschichten her, daß sie jetzt selbst anfängt Grimms Märchen zu lesen. Sie hat ein scharfes Gedächtnis und ich wundere mich immer wieder, wie sie längst gelesene Geschichten wiedergeben kann. Nur gut, daß sienicht mein Gedächtnis geerbt hat!“ (3. April 1943)

Gertrud beginnt, ihr neues Leben zu gestalten und schreibt am nächsten Tag: „Habe gestern Abend in meinen Noten geblättert, und die Sehnsucht nach der Musik hat mich so gepackt, daß ich die ganze Nacht kaum geschlafen habe. Trage mich sehr mit dem Gedanken herum, ein Klavier zu mieten. Wie froh wäre ich, wenn das ginge! – Dann könnte ich auch bei Christa mit Unterricht anfangen.“ (4. April 1943)

Sie hat alle Bücher ausgepackt und in die Sonne gelegt, um ihnen die tropische Feuchtigkeit zu entziehen und nun kann sie wieder nach Herzenslust lesen. Sie schreibt: „Las kürzlich Kierkegaard sein Tagebuch, leider nur den zweiten Band; so weiß ich über sein Jugendleben fast nichts. Es ist erschütternd, wie einsam der große Mann durchs Leben gegangen ist. Fürchterlich ist, wie er sich in seiner Selbstkritik oft selbst geradezu zerfleischt. Ich muss sagen, er fesselt und stößt ab, er erhebt und erdrückt zugleich.“ Tholucks Lebensbeschreibung und Selbstzeugnisse sind ihr lieber. Sie wird sich immer wieder mit der Frage nach Wahrheit beschäftigen und mit Fragen des religiösen Lebens, auch ihres eigenen auseinandersetzen. Unzählige Bücher der verschiedensten Art, über Religion, Philosophie, Kunst wird sie in diesen Jahren lesen und sie schreibt ihre Gedanken dazu in ihrem Tagebuch auf.

Am gleichen Tage (4. April 1943) noch wird es Gertrud möglich, mit Frau Brandt, einer anderen Missionarsfrau, zusammen vierhändig Händels erstes Orgelkonzert auf einem Klavier zu spielen. Sie sagt: „O meine Finger! Sie wollen mir gar nicht mehr gehorchen ... nun heißt's üben!”

Gerade eben hat sie sich eingerichtet und beginnt sich wohl zu fühlen, da muss sie wieder umziehen! Der Tagebucheintrag lautet am 12. April: „Es heißt schon wieder einmal umziehen! Daß dieses Schwert doch dauernd über uns schweben muß. Es ist gerade so, als gönnte man uns die eben gewonnene Ruhe nicht. Die wir in schönen Steinhäusern wohnen müssen heraus und bekommen – Gott weiß wo – andere Häuser zugewiesen. Wir müssen Platz machen für die hohen Herrschaften Japans ... Wir leben ein Schachfigurenleben und müssen es uns gefallen lassen, daß wir nach Belieben hin und her geschoben werden. Und doch – die Heimat bringt ganz andere Opfer! Wir wollen ja auch nicht murren. ... Nun habe ich gerade meine 10 Kisten ausgepackt und unser Haus etwas nett gemacht, nun heißt es schon wieder einpacken und dann wieder von neuem anzufangen mit Reinemachen, einrichten, ausbessern, Gartenwildnis ordnen usw. Und hat mans da gerade ein bißchen nett, – dann heißt es wieder weitergehen. Oder, wenn wir nur mal wieder Deutschland wenigstens hören könnten! Aber wir sind von aller Welt abgeschnitten und wissen nicht, was die Heimat macht. Das ist wohl das Schwerste, das wir hier ertragen müssen.“ (12. April 1943)

Trotzdem, hin und wieder gibt es auch in dieser Beziehung Licht in ihrem grauen Alltag, denn Frau Brandt erhält zu dieser Zeit einen langen Brief von einem Herrn Schneewind in Japan, in dem er auch von den Internierungslagern in Indien berichtet. So erfahren die Frauen wenigstens auf indirektem Wege etwas über ihre Männer. Schneewind schreibt, dass die Internierten es dort recht gut hätten, sie in einem angenehmen Klima lebten, und es ihnen gestattet sei, einmal im Monat ausgedehnte Wanderungen außerhalb des Camps zu machen. Es sei ihnen ebenfalls erlaubt, monatlich nach Europa zu schreiben und von dort Post zu erhalten. Gertrud ist glücklich und schreibt: „Ach, wie sehr wir uns über diese Nachricht freuen! Es ist so, wie wir schon immer gesagt haben: Die Briten sind großzügiger als diese Kleingeister von Holländern!", und fährt fort: „Also endlich einen kleinen Anhaltspunkt ... Ob es wohl noch einmal dahin kommen wird, daß wir von unseren Lieben selbst etwas erfahren oder gar Briefe bekommen?" (13. April 1943) Die Frauen in Niederländisch Ostindien sind immer noch von jeder Verbindung mit ihren Ehemännern abgeschnitten. An demselben Tag, dem 13. April, also länger als ein Jahr, nachdem der Kontakt abgerissen war, erhält Gertrud auch einen Brief von ihrer Schwester Else aus Japan, worin diese berichtet, dass ihre Ehemänner angeblich in einem Internierungslager in Doeli/Ajsur in Britisch Indien gehalten würden.

Else, welche die Hintergründe nicht kennt, drückt in diesem Brief auch ihr Unverständnis darüber aus, dass Gertrud nicht mit nach Japan gekommen sei. Vor allem durch den Satz: „Ihr seid eigene Wege gegangen, das war nicht gut" fühlt sich Gertrud von der älteren Schwester verletzt, falsch beurteilt und missverstanden. „Wie wenn Alfred nun auch so dächte? Das täte mir leid! Nein das täte mir direkt weh", schreibt sie. (13. April1943)

Hintergrund dieser Sätze war, dass im Laufe des Jahres 1941 sich der Schweizer Konsul um Heimreisemöglichkeiten von deutschen Frauen über Japan bemüht hatte. Davon schreibt auch Erich Klappert: „Aus Karten von Raja wurde dann ersichtlich, daß ein wichtiger Termin ihnen zu spät bekannt wurde. Von da ab warteten sie – geradezu auf gepackten Koffern sitzend – ganz vergeblich auf einen weiteren Termin. Nur einige wenige Frauen aus dem Frauenlager Tarutung sind bis Japan ja sogar bis China gekommen." (Klappert S. 22) Es war der Abreisetermin des Schiffes, welcher den Frauen erst vier Tage vorher bekannt gegeben worden war. All dies wird Gertrud durch Elses Brief wieder lebhaft in Erinnerung gerufenund ihre damalige Enttäuschung wieder geweckt.

Der hier erwähnte Briefwechsel zwischen Else und Gertrud scheint der einzige Kontakt zwischen den Schwestern während des ganzen Krieges gewesen zu sein. Vermutlich wurden diese Briefe sogar zwischen Japan und Niederländisch-Indien reisenden Beamten oder Botschaftern mitgegeben.

Inzwischen ändern sich die Zeiten jedoch auch für die Frauen in Padang so ganz allmählich. Das Wichtigste: Es gibt wieder Kontaktmöglichkeiten nach Europa. Djibada, ein örtlicher japanischer Beamter, hatte die Erlaubnis gegeben, dass Gertrud monatlich eine Postkarte an ihre Eltern schicken darf. Diese Postkarten wurden erst in Sumatra, und dann, wieGertrud vermutet, nochmals in Japan, dem Durchreiseland, zensiert.

Der Tag ihres erneuten Umzugs kommt dann sehr plötzlich. Am 23. April 1943 notiert Gertrud: „Am 15. mittags erhielten wir den Bescheid, daß wir am nächsten Tag umziehen müßten. Also hieß es Hals über Kopf den ganzen Haushalt auflösen und einpacken. O weh! Ich mit meinen eben ausgepackten 10 Kisten! Aber trotz alledem, am Abend war alles tipptopp eingepackt und auszugsfertig. Ein Nipponauto und Kulis brachten unsern ganzen Haushalt in unser uns zugewiesenes Häuschen in der Damar No. 7. Nachdem man die Türen aufgebrochen hatte – Schlüssel waren natürlich nicht da – blieb uns noch genügend Zeit, das Haus zu säubern und zu lüften, ehe man unsere Sachen brachte. Es ist ein nettes kleines Steinhaus, von außen unscheinbar, von innen aber sehr nett aufgeteilt mit Wohnemper [Veranda], Eßzimmer, zwei schönen Zimmern für mich und die Kinder und zwei Räumen für Meyers, dazu viel Schattenbäume, Blumenbeete und töpfe, die ich auch schon bepflanzt habe, – aber leider wenig Luft. ... Aber alles kann man leider nicht haben." Die Nachbarn sind bedauerlicherweise (...) Nazis. „Sie sitzen uns so auf der Pelle und können uns bis in den Magen gucken. ... nun hoffen wir, daß dies der letzte Umzug ist vor unserer Heimreise." Wie sich rückblickend herausstellen wird, ein sehr optimistischer Wunsch, denn bis zu ihrer endgültigen Heimreise werden sie 13 mal umgezogen sein.

Zwar mag sie offenbar keine Nazis als Nachbarn, aber auch in deutschen Missionskreisen wird Hitlers Geburtstag gefeiert. Herr Beck, der örtliche deutsche Vertreter, hatte zu diesem Anlass eine einfache Rede gehalten und „wir sangen ‚Nun danket alle Gott', Deutschlandlied – und ein Gedicht und Gesangvortrag." (23. April 1943)

Und dann ist bald Ostern. „Kaum zu glauben", schreibt Gertrud, „also schon wieder ein Jahr, seit wir eben aus der Gefangenschaft befreit im Central-Hotel im Fort de Kock Ostern feierten. So geht die Zeit dahin und man fragt sich, was hat sie für einen Sinn gehabt? Ist das noch Lebenssinn, wenn man Jahr für Jahr sitzt und wartet, – wartet bis die Zeiten sich ändern, bis wir heimkönnen aus dieser Heimatlosigkeit? Nein, vorerst warten wir nicht einmal darauf – das liegt ja noch so fern – wir warten auf ein Lebenszeichen von unsern Männern und auf Nachricht aus der Heimat. Nur eine kurze Nachricht, und sei sie noch so kurz und unpersönlich – wenn sie nur vertraubar ist." (24. April 1943)

Um die Zeit zu strukturieren, versucht Gertrud ihren Tagen Inhalt zu geben. Sie liest nach wie vor viel und stellt dabei eine Veränderung ihrer Wahrnehmung fest: „Es ist, als wenn die verflossenen Jahre mit all ihrem Leid und Erleben erst das rechte Verständnis für die Höhen und Tiefen und Inhalt eines Buches in mir haben heranreifen lassen. So geht es mir auch in der Musik. ... (alles) erschließt sich mir in ganz anderer Weise und ich fühle mich bereichert. Möchte mich mit all meinen Büchern in die Einsamkeit wünschen. Dort wo ich ganz allein und ungestört für mich sein könnte – wo ich keine öde Rücksicht zu nehmen brauchte." (23. April 1943)

Dieser Seufzer kommt ihr nicht ohne Grund. Das Zusammenleben mit Thea Meyer wird ihr schwer. Sie schreibt: „Die Gegensätzlichkeit in uns tritt doch immer mehr zu Tage. Wir können einander einfach nichts sein. Das ist mir oft so schwer. Es könnte so schön sein, wenn die innere Harmonie da wäre. Aber Kleinlichkeit und Knauserei und vor allem furchtbares Misstrauen sind die Schranken zwischen uns ... Es gibt Tage, in denen ich mich innerlich immer wieder mit Thea auseinandersetze. Nicht daß ich sie verurteile, nein gar nicht, nur ihr Wesen, das was wirklich ihr wahres Wesen ist, und was an ihr Maske, das möchte ich ergründen." (4. Mai 1943)

Und nun ist morgen also Ostern. „Mit Christa und Ute habe ich zusammen Ostereier gemalt und beklebt, und Nester haben die Kinder gemacht. Alles holt der Osterhase über Nacht fort und morgen legt er sie. Die Kinder sind glücklich und voll froher Erwartung. Wohl ihnen, daß sie sich von Herzen freuen können." (24. April 1943)

Kurz nach Ostern, am 26. April, folgt Gertruds Geburtstag, sie wird in diesem Jahr 32 Jahre alt und berichtet: „Statt jeglicher Feier gingen wir zusammen mit Tiemeyers, de Kleines, Kirschners und Thea zum Ajer manis [Süßes Wasser]. Der Weg dorthin ist wundervoll, auch das Baden im Meer. Selbst zu einer Insel sind wir gewatet. Müde, aber restlos befriedigt kamen wir nach Hause." (27. April 1943)

Eine dieser Frauen, Friedchen de Kleine, selbst Deutsche, hatte – vermutlich nach Absprache mit ihrem Mann Heinrich – entschieden, sich den „befreiten" Deutschen anzuschließen, statt ihm, dem Holländer, in die japanische Internierung zu folgen. Dies war mit Sicherheit eine kluge Entscheidung, denn die Internierungsbedingen unter den Japanern waren teilweise katastrophal. Jahre später, als Niederländisch Ostindien wieder unter holländische Herrschaft kam, wurde ihr diese Entscheidung von den Holländern als Mangel an Loyalität sehr vorgeworfen. So aber ist sie nun mit ihren Kindern zusammen mit den Frauen aus vertrauten Missionskreisen.

Die Frauen und Kinder versuchen, ein Leben zu führen so normal wie möglich. Dazu gehören auch gemeinsame Unternehmungen. „Gestern machte die ganze deutsche Gemeinschaft einen 1. Maiausflug zum Julianabad. ... Thea und ich hatten allerlei Kleinigkeiten eingekauft als Preise für Wettspiele der Kinder, für welche alle etwas Geld spendiert hatten ... Es wurde geschwommen, Wettspiele gemacht, Beck mußte über Flaschen laufen, dann wurde zur Laute gesungen. Die Kinder durften jeder verbundenen Auges sich einen Gewinn greifen und jedes war mit seinem Griff restlos zufrieden und beglückt ... Es war ein schöner Ausflug." (2. Mai 1943)

Ein paar Tage danach beginnt auch wieder die Schule und Gertrud meint: „Das ist ein Glück. Sie wußten zu guter Letzt mit ihrer Zeit nichts mehr anzufangen. Besonders Christa hing mir immer an den Rockschößen: Mutter, was soll ich tun?" (4. Mai 1943) Überhaupt, mit der Kindererziehung fühlt sie sich manchmal recht allein gelassen und so notiert sie am 5. Mai: „Es gibt Tage, an denen mich die Last der Kindererziehung fast zu Boden drückt. Wenn die Kinder zeitweise so gar nicht hören können und ich das Gefühl habe, es ist alles in den Wind geredet trotzdem man es ihnen hundert und aberhundert Mal sagt. – Das macht mich so müde und reibt mich innerlich auf – und der Widersinn dieses Daseins legt sich mir schwer auf die Seele." ... So etwa „moggerte" Christa übers Essen. „Ich war in recht niedergedrückter Stimmung und – meiner Stimmung nicht Herr – habe ich das Kind durchgeprügelt mehr, als wohl nötig war. Das wurde mir an dem Pfarrer deutlich und – ich habe mich vor meiner Tochter geschämt." (9. Mai 1943) Der Pfarrer, damit bezieht sie sich auf ein Buch, welches sie gerade gelesen hat, in welchem ein Pfarrer „unfreudig im Amt voll inneren Zwiespalts seine eigene Freudlosigkeit ‚kübelweise' über die Gemeinde schüttet". Auch das Klima trägt nicht gerade zu Gertruds Wohlbefinden bei.

Nun, im Mai, wird die Hitze unerträglich und Gertrud notiert: „Es scheint in Padang immer heißer zu werden. Man schwitzt nur einmal am Tag, – man badet, und schon fangen die Bächlein wieder an zu rinnen. Wie lange wir in diesem Glühofen noch sitzen müssen?" Und Ute scheint jetzt auch noch krank zu werden. „Sie hat wohl etwas Grippe in den Knochen. Wenn Ute krank ist, das geht mir immer besonders ans Herz, sie ist dann wie ein Blümlein, das die Blätter hängen läßt." (7. Mai 1943)

Schrörs Buch „Flucht aus dem Alltag" spricht ihr da aus dem Herzen: „Ach, sich so ganz mal freimachen können von allem Alltäglichen, von allem Gerede und Geklatsche, von allem Deuteln – vom Gezerre und Geziehe an Tatsachen, mit denen man sich doch abfinden muß. Es gibt Menschen, die meinen sie trügen die Not der Zeit allein auf ihren Schultern ... Man kann es manchmal nicht mehr anhören. ... Es ist geradezu erschütternd, wie gesprächsarm wir in unserem Kreis geworden sind. Da bin ich immer dankbar, daß ich mein Zimmer und meine Bücher habe; die helfen mir so über manche Leere hinweg und ich fühle mich bereichert und glücklich."

Am 8. Mai feiert Michel seinen 4. Geburtstag und man spürt, wie ihr die Kinder trotz aller Überforderung doch auch viel Freude machen, wenn Gertrud beschreibt: „Der Junge war glückstrahlend und wußte einfach nicht wohin mit der Freud und mit seinem Eifer. Michel empfängt seine Gäste, sagt ihnen notdürftig guten Tag, daß er hinhört was man ihm sagt, ist ganz ausgeschlossen. Was habt ihr mir mitgebracht? Fragen die Augen und die Hände nehmen die Päckchen in Empfang, Bänder und Schleifen aufmachen ist viel zu langweilig, beides, Band und Papier abreißen ist viel einfacher und man kommt viel schneller zum Ziel. Je nach Inhalt ist die Freude; ists eine Kanone, eine Harmonika oder gar ein Schwimmring – letzteren von Tante Menzel – dann springt und rennt er vor Begeisterung durchs ganze Haus und alle müssen bewundern. Dann fällt ihm ein, der Besuch müsse noch ein Bonbon kriegen. Eilfertig holt er die Schalen und reicht herum. Eine kleine Ermahnung von der Mutti und er schwingt sich auf, auch noch ein Dankeswort zu stammeln. – Uli kommt dreimal, fünfmal und wohl noch öfter: Männlein, darf ich ein Bonbon? Michel gibt und er gibt immer wieder und kennt keine Grenzen; er denkt nicht an sich, und daß die Schale immer leerer wird. Heute hat er Geburtstag, und da kriegt man was und da schenkt man Bonbons. Sein Schießgewehr läßt er nicht aus der Hand. Ist auch zu zeitgemäß. Selbst die Nippons auf der Straße werden totgeschossen. – Am Nachmittag gings ins Schwimmbad mit allen Fröbelkindern und das war viel schöner, als Saft trinken und Kuchen essen. Michel ruft: ‚Mutter, guck mal was ich kann', er hält sich die Nase zu und taucht unter Wasser und ist stolz wie Oskar." (8. Mai 1943)

Gertrud liest und liest, ein Buch nach dem anderen. Lesen ermöglicht ihr nicht nur, sich eine Privatsphäre zu erhalten, sich vor den Unbilden der Zeit, der Banalität und Enge des Alltags zu schützen. Lesen ist ihr eine Möglichkeit, sich weiter zu entwickeln. Wenn sie einmal Alfred wieder treffen wird, möchte sie nicht stehen geblieben, möchte ihm als Gesprächspartnerin gewachsen sein. Sie schreibt: „Es ist merkwürdig – je länger wir getrennt sind, desto mehr empfinde ich das Bedürfnis so zu leben, daß es auch ihm im Hinblick auf unsere gemeinsame Zukunft zur Freude wird. Ich möchte die Zeit ausnutzen innere Werte zu sammeln und zu schaffen, welcherlei Art auch – Musik, Literatur, Englisch, Theologie und noch vieles mehr – und tue es, weils mir Freude macht und es mich bereichert und weil ich weiß, daß ich Alfred damit erfreuen kann. Es ist – mein Geschenk an ihn für unsere Gemeinsamkeit später. ... Daß Frauen und Alleinstehende die Zeit damit totschlagen – im wahrsten Sinne des Wortes – daß sie alle Tage Staubwischen und alle Woche Großreinemachen veranstalten, weil sie ja doch so viel Zeit dazu haben, ist mir ganz unbegreiflich. Oh, die schöne Zeit! Nie im späteren Leben werden sie wieder so reichlich Gelegenheit haben, um sich geistig zu beschäftigen." (20. Januar 1944) Also notiert sie selbst alles, was ihre Gedanken bewegt. Gegenwärtig beeindruckt sie das Buch eines englischen Korrespondenten – es handelt sich bei diesem Buch um G. Ward Price, Das Jahr der Vergeltung – über den Kriegsausbruch besonders. „Seine gerechte Beurteilung der Dinge – auch gegen sein Vaterland – hat mir außerordentlich gefallen." (16. Mai 1943) Auch die Predigten von Barth und Thurneysen liest sie mehrfach. Nur die Bibel vermag sie nicht zu lesen und seufzt: „Wann werde ich auch zu diesem Buch ein inneres Verhältnis bekommen?" Dann zitiert sie Heronimus von dem Dome: „Jeder Mensch muß sein eigenes Leben durch sich selbst gestalten. Es rächt sich schwer, wenn man nicht in sich selber wurzelt". Sie reflektiert diesen Satz, der sie tief bewegt und meint abschließend: „Ach, Alfred, könnte ich doch bei Dir sein, ich würde Dich fragen und Du wüßtest mir Rat. So tappe ich meinen Weg und suche und weiß doch nicht, ob ich recht gehe. Aber – das weiß ich jetzt auch, (das ich früher nie begriffen habe und meinte, Du müßtest mir helfen) daß ich diesen meinen Weg alleine gehen muß; Du könntest mir nur Geländer sein, an dem ich mich zuweilen festhalten könnte." (23. Mai 1943)

Immer wieder holt der Alltag Gertrud ein. Sie hat Geldsorgen und notiert: „Wir sitzen in diesem Monat ziemlich im Druck mit unserm Geld. Von Tokio wurde es schon Mitte April überwiesen und wir haben es bis heute noch nicht. Beck konnte uns nur einen Teil aus einem Fond zuteilen, damit wir überhaupt etwas in Händen haben." Sie klagt über die Ungerechtigkeit, dass sich manchmal fünf allein stehende Frauen ein Haus teilen und dafür 50 Gulden Miete bezahlen, und eine Mutter mit vier Kindern müsse allein 40 Gulden dafür aufbringen. Die Belastung ist sehr unterschiedlich verteilt. „Aber dieses Thema darf man gar nicht anschneiden, ohne sich in die Brennnessel zu setzen. Wir Mütter sind immer im Unrecht und jene immer im Recht", klagt sie. (24. Mai 1943)

Wenigstens kommt endlich der langersehnte Regen. „Die letzten Tage, ja Wochen waren so heiß, daß man schier meinte das Gehirn drohe einem auszutrocknen", notiert Gertrud am 25. Mai. Aber es hilft nicht viel, der kühlende Regen ist bald verdunstet, die Sonne kommt wieder heraus und die nun entstehende drückende, feuchte Gewächshausatmosphäre ist noch viel unerträglicher als es die trockene Hitze zuvor gewesen war.

Ein paar Tage später berichtet Gertrud von einem Buch mit dem Briefwechsel eines Paares, „die mit ihrer jungen Liebe jenseits der Jugend stehen. ... Köstlich ist diese Liebe, dieses Verstehen, dieses Ineinanderversenken, dieses Schenken ohne Ende. Diese Liebe ist geläutert und nur ganz auf die Seelen abgestimmt, frei von jeder Unruhe – der Stimme des Blutes", schreibt sie und setzt erschüttert fort: „Diese Sprache in diesem Buch! ... Aber ich bin noch so jung! Und sie wühlt mir die innersten Tiefen auf und ich meine ich müßte zerspringen! Die Liebe, die Sehnsucht – das Heimweh – und dann diese Einsamkeit nun schon seit Jahren – Alfred, spürst Du sie?! Weißt Du, daß ich einsam bin? – Oh, und Du bist ebenso einsam, ich weiß es ja!“ Und am Abend fügt sie hinzu: „So habe ich mich hinreißen lassen! ... in der Liebe anderer steigt die eigene Sehnsucht mit Macht empor. ... Solche Bücher sind heikel zu dieser Zeit; sie wühlen zu tief auf, was man lieber schlummern läßt. Dennoch weiß ich, daß ich es gleich nochmals lesen werde. Ich wünsche, ich hätte auch etwas von der Gabe des Mitteilens wie jene zwei Menschen.“ (7. Mai 1943) Nur punktuell, nur ansatzweise und in Andeutungen so wie hier erfährt man etwas über die Leiden der Trennung von ihrem Mann.

Trotz ihrer Vorliebe für das Alleinsein beobachtet sie doch genau, was sich in ihrer Umgebung tut, macht sich u.a. auch Gedanken über die gegenwärtigen Verhältnisse in welchen die Preise ins Unermessliche steigen:

„Die Kaufleute machen die Preise. Das niedere Volk kann sie unmöglich zahlen. Die Folge: Verarmung, Hunger. Man kann sich der täglichen Bettler kaum noch erwehren und wenn man nicht aufpaßt wie ein Luchs, wird man bestohlen hinten und vorne.“ Später werden ihr mehrfach die Vorhängegestohlen werden, während sie auf der Veranda sitzt.

Auch sonst muss sie sich ihrer Haut wehren. Gertrud beschreibt, wie am späten Abend, als sie noch lesend auf der Veranda sitzt, sich ein gut gekleideter Japaner in Zivil nähert, der offensichtlich von den Nachbarn nicht bemerkt werden möchte. Gertrud ist die Situation sofort klar. Der Mann flüsterte mit Blick auf das Haus: „Ada orang disini?“ [Ist noch jemand da?] und Gertrud antwortet energisch: „Orang? Ja ada! [Ja, natürlich] Er bleibt unschlüssig stehen. Ich setze mich wieder an meinen Platz und nehme mein Buch zur Hand. Er hat mich begriffen und schleicht ab. Mir aber zitterndie Knie!“ (30. Mai 1943)

Gertrud liest gerade Meier-Gräfe über Van Gogh. Interessant ist, was sie davon im Tagebuch zitiert, u.a.: „...er malte nicht mehr Baum, sondern das Wachstum der Bäume; baumhaftes Dasein; nicht Blüten, sondern das Blühen.“ (6. Juni 1943) Überall sucht sie doch immer wieder nach dem Wesen der Dinge, nach Tiefe, nach ihrer Wahrheit.

Die Frauen nennen sie „Schmetterlinge“, diese Japaner, die immer wieder versuchen, engeren Kontakt zu den meist doch jungen Frauen zu bekommen. Sie kommen auch nachts einfach ins Haus, so wie der betrunkene Mariner im November, den sie dann erst mit Hilfe eines vis-à-vis wohnenden japanischen Beamten wieder los wurden. Gertrud meint:

„Anfangs zitterten uns die Knie, wenn sich ein fremder Schmetterling nur unserem Haus näherte. Jetzt hat man gelernt, auch diese Leute zu behandeln.“ (12. November 1943)

In der Nacht zum 9. Juni 1943 bebt in der Region Padang die Erde. Noch am folgenden Vormittag wird die gesamte Region von heftigen Erdstößen erschüttert. Gertrud berichtet: „Das nächtliche Beben war schon heftig und ziemlich lang, so daß ich mir überlegte, ob ich mit den Kindern nicht besser aus unserem Steinhaus gehen sollte. Heute Morgen, es mag 12 Uhr gewesen sein, setzte ein Erdbeben – oder war es ein Meerbeben – ein. Ich war gerade draußen am Reissonnen. Unser erster Gedanke war: Die Kinder! Und die waren nirgends zu sehen. Wir riefen und schrieen nach ihnen, torkelten hin und her bis auf die Straße. Mitfühlende Seelen brachten uns die Kleinen an. Wir blieben vorm Haus stehen. Die vorgespannten Pferde und Kühe scheuten, Menschen saßen und lagen auf der Erde, ein altes Holzhaus uns gegenüber war eingestürzt; die Einfassungsmauern bei Magda und Lissi waren umgefallen – Mensch und Tier in heilloser Aufregung. Ich vermag nicht abzuschätzen, wie lange das Beben gedauert hat. Wir gingen schließlich in unsere Häuser, um uns den Schaden zu besehen. Bei uns ist's glimpflich abgegangen, etliche Blumentöpfe, Vasen und Flaschen und ein Riß in der Wand meines Zimmers. Andere Häuser haben mehr abgekriegt, viele sind eingestürzt und Tote soll es auch gegeben haben." (9. Juni 1943) Die nächste Nacht verbringen sie unruhig schlafend, aber es kam kein drittes Beben. „Leid tun einem die armen Menschen die nichts zu beißen haben und nun auch noch obdachlos sind" schreibt Gertrud.(10. Juni 1943) Es folgen immer noch kleinere Nachbeben. Die Anspannung lässt nicht nach. Es ist der 13. Juni, als Gertrud notiert: „Erdbeben – nervöse Magenschmerzen – trübes Wetter – oh! – Vergangene Nacht wieder leichtes Erdbeben. Man schreckt aus dem Schlaf auf, springt aus dem Bett, macht Licht an, – lauscht. Kommt noch mehr? Muß ich die Kinder wecken? Bekomme ich alle drei sicher heraus? ... Ich sehe auf die Uhr. 4 Uhr. Lege mich wieder ins Bett. Das Meer dröhnt wie noch nie! Ich fühle förmlich, wie die Wassermassen sich heranwälzen. Unheimlich! Schlafen? Unmöglich!" (13. Juni 1943)

Die für Padang typische Junihitze der Vortage ist umgeschlagen in ungewöhnliche Kälte. Gertrud trägt Strümpfe und hat dennoch kalte Füße. Das Wetter ist ihr unheimlich. Das Meer ist unruhig. Jeden Wellenschlag spürt sie wie ein Beben.

Später berichtet sie Alfred: „Es war ein furchtbares Beben, hervorgebracht durch den Neuausbruch des schon erloschenen Berges Talang bei Padang. ... Am Fuße des Talang sollen Dörfer vom Lava verschüttet und in Erdspalten versunken sein." (4. Juli 1946)

In dieser Zeit kommt der deutsche Konsul von Ramm von Medan eingeflogen, um sich nach dem Wohlergehen seiner Landsleute zu erkundigen. Von ihm hören sie von der Schlacht bei Stalingrad, woraufhin Gertrud notiert: „Wie klein wird einem dann das eigene Schicksal, wenn man so etwas hört. Das ist ja auch der Hauptgrund unserer so häufigen Niedergeschlagenheit, ... daß wir keinerlei Verbindung zur Heimat haben, keine Nachrichten bekommen und immer nur auf das Padanger Käsblättchen angewiesen sind!" (13. Juni 1943) Der Gesandte Dr. Bräunert aus Tokio, der den Konsul begleitet, berichtet von Tokio und dem Verhältnis zwischen Japanern und Deutschen. Nirgendwo seien Deutsche in japanischen Diensten, nicht einmal als Krankenschwester. Ursache sei ein grundlegendes Misstrauen gegen die Deutschen wegen möglicher Spionagetätigkeit. Gertrud meint, sie könne sich jetzt eher auch einiges im Verhalten derverbündeten Japaner ihnen gegenüber erklären.

Während der ganzen Zeit beschäftigt sich Gertrud sehr intensiv mit der Erziehung ihrer Kinder. Am 25. Juni trägt sie einige grundlegende Gedanken in ihr Tagebuch ein. „Selbsterziehung zur Selbstbeherrschung ist das ABC der Kindererziehung. Bei allem selbst Ruhe bewahren. Auch einmal etwas übersehen können, doch nur scheinbar übersehen, nicht gleichgültig übersehen. Im Auge bewahren. Sichgeben, die Augenblicke nutzen, wirksam zu tadeln, zu verbessern, zu ermahnen, – nicht dauernd herumerziehen. Werden lassen, nicht erziehen wollen. Selbst nur Geländer sein. Erziehungsarbeit ist Gärtnerarbeit. Bei Ute beobachte ich es so oft, daß ich ihr etwas sage, sie antwortet, – aber sie tut es nicht. Nach einer Weile sage ich es ihr noch einmal, ich ermahne sie siebenmal, neunmal, ja wohl auch zehnmal – immer mit dem gleichen Erfolg. – sie tut es nicht. Komme ich dann mit dem Stock und hau sie durch, ist sie selbst so erschrocken, daß ich oft denke, sie ist sich ihres Fehlers gar nicht bewußt. – Mich hat dieser Ungehorsam gerade bei Ute, die sonst so zartempfindend und leicht zu lenken ist, sehr beschäftigt und zeitweise geradezu bedrückt. Aber allmählich bin ich zu der Überzeugung gekommen, daß dieses Nichtbefolgen kein bewußter Ungehorsam ist ... Sie ist sich ihres Ungehorsams gar nicht bewußt und meine Aufgabe ist es nun, ihr ... dieses bewußte Erkennen ihres Ungehorsams beizubringen. Aber wie?“ (25. Juni 1943)

Sie beobachtet die Kinder sehr sorgfältig. „Ich freue mich, mit welcher Hingabe Christa und Ute mit ihren Puppen zu spielen vermögen. Da steckt zuweilen solch ein Ernst dahinter, daß es einem leid tut, wenn man sie mal stören muß.“ (3. Mai 1943) Und am 29. Juni reflektiert sie: „Es gibt in der Kindererziehung Fälle, wo sich Kinder von Fremden leichter etwas sagen lassen als von der eigenen Mutter, es gibt aber auch Fälle, wo das Gegenteil der Fall ist. Thea [Meyer] klagt mir oft: ‚Deine Kinder gehorchen mir nicht‘. Mir ist das ein Kummer gewesen und immer wieder habe ich die Kinder ermahnt. Mir gehorchen sie durchweg, soweit sie den Begriff Gehorsam überhaupt in sich aufgenommen haben. ... Bei Thea ist das anders. Sie gehorchen ihr nicht oder widerwillig. Ich habe daraufhin meine Beobachtung gemacht. Und das Resultat: Kinder haben ein recht feines Gehör und starkes Gerechtigkeitsempfinden. Ein mürrisch erteilter Befehl (man soll Kindern überhaupt nicht befehlen) erweckt Trotz oder auch nur Unlustgefühle. Freundliches Bitte, Ansporn im Ehrgefühl, eine kleine Aufmunterung – und man erreicht viel mehr. Und vor allem nicht hinter allem gleich Mißtrauen zeigen – das untergräbt jegliches Vertrauen von Seiten der Kinder." (29. Juni1943)

Gertrud versucht, den Kindern Anregungen zu geben. Sie bastelt Spielsachen für und mit den Kindern. So auch am 21. Juni:

„Bin dabei den Kindern ein Schnipp-Schnapp zu zeichnen. Sie helfen selbst eifrig dabei mit bunt Malen und Zeichnen. Halb ist es fertig und wurde gestern schon mit Begeisterung ausprobiert," und am 11. Juni: „Mache augenblicklich ein Quartettspiel für die Kinder, was mir viel Freude macht. Ein Blumenquartett mit lauter deutschen Wald und Wiesenblumen. Das Zeichnen (erst mit Blei, dann mit Buntstiften) macht mir viel Spaß. Die Blumen es ist, als rücke einem die Heimat näher." (11. Juni 1943) Ute ist dieses Quartettspiel mit den Wiesenblumen bis heute in bleibender Erinnerung.

Seit einigen Wochen nun lernt Gertrud Englisch. „So langsam", sagt sie, „komme ich wieder hinein und hoffe so weit zu kommen, daß ich ein englisches Buch lesen kann. Meine ganze Näharbeit leidet zwar darunter. Aber das beschwert mein Gewissen weiter nicht; im Gegenteil! Diese Zeit zum Lernen möchte ich ausnutzen, sie werde ich später nie mehr in dem Maße bekommen. So ist diese verlorene Zeit doch wenigstens nicht ganz verloren." (19. Juli 1943) Manche Stellen in den Büchern begeistern sie so, dass sie diese man liebsten dick unterstreichen würde. Sie unterlässt das, denn sie selbst hasst es, in einem Buch mit dicken Markierungen zu lesen wie sie gerade eines vor sich hat: „Dick mit Bleistift angestrichene Stellen in einem Buch – denk Dir, Du machtest einen Spaziergang in wunderschöner Landschaft; Du kommst an die schönste Stelle und – da steht eine Warnungstafel: übersieh die Schönheit dieser Stelle nicht. Die Tafel stört nicht nur das Bild, sondern ist geradezu eine Beleidigung! Genauso empfinde ich die dicken Bleistiftstriche an den schönsten Stellen eines schönen Buches. Ein feines Strichlein lasse ich mir gefallen..." (17. Juni 1943)

Am 11. Juli kommt die überraschende Nachricht, es seien 40 Rotekreuz-Briefe von Deutschland und von den Ehemännern in Medan angekommen. „Ob wohl endlich auch mal einer für mich dabei sein wird! Gott gebe es" seufzt sie und fährt fort: „Ich warte mit Angst und Zittern, ... Wie, wenn nun für mich keiner dabei ist?" Auch Monate später werden diese Briefe die Frauen immer noch nicht erreicht haben.

Heute ist der 17. Juli, Peterchens Sterbetag, und Gertrud kommen die Erinnerungen: „Es war ein Samstag, wie heute. Als ich mir dessen bewußt wurde, zogen all die Bilder von damals an mir vorüber. ... So manches Mal habe ich es mir schon ausgemalt, wie schön es sein müßte, wenn er noch unter uns wäre. Michel mit einem älteren Bruder – ich mit zwei solchen Goldströppen – ! Aber es wäre wohl des Glücks zu viel geworden ..." (17. Juli 1943)

Sich in dieser Zeit so etwas wie Heimat zu schaffen, ist Gertrud wichtig, bedeutet Normalität. Dazu gehört auch, dem Garten Gestalt zu geben und Gertrud berichtet schließlich ganz stolz: „Unser Garten hat sich gemacht! Drei Tage lang habe ich selbst mit einem Arbeiter darin geschafft, die alten Beete saniert, neue Beete anlegen lassen und habe sie selbst bepflanzt. Wenn nur die dummen Hühner nicht wären, die so leicht alle Schönheit zunichtemachen. Das Bücken und Arbeiten ist kolossal ermüdend und ich habe richtig Turnfieber. Aber die Bewegung tut auch wieder gut. Man bewegt sich ja viel zu wenig wegen der Hitze und man muß sich etwas dazu zwingen. Aus dem Grunde gehe ich auch, wenn eben möglich, zweimal die Woche zum Schwimmbad. Das ist ein Luxus so nötig wie's tägliche Brot." (19. Juli 43)

Die sozialen Strukturen verändern sich immer wieder. Frauen ziehen weg in andere Quartiere, andere ziehen mit ihren Kindern zu. „So sind allein in den deutschen vier Häusern hier im Damar 19 Kinder! Für unsere Kinder freue ich mich, daß sie nun mit ihresgleichen spielen können", schreibt Gertrud. Auch zu einem Japaner entsteht ein netter Kontakt. Er kam abends spät. Zunächst beobachten Thea und Gertrud ihren Gast, unsicher, was dieser wohl will. „Er kam und bat um Streichhölzer, um seine Zigarette anstecken zu können. Ich forderte ihn auf, sich zu setzen, er bot auch uns eine Zigarette an und wir setzten uns hin, als wären wir die größten Gewohnheitsraucher." Sie unterhalten sich mit Händen und Füßen und ein wenig Englisch. Er will ihnen morgen Zigaretten schicken als Geschenk. Dann geht er. Der Besucher kommt immer wieder, bringt den Kindern Rosinen und Würfelzucker mit. Er sei Manager im Central Hotel in Bukittingi und sie sollten ihn doch dort einmal besuchen. „Er macht einen recht sympathischen Eindruck und wir haben das Gefühl, daß es die Kinder sind, die ihn locken, vielleicht auch Heimweh nach der eigenen Familie ...", meint Gertrud. (23. Juli 1943) Rosinen, Würfelzucker, alles Kostbarkeiten in Zeiten des Mangels.

„Habe heute fünf Stunden vor dem Gemeindekontor gestanden, wo Glühbirnen verteilt werden für 1,30 fl... So bringt man einen Teil der Woche zu mit Warten beim Birnenholen und Zuckerholen", schreibt sie. Auch Mehl gibt es irgendwann nicht mehr. „Wir backen jetzt Brot aus fast ausschließlich Reismehl (etwas Mais und ubiMehl) treiben mit Klapperwasser [Kokoswasser], Sauerteig, und ein pisang. Das Brot ist locker und schmeckt ausgezeichnet." (13. Juli 1943)

Es ist der 28. Juli 1943 und es ist Alfreds Geburtstag. „Mein Schreibtisch gleicht einem Geburtstagstisch", erzählt Gertrud. „Ein schöner bunter Blumenteller ... und Sträuße aller Art – und mittendrin Alfreds Bild. Es ist merkwürdig, wie der Tag an einem vorübergleitet. Und doch – es ist da etwas, das die Gedanken öfter als sonst hinübergleiten lässt – wohin? – da wo des anderen Herz schlägt! – wo weiß es selber nicht. Einen Anhaltspunkt gibt's da nicht. Da ist einfach ein Loch in der Vorstellung."

Für Gertrud bedeutet die Musik außerordentlich viel, sie ist Trost, Geborgenheit auch Heimat. Die Musik und das gemeinsame Singen ist aber auch ein wichtiger Stützpfeiler der Gemeinschaft und Gertrud notiert am 20. Juli: „Wir singen wieder Volkslieder. Nelly [Spellenberg?] hat die Leitung. Fast alle tun mit. Wir singen in erster Linie uns selbst zur Freude, – viel ist aber auch fürs Radio (d.h. wenn den Herrschaften, die um unsere Mitwirkung bitten, unsere Lieder gefallen. Operetten usw. singen wir auch dem Publikum zu Gefallen prinzipiell nicht). Nelly macht es sehr nett und sie hat eine geschickte Art mit den überzeugt ‚schönen Stimmen' fertig zu werden." (20. Juli 1943) Sie singen auch öfter für japanische Gäste, manchmal entwickelt sich daraus ein wechselseitiges Singen, welches allen Freude macht und die Beziehungen zwischen Deutschen und Japanern auflockert.

Gertrud beteiligt sich bei diesen Gelegenheiten zunehmend mit eigenen Darbietungen am Klavier. „Am 8. des Monats hat unser Chor nämlich im Radio gesungen und am Sonnabend sollen die Schulkinder singen. Da soll ich helfen durch einige Kinderklavierstücke die 35 Minuten auszufüllen. Ich spiele einige kleine Schumannstücke und aus dem ‚Ersten Bach'. ... Unsere Chorstunde hat allgemein gefallen. Wir bekamen sogar dafür 30 fl. ausgezahlt." (13. September 1943) Am 17. berichtet sie: „Komme soeben aus der Radioprobe für unseren morgigen Abend. So sehr mir das Vorspielen heute im Magen lag, beim Spielen am Flügel war ich ganz ruhig. Aber daneben getappt habe ich doch drei Mal! Aber ohne das geht es bei mir wohl einfach nicht. Doch lerne ich vielleicht auch das nochmal – mit dem Maße, wie sich mein innerer Mensch festigt. Das und das Klavierspielenkönnen geht nun einmal Hand in Hand. ... Die Gigue ging glanzvoll und die Wölkchen des Tabaksrauchers perlten heute wie noch nie. Eigenlob! Aber es ist so und ich freue mich, daß es so ist, ist es mir selbst doch ein Zeichen, daß ich ein bißchen weitergekommen bin." (17. September 1943)

Gertrud hat sich vorgenommen zwei Mal in der Woche ins Konsulhaus zu gehen, wo sie Klavierüben kann. „Das Klavierspiel ist mir je länger je lieber Bedürfnis", schreibt sie. „Das Herz kann sich aussprechen ohne vor anderen offenbar zu werden. Ich übe die d-Moll Phantasie von Mozart, spiele Bach und Beethoven." Allerdings reicht ihr die Übungszeit im Konsulhaus nicht mehr aus und sie schreibt: „... mein Musikhunger geht so weit, daß ich Bach und Beethoven singe statt zu spielen. Ich singe die einzelnen Stimmen vom Blatt; besonders bei den Bachschen Sachen geht das sehr schön und ich merke, wie ich auf diese Weise in das Wesen der Musik eindringe, mehr, als wenn ich sie vom Blatt spiele. Ich freue mich ob dieser Entdeckung, so wird meine Musik doch nicht ganz verkümmern." (3. Oktober 1943) Und am 12. November kann sie schreiben: „Das Musizieren ist mir je länger je mehr ein Bedürfnis. Ich merke, wie ich in die Musik hineinwachse und sich die hemmenden Fesseln beim Vortragen immer mehr lösen und ich Sicherheit im Spielen gewinne. ... die Freude, endlich auch mal zur Freude anderer beitragen zu können ... ist so groß in mir, es ist ein beglückendes Gefühl; – und ich wundere mich selbst, mit welcher Ruhe ich mich trotz allem Publikum ans Instrument setzen kann." (12. November 1943)

Gertrud gibt neuerdings auch Musikunterricht: „Seit drei Wochen gebe ich unseren Schulmädchen einmal wöchentlich eine Stunde in Tonika do, singe mit ihnen und versuche so etwas Lust und Freude zur Musik in ihnen zu wecken. Die ersten zwei Stunden war ich etwas besorgt, ob es mir wohl gelingen würde und ob ich nicht das Gegenteil erreiche. Aber die letzte Stunde hat mir Mut gemacht. Die Kinder arbeiten mehr mit und merken, worauf es ankommt. Da mir gar keine Mittel zur Verfügung stehen (Wandtafel, keine bunte Kreide, kein Instrument) muß ich mich auf die Handzeichen und unsere Stimmen beschränken. Auch der Altersunterschied, 6 – 12 Jahre, erschwert mir die Arbeit etwas." (20. Oktober 1943)

Soweit es die Nachrichtenlage zulässt, nehmen die Frauen Anteil an den Kriegsereignissen in Europa. Ihre eigene missliche Situation, auch die große Entfernung von Deutschland, lässt einen Nationalismus wachsen, in dem alles Deutsche und die Heimat als solche immer wieder beschworen und idealisiert werden. Das führt zu Aussagen, die uns Heutigen schwer verdaulich erscheinen. So notiert Gertrud am 20. August: „Unsere Stimmungskurve ist arg gesunken. Die Geschehnisse in Italien und Sizilien bewegen uns sehr. Nicht, daß wir den Glauben an Deutschland verlieren könnten, nein, daß Deutschland auch hier wieder den Kopf hinhalten muß – und immer die Sorge, hält Italien bei der Stange? Was muß Deutschland doch leisten. Kein anderes Volk würde das je leisten können! Gott gebe eine Entscheidung zum Guten! Wenn die Völker doch einmal zur Vernunft kommen wollten." (20. August 1943) Und weiter: „Italien ist von den Deutschen besetzt. Die armen deutschen Soldaten! Überall müssen sie den Kopf ins Loch halten. Wenn man nur Näheres erfahren könnte!" Und am 26. August frohlockt sie: „Endlich mal wieder eine erfreuliche Nachricht: Ein deutsches Schiff versenkte im Pacific etliche Alliiertenschiffe und acht beladene Handelsschiffe brachte es mitsamt der Ladung nach Japan. Der Anführer, Günther Gumbrich und seine Mannschaft wurden von den Japanern mit allen Ehren empfangen. Gumbrich erhielt Ehrenzeichen. ... Auch bei allen sonstigen Zeitungsnachrichten der letzten Tage haben wir allen Grund, den Kopf hochzuhalten." (26. August 1943)

Die Frauen hatten den deutschen Konsul um eine „wahrheitsgemäße" Berichterstattung gebeten. Dieser hatte zugesagt, ihnen von Zeit zu Zeit Zeitungen via Shanghai zukommen zu lassen. So sind die Informationen tendenziös. Die Frauen können und wollen auch nicht andere Sichtweisen gelten lassen. Die eher kritische Betrachtung in den einheimischen

Blättern trübt das Deutschlandbild und wird abgelehnt.

Auf gleicher Linie liegen antisemitische Äußerungen, die generell in dieser Zeit verbreitet waren. In christlichen Kreisen wurden sie zusätzlich legitimiert durch den Gedanken, dass Christus, der Heiland, von den Juden umgebracht worden sei. So äußert sich Gertrud nach dem Lesen eines Buches: „Las von Stefan Zweig die ‚Maria Stuart'. Die Bearbeitung des Stoffes, seine psychologische Auslegung und Auswertung – alles in allem meisterhaft. Aber eins störte mich beim Lesen immer wieder – der Schreiber wühlt scheints gern im Dreck. Oder ist es wirklich nötig, um Maria Stuart richtig zu beurteilen, daß man gewisse Szenen aus ihrem allerpersönlichsten Leben derart an den Pranger stellt? Ich wurde unwillkürlich an die ‚Karriere der Doris Hart' erinnert. Vielleicht äußert sich auch hierin der jüdische Schriftsteller." (27. August 1943)

Nachrichten! 26. August: „Marie Kreck bekam heute mit der Post einen Brief von ihrem Mann. Ein Ereignis, das uns alle erfreut und auch für uns hoffen lässt. Der Brief datiert von Dezember 42. In der Zeit schrieben wir auch unsere ersten Karten nach Britisch Indien. Ob sie inzwischen auch angekommen sein werden?" (26. August 1943)

Auch Gertrud bekommt eine Karte von den Eltern, abgestempelt in Tübingen am 2. Oktober 1941! „Kein Zeichen verrät, wo sie sich zwei Jahre herumgetrieben hat. ... So alt die Karte auch ist, es ging mir doch durch auf einmal die alten Schriftzeichen wieder zu sehen." (16. September 1943)

Noch im Oktober erhält Beck ein Telegramm mit folgendem Inhalt:

„Das Auswärtige Amt in ... teilt mit, daß es den Männern aller hier wohnenden Frauen gut gehe und sie senang [zufrieden] seien." „Das ist das erste, wenn auch nur indirekte Lebenszeichen über Alfred, seit er von Kotatjane fort ist", vermerkt Gertrud am 19. Oktober und fährt dann fort:

„Seit zwei Tagen werden die hier internierten Holländer, Männer, Frauen und Kinder abtransportiert und, wie man hört, nach Pekanbaroe gebracht, wo Internierungslager gebaut sein sollen. In langen Zügen marschieren sie zum Bahnhof, ihr Gepäck selber tragend, manche sehr geschwächt, des Marschierens ungewohnt. Zu beiden Seiten der Straße die gaffende Menschenmenge, laut johlend. Wo sie hergingen liegt die Straße besät mit allerlei Dingen, Reissäckchen, Tassen, Kesseln, Bündeln, die jene verloren haben und nicht wieder aufheben durften." (19. Oktober 1943) Gertrud notiert das Beobachtete, aber ein mitfühlender Kommentar fehlt. Liegt es daran, dass es die Holländer gewesen waren, die sie ins Internierungslager gesteckt und die Familien zerrissen haben?

Es sind u.a. auch die Geburtstage und die damit verbundenen Feiern, die in dieser Zeit Struktur geben und immer von der ganzen Gemeinschaft gefeiert werden. Erst Gertruds, dann Michaels und jetzt Christas und Utes Geburtstag. Über Christas Geburtstag schreibt Gertrud: „Christa ist voll spannender Erwartung auf ihren Geburtstag. Sie wünscht sich als Tagesmenü morgens: keinen boeboer, mittags: Reis, sambal, Schnibbelbohnen, ajam in santen und pisang goreng. Zum Kaffee eine Menge pisang goreng und abends..." (13. Oktober 1943) Später ergänzt sie: „Der Tag verlief sehr nett und Christa war restlos befriedigt. Ihr Geburtstagstisch lief beinahe über so voll wurde er im Verlauf des Tages und die Besucher kamen und gingen. Selbst Ohatasan, unser Radioansager, der viel in unseren Häusern verkehrt, kam an mit einem Orchideenstrauß und einem Paket mit Nipponkuchen. Ich lud ihn ein zum Abendessen. Er kam schon früh am Nachmittag und hat mit den Kindern – Christas Klassengenossinnen – gespielt und sich von ihnen quälen lassen. ... Christa war restlos glücklich über die Badehose und begeistert über das Kleid." (20. Oktober 1943) Drei Wochen später ist Utes Geburtstag. „Ute war eitel Freude. Die Erwartung [an den Tagen] vorher war schon köstlich. Ute kann sich so herzlich freuen. An ihrem Geburtstag kam sie in aller Frühe zu mir ins Bett, schmiegte sich an mich und meinte. ‚Mutti, ich freu mich so, daß mir die Tränen aus den Augen kullern.' Und wirklich liefen ihr die hellen Tränen über die Backen herunter. Sie bekam Badeanzug, Schultasche, Malheft mit Buntstiften und ein gesticktes Wiesenblumenkleid; dazu dann noch all die Herrlichkeiten, die die Gratulanten anbrachten. Die Tage vorher war ihr ganzer Kummer, daß sie an ihrem Geburtstag in die Schule mußte ... Als ich dann erlaubte, das neue Kleid anziehen zu dürfen, ging sie auch schließlich gerne hin. Sie ist dann vor und nach der Schule hausieren gegangen und hat sich ihre Geburtstagsgrüße und Geschenke eigenhändig geholt." (12. November 1943)

Um diese Zeit gibt es einen veritablen Skandal: Frau Kniesch erwartet ein Kind! Das erregt die Gemüter und stellt Gertrud vor ganz andere Probleme. Sie überlegt, wie sie den Kindern gegenüber damit umgeht. „...die stete Frage der Kinder warum bekommen wir kein Kindchen? Wird nochmal brennend werden und da hilft kein Ausweichen mehr. Aber ich bin darauf gefaßt und werde in aller Natürlichkeit und Unbefangenheit sie zu beantworten suchen." (20. Oktober 1943) An späterer Stelle ergänzt Gertrud:

„Ich habe immer versucht, diese Fragen so natürlich wie möglich zu beantworten. Unsere Katze, die Junge bekam, die Hunde hin und her gaben Gelegenheit genug dazu. Unsere Kinder redeten mit solch einer Selbstverständlichkeit darüber, daß unsere Katze Kinderchen im Bauch hätte und man sie darum nicht so viel tragen dürfe, wie wenn sie von knospenden Blumen oder vom Wetter sprächen. Enge Gemüter halten sie darum für verdorben und halten ihre Kinder möglichst zurück. So kam Michel gestern vom Kolli zurück und erzählte mir: ‚Mutter, Tante Kniesch bekommt bald ein Kind.' ‚So, wer hat dir denn das erzählt?' ‚Das habe ich gesehen.' ‚Wieso denn?' ‚Ja, Tante Kniesch ist ganz fett', und schon sprang er wieder davon. Kinderkriegen ist Tagesthema. Heute Morgen in aller Frühe fängt Michel an: ‚Ute, willst Du auch ein Kind haben? Du kannst wohl auch eins haben, wenn du eine Mutter bist; ich will dann der Vater sein. Uli, Herbert und ich, wir wollen uns heiraten und dann werden wir alle Väters.‘ Soll ich da sagen: Ihr verdorbenen Kinder, wollt ihr still sein, davon spricht man nicht?“ (26. Januar 1944)

Zum Thema Aufklärung ergänzt sie später: „Unsere Kinder sind zuweilen so drastisch in ihren Äußerungen über Beobachtungen an ihren Haustieren, daß empfindsame Seelen die Köpfe schütteln. ... Aber was sollst du da auch sagen, wenn z.B. die kleine Rosi (5 Jahre) freudestrahlend erzählt: ‚Tante, Rikas Mannweib (ein Hahn) hat mit meinem Faulpelz (ein Huhn) geheiratet, der legt sicher heute ein Ei.‘ oder Christa meint: ‚Mutter, den grauen Hahn, den dürfen wir nicht schlachten, der heiratet so gut.‘? (16. Februar 1946)

Sie selbst, durch das Ereignis angeregt, reflektiert die Situation der Frauen: „Ich bring es nicht fertig, eine Frau – und wenn sie strauchelt – zu verurteilen. Die Zeiten sind zu schwer und zu abnormal und der Gefahren sind zu viele, als daß jede Frau damit fertig wird. Lasse ich für mich selbst auch keine mildernden Umstände gelten, für andere kann ich das wohl. Darin muß man individuell urteilen. Für mich gibt’s da kein Zaudern, ich bin mir bewußt, daß ich nur in voller Reinheit vor Mann und Kindern bestehen kann. Aber das kann man nicht aus eigener Kraft.“ (16.Januar 1944) Und an gleicher Stelle: „... für mich gibt es einen Maßstab und der heißt: Was würdest du tun, wenn dein Mann neben dir säße?“

In den Tagen um den 21. September 1943 veranstalten die Japaner ein mehrtägiges Manöver mit Verdunkelung, Straßensperren etc. Gertrud sorgt sich, ob die strategisch bedeutsame Hafenstadt Padang wohl noch einmal Kampfzone werden könnte. In diesem Fall würden alle Frauen und Kinder nach Brastagi verlegt werden.

Gertrud liest „Liebe und Tod auf Bali“ von Vicki Baum, das ihr sehr gefällt. Sie veranschaulicht sich den Text gleich anhand ihres Bali-Bilderbuchs. Auch das Buch „Tropenfieber“ von L. Szikely begeistert sie: „Das Buch ist sehr interessant und anschaulich geschrieben, vor allem der Batak, der Malaie, der Sklave, ihr Leben, das Verhältnis von Tuan und Inländer damals, das Pflanzerleben usw. Es gefällt mir eben darum, weil es nicht so schwülstigschwül geschrieben ist...“(19. Oktober 1943) Lion Feuchtwangers „Jud Süß“ liest sie nur mit Widerwillen: „Ein Zeugnis jüdischer Art und Entartung, wie zielbewusst die Juden gearbeitet haben, um deutsche Moral und Sittengesetze zu unterwühlen.“ (19 November 1943) Dagegen ist „Spionage an der Westfront“ von Friedrich Monka „ein Zeugnis deutscher Zucht, Treue und Zuverlässigkeit“.

Am 11. Dezember dann eine Überraschung: „Meine Kampferkiste aus Medan ist angekommen und alles darin so, wie ich es hineingepackt hatte.“ Die Kiste enthält u.a. Briefe ihrer Eltern, aber auch ihre Brautbriefe. Sie will letztere noch einmal lesen und anschließend verbrennen. Dies hat sie wohl tatsächlich in die Tat umgesetzt, denn es ist leider kein einziger dieser Briefe erhalten geblieben mit Ausnahme jenes allerersten Briefes, in welchem sie sich Bedenkzeit erbat. Sie schreibt, und die damaligen Gefühle werden wieder so ganz lebendig: „Las dieser Tage zunächst meine Brautbriefe aus Kaiserswerther Zeit und nochmals erlebte ich die Freuden und noch mehr die Nöte der Jahre im Heim. Wie freudlos war doch meine Brautzeit im Heim. Noch jetzt faßt mich innere Empörung, wenn ich an all den kleinlichen Zank und Streit mit Alfs denke und wie recht tat ich, mich dem zu widersetzen. Und was sich damals in meiner Seele regte, all das innere Drängen und Keimen, all der Hunger nach Erkenntnis, der Entfaltungsdrang meiner Seele – hätte man mich damals gewähren lassen und hätte ich eine führende, verstehende Hand zur Seite gehabt, dessen bin ich sicher, ich wäre als reiferer Mensch in die Ehe getreten und manch bittere Not der ersten Ehejahre wäre mir erspart geblieben. Aber statt dessen hat man mich mit Dreck beworfen, hat meinen Einsamkeitswillen, meinem Stürmen und Drängen die unmöglichsten Motive untergeschoben, all ihre Gehässigkeit, ihren Neid, alle Bosheit haben sie an mir ausgelassen; sie haben auf meine Seele einen Berg von Schutt geladen, den abzuschütteln ich erst in diesem Jahre die Kraft fand. Ja, ich fühle es und es stimmt mich dankbar, daß es so ist, daß ich endlich soweit bin, daß ich versuchen kann ‚ich selbst‘ zu sein. Die Not der letzten Trennungsjahre haben mir geholfen, innerlich zu wachsen und zu reifen, mich freier zu bewegen im täglichen Leben wie auch in der Musik.“ (11. Dezember 1943)

Seit November gab es immer wieder Gerüchte, es stehe eine erneute Verlegung der Frauen bevor. Sie wissen nicht wohin: Penang oder Brastagi? Immer wieder gibt es neue Gerüchte. Es ist ein ständiges Hin und Her und Gertruds Nerven sind strapaziert. Am 17. Dezember schreibt sie daher:

„Welch unerquickliche Advents und Weihnachtszeit! Wir sitzen mitten drin im Packen und rüsten für einen Umzug. Wir sollen packen und wissen nicht einmal wohin wir kommen, ob nach Brastagi oder nach Penang. Es ist jetzt bestimmt, daß die Alleinstehenden und Mütter (mit) bis zu zwei Kindern nach Penang bzw. Shirnan kommen. Wir Kindermütter sollen nach Brastagi. Aber die deutsche Botschaft in Tokio weigert die Bezahlung unseres Transports nach Brastagi und Nippon weigert auch, da sie nichts dagegen haben, wenn wir hierbleiben. Wer uns unbedingt weghaben will, ist Beck selbst, der sich für Shirnan gemeldet hat und unbedingt mit möchte. Bleiben wir in Padang muß Beck auch bleiben. Deswegen setzt er alle Hebel in Bewegung, uns hier fortzuschaffen. Wir haben im Grunde nichts gegen ein Umziehen nach Brastagi, obwohl wir lieber hier blieben, aber – wir sollen den Umzug selbst bezahlen! Und dagegen wehren wir uns, weil wir das einfach nicht können." (17. Dezember 1943)

Im Laufe dieser Diskussionen kommt es offenbar zu heftigen Auseinandersetzungen zwischen den Alleinstehenden und den „Ein-und Zwei-Kind-Müttern" einerseits und den „Mehr-Kinder-Müttern" andererseits. Diese empfinden jene als Klotz am Bein und jene fühlen sich im Stich gelassen. Gertrud schreibt: „Oh, ich bin innerlich derart verbittert, daß selbst Mütter nun gegen uns stehen müssen, ich begreife das einfach nicht. Da muß ich mich erst hindurchringen – wie kann ich sonst das Weihnachtsfest für die Kinder richten. Mir ist's – ich möchte heulen. Gott hilf mir! Und schenke mir ein frohes Herz schon um meiner Kinder willen. Es ist doch Weihnachten." (20. Dezember 1943)

Am 21. Dezember 1943 dann das große Ereignis: Mehrere Frauen erhalten Briefe von ihren Ehemännern aus Britisch Indien. Die Briefe datieren alle von Dezember 1942, sind also ein Jahr alt. Die betroffenen Frauen sind überglücklich. „Thea erfuhr so auch indirekt von ihrem Mann, daß er im Hospital arbeite. Sie betonen menschenwürdige Behandlung – Spaziergänge – Schwimmen usw. Aber von Alfred höre ich nichts. Ob dieses Glück mir auch mal blühen wird?", fragt sich Gertrud.

Trotz aller Unruhen gelingt es ihnen dann, Weihnachten in einer guten Atmosphäre zu feiern. „Wir aßen stehenden Fußes ein paar Butterbrote, und als es dunkel wurde zündete ich den Weihnachtsbaum an, der aus Zweigen bestehend mehr einem Busch gleicht, als einem Tannenbaum. Aber mit der Krippe darunter wirkt er so schön, daß wir recht unsere Freude daran haben." Es wird gesungen und dann dürfen die Kinder ihre Geschenke betrachten. „Viel war ja nicht drauf", schreibt Gertrud, „besonders bei den beiden Töchtern hatte ich Sorge, wie sie sich in die Geschenke einigen würden. Aber es ging über Erwarten gut und ohne jeden Missklang. Ute entschied sich fürs Püppchen und Christa für das Herdchen. Sie waren alle drei überglücklich und dachten nicht dran irgendwelche Vergleiche zu ziehen." (25. Dezember 1943) Es war wie ein nachträgliches Weihnachtsgeschenk, als Beck ihnen am 28. Dezember mitteilt, es stehe dem Umzug nach Brastagi nichts mehr im Wege und auch die Reisekosten würden aus anderen Mitteln gedeckt.

Gertrud sieht mit gemischten Gefühlen auf das neue Jahr und notiert am 2. Januar: „Man freut sich über jedes Jahr das dahin ist und uns gewiß dem Frieden näher bringt, – man trauert über all die Jahre, die dahin sind, verlorene Zeit – wie möchte man sie festhalten und da anknüpfen können, wo sie aufhörte, gemeinsame Zeit zu sein. Nutzlose Zeit – und doch, wie dankbar bin ich auch für sie. Außer der schweren Trennung und den Sorgen um die Kinder brachte sie meinem inwendigen Menschen nur Gutes. Und so kann ich sie nicht als verloren betrachten. Auch diese Trennungszeit wird ihre Früchte tragen und die Gemeinsamkeit – und mag sie noch so Schweres mit sich bringen – sie wird reich sein an gemeinsamem Erleben.“ (2. Januar 1944)

Ein paar Tage später erzählt sie von einem japanischen Film, den sie gesehen hat, einem Liebesfilm. „Er hat mir ausnehmend gut gefallen Eine Musikschülerin, die nicht weiter studieren darf und zurück auf das Gut ihrer Eltern kommt. Ein Eleve, gleichfalls sehr musikalisch (Geige) nähert sich ihr (verliebt sich in sie kann man hier wirklich nicht sagen – dies war viel schöner!) und zum Schluß heiraten sie. ... Der Eleve, ein feines durchgeistigtes Gesicht und sie – hübsch mit einer schönen Stimme. Die ganze Handlung mit köstlichem Humor durchwürzt. Das Liebespaar – äußerste Zurückhaltung, kaum eine gegenseitige Berührung – die Blicke sagen alles. Köstlich frische reine Luft weht einem entgegen. Wie banal dagegen die europäischen Filme!“ (5. Januar 1944)

Verständlich, dass ihr der Film gefallen hat; die abgebrochene Ausbildung, die Liebe zur Musik, die besondere Zartheit der Beziehung – ist das nicht auch sie selbst mit ihrer eigenen Geschichte?

Was sie in der Gegenwart im Bereich der Liebe erlebt, ist so ganz anders. Gertud schreibt: „Welche Nöte bringt doch auch der Krieg in unsere Reihen. Ob die Männer wohl ahnen, welchen Kampf wir hier kämpfen – ein Kampf um die Reinheit? Hier die zwei Fronten, die männerlosen Frauen, dort die frauenlosen Soldaten, die mit asiatischer Unverblümtheit meinen, von jeder Frau fordern zu können. Und es gibt nur einen Weg, um sich selbst vorm Straucheln zu bewahren, der heißt: Zurückhaltung, äußerste Zurückhaltung. Wer meint, mit einem Schmetterling einen rein freundschaftlichen Verkehr innehalten zu können, betrügt sich selbst, bei dieser Rasse ist das eigentlich nicht möglich. Und da mögen es noch so anständige, hochgebildete Menschen sein – eine Weile geht es gut und dann ist es aus und wehe der Frau, die sich nicht ganz selbst in der Gewalt hat.“ (16. Januar 1944)

Über den geplanten Umzug gibt es noch immer keine Entscheidung. „Woche um Woche vergeht, ohne daß wir ... wissen, was mit uns wird, ob wir fortkommen oder hierbleiben werden. ... Vermutlich liegen militärische Gründe vor, daß die Seereise augenblicklich zu gefährlich ist und daß Brastagi für Erholungszwecke benötigt wird. Diese Ungewissheit ist schwer zu ertragen, zumal für die, die schon so manches verkauft haben und nur noch aus Koffern leben.“ (17. Januar 1944)

Gertrud versucht, die Wartezeit für sich zu nutzen. Sie liest alte Vorträge und Predigten von Alfred, die mit der Kiste aus Medan gekommen waren. Sie schreibt: „Ich freue mich daran, und indem ich mich in seine Gedanken vertiefe ist mir's, als sei ich ihm nahegerückt. Wenn so jahrealte Schriften einen einander näherbringen, wie viel mehr muß das ein Brief oder auch nur ein Gruß tun. ... Es ist so eigen, Alfred ist mir in diesen Tagen überhaupt so nahe, mit meinen Gedanken und meinem Herzen bin ich immer bei ihm, suche alte Bilder in mein Gedächtnis zurück und träume in die Zukunft. Es gibt dann auch wieder Wochen, da ist man sich auch innerlichso fern, daß ich oft vor mir selbst erschrecke."

Am 20. Januar ergänzt sie: „Ich freue mich so, daß ich Alfreds Ausarbeitungen habe. Man liest die Zeilen und ist bestrebt, in das Wesen, Denken und Fühlen des geliebten Menschen einzudringen oder es auch nur auf sich wirken zu lassen."

Drei Tage später sieht es so aus, als ob ihrem Umzug nach Brastagi tatsächlich nichts mehr im Wege steht, allerdings ist der vorgesehene Lastwagen erst in drei Wochen frei.

Inzwischen liest Gertrud über Michelangelos Leben und Werk. Besonders die Gemälde der Sixtinischen Kapelle haben es ihr angetan.

„Unvergleichlich schön sind die Gestalten; in ihrer plastischen Darstellung wirken sie wie Marmorgestalten. Und was mir an allem so besonders gefällt – in all ihrer Nacktheit sind sie so natürlich, so frei von jeder Sinnlichkeit. Selbst bei der Eva im Sündenfall – ich finde sie besonders schön in ihrer erblühten Weiblichkeit – kein Hauch von Sinnlichkeit; man hat seine Freude an diesem schönen Menschenpaar. Gewaltig sind die Bilder der Schöpfung."(23. Januar 1944)

Lene Guther hat ein Radiogrammophon und Gertrud hört sich bei ihr einige Schallplatten an, „u.a. auch die B-Dur Violinsonate von Beethoven Nr.1, die Alfred und ich schon mal zu spielen versuchten. Ach wie schön war diese Erinnerung! Besonders an manchen Stellen konnte ich mir Alfred so gut vorstellen, wie er spielte, und zwischendrin hörte ich sein ‚Seufzen', wenn er in Eifer geriet." (29. Januar 1944)

Am 17. März endlich kann Gertrud aus Brastagi berichten. Sie hatten es nun wirklich geschafft! Die betroffenen Familien waren nicht alle zusammen gereist, da nicht genug Transportmöglichkeiten zur Verfügung gestanden hatten. Gertrud selbst reiste mit Lene Guther zusammen. Die letzten zehn Tage waren mit Packen, Verkaufen, Einkaufen und Abschiednehmen ausgefüllt gewesen. „Das Machen der Abschiedsbesuche war mir so merkwürdig", schreibt Gertrud, „hatte ich doch gar nicht das Gefühl, als wenn ich Padang nun auf immer verließe. Der Abschied von Nelly und Lydia hat ein paar Tränen gekostet, auch der Abschied von Thea war mir trotz allem nicht leicht. Doch war Thea mein Fortgehen schwerer als mir, hatte sie doch so recht niemanden mehr, dem sie näher stand." (17. März 1944)

Als am 19. Februar 1944 der Lastwagen beladen werden soll, gießt es in Strömen. Es wird Sonntagmittag bis sie losfahren können. Zwei Bücherkisten muss sie zurücklassen, sie sollen mit einem späteren Transport nachkommen. Die Reise bis Bukittingi verläuft gut, aber dort sollen sie in einen größeren Lastwagen umpacken, weil zwei riesige Ölfässer mitgenommen werden sollen. Gertrud berichtet: „Was blieb uns übrig? Wir setzten uns an den Straßenrand und dann wurde umgeladen und ich paßte aufwie ein Luchs, daß sie uns einigermaßen Platz zum Sitzen ließen. Es wurde schon dunkel, als die Reise weiterging." Es wurde eine Reise mit Hindernissen: Zuerst ging nach 5 Kilometern die Lichtmaschine kaputt, eine neue musste von Bukittingi herangeschafft werden. Kaum repariert, versagten die Bremsen und wieder das gleiche Spiel, zurück nach Bukittingi und Bremsen reparieren. Sie waren todmüde und keinen Meter vorangekommen, auch die Kinder konnten nicht schlafen, weil der Platz im Auto das nicht zuließ. Und Gertrud erzählt: „Um fünf Uhr morgens gings weiter. Die Autolampen waren nicht in Ordnung. Es war eine Angstpartie. Wie froh waren wir, als der Morgen graute. Etliche Male mußte repariert werden. Aber dann ging es verhältnismäßig gut. Es war 12 Uhr abends als wir in Sidempuan ankamen, uns wuschen, aßen und ins Bett gingen, froh, die Glieder einmal strecken zu können." Früh am nächsten Morgen ging es weiter über Sibolga nach Tarutung. Das Tobaland, auf dessen Wiedersehen sich Gertrud so gefreut hatte, durchquerten sie bei Nacht. Sie hätte den Tobasee so gern noch einmal gesehen. Über Balige ging es weiter bis nach Siantar. „Es war drei Uhr nachts, als wir vor einem Chinesenhotel hielten", berichtet Gertrud, „Man bot uns ein Zimmer an mit zwei Betten. Ich ging hin um es mir anzusehen. Da stiegen gerade zwei Personen aus den Betten. Mir ekelte. Aber bis Brastagi waren noch ganze fünf Stunden. Das hätten wir nicht ausgehalten. Also aussteigen und rein in die vorgewärmten Betten. Auf jedes Bett legte ich eine unserer Decken, eine Matratze kam auf den Boden und wir legten uns wie wir aus dem Auto kamen zu neun Menschen auf drei Matratzen. Nachdenken durfte man nicht. Es hieß die Zähne aufeinander, die Augen zu und geschlafen." Am nächsten Mittag kamen sie schließlich in Brastagi an.

Brastagi, durch seine hohe Lage ein Ort mit außerordentlich günstigem, beinahe europäischem Klima, wurde schon zu allen Zeiten und von allen Europäern als Urlaubs und Erholungsort bevorzugt. Sogar Erdbeeren wachsen hier. Für Gertrud und die Kinder ist es so gesehen ein Glück, hier gelandet zu sein. Doch es ist nicht alles so wie sie es gewünscht hatte. „Unsere erste Enttäuschung war, daß wir [Lene Guther und sie] nicht zusammen wohnen konnten wie wir so sehr gehofft hatten." Stattdessen soll Gertrud ein Haus mit zwei Frauen teilen: „Meine Hausgenossinnen sind zwei Nummern für sich, Tante Lück vom Stamme Nimm und Frau Rechenbach nicht übel, aber hat auch ihre Nücken. Untereinander können sich die zwei nicht und jede klagt mir ihr Leid über die Andere. Für mich furchtbar angenehm! Aber sonst kommen wir gut miteinander aus."

„Meine ersten Eindrücke von hier waren nicht sehr berückend. Die Wohnungen sehr pompös, die allgemeine Lebensweise fürstlich im Vergleich zu uns Padangern, dabei viel Klagen und Stöhnen. Ich bekam ordentlich Sehnsucht nach Padang, nach unserer Einfachheit und unserm deutschen Kreis. ... Ich habe mir mein Wohnzimmer recht wohnlich und nett eingerichtet mit meinen Möbeln, die zwar sehr gelitten haben, meinen Bildern, Vasen und Holzschnitzereien. ... Die Lebensweise ist kaum teurer als in Padang. Hier kann man nicht so indisch leben wie dort; es gibt kein minjak manis [süßes Öl], keine pisang goreng und klapper sind sehr teuer. So musste ich meinen Küchenzettel sehr umstellen zu Christas großem Leidwesen."

Begeistert ist sie über die große Bücherei der hiesigen deutschen Gemeinde. „Eine Auswahl, herrlich! Da geht einem der Lesestoff nie aus", schreibt sie. „Ich habe mich zunächst mal auf musikgeschichtliche Bücher geworfen." Gertrud liest Bücher über Mozart, Verdi und Wagner.

Im April berichtet Gertrud beinahe fassungslos über eine Neuigkeit: Beck, ihr Vertreter in Padang ist von Tokio zum Generalvertreter ernannt worden! Sie schreibt: „Wir meinten uns rühre der Schlag! Aber es ist so. Beck, der uns zahme Hühner in Padang nicht mal unter einen Hut bekam, soll hier die Horde regieren! ... Der alte Mann tut mir leid in seiner hilflosen Art. Wie soll das gehen! – Aber vielleicht geht es besser als man denkt." (6. April 1944)

Gertrud räumt ihr Zimmer um, entfernt eine eingebaute Bank und stellt ihren Schreibtisch vor das Fenster. „[Ich] genieße so die Aussicht, statt gegen die Wand zu gucken. ... Die Kinder haben so auch besseres Licht zum Schularbeiten machen. Christa lebt sich ganz gut in die Schule ein, Ute muß sich herzuhalten. Sie ist noch zu langsam und beim Lesen geht's ihr wie mir, sie kann das Wortbild nicht so schnell übersehen. Da heißt es eben einfach fleißig üben. Ich habe es ganz den Lehrerinnen überlassen zu beurteilen, ob sie in die dritte Klasse kann, oder ob sie die 2. besser nochmal durchläuft, weil sie eigentlich für die Klasse zu jung ist." (6. April 1944)

Nun war noch die Frage, was mit den in Padang gebliebenen Deutschen geschehen würde. Einige werden noch nachkommen, andere dort bleiben müssen. Gertrud selbst lebt sich so nach und nach ein: „Ich taste mich so langsam in die neue Umgebung. Den meisten Verkehr habe ich mit Lene und Haus Kora. Den Menschen hier ist eins eigen, sie sind furchtbar empfindlich und nehmen leicht alles persönlich; objektiv ist kaum eine", notiert Gertrud am selben Tag.

Es ist der 17. April und Ute ist krank. „Utelein liegt mal wieder mit Kopfschmerzen und Erbrechen zu Bett. Dr. Heinemann war da und will sie demnächst mal gründlich untersuchen, da sie nicht gut aussähe. Sie wird wohl stets unser Sorgenkind bleiben. Ich hoffte so, daß es mit ihrer Esserei hier besser sein würde. Aber bisher ist beinah das Gegenteil der Fall. Die ganze Umstellung sowohl klimatisch als auch in der Schule scheint sie doch arg mitzunehmen. Sie und Werner Guther sind in der Klasse die jüngsten und Schwester Frieda meint, sie seien ihrem Denken nach zu jung für die Klasse....Wir überlegen heute schon, ob wir sie nicht jetzt schon zurücksetzen lassen sollen." (17. April 1944)

Ihren Geburtstag am 26. April 1944 hat Gertrud gut überstanden und berichtet: „Die Kinder schenkten mir einen schönen Strauß Amaryllis und Christa hatte mir einen Tisch schön hergerichtet. Ich hatte den ganzen Tag Betrieb und war am Abend ehrlich erschossen. Zum Abendessen hatte ich Frau Rechenbach, Lück und Martha Berghäuser eingeladen. Frau Rechenbach stellte mir ungebeten all ihre Schätze in Form von Silberschalen, Vasen, Decken, Bänder und was nicht all zur Verfügung; ich hatte den Eindruck, daß sie sich noch einmal an ihren Sachen erfreuen möchte – ehe sie stirbt. Sie hängt so sehr an diesen Äußerlichkeiten, an ihrer glorreichen Vergangenheit, sie kann sich nicht davon lösen und das macht ihr das Sterben so schwer. Sie sagte mir kürzlich: ‚Frau Rutkowsky, ich bin ja so ein äußerlicher Mensch – und sie glauben nicht, was mir das jetzt zu schaffen macht.' Ich möchte ihr ja so gerne helfen. Wenn ich nur im rechten Augenblick die rechte Antwort zur Hand hätte! Welch ein Unterschied, die ruhige, sterbensbereite Tante Müller und diese Frau, die sich mit Händen und Füßen wehrt zu sterben." (30. April 1944)

Zwei Monate erst wohnt Gertrud in diesem Haus und schon wieder steht ein erneuter Umzug an. Sie notiert: „Schon wieder einmal umgezogen! Das sechste Mal seit zwei Jahren! Ich habe meine Selbständigkeit drangegeben und bin mit Lene Guther ... zusammengezogen ... Frau Rechenbach war es gar nicht recht, daß ich fortging, und sie versuchte alles, um mich zu halten. Aber ich bin hier ja nicht aus der Welt, wenn sie mich braucht, braucht sie nur eben herüber zu schicken. Lene und ich fühlen uns sehr wohl hier. Wir haben ein schönes Haus mit herrlichem Garten und noch viel schönerer Aussicht."

Diesmal geht mit dem Umzug ein Wunsch in Erfüllung. Nach einem Monat schreibt Gertrud: „Ein ganzer Monat im neuen Haus. Gefällt uns sehr gut, freuen uns täglich über die schöne Aussicht und die ruhige Lage. Waren alle krank (5-Tage-Fieber). Die Kinder lagen alle im Bett. Das richtige Lazarett. Nun ist alles überstanden und die Kinder essen wie die Scheunendrescher. Wenn man ja nicht so sparen müßte! Aber wir freuen uns, daß sie so essen. Die Preise sind jetzt derart, daß ein Durchkommen mit dem Gelde nicht mehr möglich ist. Wo das noch hinaus will!! – Wir leben in solcher Spannung. Die Alliierten sind in Frankreich eingefallen. Gott helfe unserm armen Deutschland." (13. Juni 1944)

In dieser Zeit werden die Tagebucheintragungen immer seltener. Meist sind es Inhaltsangaben der Bücher, die sie liest und ihre Stellungnahmen dazu, und sie liest nach wie vor sehr viel. Erst im Oktober folgt noch einmal ein längerer Eintrag: „Die Zeit geht dahin, man merkt es kaum. Woche um Woche leben wir in der inneren Spannung und Angst um unser liebes Deutschland. Das Ärgste ist die Ungewißheit über die

Vorgänge drüben. Dann die vielen Lügenmeldungen von Seiten der Neutralen – man nimmt sein Herz in beide Hände – zwingt sich innerlich zur Ruhe und hofft und hofft. ... Eins ist sicher, was auch kommen mag, wir haben zu unserem Volk zu stehen in Not und Freud. ...Wir rüsten und nähen und hoffen doch bald heimzukommen, gleich was unser drüben wartet, – heim, nichts als heim. Gott sei Dank merken die Kinder nichts von all der Not und unsere bescheidene Lebensweise ist ihnen so selbstverständlich, daß wir recht dankbar sein dürfen. Die Geburtstagstische sind überbescheiden, aber was schadet das? Daß die Freundinnen zu Besuch kommen dürfen, daß man mal mit den Händen essen darf, und das Geburtstagskind selbst gefeiert wird, das ist ja doch die Hauptsache." (1. Oktober 1944) Christa hat sich in dieser Zeit, so erzählte Gertrud später, einen Spaziergang ganz allein mit der Mutter zumGeburtstag gewünscht.

Am selben Tag notiert Gertrud: „Die Schulzeugnisse waren gut. Christas Glanznote: eine 1 im Zeichnen als einzige von der ganzen Schule. Christa war das so selbstverständlich, daß sie es nicht einmal für der Mühe wert hielt, es mit mitzuteilen. ... Für Ute bin ich froh, daß sie die Klasse noch einmal durchmacht, sie ist viel munterer dabei und freut sich, wenn alles ‚so leicht' ist. Michel sehe ich ganze Morgende nicht, er ist immer draußen. Nur, wenn ihn der Hunger plagt, erscheint er dreckig wie einStrolch."

Gertruds Tagebuch endet mit diesem Oktober 1944, obwohl ihr Aufenthalt in Brastagi bis Mai 1946, also noch eineinhalb Jahre längerdauerte. Dieser Zeitraum wird mit der schließlich entstanden Postverbindung zwischen Alfred und Gertrud überbrückt und im nächsten Kapitel behandelt.

Das japanische Militär bleibt bis August 1945 auf Sumatra und Java an der Macht. Auf der Konferenz von Potsdam wird Indonesien unter britische Verwaltung gestellt. Klappert berichtet über diese Zeit: „Eine Wendung kam erst, als die Japaner 1945 kapitulierten, und die Engländer die japanischen Soldaten in Sumatra entwaffneten. In dieser herrenlosen Übergangszeit sind im Inland Sumatras viele Menschen von aufrührerischen, umstürzlerischen und brandschatzenden Elementen umgebracht worden. Im allgemeinen Durcheinander hat Sukarno sofort für die indonesische Bevölkerung die Initiative ergriffen und am 17.8.1945 die indonesische Unabhängigkeit ausgerufen. Es war aber noch vier Jahre lang eine sehr umkämpfte Unabhängigkeit." (Klappert S.94)

Es ist dies die Zeit von Gertruds allerletztem Tagebucheintrag. Sie schreibt am 30. September 1945: „Friede! Friede! und doch kein Friede. Die Welt ist so voll Haß. O Gott, wie lange noch dieses allein sein müssen?"

Die Frauen schützen sich vor den Unruhen, indem sie in Zeiten der Gefahr die Häuser nicht verlassen. Sie müssen ihren Lebensunterhalt selbst bestreiten, seit im Juli 1945 die finanzielle Unterstützung des „Reichs" eingestellt worden war. Sie verkaufen Wäsche und andere Gegenstände, sie nähen und stricken für Europäer und Indonesier. Gertrud gibt wohlhabenden Chinesen Klavierstunden. So schlagen sie sich von Woche zu Woche durch.

Schließlich kommen Gertrud und die Kinder zusammen mit allen anderen Frauen in die Verwahrung britischer und holländischer Streitkräfte. Sie müssen im Mai 1946 von Brastagi nach Medan umziehen, wo sie bis zu ihrer Heimreise im Juni 1947 bleiben.

Während dieser ganzen Zeit bleibt Alfred bis zu seiner Entlassung im November 1946 in dem Internierungslager Dehradun. Nachstehend wird Alfreds Internierungszeit in Indien, sowie der im August 1945 wieder einsetzende Briefwechsel des Paares beschrieben, der durch die schlechte Postverbindung zwischen Indien und Sumatra chaotisch war.

Internierung in Indien, Kriegsende und erste Kontakte

Während die Frauen noch im Lager Raja sind, werden die über 2000 internierten Männer Ende 1941 bzw. zu Beginn des Jahres 1942 vom Internierungslager in Alas Vallei zum an der Westküste Sumatras gelegenen Hafen von Sibolga gebracht. Ohne zu wissen, wohin die Reise gehen würde, werden sie, schwer bewacht, in den vollständig mit Stacheldraht ausgeschlagenen Laderaum eines Schiffes gebracht. Missionar Klappert beschreibt:

„Auf dem blanken Holzboden konnte sich jeder einen harten Sitzplatz der Reihe nach suchen. Die Eisenluken des Raumes waren, wie wir schnell feststellten, eigens für unsere Überfahrt dick verschweißt worden. Keine Luke ließ sich öffnen. Durch ein fingerdickes Loch für den Haken der Luke konnten wir auf die See blicken. Die Belüftung war genauso notdürftig wie die ganz schwache Beleuchtung. Auf einem erhöhten Platz – wo sie den ganzen Raum gut überblicken konnte – saß eine besondere Wache mit einem Maschinengewehr hinter dichtem Stacheldraht zum Einsatz bereit." (Klappert, S. 37) Die Ernährung war schlecht, Trinkwasser gab es nicht, nur hin und wieder etwas schwachen Tee, die hygienischen Bedingungen waren miserabel. Die Angst vor einem Angriff der Japaner aus der Luft oder durch ein UBoot war groß. „Hinter dem Stacheldraht fühlten wir uns wie gefangene Ratten, deren Falle man schon zur Hälfte oder mehr ins Wasser gehangen hatte." ... „Ein großes Rätselraten begann über das Ziel der Fahrt. Manche dachten an Südamerika, denn dort hatten die Holländer noch Kolonien. ... Durch die winzigen Löcher der Luken kam bisweilen ein kleiner Sonnenstrahl in unser Halbdunkel. Aus dem Winkel der einfallenden wenigen Strahlen der Morgensonne stellten die erfahrenen Seeleute unter uns fest, daß die Richtung nicht nach Süden, sondern mehr nach Nordwesten ging. Zu unserer Erleichterung wurde zum ersten Mal das Wort ‚Indien' laut. Sie sollten recht behalten." (Klappert S.38) Nach acht endlos scheinenden Tagen legte das Schiff in Bombay an.

Nach Lageraufenthalten zunächst in Ramgarh in der Provinz Bihar und dann Deoli erreichen die Männer schließlich nach einem Jahr Ende April 1943 das eigens von den Briten erbaute Internierungslager Premnagar in Dehradun. Dieses zentrale Internierungslager besteht aus vielen sogenannten „wings" und Hunderten von Baracken. Hier werden nicht nur die deutschen Männer aus Niederländisch Indien eingeliefert, sondern ebenso Österreicher und italienische Soldaten und Zivilisten, welche die Briten in Afrika gefangen gesetzt hatten.

Das Lager Dehradun liegt im Norden Indiens auf etwa 800 m Höhe in den Vorbergen des Himalayas, welche ihnen leider die Sicht auf das höchste Gebirge der Welt versperren. Das Leben in diesem Lager ist vergleichsweise human. Zwei Mal in der Woche ist es den Männern erlaubt, ganztägige Wanderungen außerhalb des Camps zu machen. Auch verfügt jeder „wing" über ein Schwimmbad, einen Sportplatz, eine Lagerbibliothek sowie eine Küche und Bäckerei.

In einem „wing" sind etwa 450 Männer untergebracht, verteilt auf sieben Baracken. Täglich wechselnd werden dreißig Leute für den Küchendienst eingeteilt. Klappert schreibt hierzu: „Weil Zwiebeln das Hauptgemüse war, so haben wir waggonweise Zwiebeln geschält. Die übrige freie Zeit suchte jeder durch Nebenbeschäftigung als Klempner, Sattler, Tischler, Haarschneider, Bäcker oder gar verbotenerweise als Schnapsbrenner, sich zu betätigen. Auch die Gartenanleger konnten wieder aufatmen. Besonders die Tomatenzüchter machten gute Geschäfte. Die Brotrationen waren reichlich und so konnte man sich mit Tomaten, Zwiebeln, Salz und etwas Essig leicht ein zweites Frühstück zurecht machen." (Klappert S.58)

Vor allem diese ganztägigen Spaziergänge sind für die Männer eine enorme Erleichterung, wie Erich Klappert hervorhebt: „Man kam so aus der Stacheldrahtpsychose und lernte in vier langen Jahren von morgens acht bis nachmittags ½ 6 Uhr Land und Leute wirklich gründlich kennen. Mit Tagesration im Brotbeutel, mit Wasserflasche am Riemen und aufgeschnallter Konservendose zum Abkochen, ging es mit einem Wachsoldaten zur Brücke vor dem Ort, die auch Sammelstelle am Nachmittag war, von wo aus wir uns in alle Winde zerstreuten. Wer zu spät allein ins Lager zurückkam, bekam Spazierverbot." (Klappert S.60)

Die meisten Lagerinsassen halten sich an diese Regel. Für einige Männer ist die erzwungene Müßigkeit jedoch unerträglich, weshalb sie wiederholt Fluchtversuche unternehmen. Zwei dieser Abenteurer waren u.a. die österreichischen Bergsteiger Peter Aufschnaiter und Heinrich Harrer, letzterer bekannt geworden durch sein Buch „Sieben Jahre in Tibet". Beide flüchteten unabhängig voneinander. Harrer gelang der Ausbruch beim fünften Versuch am 29. April 1944. Klappert berichtet: „Verkleidet als einheimische Kulis, die eine Lagerarbeit verrichtet hatten, hatte sie der Posten ohne Beanstandung aus dem Lagertor gehen lassen. In den Vorbergen hatten sie sich im Laufe der Zeit an einer guten Stelle ein erstes Ausgangsdepot errichtet. Mit den Ausrüstungsgegenständen, die sie dorthin gebracht hatten, wagten sie den abenteuerlichen Ausbruch aus dem Internierungslager in die Eis und Gletscherwelt Tibets." Nach ihrer getrennten Flucht trafen Harrer und Aufschnaiter sich auf dem Weg nach Tibet und schafften es unter vielen Entbehrungen schließlich bis nach Lhasa zu kommen, wo Harrer ein Vertrauter des Dalai Lama wurde. „Mindestens ebenso abenteuerlich", meint Klappert, „war der gelungene Versuch zweier Kameraden, die sich als englische Offiziere verkleidet hatten, sich tausende von Kilometern mit Zug, Schiff und Kahn an die japanische Birmafront durchzuschlagen." (Klappert S. 66)

Alfred ist nicht zu dieser Art Abenteuer geneigt. Regelmäßig überfällt ihn sein altes Leiden, die Dysenterie, und so hat er auch niemals genug Kraft, um, wie viele seiner Mitgefangenen, die 25 Kilometer mit 1300 m Höhenunterschied bis auf die Vorberge hinauf zu wandern und von dort einen Blick auf die grandiose Szenerie des Himalaya Gebirges zu werfen. Er geht lieber auf Wanderungen in die nähere Umgebung. In einem späteren Brief an seine Tochter Ute schreibt er: „Zweimal in der Woche dürfen wir frei spazieren gehen. Draußen ist es wunderschön. Manchmal gehe ich zu einem Fluß in der Nähe. Da sind viele Wasservögel. Ich freue mich dann an ihrem Leben und Treiben." Dann fährt er fort und gibt eine sehr lebendige Schilderung seines Lagerlebens: „Von den Spaziergängen habe ich mir auch Beeren mitgebracht. Ich habe davon Marmelade gekocht. Einfach lecker! Unsere Mutti würde sich sicher darüber gewundert haben. Ja, man muß auch hier sehen, wie man durch den Winter kommt. Was für Marmeladen habe ich nicht schon hier gekocht: Apfelsinen – Mangga – Dodekanaster – Papaja und andere Marmeladen. Gegenwärtig machen wir sogar unsern eigenen Käse, echten Limburger. Wenn Ihr in Brestagi Euch so gut zu helfen wißt, wie wir hier, brauche ich mir keine Sorgen um Euch zu machen. In diesen Monaten halten wir große Papajaernte. Wir haben acht große Bäume in unserm Garten. Anders als in Sumatra, wo die Papaja das ganze Jahr über tragen, bekommen wir nur in dieser Jahreszeit Früchte. Das hängt mit dem andern Klima zusammen. In diesem Jahr war der Winter hier milde. Darum ist die Ernte sehr gut und die Früchte haben einen ausgezeichneten Geschmack. Unsere Bananen tragen dagegen das ganze Jahr hindurch. Sie sind jedoch nicht so lecker, wie die Bananen auf Sumatra. Es ist hier schon zu kalt für gute Bananensorten. Dafür können wir hier im Winter alles europäische Gemüse ziehen. Das tut unsrer Gesundheit gut. Im Winter müssen wir hier dicke Kleidung tragen, besonders des Nachts, wo es sehr kalt sein kann, sodaß es sogar friert. Dann haben wir auch Feuer im Kamin und können es gut aushalten. Jetzt wird es aber schon wieder recht warm und wir tragen schon unsere Sommerkleidung. In dem Lager, in dem ich hier bin, sind 550 Internierte. Wir haben eine gemeinsame Küche und machen alle Arbeit gemeinsam. Nur die Hauptköche wechseln nicht, wir Andern wechseln uns in unserer Arbeit regelmäßig ab. Weil wir uns alle Mühe geben, haben wir auch ein gutes Essen. Unsere Bäckerei liefert uns auch Kuchen. Schade, daß Ihr nicht einmal hier unsern Kuchen probieren könnt. Er ist sicher besser als Euer Reismehlkuchen, denn wir haben hier gutes Weizenmehl. Ja selbst Schwarzbrot können wir hier haben.“ (15. März 1946) Alfred selbst hat einen kleinen Garten. Von seiner Schwester Emma erbittet er Kamillenblütentee, auch um diesen auszusähen. Darüber hinaus hatten manche, wie Klappert hervorhebt, „auch eine bescheidene Tauben, Enten oder Hühnerzucht angefangen.“ (S.91)

Den Lagerinsassen gelingt es sogar, ein relativ breit gefächertes kulturelles Programm auf die Beine zu stellen. Es gibt Kurse und Vorträge, Film und Theatervorführungen, ein Tänzer bietet eine Tanzvorstellung, es existieren ein Chor und auch ein kleines Orchester. Klappert berichtet: „Da etliche durch das tägliche Musiküben gestört wurden, gruben die unentwegten Geiger sich einen Musikstand in die Erde und für die Posaunisten war gerade die hinterste Ecke am Stacheldraht der richtige Platz zum Üben.“ (Klappert S.91)

Von diesen Musiken berichtet Alfred anschaulich in einem Brief an Gertrud vom Februar 1946: „In der letzten Woche hatten wir einen wunderschönen Kammermusiknachmittag, von Musikern aus Wing I veranstaltet. Programm: Die Appasionata von Beethoven, die 1. Cellosonate von R. Strauss und eine für Geige und Klavier von Fr. Delius. ... An unserm freitäglichen Musikabend hörten wir die italienischen Lieder von Wolff, eine schöne Erinnerung fürs Leben. Schade, daß Du nicht dabei warst. Das sind Freuden, die uns die Gefangenschaft leichter machen. Seit Ramgarh mache ich selbst keine Musik. Schmidt spielt dafür meine Geige im Symphonieorchester. Es gibt hier nur wenig Gelegenheiten zum Üben. Außerdem hätte ich mich im Wing III, wo wir mit den Italienern zusammen waren, ganz aufs Italienische gelegt. Wenn wir später wieder beisammen sind, kommt das auch wieder in Ordnung. Dafür benutze ich hier die Gelegenheiten, um tiefer in das Verständnis der Musik hineinzuwachsen.“ (18. Februar 1946)

Alfred selbst setzt offenbar vor allem seine theologischen Studien fort. Dies lässt sich aus den Büchern schließen, die er beantragt und oft auch erhält. Möglich machen diese Bücherlieferungen das Evangelische Hilfswerk für Internierte und Kriegsgefangene, die Commission oecuménique in Genf, sowie die Baseler Mission. Auch sein Schwiegervater Weissenbruch ist bemüht, Alfreds Bücherwünsche zu erfüllen.

Er nimmt auch Kontakt zu dem englischen Rev. Dr. Donaldson, Direktor einer Schule für islamische Studien in Indien, auf und bittet um Bücher über den modernen Islam in diesem Land. Offensichtlich will er auch sein Spezialgebiet vertiefen. Allerdings wird ihm von der Lagerleitung verwehrt, die 10 Rupien für ein Buch, das er von dort erhalten soll, zu schicken.

Angesichts der vielfältigen Möglichkeiten geht es den Männern in Dehradun in diesen Kriegszeiten verhältnismäßig gut, aber es ist und bleibt ein Leben hinter Stacheldraht. Das, worunter alle am meisten leiden, ist die Trennung von ihren Angehörigen und auch darunter, dass über viele Jahre hinweg kein brieflicher Kontakt möglich ist, weder nach Deutschland noch nach Sumatra.

Der vorliegende dicke Ordner mit unzähligen Briefen, Rote-KreuzFormularbriefe und andere, erweckt von den Daten her den Anschein, es habe während der ganzen Zeit brieflicher Kontakt nach allen Seiten bestanden, nach Sumatra sowie nach Europa, aber bei genauerer Betrachtung tauchen da immer wieder Nachrichten auf wie dieser Brief des Internationales Komitees des Roten Kreuzes, Zentralstelle für Kriegsgefangene in Genf:

„Genanntes Anschreiben vom 15. Feb. 43

Der genannte Absender [A.R.] ist schon seit einem Jahr ohne direkte Nachrichten von seiner Familie und bittet uns, Ihnen dies zur Kenntnis zu bringen. Wir ersuchen Sie deshalb durch unsere Vermittlung Ihrem Verwandten die lang ersehnten Nachrichten zukommen zu lassen. Herr Rutkowsky hat regelmäßig, von der Erlaubnis zweimal in der Woche schreiben zu dürfen, Gebrauch gemacht und scheint, nach dem Schreiben was wir erhielten, völlig von jeglichen direkten Nachrichten abgeschnitten zu sein.“

Oder die Nachricht von den Eltern Weissenbruch vom 21. April 1943: „Herzlieber A. Wie leid uns das tut, daß Du gar nichts von uns hörtest, wo wir doch Deine Post auf allen nur möglichen Wegen beantworteten....“ Obwohl die Postverbindung zwischen Alfred und seinen Verwandten in Deutschland, wie auch mit seiner Familie während der Internierung auf Sumatra möglich gewesen war, bricht diese nun mit der Verlegung der Männer nach Indien für mindestens ein Jahr gänzlich ab. Das betrifft den Kontakt nach Deutschland. Die Verbindung zu Gertrud bleibt bis auf einen einzigen Brief, der diese erreicht, bis 1945 unterbrochen.

Es ist beeindruckend, mit welcher Energie und Ausdauer alle Familienmitglieder immer wieder schreiben, obwohl sie wissen, dass die Briefe nur selten oder gar nicht ankommen. Unzählige Nachrichten und Briefe erreichen ihre Empfänger manchmal erst nach Jahren und dann kommen sie nicht selten im Dutzend. Noch am 7. Juni 1946 beklagt Alfred:

„Meine liebe Traut! Das Briefschreiben macht wahrhaftig keinen Spaß, wenn keine Resonanz da ist und wenn – was noch schlimmer ist – überhaupt keine Gewißheit gegeben ist, daß unsere Briefe von hier bei Euch ankommen. So kann man nur schreiben und hoffen."

Alfreds erste Nachricht über das Internationale Rote Kreuz in Genf ist an seinen Vater Johann Rutkowsky in Deutschland gerichtet und ist datiert vom 12. Januar 1943. In knappen Worten teilt er mit, dass er bei guter Gesundheit sei und dringend um häufige Nachricht bittet. Es entwickelte sich später ein regulärer Briefwechsel mit seinem Vater, seiner Schwester Emma, Bruder Hans, den Eltern Weissenbruch und anderen Verwandten, der aber oft durch verloren gegangene Mitteilungen unterbrochen wird.

Über welche Umwege Informationen gehen und wie beschwerlich die Kommunikation damals ist, wird an einem Brief von Else Otto deutlich, den sie, in Minami Tsurugun Jamanishiken Nr. 3984 in Japan lebend, im späten August 1944 an Alfred Rutkowsky in Dehradun schreibt. Darin bezieht sie sich auf einen vor fast einem Jahr geschrieben Brief ihres Mannes Heinz, der ebenfalls in Dehradun, aber in einer anderen Abteilung als Alfred, interniert ist. Else schreibt: „Am Mittwoch erhielt ich den Brief vom

19.10.43 von Heinz. Darin schreibt er, daß Du gerne etwas von Gertrud wissen möchtest. Von offizieller Stelle kann ich Dir mitteilen, daß es ihr gut geht. Leider komme ich nicht trotz aller Bemühungen mit ihr in Verbindung. In dem einzigen Brief, den ich von ihr erhalten habe, schreibt sie mir nicht, ob sie je Post von mir erhalten hat. Ich will Dir den Brief abschreiben, da ich keine handschriftlichen Briefe abschicken kann, sonst würde ich ihn Dir so schicken. ... Wenn ich Dir helfen kann, tu ich es gerne. Ich habe immer Mal Gelegenheit einen Brief nach Insulinde zu schicken. Gertrud wohnt in Padang, Damar 7 mit Familie Berghäuser, Michel und Meyer zusammen." Nachstehend eine Zusammenfassung dieses Briefes von Gertrud an Else:

„Wie ich mich freue, Dir auf diesem Wege schreiben zu können. Daß uns eine Abordnung aus Tokio mal besuchen möchte, ist schon immer unser Wunsch gewesen, der sich nun endlich erfüllt hat, ... Ich möchte Dir bei dieser Gelegenheit einen Brief schicken. Uns geht es gut. Auch unsere äußere Lage hat sich gebessert durch die Verbindung mit den Vertretern unserer Regierung. Die vergangenen Jahre waren nicht immer leicht, aber umso interessanter und lehrreich. Wir erleben hier ein Stück Geschichte, da macht Ihr Euch dort keinen Begriff! Wie die Umwälzung hier vor sich geht. Wir wären gerne auch nach Japan gekommen. Der Weg wurde uns im letzten Augenblick verbaut. Es ist uns damals bitter sauer geworden. Manches wäre uns sicher erspart geblieben, aber es hat nicht sollen sein." Dann berichtet Gertrud noch von den Kindern und schließt: „ Von Alfredleider immer noch kein Lebenszeichen."

In einer kurzen Mitteilung vom 9. August 1945, der Krieg in Europa war zwar beendet, die Japaner hatten aber noch nicht kapituliert, versucht Alfred umgehend, aber erfolglos, über das Rote Kreuz in Genf direkte Verbindung zu Gertrud in Brastagi aufzunehmen. Ein zweiter Versuch am 17. Oktober durch dieselbe Organisation bringt ebenfalls kein Resultat. Erst ein dritter Versuch am 20. November über das japanische Rote Kreuz ist schließlich erfolgreich. Allem Anschein nach erreicht ein Telegramm Gertruds ihre Eltern in Deutschland, und nachdem Kontakt zwischen Dehradun in Indien und Wiesbaden-Biebrich in Deutschland hergestellt war, konnte Alfred nun auch das folgende, in englischer Sprache verfasste Telegramm an seine Frau schicken:

„Geliebte! Die Eltern erhielten Dein Telegramm. Wir sind höchst erfreut über deine Nachricht. Uns allen geht es gut. Meine Gedanken sind immer bei dir und den Kindern. Gott schütze dich. Meine Liebe an dich und die Kinder. Dein ..."

Gertruds ersten, richtig langen Brief, den Alfred in Dehradun über das Rote Kreuz in Genf erhält, datiert vom 9. Dezember 1945. Es ist ein sehr sachlicher Brief und versieht Alfred erst einmal mit grundlegenden Informationen zu ihrer Existenz. Es ist ein erster Versuch, sich an die so viele Jahre unterbrochene Beziehung heranzutasten. Sie schreibt:

„Mein lieber Alfred!

Wie uns mitgeteilt wird, ist das Rote Kreuz bereit, auch für uns Briefe an unsere Angehörigen zu befördern. In Padang sollen Briefe von BrittischIndien angekommen sein; so haben auch wir Aussicht, bald Nachricht von Euch zu bekommen. Gott gebe es! Ich warte so auf ein Lebenszeichen von Dir. Bekam im vergangenen Jahr einen Brief von Dir vom Oktober 43, das war alles was ich seit Kotatjane von Dir erhielt. Wohl hörte ich indirekt durch die anderen von Dir, sah Dich auch auf einem Bild, das Frau Vollmer bekam. So weiß ich, daß Du lebst und hoffe, daß es Dir gut geht.

Über uns zunächst folgende kurze Mitteilungen: Seit zwei Jahren bin ich mit den Kindern hier in Brastagi. Die Kinder hatten bisher geregelten, guten Schulunterricht. ... Vor ernsten Krankheiten sind wir all die Jahre gnädig verschont geblieben; auch konnten wir verhältnismäßig ruhig leben und haben nie Mangel gelitten. Das ist mehr als man in dieser Zeit erwarten kann. Bis Juli dieses Jahres bekamen wir geldliche Unterstützung vom Reich, die wohl – vor allem für uns Mütter – nicht ausreichte uns aber über das Gröbste hinweghalf. Das Fehlende mußte durch Verkauf von Wäsche ersetzt werden. Seit es kaum Unterstützung mehr gibt, schlagen wir uns von Woche zu Woche durch mit Verkauf von Sachen, Nähen, Stricken für Europäer und Indonesier und mit Klavierstunden.

Unsere augenblickliche Lage ist auf längere Dauer nicht haltbar ... und wir hoffen, daß irgendeine Instanz sich bald unserer Angelegenheiten annehmen wird. In politischer Hinsicht läßt man uns bis jetzt absolut ungeschoren. Soweit man uns kennt, haben wir bis jetzt nichts zu fürchten. Doch weiß man nicht, wie die Dinge sich weiter entwickeln werden. Bei Unruhen meiden wir die Straße und halten uns im Übrigen strikt neutral. Daß für uns Strohwitwen das Leben unter diesen Umständen nicht gerade angenehm ist, liegt auf der Hand, und wir würden lieber heut als morgen nach Deutschland oder zu Euch nach Indien reisen. Letzteres wäre uns am liebsten, so könnten wir die Heimreise gemeinsam antreten. ... Sorge brauchst Du Dir keine zu machen. Gott hat uns all die Jahre so gnädig geführt und bewahrt, ihm wollen wir weiterhin trauen. ... Mietete mir vor Jahresfrist ein Klavier. Lene Guther spielt Geige, so fehlt auch die Musik nicht in unserem Hause. Ich gebe Klavierstunden an Chinesen und bin im Gedanken an unsere Zukunft froh über diese Praxis. ... Schein uns die liebe Sonne und gib uns deinen Schein' – wann wird sie uns endlich wieder scheinen!? Gott befohlen! In Liebe und Treue immer Deine Traut

Es ist kaum vorstellbar was es bedeutet, nach so vielen Jahren den ersten Brief vom Ehepartner zu bekommen. Klappert hat das mit anrührenden Worten beschrieben: „Was ist das doch für ein unvergeßliches seltsames Gefühl, wenn man nach so langen Jahren wieder einmal einen Brief von der eigenen Frau in den Händen hält. Zuerst wagt man es gar nicht, den Brief zu öffnen. Man dreht ihn still hin und her und besieht ihn zwei, dreimal genau von vorne und von hinten. Man studiert die Schrift und denkt nur: Was wird der Brief enthalten? Allein der Brief selbst ist ja wohl der beste Beweis, daß die Frau noch am Leben ist. Aber wie wird es wohl mit den Kindern sein? Schließlich öffnete ich dann doch den Brief und las und las immer wieder." (Klappert S. 94)

Dann ein Weihnachtsgruß: Dezember 1945 [über das Rote Kreuz] Traudele! Einen Gruß der Sehnsucht!!! Gesegnete Weihnachten!!! Letzte Europapost Februar alles gesund! Heinz Else, Kinder, ich, ebenfalls. Beiliegend Photo. Meine Gedanken Dir, Christa, Ute, Michael!!! Alfred

Antwort: 30.12.1945 [auf demselben Rote-Kreuz-Formular]

Lieber Alfred! Dank für Weihnachtsgruß + Photo. Sehr gefreut über gutes Aussehen; wie SommerFrischler! Wir gesund. Kinder Weihnachtsferien. Gesegnetes Neujahr. Hoffentlich baldiges Wiedersehen. In Liebe stets Deine Traut

Ab jetzt entwickelt sich eine unregelmäßige Korrespondenz aus Briefen und kurzen Rote-Kreuz-Nachrichten. Die Frage: Was wird werden, wie geht es weiter? wird zentral. Aber auch der Austausch über das tägliche Leben, z.B. die Kindererziehung ist ein Schwerpunkt. Und dann natürlich die Frage: Wer bist Du in den sechs Jahren der Trennung geworden? Die Briefe sind Dokumente der Annäherung, des Versuchs, den anderen am eigenen Leben wieder teilnehmen zu lassen, die emotionale Verbindung wieder herzustellen. Sie beschreiben das Leben auf beiden Seiten, in Dehradun, Indien und in Brastagi und später Medan auf Sumatra.

Am 31.12.1945 schreibt Gertrud ihren zweiten langen Brief:

„Mein lieber Alfred!

Wie groß war unsere Freude, als vor acht Tagen zwei Rote-Kreuz-Briefe von Dir ankamen; und dazu noch ein Bildchen! Nein, war das eine Freude! So recht ein Geschenk zum Weihnachtsfest! Das Bildchen ist mittlerweile von Haus zu Haus gewandert, zuletzt habe ich es durchgeschnitten und habe Frau Schrey ihre ‚Hälfte' zu Weihnachten geschenkt. Wie froh sind wir, daß Ihr alle so gut ausseht; dagegen werden wir alt und wohlbetagt aussehen. Aber das schadet nichts, unsere Herzen sind trotz allem jung geblieben und sehnen sich furchtbar nach einem Wiedersehen mit Euch. Du, Lieber, – mir ist's, als seiest Du mir schon viel näher gerückt, seit ich ein Lebenszeichen von Deiner Hand habe. Die Jahre gingen dahin, keine Nachricht kam und zuweilen warst Du mir so ferngerückt, fast zum Erschrecken fern und unsere gemeinsamen Jahre erschienen mir wie ein ferner Traum, und ich fragte mich oft, ob's denn wirklich so ist, daß da irgendwo in der weiten, bösen Welt ein Herz schlägt, das ganz und gar zu mir gehört? Ja und nun ist da auf einmal wieder eine Verbindung, die alle Entfernung überbrückt – zwei Papierfetzen und ein paar Worte, die haben das bewirkt. Ich bin so froh! Gott gebe nur, daß wir einander wenigstens regelmäßig schreiben können, wenn wir allem Anschein nach auch einander noch nicht so bald werden wiedersehen dürfen. Ob Du schon irgendwelche Pläne für die Zukunft gemacht hast? D.h. man kann ja keine Pläne machen, niemand weiß ja, wie sich noch alles entwickeln wird; aber was Du Dir so denkst und wünschst wüßte ich gerne. Ich habe vorläufig nur den Wunsch, mit Dir zusammen zu sein, wo auch immer; und dann möchte ich heim, zurück in die Heimat, schon der Kinder wegen." Die Kinder bräuchten dringend qualifizierte medizinische Betreuung. Dann fährt sie fort: „Was mich vor allem und mit aller Macht in die Heimat zieht, ist der Gedanke an Mutter, die nun ganz alleine ist. Denk Dir, Vater ist im Juli ganz plötzlich heimgegangen. ... Er war nicht krank – Altersbeschwerden leichterer Art ... Friedlich mit Mutter abends am Tisch sitzend, hat das Herz plötzlich aufgehört zu schlagen. ... Uns geht es gut. Die Kinder hatten trotz allem eine frohe Weihnacht. ... Und wir ‚Mütters' machen in unserer Mußestunde Musik. Gestern spielten wir zwei Händelsonaten für Geige und Klavier, die wir auch zusammen gespielt haben. Das sind dann schöne Stunden der Erinnerung. – Was macht denn Deine Musik, hast Du Deine Geige noch? Ich merke wie ich immer mehr in die Musik hineinwachse und das Musizieren macht mir unendlich viel Freude. Bin so dankbar, daß ich mir hier ein Instrument habe mieten können.

Nun muß ich leider Schluss machen. Schrieb gern noch weiter die ganze Nacht hindurch. Mein Herzlieb, sei dem treuen Gott befohlen. Ein gesegnetes neues Jahr! In Liebe stets und immer mehr, Deine Traut." (31. Dezember 1945)

Gertrud bestreitet seit Kriegsende ihren und der Kinder Lebensunterhalt, indem sie Klavierstunden gibt, Kleidungsstücke aus Tischdecken, Vorhängen etc. zum Verkauf auf dem Markt näht und dadurch, dass sie verkauft, was sie irgend entbehren kann. In verschiedenen Kurznachrichten bis Ende Januar 1946 schlägt Alfred Gertrud daher vor, im Notfall zur Bestreitung ihres Lebensunterhalts auch alle seine Sachen zu verkaufen, da er in Indien alles habe, was er benötige, auch solle sie versuchen, Kontakte zum Internationalen Missionsrat zu bekommen, der helfen wolle. Sie rechnen noch mit mindestens einem Jahr, bis die Familie wieder zusammenkommt.

Da die Briefe unregelmäßig kommen und auch viele verloren gehen, beginnen Alfred und Gertrud, ihre Briefe zu nummerieren, so gewinnen sie einigermaßen Kontrolle über die erhaltenen Informationen.

Dieses System wurde über ein Jahr beibehalten, wobei Alfred 51 Briefe von Premnagar schrieb, den letzten am 21. Oktober 1946, kurz bevor er nach Deutschland entlassen wurde. Sein erster Brief aus Deutschland, datiert vom 12. Januar 1947 an seine Frau, war nicht mehr nummeriert. Gertruds Briefe aus Sumatra blieben weiterhin nummeriert, der letzte, Nr. 49, datiert vom 4. Juni 1947 und ist noch aus Medan, geschrieben kurz vor ihrer und der Kinder Abreise nach Deutschland. Die Familie war also vom 10. Mai 1940 bis zum 11. Juli 1947 getrennt – das sind mehr als sieben Jahre!

Nachstehend folgt der Auszug dieses Briefwechsels der Familie.

Wie sehr Gertrud die Möglichkeit der Kontaktaufnahme aufwühlt, wird sichtbar im Brief Nr. 3 vom 20. Januar 1946. Sie erzählt einen Traum und es ist, als ob Dämme brechen durch all die Einsamkeit der letzten Jahre:

„Mein Lieb, mir träumte, ich war in einem Kinderheim, irgendwo im deutschen Berglande, wo ich eine Stelle als Erzieherin (!) angenommen hatte. Mein Blick schweifte aus meinem Fenster über die weite Landschaft – und die Not meiner einsamen Seele wollte mich schier übermannen. Da trat ich an den Flügel, der in meinem Zimmer stand und spielte das Anfangsmotiv der c-moll Fantasie von Mozart mit seiner ganzen Schicksalsschwere und ich spielte, spielte weiter, Satz um Satz – all meine Not, all meine Einsamkeit grub ich hinein in die Töne und rang mit ihnen wie mit meinem Schicksal.

Die letzten Takte waren gespielt, – wie ermattet schwangen die Töne noch durch den Raum. Ich saß still und lauschte ihnen nach. – Ein Geräusch von der Tür her ließ mich aufhorchen – ‚Traudele' hörte ich Deine

Stimme rufen. Du standst im Zimmer, hattest meinem Spiel gelauscht und – – mich verstanden.

Kennst Du sie, diese Fantasie? Ich liebe sie sehr und immer mehr, je länger ich sie spiele. Ebenso lieb ist mir die mozartsche Fantasie in d-moll, wie ich überhaupt den Mozart sehr gerne mag. Ich übe augenblicklich viel Beethoven, versuche mich in die Apassionata hineinzuleben und spiele die Violinsonaten. Letztere übe ich (ohne Partner) – weil die Sehnsucht mich dazu treibt. Ich spiele unsere alten Sachen und ich höre Dich an meiner Seite spielen – so wie früher. Alfred, diese glücklichen Stunden – ob wir solche je noch einmal erleben dürfen? Das Leben ist so voll Unruhe, so voll Sinnlosigkeit und ich muß mich wehren mit aller Kraft, um nicht der Alltäglichkeit zu unterliegen. Wie sehne ich mich nach unserer eigenen Häuslichkeit und sei sie noch so klein und bescheiden, nach sinnvoller Gemeinsamkeit, nach einem Leben, wie es unserer Art und Familiengemeinschaft entspricht. Wir können für die Zukunft ja keine Pläne machen, – aber mein stiller Wunsch ist ein bescheidenes aber trauliches Heim irgendwo in stiller Einsamkeit, friedliches Zusammensein, Arbeit, Fröhlichkeit – und Musik. ...“

Alfred antwortet auf diesen Brief:

„Premnagar, den 23.II.1946 Nr.5

Traudele, mein Lieb! Wie sehr hat mich doch Dein Brief vom 20.1. gefreut. Ich habe Hand in Hand mit Dir wandern können und teilgenommen an Deinem Leben und an Deinem Leid. Wenn ich doch nur einmal Deine Hand drücken und Dir ein gutes Wort sagen könnte! Nun mußt Du meinen herzlichen Wunsch als Angelt auf eine höhere Wirklichkeit nehmen. Wie verworren und böse unsere gegenwärtige Welt sein mag, Gottes gute Welt verbindet uns und gibt uns Arbeit und Hoffnung und will's Gott auch einmal ein fröhliches Wiedersehen. Wie behutsam war/ Deinem Haar mein Haar,/ und wir näherten uns nicht./ In den Wolken stand/ als ein kühler Brand/ jener Stern, der Liebe spricht./ – – Wenn Du wiederkommst,/ (o, wie sehn ich mich nach Dir!),/ will ich leise sein/ und es nicht bereun,/ daß Dein Herz so schlägt in mir./ – – Und da bist Du ja,/ wieder schön und nah,/ und ich träume in Dich hin .../ Dieser Geigenton!/ Ja Du warst es schon,/ als ich jung gewesen bin./ Nur den Finger leis/ rührt der Finger leis,/ und es ist sonst nichts geschehn./ Sieh mein Ingesicht/ spürt Dich lieb und licht – / Doch jetzt mußt Du wieder gehn./‘ – – – Dies ist ein kleiner Gruß für Dich von Josef Weinheber. Er ist aus meinen Schätzen genommen, die ich für Dich gesammelt habe. ...“

Alfred schickt Gertrud immer wieder Verse, Gedichte. „Es soll keine ‚große‘ Literatur sein, die ich Dir aus meiner Schatzkammer schicke. Es sind wahllos mir zugekommene Stücke, in denen ich eigene Erfahrungen und Gesichte wiederfand. Vielleicht findst Du Dich darin auch wieder und gewinnst eine kleine Freude daran. Ich habe ja sonst nichts, was ich Dir schicken könnte."

Am 28. Februar 1946 setzt er seine Gedanken zu ihrem zukünftigen Leben fort: „...Doch scheint auch mir der gegenwärtige Zustand unhaltbar. Deine Gedanken im Brief vom 20.I. darüber sind mir aus tiefstem Herzen gesprochen. Sie sind mir eine klare Bestätigung, daß die Jahre der Trennung unsere innere Einheit nicht aufheben konnten. So offen, wie Du es aussprichst, empfindet auch mein Herz den Widersinn dieses Zustandes, um dessen Erledigung wir nur um unsert – und unserer Kinder willen beten können. (Um Frieden.) ... Große Pläne können wir nicht mehr machen. An dem aber, was für unsere Gemeinsamkeit wesentlich ist, wollen wir uns halten und zu seiner Verwirklichung hinstreben. ..."

Am Sonntag, dem 3. Februar 1946 folgt ein weiterer Brief Gertruds. Jetzt, wo Kontakt wieder möglich ist, wird sie ungeduldig, will, dass dieses Leben in Trennung endlich ein Ende hat: „Nun sind schon wieder Wochen vergangen seit Deine ersten Zeilen kamen und immer sind ihnen noch keine gefolgt. Diese Ungewißheit – wie lange noch? Nie ist mir Ausharren, das Alleinsein, die Verantwortung für die Kinder so schwer geworden, wie in diesen Wochen. Aber was hilft's! es heißt halt sich zusammennehmen und – warten. Gott allein weiß, wie sich unsere nächste Zukunft gestalten wird. Das eine steht fest, wenn irgendwie sich ein Weg öffnet, der uns zusammenführen kann, werde ich ihn gehen, wohin es auch sei. Der Kinder wegen und unsertwegen muß als Erstes diese Trennung ein Ende nehmen; und ohne Gewalt trenne ich mich nie mehr weder von Dir noch von den Kindern. – Es ist vielleicht gut, wenn Du diese Gedanken mit in deine Zukunftspläne schmiedest." Die Möglichkeit einer weiteren Missionsarbeit auf Sumatra scheint eher unwahrscheinlich. Wohin also soll es gehen? Sie schließt:

„Mach Dir unsertwegen keine Sorgen, wir sind gesund und versorgt. Wer uns fehlt, bist Du allein. In herzlicher Liebe immer Deine Traut. Die Kinder lassen herzlich grüßen."

Alfred versucht zu besänftigen: „Es empfiehlt sich auch nicht Pläne zu machen, bei der gegenwärtigen Unordnung der Welt wird daraus sicher nichts. Wir wollen uns aber für alle Entwicklungen offen halten. Das gegenwärtige Leben wollen wir aber ansehen, als wäre es unser normales Leben. Nach meinen Erfahrungen kommt dabei für uns und auch für die Kinder das meiste heraus. Wenn wir unsern Wünschen Macht über uns geben, lähmen sie uns. ... " (17. März.1946) Auf jeden Fall könne es nicht schaden, wenn alle gut Englisch lernten.

Auch die Beziehung zwischen Alfred und den Kindern muss im Briefwechsel neu bzw. überhaupt erst entstehen. Christa war bei der Trennung 1940 gut fünf Jahre, Ute dreieinhalb und Michael genau ein Jahr alt gewesen. Alfred schreibt an alle Kinder und diese antworten, soweit sie es können, in Wort und Bild. Ute schreibt ihm: „Lieber Vati. Wir haben schön Weihnachten gefeiert. Deine Krippe haben wir wieder aufgestellt. Ich habe vier Hühner, eins heißt Krählieschen weil es immer kräht. Das andere heißt Goldhähnchen weil es so goldgelb ist. Die anderen zwei haben noch keinen Namen weil sie noch keine Eier legen. Wir müssen der Mutter viel helfen den Hühnerstall und den Garten fegen. Das Zimmer putzen und den Tisch decken. Wir haben ein schönes kleines Gärtchen. Ich habe Katjang und Zwiebel gepflanzt. Wir hoffen, daß wir auch bald wieder zu Dir können. Viele Grüße von Deiner Ute."

Und Alfred antwortet: „Mein liebes Utelein! Heute kann ich Dir endlich auch einen Brief schreiben. Du wirst schon lange darauf gewartet haben. Aus Deinem Brief an mich sehe ich, daß Du in den langen Jahren, seitdem ich von Euch gehen mußte, allerlei gelernt hast. Du hast mir schon einen schönen Brief geschrieben, über den ich mich mächtig gefreut habe. Daraus sehe ich, daß Du in der Schule weiterkommst. Deine Hühner haben mir auch viel Spaß gemacht. Hoffentlich legen sie auch viel Eier. Ob Du auch noch malst? Denk Dir, bei uns hier gibt es richtige Osterhasen. Einer von uns hat sogar einen kleinen mit nach Hause gebracht. Doch der kleine Kerl bekam Heimweh nach seiner Mutter und starb. Das hat uns allen sehr leid getan. Du schreibst mir, daß Ihr auch noch meine Krippe habt. Als ich sie Euch damals schickte, habe ich immer gedacht, ich müßte für mich auch noch eine haben. Hier in Premnagar habe ich mir dann die Figuren zu einer großen Krippe von einem italienischen Maler, der mit mir befreundet war, malen lassen. Diese Figuren sind aber so groß, wie eine große Puppe und sehen wunderschön aus. Zu Weihnachten haben wir dann den Stall von Bethlehem dazu gebaut, über einen Meter groß und die Krippe dann in unserem Gottesdienst aufgestellt. Darüber haben sich alle Leute gefreut. Wenn sie sich halten, werde ich die Figuren später mitnehmen, und dann kannst Du selbst sehen, daß ich recht habe. Indien ist das Land der Vögel. Die Leute hier tun den Vögeln nichts zuleide. Darum sind sie zutraulich und vermehren sich sehr. Wenn ich morgens frühstücke, dann kommen die Mynah an meine Brottrommel, das sind Vögel, so groß wie Drosseln. Sie gehören zur gleichen Familie wie die Stare. Erst kommt ein Pärchen. Wenn dann die Brottrommel aufgeht, hören es die anderen und dann kommen sie alle an, bis zu 12 Stück, dazu Spatzen und Krähen. Alle wollen etwas von meinem Frühstück abhaben. ... Gott behüte Dich. Immer in Liebe Dein Vater." (15. März 1946)

Alle Kinder sollen Briefe bekommen, es soll gerecht zugehen, aber immer wieder gehen doch einige verloren. Die Frage nach der Beziehung zu seinen Kindern beschäftigt Alfred sehr. Gertrud soll ihn dabei unterstützen:

„Es ist mir leid, daß ich ihnen so gar nichts sein kann. Du mußt schon dafür sorgen, daß sie mich nicht ganz vergessen," hatte er Gertrud geschrieben. (23. Februar 1946)

Inzwischen genießt Gertrud die Möglichkeit, Briefe an Alfred zu schreiben, versucht ihn einzubeziehen in ihr Leben, ihn auch an den Schwierigkeiten der Kindererziehung teilhaben zu lassen: „Mein Lieb! Ich liege schon im Bett, aber ein Weilchen möchte ich doch noch mit Dir plaudern. So langsam lerne ich's wieder, das Briefeschreiben, zumal, wenn alles um mich herum schläft und mich niemand stört. Schlafe mit den Kindern in einem Zimmer, Ute und Michel zusammen in einem Bett, Christa und ich in je einem. Für vier Betten ist nicht Platz da, auch sind die Zwei es seit langem gewöhnt, zusammen zu schlafen; dazu spare ich Bettwäsche, deren Vorräte sowieso bis auf wenige zusammengeschmolzen ist. Ute liegt am oberen Ende des Bettes, meist so lang wie sie ist mittendrin. Michel unten ganz bescheiden in die Ecke gedrückt, mal die Knie bis an die Nase, mal ganz ausgestreckt, so daß die Beine zum Bett herausbaumeln, die Decke über den Kopf gezogen. Und Christa, wenn sie liegt, dann staune ich immer, was für ein langes Reck das Kind geworden ist. Sie liegt gern warm, so wenig sie über Tag auch anhaben mag – nachts braucht sie zwei Decken und ihr ‚Ngenge-Tuch' – kennst Du den Ausdruck noch? unter der Nase. Sie schläft gut, aber unruhig und erzählt im Schlaf ganze Geschichten. Vielleicht liest sie zu viel, weswegen sie so oft fantasiert. Sie hat kürzlich die Bibliothek durchstöbert und einen großen Stapel Sagen und Märchenbücher heimgebracht; die verschlingt sie nun. ... Sie liest nicht ohne Verstand und weiß schon ganz gut, die wiederkehrenden Motive herauszufinden. Augenblicklich hat sie für 14 Tage Leseverbot, da sie ihre Schularbeiten sehr vernachlässigte, Schulbücher vergaß usw. Höre ich nach diesem Termin nicht die geringste Klage seitens der Lehrerinnen, darf sie wieder lesen und auch ihre Freundinnen besuchen. Letzteres darf sie nämlich auch nicht.... Sie arbeitet jetzt tadellos sauber und bringt nur lauter 2er nach Hause ... Aber das ist Christa, sie kann, wenn sie will " (16. Februar 1946)

Es ist besonders Christa, die Gertrud Sorgen macht, und die möchte sie mit Alfred teilen. Er versucht zu raten so gut er kann.

Am 14. Februar 1946 setzt Gertrud ihre Gedanken zu Christa fort: „... Christa lernt in der Schule leicht und mühelos und daß sich das Klavierspielen nicht ebenso mühelos erlernen läßt, sondern tägliches Üben erfordert, paßt ihr natürlich nicht. Sie könnte viel weiter sein, wenn – – – Dabei ist sie gar nicht unbegabt. Daß ich zugleich ihre Mutter bin, taugt natürlich auch nicht. Christa macht mir überhaupt die meiste Not in der Erziehung. In der Schule könnte sie die Erste sein, wenn sie nicht so flüchtig und unordentlich wäre. Ihretwegen wäre ich froh, wenn wir bald in geordnete Verhältnisse kämen. Das Zusammenwohnen zu so vielen und das sich in jeder Hinsicht Behelfenmüssen, um Zeit, Raum und Arbeit zu sparen, ist für die Erziehung sehr nachteilig. Versuchen Lene Guther und ich auch möglichst an einem Strang zu ziehen, so sind wir doch nicht eine

Familie und jede hat ihre Eigenart und kann und soll diese nicht aufgeben. ..."

Alfred antwortet ihr: „... Hinsichtlich Christa scheinst Du mir den Kern des Problems richtig gesehen zu haben. Es kommt wenig darauf an, was gelernt wird, sondern wie gelernt wird. Gründlichkeit, Gediegenheit und Sauberkeit in jeder Hinsicht muß sie lernen. Alles andere ist zweitrangig. In Europa unter geordneten Verhältnissen würde manches leichter zu ordnen sein. Doch kannst Du nicht darauf warten. Überfordere das Kind nicht, das macht sie konfus und beeinträchtigt Deine Stellung zu ihr. Langsam kommt man auch zum Ziel. Christa scheint mir ein nervöser Typ zu sein. Sorge immer für einen passenden körperlichen Ausgleich in aller ihrer Arbeit. Gewöhne die Kinder auch an den Gebrauch des Geldes, das steigert ihr Verantwortungsgefühl. Es genügen kleine Beträge zu diesem Zwecke. So werden die Kinder selbständig. ..." (7. März 1946)

In einem späteren Brief kommt er noch einmal auf das Thema zurück: „Was Du mir über Christa schreibst, hat mich innerlich nicht losgelassen. Einige meiner Laster feiern in ihr ihre Auferstehung. Sie hat die gleiche Sensibilität wie ich, mit all ihren Vor und Nachteilen. Laß sie nicht vielerlei, sondern wenige, aber gut ausgesuchte Sachen lesen, die wert sind, den Menschen zu prägen. Viel lesen überreizt ihre Nerven und führt zu nervösen Störungen im Schlaf. Sowie diese auftreten, würde ich ihr das Lesen überhaupt verbieten. Laß sie dafür dann stricken, sticken oder malen. Vielleicht kann ihr jemand ordentlichen Unterricht darin geben. Jede geistige Überreizung wirkt sich auch körperlich aus und die Ablenkung, die man zu erreichen wünscht, ist nur scheinbar und der Erfolg verwandelt sich ins Gegenteil. Bewahre sie aber vor dem Vollmond und vor zu starker Sonnenbestrahlung. Ich habe beides auch nicht haben können. Körperliche Betätigung im Rahmen ihrer Kräfte ist aber immer sehr gesund und das beste Mittel zur Ablenkung. Vor allem können wir unsere Kinder nicht bewahren. Wenn sie aber Gott den Herrn fürchten und lieben lernen und Freude an äußerer und innerer Sauberkeit gewinnen, finden sie sich immer wieder zurecht. Die größte Offenheit ist dabei eine Hilfe. Ich freue mich, daß Dudas selbst schreibst...." (17. März 1946)

Der Jüngste, Michael, hingegen macht Gertrud viel Freude. Sie erzählt Alfred: „Ich sitze wieder in meinem Fenstereckchen. Draußen ist Dein großer Sohn eifrig am Holzhacken, eifrig? nein! buchstäblich im Schweiße seines Angesichts, denn die kleinen Fäuste müssen sich recht plagen. Er will sich nämlich Geld verdienen, um sich Gummichen kaufen zu können, die dann zum Schießen und Schleudern verwandt werden. Für jeden armdicken Ast, den er abschlägt bekommt er 50 ct Er ist so gutmütig, tut keiner Fliege was und ist doch ein ganzer Junge. In der Schule macht er's gut, besonders im Rechnen; Lesen tut er mit Bedacht; nur im Schreiben ist er arg schwerfällig und ich muß ihm seine Tafel oft auswischen. Er nimmt mir das aber nicht übel, sondern schreibt getreulich es noch einmal " (8. März 1946)

Durch das alltägliche Leben ist Gertrud sehr gefordert. Die Sorge für den Lebensunterhalt und die Erziehung der Kinder erschöpfen sie. „Das war eine stramme Woche“, schreibt sie am 2. Februar, „und nicht eine Zeile habe ich schreiben können. Ich hatte Küchenwoche, zwei Tage war die Babu krank, dann habe ich genäht ‚auf Deubel komm raus‘, habe Tischtücher und Bademäntel verschnitten und Kinderkleider und anzüge daraus genäht zu verkaufen. Unvernäht bringen die Sachen nur wenig auf; so lohnt sich's besser ... Und heute ist Passartag [Markttag]. Samstag: Putzen, Einkaufen, u.s.w. Aber nun mache ich Feierabend, um noch ein bißchen mit Dir plaudern zu können; schon die ganze Woche habe ich mich darauf gefreut.“ (2. Februar 1946) Auch für die Kinder näht sie warme Sachen für die Heimreise nach Europa aus einem alten Anzug. Offenbar haben sie Nachricht, dass eine vermutlich kirchliche Stelle in New York die Frauen finanziell unterstützen will, denn Gertrud schreibt am 8. März.: „Du glaubst nicht, wie ich mich auf das Geld von N.Y. freue! Das habe ich mir fest vorgenommen, wenn wir so viel Geld bekommen, daß wir bei sparsamer Lebensweise auskommen können, dann hänge ich alles Nähen und Stricken an den Nagel und widme mich mehr den Kindern. Sie kamen bisher immer ein wenig zu kurz, das soll aber dann nachgeholt werden soweit das möglich ist....“ (8. März 1946)

Gertrud und Alfred lieben diese neue Möglichkeit, sich Briefe zu schreiben. Die ganze Atmosphäre scheint sich durch den Briefkontakt zu ändern.

„Premnagar, den 14.II.1946 No. 3

Herzlieb! Heute darf ich Euch schon wieder schreiben, wie mich das freut! Es hat doch ein ganz neues Leben in unserer Gemeinschaft gegeben, seitdem der Postweg zu Euch wieder frei ist. Von Dir habe ich jetzt schon 4 Rote Kreuz Formulare und zwei ordentliche Briefe mit den Beilagen der Kinder. Das ist ein verheißungsvoller Beginn. Alle Eure Nachrichten gehen hier durch die Wings, so sehr bewegen sie uns ... Wenn ich die Briefe von Christa und Ute mir vergegenwärtige, dann wundere ich mich doch, wie groß die Mädel geworden sind. Ich werde mich wohl an meine großen Töchter gewöhnen müssen, wenn ich wieder mit ihnen zusammen komme. Sie werden wohl in der Schule ein mächtiges Pensum lernen und Dir auch sonst in dieser schweren Zeit eine rechte Hilfe sein können und Dir so ein Ersatz für mich sein. Gespannt bin ich ja auf Christas Klavierspiel. Ob Ute auch Musik treibt? Geige etwa? Hier könnte sie gut auf meiner spielen, die jetzt wieder schön in Ordnung ist, nachdem sie in den letzten Jahren so viel hat leiden müssen. Malen die Mädel noch? Von meinem Herrn Sohn höre ich nichts in Deinem Brief. Er scheint sich vornehm in Schweigen zu hüllen. Ich glaube es ist ein Zeichen, daß es ihm gut geht. Das Hühnerstilleben, das die Mädel entwerfen, hat mich ordentlich beeindruckt. Da kann ich nicht mit, während ich mit meiner Landwirtschaft Euch wohl konkurrieren möchte. Das Schulbild hat mir sehr gefallen. Schade, daß Ihr nicht alle drauf wart. Das Fotoalbum von 1941 ist mir durch alle die Jahre ein lieber und vertrauter Begleiter gewesen. Wie doch die Post die Sehnsucht nach Euch weckt! Ich male mir schon im Geist aus, wie schön unsere Gemeinsamkeit nächstens werden wird. So Gott will! Im Februar findet eine große Versammlung der Missionen und Kirchen in Genf statt, wo auch über unsere Arbeit entschieden wird... Viele Grüße Dir, Christa, Ute und Michael! Immer Dein Alfred“

Auch stellt Alfred am 27. März 1946 fest: „...Es ist merkwürdig zu beobachten, wie sich dieser verlorene Krieg hier in den verschiedenen Lagern auswirkt. In unsern deutschen Lagern sind neue Kräfte entbunden worden. Mit neuem Eifer wird gearbeitet. Kein Stück Land im Lager liegt mehr brach. Selbst das Land zwischen den Stacheldrahtzäunen ist in Betrieb genommen worden. In allen Jahren der Internierung haben wir noch nie soviel und so gutes Gemüse gehabt wie in diesem Jahr und es scheint für die Zukunft sich noch zu steigern. Das Geld ist knapper geworden, die Rationen sind weniger geworden und unser Essen ist eher besser geworden. Das ist auch eine Gnade Gottes, für die wir dankbar sein können. Wenn sich die gegenwärtige Lage so auf unser ganzes Volk auswirkt, dürfen wir guter Hoffnung sein. Daneben gehen alle andern Arbeiten und Studien in alter Weise weiter. So kann uns aus aller Not und allem Leid ein Segen erwachsen, wenn wir sie recht verstehen. Vieles habe ich so in dieser schweren Zeit gelernt, das ich in meinem Leben nie mehr missen möchte. Gott enttäuscht nie, auch wenn seine Gabe nicht sofort in ihrem Wert erkannt werden kann. Zum Schluß noch ein Trösterlein v. W.v.Eschenbach; vielleicht ist es Dir bekannt: ‚Laß, Herr, mich nicht übersehen,/ Was mir an Heil und Huld geschehen,/ An Seligkeit, die endelos./ Dein Kind u. dein Sippengenoß/ Bin ich, dir ganz ungleicher:/ Ich armer und du reicher./ Versippt in deiner Menschlichkeit,/ Doch teilhaft deiner Göttlichkeit,/ Das Vaterunser mich nennet,/ Als Kind mich anerkennet./’ – Lass unsere Kinderlein in diesem Geist aufwachsen. Grüße sie von ihrem Vater, der sie nicht vergißt. Dir einen ganz lieben Kuss unserer Gemeinsamkeit in Dein Alleinsein hinein! Gott behüte Euch! Immer Dein Alfred“

Und doch, bei aller Freude über die wieder entstehende Gemeinsamkeit, die Lebenssituation jetzt nach Kriegsende könnte für beide unterschiedlicher nicht sein. In Premnagar erfahren die Männer das Kriegsende als Entlastung, Befreiung. Gertrud hingegen wird aus dem bisher vergleichsweise sicheren Leben in größere existentielle Unsicherheit gestürzt. Nicht nur, dass die bis Juli 1945 einigermaßen regelmäßige finanzielle Unterstützung ausbleibt, sie sich um den Lebensunterhalt nun selbst kümmern muss, Gertrud ist atmosphärisch auch der damals entstehenden revolutionären Unabhängigkeitsbewegung für ein freies Indonesien ausgesetzt. Die Zeiten sind unruhig. Noch ist japanisches Militär im Land, das die Situation stabilisiert.

Erich Klappert beschreibt dazu: „In solchen Zeiten schießen unkontrollierbare Elemente wie Pilze aus dem Boden, die dann mordend und plündernd durchs Land ziehen und alles unsicher machen. So wurden auch im Tobatal die so wertvollen Werkstätten und Handwerkerschulen (in Laguboti) mit ihren teuren Maschinen und den großen Holzvorräten ein Raub der Flammen. Diese Nachricht war für alle, die in Toba gearbeitet hatten und auch noch persönliches Eigentum dort hatten, sehr schmerzlich." (Klappert S. 95)

Es ist also zu verstehen, dass Gertrud die Belastung manchmal zu schwer wird, sie sich bedrückt fühlt und ihre Stimmung schwankt. Briefe,die sie aufrichten könnten, kommen immer noch zu selten.

Auch sie schreibt am 27. März 1946: „Alfred! Abermals eine Gelegenheit, um Post nach Medan zu befördern; die muß man ausnutzen. Der Weg von hier nach Medan zum Roten Kreuz und umgekehrt ist wohl die schwierigste Strecke, die unsere und Eure Briefe zurückzulegen haben. Seit Deinem Brief vom 4.II. noch keine Post wieder erhalten. Das ist sehr betrüblich und die Aussichten für die Zukunft sind noch betrüblicher. Es scheint, wir sind von einem Wiedersehen weiter entfernt denn je. Wenn man uns wenigstens einen regelmäßigen Postverkehr ließe! Es sieht so aus, als sollte die Menschheit überhaupt nicht mehr zur Ruhe kommen. Die Nachrichten über die Lage in der Heimat sind so nieder schmetternd, daß man fast verzagen möchte. Und dennoch, uns ziehts mit allen Fasern zurück in die Heimat. Lieber mit unseren Lieben daheim Not und Hunger leiden, als heimatlos, rechtlos, fremd unter Fremden der Willkür dieser Fremden ausgesetzt zu sein. Die Ungewissheit der nächsten Zukunft erfüllt uns mit Besorgnis. ..." Dann fährt sie fort: „Wüßte so gern, wie Du die Jahre genutzt hast, was Du liest, lernst und sonst tust. ... Uns geht es weiterhin gut; hier und da gibt es mal ein Furunkel oder einen Juckausschlag als Folge von Ernährungsstörungen; ... Wie geht es Dir gesundheitlich, was macht Dein Darmleiden?"

Am 1. April 1946 setzt sie nach: „Mein Lieb! Es läßt mir doch keine Ruhe, daß ich Dir solch einen trübseligen Brief geschrieben habe. Hast Dich hoffentlich nicht anstecken lassen. Nochmals, wir haben kein Recht zu verzagen. Und all die Tage ist es mit mir gegangen, was Schwester Frida Lau uns sagte: wir sollten nicht denken, daß Gott uns immer gut und glücklich durch alle Fährnisse hindurchleiten würde, im Gegenteil, Gott wird uns immer mehr durch Tiefen führen um uns vorzubereiten auf das Kommen seines Reiches, und daß wir dann nicht verzweifeln, sondern gerade an ihm festhalten, darauf kommt es an. ..."

Die beiden Briefe überkreuzen sich mit Alfreds, in dem er Gertrud seine erneute Dysenterie-Erkrankung mitteilt: „Nun bin ich leider im Hospital gelandet. Glücklicherweise ist der bakteriologische Befund günstig, der Bauch beruhigt sich schon wieder und ich darf hoffen, in einigen Tagen wieder ins Lager zurückkehren zu können...." (27. März 1946)

Manchmal kommen mit den Briefen auch Bilder an, die dann die Vorstellungskraft unterstützen. Gertrud hatte bereits im Februar 1946 geschrieben: „Ein Brief von Dir mit Deinem Bild. Welche Freude! Nun habe ich schon drei Bildchen von Dir. ... Wie freue ich mich, daß Du nun regelmäßig Post von mir bekommst. Ob auch die Briefe durchgehen oder nur die Formulare?..." (2. Februar 1946) Auch Alfred schreibt: „...Wie gut hat mir doch Euer Bild getan! Es ersetzt einen ganzen Brief. Ich kann mich nicht satt daran sehen. Hätte ich die Kinder ohne diese Vorbereitung einmal sehen müssen, ich glaube, es wäre eine sehr große Überraschung für mich geworden. Du hast Dich nur wenig verändert. Eigentlich bist Du geblieben, wie ich Dich in meiner Erinnerung hatte...", so Alfred am 5. April 1946. Aber er schließt: „Kommt meine Post an? Du bestätigst nichts von mir. Hinsichtlich der Postverbindung leben wir alle noch in einer großen Ungewißheit." Deshalb schreibt er am 8. April gleich noch einmal: „... Mit Eurem Bild hast Du mir eine ganz große Freude gemacht. Es liegt immer vor mir auf dem Tisch und ich kann mich nicht satt daran sehen. Es ist wie eine Medizin, die mir gefehlt hat. Nicht als obs mir sonst schlecht ginge. Du weißt, wie ichs meine, eine Seelenmedizin. Und die tut mir gut, zusammen mit Deinen Briefen nach den langen Jahren des Darbens. ... Gestern bist Du um Deinen Sonntagsgruß gekommen. Schildmann bekam Dysenterie und mußte plötzlich ins Hospital. Da mußte ich für ihn mit der Predigt einspringen. Doch soll Dir das Trösterlein nicht fehlen. Diesmal ist ein Vers von Morgenstern: ‚O gib mir Freuden, nicht mit dem verstrickt,/ was ich als niedres Ich in mir empfinde,/ gib solche Freuden mir zum Angebinde / wie Geist sie Geist, der Seele Seele schickt./ O nicht mehr dieser schalen Freuden Pein,/ die doch erkauft nur sind von fremden Leiden!/ Schenk Herzen mir, die sich für DICH entscheiden,/ so wird auch meines wahrhaft fröhlich sein.'... Du fragst mich, was ich in all den Jahren getrieben habe? Kann ich darauf antworten, daß ich abgesehen von allen Arbeiten, die das Lagerleben mit sich bringt, versucht habe, Dinge zu arbeiten, die mich in meinem Beruf fördern und vertiefen. Das ist ein Lichtpunkt in meiner Internierung, wofür ich herzlich dankbar bin. Für meinen inneren und geistigen Menschen ist die abgelaufene Zeit nicht vergeblich gewesen. Notwendige Bücher habe ich auch immer ausreichend gehabt. Leider waren mir arabische Bücher unzugänglich, trotz aller Bemühungen..." (5. April 1946)

Alles wäre halbwegs zu ertragen gewesen, wenn bloß nicht immer wieder diese verlorenen Briefe gewesen wären! Am 11. April 1946 schreibt

Alfred seinen 21. Brief. Er muss ihn auf Englisch schreiben:

„My dear Traudele! Yesterday we received information from the Indonesian Red Cross, that only English, French or Malayan are allowed to be used in letters to you. Subsequently I am of opinion that, all my 20 letters I wrote to you since 8 February must have been lost. Most of all I would regret the loss of my birthday letter to you, because I enclosed a little pencil drawing of myself for you. To my regret you would also nothing hear of the detailed news I have written to you after all these long years of seperation from you...." (Meine liebe Traudele! Gestern erhielten wir Nachricht vom Indonesischen Roten Kreuz, daß Briefe nur in Englisch, Französisch oder Malayisch geschrieben werden dürfen. Folglich bin ich der Meinung, daß alle meine 20 Briefe, die ich seit dem 8. Februar an Dich geschrieben habe, verloren gegangen sein müssen. Am meisten würde ich den Verlust meines Geburtstagsbriefes an Dich bedauern, weil ich eine kleine Bleistiftzeichnung von mir beigelegt hatte. Zu meinem Bedauern wirst Du also auch nichts hören von all den ausführlichen Nachrichten, die ich Dir nach den langen Jahren der Trennung von Dir geschrieben habe.)

Für den Leser dieser Briefe ist das irritierend: Haben nicht die beiden sich in ihren Briefen ständig aufeinander bezogen, auf Fragen geantwortet? Und nun dies: „Zu meinem Bedauern wirst Du also auch nichts hören von all den ausführlichen Nachrichten, die ich Dir nach den langen Jahren der Trennung von Dir geschrieben habe...“. Auch wenn die Reihenfolge des Briefwechsels heute kaum mehr realistisch nachzuvollziehen ist, so scheint doch eines sehr klar, nämlich dieses absolute Durcheinander in der Nachrichtenübermittlung, das kann man sich wohl gar nicht groß genug vorstellen.

Darum noch einmal ein Anlauf Alfreds, Kontrolle über den Briefwechsel zu bekommen. In einem in englischer Sprache verfassten Rote-Kreuz-Formularbrief vom 12. April 1946 heißt es: „...Seit dem 8.II. schrieb ich 21 Briefe an Dich. Welche davon hast Du bekommen? ...“

Noch am 9. Mai 1946 beklagt Alfred das Problem: „...Wie bitter, daß Ihr nur nichtssagende R.K.-Formulare bekommt, während Euch meine ausführlichen Briefe nicht erreichen. Und doch schreibe ich weiter, endlich muß auch das Türlein zu Dir sich öffnen. Euer Bildchen habe ich erhalten, wunderbarerweise. Es sagte mir mehr als ein ausführlicher Bericht. Die Kinder sind mächtig gewachsen und sehen gut aus. Du siehst ‚behäbiger' aus, unerwarteterweise gesund und doch bin ich dankbar dafür. Die Frauen von Padang machen einen abgehärmten Eindruck. Von Emma erhielt ich am Montag einen Brief mit Nachrichten von daheim. Allen gehts gut, selbst Vater wunderbarerweise. Nur Hans ist im Osten vermißt. Mit Mutter steht sie neuerdings auch wieder in Verbindung. Wenn möglich, besorge Dir einen Trauschein von uns, Geburtsurkunden der Kinder und von Dir. Wir haben die Dokumente gewiß nötig. Hast Du etwas von meinen andern Papieren retten können! Sorge für meine Bücher!"

Während all dieses Hin und Her der Nachrichten zeichnet sich bei Gertrud in Brastagi indes ein erneuter Umzug ab.

„Sind in diesen Tagen vor schwerwiegende Fragen und Entschlüsse gestellt", schreibt sie: „Es scheint, daß De Kleine alle Hebel in Bewegung gesetzt hat, um uns nach Medan ins Camp zu holen. Er sorgt sich in rührender Weise um uns. Nun ist offiziell eine Anfrage vom Roten Kreuz an uns ergangen wer herunter möchte, Bitte um genaue Angaben der Personen usw. Da das Camp voll ist, müßte für uns erst Platz geschaffen werden. Da heißt es, sich frei entscheiden ob hierbleiben oder gehen. Nach reiflichem Überlegen habe ich mich für Medan entschlossen und bin darüber innerlich ganz ruhig geworden. Ein leichter Entschluß ist es nicht; gebe Gott, daß er ein richtiger ist...." (13. April 1946)

Für die Kinder scheint trotz aller Unruhe das Leben ganz normal weiterzugehen. Sie haben Ferien, von denen Ute berichtet: „Lieber Vati. Ich möchte Dir ein wenig aus den Ferien erzählen. Wir brauchen jetzt nicht so früh aufstehen. Wenn wir uns ausgeschlafen haben, dürfen wir immer noch in den Betten toben. Schon morgens um sechs holt der Michel seine Katze, die Schnurri, und steigt mit ihr in Muttis Bett. Der Michel legt sich auf die eine, ich auf die andere Seite. Nach einer Weile will die Christa auch herein. Sie muß sich ein Plätzchen suchen. Wenn sie dann keins findet, schuppst sie uns wo sie nur kann aus dem Bette. Uns geht es gut. Wir freuen uns auch auf Ostern. Viele Grüße und Küsse von Deiner Ute."

Auch ein Brief von Christa liegt bei: „Lieber Vati! Heute schreibe ich mal wieder an Dich. Gestern haben wir die Nachricht gekriegt, daß die Deutschen aus Padang zu uns kommen werden, vielleicht weil wir bald nach Deutschland fahren. Ich freue mich sehr! Ich hoffe daß sie sehr bald kommen. Besonders freue ich mich auf Gisela Tiemeyer, meine und Gertrud Kaisers Freundin. Während ich hier nun schreibe, summen mehrere Flugzeuge in der Luft. Darum schaue ich andauernd aus, ob das nicht die Padanger seien. Ich hoffe, daß es nicht mehr lange dauert, bis wir uns wiedersehen. Ich freue mich schon darauf."

Als Gertrud das Für und Wider eines Umzugs nach Medan erwägt, schreibt sie unter anderem: „Eins ist sicher, geht das japanische Militär hier fort (und wie wir wissen, wartet das nur aufs Schiff. Kann also in sechs Wochen sein oder auch in 6 Monaten, das wissen jene selber nicht) ist unseres Bleibens hier nicht mehr. Sich der Willkür Indonesiens auszusetzen ist ein Ding der Unmöglichkeit." (13. April 1946)

Hintergrund ihrer Überlegungen ist folgender: Auf der Potsdamer Konferenz im August 1945 war beschlossen worden, Thailand, Indochina,

Malaya und niederländisch Ostindien unter britisches Kommando zu stellen. Geplant war, dass die japanischen Truppen solange die Macht halten sollten, bis die Briten sie nach und nach ablösen könnten. Anschließend würden diese wiederum die Macht an die Niederländer übergeben. Die Briten sahen es zunächst als ihre wichtigste Aufgabe an, vor allem die Niederländer, die einzigen, die damals noch eingesperrt waren, aus den Internierungslagern zu befreien und in sicheren, von den Briten kontrollierten Gebieten zu sammeln. Das waren vor allem die Städte Medan, Padang und Palembang.

Die Japaner hatten bisher aus eigenem Machtinteresse heraus die indonesischen Nationalisten unterstützt. Deren Führer, der spätere Präsident Sukarno und Vizepräsident Hatta, hatten am 17. August 1945 auf der Insel Java die Republik Indonesien ausgerufen und überall auf den übrigen Inseln entstanden mehr oder weniger große Unruhen. Bei ihrem späteren Abzug werden die Japaner den Rebellen viele ihrer Waffen hinterlassen, was das Leben nicht sicherer machen wird.

Von der einheimischen Bevölkerung werden die Briten mit Ablehnung betrachtet, werden ganz richtig als Wegbereiter einer wieder herzustellenden Kolonialmacht der Niederländer gesehen. Die Bevölkerung reagiert daher auf alles, was eine weiße Haut hat, also *„orang bolanda"* ist, mit Ablehnung oder gar Hass. Verständlich, dass Gertrud sich unter diesen Bedingungen für einen Umzug nach Medan entscheidet.

Am 5 Mai 1946 schreibt sie einen letzten Brief aus Brastagi, es ist Brief Nr. 11. Diesem Brief stellt sie zwei Zeilen eines Klavierauszuges voran: „Schein uns du liebe Sonne Mein Herzlieb, mein Alfred! Ob diese Töne Dir wohl verraten, was ich Dir so gerne sagen möchte und doch nicht in Worte zu fassen vermag? Nimm die Geige, spiel Dich hinein in die Töne und wisse, daß mein Herz übervoll ist von dem, was in den Stimmen schwingt! Es war einst unser Lied. Ob Du's noch kennst ... Damals, als wirs sangen, schien uns die liebe Sonne und wir wußtens nicht. – Ob sie uns nochmals scheinen wird?

Immer wieder ist es die Musik, die beide verbindet und wichtiger Teil ihrer Kommunikation ist. Besonders für Gertrud ist Musik zentraler Bestandteil ihres Lebens. Sie ist Schönheit, Freude und auch Trost.

Heinrich de Kleine, inzwischen wieder mit seiner Frau und den drei Kindern vereint und gemeinsam in Medan wohnend, ist nun Leiter des Camps in Medan. Er wird jetzt in der chaotischen Nachkriegszeit eine wichtige Schlüsselfigur. Als Holländer, der gleichzeitig Mitarbeiter der Rheinischen Missionsgesellschaft ist, hat er Zugang zu den verschiedensten Menschengruppen. Seit vielen Jahren auf Sumatra tätig, beherrscht er die Sprachen, er kennt die Verhältnisse genau und ist geradezu dafür prädestiniert, jetzt eine führende Position einzunehmen. De Kleine ist als einziger Mann von den Missionsleuten übrig geblieben; er übernimmt nun Verantwortung für die Frauen der übrigen Missionsmitarbeiter. Er sieht die Probleme wahrscheinlich ähnlich wie Gertrud und will seine Leute in Medan beisammen haben, in Medan, unter britischer Verwaltung stehend und auf politisch halbwegs sicherem Terrain. Er wird auch derjenige sein, der für seine Leute mit den Behörden verhandelt, sich um alle wichtigen Belange kümmert.

Noch am 9. Mai 1946 weiß Alfred nichts von einem Umzug nach Medan, denn er schreibt an Gertrud: „...Wenn Du kannst, sieh zu, daß Du das Land verläßt und geh, wohin Dich Gott führt, sei es nach Australien oder Amerika. Reitzer soll bereit sein, im Namen seiner Kirche einigen von unseren Missionsleuten einen Urlaub in Amerika möglich zu machen. Ja, er wirbt um Pfarrer für seine Kirche unter uns. ... In treuem Gedenken Dein Alfred" Und er ergänzt am 16. Mai: „...Wohin Du auch kommst, wichtig bleibt, daß Du Kontakt mit mir behältst, dann werde ich Dich schon finden. Wann wir nach Deutschland gehen ist noch immer ungewiß...."

Schließlich gelangt die Nachricht von Gertruds Umzug dann doch nach Indien. Alfred schreibt:

„Premnagar, den 24.V.1946 Nr.27

Meine liebe Traut! Übers Rote Kreuz in Simla erhielten wir vom R.K.Vertreter in Medan Nachricht, daß die Frauen aus Brestagi unmittelbar erwartet würden, danach können wir also annehmen, daß sich diese Erwartung inzwischen erfüllt hat. Wir freuen uns über diese Auflösung der Schwierigkeiten und hoffen, daß es die Einleitung zum endgültigen Abtransport ist. Gern wüßten wir Näheres darüber, wie sich Euer Weg gestaltet, doch darüber ist eine große Dunkelheit ausgebreitet...." Die Fragen nach der Zukunft werden jetzt immer drängender. Eine Arbeit in Deutschland scheint ausgeschlossen, wie Alfred meint, denn: „Die 7000 Pfarrer, die aus dem Osten nach dem Westen gekommen sind, werden wohl die Versorgung der Heimatkirche anfüllen, soweit das möglich ist. Welcher Weg dann noch für uns offen bleibt, ist abzuwarten. Von hier aus läßt sich nichts unternehmen, wir müssen warten, bis wir nach Hause kommen. Immerhin wüßte ich die Grenzen Deiner Freudigkeit, um meine Gedanken entsprechend einstellen zukönnen..." (24. Mai 1946)

Medan, der Heimat ein Stück näher

In Medan angekommen, beginnt nun für Gertrud und die Kinder eine Zeit, die sich wie Gummi endlos hinziehen wird, angefüllt mit Reisevorbereitungen, Bürokratie – sie werden Papiere brauchen – und stets begleitet von der großen Unsicherheit, was die Zukunft nun wohl bringen wird.

Und während der ganzen Zeit weiß niemand, wann es denn nun endlich losgehen soll in die Heimat. Man spürt den Briefen diese Zähigkeit des Zeitverlaufsan.

Als Gertrud im Mai ihren ersten Brief aus Medan schreibt, ist sie noch recht hoffnungsfroh: „Mein lieber Alfred! Nun hast Du so lange warten müssen, fast drei Wochen, das ist mir sehr leid. Aber die Ereignisse der letzten Wochen überstürzten sich beinah und ließen mir kaum Zeit und Ruhe zum Schreiben. Nun liegt aller Rummel: Umzugssorgen, Verkauferei, Näherei und Packerei hinter uns und wir sind seit dem 21. hier in Medan. Wie froh sind wir, endlich oben fort zu sein! Nun sind wir hier in der Heilsarmee, die uns mit wohltuender Freundlichkeit aufgenommen hat. De Kleines wohnen hier auch; seiner Fürsprache und der Freundlichkeit der Leiterin dieses Instituts haben wir es zu verdanken, daß wir hier wohnen dürfen. Wir wohnen hier in Hallen, Zimmern und Sälen ein recht romantischabenteuerliches Zigeunerleben, bekommen reichlich und gutes Essen, trinken unheimlich und schwitzen noch unheimlicher. Die Kinder finden es fabelhaft hier und wir Mütter sind glücklich mal ohne Küchen und Haushaltssorgen sein zu können. De Kleine trägt einen Vollbart und sieht aus wie ein ehrwürdiger Priester. Ich wundere mich nur, daß Friedchen ihm den nicht schon längst abgewöhnt hat. Er kümmert sich um Deine Bücher. Ich denke, das wird dann schon zurechtkommen. Wie wir hören, sollen wir nicht lange in Medan bleiben. Hoffentlich geht's bald in die Heimat. Soweit heute. Bald mehr. Den Kindern geht's gut. Viele herzliche Grüße! In Liebe Deine Traut." (26. Mai 1946)

Gertruds erstem Brief aus Medan liegen auch Briefe der Töchter bei, welche den Umzug lebendig schildern. Utes Brief lautet: „Lieber Vati. Ich erzähle Dir davon wie wir von Brastagi nach Medan gefahren sind. Um acht Uhr morgens kam das Auto wir luden auf und stiegen selbst ganz hoch auf's Gepäck. Dann fuhren wir bis zur Post, und warteten auf die anderen Autos. Weil Mutti bang war, daß Michel und Christa runterfallen würden fragte sie den Schefför ob Christa und Michel bei ihm sitzen dürften. Wir sahen unterwegs schöne Bäume mit Moos und Blumen. Als wir in Medan ankamen, fuhren wir erst durch die Stadt und fuhren dann zum Lager des Heils [gemeint ist die Heilsarmee]da kam gerade Tante Fridchen aus der Tür. Sie winkte uns und grüßte uns. Da kam auch Onkel Heinrich. Er zeigte uns wo wir die ersten Tage schlafen sollten. Ich wünsche Dir alles Gute zu Deinem Geburtstag. Ich hoffe auch, daß wir uns bald wiedersehen dürfen. Viele Grüße von Deiner Tochter Ute."

Und Christa schreibt: „Lieber Vati! Wir sind jetzt in Medan im Kinderhaus der Heilsarmee. Ich finde es hier sehr schön. Hier sind viele holländische Kinder. Wir spielen oft mit ihnen. Jeden Tag müssen wir das Essen bei einem anderen Haus abholen. Mal bekommen wir morgens und mittags Brot und abends Warmessen, mal auch morgens und abends

Brot und mittags Warmessen. Jeden Samstag kommt ein Filmmann und läßt Filme spielen. Wir lachen immer die ganze Zeit, weil sie so lustig sind. Von Mickimäusen und anderen lustigen Tieren. Weil es hier so heiß ist bade ich jeden Tag drei bis vier mal. Wir springen auch oft Seil. Wir wohnen mit Nolls, Awee Lallemant, Guthers und Steinhards in einem großen Saal. Die Reise nach hier war auch schön; Michel und ich saßen bei dem Schoför, und Ute und Mutti saßen bei den Sachen obendrauf. Hoffentlich können wir bald nach Deutschland! Viele Grüße von Deiner Tochter Christa!"

Ähnlich wie Padang hat Medan ein schwülheißes Klima, unter dem Gertrud leidet: „Hoffe, daß wir nicht allzu lang in dieser Hitze schmoren müssen. Es ist furchtbar heiß hier und ich sehne mich zurück nach Brastagis Kühle. Aber nur das Klima wünsche ich mir zurück, sonst bin ich froh, daß wir hier in Medan sind. Man hat so das Gefühl, der Heimat einen Schritt näher gekommen zu sein; und ich hoffe, daß der zweite nicht allzu fern mehr sein wird. Das Leben, wie wir es hier führen, primitiv, ohne Tisch und Stühle, eng zu sechs Familien in einem Saal, in seiner ganzen Unpersönlichkeit und der damit verbundene Krach rundherum – das alles ist nicht recht erquicklich auf die Dauer. Aber das soll kein Klagen sein. Wir sind froh, daß wir hier sein dürfen. Das Leben in Brastagi war zuletzt alles andere als schön, und wenn man sich schon erniedrigen lassen muß, dann lieber vonSeinesgleichen als von Inländern...." (30. Mai 1946)

Auch Alfred ist froh, seine Familie im relativ sicheren Medan zu wissen: „Ich freue mich, daß Ihr nun in Medan seid. Von da aus läßt sich manches leichter regeln. Als Übergang wird Euch der Aufenthalt schon erträglich sein. Die zunehmende Spannung hätte Euch im Inland noch große Schwierigkeiten besorgen können. Am Sonnabend bekam ich Deinen Brief N.11, No.10 und 9...." (10. Juni 1946)

Trotz aller Erleichterung, hier zu sein, fällt Gertrud das Leben im Lager auf die Dauer doch zunehmend schwer. Was sie zunächst noch mit einigem Humor als romantischabenteuerliches Zigeunerleben beschrieben hatte, empfindet sie zunehmend als Bedrängung: Die Unruhe, die vielen Menschen überall, nirgendwo eine Möglichkeit, sich zurückzuziehen, besonders letztere fehlt ihr sehr, und es ist auch kein Klavier vorhanden, an dem sie wieder zu sich selbst finden könnte. Manchmal besteht die Möglichkeit, Schallplatten zu hören. Sie schreibt Alfred: „Mit so schönen Musikabenden, wie Du sie mir schreibst, kann ich nicht auftischen. Aber wie froh bin ich, daß Ihr dergleichen genießen könnt. Um die Appassionata möchte ich Dich fast beneiden. Ich habe sie noch nie gehört – und ich finde sie so wundervoll! Ich habe sie vor längerer Zeit fast täglich gespielt, um sie kennenzulernen ... Daß Du Deine Geige noch hast, freut mich sehr. Hatte schon Sorge, daß Du sie beim Transport von hier verloren haben würdest. Schade, daß Du sie nicht mehr spielst. Glaub mir, ich bin so gespannt auf Dein Spielen; werde Dich jetzt mit anderen Ohren anhören als früher! Es ist wunderbar, wie man mit der Zeit so hineinwächst in alles, auf welchem Gebiet auch. “ (11. Juni 1946)

Da es kein Klavier gibt, kann auch der Klavierunterricht für Christa nicht mehr stattfinden. Gertrud bedauert das sehr, zumal Christa schon recht gut spielte und sie gehofft hatte, dass sie es einmal weiterbringen würde als sie selbst. Sie habe ein gutes Gehör bemerkt Gertrud und fährt fort: „Ich freute mich, daß sie vorhin, als wir zusammen dem Mozart lauschten, auf einmal sagte: 'Mutter, das kenne ich doch, das hast Du doch auch schon gespielt.' “ (11. Juni 1946)

Immerhin wird in der Heilsarmee gesungen. Gertrud geht gern zu den sonntäglichen Singabenden, die sie beschreibt: „Eine kleine Singgemeinde, international, meist aus englischen Soldaten bestehend nimmt regelmäßig daran teil. Gesungen werden zunächst Heilsarmeelieder und andere geistliche Lieder, jeder darf vorschlagen, auch Solosingen, ganz ungezwungen. Ich fühle mich wohl in diesem Kreis. Da ist kein Haß und kein Ausgestoßensein. ... Wenn man diese frischen Jungen sieht in ihrer harmlosen Fröhlichkeit – so blutet einem das Herz – wie viele solcher frischen Menschenblüten aus aller Welt hat dieser Krieg dahingerafft.“ (16. Juni 1946)

Was den Frauen in Medan tatsächlich zunächst fehlt, ist Geld. Das den Frauen zugesagte Geld aus den USA kommt aus unverständlichen Gründen nicht an. Wovon also Obst und andere notwendige Lebensmittel bezahlen? Die Probleme der Frauen haben sich bis nach Dehradun herumgesprochen und seit längerem schon versuchen die Männer in Indien mit ihren besseren Kontaktmöglichkeiten, irgendwie eine Hilfe für die Frauen zu organisieren. Aus Amerika sollen 4000 Dollar überwiesen worden sein, aber wo bleiben die? Gertrud wirkt etwas resigniert, wenn sie am 11. Juni schreibt: „Wir sind von Herzen froh, daß Ihr geldlich versorgt seid. Aber warum auch nicht wir Frauen und Kinder? ... De Kleine tut für uns, was in seiner Macht steht. Wir müssen eben Geduld haben und warten...“ (11. Juni 1946) Erst Ende Juli scheint das Geld endlich eingetroffen zu sein.

Die Zeit in Medan ist Übergangszeit, Zeit der Unruhe, Zeit ohne Struktur. Morgen oder übermorgen, oder doch wenigstens in absehbarer Zeit werden sie nach Europa zurück gebracht werden, ein Schwebezustand also. Der regelmäßige Schulunterricht, welchen die Kinder in Brastagi immer noch erhielten, findet hier in Medan erst einmal nicht statt. „Ich hatte so gehofft, mich hier den Kindern besser widmen zu können, da wir nicht zu kochen brauchen, sondern das Essen (1 x tägl.) aus einer Zentralküche bekommen. Aber ich hab mich schwer verrechnet: das Klima, der ewige Rummel und die primitive Behausung ohne Tisch und Stuhl machen ein Arbeiten fast unmöglich. Ich will aber trotz allem mein

Bestes tun, damit die Kinder nicht alles wieder vergessen....“(11. Juni 1946) Gertrud nimmt also die Fäden selbst in die Hand und teilt Alfred mit: „Da hier die regelrechte Schule noch nicht wieder angefangen hat und ich auch nicht weiß, ob die Lehrerinnen den Plan haben, sie wieder zu eröffnen, habe ich mich selbst dahinter gemacht und unterrichte unsere Drei so recht und schlecht ich kann. Bei drei Jahrgängen ist das nicht so einfach, zumal in unseren primitiven Verhältnissen.“ (22. Juni 1946)

Jetzt, wo die Rückkehr nach Deutschland immer näher rückt, wächst auch der Druck, ob und wie die Kinder den schulischen Anschluss in Deutschland werden halten können. Gertrud schreibt: „Christa hätte mit diesem Jahr eigentlich mit Englisch anfangen müssen. Leider unterblieb das, da die Lehrerinnen schon überlastet waren...“ (22. Juni 1946) Sie will eine Missionsschwester bitten, den Englischunterricht zu übernehmen. „Es wäre schade, wenn Christa deswegen drüben nicht mitkäme. Mein einziger, wenn auch schwacher Trost ist der, daß drüben der Unterricht auch nicht lückenlos geblieben sein wird und Christa somit die Lücke leichter wird ausmerzen können...“

Anfang August endlich kann Gertrud erleichtert berichten, dass die auch schon in Brastagi unterrichtenden Schwestern und Lehrerinnen das neue Schuljahr, „inoffiziell, warum wisse man nicht“, eröffnet hätten und auch Englisch unterrichtet werde. Sie teilt Alfred mit, dass sein Sohn in die zweite Klasse versetzt worden sei. Alle kleinen Kinder werden von ihren Müttern unterrichtet und so unterrichtet sie Michael auch selbst. Christa mache sich in Englisch ganz gut, meint Gertrud. „Sie lauscht den englischen Soldaten die Aussprache ab und kann es jetzt schon kaum erwarten, bis sie ein englisches Jugendbuch, das ich mir lieh, lesen kann.“ (8. August 1946)

Alfred bestärkt Gertrud in dem Streben, die Kinder schulisch zu fördern, beruhigt aber auch zugleich: „Samstag bekam ich Deinen Brief No. 23 mit Deiner lieben Schilderung unserer Drei. Nach solchen Berichten verlangt mich. Du kannst Dir wohl kaum vorstellen, wie wenig ich mir ein gutes Bild von ihnen machen kann. 6 Jahre fordern ihren Tribut. Daß das Orthographische die schwache Seite ist, haben mir ihre Briefe gezeigt. Mit einiger Nachhilfe werden wir aber auch da den Schaden beheben können. Wichtig ist, daß die Kinder geistig lebendig sind und Eifer zeigen. Es freut mich, daß Du das Auge offen hast für diesen Mangel.“ (14. August 1946)

Drei Monate sind Gertrud und die Kinder nun schon in Medan und die Umstellung an das Klima und die Wohnsituation erfordern ihren Tribut: Christa und Ute bekommen Malaria. Gertrud selbst leidet vorübergehend an einer Art Grippe und einem schweren Furunkel aufgrund von Ernährungsmangel. Sie bekommt Aufbaupräparate verordnet und Michael, der die ganze Zeit mäkelig gewesen war, fängt erst jetzt wieder an, richtig zu essen. „Den ganzen Tag geht er so still seiner Wege, ich merke ihn kaum“, berichtet Gertrud und: „Hat er keine Schularbeiten zu machen, spielt er mit den Heilsarmee-Kindern Knicker; zwischendurch erscheint er dann: Mama hast du boeboer? Davon ißt er jetzt 3-4 Portionen am Tag, dazu dann noch pisang und überhaupt Obst in Mengen. Und daran spare ich nicht....“ (22. Juni 1946) Und vor allem liebt er „Milchreis mit Zimtzucker, daran ißt er sich tot und lebendig.“

Alfred nimmt die Vorliebe seines siebenjährigen Sohnes für Reisbrei zum Anlass, sich mit diesem zu solidarisieren. Er schreibt ihm: „Du bist nun schon gewiß ein großer Junge und weißt nicht, wie Dein Vater aussieht und wie es bei ihm ist. Ich glaube, es wird Zeit, daß wir zusammenkommen und gemeinsam etwas unternehmen, was einem rechten Jungen Freude macht. Gestern aber allerdings mußte ich Marmelade kochen. Ich weiß nicht, ob Dir das Freude gemacht hätte. Doch gibts ja auch Dinge, die man nicht gern tut und die man doch auf sich nimmt, weil etwas Ordentliches dabei herauskommt. So ist das mit der Marmelade gewesen, die mein Partner Volmer und ich kochten. Schöne Pfirsich und Bananenmarmelade. Sie ist jedenfalls recht lecker geworden, obwohl wir wie die Bären schwitzen mußten bei der großen Hitze, die hier gegenwärtig herrscht. Ich glaube, Du würdest sie auch gern essen, weil Du ein Freund von süßem Reisbrei bist, den ich auch ganz gern esse. Unsere Mutti hat ihn allerdings nicht oft gemacht, als ich noch bei Euch war und hier gibts überhaupt keinen mehr. Warte nur, wenn wir erst einmal wieder zusammen kommen, dann gibts Reisbrei und noch viele andere schöne Sachen. “ (1. Juli 1946)

Stetig versucht Alfred, Beziehung zu seinen Kindern aufzubauen, schreibt jedem Kind einzeln Briefe. „Ute“ beispielsweise, schreibt Gertrud, „ist glücklich über ihren Brief und versucht immer wieder, sich allein durch ihn hindurch zu ackern.“ (6. Juni 1946) Immer wieder bittet Alfred Gertrud bei diesem Bemühen um Unterstützung.

Am wichtigsten ist den beiden aber zunächst ihre eigene Beziehung. Es gilt weiterhin Fäden aufzugreifen, neue zu knüpfen, um überhaupt wieder ein Gefühl füreinander zu bekommen. Doch der Briefkontakt wird immer wieder unterbrochen, weil Briefe irgendwo liegenbleiben, dann kommt gleich ein Dutzend auf einmal. So geschehen im Juni. Fast ein Vierteljahr ist seit Alfreds letztem Brief vergangen, jetzt bekommt Gertrud gleich einen ganzen Stapel. Enthusiastisch schreibt sie: „Mein Lieb! welche Freude! 15 Briefe, richtige Briefe auf einen Schlag! Kannst Du Dir diese Freude vorstellen? 13 Briefe von Dir und 2 liebe lange Briefe von Mutter (April). Ich kann's noch gar nicht fassen und bin ganz durcheinander vor Freude! Wo die nur so lange gesteckt haben? Und meine Briefe der letzten Wochen, hast Du sie bekommen?“ (6. Juni 1946) Gertrud will die Briefe langsam, nacheinander lesen und einzeln beantworten, denn wer weiß, wie lange sie dann wieder auf Post warten muss. Dem ersten Brief ist eine Bleistiftzeichnung beigelegt und Gertrud antwortet Alfred: „Nun habe ich Dich wieder vor Augen und kann Dich anschauen und Zwiesprache mit Dir halten. Du bist es, wie Du warst und doch wieder so ganz anders. Ich schau Dich an und empfinde die Not der Zeit, die Schwere der Jahre, die ihre Furchen gezogen haben; Dein Auge, es schaut so ernst und es liegt noch ein Ausdruck darin, den ich mir so recht nicht zu deuten weiß, ist es Trauer, oder ist es Müdigkeit? Aber aus Deinen Briefen spricht so gar keine Traurigkeit. So ist es wohl Müdigkeit? – Die Ausführung ist übrigens meisterhaft. Wer ist dieser Köppen? und stehst Du ihm näher? Selbst Christas erster Eindruck war: „Hei Mutti, so den Schatten zu zeichnen, das muß schwer sein. Ich könnte das nicht." Gertrud bedankt sich für die Gaben aus Alfreds „Schatzkästlein", einer Gedichtsammlung die er angelegt hat und aus der er immer mal wieder eines beifügt. „Das ist wie Eisen ins Blut, ein Trost für das unruhvolle Herz. Schreib mir recht, recht viel daraus, Du weißt nicht,wie sehr ich es brauche."

Am 29. Juni schreibt Gertrud gemeinsamen mit den Kindern Alfred, der am 28. Juli Geburtstag hat, einen Brief. Als Geschenk ist eine Fotografie von ihnen beigelegt. Diesem Brief folgt am 4. Juli nochmals ihr ganz persönlicher Geburtstagsbrief, es ist Brief Nr. 19, vorangestellt ein Choralsatz: Nun sich der Tag geendet hat; dazu Strophe 13 und 7: „Mein Herzlieb! Alfred! Einen kleinen Gruß ganz persönlicher Art wollte ich Dir zum Geburtstag schicken und ich wußte so recht nicht wie und was, bis mir obige Melodie einfiel, die ich mal noch in meiner Mädchenzeit erfand, d.h. lange in mir herumtrug, bis ich sie niederschrieb, mehrstimmig setzte und ihr dann den Text unterlegte. Es ist ein Stück von meinem Herzen – Ob Du Dich ein wenig daran zu erfreuen vermagst? – Und also leb und sterb ich Dir, o Herr Gott Zebaoth, im Tod und Leben hilfst Du mir aus aller Angst und Not – möge uns diese Erkenntnis immer mehr zur Gewißheit werden; das ist mein Wunsch für Dich und für mich zu Deinem Geburtstag. Gott helfe uns dazu, daß wir einander mal fröhlich in die Augen schauen können, fröhlich in der Gewißheit der Kinder Gottes Jetzt, wo die Aussicht darauf immer mehr in den Bereich des Möglichen rückt, wills einem fast schwer werden, weiterhin geduldig zu harren. Man möchte so losstürmen und alle Fesseln zerreißen, hineilen dahin, wo es mich hinzieht mit allen Fasern meines Herzens! Frei sein und leben – mit Dir, mein Herz – !"

Alfred antwortet am 6. August: „Ich habe Dein Abendlied gespielt und vor mich hingesummt. Den Text kannte ich. Jetzt habe ich mir auch Deine Weise zu eigen gemacht. Was mir Deine Melodie bedeutet? Traudele! Es hat mir so sehr gefallen, daß Du Dich in ihr ganz den Worten hingegeben hast. Schlicht und selbstverständlich rankt sich die Weise um die Worte, als könnte es nur so sein. Jedesmal, wenn ich zum zweiten Teil komme, wo die Melodie in Dur ausweicht, ist es mir, als ob Sonnenlicht auf eine dunkle Welt falle. Weißt Du, wenn wir wieder beisammen sind, dann wollen wir dieses Lied nach Deiner Weise singen ... Ich habe mich gewundert, daß ich nun so viele Jahre Dich mein eigen nenne und nichts von solchen Geheimnissen wußte, die Du in Dir verborgen hast. Und doch habe ich mich unbeschreiblich darüber gefreut. Einige Male bist Du mir in unserer Gemeinsamkeit so begegnet, daß ich es nie vergessen kann. " (6. August 1946)

Beide Briefe berühren durch die Wärme und das in ihnen ausgedrückte Gefühl. So ist Gertruds Dankbarkeit nachvollziehbar, wenn sie später schreibt: „Alle sind sie mir lieb Deine Briefe, aber am liebsten und längsten verweile ich immer bei dem vom 6. VIII. No.41. Deine Liebe und unsere innerste Verbundenheit spricht so aus jeder Zeile, daß ich mich nur schwer davon löse. Das ist wie frischer Tau für die durstende Seele. Daran labe ich mich und davon zehre ich all die kommenden Wochen. Daß all die Trennungsjahre unserer Liebe nichts anzuhaben vermochten, im Gegenteil, daß sie sogar dazu beitrugen, uns in unserer gegenseitigen Liebe zu vertiefen – das ist mir ein Geschenk Gottes; das macht mich so froh und ich fühle mich so reich in Deiner Liebe. Wie wird das erst sein, wenn wir wieder beisammen sein dürfen!" (6. Oktober 1946)

Aber es geht nicht nur um Beziehung und Gefühle, sondern immer auch um ganz praktische Dinge, zum Beispiel die Bücher. Seine Bücher, die sind Alfred sehr wichtig. Nach seinen Büchern hatte er immer wieder gefragt: „Gern erführe ich auch etwas über das Schicksal meiner Bücher von Dir. Abgesehen von ihrem materiellen Wert bedeuten sie für mich ein unschätzbares Arbeitsmaterial, das für jeden andern wertlos ist. Alles andere von unserm Eigentum habe ich dagegen abgeschrieben und trauere ihm nicht nach." (17. März 1946) Oder: „Herzlichen Dank für alle Sorge um meine Bücher. Sorg, daß sie in treuen Händen bleiben. Sie sind unersetzlich, auch wenn wir später wieder zu Geld kommen sollten." (24. März 1946)

Die Bücherkisten sind immer noch in Padang, hatten bei Gertruds Umzug nach Brastagi dort zurückbleiben müssen und befinden sich seither in der Obhut Thea Meyers, während Gertrud deren Bücher aufbewahrt. Keiner weiß genau, was aus diesen Büchern geworden ist. Der August nun bringt endlich Klarheit: Alle sind sie verloren! Die Mitteilung an Alfred fällt Gertrud merklich schwer, weiß sie doch zu gut, was ihm seine Bücher bedeuten. Anfang August teilt sie ihm mit: „Mein Herzlieb, heute ist's eine schmerzliche Nachricht, die ich Dir mitzuteilen habe und ich will lieber gleich mit der Tür ins Haus fallen und mir allen Verdruß von der Seele schreiben. Nachdem Heinrich und ich nun wirklich alle nur möglichen Wege und Möglichkeiten ausgeklügelt haben, um Dir Deine zwei Bücherkisten zu erhalten, erhalte [ich] vorgestern von Frau Meyer die

Nachricht, daß diese bei ihrem letzten Umzug (ins Camp) stehengeblieben und verlorengegangen sind. Was soll ich nun noch dazu sagen? Ich schlucke schon zwei Tage an dieser Pille und krieg sie nicht runter und das ist mir das bitterste an der ganzen Geschichte, daß ich das Gefühl habe, es hätte nicht sein brauchen. Daß sie [Thea Meyer] in der Panik die Kisten stehen lässt, könnte ich noch begreifen. Daß sie aber, als sie in Sicherheit war, nicht gleich alle Hebel in Bewegung gesetzt hat, die Bücherkisten am nächsten Tag in Sicherheit zu bringen, ist mir unbegreiflich Gott helfe Dir auch über diesen Schmerz.

In Liebe Deine Traut.“ (10. August 1946)

Alfreds Reaktion zu diesem Thema ist nur kurz: „Zu Deinen Briefen: Es geht mir nach, daß meine Bücher verloren sind. Du bist mein liebes Weib und hast getan, was Du konntest. Dafür danke ich Dir. Ich muß mich in den Verlust, so schwer er ist, schicken.“ (23. August 1946)

Gertrud versucht stets, über die rein praktischen und persönlichen Problemstellungen hinaus, Alfred mit Informationen, auch mit Einschätzungen zu versorgen und damit eine andere als die rein persönliche Ebene der Kommunikation mit ihm zu finden. Sie teilt ihm mit: „De Kleine hielt uns heute einen Gottesdienst, auf den wir uns schon lange freuten. Vor etlichen Abenden erzählte er uns den Hergang in der Arbeit, seit Eurem Fortgehen. Er beschaut die Lage der Batakkirche sehr zuversichtlich und meint, daß sie sich in ihrer Selbständigkeit, in großen Zügen besehen, gut bewährt hat. Hoffentlich behält er recht.“ (1. Juni 1946) Dann führt sie ihre eigenen Gedanken zu dem Thema aus: „Wir beurteilen die Sache eben mehr nach dem, was wir in Brastagi sahen und hörten; und das war sehr wenig. Viel wird eben von der Entwicklung der Dinge abhängig sein. Was wir von Indonesiens Selbständigkeit sahen, war nicht sehr vertrauenerweckend. Sie sind wie die Kinder, denen man Machtbefugnisse in die Hand gibt und die nun nicht wissen, wohin mit ihrem Übermut, besonders wenn es um uns paar Europäer ging. Unter ihnen selbst herrscht viel Hader und Streit, echt batakscht Margawirtschaft – sie gönnen sich gegenseitig das Schwarze unterm Nagel nicht. Großmannssüchtig sind sie alle. Nie hätten wir, was unsere Versorgung anbetrifft, von ihnen abhängig sein mögen. Wir sind immer wieder froh, daß wir hier sind, wenn wir hier auch fast unsrer Freiheit beraubt sind. Faktisch macht es uns aber wenig aus, da wir kein Verlangen haben, in die Stadt zu gehen. – Seit März keine Post von Dir mehr erhalten, nur ein Formular von April 45 mit Gruppenbild...“

Im Juni gibt es plötzlich Aufregung. Gertrud berichtet: „...Soeben rief de Kleine uns zusammen und teilte uns mit, daß die englischen Behörden alle Deutschen coempreln [?] wollen und wir dann nach der Heimat zurückgebracht werden sollen und daß zugleich auch für Euch die Stunde der Freiheit geschlagen haben wird und auch Ihr heimkommen dürft. So gibt es wohl noch in diesem Jahr ein Wiedersehen in der Heimat. Gibt es etwas Herrlicheres? Nun sitzt man seit Monaten und wartet auf diese Nachricht; jetzt kommt sie, und – man kann sie einfach nicht fassen..." Dann fährt sie am Sonntagmorgen fort: ... Wie freue ich mich auf die Heimat, auf geistiges Leben, auf Wald und Wiesen, auf all die tausenderlei Kleinigkeiten, die einem die Heimat so lieb machen. Das Wasser steigt mir in die Augen, bei dem Gedanken, daß wir das alles bald wiedersehen dürfen. Wie sich unsere Zukunft gestalten wird? " (22. Juni 1946)

Eine gewisse Nervosität oder ist es einfach die Aufbruchstimmung, wird auch bei Alfred spürbar, wenn er schreibt: „Zuerst Folgendes: Bei einer eventuellen Heimreise suche die Sachen, die Dir und den Kindern unentbehrlich sind, bei Dir zu behalten. Nach Nachrichten, die uns erreichten, wird gegenwärtig überall und am schlimmsten daheim gestohlen. Ich weiß nicht, wohin Dich Dein Weg führt, halte aber auf jeden Fall die Augen offen, ob sich da, wohin Du kommst, eine Zukunft für uns eröffnet. Eine Zukunft in alten Geleisen wird uns wohl verschlossen sein, soweit meine Informationen gehen. Sei für alle Entwicklungen offen, die nicht im Widerspruch zu unserer Berufung stehen. Im übrigen: 'Die ganze Welt ist meine Parochie'. Wir sind noch jung und elastisch genug, um uns umzustellen. In allen Situationen versuche schnellste, häufigste und sicherste Verbindung mit mir zu halten." (27. Juni 1946)

Gertrud wirkt ebenfalls zunehmend gespannt: „Ob Ihr schon etwas von einer Heimreise gehört habt? Wenn nicht alle Anzeigen trügen, scheint mit aller Macht an Eurer und unsrer Heimreise gearbeitet zu werden. Eine Abgeordnete des internationalen Roten Kreuzes von Singapur war hier und sprach selbst die Möglichkeit aus, daß Ihr in Bombay oder wo auch zu uns an Bord steigen würdet, da wir Frauen allein ja kein Schiff ausfüllen. Das ist fast zu schön, um wahr zu sein. Aber wenn – wie herrlich wäre das! Gemeinsam in die Heimat! Gott schenke es uns." (29. Juni 1946)

Nach der ersten Begeisterung folgt die Enttäuschung: dass eben nichts passiert. Alfred ist bezüglich einer baldigen Heimreise ebenfalls skeptisch geworden; er bemerkt dazu am 8. Juli: „Traudele, mein Lieb! Wie ergreift mich Deine Sehnsucht nach der Heimat! Wollte Gott, sie würde Dir wieder zuteil. Ich fürchte, daß unser Weg in die Heimat sehr, sehr weit sein wird. Manchmal gehts mir wie dem alten Li-Tai-Po: 'In fernem Lande lag ich. Weißen Glanz/ malte der Mond vor meine Lagerstätte./ Ich hob das Haupt, ich meinte erst es sei/ der Reif der Frühe, was ich schimmern sah,/ dann aber wußte ich, der Mond, der Mond .../ Und neigte das Gesicht zur Erde hin,/ Und meine Heimat winkte mir von fern.' Von fern! – – – Eins weiß ich gewiß, das wir Fünf uns noch in ganz anderer Weise zur Heimat werden als je zuvor " (8. Juli 1946) Und am 18. Juli heißt es noch einmal:

„Über unsere Heimreise ist immer noch nichts bekannt. Sie wird sich wohl in den Winter hinausziehen. Aber auch das ist nur eine Vermutung."

Auch Alfred kämpft um sein inneres Gleichgewicht: 'Mich nicht in Träume über eine weite Zukunft verlieren' und 'wenn wir unsern Wünschen Macht über uns geben, lähmen sie uns', diese und ähnliche Aussagen machen deutlich, wie sehr Alfred um die eigene Bodenhaftung, um Nähe zur Realität ringt. Das macht es, dass er bei allen Schwierigkeiten weitgehend ruhig bleibt. Er weiß um die zerstörerische Macht der Affekte und ist immer bemüht, auch Gertrud in dieser Hinsicht zu beeinflussen.

Trotzdem, von jetzt an wird beide diese Spannung immer begleiten: Wann reisen wir? Wohin reisen wir? Und: Wie wird es uns dort, wo wir landen, ergehen? Das ist die stete Begleitmusik ihres gegenwärtigen Daseins. In Medan ist man der Heimat gleich ein Stück näher, hatte Gertrud geschrieben. Verständlich, dass sich die Sorge um verloren gegangene Papiere, die man zu Hause brauchen wird, in den Vordergrund drängt. Alfred bittet Getrud dringend, Nachforschungen anzustellen. De Kleine – „wir sind so dankbar, daß unsere Angelegenheiten in den Händen eines Mannes liegen, zu dem man Vertrauen haben kann" – kümmert sich in Batavia, aber alle Papiere scheinen verloren. Die Familie wird erst später in Wuppertal eine allgemeine Bestätigung über diesen Verlust erhalten, ergänzt durch eidesstattliche Erklärungen anderer Missionsmitarbeiter.

Über eine mögliche Abreise und auch das Wohin gibt es immer wieder andere Gerüchte: „Der Bischof von Cindi hat sich via die englische Behörde hier recht eingehend bei De Kleine über uns Missionsleute erkundigt. Uns macht das stutzig. Will man uns nach Australien bringen?" (30.Juli1946)

Wohin sollen sie gehen, wenn sie einmal hier weg kommen? Das ist eine Frage, die immer mehr Raum einnimmt, je mehr Informationen eintreffen. Nach Deutschland? Aber wovon sollen sie dort leben? In Deutschland eine Arbeit zu bekommen scheint aussichtslos, denn aus den ehemaligen Ostgebieten strömen jetzt nach Kriegsende auch Pfarrer in den Westen und freigewordene Pfarrstellen werden mit diesen besetzt. Was für eine Arbeit bliebe da für Alfred zu tun?

Vor diesem Hintergrund taucht die Möglichkeit einer künftigen Arbeit in den USA auf. Dort bestehe Pfarrermangel und man wirbt um die heimkehrenden Missionare. Die Kirche dort habe den Charakter der Heimatkirche, gepredigt werden solle in Deutsch und Englisch, das Gehalt sei anständig und wenn sie in einigen Jahren wieder im Missionsdienst arbeiten wollten, so sei dies gestattet. „Jedenfalls braucht ... keiner Hunger zu leiden", schreibt Alfred. (30. Juli 1946) Gertrud solle auf jeden Fall ihr Englisch auffrischen. Die endgültige Entscheidung darüber falle aber wohl erst in Deutschland.

Aber selbst wenn sie irgendwann wirklich nach Deutschland kämen, wo in der zerstörten Heimat sollten sie wohnen? In Wiesbaden gibt es

36000 Wohnungssuchende. Mutter Martha hat daher die freien Zimmer vermieten müssen, hier zeigt sich also keine Lösung. Alfred denkt auch an seinen ältesten Bruder Hans, „doch weiß ich ja nicht einmal, wo er sich aufhält und ob sein Haus noch steht," und meint: „Am liebsten wäre mir schon, ich kämevor Dir nach Hause, dann könnte ich für ein bescheidenes, warmes Nest sorgen. Diese Hoffnung ist aber leider unbegründet. Ich warte indessen auf weitere Nachrichten von daheim " (20. Juni 1946)

Barmen will, so ist gerüchteweise zu ihnen gedrungen, Haus Heimatfreude in Kaiserswerth für Heimkehrer herrichten. Gertrud ist diese Vorstellung ein Graus: „Also wieder ein Camp! Gott bewahre mich davor, daß ich dahin müßte! (6. Juni 1946) Andererseits hätte Kaiserswerth auch Vorteile: „. angesichts der schweren Zeit, ist es besser auf dem Lande als in der Großstadt zu wohnen. 'Haus Heimatfreude' hat einen großen Garten, der bereits erweitert und für uns Heimkehrer bepflanzt wird. Jede Schulfrage ist im Nu gelöst (Anstaltsschulen) – und zur Stadt (D.-dorf) ist's nicht so weit. Die bittere Seite hat's: Mutter ist weit vom Schuß. Und damit kann ich mich einfach noch nicht abfinden. Mein Wunsch ist und bleibt der, Mutter den Haushalt abzunehmen und ihr ihren Lebensabend so leicht und licht wie möglich zu machen. Ob Mutter sich nochmal wird umpflanzen lassen? " (11. August 1946) Das ist es, was ihr große Sorgen macht, die Mutter. Hat sie sich schon nicht um den Vater kümmern können, so möchte sie doch der Mutter die letzten Lebensjahre erleichtern.

Mit all diesen Gedanken über ihre Zukunft drängt sich zunehmend eine große Angst in Gertruds Gemüt: Die Zukunft könnte eine erneute Trennung erfordern. Im Brief vom 29. Juni äußert sie sich dazu: „Was die Zukunft uns dann bringen wird, wollen wir getrost abwarten. Amerika? Wenn es sein muß, ja. Lieber ist mir die Heimat. Im Grunde aber ist mir jeder Weg recht, der von uns keine erneute Trennung fordert. Daß Letzteres von uns gefordert werden könnte, ist die einzige innere Not, die mich im Gedanken an die Zukunft bewegt; ich fühle mich ihr seelisch und körperlich nicht gewachsen. Ob ich je die Kraft gewinnen würde, ihn als Gehorsamsweg gehen zu können – – ich weiß es nicht; jetzt hätte ich sie nicht. Meine Bitte und Wunsch ist, daß Gott uns helfe und wir uns nicht wieder zu trennen brauchen. Aber auch in dieser Frage – ich schreibe es mit meinem Herzblut – geschehe Sein Wille!" (29. Juni 1946) Dieser Sorge um eine mögliche weitere Trennung geht sie nach, hinterfragt den „Gehorsamsweg": „Über meine Gedanken für die Zukunft schrieb ich Dir in meinen letzten Briefen schon mancherlei. Was mich bei allen Fragen am meisten bewegt, ist die Kinderfrage; und da stehe ich in einer Zwickmühle, aus der ich nicht weiß herauszukommen. Ich frage mich, wie weit darf diese Kinderfrage im Missionsleben von mitbestimmender Rolle sein? In normalen Zeiten löst sich die Frage fast automatisch: vom 10. Jahre an Heim, Schule, Beruf und zwischenhinein regelmäßiger Urlaub der Eltern.

Was wird jetzt, wo die Verhältnisse sich so verschoben haben, wo wir mehr als sechs Jahre voneinander getrennt sind, wo Du einen Sohn hast, der Dich überhaupt nicht kennt, eine 9jährige Tochter, die sich nur eine ganz vage Vorstellung von ihrem Vati machen kann und eine große Tochter, die Deines Einflusses dringend bedarf – ? Unsere Kinder gehen zur Schule. Wir müßten sie also zurücklassen, würden wir nochmals vor die Frage einer Ausreise gestellt. Das hieße also, die 2 Töchter nach K., Michel nach G. [4], dazu die Not und Ungewißheit der Zeit, ja weiß Gott – vielleicht noch ein erneuter Krieg. Ich frag mich, kann das eine Forderung Gottes an uns sein, daß wir uns trotzdem und trotz allem von unseren Kindern trennen müssen? Hebt der Missionsbefehl Jesu jede Verpflichtung der Familie gegenüber auf? Wo ist da eine Grenze zwischen dem Gehorsam zum Befehl Gottes und der doch von Gott auferlegten Verpflichtung den Kindern gegenüber? Die Frage bewegt mich derart, daß ich nachts darüber aufwache und ich kann nicht über sie nachdenken, ohne daß mir die Tränen in die Augen treten. Wenn ich mir unsere Drei vorstelle, jedes in seiner eigenen Art und Veranlagung, jedes liebebedürftig auf seine Art, und mir dann vorstelle, wie sie im Heim mal alle über einen Kamm geschoren werden sollen und dazu der gemütvolle, weichherzige Michel ganz alleine unter Fremden im fremden Land – dann wehrt sich mein ganzes Sein dagegen und mein Herz ist gar zu geneigt zu sagen: Gott kann das von uns nicht fordern. Fragst Du mich nun über meine Gedanken für die Zukunft und fragst Du mich als die Mutter unserer Kinder, so sage ich Dir, mir ist jeder Weg recht, der keine Trennung von den Kindern fordert. Am liebsten wäre mir, wir könnten in der Heimat bleiben, aber Amerika und jedes andere Land wäre mir dann auch recht. Fragst Du mich als Deine Gattin und Lebensgefährtin so sage ich Dir, noch viel weniger, als ich mich von den Kindern trennen kann, vermag ich mich von Dir zu trennen. Also der Weg: ich mit den Kindern in der Heimat bleiben und Dich allein weiß Gott wohin ziehen zu lassen – der kommt überhaupt nicht in Frage. Fragst Du mich aber als Missions-Gattin, so wisse, daß ich Dir darauf zu antworten nicht die innere Kraft und Freudigkeit besitze. Es wäre ein Gehorsamsweg, den zu gehen ich nicht die Kraft hätte, unter dem ich – müßte ich ihn jetzt gehen – körperlich wie seelisch zusammenbrechen würde. " (21. Juli 1946)

Alfred versucht zu beruhigen: „Was unser gemeinsames Leben angeht, so müssen wir erst einmal irgendwo zur Ruhe kommen nach diesen traurigen Jahren. Ich will kein Vater von Kindern sein, die mich nicht kennen." (12. September 1946)

Es sind ja nicht nur die Gedanken an eine Zukunft in Deutschland oder den USA, dieses ewige Hin und Her, die Gertrud ängstigen, sondern der Hintergrund ihrer Sorgen ist sehr real: Es sind die Bestrebungen in Missionskreisen, sich eine Hintertür für eine vielleicht doch mögliche

Weiterarbeit auf Sumatra offen zu halten. De Kleine ist in dieser Hinsicht sehr bemüht, denn er hängt mit ganzer Seele an der Arbeit, wird Frau und Kinder allein nach Europa, nach Holland schicken und sieht zu, was er hier erreichen, was er retten kann. „Heinrich sieht die Lage [einer zukünftigen Missionsarbeit] nicht so hoffnungslos an. Holland will unsere Gebiete wohl übernehmen, hat aber keine Leute zum Aussenden. Und ob die Batakkirche nicht auch ein kleines Wörtchen wird mitzureden haben? Dann werdet Ihr allerdings besser abschneiden “, schreibt Gertrud.

Obwohl sie der Gedanke einer Fortsetzung der Missionsarbeit auf Sumatra wegen der damit verbundenen Auswirkungen auf ihre Familie zutiefst ängstigt, informiert Gertrud Alfred überraschenderweise über alles was sie zu dieser Thematik hört und erfährt. Die innere Zerrissenheit, die sich hier zeigt, wird Gertrud bis zu ihrer endgültigen Rückkehr nach Deutschland in den sechziger Jahren begleiten: Sie will ihrem Mann echte Gefährtin sein, an seiner beruflichen Tätigkeit teilnehmen, ihn unterstützen und für ihn wichtig sein. Auf der anderen Seite stehen die Kinder, an denen sie hängt, die sie liebt, die sie schützen und von denen sie sich nicht trennen möchte. Missionsarbeit in jener Zeit macht beides ab einem gewissen Alter der Kinder miteinander unvereinbar.

Auch im August informiert sie Alfred weiter: „Gespannt sind wir, wie sich die HKBP [3] ... europäischen Missionaren gegenüber verhalten wird. Die Selbständigkeit der Kirche hat sich nach de Kleines Meinung gut bewährt. Ob sie je wieder Missionare haben wollen, die über ihnen stehen, ist fraglich, – ihnen unterstellt – ja. Letzteres ist die Möglichkeit mit der de Kleine rechnet, auf deren Basis er Wege zu finden versucht. Sollte es je dazu kommen, würde es ein unendlich schwerer Weg, der grenzenlose Selbstverleugnung fordert. Wir haben es praktisch durchlebt und wissen, was es heißt,Indonesiern unterstellt zu sein.“ (11. August 1946)

Zu all diesen Ungewissheiten bedrücken sie die aus der Heimat eintreffenden Nachrichten: „. Bekam gestern einen Brief von Mutter direkt aus Deutschland. Ihr geht es gut. Sie schreibt Etliches aus dem näheren Verwandtenkreis und man bekommt so eine kleine Ahnung von dem, was unsere Lieben drüben durchgemacht haben.“ Verwandte sind gefallen oder sehr krank nach Hause gekommen, etliche sind noch vermisst. „Liesbeth, die Krankenschwester wurde vorigen Winter mit anderen 5 Monate ins Zuchthaus gesetzt und hat nebst Hunger und Kälte die furchtbarsten Luftangriffe allein in ihrer Zelle im 3.Stock durchlebt, kam dann nach Potsdam von wo sie im Mai vorigen Jahres zu Fuß in 14 Tagen nach Wiesbaden zurückkam. Sie waren unschuldig durch die Gestapo festgenommen. So kommt eine traurige Nachricht nach der anderen. Wie furchtbar haben sie doch hindurchgemußt. Man wird dabei ganz still und schämt sich fast, daß man es so gut gehabt hat “ (19. Juli 1946)

Dass Gertrud jetzt in all dieser Bedrängnis noch einmal umziehen kann, ist eine ungeahnte Erleichterung. Sie jubelt: „Mein Lieber, schrieb ich Dir überhaupt schon, daß ich umgezogen bin? Zwei kleine Zimmerchen wurden frei, die Heinrich mir anbot und die ich mit Freuden angenommen habe. Ich bin ganz glücklich über meine kleine Wohnung. Seit Sipirok bin ich nicht mehr so mein eigener Herr gewesen. Wie ich das genieße! Und so angenehm kühl ist es hier, ich lebe richtig auf. Das zweite Zimmerchen, mein Eßraum, dient morgens zugleich als Schulraum und die Kinder machen nachmittags ungestört ihre Schularbeiten darin. Zuweilen flüchtet sich auch Heinrich dort hinein, wenn er in Ruhe arbeiten oder seine Predigt 'bauen' will.“ (3. August 1946)

Von hier aus schreibt sie Alfred einen langen Bericht über eine Missionskonferenz in Batavia, an der de Kleine teilgenommen hatte und deren Ergebnisse von den Frauen mit Spannung erwartet worden sind. Ergebnis: Unter bestimmten Bedingungen scheint eine weitere Missionsarbeit doch vielleicht möglich, allerdings nicht unter der Ägide der Rheinischen Mission. „Im Laufe der Konferenz kam die Sprache auch auf die Angkolabibel und die Aufforderung an de Kleine sie zu übersetzen: er wies das zurück mit dem Hinweis, daß Du damit bereits begonnen seiest und Du sicher bereit sein würdest, die Arbeit zu vollenden. De Kleine wird Dir noch schreiben. Er sieht darin einen günstigen Weg für Dich, wieder in die Arbeit hineinzukommen,...(27. August 1946) Solidarisch mit Alfred sägt Gertrud zugleich an dem Ast, auf dem sie selbst sitzt. De Kleine hat noch eine wichtige Information: „Die deutschen Angehörigen der Baseler Mission reisen übrigens in dieser Woche mit einem holländischen Schiff via Holland, Belgien, Frankreich in die Schweiz. Es heißt, daß die deutschen Grenzen noch gesperrt seien und wir nicht heim könnten. Ob das noch zutrifft? Wir hörten kürzlich noch über Lörtscher, daß die Schanghai-Schwestern Mitte dieses Monats in Bremerhaven ankommen würden. Wie dem auch sei, de Kleine hat jedenfalls schon Schritte unternommen, auch für uns den Aufenthalt in der Schweiz zu ermöglichen. Was draus wird, bleibt abzuwarten.“ Dann fügt sie an: „Nur noch folgende Mitteilung: de Kleine ist aufgefordert nach Batavia zu kommen um an der 'Höheren Theologischen Schule' wie sie jetzt heißt mitzuarbeiten. Ein neuer Kursus (20 Mann) hat bereits begonnen, 6 Professoren sind bereits ernannt. Der Entschluss fällt ihm sehr schwer, und doch darf er im Hinblick auf die Arbeit das Anerbieten nicht ausschlagen. Für uns persönlich hat das die bittere Seite, daß wir unsern Berater und Beschützer verlieren. Aber das darf ihn nicht zurückhalten. Gott wird auch da einen Ausweg wissen. Im Hinblick auf unsere Heimreise kann er sehr wahrscheinlich dort mehr tun, als hier, da er dort an der Quelle sitzt “

Später berichtet Gertrud noch einige Einzelheiten von der Konferenz: „Man plant in Makassar Ausbildungsstätten für indonesische Prediger und Lehrer zu errichten, alles in großem Stil. Pläne und die nötigen

Mittel hat Holland schon bereit. Amerika hat über 80 Mill. zur Verfügung gestellt um in jeder Hinsicht die Arbeit wieder in Gang zu bringen. Jede durch den Krieg beschädigte Kirche wird wieder aufgebaut, jeder Christ auf allen Gebieten soll Stoff für Kleidung bekommen, jede zu besetzende Missionsstation soll eine Kontoreinrichtung mit Schreibmaschine, Papier und ein Auto bekommen (für Sumatra also je zehn) – ich weiß nicht, was de Kleine noch alles aufzählte – uns schwindelte – für Mentawei ein Motorboot – bis hin zu den Angelhaken für ich weiß nicht mehr welches Inselvolk. Echt amerikanisch. Da bleibt einem die Spucke weg. Mit welch einfachen und bescheidenen Mitteln haben wir doch Mission getrieben und wahrlich nicht zum Schaden unserer Arbeit. Es ist überhaupt merkwürdig, wie verschieden die Auffassung über Mission ist.“ (1. September 1946)

In Dehradun scheint man zu dieser Zeit an eine tatsächliche Abreise zu glauben. Alfred schreibt ganz unvermittelt: „Wir rüsten uns gegenwärtig zum Aufbruch. Tisch und Wascheimer habe ich schon verkauft. Bücher sind verpackt. Jetzt muß ich noch meine Wäsche durchsehen und dann bin ich reisefertig – Euch entgegen. So Gott will! Grüße unsern Dreien! Immer Dein Alfred“ (14. August 1946) Allerdings heißt es noch am 30. August: „Über unsere Heimreise ist immer noch nichts bekannt.“

Gerade zu dieser Zeit scheint der Briefwechsel wieder einmal zu stagnieren. Es kommen Klagen sowohl aus Dehradun: „Traudele, mein Lieb! Du schreibst wohl nicht zu lange Briefe, daß ich in dieser Woche nichts von Dir höre!“ (30. August), als auch aus Medan: „Mein Lieb! Nun hatte ich doch so auf einen Brief gehofft, der die innere Resonanz aufs Neue zum Schwingen bringen würde. Unsere Briefe scheinen ja anzukommen, aber wo bleiben die Eurigen? “ (1. September 1946)

Im gleichen Brief klagt sie noch einmal: „. Wie lange gedenkt man Euch noch hinter Schloss und Riegel zu halten und wann wird der Weg in die Heimat sich uns öffnen? Vernunftmäßig ist es ja unsinnig, daß wir so nach Hause drängen, wo selbst Mutter schreibt, hoffentlich kommt ihr nicht in den Winter. Und wenn Mutter das schreibt, so will das schon viel sagen. Aber das Herz will sich nicht halten lassen, wir haben eben alle das Nomadenleben satt und wollen heim. Aber Gott sei Dank haben wir ja nichts selbst zu bestimmen, so wird es schon kommen, wie es für uns recht sein wird.“

Der Winter! Das ist eine neue Sorge, die jetzt ins Blickfeld rückt. Auch Alfred macht sich deshalb Sorgen: „Dieser Winter wird daheim noch härter werden als der letzte. Die Nachrichten, die wir empfangen, sind bedrückend. ... Gern würde ich vor Euch dort sein, um Euren Weg zu ebnen.“ (12. September 1946) Mit Kindern aus den Tropen in einen bitterkalten Winter ins Nachkriegsdeutschland zu kommen und dort keine rechte Unterkunft und nichts zu essen zu haben, ist ein Alptraum.

Dabei ist es nun nicht so, dass Gertrud und die Kinder gegenwärtig in Medan zwar beengt, aber ansonsten doch ganz wohl lebten. Medan, obwohl unter britischer Verwaltung stehend, war nicht sicher. Die Aufständischen lieferten sich regelmäßig Gefechte. Ute erinnert sich später, dass sie geduckt im Innenhof des Heilsarmeegebäudes gesessen und die Kugeln hat durch die Luft schwirren hören. Hin und wieder schlug auch einmal ein Geschoss ein, eines Tages auch in das Zimmer, welches sie selbst bewohnten. Auch Missionar Klappert berichtet davon: „Weil immer wieder Granaten der Befreiungskämpfer aus einer bestimmten Richtung über die Gebäude zischten, hatte meine Frau eines Tages unseren Berthold zu Kindern auf die andere Seite des Gebäudes gelegt. Und ausgerechnet in das Gebälk über den Kindern schlug eine Granate ein, die wohl die Kinder mit Staub und Kalk überschüttete, aber abgelenkt durch Balken in einem Seitenflur aufschlug, wo sie keinen größeren Schaden angerichtet hat.“ (Klappert, S. 94 ff.)

Noch einmal wieder werden im September neue Hoffnungen auf Heimreise geweckt: „In der vergangenen Woche kam abermals eine Anfrage um genaue Angabe der Missionsangehörigen hier und in Padang. Dieses Mal ging sie vom Missionskonsulat aus und man will uns in absehbarer Zeit zusammen mit unseren Angehörigen in Dehra Dun 'in een schip' nach Hamburg evakuieren. Ich sage nur: der Worte sind genug gewechselt.“ (8. September 1946) Gertrud hat offensichtlich beschlossen, sich nicht immer wieder aufs Neue in Unruhe versetzen zu lassen.

Um den 10. September herum überfallen Gertrud erneut Ängste vor einer weiteren Trennung. Sie ist beunruhigt und fragt Alfred: „Warum fürchtest Du, daß unser Weg in die Heimat so sehr weit sein wird? Hast Du irgendwelche Gründe? Oder hast Du gar Pläne ? Ich erschrak ein wenig beim Lesen – und ich will Dir auch sagen warum: in einem Gespräch mit de Kleine tat dieser vor etlichen Tagen die Äußerung, daß es für manche von Euch doch nicht so dumm wäre, die Formulare auszufüllen und jetzt schon die Erlaubnis nach hier zurück anzufragen. Die Aussicht in die Arbeit zurück wäre vielleicht jetzt günstiger, als später.“ Für sie bedeute das: „Aber – – ade Heimat, ade einsame Mutter und – was würde aus unseren Kindern? Die ganze darauf folgende Nacht hat mir der Gedanke schwer auf der Seele gelegen; ... Und nun schreibst Du, der Weg in die Heimat – sehr, sehr weit – gleich überfiel mich wieder die Angst jener Nacht. Ich hab mir überlegt, ob ich Dir überhaupt davon schreiben sollte, fürchte ich doch, Dich irgendwie zu beeinflussen. Aber ich kam mir unehrlich vor, würde ich Dir's verheimlichen. So schrieb ich's Dir denn, trag es vor Gott mit samt unsrer Not und Sorge, so wird es schon recht werden.“ (10. September 1946) Und etwas später ergänzt sie: „...das Problem der Kinder ist ja noch in keiner Weise gelöst, aber ich halte es doch für meine Pflicht, Dich auf alle Möglichkeiten für hier aufmerksam zu machen, tue ich es auch mit Zittern."

Da ist er wieder, der innere Zwiespalt, verbunden mit der andauernden Angst zerrissen zu werden: Hier der Mann, die Arbeit, dort die Kinder, die Mutter, ihre Sehnsucht nach der Heimat. Gertrud ist es, die diesen Spagat aushalten muss, als Missionarsfrau im Dienst des Herrn. Selbstbehauptung, kämpfen für die Familie, die Kinder, für die eigenen Wünsche, hieße, sich selbst über die Belange Gottes zu stellen und das ist selbstverständlich ein Ding der Unmöglichkeit. Das kommt Gertrud überhaupt nicht in den Sinn. Allenfalls den Wunsch, die Sehnsucht zu äußern, ist erlaubt. Es ist so wie Alfred es schreibt: „...Klare Ziele zwingen uns, hart gegen uns selbst zu sein,..." Ihre schier unglaubliche Bereitschaft zur Selbstverleugnung wird noch einmal ganz deutlich, wenn sie schreibt: „Ich bin was die Zukunft betrifft innerlich ganz ruhig geworden und will nur im Gedanken an die Kinder das Herz doch manchmal schwer werden, so weiß ich gewiss, daß Gott auch da seinen Plan schon bereit hat und mir auch dann, wenn wir uns wirklich von den Kindern trennen müssten, die Kraft geben wird, dazu ja zu sagen. Noch kann ich es nicht. Aber innerlich ringe ich um die Bereitschaft der Seele auch in diesem Punkt." (6. Oktober 1946)

In all diese Überlegungen platzt Alfreds Nachricht hinein: „Die Italiener verlassen jetzt dieses Lager. Schreib mir, was Du besonders nötig hast, vielleicht kann ich es hier besorgen!!!" (12. September 1946) Sollte es jetzt doch endlich losgehen? Die Spannung wächst noch einmal. Sorgen, Unsicherheiten, Ängste vor einer unübersichtlichen Zukunft und trotzdem für diese planen – die Spannung, die Gertrud und die Frauen aushaltenmüssen, sind unvorstellbar.

Noch im September scheint ernsthafte Bewegung in die Rückreiseplanung zu kommen, das gilt zumindest für Dehradun. Alfred berichtet am 19. September: „Geliebte! Endlich scheint sich unsere Lage zu klären. Der holländische Generalkonsul in Bombay hat Schiffstransport für unsere Heimreise angefragt. Wenns gut geht, können wir in 13 Monaten schwimmen. Detailangaben über den Abtransport sind uns auch schon gemachtworden. So wirds wohl ernst. Ich möchte wohl, daß Ihr dann auch dabei seid. Wie groß ist meine Sehnsucht Euch nach 6 Jahren endlich wiederzusehen!" (19. September 1946) Dann gibt er Gertrud noch einige Anweisungen: „... Sachen, die Du nicht mitnehmen kannst, verschleudere nicht. Wir können uns das nicht gestatten. Verkaufe sie, soweit es nötig und nützlich ist und Dir hilft, sonst übergib sie treuen Händen. Denk dran, daß wir in eine arme, hungernde und frierende Heimat gehen. Mein Ziel ist, mich so auszustatten, daß ich in den ersten Monaten niemand zur Last zu fallen brauche, da unsere Leute wohl alle mit sich selbst zu tun haben." (19. September 1946)

Die Nachrichten aus der Heimat seien düster: „Frau Thomsen

schreibt, daß sich die Verhältnisse in keiner Weise mit denen des Krieges 1918 vergleichen lassen könnten. Sie stünden in allem vor dem Nichts“ (23. September 1946)

Ein Hoffnungsschimmer scheint auf, als Gertud von der Mutter erfährt, diese wolle sich darum bemühen, das Gästezimmer der im Parterre wohnenden Hausbesitzer für eine Übergangszeit zur Verfügung gestellt zu bekommen. Dann wüssten sie doch wenigstens erst einmal wohin. Die Nachricht öffnet Schleusen der Sehnsucht und Gertrud gibt sich Zukunftsträumen hin: „Wie ich mich da auf die Heimat freue, wenn man mit den Kindern Feld und Wald durchstreifen kann. Sie haben alle drei ein so offenes Auge für Naturschönheit, für Tiere und Pflanzen – jedes auf seine Art. Ich stelle sie mir vor, das Utelein, wie es alles in sein liebewarmes, mütterliches Herz schließen möchte, wie die Augen strahlen vor innerer Freude, Christa, wie sie lange Reden schwingt über alles, was sie sieht und hört, die Gattungen bestimmt, Blumen, Gras und Kräuter sammelt und immer nicht genug kriegen kann, wie sie in großen Linien schaut, ohne Kleinigkeiten zu übersehen – und Michel, er wird Käfer sammeln, klettern und Purzelbäume machen. Michel hat einen Drachen, den er täglich mit neuer Begeisterung steigen läßt; so ausdauernd war er darin, daß ich ihn strafen mußte, weil er die Schularbeiten darob vernachlässigte...“ (29. September 1946)

In Dehradun mehren sich inzwischen die Anzeichen einer bevorstehenden Abreise. Die Briefe werden knapper im Ton, geben Informationen und Anweisungen: „Traudele, Lieb! Aller Wahrscheinlichkeit nach werden wir Mitte November nach Hause fahren. Ihr wohl auch. Ich freue mich auf ein Wiedersehen mit Euch wie und wo es auch sein mag. Denke aber dran, daß es in den Winter hineingeht und daß unsere Kinder den Winter noch nicht kennen. Die Welt ist sehr dunkel. Unsere Hauptsorge kann gegenwärtig nur sein am Leben zu bleiben ... Einiges steht uns noch bevor. Uns ist nur sehr wenig Gepäck erlaubt mitzunehmen. (3. Oktober 1946)

Zur gleichen Zeit fordert Gertrud ihren Mann auf, er möge sich doch einmal bei de Kleine für all den Einsatz und die Fürsorge für die Frauen bedanken: „All die Verantwortung für uns, für die Arbeit, dazu der Ruf nach Batavia, den er hofft, so lange wie möglich hinausschieben zu können,– das alles geht fast über seine Kraft. Der Mann tut mir oft in der Seele leid. Und glaub nicht, daß das Betreuen von 30 Frauen, unter denen manche mit rechten Dickschädeln, eitel Freude und Wonne ist. Schreib Du ihm zuweilen und sag auch den Andern, daß sie ihm schreiben. Er hat es um uns wohl verdient, daß Ihr ihm zuweilen diese Freude macht.“ (6. Oktober 1946)

Alfred hat inzwischen den ersten in englischer Sprache abgefassten Brief seiner Tochter Christa erhalten und überlegt, ob es sich wohl überhaupt noch lohnt, schriftlich darauf zu antworten. „Ich zweifle, wenn ich daran denke, daß wir im nächsten Monat schon repatriiert werden. Die gewöhnliche Post zu Euch braucht gewiß 6 Wochen. Dann soll sie meine Antwort mündlich haben.“ (10. Oktober 1946) Er geht davon aus, dass jetzt selbstverständlich auch die Frauen und Kinder nach Hause kommen werden.

Und tatsächlich, etwa zur gleichen Zeit, nämlich am 12. Oktober, schreibt Gertrud in Medan: „...Seit einigen Tagen herrscht bei uns große Aufregung und alle Gemüter sind in Wallung gebracht: es heißt, daß wir im November heimreisen – und zwar mit Euch! Die Padanger sollen in diesen Tagen kommen, das war der Auftakt; dazu allerlei Formalitäten, Scheine ausfüllen, und zuguterletzt die Aussage, daß am 15. November ein Schiff kommen soll, das über Kalkutta fährt, Euch dort an Bord nimmt und dann weiterfährt – Richtung Heimat! Wir konnten alle vor Aufregung nicht schlafen. Stell Dir doch nur vor, in 6-8 Wochen sehen wir uns wieder!“ (12. Oktober 1946)

Anschließend schildert sie, und das ist nicht ohne Komik, welche Fantasien diese Nachricht bei den Frauen auslöst: „Das Thema 'Wiedersehen an Bord' wird viel besprochen, immer wieder in anderer Variation, und erregt immer wieder allgemeine Heiterkeit. Etliche von uns haben sich schon einen Schornstein reserviert, hinter dem sie dann, fern von allen Späheraugen der Unbeteiligten, ihren Liebsten erwarten und begrüßen wollen; Frau Marlies Müller müßte sogar zwei nebeneinander stehende haben, meint sie und selbst die reichen nicht aus, wenn ihre bessere Hälfte den gleichen Umfang angenommen haben sollte. Aber Scherz beiseite, – wenn man sich da hineindenkt, welch eine Konzentration von Gefühlen muß das geben, neben aller Freude, wieviel herbes Leid und Bitterkeit, es ist gar nicht auszudenken. Und doch kann ich mir dieses Wiedersehen auch nicht vorstellen – ich freue mich darauf und werde mir diese Freude durch nichts trüben lassen. “

Was die Aussicht auf Heimreise bei den ohne Väter aufgewachsenen Kindern auslöst, beschreibt sie ebenfalls: „Die Vorstellungen und Freude der Kinder ist köstlich. Mutter ist mein Vater auch wie der Onkel Heinrich? hört man sie zuweilen fragen. Michel hat sich ihm derart erschlossen, daß ich ihn fast nicht wiederkenne. Auf Onkels Schoß zu sitzen, findet er herrlich, und kein Tag, an dem er nicht um diese Gunst wirbt, lange Geschichten erzählt und sich erzählen läßt. Heinrich und Major Davis stellen für unsere Kinder augenblicklich das Idealbild der Väter dar. Davis braucht sich nur im Hof blicken zu lassen, gleich kommen aus allen Türen und Fenstern die Kleinen wie die Großen gesprungen und jedes versucht einen Zipfel von ihm zu erwischen – der reinste Rattenfänger von Hameln.“

Wie viel Spannung, Neugierde treibt die Kinder, wie viel Freude und Enttäuschung wird sie erwarten? Unwillkürlich drängt sich die Schilderung Missionar Klapperts auf, der von diesem ersten Wiedersehen berichtet:

„Nicht alle Kinder akzeptierten so ohne weiteres den ihnen bisher nur von einer älteren Fotographie her bekannten Vater. Ein Kind sagte glatt: 'Denwill ich aber nicht'." (Klappert, S.105)

Gertrud schließt ihren Brief mit den Worten: „Und nun wieviel Briefe noch? und welcher wird der letzte sein? Mein Lieb, ich freue mich unendlich auf Dich! Deine Traut." (12. Oktober 1946)

Abreisestimmung und -vorbereitungen auf allen Seiten. Die Abreise wird zum einzigen, zum zentralen Thema.

Am 22. Oktober: „Mein lieber Alfred! In aller Eile noch einige Zeilen, damit Du nicht ganz ohne Gruß bleibst."

Am 27. des Monats ergänzt Gertrud: „Die Verpflichtungen, Abschiedsabende u.s.w. häufen sich in diesen Wochen, daß es einem fast zu viel wird." Dazwischen die Angst vor der Zukunft: „Die Berichte aus der Heimat sind niederschmetternd, überall Hungersnot – und in Amerika liegen tausende für Deutschland bestimmte Lebensmittelpakete in den Häfen und verfaulen! Daß wir so in den kältesten Winter hinein müssen, lässt mich im Hinblick auf die Kinder auch noch nicht zur Ruhe kommen. Das alles drückt mich so nieder, daß ich trotz aller Freude auf unser Wiedersehen, heulen möchte. Gott helfe mir in Gnaden und gebe mir ein starkes, festes Herz und – Er behüte unsere Kinder". (27. Oktober 1946)

Nach vier Wochen Pause plötzlich, am 24. November, der Brief Gertruds: „Mein herzlieber Alfred! Willkommen daheim – wer wird es Dir als Erster zurufen dürfen? So bist Du uns dennoch vorausgeeilt. Wer hätte das gedacht? Es kommt halt doch immer anders als man denkt. Für uns ist das wohl ein Zeichen, daß man uns bald hinterdreinschicken wird... Unsere Gedanken suchen Euch irgendwo auf dem Meer Gestern erreichte uns die telegraphische Nachricht, daß Noll und 1100 Männer an Bord der 'Sloterdijk' heimwärts segeln. Da Ihr Euch für den ersten Transport meldetet, werdet Ihr wohl dabei sein..." (24. November 1946) „Ob Ihr Weihnachten in der Heimat sein werdet? Es ist ein merkwürdiges Gefühl, nicht zu wissen wo ich Dich in Gedanken suchen soll, noch in Premnagar, in Kalkutta, in Bombay, auf dem Meere oder schon in Deutschland? Die Ungewissheit um Dich und um uns ist so aufreibend und unsere geistige und körperliche Spannkraft ist so nicht mehr sehr groß. " (1. Dezember 1946) Eine Woche später schreibt sie noch einmal: „Mein Herz ist so unruhig, seit es nicht weiß, wo es seinen Ruhepol suchen soll. Es ist, als sei da irgendwo eine Brücke abgebrochen. Die Brücke Medan-Premnagar ist abgebrochen und eine nach Deutschland ist noch nicht gefunden; nicht eher wohl, bis wir Nachricht von Dir haben. " (8. Dezember 1946)

Die Frauen hoffen zunächst, dass sie „Weihnachten schwimmen" werden. Am 15. Dezember dann gibt Gertrud Nachricht, dass ihre Abreise noch einmal für zwei Monate aufgeschoben ist. Gertrud ist über diese Verschiebung gar nicht so unglücklich. „Im Gegenteil, ich sehe darin viel Gutes und bin im tiefsten Grunde meines Herzens dankbar für diese Verzögerung“, schreibt sie. „Wir müssen unser Heimweh bezwingen und die Vernunft walten lassen. Du hast daheim ohne uns freiere Hand, Du weißt uns versorgt und brauchst keine übereilten Schritte tun und die Kinder brauchen nicht so in den kältesten Winter, darüber bin ich sehr froh.“ (15. Dezember 1946) Weihnachten verbringen sie also in Medan.

Nach Weihnachten, am 29. Dezember, schickt Gertrud Alfred einen Brief ins Missionshaus nach Wuppertal, denn sie weiß nicht, wo sie ihren Mann erreichen kann. Sie erzählt vom Weihnachtsfest und einem Brief Martha Weissenbruchs: „Von Mutter bekam ich einen Brief, der mich sehr bewegt hat. Sie schrieb, daß sie die ganze Woche hindurch Bucheckern gesammelt hat. Gegen 13 Pfund Bucheckern bekommt sie eine Flasche Öl. Ich stellte sie mir vor, wie sie sich mühsam im Walde bückt, eine Woche lang und hat glücklich 9 Pfund beieinander. Ich muß weinen, wenn ich nur daran denke.“ Eine wichtige Nachricht dieses Briefs: Marthas Untermieter sind ausgezogen und sie kann die Zimmer für eine ihrer Töchter reservieren. (29. Dezember 1946)

Die Männer sollen am 3. Dezember in Deutschland angekommen sein, aber das Jahr endet und Gertrud ist mit den Kindern immer noch in Medan und ohne jegliche Nachricht von Alfred.

1947 oder der lange Weg in die Heimat

Am 12. Januar 1947 schreibt Alfred endlich seinen ersten, sehr ausführlichen Brief aus Deutschland und zwar aus Wiesbaden: „Herzliebe Traut! Am Mittwoch bin ich aus Kaiserswerth hierher zurückgekehrt. Mit meinem ganzen Gepäck bin ich glücklich bei Mutter gelandet. Seit Donnerstag bin ich nun unterwegs, um mich hier einzubürgern, eine nicht ganz leichte Sache bei den gegenwärtigen Verhältnissen. Die Zuzugsgenehmigung habe ich allerdings noch nicht. Es wird wohl Wochen dauern, bis ich sie bekomme. Meine ersten Versuche einige Anschaffungen zu machen sind fehlgeschlagen. Du glaubst nicht, wie arm wir in Deutschland geworden sind. Mutter hat inzwischen für Eure Ankunft Einiges leihen können. Damit müssen wir's halt tun. Ich habe Mutter schon damit getröstet, daß Ihr in Medan sicher auch nicht verwöhnt seid. Das sind schließlich keine Hauptsachen, die das Leben bestimmen können. Wichtig ist, daß Ihr nach Hause kommt. Mit viel Liebe wollen wir dann schon ersetzen, was Euch fehlt. Augenblicklich sorge ich für Brennholz. Es ist recht kalt. Wir freuen uns, daß Euch diese Kälte erspart ist. Im März wird es dann schon besser gehen. Als ich gestern aus der Stadt heimkehrte, fand ich zwei Briefe von Dir vor, vom 24.XI. und 8.XII. Ich habe mich recht gefreut. Liebe findet doch immer einen Weg zueinander. Sorge Dich nicht unnötig, Traut! Sieh, es ist schon gut, daß ich vor Euch hierher gekommen bin, da kann ich Dir manchen unnötigen Gang ersparen. Mutter und ich werden tun, was nur möglich ist, um Euch einen erträglichen Start möglich zu machen." Auch die Frage, wo die Familie leben soll, scheint nun geklärt: „Wir haben uns mit Heinz geeinigt, daß wir zu Mutter und er und Else nach Kaiserswerth gehen, was unsere Missionsgesellschaft dankenswerterweise möglich gemacht hat. Die Schulfrage der Kinder kann hier auch gelöst werden. Gestern Abend las ich Mutter aus den Briefen vor, die ich in Dehra Dun von Euch empfing. So erfuhr sie mehr von Eurem Ergehen, als ich mit vielen Worten hätte erzählen können. Wir Beide haben hier schon ein gemütliches und einträchtiges Leben angefangen. Ihr fehlt uns nur noch, damit es ganz schön hier wird. Wenn wir beisammensitzen, machen wir Pläne und malen uns aus, wie es sein wird, wenn wir erst einmal alle wieder beisammen sind. Du glaubst nicht, wie schön das werden wird. Du darfst Dich schon ganz ehrlich drauf freuen." Seinen Vater und die Geschwister hat Alfred auch schon besucht:

„Vater in Lütgendortmund ist alt wie ein Urmensch, gebrechlich, aber klar im Geist und unerschüttert in seinem Glauben." Alle Geschwister haben überlebt und einzig Emma, die Krankenschwester, wurde ausgebombt. Er schließt den Brief: „In vieler Hinsicht können wir dankbar sein vor vielen Leuten hier in der Heimat, die bis zum Halse durch Leid und Not waten mußten. Ich lerne hier täglich viel dazu. Grüß mir unsere Drei. Sie sollen sich schon mit Dir auf die Heimkehr freuen. Es wird trotz allem schön werden. Wenn Ihr nach Hamburg kommt, schickt durch Freytag ein Telegramm an Mutters Adresse, damit wir Bescheid wissen. Immer Dein Alfred"(12. Januar 1947)

Ein anschaulicher Brief für Gertrud, nur, es wird noch sehr lange dauern, bis sie ihn lesen kann. Über de Kleine, dessen Frau bereits in Europa ist, erfahren die Frauen Anfang des Jahres, dass die Männer tatsächlich in Deutschland angekommen sind. Gertrud schreibt: „Friedchen ist erschüttert über den Anblick der Heimat; Euch wird's nicht anders ergehen. Wir machen uns keinerlei Illusionen; brauchst mich auch nicht zu schonen, schreib, wie es ist und wie Du's siehst ... Uns geht's gut. Nur über unsere Heimreise hören wir nichts. Zuweilen will mir's Warten schwer fallen; aber dann sag ich mir wieder, Gott wird schon wissen wie und warum und ich warte ruhig ab. Die Situation um Medan ist sehr gespannt. Aber um uns braucht Ihr Euch deswegen keine Sorge zu machen. Wir liegen nun außer der Gefahrzone. Als Neujahrsgeschenk haben jene uns die Wasserleitung abgeschnitten und die ganze Stadt ist ohne Leitungswasser, was uns aber weiter nicht belämmert, da wir Pumpe im Hof und

Brunnen und Quellen genug in der Umgebung haben; nur daß alles abgekocht werden muß." (7. Januar 1947) Dass sie bei Mutter Martha Weissenbruch werden wohnen können, davon weiß Gertrud noch nichts.

Die Kommunikation zwischen Else in Japan und Mutter Martha scheint noch schwieriger gewesen zu sein. Im August 1946 hatte Martha in einem Brief an Gertrud berichtet, die Eltern Otto hätten von einem ganz fremden Herrn aus Oberbayern folgendes Briefchen bekommen: „Nachstehende Meldung hörte ich eben im Rundfunk; ich hoffe Sie damit zu erfreuen. ‚Elisabeth Otto (es folgt die Anschrift) grüßt Familie Heinz Otto. Ich bin wohlauf, doch ohne Nachricht'." (18. August 1946) Martha hatte daraufhin versucht, über die Rheinische Mission in China ihr einen Brief zukommen zu lassen. Ob dieser und auch die anderen Briefe Else jemals erreichen, ist nicht bekannt. Bis 1947 sind es nur einzelne Rote-Kreuz-Nachrichten, die sie von Else bekommt. Immerhin wissen sie, dass Else lebt, aber viel mehr auch nicht. Im April erhalten sie dann von einer Dame, die mit dem ersten Rücktransport aus Japan gekommen war, die Nachricht, Else käme nun mit dem zweiten Schiff.

Auch Gertrud schreibt weiter ins Blaue hinein, so am 12. Januar:

„Noch stets und immer keine Post von Dir von daheim. Solange ich die nicht habe, ist es, als sei innerlich der Kontakt nicht da. Mein Herz sucht Dich und weiß nicht wo. Wie mag es Dir gehen in der zertretenen Heimat, wo man die Menschen täglich zu Tausenden verhungern und erfrieren läßt? Es ist erschütternd, wenn man das alles in den Zeitungen liest. Von Mutter kam ein Brief vom 18. Okt. Ob sie inzwischen Brandmaterial wird bekommen haben? Dazu der kalte Winter! Daß doch alles immer zusammenkommen muß, all die Not und dazu die Kälte, der sich niemand erwehren kann." (12. Januar 1947)

Es ist tatsächlich so, wie Gertrud es aus der Zeitung erfahren hat. Deutschland, ganz Europa, erlebt einen der kältesten Winter des zwanzigsten Jahrhunderts. Bereits im November sanken die Temperaturen unter 0°C. Es folgten endlose Wochen eisiger Kälte, mit arktischen Temperaturen bis unter 20°C. Heizmaterial war rar, die Menschen froren und durchwühlten etwa die Ruinen der Häuser, um vielleicht noch irgendwo Kohlen in den verschütteten Kellern zu finden.

Der Winter 1946/47 ist auch als Hungerwinter in die Geschichte eingegangen. Unterernährte Bergleute konnten weniger Kohlen fördern, auch war die Infrastruktur weitgehend zerstört. Die Lage verschärfte sich, als auch noch die großen Flüsse zufroren, so dass Kohlen und Lebensmittel nur noch schwer transportiert werden konnten. Die Möglichkeiten der Eigenversorgung waren ebenso schlecht. Die großen Agrargebiete des Ostens waren verloren, die verbliebenen Anbauflächen oft kriegsbedingt beschädigt, auch fehlten vielfach Gerätschaften zur Bearbeitung des Bodens. Als dann der heiße und trockene Sommer 1946 zu miserablen Ernteerträgen führte, begann die Katastrophe, die dann bis zum Sommer 1947 ihren Höhepunkt erreichte, als alle Vorräte aufgebraucht waren. Historiker gehen heute davon aus, dass hunderttausende Menschen in dieser Zeit verhungerten.

Die Alliierten, die zunächst das gesamte deutsche Volk für den Krieg und seine Folgen verantwortlich gemacht hatten, waren zunächst wohl auch nicht gewillt, größere Anstrengungen für eine bessere Versorgung auf sich zu nehmen. Der Morgenthauplan, obwohl abgelehnt, wirkte vielleicht doch noch in manchen Köpfen nach. Es war dann dem Einsatz von Menschen wie Viktor Gollancz, einem britischen Verleger jüdischer Abstammung, sowie der Fürsprache von britischen und amerikanischen Soldaten zu verdanken, die zu Hause die Not und Verzweiflung der deutschen Bevölkerung schilderten, dass in der Politik schließlich ein Umdenken einsetzte. Erst jetzt durften Care-Pakete geschickt werden.

Nicht zuletzt auch durch die Vorbereitung auf die Nürnberger Prozesse, wo mancher Politiker sich intensiver mit dem Völkerrecht beschäftigen musste, setzte sich zunehmend die Erkenntnis durch, dass das Vorgehen der alliierten Militärregierungen nicht nur gegen die Haager Konvention von 1903, sondern auch gegen die rechtsstaatlichen Prinzipien und die Ziele der 1945 angenommenen UN-Charta verstießen.

Unter diesen Verhältnissen ist es also verständlich, dass Gertrud sich um ihre Mutter und um Alfred sorgt, umso schlimmer und unerträglicher, dass sie keine persönlichen Nachrichten erhält, nicht weiß, was los ist. Angesichts der Zeitungsberichte ist Gertrud durchaus froh, noch auf Sumatra zu sein: Hier müssen sie nicht hungern, nicht frieren, der Winter in Deutschland wird vorbei sein, bis sie dort eintreffen werden. Vor allem, dass die Kinder in Medan noch ein halbwegs geordnetes Leben führen können, es bedeutet ihr unendlich viel, dass hier ein geregelter Schulbesuch möglich ist.

„Es ist ja nicht nur, daß sie das Pensum nach Möglichkeit beibehalten," schreibt Gertrud, „viel wertvoller ist die erzieherische Beeinflussung, der Wille und volle Ernst mit dem alle fünf Lehrerinnen dahin arbeiten, die Kinder zu bewußter Verantwortung, zur Treue im Kleinen und zum Gehorsam zu erziehen. Christa ist bei Schwester Frieda in so glücklichen Händen und Ute geht für Schwester Lenchen durchs Feuer; um ihre Schularbeiten brauche ich mich gar nicht zu kümmern. Bei Michel muß ich natürlich mehr aufpassen. Aber auch er ist für sein Alter erstaunlich selbständig und verläßlich. Es kommt wohl vor, daß er überm Spielen die Arbeiten vergißt, aber ich habe noch nicht beobachtet, daß er bewußt etwas unterschlägt..." (12. Januar 1947) Auch in ihre Heimreise scheint langsam Bewegung zu kommen. Gertrud berichtet im gleichen Brief: „Von Onrust [6] kamen Briefe, die uns recht beruhigten. Die Lage dort hat sich sehr zum Guten geändert, vor allem was die Nahrungsversorgung anbetrifft. Nur das Abgeschlossenund Unbeschäftigtsein macht ihnen das Warten schwer. Alle Deutschen ... von Surabaja sind bereits dort und die von Semarang würden alle erwartet. Somit scheint doch Bewegung in die Sache zu kommen." Sie schließt: „Heinrich läßt herzlich grüßen. Er hat unheimlich viel zu tun, sucht jede Spelunke nach Batakchristen aus und ist glücklich wie ein Kind, wenn er wieder neue Verbindungen hat anknüpfen können. Der Missions-Konsul hat ihn auf die Evakuierungsliste gesetzt für April d.J. obwohl er sich nicht dazu gemeldet hat und er nicht dran denkt zu gehen. Es hat den Anschein, daß jener ihn lossein will, weil er ihm vielleicht zu aktiv ist. Grüße allen Lieben! Behüt Dich Gott und – hoffentlich kommt bald Post von Dir. In Liebe immer Deine Traut."

Abgesehen von den schwierigen äußeren Umständen des Lebens, ist dieses Jahr 1947 vielleicht die schwierigste Zeit, welche die Familie durchzustehen hat. Briefe werden geschrieben und kommen nicht an, keiner weiß irgendetwas, immer wieder werden Abreisetermine verbreitet, die dann wieder verschoben werden, einmal, zweimal, dreimal. Die seelische und nervliche Anspannung für die Frauen muss enorm gewesen sein. In Medan steht die Frage: Warum schreibt er nicht, in Wiesbaden hingegen: Wo bleiben sie nur, sie müssten doch schon lange angekommen sein.

In der Heimat begreifen sie allmählich, dass Gertrud und die Kinder immer noch in Medan festsitzen. Mutter Weissenbruch schreibt im Januar:

„Mein geliebtes Kind. Es tat mir so unendlich leid, daß ich Dir nicht mehr geschrieben hatte in den letzten Wochen, nicht mal zu Weihnachten, in der sicheren Voraussetzung, daß Ihr kämt, wie wir am 7. Dezember bestimmt erwarteten; ... Nun wollen wir es doch noch einmal versuchen, ob dieser Brief Dich noch erreicht " (12. Januar 1947) Noch einmal betont sie, was es doch für ein Glück sei, dass die Familie nicht während der grimmigen Kälteperiode hat kommen müssen. Das Gleiche gelte für Else, die auch derzeit noch in Japan festsitze. Dann fragt sie: „Hast Du meinen Brief nicht bekommen, in dem ich Dir schrieb, daß meine Mieter ganz plötzlich nach Nürnberg zogen und ich die Wohnung dadurch frei bekam? Es war mir wie eine Gebetserhörung, eine Fügung und eine Hilfe Gottes. Aber nun kam ich in die Not, wen nun hinein nehmen, Else oder Dich. Du wurdest schließlich von der Mission aus versorgt, Else hatte mit den Ihren diese Berechtigung nicht. Nun ist es doch so gekommen, daß Ihr es seid, mein geliebtes Gertrudkind. Als Heinz hier war, zusammen mit Alfred, haben wir darüber verhandelt. Aber Heinz wollte im Rheinland bleiben, und nun ist mit der Mission ausgemacht, daß Else im Heim wohnen kann, unter anderen Bedingungen als sonst Nicht-Missionsleute, wenn sie sich als Krankenpflegerin oder in der Nähstube betätigt. Und Ihr Fünfe wohnt bei mir. Es wird etwas eng aber Tausende wohnen viel enger und ich hoffe, es gefällt Euch bei mir."

Auch Alfred schreibt nun wieder regelmäßig. Er beschreibt die Wohnsituation dieses Winters sehr anschaulich: „Heute kam mir der Wunsch, daß Ihr Teilhaber unseres Sonntagsfriedens sein möchtet. Nach gemeinsamem Gottesdienstbesuch zogen wir uns in Mutters Zimmer zurück, wo wir es uns behaglich machten. Unser Brennstoffvorrat reicht nur zum Heizen eines Raumes für einen halben Tag. Beim Arbeiten des Morgens ficht die Kälte nicht so sehr an. Nachmittags aber, vor allem bei einer sitzenden Beschäftigung, hat man es gern warm. Dann sitzen wir zusammen in Mutters Stübchen. Da ists warm. Und da haben wir auch heute unsere Mahlzeiten eingenommen. Jedes hatte etwas zu lesen und im übrigen besprachen wir Tagesereignisse oder schmiedeten Pläne. Ich war etwas müde. Gestern war ich draußen im Wald, um für Brennholz zu sorgen. Die ungewohnte Arbeit steckte mir noch in den Gliedern. Ich freute mich richtig, so recht faul sein zu können. Mutter las in meinen, ich in ihren Büchern. Zwischendurch erfreute ich mich an Mutters Bilderbüchern. Mutter ist eben nicht ausgebombt, obwohl sie bis heute noch nicht alle Scheiben in den Fenstern hat. Darum hat sie ihre Sachen mit manchem schönen Stück aus der alten Zeit noch. Du wirst Dich wundern, wie gemütlich sie es hier hat trotz der gegenwärtigen Bescheidenheit, die unserm ganzen Leben seinen Charakter gibt." Dann fährt er fort: „Nächsten Mittwoch werde ich dann in einem Frauenmissionskränzchen in Biebrich aus der Mission erzählen. Im Übrigen fülle ich meine Zeit damit aus, um das nötige Brennholz herbeizuschaffen. Es ist die Grundlage unseres gemeinsamen Lebens. Bisher wars damit bei Mutter schlecht bestellt. Zeitweise mußte sie bei fremden Leuten sitzen, um nicht zu frieren. Ich hoffe, daß wir bald den toten Punkt überwunden haben ... Vergeßt nur das Kommen nicht. Wir warten schon alle voll Sehnsucht. Gott behüte Euch und schenke Euch seinen Sonntagssegen. In alter Liebe Dein Alfred" (19. Januar 1947)

Gertrud hat bis jetzt noch immer keine Nachricht von zu Hause. Informationen gibt es nur von dritter Seite. „Wohl kommen hier und da Briefe via Holland hereingetröpfelt, so von Noll und 2 von Volmer; und jeder, der bekommt, muß vorlesen. ... Ich bin – nach all den erschütternden Nachrichten von drüben – doch immer auf's Neue dankbar, daß wir nicht so in den harten Winter hinein müssen. Reisen wir im Februar, sind wir Ende März zuhause, dann kommt schon bald der Frühling und die wärmere Jahreszeit. Auch im Blick auf unsere Winterkleidung bin ich froh. Nach dem was Friedchen schreibt, machen wir uns wohl so recht keine Vorstellung von dem, was man eigentlich braucht, zumal im ungeheizten Raum. Ich weiß was Friedchen hatte, und wenn sie nicht recht auskommt, dann ich erst recht nicht. Aber für die wärmere Jahreszeit ist es nicht so schlimm. Sollte sich Dir aber eine Gelegenheit auftun, warme Unterwäsche vor allem für die Kinder zu bekommen, so greife nur zu. Ich tu hier auch noch was ich kann. Aber, wenn's hier was gibt, ist es so unheimlich teuer und unser Geld reicht man grad für's tägliche Brot." (19. Januar 1947)

Was dieses Warten auf die Abreise für eine Mutter mit drei Kindern praktisch bedeutet, wird deutlich, wenn Gertrud schreibt: „Wir rüsten ja nun schon seit Jahren für die Heimreise, schon 2 x sind alle Sachen zu klein geworden, wir vergrößerten, machten aus zwei Teilen eins usw. Wenn die Kinder aus diesen Sachen herauswachsen, dann wird's trübe. Nicht, daß ich mir große Sorge darum mache. Aber wir wollen beide die Augen offen halten. Du hast Dich hoffentlich genügend eingedeckt." Auch sie will Vorsorge treffen: „Was ich mitbringen kann an Seife, Lebensmitteln und Zigaretten will ich tun, obwohl auch unser Gewicht für die Bagage sehr beschränkt ist.– Den Kindern gehts gut. Ich hoffe bis zur Reise noch etwas dicker zu werden und habe mir zu diesem Zweck Milch, Kakao und mehr Ruhe verordnet." (19. Januar 1947)

Am 26. Januar klagt sie: „Noch immer keine Post von Dir! Mit dieser freudlosen Musik hat wohl jeder meiner letzten Briefe angefangen. Noch selten habe ich so hoffnungslos nach der Post ausgeschaut, als in diesen Wochen. Die Spannung der Ungewissheit, das Warten auf bestimmten Reisetermin ist so viel schwerer zu ertragen ohne Nachricht von Dir. Aber was hilft's. Es heißt, das Unvermeidliche mit Würde tragen, um nicht sich und seiner Umgebung eine Qual zu werden. ..." Else in Japan geht es nicht anders. „Von Else erhielt ich zwei Postkarten von November 46. Sie schreibt von Mangel an Heizmaterial und wollner Kleidung. So scheint sie schon durch manche Not hindurch zu müssen. Von Heimreise wußte sie da noch nichts. In der Zeitung hier stand aber vor etlichen Tagen eine Notiz, daß auch den JapanDeutschen, 1200 Menschen, die Heimreise bevorstünde. Langsam wird wohl alles ins Rollen kommen." (26. Januar 1947)

Es ist bereits der 2. Februar: „Mein lieber Alfred! Es ist absolut hoffnungslos mit der Post von Euch! Frau Noll hat schon den vierten Brief von ihrem Mann über Holland. Warum schreibst Du nicht auch daher? Volmer schrieb, Guther schrieb. Warum Ihr nicht auch??? Wir warten, warten – warten! Es ist zum Ausderhautfahren mit diesem endlosen Warten auf Nachricht von Euch." (2. Februar 1947)

Am 9. Februar schickt Martha Weissenbruch dann tatsächlich einen Brief über Holland. „Solltet Ihr schon abgereist sein bis der Brief ankommt, ist ja auch kein Schade", meint sie und: „Ob Du nun von Alfred Nachricht hattest?" Sie bedankt sich überschwänglich für ein Paket mit Lebensmitteln, welches Gertrud ihr geschickt hatte, und das nun tatsächlich angekommen war. Dann fährt sie fort: „Übrigens, Du bedauerst mich so wegen des Bucheckersammelns, das brauchst Du garnicht. Das war, allerdings mühsam, aber auch wundervoll im Wald und Frau Dr. Hompf [die Untermieterin] und ich gingen jeden Tag wieder mit großer Freude hinaus und ich habe lange nicht mehr den wundervollen deutschen Wald so genossen wie damals. Man nahm ein altes Sofakissen mit und rutschte rings um die Buchen. Im nächsten Jahr, so Gott will gehen wir alle, da gehe ich auch ganz sicher wieder mit. Unsere Wälder hier um Wiesbaden sind wundervoll, das wird den Kindern auch große Freude machen, der Aufenthalt im Wald. Alfred hat neulich an einem sonnigen milderen Tag an einem Tag Holz geholt im Wald, das kommt uns nun bei der Kälte gut zustatten. Wir hoffen ja nun die Kälte bald überstanden zu haben; es liegt tiefer Schnee jetzt, seit heute, das mildert etwas." (9. Februar 1947)

Medan, 10. Februar: „Vorgestern kam eine Karte von Berghäuser, in der er schreibt, daß er bis zum 10. Januar täglich auf unser Kommen gewartet habe; also von einer Verschiebung unserer Reise nichts gewußt habe und somit auch bis dahin noch nicht geschrieben habe. Sollte es wirklich möglich sein, daß Barmen die über Friedchen geschickte Nachricht betr. Aufschub unserer Reise nicht an Euch weitergegeben hat??? Und wir sitzen hier und warten uns krank nach Nachricht von Euch. Mit Februar scheint es wieder nichts zu werden und mich soll es nicht wundern, wenn wir im nächsten Jahr noch hier sitzen ... Von Mutter bekam ich lange keine Post und mache mir Sorgen, wie es ihr wohl geht. Ich stelle sie mir vor, krank, im ungeheizten Zimmer und ohne Hilfe. Gott erhalte sie uns. Ich habe immer Angst, daß sie den kalten Winter nicht überleben könnte und ich sie nicht mehr sehenkönnte!" (10. Februar 1947)

Die chronologisch geordneten Briefe täuschen wieder einmal über die tatsächlichen Verhältnisse hinweg. Erst Mitte März wird Gertrud die erste Nachricht aus Deutschland erhalten. Bis dahin heißt es nur immer wieder: Warum schreibst Du nicht? „Ich warte sooo auf Nachricht. Ist es noch immer so kalt? – Wir sehnen uns so nach Haus! Einmal muß diese Sinnlosigkeit doch auch ein Ende haben! Gott helfe uns allen!" (16. Februar 1947)

In Deutschland versucht Alfred, sich in dieser Zeit für sein neues Arbeitsgebiet vorzubereiten. Er wird künftig im Missionsreisedienst in der französischen Zone tätig sein, d.h. in den verschiedenen Gemeinden wird er Vorträge über die Missionsarbeit halten, Filme und Dias zeigen und dort auch um finanzielle Unterstützung werben. Durch den Krieg sind hier die letzten Strukturen der Missionsarbeit weggebrochen. Am 12. Februar schreibt Alfred: „... Es ist nicht leicht. Seit Jahrzehnten ist hier keine geregelte Vertretung der R.M.G. [5] gewesen. Alle Unterlagen fehlen. Ich kann nur versuchen, langsam persönlichen Kontakt zu bekommen." (12. Februar 1947)

Ende Februar endlich wird Gertrud klar, was geschehen ist. Sie schreibt am 23. Februar: „Mein Lieb! Was ist das doch für eine verkehrte Welt; da sitzen wir hier und zersehnen uns nach Nachricht von Dir und es kommt keine und Du bist daheim, schaust täglich nach unserm Kommen aus und erfährst schließlich – nach wie langer Zeit? – daß wir noch gar nicht abgereist sind. Du hast folglich nicht geschrieben und wir bekommen folglich keine Nachricht...“ (23. Februar 1947)

Was diese Zeit des endlosen Wartens für sie, aber auch für alle anderen Frauen bedeutet beschreibt sie: „Nie ist uns das Warten so sauer geworden und ich muß innerlich darum ringen, daß Gott mir Kraft gibt, still zu sein und auch in dieser schweren Prüfungszeit nicht matt und mutlos zu werden. Gottes Führung sich bewußt und ohne Murren zu beugen – wie schwer ist das doch, zumal wenns einem so gegen den Strich geht! Von den Einfallstoren des Satans sprach de Kleine heute Morgen in der Predigt über die Versuchung Jesu. Dieses Warten und diese Ungewißheit, das sind so Einfallstore, die zu bewachen viel Kraft kosten, zumal wenn man so aufeinanderhockt, wie wir das hier tun. Bei jedem äußert es sich anders, der eine wird kribbelig und nervös, der andere zänkisch und ungerecht, der eine lacht der andere weint – überall macht sich die seelische Spannung bemerkbar.“ Man bekommt eine Ahnung davon, wie gereizt inzwischen die Stimmung zwischen den Frauen ist. Dann schließt sie ihren Brief: „Wie schwer ist dieser Zustand erst für die auf Onrust, die von aller Welt abgeschlossen in Baracken ohne Möbel und Betten hausen und nur kärglich versorgt werden. Doch verlieren sie den Mut nicht. Wie lange noch?“

Am 1. März greift sie das Thema der Befindlichkeit noch einmal auf: „Es sind so manche in unserer Reihe, die mit ihrer Kraft auf der Kippe stehen. Das macht das Warten und die ewige Ungewißheit. Es ist der reinste Nervenkrieg, den man hier gegen uns führt und wir wissen nicht, was werden soll, wenn daran nicht bald ein Ende gemacht wird.– Heute kommt eine Karte von Onrust, daß am 27.II. die Sarangan-Deutschen erwartet würden. Sollen wir daraus neuen Mut schöpfen und hoffen, daß es nun doch bald heimwärts geht? Vereinzelte bekamen auch Briefe von ihren Männern. Von Dir kam noch nichts.“ (1. März 1947)

Gertrud schreibt und schreibt, einen Brief nach dem anderen, als könne sie so auf magische Weise endlich eine Antwort erzwingen. Sie erzählt vom Leben im Lager, von den Kindern, phantasiert die Zukunft. Christa hat ein Bild gemalt und dem Brief beigelegt. „Ich habe ihr jetzt ein Zeichenheft gekauft“, erzählt Gertrud. „Darin soll sie ihre Einfälle ein bißchen sammeln. Das erste Bild, der Rattenfänger von Hameln, ist schon recht nett geworden. Ich hoffe, daß sie daheim etwas Zeichenunterricht bekommen kann; das wird ihr Spaß machen und das sind dann auch Werte, die ihr niemand rauben kann und mit denen sie ohne große Unkosten vielen Freude machen kann. Ute mit ihrer sensiblen Art wird – so hoffe ich – zur Geige finden. Michel ist in dieser Hinsicht noch ein unbeschriebenes Blatt. Aber musikalisch ist er, das steht fest. Wie schön wäre das, wenn wir solch ein kleines Hausorchester bekämen! Michel singt mit wachsender Begeisterung, ‚Liebe, ja Liebe bracht’ manchen ins Grab‘; er hat's von einer Grammophonplatte abgelauscht; wenn er dabei dann so pfiffig aus den Augen guckt, könntest Dich totlachen.“ (1. März 1947)

Gertrud vertreibt sich die Zeit mit Lesen, sie liest alles, Bücher, die Zeitung, Zeitschriften, was nur eben erreichbar ist. Manchmal geht sie mit de Kleine ins Kino, das belebt das eintönige Leben. Einmal geschieht auch etwas Besonderes: „Dieser Tage hatte ich doch eine große Freude. De Kleine wurde auf der Straße von einem Soldaten angesprochen, bataksch. Im Laufe des Gespräches frug er: ‚ai dison do si Christa?‘ [Ist die Christa hier?] Am nächsten Abend kam er hier her in holländischer Soldatenuniform, gestriegelt und gebügelt, ein hübsches, frisches Gesicht. Wer war's? Der Togar, der jüngste Sohn von Mangaradja Hoeria (der übrigens auch nicht mehr lebt). Er ist seit Mai 40 Soldat, war unter den Japanern auf Borneo interniert und ist nun hier und wird besonders ausgebildet. Von seinen Angehörigen hat er seit 4 Jahren nichts mehr gehört und muß auch jetzt äußerste Vorsicht walten lassen, um auf vertraubarem Wege seine Angehörigen über sein Hiersein zu benachrichtigen. Erfahren die Extremisten, daß er im holländischen Militär ist, lassen sie es die Angehörigen entgelten. Das sind so Nöte, durch die so viele hindurchmüssen und das Gros der Bevölkerung wäre froh, wenn durch die Holländer diesem Zustand ein Ende gemacht würde. Togar war so ein Stück alter Zeit und sein Kommen hat mich so gefreut. Er hat noch lange hier gesessen und wird noch öfter erscheinen.“

Trotz aller Tapferkeit, Gertrud leidet zunehmend. Die Musik, die sie bisher immer im Gleichgewicht gehalten hat, fehlt. Sie schreibt: „Mein lieber Alfred! Hätte ich jetzt ein Instrument, ich würde mich hinsetzen und die sonata pathetique oder die d-moll-Fantasie von Mozart spielen. So lange würde ich mit den Tönen singen, bis ich mir den Druck von meiner Seele gespielt hätte. Das wäre wie ein erquickendes Bad und freier und mutiger würde ich der kommenden Zeit entgegensehen. Vergangene Nacht habe ich im Traum bitterlich geschluchzt. Es war Post gekommen, – aber wieder nichts für mich. Mitten in meinen Schrecken hörte ich de Kleines Stimme: Frau Rutkowsky wühlen Sie nicht so in Ihrer Wunde! – Ich erwachte und war froh, daß ich nur geträumt hatte; zwar mit dem Erfolg, daß ich heute um so schmerzlicher nach der Post Ausschau halte und noch um so schmerzlicher enttäuscht sein werde, wenn wieder nichts kommt. So verfolgt einen dieses Warten auf Nachricht. Man sagt sich innerlich, du bist jeck, nimm dich zusammen! Man nimmt sich vor, einfach nicht mehr zu warten, gar nicht mehr daran zu denken. Man stürzt sich auf die Arbeit; man liest. Man geht ins Kino, man klatscht mit anderen herum – es hilft alles nichts! Im Unterbewußtsein verfolgt es einen, dies Warten und zwingt man es bei Tage hinunter, so schnappt es einen in der Nacht. Da ist eben kein Entrinnen! Und das alles nur, weil da so ein Wisch mit etwas Tinte drauf nicht kommt. Und was tut man, um endlich Herr seiner Stimmung zu werden? Man setzt sich hin und schreibt, schreibt an den, der Urheber all dieses Elends ist; man schreibt, obwohl doch gerade ein langer Brief in den Postkasten ging. Ja, so ist das nun. Und so schreibe ich Dir, weil ich endlich Post von Dir haben will! Schreibe, weil de Kleine verreist ist und die Stille seines Zimmers mir sehr gelegen ist und ich ungestört mich diesem Erguß hingeben kann! Schilt mich albern, schilt mich dumm, schilt mich überspannt – das magst Du alles tun, aber – – laß mich endlich Nachricht von Dir bekommen!“ (4. März1947)

Gertruds Briefe klingen zunehmend verzweifelt, sie sorgt sich um den Ort ihres zukünftigen Bleibens, bloß nicht der „Kohlenpott“: „Ich brauche Wald, Feld und Wiesen, um an Leib und Seele zu genesen und sehne mich so danach, daß ich drum weinen möchte. Über Heimreise weiß und hört man nichts. Es wird auch nichts getan, es sei denn, daß den Holländern zufällig mal ein Schiff in die Arme läuft, das uns dann vielleicht mal fortbringen würde. Bis das geschieht, sind wir wohl alle mehr oder weniger übergeschnappt.“ (9. März 1947) Sie schämt sich ihrer „Schwäche“ und kommt doch immer weniger dagegen an.

„Meine liebe Traut! Mutter erhielt Deine Karte vom 10.II., die uns beide traurig stimmte“, schreibt Alfred am 2. März 1947. „Einmal, weil Eure Abreise sich wieder ins Ungewisse hinauszieht, zum andern weil Du keine Post von uns erhältst ... Wir hatten uns schon in den letzten Tag ganz auf Euer Kommen eingestellt, die Zimmer eingeräumt und alles hergerichtet, damit wir im letzten Augenblick keine Schwierigkeiten mehr hätten, wenn ich Euch endlich abholen könnte. “ Alfred bereitet Gertrud vorsorglich auf die engen Wohnverhältnisse vor und berichtet von seinen vergeblichen Versuchen, notwendige Dinge wie Bettdecken und Kinderkleidung zu besorgen. „Ich habe alle in Frage kommende Dienststellen und Geschäfte heimgesucht, leider ohne jeden Erfolg. Die Amerikaner halten alles fest. ...

Für mich habe ich auch noch nichts bekommen, hätte ich mich nicht in Indien mit dem Nötigsten eindecken können, dann wäre Holland in Not. Für Ende März sind mir ein Topf, ein Eimer und eine Schüssel in Aussicht gestellt. Wir werden halt gezwungen sein, zu improvisieren, bis die Zeiten eine Wendung zum Besseren nehmen. Anhaltspunkte in den wirtschaftlichen Verhältnissen haben wir dafür allerdings noch nicht. Meinen Beobachtungen nach wird es eher noch schlimmer. Wir können jetzt die Probe aufs Exempel nehmen, ob es uns mit unserm Gottvertrauen ernst ist. Bisher war alles Reden darüber nur fromme Sprüche. “ (2. März 1947)

Auch Martha Weissenbruchs Briefe klingen sehnsuchtsvoll:

„... Alfred und ich schauen sehnsüchtig nach Eurem Kommen aus und können es nicht begreifen, daß es sich immer, und immer wieder hinausschiebt. Auch so viele Leute hier in der Straße nehmen Anteil an Eurem Ergehen und immer wieder werde ich nach Euch gefragt. Nun halten wir noch an der Hoffnung fest, daß Ihr Ende Februar doch noch gefahren und jetzt unterwegs seid und wir wünschen von ganzem Herzen, daß dieser Brief Euch nicht mehr erreichen möchte. " (9. März 1947)

Alfred fügt ihrem Brief ein eigenes Schreiben an: „Meine geliebte Traut! Draußen liegt noch Schnee und es ist kalt. Vom Frühling spürt man nichts. Gestern war ich im Taunus. Stundenlang lief ich durch den dicken Schnee der verschneiten Taunusberge und malte mir aus, wie es ist, wenn Ihr zusammen mit mir diese Wege gehen könnt. Vom Schäferskopf aus sah ich die Buchenwälder. Nicht mehr schwarz, wie sonst, sondern dunkelbraun. Die vielen Knospen an den Bäumen melden sich schon trotz des Winters. Auf dem Heimweg fand ich ein Strauß Kätzchen. Ich bildete mir ein, daß sie mir zu Eurer Begrüßung gegeben seien. Daheim haben wir Sträuße für Euch gemacht. Grün mit Kätzchen. Am Abend war ich so weit, daß Empfangsfreude mich beherrschte. Mutter hatte ein altes Bild von Dir auf meinen Tisch gestellt. Ich hatte es jahrelang nicht mehr gesehen. Darum kams mir vor, als sei es gestern gemacht. Ein Vorgefühl kam über mich, wie schön es ist, wenn wir erst wieder beisammen sein dürfen. Es ist gut, daß ich anfange, wieder richtig zu arbeiten. Das verhindert, daß die Gefühle mich innerlich überwuchern. Ich kann verstehen, wie es Dir ist, immer die Heimat vor Augen und im Herzen und doch immer weiter warten, warten, warten. Doch auch diese Zeit nimmt nach Gottes Willen ein Ende..." Dann fährt er fort:

„Wir machen viele Pläne. Es sind leichte, luftige Gebilde. Wenn sie einstürzen (‚es ist wiedermal nichts geworden!'), tuts niemand weh. Und dann bauen wir wieder aufs Neue weiter. Weißt Du, wie die Kinder im Sandkasten. Aber Freude ist immer dabei. Unsere Vernunft sagt uns, es ist doch gut, daß sie noch nicht da sind. Damit beruhigen wir uns. Manchmal kriege ich aber Angst vor zu viel Vernünftigkeit. Das Leben hat eigene Gesetze. Im Wald wunderte ich mich über die vielen Vögel, die trotz der Kälte fröhlich umherflogen. Sie haben nur ihre Ration und kommen durch. Heute morgen hörte ich die erste Amsel singen. Sie wartete auch nicht, bis ihre Kalorien erhöht wurden. So wünsche ich mir und Euch etwas von den Vögeln: Unbekümmertheit im Winter und Freude auf den Frühling, auch wenn er noch gar nicht zu sehen ist. Denn er kommt doch! Auch für Euch....

In dieser Woche kam keine Post von Euch. Mir ists, als könne jeden Augenblick ein Telegramm kommen: Sie sind unterwegs. In dieser Spannung setze ich mich über die fehlende Post hinweg und warte auf das Wunder des Frühlings. "

Drei Tage später folgt die Enttäuschung: „Meine geliebte Traut. Von Frau de Kleine erhielt ich gestern die traurige Nachricht, daß sich Eure

Abreise wieder um einige Monate hinausgeschoben hat " Dann schildert er noch einmal, wie zum Trost, die schwierigen Zeiten: „Zu kaufen gibt es vorläufig nichts. Nicht einmal einen Nagel, um etwas an die Wand zu hängen kann man kaufen. An Wäsche, Schuhe ist nicht zu denken. Ich habe Decken zu kaufen versucht mit Hilfe von Bezugsscheinen, weil ich an Euer Kommen dachte, es ist nichts zu machen. Haushaltsgegenstände, Töpfe u.s.w. sind auch nicht erreichbar. Wir müssen von den alten Beständen Mutters leben, die sehr heruntergewirtschaftet sind, weil Mutter während des Krieges verschiedentlich ausgebombte Leute im Hause hatte. Es gibt keine Gewürze außer Salz, das allerdings frei zu kaufen ist. Zimt ist eine Vokabel aus dem Fremdwörterbuch. Lebensmittel sind knapp, besonders Fett und Zucker. Das Paket, das Frau de Kleine Vater schickte ist verloren gegangen. Spare Dir die Mühe weitere zu schicken. Es wird sehr viel gestohlen, weil die Not überall so groß ist. Wir danken Gott, daß wir bisher durch den Winter gekommen sind. Ich entsinne mich nicht eines Winters, wo wir so lange Schnee hatten wie in diesem Jahr und noch jetzt friert es jede Nacht. Dazu die Holzknappheit. Es gibt viele Vertröstungen, aber keine Hilfe. Die Stimmung der Leute und die Not ist entsprechend. Die Rationen stehen nur auf dem Papier, nur ein Teil davon wird geliefert. Das ist die Lage. Insofern ist es gut, daß Ihr nicht da seid. Im übrigen wünschen wir Euch so schnell wie möglich hierher " (12. März 1947)

Mitte März endlich hat Gertrud zum ersten Mal Nachricht aus Deutschland. Ihre Lebensgeister sind wieder geweckt. Sie schreibt am 16. März: „Mein geliebter Alfred! Wie bin ich doch so glücklich, endlich Post von Euch zu haben; gleich drei Briefe, am Montag der von Januar aus Kaiserswerth und gestern der von Mutter und von Dir über Holland vom 11. Februar. Es ist mir ein Stein vom Herzen und ich lebe ordentlich wieder auf. Die Batterie ist wieder gefüllt, sagt Herr de Kleine, um mich brauche er sich keine Sorgen mehr zu machen. Und es ist in der Tat so. In meinem letzten Brief hatte meine Stimmung ihren Tiefstand erreicht. Nun ist der Druck von meiner Seele genommen, ich kann wieder essen und werde die verlorenen Kilos wohl bald wieder aufgeholt haben. Du glaubst ja nicht, wie hoffnungslos meine Seele in der Weltgeschichte herumgeirrt ist und nicht wußte, wo sie ihren Ruhepol finden soll. Jetzt sehe ich Euch vor mir, wie Ihr in der Küche oder in Mutters Zimmer sitzt, stelle mir vor, wie Du Holz schlägst und Mutter im Haushalt hilfst, wie Du herumreist und durchgefroren nach Hause kommst. Daß es sich nun doch so fügt, daß wir bei Mutter wohnen werden, ist mir ein großes Geschenk. ... Jetzt freue ich mich unbändig auf unsere gemeinsame Häuslichkeit; Engheit und Knappheit – das sind alles so secundäre Dinge, durch die ich mir die Freude nicht trüben lasse...." (16. März 1947) Alfreds zukünftige Tätigkeit kann sie sich noch nicht so recht vorstellen: „Reiseprediger? Theologischer

Laufbursche? Soweit ich das beurteilen kann, war das kirchliche Leben im Taunus sehr träge und von Missionsinteressen kaum eine Spur. Ob das inzwischen anders ist? Macht Dir die Arbeit Freude? Gott gebe es und helfe Dir dazu. Wenn ich hier sehe, mit welcher Freude und restlosen Hingabe de Kleine in seiner Arbeit steht und welch ein Segen auf seiner Tätigkeit ruht – diese innere Freudigkeit möchte ich Dir auch wünschen, wenn Deine Arbeit auch ganz anderer Art sein wird..." Fortfahrend berichtet sie von den neuesten Entwicklungen innerhalb der Batakkirche und allen damit verbundenen Personalien. Sie selbst steht den Entwicklungen distanziert gegenüber. Weiterarbeit auf Sumatra? Sie will erst einmal nach Hause.

Am gleichen Tag sitzt auch Alfred in Wiesbaden an einem Brief für Gertrud. Nach allem was er überblicke, meint er, könne es noch eine ganze Weile dauern bis Gertrud und die Kinder heimreisen könnten. Einstweilen bittet er sie noch vorzusorgen: „Ich weiß nicht, wie weit Ihr Euch in Medan für die Heimkehr eindecken könnt, doch möchte ich Dir raten, soweit es in Deinen Kräften steht für gutes Schuhwerk zu sorgen. Gerade im Blick auf den Winter und unsere wachsenden Kinder ist das eine große Not. Was Kleidung angeht, können wir zur Not von unsern eigenen Sachen etwas zurechtschneidern lassen, beim Schuhwerk ist das unmöglich. In absehbarer Zeit wird darin auch keine Änderung zu erwarten sein. Alle Maßnahmen sind auf unsern Ruin bedacht. Wenn Gott nicht im Himmel säße und das Regiment hätte, wären wir schon lange nicht mehr. Eine persönliche Bitte habe ich auch, bring eine Kleinigkeit von unserm schönen Sumatrazimt mit, den entbehre ich hier sehr. Alles andere ficht mich weniger an." (16. März 1947) „Alle Maßnahmen sind auf unseren Ruin bedacht" – es scheint, dass tatsächlich zu diesem Zeitpunkt ein Umdenken der alliierten Strategie noch nicht eingesetzt hat. Dann ermuntert er Gertrud, sich alle Nachrichten über Entwicklungen im Batakland zu notieren, um sich dann bei ihrer Ankunft ein genaues Bild machen zu können. Auch für seine neue Tätigkeit sind ihm ihre Berichte wichtig: „Deine ausführlichen Nachrichten aus der H.K.B.P. haben mich mächtig gefreut. Du kannst Dirs wohl denken. Abgesehen von allem persönlichen Interesse fehlen uns hier lebendige Tatsachen für unsere Reisetätigkeit. Die Leute wollen wissen, wie es gegenwärtig um die Missionsarbeit steht. Darum bin ich Dir dankbar für jede Ergänzung und Ausweitung unseres Wissens. Am wichtigsten sind natürlich Berichte über das wirkliche Leben – nicht nur das organisatorische – der H.K.B.P., Rückschritte, Fortschritte, alle Veränderungen, alles was für das wirkliche Leben der Kirche Bedeutung hat..." (20. März 1947)

Im gleichen Brief berichtet er von einer Reise ins Ravensberger Land: „Die Reise war schön und nützlich zugleich. Es glückte mir für eine breitere Vorratsbasis zu sorgen im Blick auf Elses und Eure Rückkehr. Tiemeyer,

Volmer und Frau Dreimann, die Schwägerin von de Kleine bedachten mich rührend." Auch Heinz Otto lebt jetzt bei ihnen. „Heute nachmittag waren Heinz und ich im Wellritztal zu einer botanischen Exkursion. Speziell Wildgemüse und Heilkräuter. Darin ist Wiesbaden groß. Die Natur ist schon in vollem Leben, die Baumblüte hat auch schon begonnen und eine Reihe von Pflanzen stehen schon zur Verfügung. Zum Abendessen brachten wir Scharbockskraut mit, das einen ausgezeichneten Salat abgab. ... Die Verhältnisse zwingen uns zu einer naturgemäßen Lebensweise..."

Einen Tag nach Alfreds Brief geht ein langer Brief Christas an ihren Vater nach Deutschland, ein Osterbrief. Sie hat sich fünf Gulden verdient und möchte sich für ihren Vater fotografieren lassen, auch dass sie alle ihre Puppenkleider selbst nähe, berichtet sie, das mache ihr großen Spaß und sie sei ganz stolz, wenn die fertigen Sachen dann vor ihr lägen.

Am 26. April ist Gertruds Geburtstag und Alfred schickt ihr einen Gruß: „Meine geliebte Traut! Der stille Sonntagnachmittag soll Dir diesen Gruß bringen. Über die Meere hin soll er Euch sagen, daß Ihr allein, aber nicht verlassen seid ... Bleibe ein fröhliches Gotteskind und laß Dir den Segen, der in unserer Notzeit für uns verborgen liegt, nicht entgehen." Anschließend erzählt er vom Frühling, der jetzt überall zu ahnen ist:

„Draußen meldet sich der erste Frühling. Im Garten sah ich das erste Schneeglöckchen. Schwertlilien und Rhabarber stoßen mit ihren Spitzen durch die braune Erde. Der Flieder hat schon dicke Knospen. Die Kirschen rücken ihnen auf dem Fuße nach. Sonst ist die Natur noch still. Die Kätzchen aber, die ich Euch zum Gruß zugedacht hatte, stehen in unserm Zimmer in voller Pracht, zum Liebhaben samt und weich. Gelb, rötlich, grün, in allen Frühlingsfarben." Vielleicht sieht Else noch davon. „Ein japanisches Schiff soll am 1. April in Bremen einlaufen. Wenn Else darauf ist, können wir sie bald hier erwarten. Es ist gut, daß Ihr nicht zu gleicher Zeit kommt. Wir wüßten nicht, wohin mit Euch allen. Es fehlt an Betten und auch an Bettwäsche. Und kaufen kann man nichts. Du kannst Dir unsere Armut nicht groß genug vorstellen..." Nachts war zum vierten Mal eingebrochen worden:

„Mutter wurde aus dem Holzstall ein Beil gestohlen. Sonst hatten wir glücklicherweise nichts zum Stehlen. Der Hausbesitzer hat einen Wachhund. Tor und Tür sind gut verschlossen. Das bedeutet aber heute nicht mehr viel ... Beschwerden bei der Polizei sind zwecklos. Du kannst genau so gut einen Ochsen ins Horn kneifen." Dann bittet er noch einmal: „Für alle Notizen, die Du Dir über das Batakland und die Batakkirche machen kannst, halte Dich offen. Auch für Literatur übers Batakland, z.B. batakische Adat bin ich empfänglich. Auch Sprichwörter u.s.w. Meine Sachen sind ja alle verloren gegangen. Und hier bin ich von allem abgeschnitten. In der holl. Literatur gibt es ganz vorzügliche Sachen, die mir jetzt gut zustatten kämen. Aufs Gedächtnis allein kann ich mich schlecht verlassen. In unwandelbarem Gedenken bleibe ich Dein Alfred“ (23. März 1947)

Es ist Palmsonntag und Gertrud ist auch ganz sonntäglich gestimmt: „Ich vermag mein Empfinden nicht in Worte zu kleiden, in Töne fassen könnte ichs vielleicht und würde zu Händel greifen. Aber ein Instrument – wie schmerzhaft ich das oft vermisse. Ich bin gewiß kein Held im Spiel, und doch – die Musik ist mein Lebenselement. Das ist mir in all den Jahren der musikalischen Hungersnot immer wieder deutlich geworden...“ Sie tastet schon einmal vor, ob wohl in Wiesbaden eine Möglichkeit bestünde, in einem Kirchenchor zu singen? Ein neuer Abreisetermin, der 10. April, wurdekundgetan, aber an den glaubt keiner mehr.

Alfred kennt Gertruds Sehnsüchte bezüglich der Musik und so erzählt er ihr: „Vorhin war ich in der Lutherkirche und nahm an der Abendmusik teil, die das Wiesbadener Kirchenorchester mit dem Lutherkirchenchor veranstalteten. Das Programm bestand aus Präludium und Fuge in A-Moll, Konzert in D-Moll für Violine und Orchester und der Kantate: Gottes Zeit ist die allerbeste Zeit. Es hat mir gefallen, und ich freue mich schon, wenn Du auch dabei sein kannst, um solch gute Musik zu hören. Während dieser Abend nur Bachsachen brachte, soll am Karfreitag die Johannespassion von J. v. Burck gegeben werden. Ich habe mich entschlossen, auch dahin zu gehen. Auch sonst fehlt es an geistigen Anregungen der verschiedensten Art nicht. Wie arm unser Leben auch geworden sein mag, an geistigen Gütern und Genüssen haben wir noch einen Überfluß.“ (30. März 1947) Dann fährt er fort zu berichten: „Nächste Woche will ich für einige Tage ins Ravensberger Land zu Volmer und Tiemeyer. Sie haben mich eingeladen, um unsere Ernährungslage ein wenig aufzubessern. Und dann beginnt das Reisen in den Westerwald, an den Rhein u.s.w. und häufig wirst Du mich nicht zu Hause haben, wegen der Weitläufigkeit dieses Gebietes und der Zonenschranken und der Fahrtschwierigkeiten. Zum Gebiet, das ich versorgen soll, gehören die Synoden Wied, Selters, Nastätten, Nassau und Usingen. Hoffentlich kommt Ihr nicht, wenn ich gerade unterwegs bin. Es wäre immerhin schon gut, wenn Du mir Eure Ankunft rechtzeitig ankündigtest, damit ich mich darauf einrichten kann und nicht grundlos alle schönen Pläne in Unordnung kommen. Gestern kam Deine Karte vom 2. III. an Mutter an. Noch immer nichts über Eure Abreise. Berner [Missionsdirektor] hat sich viel Mühe gegeben und hat mit Holland und Amerika über Euch verhandelt, damit endlich Klarheit in Eure Heimkehr kommt, obs hilft läßt sich jetzt noch nicht sagen. Es ist nicht so, als ob Barmen teilnahmslos Eurem Geschick gegenübersteht, aber es kann tatsächlich nicht viel unternehmen und Beten ist gegenwärtig unser hauptsächliches Geschäft. Du klagst, daß Barmen Euch nicht schreibt. Schreibt Ihr aber auch an Barmen? Ich habe noch nicht gehört, daß von Euch Post angekommen wäre. Wie sollen sie da schreiben können? Das soll kein Vorwurf sein. Wenn Ihr aber wüßtet, wie die Zustände hier in Deutschland sind, dann hättet Ihr mehr Verständnis. Wir müssen halt alle die Zähne zusammenbeißen und warten lernen, ... Grüße bitte unsere Drei. Wenn ich hier die Kinder auf den Straßen spielen sehe, dann tut mir manchmal das Herz weh, daß unsere Kinder nicht auch so spielen können. Jetzt bei diesem Wetter drängen sich alle Kinder nach draußen und ihr Leben wird wunderschön im milden Frühlingssonnenschein. Ach, Gott wolle ein Einsehen haben und Euch den Weg in die Heimat wieder öffnen. Mutter hat auch eine große Sehnsucht nach den Kindern. In Liebe und Treue Dein Alfred"

Martha Weissenbruch ist glücklich, dass sie in diesen schweren Zeiten nicht mehr allein zurechtkommen muss, das betont sie immer wieder. Am 20. April schreibt sie: „Du glaubst garnicht, wie ich Alfreds Hiersein genieße, wir verstehen uns so gut und er ist mir wie ein lieber Sohn. Ich habe ihn ja immer gern gehabt aber ich meine, so lieb wie jetzt, doch nicht. Er ist gereift in den sieben Jahren und Du kannst Dich schon auf ihn freuen."

Auch von Else aus Japan gibt es endlich Nachricht: „Und in etwa 10 Tagen hoffen wir daß Renate und Irmgard und Else auch hier bei uns sind. Mit dem ersten Transportschiff kamen sie nicht mit, aber sie hat mir sagen lassen durch eine Dame, sie kämen mit dem zweiten. Und das ist etwa Mitte März abgefahren und wird in den letzten Tagen dieses Monats erwartet. Dann kommt das Lager noch in Ludwigsburg und dann kommt sie erst hier her. Wird das eine Freude sein! Aber wir wagen uns noch nicht recht zu freuen, nach all den Enttäuschungen die wir schon erlebt haben." (20. April 1947) Zu Recht, denn bereits am 5. Mai berichtet sie, dass Else wohl erst Ende Maiankäme.

Die jetzt verbesserte Postverbindung macht ihnen auch die Vorbereitung auf das neue Leben leichter. Gertrud weiß jetzt, was drüben gebraucht wird, hat noch einige Wolldecken, Töpfe, eine Schüssel und Besteck, die sie hofft heil nach Deutschland zu bringen.

Voll Lobes ist Gertrud über die neue Zusammenarbeit von de Kleine und Bos, sie seien ein ideales Team: „Kurz, sie ergänzen sich, wie es schöner nicht sein könnte. Gestern waren sie sogar an der äußersten Front,eine Strecke ins jenseitige Lager, wo sie 4050 batakschen Soldaten aus allen Gegenden trafen, sich mit ihnen unterhielten, sich beschnupperten und schließlich mit dem Bescheid abzogen, daß jene ihren Kolonell Sarumpait in Siantar befragen wollten, ob Bos und de Kleine sonntags dort an der Grenze Gottesdienste halten dürften. Wenn das glückte, das wäre eine gewaltige Bresche ins Batakland. Bos ist bis jetzt überall freudig aufgenommen. In Batavia machte er einen guten Anfang. Schon allein die Tatsache, daß er einen in Gefängnishaft sitzenden Bruder von Dr. Pohan von sich aus im Gefängnis besuchte, hat ihm viele Tore geöffnet. Melanchton forderte ihn sogar auf, Passionsgottesdienst zu halten..." (20. April 1947) Auch Tochter Christa fügt einen langen Bericht über Leben und Lernen in ihrer Schule an.

Alfred ist von seiner Reisetätigkeit so in Anspruch genommen, dass er kaum zum Schreiben kommt. „Da wars in Indien schon besser", schreibt er, „Ich weiß nicht. ob ich mich nicht dahin zurücksehnen soll. Da hatte ich mehr Muße für Euch. Selbst den nächsten Verwandten schreibe ich kaum, was ich in Indien regelmäßig tat. Sie werden sich alle sehr über mich wundern...", dann fährt er fort: „Wie froh Du schreibst. Das tut mir gut. In dieser Zeit ists gut, den Kopf oben zu behalten. Unsere schlimmsten Zeiten stehen noch vor uns. Wohl dem, der ein festes Herz in aller Not behält. Unsere Nahrungsmittellage hat sich wieder verschlechtert. 1000 gr. Brot die Woche. Solange ich in Deutschland bin noch keine frischen Kartoffeln und einmal ein halbes Pfund Gemüse. Dazu ein wenig Nährmittel und 50 gr. Fett die Woche. Wenn Gott nicht ein Einsehen hätte und noch das Wenige segnete, würden wir nach dem Willen unserer Feinde und Freunde alle verhungern ... Die Arbeit und die Hoffnung hält mich oben ... Arbeit gibt es in Deutschland genug, wenn auch leider nicht viel zu essen. Mir hat man inzwischen auch schon zweimal eine Arbeit angetragen, einmal lud mich Landesbischof Kortheuer ein, in den Dienst der Nassauischen Kirche überzugehen, ein anderes Mal sollte ich in den Dienst des Nassauischen Gemeinschaftsverbandes eintreten. Beide Male lehnte ich ab, weil mein Missionsweg noch nicht geklärt sei. Für die Übergangszeit, bis sich das Schicksal unserer Arbeit entschieden hat, scheint mir Warten die einzig angebrachte Haltung. Im übrigen muß ich Euch erst einmal hier haben." Bezogen auf Gertruds letzten Brief meint er: „Im letzten Brief erkundigtest Du Dich bei Mutter, ob sie ihre [Näh] Maschine noch hätte. Darauf soll ich Dir antworten, daß sie die Maschine noch hat, aber kein Nähgarn. Dafür müßtest Du selbst sorgen. Hier in Deutschland gibt es so etwas nicht." (5. Mai 1947)

Am 10. Mai 1947 jährt sich der Tag, an dem der Alptraum begann zum siebten Mal. Gertrud schreibt am 11. Mai: „Nun sind wirklich die sieben Jahre voll geworden. Wer hätte das je gedacht. Und nun? Ich seh noch kein Ende daran. Wir hören nichts und es geschieht nichts. Die Hoffnung, die uns in der vergangenen Woche aufs Neue erfüllte – sie ist wieder verflogen. Es scheint aber tatsächlich an der englischen Besatzungsbehörde zu liegen, die einfach keine Einreiseerlaubnis gibt. So sollen z.B. die Deutschen von Surinam schon lange in Holland sein, werden aber nicht nach Deutschland hereingelassen. Da ist es schon besser wir warten hier, als daß wir in Holland warten. Es hieß zwar, die Einreiseerlaubnis für uns sei da (das ist aber auch nur inoffiziell) – wir wissen nicht, was los ist. Vielleicht müßt Ihr Euch mit den Besatzungsbehörden auseinandersetzen. De Kleine wird sich in Batavia noch genau informieren. Den Mai über werden wir jedenfallswohl noch hier sein."

Seine Reise, schreibt sie, führe De Kleine auch über Padang. Dort wolle er unter anderem auch noch einmal nach Alfreds Büchern sehen. „Die Bücherkisten, die wir von hier aus fortschickten sind bereits in Holland angekommen. Wie würde ich mich freuen, wenn er von Dir auch noch etwasauftreiben könnte!" (11. Mai 1947)

Tatsächlich waren wohl die Grenzen Deutschlands in dieser Zeit für Rückkehrer geschlossen. Vermutlich hatte dies zu tun mit den laufenden Entnazifizierungsverfahren, die noch nicht abgeschlossen waren. Vielleicht wollte man die Kontrolle über diesen Bereich behalten.

Schließlich, Mitte Mai, scheint endlich ernsthaft Bewegung in ihre Reiseangelegenheiten zu kommen. Martha Weissenbruch berichtet: „Gestern kam ein Telegramm von Elfriede de Kleine an Alfred mit der Nachricht, daß Ihr am 5. Juni abreist. Gott wolle in Gnaden geben, mein Kind, daß es nun diesmal Wirklichkeit wird. Es ist für Euch und für uns eine Folter, dieses Warten." Sie wünscht Gertrud innere Ruhe für die letzten Wochen, bereitet sich selbst auf die neue Realität vor: „So reiset denn mit Gott! Und wir werden hier rüsten, so weit sich rüsten lässt. Kind, ich freue mich unsagbar auf unser Zusammenleben, auf Euer Kommen, auf unser Wiedersehen! Wenn ich auch manchmal denke, sie müßten nach der langen Trennung allein sein, aber wir Deutschen leben jetzt mehr oder minder alle zusammen gedrängt auf engem Raum und Ihr sollt trotzdem Eure Gemeinsamkeit genießen. Es geht mir gesundheitlich so, daß ich Dir mancherlei helfen kann; so werden wir zu zweien ganz gut die Arbeit leisten und wir beiden sind doch auch so miteinander verbunden und zutiefst verwachsen miteinander. Ist es nicht so? Ihr kommt zurück in eine bettelarme Heimat. Ach wie gerne würden wir es Euch anders wünschen, aber in allen Führungen steckt ein Segen und daß wir den nicht verlieren, soll unsere größte Sorge sein. So mancher, der alles verloren hat, hat einen inneren Reichtum bekommen, ..." Ein Wollstoff von Hermann mag in Zukunft noch gute Dienste leisten. „Ein Paar Kinderstrümpfe habe ich auch stricken können bis zur Ferse, weil ich ja die Länge nicht weiß, so habe ich damit aufgehört. ... Alfred hilft mir fleißig. Du solltest mal sehen, wie er spült oder abtrocknet, Holz herauf schleppt und die Küche putzt. Vorgestern haben wir schwer gearbeitet. 8 Ctr. Brennholz beim Kohlenhändler geholt, schweres Klafterholz. Morgen wird es zersägt und dann wird Alfred es zerhacken. So ist seine gut aus und es geht ihm gut." (18. Mai 1947) Alle sind also bereit, gemeinsam die schwierigen Lebensbedingungen zu meistern.

Zur gleichen Zeit hat auch Gertrud von der geplanten Abreise erfahren: „Nun sind wir wieder ein Schritt der Heimat näher gekommen. De Kleine telegraphierte uns in der vergangenen Woche, daß unsere Abreise zwischen dem 5 – 10 Juni – wird wohl später werden!? – steigen würde und zwar mit der ‚Indrapoera'. Hier wurde uns diese Nachricht von officieller Seite bestätigt." Sie bedankt sich noch für Marthas verspätete Geburtstagsgrüße und schreibt: „Wenn mir so Eure Liebe aus Euren Briefen entgegenstrahlt, dann wird das Heimweh mächtig in mir, dann möchte ich bei Euch sein und mich wärmen an Eurer Liebe; möchte mit Euch schaffen im Haus und Garten, mit Euch leben, leiden und – vor allem mich freuen. Wie schön wird das sein, wenn wir wieder beisammen sind! – Nun gibt es noch einige unruhige Wochen, bis alles glücklich reisefertig ist. Schade, schade, daß wir so wenig Geld haben, so manches Wichtige müßte noch angeschafft werden. Man kann hier alles haben, wenn man nur Geld hat; drüben ist es dann umgekehrt. Aber daran ist nichts zu ändern. Wir werden dann auch so zurechtkommen." (18. Mai 1947)

Es liegt auch noch einmal ein Brief Utes bei, in welchem sie erzählt:

„Lieber Vati. Ich spiele jetzt kaum mehr mit Puppen. Ich steige jetzt jeden Tag auf einen Baum. Da sind herrliche Früchte drauf. Dann bleibe ich so lange oben, bis Mutti kommt. Dann gehen wir zur Quelle und holen Trinkwasser. Nah bei der Quelle fließt ein Fluß. Mutter läßt uns manchmal im Fluß baden, an einer Stelle ist der Fluß sehr tief. Michel ist immer bang im Tiefen, gestern war der Fluß besonders tief, drum konnten wir nicht baden. An der Stelle wo es sonst nur zwanzig cm tief war, ging es mir jetzt bis zu meinen Hüften. Wir haben jetzt Ferien und hoffen auch daß wir hier keine Schule mehr haben. Ich freue mich auch so darauf, wenn wir uns wieder sehen. Ich muß in den Ferien jeden Tag Englisch lesen. Ich hoffe, daß wir im Mai bei euch sind. Ich wünsche mir auch so gerne einen Farbkasten, denn ich male so gerne. Viele Grüße von deiner Tochter Ute."

Da Alfred sich zunehmend auf Reisen befindet, übernimmt Martha hauptamtlich den Briefwechsel. Es ist zu spüren, wie die Reise jetzt ganz nah rückt. Sie legt am 18. Mai auch einen Brief an die Kinder bei: „...Wenn Ihr nun auf dem Schiff seid, dann macht die Augen gut auf und beseht Euch alles ganz genau, damit Ihr uns viel erzählen könnt und das auch im Gedächtnis behaltet, was Ihr gesehen habt. Vielleicht seht Ihr auch fliegende Fische. Und merkt Euch auch die Hafenstädte, an denen Ihr Halt macht. Ich möchte Euch von Herzen grüßen durch diesen Brief und Euch sagen, wie sehr wir uns freuen auf Mutter und Euch. Wenn Vater Euch abgeholt hat und Ihr sitzt in der Eisenbahn und kommt dann in Wiesbaden Hauptbahnhof an, dann steht Oma da und guckt sich die Augen aus und freut sich ganz stark. Und dann fahren wir heim und Ihr werdet Euch wundern, wie schön es in Deutschland ist, wie alles so frisch grün ist und die Vögel singen, die Blumen blühen. Aber Sumatra müsst Ihr auch lieb behalten in Eurem Herzen, denn es ist Eure Heimat..." (18. Mai 1947)

Am 4. Juni, es ist der letzte Brief, den sie von Sumatra aus schreiben wird, heißt es bei Gertrud: „...Wir leben wieder in Hochspannung. Die

Gerüchte um unsern baldigen Abtransport häufen sich täglich. Doch von officieller Seite wurde uns noch nichts mitgeteilt. Immerhin fangen wir wieder an zu hoffen. Obs wirklich in diesem Monat noch losgeht? Gott gebe es." Vorher will sie noch helfen, eine Wohnung für Bos und de Kleine wohnlich einzurichten. Sie schreibt: „Da heißt es beim Umzug, Einrichten helfen und es so nett und gemütlich einrichten, wie es mit den paar Brocken und Gardinen möglich ist. Sowohl Kirche wie Pastorie sind von innen und außen frisch gekälkt und sehen wieder schmuck und sauber aus. Wenns glückt und Frau Brand bleiben darf, wird sie auch dort wohnen und den Haushalt leiten. Für die Tuans wäre das zu wünschen. De Kleine ist so hoffnungslos unpraktisch was außerdienstliche Dinge betrifft; Bos scheint umso praktischer zu sein, kennt aber die neuen Verhältnisse betreffs Bedienung und Diebsgefahr noch zu wenig. Überhaupt wird besonders de Kleine nach unserm Fortgang die Trennung von seiner Familie erst recht zum Bewußtsein kommen. Dieses Opfer bleibt ihm so schon nicht in den Kleidern stecken. ... De Kleine kam heute ganz erschossen aus dem Gefängnis, wo er Gottesdienst gehalten hat. Da ist ihm ein Neuling um den Hals gefallen und hat bitterlich geschluchzt. Es war ein Junge aus Sidempoean, d.h. er ging in de Kleines Zeit dort zur Schule und litt furchtbar an Heimweh, kam viel zu de Kleine und war sehr anhänglich. Heute erlebte er dieses Wiedersehen, er als politischer Gefangener. Ähnliche Szenen haben sich schon mehr abgespielt. De Kleine erlebte viel Erfreuliches, hat aber auch schon manche bittere Pille schlucken müssen." Die Missionsarbeit auf Sumatra solle von der lutherischen Kirche übernommen werden, erzählt sie, wobei de Kleine darauf dringen werde, dass für diese Arbeit in erster Linie Leute in Frage kommen, die Land und Leute kennen und der Sprache kundig sind. „Die Folgerung ist wohl deutlich" meint Gertrud und schließt: „Behüt Euch Gott. Hoffentlich sehen wir uns bald wieder. Viele liebe Grüße auch von den Kindern ... Eure Gertrud." (4. Juni 1947)

Und letztlich wird es dann doch wahr. Gertrud und die Kinder gehen im Juni 1947 im Hafen Belawan an Bord der „Johann van Oldenbarnevelt". Mit Barkassen werden sie zum Schiff gebracht. Als sie über das Fallreep hochsteigen, erwartet sie oben eine böse Überraschung: An Deck wird sortiert. Alle Jungen über sechs Jahre werden von ihren Müttern getrennt und mit den anderen zugestiegenen männlichen Kriegsgefangenen auf das Unterdeck verwiesen. Michael erinnert die bei der Tropenhitze furchtbar stickige Luft dort unten. Durch die Situation von Krieg und Internierungslager an selbständige Aktionen gewöhnt, schlich er sich oben aufs Deck und versteckte sich dort unter einem Haufen Segeltüchern. Dort wird er erst am nächsten Morgen von einem Offizier entdeckt und wieder nach unten geschickt. Der vehemente Protest der Mütter gegen diese willkürliche Trennung zeigt Wirkung, sie wird bald wieder aufgehoben. Die

„Johan van Oldenbarnevelt“ ist nicht auf dem Weg nach Westen, sondern sie fährt nach Osten, Richtung Java. Vor Batavia werden die Passagiere dann draußen auf Reede von der „Indrapoera“ übernommen. An diesen Schiffswechsel erinnert sich Michael noch heute sehr gut, denn die Passagiere werden in Körben an Seilen von einem Schiff zum anderen gezogen und das bei unruhiger See. Sie werden unten im Schiffsbug einquartiert und dürfen nur zu ganz bestimmten Zeiten aufs Deck. So Utes Erinnerung, auch habe es unbegrenzt hart gekochte Eier gegeben.

Die Fahrt führt sie über Aden. Michael erinnert diese Stadt mit dem Gefühl des Verlassens einer alten Welt und des Eintritts in eine neue, als Grenze zwischen Asien und Europa, einem Kulturwechsel also. Durch den Suezkanal geht es weiter nach Rotterdam, wo sie am 7. Juli 1947 eintreffen. Von dort werden die Rückkehrer in Viehwaggons der Eisenbahn zum nahe Hamburg gelegenen Aufnahmelager Neuengamme transportiert. Hier, in einer Seitenbaracke des ehemaligen Konzentrationslagers, werden aus dem Ausland heimkehrende Deutsche gesammelt, meist handelt es sich um Missionare und Missionsangehörige, und auf eine eventuelle nationalsozialistische Vergangenheit hin überprüft. Vier Tage später, am 11. Juli 1947, werden sie aus dem Lager entlassen.

Rückkehr nach Deutschland

Von Neuengamme aus reist Gertrud mit den Kindern nach Hamburg. Die unermessliche Zerstörung der Stadt sehen die Kinder mit Entsetzen. Der erste Impuls, an den Ute sich heute erinnert ist: Bloß sofort weg hier und zurück nach Sumatra! Die Busfahrt zum Bahnhof Altona erfüllt sie mit Panik: „...alles drückte sich ins Innere, Leute hingen draußen an den offenen Türen. Ich war klein und bekam gar nicht genug Luft. Es war furchtbar. Das Vaterland, das uns alle Mütter so angepriesen hatten, die deutsche Heimat, war nicht wie wir es erwartet hatten.“ Alfred holt sie in Altona ab. „Dann trafen wir unseren Vater, ein fremder Mann. Ich glaube ich habe ihm während meiner ganzen Jugend nie das Recht eingeräumt, Autorität über mich zu haben...“, sagt Ute, ein Schicksal, das sie wohl mit vielen anderen Kindern teilt, deren Väter nach langer Zeit aus dem Krieg oder der Gefangenschaft nach Hause gekommen sind. Gemeinsam fahren sie mit der Eisenbahn nach Wiesbaden, und dann vom Hauptbahnhof mit dem Bus zur Dotzheimer Straße 52 (vormalig Schlageterstraße, heute Erich-OllenhauerStaße), wo sie die nächsten neun Jahre leben werden.

Das Haus, in welchem sich die Wohnung von Martha Weissenbruch befindet, liegt im Ortsteil Biebrich. Es ist eine Art Landhaus, eine Walmdachvilla mit drei Etagen in einem riesigen, mehrere 1000 qm^2 großen Obstgarten. Unten im Hochparterre leben die Hauseigentümer, das Ehepaar Rossel, im ersten Stock Martha und im dritten Stock, dem Dachgeschoss, wohnen Hallbauers, eine Mutter mit erwachsenem Sohn.

Jetzt ist die Familie hier in Marthas Wohnung endlich wieder vereint. Es ist erreicht, was alle so lange herbeigesehnt haben. Wie fühlt sich das an, nach sieben langen Jahren wieder zusammen zu sein, eine Familie zu bilden? Sieben Jahre unterschiedliche Erfahrungen und unterschiedliche Entwicklungen treffen völlig unvermittelt und unter den erschwerten Bedingungen der Nachkriegszeit aufeinander. Durch die lange Trennung fehlten die alltäglichen Reibereien, mit denen sich normalerweise einer dem anderen angleicht, sich die Ecken und Kanten der Charaktere abschleifen. Wie mag sich das im neuen gemeinsamen Leben ausgewirkt haben? Leider fehlen jetzt die regelmäßigen Briefe, welche die Brücken gebaut, das Leben, Denken und Fühlen dem anderen Partner vermittelt haben und heute ein lebendiges Bild geben könnten. Einige Kinder, einzelne Elternbriefe und ein Stapel Postkarten ist alles, was vorliegt. Und doch lässt sich in Verbindung mit den Erinnerungen der erwachsenen Kinder erahnen, wie es gewesen ist.

Im Jahr ihrer goldenen Hochzeit auf diese Thematik angesprochen, gibt Alfred sinngemäß folgende Antwort: „Es war nicht einfach, aber im Ringen um das tägliche Überleben ist man wieder zusammengewachsen."

Wie war damals das tägliche Leben? Marthas Wohnung bestand aus drei Zimmern, einer kleinen Küche mit Balkon, Bad und Toilette. Martha hat für sich das Eckzimmer zum Garten mit Blick auf den großen Kirschbaum eingerichtet. Die beiden anderen Zimmer sind für die Familie gedacht. Alfred hatte bereits am 2. März 1947 an Gertrud nach Sumatra geschrieben:

„Wir hatten uns schon in den letzten Tagen ganz auf Euer Kommen eingestellt, die Zimmer eingeräumt und alles hergerichtet, damit wir im letzten Augenblick keine Schwierigkeiten mehr hätten, wenn ich Euch endlich abholen könnte. Ins Wohnzimmer haben wir ein Bett gestellt für Dich, ich schlafe auf der Couch. Die Kinder schlafen nebenan und Mutter hat ihr kleines Zimmer behalten. Das Wohnzimmer ist leidlich geräumig, sodaß wir uns alle darin tummeln können. Die Küche ist entsetzlich klein, ... Für die Kinder hat Mutter vorläufig Betten geliehen." Das Kinderzimmer ist nicht beheizbar, durch die geschlossene Schiebetür zum Wohnzimmer dringt kaum Wärme herein und die geliehenen Eisenbetten haben Seegrasmatratzen. „Sie waren im Winter furchtbar kalt, die Kälte kam von unten, nie wurde man warm", erinnert Ute.

Zwei Zimmer für Eltern mit drei heranwachsenden Kindern, das ist eng, wenn auch in diesen Zeiten nicht ungewöhnlich. Die Schwierigkeit besteht darin, dass die in den Tropen aufgewachsenen Kinder von klein auf an ein vorwiegend im Freien stattfindendes Leben, also an einen viel größeren Umgebungsraum gewöhnt sind. Jetzt, die Großmutter ist alt und empfindlich, die selbst kinderlosen Hauseigentümer wohnen in der Wohnung darunter, wird von ihnen erwartet, dass sie leise sind, Rücksicht nehmen. Das ist beinahe nicht zu leisten. Und doch, es scheint irgendwie zu klappen. Zumindest berichten die Kinder 1948 den verreisten Eltern: „Wir haben ein schönes Osterfest gehabt. Frau Rossel hat uns die Eier versteckt. Wir mußten lange suchen, bis wir sie alle hatten..." (Ute, 4. April 1948) Auch von der Mithilfe der Kinder im Garten ist zu lesen. Die Rossels scheinen der Großmutter ein Beet im Garten überlassen zu haben, auf dem die Familie etwas Gemüse, Salat und Kräuter ziehen kann. Die beiden Mädchen haben wohl auch ein eigenes Beet, von dem wir erfahren, als Ute von einer Kinderverschickung in die Schweiz berichtet und von dort fragt:

„Was macht Christa? Versorgt sie auch mein Beetchen gut. Wie groß ist ungefähr der Mohn, der Pfefferminztee und die Ringelblümchen. Christa kann die Stiefmütterchen ruhig ausreißen. Sie darf auf dem Platz pflanzen was sie will..." (23. Mai 1948)

Auf den Schweizer Bauernhof kommt Ute wegen ihres schlechten Allgemeinzustandes. Sie ist dünn und blass; seit der schweren und lebensbedrohlichen Dysenterie sowieso immer zart geblieben, leidet sie jetzt immer wieder unter migräneartigen Kopfschmerzen und hat außerdem aus den Tropen Hakenwürmer mitgebracht. Möglich macht diese Erholungsreise entweder eine Initiative der Missionsgesellschaft oder die Schweizer Kinderhilfe. Ute bleibt fast vier Monate in der Schweiz und fühlt sich sehr wohl bei ihren Gasteltern, den Graberts, die auch ihrerseits von Ute sehr angetan sind. Im Jahr darauf werden auf Vermittlung der Graberts alle drei Kinder in die Schweiz kommen. Die Briefe aus diesen Urlauben zeigen: Es sind liebe, wohlerzogene Kinder – vielleicht sogar zu wohl erzogene? Jeder Brief enthält z.B. Grüße an alle Daheimgebliebenen. Das wirkt fast formelhaft, als ob sie alles ganz richtig machen möchten. Immer aber erzählen sie sehr lebendig und die Briefe sind oft verziert mit kleinen Zeichnungen odereinem Sträußchen Zittergras.

Alfred und Gertrud sind im April dieses Jahres unterwegs nach Tübingen. Im dortigen Tropengenesungsheim werden alle heimkehrenden Missionsleute auf eventuell mitgebrachte tropische Infektionskrankheiten hin untersucht. Beide sind im Wesentlichen gesund, haben nie Malaria gehabt. Über Alfred heißt es in dem Befundbericht: „...Der Klimawechsel ist ihm sehr gut bekommen. Seit der Rückkehr nach Deutschland immer gesund gewesen. Klagt nur über etwas nervöse Herzbeschwerden..." Und über Gertrud: „...Lediglich viel Durchblutungsstörungen an Händen und Füßen. Jetzt starkes Schlafbedürfnis, Schwindelgefühl morgens nach dem Aufwachen. Kein eigentliches Krankheitsgefühl, fühlt sich aber im

Allgemeinen sehr müde und schlapp....“ (19.April 1948) Dies lesend drängen sich die Anforderungen des letzten Jahres auf, denen Gertrud ausgesetzt war: Medan, Rückreise, Nachkriegszeit in Deutschland. Müde und schlapp? Eigentlich überrascht das nicht wirklich. Und Alfreds nervöse Herzbeschwerden? Vielleicht mag sich da doch auch etwas von den Schwierigkeiten des Zusammenwachsens ausdrücken?

Merkwürdigerweise werden die Kinder niemals in Tübingen vorgeladen und untersucht. Das war schon damals bei Hermann und Martha so gewesen. Um Utes Hakenwürmer müssen sich die Eltern selber kümmern.

Gertrud und Alfred scheinen die Reise nach Tübingen gleichzeitig als eine Art Ferienreise genutzt zu haben. Sie sind etwa drei Wochen unterwegs. Martha schickt ihnen die Lebensmittelkarten hinterher und schreibt in einem Brief an die beiden: „...Wie sehr freue ich mich, daß Ihr es so gut habt, daß Euch Land Leute und Umgebung, nicht zuletzt das Haus so zusagen. Ich fürchte nur, Ihr lauft zuviel und ruht zuwenig. Heute seid ihr also in Liechtenstein gewesen, hoffentlich ohne Regen, den wir hier reichlich haben“, und sie schließt: „Eilt nur nicht mit Eurer Heimreise, es geht sehr gut ohne Euch und Ihr bekommt eine so schöne Zeit so bald nicht wieder.“ (4. April 1948) Martha klingt sehr fürsorglich. Weiß sie schon, dass Gertrud im zweiten Monat schwanger ist? Ist sich Gertrud selbst dessen schon bewusst? Jedenfalls fühlt sich diese Reise aus heutiger Sicht fast wie eine zweite Hochzeitsreise an.

Zu Hause kümmert sich inzwischen die Großmutter um die Enkel und ein Cousin Gertruds, Onkel Alfred Schmidt, scheint sie zu unterstützen. Er hat den Kindern eine zerlesene Prachtausgabe von Grimms Märchen mit wunderschönen Bildern geliehen, welche sie sich fleißig gegenseitig vorlesen – sogar in der Badewanne! „Immer der, der gerade im Bad saß bekam vorgelesen“, so Martha im gleichen Brief und sie schreibt auch, dass Michel dringend neue Schuhe brauche. Seine seien beim Schuster, darüber hinaus hat er keine anderen und Bezugsscheine gäbe es erst ab Mai. Auch ein Fahrrad soll über Bezugsscheine erworben werden. Ute hat eine Erinnerung, in der sie den Vater einen großen Sack Kartoffeln auf einem Fahrrad schiebend sieht. Ein Fahrrad war wohl ein wichtiges und notwendiges Transportmittel. Offenbar kaufte jeder auf seine Bezugsscheine, was er eben bekommen konnte, und dann wurde getauscht, denn Martha schreibt auch:

„Else hat allerlei gekauft, ist aber nicht alle Punkte los geworden; ... Eine Bluse für Christa und ein warmes Hemd, das glaube ich dem Alfred paßt “

Ute erinnert sich, dass Geld wie auch Nahrungsmittel knapp waren, weshalb die Familie für einige Jahre mit einem Minimum auskommen musste. Der Kauf eines Paars Schuhe, wie in Michaels Fall, und vorausgesetzt, sie waren überhaupt erhältlich, war eine große Ausgabe und musste sorgfältig geplant werden.

So wie Else Dinge kauft, die vielleicht jemandem in der anderen Familie passen könnten, unterstützen sich beide Familien wechselseitig. So wohnt Irmgard während einer akuten Ehekrise der Eltern vorrübergehend bei Rutkowskys. Geburtstage, Konfirmationen und andere festliche Anlässe werden meist gemeinsam gefeiert. Die Schwestern Gertrud und Else genießen diese neue Nähe, die sie seit zwanzig Jahren nicht mehr gehabt haben.

Die Lebensbedingungen in diesen Zeiten sind für alle nicht einfach. Die Kinder müssen sich an die deutsche Schule gewöhnen, sich dort einleben. Alfred ist ständig in Sachen Reisedienst unterwegs. Er macht diese Arbeit einerseits gerne, andererseits erschöpft sie ihn aber auch. Jede Nacht in einem anderen Bett schlafen, bei Wind und Wetter immer unterwegs, seine Vorträge und Filmvorführungen muss er oft in kalten ungeheizten Sälen und Kirchen halten. Zum Transport seiner Vorführgeräte ist er zu dieser Zeit immer auf Mitfahrgelegenheiten angewiesen. Seine Postkarten von unterwegs zeichnen hier ein lebendiges Bild. Manchmal ein Lichtblick, wenn eine Reise ausfällt, so wie im März 1950: „Diesmal eine gute Nachricht!“, meldet er. „Die Westerwaldreise wird auf eine andere Zeit verlegt. Ich komme also nach der Konferenz in Barmen zurück. Welch eine Freude! Ich fühle mich wie ein ausgewrungener Waschlappen, müde und abgekämpft. Noch drei Tage bin ich in Köln. Montag geht's nach Barmen und dann heim.“ (24. März 1950)

Gertrud wiederum hat mit den ärmlichen Bedingungen der Nachkriegszeit zu kämpfen. Sie ist erfinderisch, macht aus wenigen Lebensmitteln appetitliche Speisen, Scharbockskraut, Schafgarbe und Brennnesseln werden gesammelt und zu Salat, Spinat oder den beliebten Brennnessel-Haferflockenküchlein verarbeitet. In den umliegenden Gärtnereien verhandelt sie um verwachsenes Gemüse und geschossenen Salat. Von Rossels gibt es manchmal Falläpfel. Jedenfalls meint Ute heute, sie habe nie das Gefühl gehabt, Hunger leiden zu müssen. Die Kleidung für sich und die Kinder näht Gertrud selbst, ändert um, wo es möglich ist. Geld ist knapp. Wäsche ist für sechs Personen zu waschen, unten in der Waschküche in dem großen Kupferkessel: Einweichen, kochen, spülen, wringen, aufhängen. Im Winter wird die steif gefrorene Wäsche im kleinen Wohnzimmer zu Ende getrocknet. Eine harte Arbeit und so wird eine der ersten Anschaffungen in den fünfziger Jahren eine AEG Waschmaschine mit Gummiwalzen zum Auswringen sein. Gertrud ist von morgens bis abends beschäftigt. Und jetzt kommt zu den drei Großen noch ein Säugling hinzu.

Am 21. November 1948 wird Dorothea geboren. Dorothea, das „Gottesgeschenk“, nach siebenjähriger Trennung Ausdruck des Neuanfangs, das Kind aus zweiter Ehe, wie Alfred sagen wird. Dorothea, bald Dörthe oder zärtlich auf Hessisch „Bobbel“, Püppchen, genannt. Um die vier Kinder unterzubringen, mieten sie das kleine Zimmer im Dachgeschoß hinzu. Hier wohnt jetzt Christa, inzwischen vierzehn Jahre alt.

Es ist ein Neuanfang und doch ist auch manches gleich geblieben: Immer noch ist die Familie oft getrennt, ist kein ruhiges Familienleben möglich. Vom seit Jahren herbeigesehnten gemeinsamen Musizieren sind sie weit entfernt. Alfreds Reisedienste erfordern häufige Abwesenheiten. Nur alle zwei Wochen vielleicht kommt er für ein paar Tage nach Hause, erschöpft und ruhebedürftig. Der Haushalt, die Erziehung der Kinder, der Säugling, die Sorge für den täglichen Lebensunterhalt, alles liegt wieder beinahe ganz allein auf Gertruds Schultern. Auch dies hat sich kaum geändert. Die Großmutter hilft zwar, wo sie kann, stopft alle Strümpfe, flickt was nötig ist, hütet den Säugling, aber sie ist auch schon alt, ihre Einsatzkräfte sind begrenzt. In dieser Situation schreibt Gertrud Alfred einen Brief. Der Brief selbst ist nicht erhalten, aber Alfreds Antwort lässt Rückschlüsse auf Gertruds Schreiben zu. Im Frühjahr 1950 schreibt er: „Geliebte Traut! Dein Brief ging mir sehr, sehr nach. Wie einsam mußt Du sein. Der Brief war mir eine große Anklage. Ich konnte mich auch nicht verteidigen. Denn es ist schon so, weithin gehst Du Deinen Weg allein. Ob ich Dich absichtlich allein gehen lasse? Ich glaube, das trifft nicht zu. In meinen Gedanken bin ich oft bei Dir. Du bist mir die trauliche Lampe, die nach Hause ruft. Die Unruhe meines Lebens läßt mir nicht die Zeit, die ich Dir gern widmen möchte. Unser hartes Leben spannt Dich andererseits so in einen Pflichtkreis hinein, daß wir kaum Zeit finden zusammen zu musizieren. Und das tut mir besonders leid, weil gerade die Musik uns besonders nahe brachte. Es muß da anders werden. Nur an einem Punkt trifft mich Dein Vorwurf mit Recht. Wir müßten stärker unser innerstes Leben miteinander teilen. ... Dann trügen wir auch unser hartes Leben leichter. ... Das Zigeunerleben, das ich führe, darf uns auch nicht voneinander trennen. Du meinst, ich fühlte mich darin wohl. In Wahrheit ist mir dieses Leben, vor allem, wenn es sich längere Zeit hinzieht, eine Last. Es trocknet innerlich aus. Wenn ich dann erschöpft und müde nach Hause komme, erwartest Du einen Menschen, der Dich an einer Fülle neuer Eindrücke teilnehmen läßt, während ich froh wäre, wenn ich für einige Tage zur Ruhe käme. Dieses Leben zerreißt. Doch Gott weiß, wozu es gut ist. Klagen will ich nicht. In Sumatra habe ich oft geklagt und erst in der Erinnerung erkannte ich, wie wenig Grund ich dazu hatte. Es ist wohl gut, wenn wir die kleinen Freuden, die uns Gott gibt, als kostbare Geschenke hinnehmen und dafür recht dankbar werden. ... Ich danke zu wenig für das was Gott mir gibt und vielleicht tust Du das auch und so leben wir an unseren wirklichen Gnadenstunden vorbei. ... Wenn der Sommer kommt, gibt es auch für unser Leben Erleichterungen. Darauf freue ich mich schon. Inzwischen wollen wir uns in Geduld und Liebe tragen. Was Du mir sagst, will ich mir ins Herz schreiben. In acht Tagen bin ich erst wieder daheim. Dieses Lichtlein geht mir voran und macht mir die nächsten Tage leicht ..." (14. Februar 1950)

Im Laufe der Zeit scheint sich Gertrud auf dieses Leben mehr und mehr einzustellen. Briefe und Karten erzählen davon, dass sie Leuchtkörper für den Diaund Filmprojektor besorgt, Alfred Filmrollen hinterher schickt, kurz, sie tut was nötig ist. Alfreds Arbeitsgebiet ist inzwischen noch vergrößert worden. 1952 erhält er einen Dienstwagen, einen VW, was die Arbeitum einiges leichter macht.

Ute besucht inzwischen eine Mittelschule in Biebrich, wo sie sich mit anderen Mädchen anfreundet, unter anderem Gerda Michels. Die Wohnung der Michels in Amöneburg, einem Vorort Wiesbadens, wird zum Treffpunkt einer Gruppe Jugendlicher, zu der unter anderen auch Gerdas Bruder Fritz und ihr Cousin Herbert, Utes späterer zweiter Ehemann gehört. Beide sind fünfzehn Jahre alt und mögen sich hier zum ersten Mal gesehen haben. Die Gruppe trifft sich zu gemeinsamen Ausflügen, Tanz und Gesang.

Im Frühjahr 1953 werden Michaels schlechte Schulleistungen am Gymnasium thematisiert. Auch dieses Problem muss auf dem Postweg erörtert werden, Nachhilfe soll ihm helfen. Er wiederholt eine Klasse, das scheint ihm gut zu tun, er gewinnt so etwas wie Lernfreude. Ein Jahr später dann eine Sportverletzung, eine Knochentuberkulose entwickelt sich. Michael wird in einer Spezialklinik in Herborn operiert und dort über mehrere Monate behandelt. Das Bein heilt nur sehr langsam. Er fällt ein Jahr lang ganz aus der Schule heraus. Wie soll er da jemals wieder den Anschlussbekommen?

Auch Christa, ein Jahr vor dem Abitur, bricht die Schule ab. Man ahnt etwas von all den Schwierigkeiten der Umstellung und Anpassung an diese neue deutsche Welt. Es ist, als ob das Chaos der ganzen Jahre immer noch nachwirkt. Rebellieren die Kinder auch auf ihre Weise gegen die Zumutungen ihres Daseins, gegen Deutschland, gegen den immer noch fremden und nicht wirklich anwesenden Vater?

Christa wird von der Werkkunstschule in Wiesbaden aufgenommen. Sie verdient sich nebenbei etwas Geld bei den Amerikanern, im PX, dem Warenhaus für die amerikanischen Soldaten und ihre Familien, und dort auch als Babysitterin. Sie verdient dort nicht schlecht. Alfred macht das allerdings auch etwas Sorgen: „Meine Sorge ist, daß ihr Lebensstil zu großartig wird." (1. Juni 1954) Christa hat auch einen ersten Freund, einen Opernsänger.

Zu all diesen Sorgen hinzu kommt, dass sich im Laufe der Jahre die Beziehung zu den Hausbesitzern zunehmend verschlechtert und inzwischen katastrophale Formen angenommen haben. Es kommt zu unschönen Situationen, die Gertrud, vor allem aber auch Martha sehr belasten. Eine beschreibt Gertrud in einem Brief an Alfred: „Wir sind ziemlich durcheinander, nachdem wir heute einen mordsmäßigen Zusammenstoß mit Rossel hatten. Während nach dem Mittagessen die Oma in ihrem Zimmer die Dörthe auf dem Schoß hatte, hat Christa mit ihr herumgeschäkert. Rossel lag unten und kam tobend herauf, ohne anzuklopfen stürzte er durch unsere Wohnung bis in Omas Zimmer usw. Es war fürchterlich Nach dem Auftritt mit R. war sie [Dörthe] einfach verschwunden. Schließlich fand ich sie wie ein verstörtes Tier in der hintersten Ecke unter meinem Bett. Das Herz ist einem so bitter schwer bei all dem. Der tiefste Grund ist letztlich ja nur der, daß sie uns herausekeln wollen...." (29. April 1953)

1954 scheint Gertrud nervlich und körperlich am Ende. Die Familie sucht nach Lösungen und im Mai reist sie für einige Wochen zur Erholung in das Schwesternerholungsheim auf der Burg Runkel an der Lahn. Wie gut ihr das tut, ist zu hören, als sie schreibt: „Der Morgen ist so schön. Stundenlang durchstreife ich Wald und Wiesen, ohne einer Menschenseele zu begegnen. Ich setze mich hin und lese, ich liege im Gras, ich bete, ich pflücke Blumen und – ich belausche die Tiere. Drei Füchse sind mir eben begegnet, sie sahen mich, ich hockte mich hin, – sie blieben getrost sitzen. ... Der Alltag, die schweren Gedanken – das liegt so weit hinter mir...." (28. Mai 1954)

Alfred und Martha betreuen in dieser Zeit die Kinder. Gertrud und ihre Befindlichkeit sind jetzt mehr in den Mittelpunkt gerückt. So schreibt Alfred nach Runkel: „..An einem Punkt habe ich mich zu einem Entschluß durchgerungen. Wir wollen und müssen doch unbedingt sofort die Waschmaschine anschaffen. Ich habe mir doch zu wenig Gedanken über die Fülle Deiner Arbeit gemacht. Ich hatte ja schon früher an eine Maschine gedacht, ... aber hinter dem Vorschlag saß kein rechter Ernst, weil ich Deine persönlichen Beschwerden nicht zu meiner dringlichen Not gemacht hatte. Das ist nun deutlich und wird geändert...." (24. Mai 1954)

Die Waschmaschine wird tatsächlich noch in diesem Jahr angeschafft und Christa kann vom ersten selbstverdienten Geld sogar 100 DM beisteuern. Und noch etwas verändert sich in diesem Jahr: Gertrud bekommt wieder ein Klavier. Dieses und die Lebhaftigkeit vor allem der inzwischen fünfjährigen Jüngsten tragen nicht zur Verbesserung des Verhältnisses zu den Vermietern bei. Der Versuch, eine andere, größere Wohnung zu finden, bleibt ohne Erfolg. Noch immer ist die Wohnungsknappheit groß. Wohnungen werden nach Bedürftigkeitskategorien vergeben. Sie haben nur Kategorie 3, das reicht nicht aus.

Im Februar 1955 wird Michael endlich aus der Klinik in Herborn entlassen. Keinem hat er etwas davon mitgeteilt und steht plötzlich und gänzlich unerwartet zu Hause vor der Tür: Inzwischen größer als Gertrud, die selbst ja auch schon 1,73 m groß ist, die Hosen zu kurz, ebenso die Jacke und mit Schuhgröße 44. Er wollte nach der Entlassung unbedingt nach

Hause und nicht noch tagelang warten, bis er abgeholt werden kann. Ein Jahr noch wird es dauern, bis sein Fuß wieder vollständig geheilt ist. Wie geht es jetzt weiter? Gertrud, allein mit all diesen Fragen, schreibt am 24. Februar an Alfred: „Die Zeit die Du fort bist wird allmählich doch recht lang und es wäre an der Zeit, daß Du Dich mal wieder bei uns sehen ließest..." Sie will all die anstehenden Entscheidungen nicht immer allein treffen müssen. Aber gerade jetzt wird es für Alfred besonders schwierig. Es ist ein außerordentlich schneereicher Winter. Er kämpft sich mit seinem VW durch bergige Landschaften, kann oft nicht mehr unterscheiden wo Straße und wo Feld ist, schippt sich mit einem Spaten aus manchen Schneeverwehungen frei und holt sich, nur mit Halbschuhen bekleidet, nasse und kalte Füße. Nur seine Wärmflasche rettet ihn vor Erkältung und Krankheit. Aber er sagt zu, Anfang März wieder zu Hause sein zu wollen.

Sieben Jahre schon führt er dieses unstete Leben, das ihn erfreut und erschöpft und das die familiären Beziehungen belastet. Ein Leben, in welchem keine weiterführenden Perspektiven sichtbar werden. Eine ganze Reihe seiner Kollegen sind in den Kirchendienst eingetreten, haben eine Pfarrstelle übernommen. Für Alfred kommt das nicht in Frage, er fühlt sich, wie er ganz zu Anfang einmal geschrieben hat, der Missionsarbeit verbunden. Gilt das immer noch und wie soll sein Leben weitergehen? Für den Restseines Lebens Reisedienst machen?

Eine überraschende Wende kommt im Juni mit einem Brief von Heinrich de Kleine, inzwischen Missionsinspektor in Barmen, in Sicht. In diesem Brief vom 3. Juni 1955 berichtet er, dass Missionar Verwiebe, der nach Siantar auf Sumatra hatte gehen sollen, um Altes Testament am dortigen theologischen Seminar zu lehren, von seinem Arzt für die Reise als doch zu krank befunden worden war. De Kleine fragt nun Alfred, ob er bereit sei, diese Lehrstelle zu übernehmen und auch Kurse für bereits in den Gemeinden tätige *Pandita* anzubieten. Ein drei Monate gültiges Besuchervisum sei leicht zu bekommen und könne vor Ort verlängert werden. Diese zeitlich begrenzte Tätigkeit in der Theologenausbildung würde sich mit Sicherheit vorteilhaft auf seine späteren Aktivitäten und Perspektiven in Deutschland auswirken. Auch wisse er, so de Kleine, dass Alfreds Name in diesem Zusammenhang auf Sumatra bei den Batakbrüdern bereits mehrmals gefallen sei, und er würde sich freuen, wenn Alfred „ja" zu diesem Ruf sagen könnte. Das Vertrauen der Batakbrüder in ihn sei ein großes Geschenk. Dass er sich zeitweilig wieder von seiner Familie trennen müsse, sei eine Entscheidung, die nur er und Gertrud treffen könnten.

Alfred reagiert nicht sehr begeistert. Bereits am 7. Juni antwortet er:

„Dein Brief hat mir keine große Freude gemacht." Bei seiner Kenntnis der Verhältnisse würde er jedem anderen abraten, auch sei er 15 Jahre aus der Arbeit heraus und seine Pläne hätten eigentlich in einer anderen Richtung gelegen.[7] Auch zweifelt er an seiner Qualifikation: „Ihr [mutet] mir einen Dienst zu, der auf Grund seiner besonderen Voraussetzung keine Stümperei verträgt. ... Leise habe ich mich gefragt, ob ich nicht auch eine Überreizung der Pankreas oder einer anderen Drüse aufweisen kann, die mich auf eine harmlose Weise aus dieser etwas heiklen Lage befreit, aber es geht nicht, meine Drüsen arbeiten ausgezeichnet und die Arbeit schmeckt mir auch. Bleibt also diese Zumutung eines Abenteuers. Nun, ich habe mir ausrechnen können, daß Ihr mich nicht nach Sumatra bitten würdet, weil Ihr mich für diese Aufgabe für besonders geschickt hieltet, sondern weil Ihr einfach keinen anderen habt " Ein Brief von Fritz Tiemeyer habe bei ihm jedoch den Eindruck erweckt, „daß es hier brennt". Dieser habe von Studenten an der Universität berichtet, die nach fünf Jahren Besuch keinerlei Kenntnis des Alten Testaments hätten. Daraufhin habe er sich mit Freunden beraten, „die mehr von diesen Dingen verstehen als ich", und diese hätten ihn ermutigt. Kurz, er will den Kopfsprung ins Wasser wagen. „Dies sage ich bedingungslos, aber nicht ohne hinzuzufügen, daß die ganze Sache ein Risiko bleibt und nur [mit der] allerhöchsten Unterstützung durchgeführt werden kann." (7. Juni 1955, PA)

Dann wird er konkret. De Kleine solle sich um die Ausreisemodalitäten kümmern. Da er bereits im September zu unterrichten anfangen solle, sei Eile geboten. Er bittet auch um Unterstützung hinsichtlich der benötigten Literatur zum Alten Testament. Auch müsse die Wohnsituation für die zurückbleibende Familie geklärt werden. „In der Hoffnung, daß wir hier keinen übereilten, sondern einen notwendigen Schritt tun" grüßt er.

Nicht ganz drei Monate später, am 20. September 1955, wird Alfred per Telegramm mitgeteilt, dass seine Ausreise mit dem Schiff von Rotterdam aus für den 29. September vorgesehen ist.

Die Eheleute sind sich einig, dass die Arbeit auf Sumatra fortgesetzt werden muss und Gertrud fügt sich, wieder mit den Kindern allein zu sein. Vermutlich sehen beide in einem fortgesetzten Missionsreisedienst Alfreds auch keine wirkliche Perspektive für ihr weiteres Leben.

Als die Zeit der Abreise gekommen ist, begleiten Gertrud und die Kinder, zusammen mit Heinrich de Kleine, Alfred nach Rotterdam, um ihm auf Wiedersehen zu sagen.

Noch einmal Sumatra

Alfred ist nun seit Herbst 1955 auf Sumatra und arbeitet an der Nommensen Universität in Pematang Siantar. Er lehrt an der theologischen Fakultät vergleichende Religion, Religionsgeschichte und Islamistik.

Obwohl eine veränderte Wohnsituation der Familie als Voraussetzung für eine erneute Ausreise Alfreds gefordert worden war, lebt Gertrud weiterhin in der alten Wohnung. Die Wohnsituation ist nach wie vor ungeklärt, nur dass sie jetzt allein mit den Vermietern zurechtkommen muss. Bereits im Februar 1956 erhält die Rheinische Missionsgesellschaft einen Brief von der Hausbesitzerin Frau Rossel, in dem sie sich über das angeblich inakzeptable Benehmen der Familie Rutkowsky beschwert und um Unterstützung bittet, eine andere Wohnung für diese zu finden, da „doch ein Zusammenleben unter diesen Verhältnissen unmöglich ist." (29. Februar 1956, PA) In einer höflich formulierten Antwort verspricht man Hilfe seitens der Mission bei der Suche nach einer Wohnung über Wohnungstausch. Wohnungen sind jedoch weiterhin rationiert und so bleibt es dann letztlich bei den Versuchen. Die Kinder, Stein des Anstoßes, sind zu diesem Zeitpunkt, Christa 22, Ute 19, Michael 17 und Dorothea (Dörthe) 7 Jahre alt.

Über ein Jahr ist Alfred nun schon in Indonesien. Sein Aufenthalt, ursprünglich gedacht für ein Jahr, scheint sich auszudehnen. Die Frage, wie es nun weitergehen soll, steht daher im Raum, als Gertrud am 18. September 1956 einen Brief an Friedchen de Kleine schreibt und dieser ihr Herz ausschüttet. Soll sie auch nach Sumatra gehen? Soll sie bei der Familie bleiben und Alfred zurückkommen? Hin und her gerissen zwischen Ehe und Mutterpflichten schreibt sie: Seit Wochen und Monaten „setze ich mich innerlich ... mit diesem Problem der Trennung von den Kindern auseinander. Bis jetzt bin ich in dieser Hinsicht noch zu keinem positiven Ergebnis gekommen. Nur das kann ich sagen, es ist ein bitterer Weg, als Frau und Mutter zwischen Mann und Kindern entscheiden zu müssen. – Ich weiß, daß mein Mann prinzipiell bereit ist, draußen zu bleiben; allerdings unter der Voraussetzung, daß auch ich hinausgehe und das nur, wenn meine Mutter und die Kinder gut untergebracht sind. Keinesfalls dürfen die Kinder die Rechnung bezahlen. Nun die ganze Sache offiziell ist und auch Barmen inzwischen sicher ein diesbezügliches Schreiben bekommen hat, hoffe ich doch sehr, daß sich die Sache bald so oder so entscheiden wird. Du glaubst ja nicht, was diese innere Spannung, dieses Hin und Hergeworfensein einen an seelischer und Nervenkraft kostet." (18. September 1956 PA) Alfred geht es genauso. Gertrud zitiert im gleichen Brief einen Brief Alfreds: „Die Arbeit hier nötigt mich zum Bleiben. Die Verantwortung Euch gegenüber schilt mich einen Narren, wenn ich diesem Gedanken nachgebe. Wenn ich an die Dringlichkeit der Aufgabe hier denke, möchte ich wohl noch einige Zeit bleiben. Vergegenwärtige ich mir jedoch die Folgen eines solchen Schrittes für die ganze Familie, dann weiß ich nicht, was ich tun soll."

Zwischen den Zeilen ist allerdings noch ein anderer Gedanke zu lesen: Gertrud zieht es nach Sumatra „weil ich mir für mich persönlich daraus einen inneren Gewinn verspreche". Wäre dann nicht auch die unerträgliche Wohnsituation mit einem Schlag gelöst, vielleicht auch die Last des Lebens im Nachkriegsdeutschland aufgehoben? Noch einmal hätte sie Gelegenheit in ihr geliebtes Geburtsland zurückzukehren.

Den Zeitpunkt für diesen Schritt beschreibt Gertrud jedoch als äußerst ungünstig. Christa und Ute stehen am Beginn ihres selbständigen Lebens und Gertrud überlegt: „...ist es recht, ist es überhaupt zu verantworten, den Kindern in dieser kritischen Zeit den Rückhalt des Elternhauses zu nehmen und sie sich selbst zu überlassen? Auch im Blick auf Michel ist diese Frage gar nicht einfach zu lösen. Er ist eigentlich derjenige, der die Trennung vom Elternhaus am schmerzlichsten empfinden würde." Auch für Mutter Martha ist noch keine zukünftige Bleibe in Sicht. „Das ist die eine Seite", schreibt Gertrud und fährt fort: „Hinzu kommt noch der ungeheure Kostenaufwand, den dieses Unternehmen nach sich ziehen würde: für Christa Zimmermiete, für Michel private Unterbringung, Umzug für Oma, Auflösung des gesamten Haushalts, d.h. Unterbringung der Möbel, denn Verkaufen und nach etlichen Jahren wieder neu anschaffen ist ein Ding der Unmöglichkeit. Wie soll ich das alles allein bewerkstelligen? Mir graut,wenn ich nur daran denke."

Gertrud fühlt sich nicht in der Lage, eine Entscheidung zu treffen und wieder einmal stellt sie die Frage nach der Grenze zwischen Verantwortung für die Arbeit und für die Familie. Ihr wird die Verantwortung einer Entscheidung zu schwer. Sie wünscht sich auszureisen, ohne die Folgen tragen zu müssen und schreibt daher: „Wenn mir aber jetzt jemand sagen würde: es bleibt dir keine Wahl, dein Mann kann draußen nicht fort, du mußt mit hinaus, es gibt keinen anderen Ausweg – dann, ja dann würde ich das als eine Weisung Gottes ansehen und würde gehen mit blutendem Herzen aber dennoch in freudigem Gehorsam. Denn dann wüßte ich, daß Gott uns auch eine Lösung finden lassen würde in Bezug auf all die übrigen Fragen. Und ich weiß gewiß, daß dann auch den Kindern eine Trennung zum Segen werden kann. Darum sagte ich, wir können von uns aus in dieser Frage nicht entscheiden. Die Entscheidung muß von Barmen kommen, das dann auch die Verantwortung trägt." Sie schließt: „Sag Deinem Mann, er soll mich nicht so lang zappeln lassen!"

Offenbar hat Barmen dann entschieden, denn aus einem Brief, den Gertrud im Januar 1957 an Heinrich de Kleine schreibt, ist zu entnehmen, dass sie sich in diesen vier Monaten auf eine Ausreise vorbereitet hat. Sie schreibt: „Nach Ihrem Hiersein im Dezember habe ich mich so ganz auf Sumatra eingestellt, alle negativen Seiten dieses Unternehmens (mit denen ich mich lang genug herumgeschlagen habe) in den Hintergrund geschoben; habe mich gefreut, wie ein Kind auf Weihnachten." (10. Januar 1957) Sie hat begonnen, allerlei notwendige Schritte in die Wege zu leiten und bekommt jetzt ein Telegramm von Alfred mit dem Text: „Don't change anything, I come back = Alfred", das sie überhaupt nicht einordnen kann und das sie nun völlig aus der Fassung bringt. Aus dem nachfolgenden Briefwechsel, soweit er vorliegt, wird die Ursache des Geschehens nicht wirklich deutlich. Es scheint Missverständnisse gegeben zu haben und Probleme mit ungeklärten Finanzierungen. Gertrud ist von dem Hin und Her körperlich und seelisch völlig erschöpft. Es wird beschlossen, bis zur endgültigen Klärung von Alfreds Verbleib abzuwarten.

Schließlich beruhigt sich die Lage wieder. Der Haushalt in Wiesbaden-Biebrich wird aufgelöst, Oma Weissenbruch zieht in das Missionsaltersheim, „Haus Heimatfreude“ in Kaiserswerth, wo sie viele frühere Missionarsfreunde und Bekannte trifft. Es ist dasselbe Haus, das früher die Missionarskinder beherbergt hatte. Um die Ausreise vorzubereiten, reist Gertrud mit Michael und Dörthe nach Wuppertal. Dörthe, die Jüngste, soll mit nach Sumatra gehen. Aber über das Schicksal der anderen Kinder ist Gertrud immer wieder beunruhigt. Vor allem Michael macht ihr Sorgen. Nach ihrer Vorstellung ist für die „Mädchen” einigermaßen gesorgt, nicht aber für Michael. Er war immer der sensibelste der Geschwister gewesen und hatte sich mit seinem Beinproblem beinahe ein ganzes Jahr herumschlagen müssen während er von der Familie getrennt war. In einem von Gertruds Juli-Briefen bringt sie ihre Sorge zum Ausdruck, dass Michael derjenige sein würde, der am Ende von allen am meisten für ihre Vorhaben zahlen würde. Es plagt sie der Gedanke, dass ihre Kinder kein Zuhause mehr haben würden, einen Platz, zu dem sie im Notfall zurückkehren könnten.

Ursprünglich war geplant, Michael bei Familie de Kleine unterzubringen. Gertrud spürt jedoch, wie unwohl sich Michael im Barmer Missionshaus fühlt. Er selbst erinnert vor allem die Trauer über den Verlust der familiären Gemeinsamkeit und der geistigen Anregung durch die älteren Schwestern und deren Freunde.

Gertrud hat innerlich nun endgültig Abschied von ihrem Traum genommen, nach den langen Jahren der Trennung während des Krieges doch noch einmal in einer vollständigen Familie leben zu können. „Es hätte so schön sein können,“ schreibt sie Alfred.

Wegen Visa-Problemen verschiebt sich die Ausreise noch einige Male. Das gibt Gertrud Zeit, nach anderen, aus ihrer Sicht besseren Lösungen für Michael zu suchen. Schließlich kann dieser bei der Pfarrersfamilie Herold in Wiesbaden bleiben, in erreichbarer Nähe der anderen Geschwister.

Für die Ausreise gibt es viel vorzubereiten. Alfred hat eine ganz lange Liste: Eine Roggenmühle, Roggen, einen Bohnerbesen und eine Gummisaugglocke zum Reinigen der Waschbecken, Gardinenstoff – er beschreibt ihr die Farben der Räume ganz genau, sagt, sie müsse wegen des Zolls den Stoff wenigstens oberflächlich vernähen, Batterien für den Fotoapparat und vieles mehr, lauter teils kleine Dinge, welche Gertrud nun bedenken muss. Auch alle möglichen anderen Gegenstände soll sie als ihr persönliches Gepäck mitnehmen, z.B. ein Harmonium für einen von Alfreds Kollegen. Persönliche Gegenstände kommen leichter durch den indonesischen Zoll, gelten dann nicht als Handelsware. Deshalb müssen diese Gegenstände immer auch gebraucht sein. Ein gebrauchtes Aussehen wird dann oft mit Hilfe von Ruß, Wachs, Petroleum und anderen Substanzen hergestellt. Was tun nun mit dem neuen, mit Petroleum zu betreibenden Kühlschrank? Gertrud legt einen gut reifen Camembert für einige Zeit hinein, der Geruch wird sich dem Kühlschrank ausreichend mitteilen, um überzeugend als „gebraucht" zu gelten. Nur, sie vergisst ihn wieder herauszunehmen, als der Schrank von der Spedition verpackt wird. Einige Wochen Transport – teilweise bei Tropenhitze – und der Camembert hat seine Aufgabe mehr als erfüllt.

Schließlich, am 4. Dezember 1957 ist es endlich soweit. In Rotterdam besteigen Mutter und Tochter das Holländische Schiff „Willem Ruys", das sie nach Sumatra bringen wird.

Die Geschichte des MS Willem Ruys stand unter keinem guten Stern. 1957 gerade zehn Jahre in Betrieb, hatte es 1954 bereits eine Kollision mit dem Schwesterschiff „Oranje" im Roten Meer gehabt und sollte im Laufe seiner Geschichte noch in viele Unfälle und Unglücke verwickelt werden. Weltweite Berühmtheit erlangte das Schiff – inzwischen umgebaut und in „Achille Lauro" umbenannt – durch seine Entführung durch den Terroristen Abbu Abbas 1985. Schließlich sank es durch Brand infolge einer unachtsam weggeworfenen Zigarette 1994 vor Somalia.

Im Dezember 1957 aber war es ein hochmodernes großes Schiff, das über diverse Sporteinrichtungen verfügte bis hin zu einem Tennisplatz und sogar einem großen Schwimmbecken. Als die „Willem Ruys" im Rotterdamer Hafen ablegt, ist sie über hunderte von Luftschlangen mit den zurückbleibenden Menschen am Kai verbunden, die sich langsam immer mehr spannen und schließlich zerreißen. Christa, Ute und Michael winken, bis das Schiff nicht mehr zu sehen ist. Der Abschied von Europa hat begonnen.

In der Biskaya erleben die beiden die berüchtigten Winterstürme. Um nicht seekrank zu werden, stehen sie auf den oberen Decks, stets mit Blick auf die anrollenden Wellen und bereit, jede Bewegung mit zu vollziehen. Sogar hoch oben auf dem dritten offenen Deck werden sie von einer Riesenwoge erwischt. Gertrud spricht von einer „leichten Dünung", nun, Dörthe sieht das etwas anders. Das Wasser im Dezember ist schon ganzschön kalt.

Bereits am nächsten Tag beginnt Gertrud einen Brief an die Kinder, den sie in Port Said zur Post geben will. Sie schreibt: „Ich habe noch lange Euch in Gedanken begleitet, bis mich dann doch die Müdigkeit übermannte. Auch Dörthe konnte lange nicht einschlafen. All die vielen neuen

Eindrücke, die Motorbewegung des Schiffes, an die man sich erst gewöhnen muß, und vor allem das Bewußtsein, auf dem Wasser zu sein, – das war ihr doch nicht ganz geheuer. Immer wieder kam sie mit Fragen, was geschehen würde, wenn. Schließlich meinte sie aber, wenn sie immer ganz artig sein würde, dann würde der liebe Gott sie doch sicher bewahren. Und in dieser Gewißheit schlief sie dann auch endlich ein." (5. Dezember 1957) Interessant ist die hier sichtbar werdende kindlichreligiöse Weltsicht: Wenn ich nicht brav bin, bestraft mich der liebe Gott, bin ich artig, lässt er das Schiff heil ankommen. Die Konsequenz: Bravheit lohnt sich.

Die seit dem zweiten Weltkrieg anhaltenden Spannungen zwischen Holland und Indonesien – diesmal geht es um das damals immer noch holländische West-Neu-Guinea – werden schon jetzt, gleich bei Beginn der Reise sichtbar: „Bis Southampton war unser Schiff beinahe leer. Infolge einer erneuten Anti-Holland-Kampagne Indonesiens waren immerhin 63 Personen in Rotterdam wieder von Bord gegangen", berichtet Gertrud. Aus dem gleichen Grund werden in Port Said noch 13 weitere Passagiere das Schiff wieder verlassen. „Die politische Lage hat sich für die Holländer derart zugespitzt, daß jene lieber die Reise abbrechen. Die Indonesier wollen 50 000 Holländer aus Indonesien repatriieren. Die Situation ist für jene nicht sehr rosig", meint Gertrud dazu.

Achtzehn Tage werden Gertrud und Dorothea unterwegs sein. Sie können die Route über Gibraltar, den Suezkanal und das Rote Meer nehmen, was lange wegen der Suezkrise und der danach erforderlichen Aufräumarbeiten in Frage gestanden hatte. Sie kommen schnell voran, am 6. Dezember befinden sie sich bereits auf Höhe der Insel Kreta. Gertrud schreibt begeistert: „Immer weiter geht die Fahrt bei schönstem Sommerwetter. Schon fängt man an sich leichter anzuziehen. ... Es ist so herrlich an Deck zu liegen und immer nur aufs Meer hinauszuschauen. Dann wandern die Gedanken zu Euch in der Heimat und wohl auch voraus nach Siantar." (6. Dezember 1957) Die Kinder an Bord werden von Fachpersonal betreut mit Sport, Spiel und allerhand Basteleien, was Gertrud einigen Freiraum gibt. Außerdem berichtet sie: „Dörthe betätigt sich im Kinderzimmer viel als Kindermädchen, mal hat sie ein braunes, mal ein schwarzes, gelbes oder weißes im Arm oder auf dem Schoß."

Das Leben an Bord ist so ganz anders als das sparsame Nachkriegsleben, das Gertrud gewöhnt ist. In der übrigen Welt hat bereits ein anderer Lebensstil Einzug gehalten, der Wirtschaftsaufschwung kündigte sich an. Der Gegensatz ist extrem und macht Gertrud offensichtlich zu schaffen, so ausführlich wie sie über das Speisezeremoniell schreibt: „Ich habe mich sehr daran gewöhnen müssen, beim Essen immer einen ‚boy' hinter mir stehen zu haben, der fast jeden Bissen in den Mund hinein verfolgt und der einem, sowie man Messer und Gabel hinlegt, den Teller fortnimmt – gleich ob man fertig ist oder nicht – in der Meinung, daß man nicht mehr möchte. Sie sind es eben gewohnt, daß viele ein Gericht bestellen, daran nippen, und wenn es ihnen nicht paßt, einfach wieder abräumen lassen und das nächste bestellen. Zur Entschuldigung dieser Leute kann ich allerdings sagen, daß bei all den hochtrabenden französischen Namen der Gerichte, man im Voraus gar nicht wissen kann, was einem vorgesetzt wird, und man ganz unliebsame Überraschungen erleben kann. – Gestern, zum Willkommen – und Nikolaus-Dinner gab es 13 Gänge. Ich aß Vorspeise, Seezunge, Kapaunen. Nachtisch und Eis, dazu Wasser, Wein und zum guten Schluß Kaffee, – damit war mein Bedarf mehr als gedeckt..“ Das ist nun wirklich ein völlig anderer Lebensstil.

Überhaupt ist es ein ganz eigenes Leben an Bord mit seinen weißgekleideten und goldbetressten Offizieren. Die Crew besteht aus Holländern, das Personal aus Indonesiern. Dorothea sieht zum ersten Mal indonesische Menschen, lernt ihren ersten indonesischen Satz: „Minta air minum“, „bitte gebt mir Trinkwasser“. Sie ist gern mit den „boys“ zusammen, hütet mit ihnen gemeinsam die Kinder im Schiffskindergarten. Es ist eine neue, aufregende Welt.

Vom Landgang in Port Said hat Gertrud auch in späteren Jahren immer mal wieder erzählt. Durch ein Missgeschick war er ihr eine bleibende Erinnerung. Jetzt berichtet sie nach Deutschland: „Nachmittags gegen 4 Uhr waren wir in Port Said. Gleich war unser Schiff umringt von Booten, die ihre Ware feilboten: Schöne Korbwaren in allen Größen und Formen, Lederwaren noch und noch, wie Puffs, Handtaschen, Beutel, Pantoffeln, Mappen usw., Kamelstühle, Spielsachen, Ketten und alles Mögliche. Dörthe und ich pendelten an Land, um uns die Stadt ein wenig anzusehen. Ich zählte meine Kröten und dachte an einen Lederpuff für Christa. Durchweg wurde fl. 25.00 dafür verlangt, das war mir zu teuer. Schließlich kam ich an einen Stand, der Araber ließ mit sich handeln, ging herunter auf 10.00 fl. Ich beguck mir das Ding bei Laternenlicht und nahm‘s, stolz so billig eingekauft zu haben. An Land wurden wir von allen möglichen und unmöglichen Leuten belästigt, Verkäufern, Männern, die uns die Sehenswürdigkeiten zeigen wollten, dann kam ein Gaukler, der Dörthe ein Küken in den Ausschnitt setzte und 3-5 wieder herausholte, ihr Geld in die Hand gab und ihr aus der Nase wieder herausfallen ließ, na, und dergleichen Kunststücke mehr. Dörthe wurde es ganz unheimlich dabei und ich muß sagen, im Blick auf die bereits eingetretene Dunkelheit fühlte ich mich so allein mit dem Kind nicht ganz sicher. Wir machten noch ein paar Schritte durch die Stadt, um dann wieder an Bord zu gehen. Vorher handelte ich allerdings noch ein Paar Lederpantoffeln mit Ägyptischen Muster für Ute ein. Stolz wie Oskar ging ich mit meinem billigen Einkauf in die Kabine, um dann festzustellen, daß der Puff nicht mehr neu ist und einige Tintenkleckse aufzuweisen hat. Am Abend mußte ich dann zusehen, wie ganz neue Puffs schon für 13.00 fl. abgingen! So zahlt man sein Lehrgeld." (15. Dezember 1957) Wenigstens braucht Gertrud sich nicht um den indonesischen Zoll zu sorgen, der Puff ist eindeutig „gebraucht".

Noch in der Nacht legt die Willem Ruys wieder ab. Am frühen Morgen sind sie schon mitten im Suezkanal, der Gertrud außerordentlich gut gefällt. Sie berichtet: „Die Fahrt war sehr schön und interessant. Die arabische Seite: kahle Sandwüste, ganz vereinzelt Häuser, Kamelherden, eine militärische Niederlassung, ja sogar eine Eisenbahnlinie. Umso abwechslungsreicher die ägyptische Seite. Längs dem Kanal eine tadellose Autostraße mit Baumanlagen, denen man es allerdings ansah, wie viel Mühe es sie kostete, sich dort zu behaupten. Hinter diesem Wege grüne Felder, Mais und Baumanpflanzungen, durchzogen von Bewässerungsgräben. Was mich wundert ist, daß man das Land mit Salzwasser aus dem Kanal bewässert. Im Bittersee, in der Mitte des Kanals, lagen wir mit 18 Schiffen stundenlang vor Anker und mußten einen entgegenkommenden Konvoi von 21 Schiffen passieren lassen, ehe wir weiter konnten. Die Sonne ging bereits unter, als wir an Suez vorbeifuhren."

Auf See ist der nächtliche Sternenhimmel unglaublich klar und Gertrud steht mit ihrer Tochter abends noch lange auf dem offenen Deck und erklärt ihr die Sternbilder. Als schließlich im Roten Meer das „Kreuz des Südens" erscheint, wird klar: Jetzt kommen wir in eine andere Welt, nähern uns unserem Ziel!

Das Rote Meer mit seinen fliegenden Fischen ist für Dorothea eine wunderbare Welt, dann die Landung in Colombo auf der damaligen Insel Ceylon, die Palmen, die Wärme, die bunt gekleideten, braunhäutigen Menschen überall, die fremden Sprachlaute. Sie kommt aus dem Wundern und Staunen gar nicht mehr heraus.

Obwohl die Reise ohne Zwischenfälle verläuft, ist sie letztendlich doch nicht ganz ungetrübt. Inzwischen wurde nämlich bekannt, dass die Willem Ruys nicht wie geplant in Belawan auf Sumatra anlegen, sondern gleich nach Singapur durchfahren wird. Als Ursache vermutet Gertrud Angst vor einer Meuterei des indonesischen Personals, die das Schiff verlassen könnten, und damit wäre dessen Weiterfahrt unmöglich. Also, sicherheitshalber gleich nach Singapur. Geplanter Ankunftstag in Belawan war der 23. Dezember gewesen – ein Tag vor Weihnachten. Und nun Singapur! Für die Reise von Singapur nach Belawan rechnet Gertrud drei Tage. Also nun doch kein gemeinsames Weihnachten mit Alfred? Dorothea ist erst einmal untröstlich.

Aber das Schiff ist zügiger vorangekommen als geplant. Am 20. Dezember schreibt Gertrud noch einmal Weihnachtsgrüße an ihre daheim gebliebenen Kinder und teilt mit, dass sie bereits morgen, also am 21. Dezember Singapur erreichen werden. Damit steigen wieder die Chancen auf ein gemeinsames Fest mit Alfred. Gleichzeitig bereitet sie alle darauf vor, dass in der nächsten Zeit keiner Post aus Indonesien bekommen wird. Sie erklärt: „Ich hörte, daß in Singapore 40 000 kg Post für Indonesien lägen, die infolge der politischen Situation nicht weiterbefördert wurde. Das ist aber nur insoweit der Fall, als es sich um Post von holländischen Flugzeugen handelt." (20. Dezember 1957)

Die Reederei, der Koninklijke Rotterdamsche Lloyd, kommt für die Unregelmäßigkeiten auf und sorgt für Aufenthalt und Weitertransport der Passagiere. Gertrud und Dorothea kommen auf diese Weise in den Genuss ihrer ersten Flugreise. Zwei Stunden – wegen der Zeitverschiebung – dauert der Flug von Singapur nach Medan und Dorothea rätselt lange daran herum, wie es kommt, dass sie eine Stunde fliegen, aber zwei Stunden später ankommen. Am 23. Dezember landen beide dann tatsächlich in Medan, der Hauptstadt von Nordsumatra, wo Alfred sie in Empfang nimmt.

Es geht nicht gleich weiter nach Hause ins zwei Autostunden entfernt gelegene Pematang Siantar. Da sie nun schon einmal in Medan sind, werden zunächst einheimische Freunde und Bekannte aus der Zeit vor dem Krieg besucht, die Gertrud unbedingt sehen wollen. Man sitzt in großer Runde auf Strohmatten auf dem Boden und erzählt, trinkt Tee, bekommt irgendwo auch etwas zum Essen. Dorothea versteht bei alledem kein Wort, denn die Unterhaltung findet vorwiegend in batakscher Sprache statt. Aber was sie versteht, weil sie es erleben kann, ist, dass diese ganzen fremden dunkelhäutigen Menschen ihre Eltern als zu ihnen gehörig betrachten.

Sie steigen wieder ins Auto, fahren nochmals eine längere Strecke und halten zum nächsten Besuch. Eine freundliche Frau in indonesischer Tracht nimmt die widerstrebende Dorothea bei der Hand und zieht sie auf die große Rasenfläche. Dorothea ist das unheimlich, versteht nicht, warum man sich auf einmal um sie kümmert, und außerdem: Man kann doch nicht einfach irgendwo auf die Wiese treten! Bei Rossels in Wiesbaden war das gefährlich gewesen, das gab immer Krach. Es dauert eine Weile, bis sie versteht, dass das ihre Wiese ist, sie jetzt endlich zu Hause angekommen sind und dass die freundliche Frau Alfreds Köchin Lasinah ist. Neben Lasinah gehören noch zum Haushalt Isem, die Waschfrau, und Leman der Gärtner. Sehr viel später wird Alfred auch noch Pairin, einen Schwiegersohn Lasinahs, zum Chauffeur ausbilden lassen.

In diesem neuen Zuhause tut sich für Dorothea ein Paradies auf. So hat sie noch nie gelebt. Das Haus liegt in einem üppigen, von einer hohen Hibiskushecke eingefassten großen Garten, deren zarten Blüten überall an den langen Ästen wie kleine chinesische Lampions hängen. Dem Garten ist anzusehen, dass Alfred in der Zeit seines Hierseins auch seiner Liebe für Blumen und Pflanzen freien Lauf hat lassen können.

Die Veranden sind mit Orchideen bepflanzt, die nun ihre Blütenkaskaden über die Balustraden hängen lassen. Hinter dem Haus liegt ein ganzer Orchideengarten mit Blüten in den exotischsten Formen und Farben, Cattleya, Arachnis, Cymbidien und viele andere wachsen hier. Ein Abhang schließt sich an, zu dessen Fuß sich ein von zwei riesigen gelben Bambusstauden überwölbter und von einer kleinen natürlichen Quelle gespeister Teich befindet und auf dem die hauseigenen Enten schwimmen. Von einem befreundeten Ehepaar, den Ottos, hat Alfred ein schwarz schillerndes Truthahnpaar, hier Kalkhühner genannt, geschenkt bekommen, das sich im Laufe der Jahre zu achtzehn stattlichen Exemplaren vermehren wird und das nun beständig gockelnd seine Runden durch den Garten dreht, sich dabei auch schon mal durch die offen stehenden Verandatüren ins Wohnzimmer verirrt. Diese großen Vögel kennt man damals in Deutschland kaum und sie lassen sich sogar auf den Arm nehmen.

Die ganze Menagerie wird vervollständigt durch zwei Katzen, von denen Alfred Dorothea eine gleich nach der Ankunft in den Arm drückt und sagt: „Das ist deine". Was braucht es mehr, damit ein Kind sich wohl fühlt!

Auch Gertrud fühlt sich schnell zu Hause, wie sie Ende Februar 1958 an die neue Pflegemutter Michaels, Frau Pfarrer Herold, schreibt:

„Morgen sind es genau zwei Monate her, daß Dörthe und ich in Sumatra ankamen. Ich selbst kann es kaum glauben, daß es erst zwei Monate sind, so gut habe ich mich schon eingelebt und so sehr fühle ich mich hier wieder zuhause. " Es ist ihr wichtig zu erfahren, wie es Michael geht und auch ihr,

Frau Herold selbst: „Ich hoffe nur," schreibt sie, „daß er sich so in Ihrem Hause einfügt, daß Sie ihn nicht als Fremdkörper empfinden müssen." Und natürlich möchte sie wissen, wie es in der Schule geht, fragt – und das klingt doch etwas streng: „....haben Sie den Eindruck, daß er seine Pflicht tut?" Dann berichtet sie von ihrem neuen Zuhause in Siantar: „Inzwischen ist es Abend geworden. Ich sitze hier auf der großen Veranda unseres schönen Häuschens. Die Luft ist herrlich abgekühlt. Draußen ist es wunderbar still, kein Stadtlärm, kaum Menschenstimmen, nur das Zirpen der Nachtgrillen, das Quaken der Frösche am nahen Teich. Wir leben hier in einer so schönen Abgeschiedenheit, wie auf einer Insel des Friedens und man sollte es fast nicht glauben, daß wir hier inmitten der wogenden Brandung des Zeitgeschehens stecken." [8] (22. Februar 1958)

Deutschland, Wiesbaden und die Enge der Wohnung in der Dotzheimer Straße sind schon ganz weit weg. „Wie sehr ich es genieße nach all den Jahren der Tyrannei unter Frau Rossel nun ganz mein eigener Herr in meinem Hause sein zu können, kann ich Ihnen überhaupt nicht sagen", schließt Gertrud ihren Brief.

Für Alfred und Gertrud ist das Leben hier ein ganz anderes als vor dem Krieg. Angefangen damit, dass sie jetzt auf dem riesigen Universitätsgelände in Gemeinschaft mit allen anderen Dozenten der Hochschule leben, ist auch der Aufgabenbereich ein ganz anderer. Nicht mehr die missionarische Arbeit steht im Vordergrund, sondern Ausbildung und Lehre. Auch arbeitet Alfred jetzt als Beauftragter der Batakkirche und ist nicht mehr nur der Rheinischen Mission zur Rechenschaft verpflichtet. Die Verhältnisse haben sich geändert, sie sind demokratischer geworden.

Alfred hält Vorlesungen, während Gertrud sich um die sozialen Belange der Studenten und Studentinnen, der zukünftigen Bibelfrauen, kümmert. Sie steht allen mit Rat und Tat zur Verfügung, versorgt sie, wenn nötig, mit Kleidung aus Kleiderspenden von Deutschland, Brillen oder auch Medikamenten, meist Arztmuster, die von deutschen Ärzten gespendet und als „Muster ohne Wert“ nach drüben geschickt worden waren.

Gertrud scheint sich in dieser Rolle wohl zu fühlen. Von der Gehemmtheit und Schüchternheit, unter der sie in Deutschland Zeit ihres Lebens immer sehr gelitten hat, hier ist kaum noch etwas zu spüren. Auch das ein Zeichen, wie sehr sie sich auf Sumatra wieder zu Hause fühlt. Es ist ihre eigentliche Heimat.

Neu für Gertrud ist, dass sie jetzt täglich ihre Tochter unterrichten muss. Früher, bei den anderen Kindern, war diese Aufgabe von den Missionsschwestern übernommen worden. Nun ist keiner mehr dafür zuständig. Gertrud hatte sich bereits in Deutschland mit Lehrplänen und Lehrmaterial der „Auslands-Heim-Schule“ versorgt, um ihre Unsicherheitsgefühle in dieser neuen Rolle so einigermaßen in Schach zu halten. Sie fühlt eine große Verantwortung auf sich lasten, denn Dorothea soll ja irgendwann auch wieder schulischen Anschluss in Deutschland finden. Aber es ist die Einrichtung einer deutschen Schule geplant. Man ist im Gespräch mit der Deutschen Botschaft in Djakarta und sucht bereits nach geeignetem Lehrpersonal. Die Aussicht auf diese deutsche Schule entlastet Gertrud sehr.

Die Überlegungen für diese Schule sind schon sehr konkret: „...Vati ist zu einer Besprechung mit Remmels.... Es geht jetzt um die deutsche Schule, die gebaut werden soll“, berichtet Gertrud. „Es geht in erster Linie um ein Lehrerhaus und Internat aus Stein für etwa 20 Kinder und die Schulräume vielleicht nur aus Rohrgeflecht oder Bambus ... Wir hoffen jedenfalls doch sehr, daß wir bis Ostern soweit sind, und daß uns die Verhältnisse hier keinen Strich durch die Rechnung machen. Überhaupt sieht es in der Welt ja nicht gerade rosig aus, und ich dachte schon mal, ob es nicht ratsam ist, sich jetzt schon die nötigen Schulbücher für die Sexta kommen zu lassen.“ (27. September 1958) Michael solle sich doch bitte darum kümmern. Er solle aber nicht bis Weihnachten warten, solle die Bücher gleich besorgen, denn: „Der kluge Mann baut vor. Nicht daß uns das Gleiche geschieht, wie ... im Zweiten Weltkrieg, wo wir ohne Schulbücher lernen mußten."

Wie sich die Situationen in den Generationen doch gleichen! Immer wieder die Bitte um Schulbücher nach Deutschland, das unruhige Warten, ob sie denn nun kommen oder ob sie bei der schwierigen Postbeförderung irgendwo liegen geblieben oder gar verloren gegangen sind. Oder war Michael vielleicht nachlässig gewesen? Erneutes Nachfragen per Post, die dann wiederum einige Wochen unterwegs ist.

Gertruds Sorge ist nicht unberechtigt. Immer wieder wird die Ausführung des Schulprojekts verschoben. Ein Jahr später besteht immer noch genau dieselbe Situation.

Gertrud fällt das Schule-Halten durchaus nicht leicht. Sie beschreibt das am Beispiel ihres anstehenden Geburtstages: „Sie [Dorothea] ist in diesen Tagen voller Heimlichkeiten. Schon in aller Frühe rumort sie in ihrem Zimmer und an ihrer Zimmertür klebt ein großes Plakat: Bitte nicht hereinkommen, der Geburtstagsmann. In Bezug auf Schule habe ich natürlich meine Not. Die Dame hat keine Zeit zum Schule halten. Mutti ist darin aber ziemlich hart, wenn sie auch hin und her ein Auge zudrückt. Wie gern würde ich bisweilen den ganzen Schulkram über den Haufen werfen! Ihr glaubt nicht, wie hart es mich manchmal ankommt, darin ganz konsequent zu sein. Den ganzen Vormittag still zu sitzen, bekommt mir im Grunde gar nicht. Wie habe ich es darum genossen, als wir am vergangenen Sonntag mit Familie Otto zusammen draußen waren und uns im Urwald richtig ausgetobt haben." Mutter und Tochter haben da offensichtlich ein gemeinsames Problem, was die Situation nicht gerade erleichtert.

Und was soll man schon machen, wenn während der Schulstunden plötzlich ein großer Leguan über die Veranda läuft! Da muss natürlich die Schule unterbrochen, der Leguan verfolgt werden! Und der klettert über alle Verandaeinfassungen, wird vom Gärtner gefangen. Als dieser den Leguan am Schwanz hochhält, macht er sein langes Maul auf und – heraus kommt ein quicklebendiger Frosch gesprungen und hüpft davon. Auch das ist Schule, Naturkunde von der lebendigsten und anschaulichsten Art.

Alfred macht seine Arbeit an der Universität viel Freude, hat sich doch sein ursprünglicher Wunsch, Lehrer zu werden, nun auf eine ganz andere Art und Weise erfüllt. Leicht vorstellbar, dass ihn die Vorlesungsarbeit ganz anders beglückt, als die Missionsreisetätigkeit in Deutschland. Er stürzt sich mit voller Kraft in seine Aufgaben, kennt fast keine Grenzen.

„Mein Mann ist mit Aufgaben recht überlastet ... So muß zur Vorbereitung für den Unterricht allzu oft die Nacht herhalten. Aber die Arbeit an der Uni macht ihm viel Freude und für ihn könnte der Tag ruhig noch einmal so lang sein", berichtet Gertrud. Sie hat das Briefeschreiben übernommen und hält so die Beziehungen nach Deutschland lebendig. Für Alfred kommen zu den Vorlesungen Examina, die er abnehmen, Prüfungsarbeiten, die er lesen, korrigieren und bewerten muss. Neben der Vorlesungsarbeit ist Alfred auch immer noch mit dem Bau weiterer Universitätsgebäude beschäftigt. Die Universität ist noch ganz neu, noch sind nicht alle Gebäude fertig. Als Naturund Gartenliebhaber kümmert er sich auch um die gärtnerische Gestaltung des Geländes. Mit Hilfe einiger Studenten fasst er die Wege und Straßen mit Oleander und anderen bunten Sträuchern sowie Palmen ein. Die großen Pflanzlöcher hatte er vorher mit Bioabfällen des *passar*, des städtischen Marktes, auffüllen lassen, die sich unter den tropischen Bedingungen sehr schnell in besten Kompost verwandelten.

Bei all diesen Aktivitäten kommt Alfred eine Anordnung der sozialistisch orientierten Regierung Sukarno entgegen, dass jeder erwachsene Mensch einen Vormittag in der Woche sich gemeinnützigen Arbeiten zur Verfügung stellen muss. Und so sieht man auch auf dem Universitätsgelände jede Woche einmal unzählige Menschen sich mit Besen, Hacke und Schaufel oder anderen Gerätschaften betätigen. Gotong Royong nennt sich das, gemeinsames Arbeiten.

Schon als Gertrud und Dorothea eintreffen, sieht das Gelände gar nicht mehr so wild aus.

Der Lehrkörper der Universität ist international und so leben hier Batak, Norweger, Schweden, Amerikaner, Inder und eben auch Deutsche mit ihren Familien auf dem Universitätskomplex nebeneinander. Zu allen besteht ein mehr oder weniger enger, immer aber freundlicher Kontakt, man hilft sich, berät sich in beruflichen und anderen Fragen. Ein wirklich freundschaftlicher Kontakt entwickelt sich außerhalb der Missionskreise zu Familie Otto. Ottos sind Schweizer Staatsbürger und auch Frau Otto wurde, wie Gertrud, bereits auf Sumatra geboren. Ihre Eltern hatten sowohl das *„Siantar Hotel"* gegründet, wie auch die *„pabrik es"*, die „Eisfabrik", in der Limonaden und das für die Kühlung der Lebensmittel in den Haushalten sowichtige Blockeis hergestellt wurden.

Man benutzte damals noch tatsächliche „Eisschränke", d.h. Schränke, die oben ein großes Fach hatten, in welches das Blockeis gepackt wurde und von dem aus sich die Kälte dann nach unten durch den ganzen Schrank verteilte. Dieses Eis musste alle paar Tage erneuert werden.

Frau Otto ist eine Tochter aus großbürgerlichem Hause und das Ehepaar Otto ist in seiner Lebensweise und seinen Interessen in vieler Hinsicht Anregung und Vorbild für Alfred und Gertrud. Frau Otto hat einen wunderschönen Garten, in dem alles sehr üppig wächst, überall kann man Orchideen entdecken und dazwischen stehen alte balinesische Steinfiguren, Götter oder Dämonen, die das Gefühl verstärken, sich wirklich in einem völlig anderen Kulturkreis zu befinden. Dieser Garten ist für Alfred Vorbild für alles, was er bei sich gestalten möchte. Hier bekommt er Ableger von ganz besonderen,oft auch seltenen Pflanzen.

Frau Otto organisiert Ausflüge für die befreundeten Frauen – meist Pflanzer und Arztfrauen – und deren Kinder, während die Männer ihrer Arbeit nachgehen. So kommen auch Gertrud und Dorothea manchmal aus dem Universitätsgelände heraus. Einmal in der Woche trifft man sich im Siantar Hotel zum Essen und geselligen Beisammensein. Ottos sind Teil einer nichtkirchlichen, nicht missionsbezogenen Welt. Diese Welt hat eine andere kulturelle Qualität, welche Alfred und Gertrud sehr zu schätzen wissen. Vielleicht ist das auch bedingt durch die Tatsache, dass es eine Welt ist, die ihre Wurzeln noch in kolonialen Zeiten hat, die allen Beteiligten von früher her sehr vertraut sind?

Über diese gelegentlichen Ausflüge hinaus ist der Aktionsradius der Familie in diesen Jahren sehr begrenzt. Alfred arbeitet sehr viel, macht kaum Urlaub. Seit er auch noch die Verwaltung der Missionsgelder übernommen hat, von denen u.a. alle Gehälter bezahlt werden, ist er immer wieder auch einmal in Singapur, um dort bei den Chinesen einen günstigeren Wechselkurs zu erhalten in diesen Zeiten, in denen es eine hohe Inflation des Rupiah gibt. Dann ist er mit einem Koffer voller Geldscheine unterwegs, kein ganz ungefährliches Unterfangen.

Durch diese Aktivitäten im In und Ausland bleibt nicht viel Zeit übrig, sich mit der Familie das Land anzusehen. Aber es ist nicht nur die viele Arbeit, die ihn in Siantar festhält. Es liegt auch an den aktuellen politischen Verhältnissen. Es ist eine Zeit der Unruhen. Dreizehn Jahre sind seit der Staatsgründung Indonesiens vergangen. Jetzt gibt es Richtungskämpfe und es droht sogar ein Bürgerkrieg. Zentrum der Unruhen ist Mittelsumatra. Rebellen, die hier eine Gegenregierung gebildet haben, fordern die Abkehr von Sukarnos Konzept der „Gelenkten Demokratie“, welches den Kommunisten, aber letztlich vor allem Sukarno selbst, beträchtlichen Einfluss auf die Geschicke des Landes einräumt. Die Rebellen fordern die Rückkehr zur verfassungsmäßigen parlamentarischen Ordnung und ein neues Kabinett mit Mohamed Hatta als Ministerpräsidenten. Hatta, der einstige Weggefährte Sukarnos, ist jetzt Föderalist und Antikommunist.

Wie immer bei solchen Auseinandersetzungen leidet die Zivilbevölkerung. Wer auch nur irgendwie in Verdacht gerät, den Kommunismus zu unterstützen, wird hemmungslos liquidiert.

Manchmal bekommen diese Toten ein persönliches Gesicht. Dorothea erinnert den Besuch einer Frau in den späten Abendstunden, die sich von Alfred Rat erhofft. Die Stimmung ist gedrückt, es wird beinahe nur geflüstert. Später erfährt sie, der Mann der Frau sei einfach so hingerichtet worden. Gertrud berichtet davon ihrer Mutter: „[Bei diesem Mann] handelt es sich übrigens um den Mann der jüngsten Tochter von Sintua Jakob, Mutter. Er war ein tüchtiger Lehrer einer höheren Schule, ein fixer Kerl und ein aktiver Christ. Vati gab ihm Deutschunterricht. Seine Frau steht nun mit sechs kleinen Kindern völlig mittellos da. Uns hat der Fall doch sehr erschüttert." (27.September 1958)

Auch in Siantar lebt man mit diesen Kämpfen. Es gibt zu gewissen Zeiten eine nächtliche Ausgangssperre und bisweilen sind in der Ferne Schüsse zu hören. Gertrud schreibt am 9. August nach Deutschland: „Was die Situation hier anbelangt, so hat sich die Lage in den letzten 2 Wochen mächtig zugespitzt. Während ich hier sitze und schreibe höre ich unentwegt in der Ferne schwere Geschützeinschläge. Noch sitzen wir wie auf einer ruhigen Insel und hoffen, daß das so bleiben wird. Aber in der weiteren Umgebung von Siantar und in Tapanuli finden immer wieder heftige Feuergefechte statt. Der Weg nach Tarutung ist stellenweise zerstört, also vorläufig nicht befahrbar. Sibolga ist teilweise zerstört. Am 17.d.M. ist der Jahrestag der Befreiung von der Kolonialmacht und bis dahin steht so allerlei auf dem politischen Programm. Daher die vermehrte Aktivität auf beiden Seiten." (9. August 1958) So bleibt man zur Zeit besser in der Stadt und vermeidet möglichst Reisen ins Landesinnere.

Einige der in den umkämpften Gebieten tätigen Missionare suchen Zuflucht in Siantar. So berichtet Gertrud: „Berghäusers sind noch immer unsere Gäste. Er ist augenblicklich in Tarutung, um dort mal nach dem Rechten zu sehen. Wir sind sehr gespannt, was er morgen für Nachrichten von dort bringen wird. Man hört so allerlei Gerüchte, von denen man nie weiß, was man glauben soll. Wir hoffen aber, daß die Lage sich etwas beruhigt hat. Wir haben hier jedenfalls schon Vorkehrungen getroffen, um nötigenfalls unsere Leutchen von dort hier unterzubringen." (7. September 1958)

Trotzdem reisen sie für sieben Tage an den Tobasee, nicht ohne vorher genaue Informationen über die Sicherheit der Route eingeholt zu haben. Und dennoch ist eine solche Fahrt nicht ganz ungefährlich und sie hoffen, nicht allzu oft von Soldaten oder gar Rebellen mit vorgehaltener Maschinenpistole angehalten zu werden. Dorothea erinnert von der Hinfahrt, dass sie die gefallenen Soldaten vom Gefecht der letzten Nacht morgens noch an den Seiten der Straße liegen sah und wie beklommen sie das machte. Sie selbst erreichen aber ungeschoren Parapat. Die sehr enge Straße windet sich in langen Serpentinen von den hohen Bergen hinunter zum tiefblauen Tobasee und gibt dabei immer neue Ansichten dieses wunderschönen riesigen Sees frei. Jenseits liegt die Insel Samosir, so groß, als ob sie das jenseitige Ufer bilden würde. Zum ersten Mal sieht Dorothea mit eigenen Augen die lang gestreckte Landzunge von Sipiak/Parapat, die sie von einer Panoramafotografie im Zimmer der Großmutter her kennt. Gertrud und Alfred zeigen ihr dort die Spuren der Großeltern, das Wohnhaus, in dem Gertrud geboren wurde und in dem jetzt ein Restaurant untergebracht ist, die noch vom Großvater gepflanzten hohen Mangobäume, welche die Hauptstraße säumen, die Kirche. Sie essen in Gertruds Geburtshaus, an den Gläsern sind noch die Spuren des

Gastes vor ihnen zu sehen. Bei Dorothea will sich Ekel einstellen. „Macht nichts“, sagt Gertrud, „wisch es einfach mit der Serviette ab. Hier darf man nicht so pingelig sein.“ Zum Essen gibt es einen leckeren, sehr großen Goldfisch aus dem Tobasee mit vielen Gräten.

Gertrud berichtet an ihre Kinder: „Wir hatten herrliches Wetter und sind täglich zweimal in den See hinausgeschwommen, oft bei starkem Wellengang. Dörthe bewegt sich wie ein Fisch im Wasser, springt, taucht, köppert. – Sie wagte sich weit hinaus, allerdings nur, wenn ich dabei war und sie sich hin und wieder auf meinem Rücken schwimmend ausruhen konnte. Oft ist sie mit einem Solu (Einbaum) hinausgefahren, und wurde dabei einmal von plötzlich aufkommendem Wind derart in den See hinausgetrieben, daß mir am Ufer Angst und Bange wurde. Sie hat die Wellen aber gemeistert und kam sicher an Land; gestand mir aber dann doch, daß sie selbst es auch mit der Angst zu tun hatte.“ (31. August 1958)

Sie fahren auch irgendwann nach Balige, besuchen dort Sintua Jakob und seine Tochter Jettan, die einst Gertruds Kindermädchen gewesen war. Sintua Jakob ist der älteste Sohn des früheren Zauberpriesters Laban, über den Martha zu ihrer Zeit einmal berichtet hat. Früher einmal Großvater Weissenbruchs „rechte Hand“, gehört Sintua Jakob zur *marga* Siahan, der bedeutendsten und einflussreichsten *marga* in Balige. Er wohnt mit seiner Sippe in einem originalen batakschen, auf Pfählen errichteten Haus, verziert mit den typischen rotschwarzweißen Schnitzereien, mit dem geschwungenen, an Büffelhörner erinnernden Dach, dem *atap*, gedeckt mit der schwarzen Faser einer Palme. Auch Gertrud gehört später zur *marga* Siahan. Sie wird wegen ihrer langen Verbundenheit mit den Batak ehrenhalber in diese Sippe aufgenommen werden. Und da Gertrud mit Alfred verheiratet ist und die *adat* die Heirat unter Angehörigen einer *marga* verbietet, wird Alfred kurzerhand Mitglied der *marga* Siregar.

Jetzt aber klettern Alfred, Gertrud und Dorothea die steile Leiter in das Haus hinauf und sitzen in dem dämmrigen großen Innenraum auf Matten im Kreis der Familie. Irgendwie liegt der Geruch von Patschuli in der Luft. Man erzählt ausführlich und zum Abschied bekommt Dorothea von Sintua Jakob einen lebendigen Hahn geschenkt. Nicht sich klarmachend, dass in den Tropen Geflügel immer lebendig transportiert wird, damit das Fleisch bei der Hitze nicht so schnell verdirbt, kommt es später zu Missverständnissen über die Zukunft des Hahns, der dann doch, aber erst nach erheblichem Widerstand, irgendwann im Kochtopf landet.

Später werden sie noch einmal hierher kommen. Sie sind von Jettan eingeladen zur Hochzeit einer ihrer Töchter. Es ist eine richtige bataksche Hochzeit. Auf dem Platz vor dem alten Batakhaus mit seinem elegant geschwungenen Dach sitzen die Gäste auf geflochtenen Matten. Ein großes Fest, zu dem die ganze Dorfgemeinschaft eingeladen worden ist. Man hat einen Büffel und mehrere Schweine geschlachtet. In der Mitte eines großen Feuers liegt der Kopf des Büffels. Riesige, fast metergroße Pfannen stehen am Rand des Feuers. In ihnen kocht das in Stücke geschnittene Fleisch in dem Blut der Schweine. Das Essen wird in frischen Bananenblättern serviert. Das rohe Büffelfleisch wird später, nach den üblichen endlos langen Ansprachen an die anwesenden Gäste, entsprechend ihrem Rang und ihrer Bedeutung verteilt. Den nächsten Verwandten und unter diesen insbesondere den Alten, stehen die größten Stücke zu, auch Rutkowskys erhalten einen Teil, der aber entsprechend aus kleineren Stücken besteht.

Alfred, der Sprachbegabte, hat auch ein weiterreichendes Interesse an Sprachen. Überall, auf diesen Reisen und bei allen anderen Gelegenheiten, wo er die ganz alten Leute trifft, erfragt er die Bedeutung batakscher Wörter und sammelt diese in einem großen Folianten. Die batakscheSprache soll neben der zunehmend sich im Alltag durchsetzenden Indonesischen Sprache nicht verloren gehen. Fünf dicke Bücher hat er schon vollgeschrieben. Seine batakschen Studenten in Siantar sagen: „Amang (Vater) Rutkowsky spricht Bataksch besser als wir."

Aufgrund seiner jahrzehntelangen Erfahrung beherrscht Alfred die Sprachen sicher. Er hat ein tiefgründiges Wissen um die *adat*, die Sitten und Gebräuche und gewinnt daher leicht Zugang zu den Menschen. Die *adat* interessiert ihn auch unter anthropologischen Aspekten. So macht er mit Gertrud und Dorothea zusammen, anlässlich einer Reise zum Tobasee, auch einen Abstecher in ein kleines Dorf in einem Seitental irgendwo hinter Parapat. Ziel ist ein immer noch als Heide lebender Häuptling, mit dem er über ein Adatbuch verhandeln möchte. Die Männer sitzen auf dem Platz vor dem Häuptlingshaus, von diesen getrennt die Frauen. Man kaut gemeinsam Betel und unterhält sich. Man fällt nicht mit der Tür ins Haus, das gilt als unhöflich, sondern man spricht zunächst über Gott und die Welt, das Leben in der dortigen Gegend und so weiter und so fort. Die Frauen, interessiert und neugierig, stellen Gertrud die üblichen Fragen, die jedem Fremden gestellt werden: Wo kommst du her, wo lebst du, wie viele Kinder hast du? Dann: wie alt ist Dorothea? Als sie hören, dass Dorothea zehn Jahre alt ist, meinen sie lachend, und dabei werden ihre vom Betelkauen schwarzen Zähne deutlich sichtbar, dass sie doch dann sehr gut zu ihrem Häuptlingssohn passen würde. Dorothea, kein Bataksch verstehend, bekommt von alledem nichts mit. Nach endlos langer Zeit wird wieder aufgebrochen. Alfred hat das Adatbuch bekommen – eingetauscht gegen eine Bibel.

Seit fast einhundert Jahren gibt es eine Batakkirche, aber nach wie vor gibt es auch immer noch Heiden wie diesen Häuptling und seine Familie. Heidnisches Brauchtum ist überall noch lebendig, sogar in christlichen Kreisen, und dies liegt vor allem an der großen Bedeutung der *adat,* des Sittenkodexes. Selbst heute noch, Anfang des einundzwanzigsten

Jahrhunderts, hat die *adat* die höchste Priorität, steht über Christentum und Islam, sie regelt das Zusammenleben der Menschen. Wie verflochten alle diese Traditionen miteinander sind, wird auch deutlich in Gertruds Bericht über eine Beerdigung, an der sie und Dorothea teilgenommen haben. Batakische Beerdigungen sind meist nichts Privates, sondern eine öffentliche Veranstaltung, bei der die Bedeutung nicht nur des Verstorbenen, sondern auch seiner ganzen Sippe demonstriert wird. Gigantische Grabmäler überfordern da leicht die finanziellen Möglichkeiten einer Familie, auch ist der Totenund Ahnenkult darin noch sehr lebendig. Alles Gründe, weshalb das ganze Geschehen von manchen Seiten durchaus kritisch bewertet wird.

In diesem Fall, der sie später noch einmal nach Toba führen wird, war der Schwiegervater des Präsidenten der Universität mit Namen Carl Sianipar gestorben und Gertrud berichtet: „Am Mittwoch fuhren wir ... nach dem Stammdorf der Sianipar, hinterm Krankenhaus [von Balige], nach den Bergen zu gelegen. ... Nicht weit vom Dorf mußten wir aussteigen und zu Fuß weiterlaufen. Bald standen wir vor einem riesigen Batakhaus mit vielen Schnitzereien. Gerade wurde mit viel Lärm und Allotria der Sarg hinaus auf den Hof bzw. Dorfplatz getragen, wo er unter einem weiten Zeltdach Aufstellung fand. Wohl 30 Männer hatten Mühe den Sarg zu heben. Er glich einem Riesenbaumstamm, schwungvoll ausgearbeitet, prachtvoll poliert und mit Messing beschlagen, kurz ein Prunksarg. Der Verstorbene galt als der reichste Mann von Balige, was in den vielen Adatreden und auch sonst bei der ganzen Feierlichkeit immer wieder ausdrücklich hervorgehoben wurde. Zwar war er auch entsprechend geizig, – aber darüber schwieg des Sängers Höflichkeit. Die Beerdigungsfeierlichkeiten dauerten übrigens schon vier Tage. Ganz der Sitte, adatgemäß wurde dieser alte Herr beerdigt. Da fehlte es nicht an Essensgelagen, an Tanz und Gondangmusik Tag und Nacht. Selbst die heidnische Totenklage hat nicht gefehlt. Als wir da in der Nähe des Sarges unter einem Aufbau saßen, über uns in der Gluthitze des Mittags den geschlachteten Ochsen, der nach der Beisetzung nach genau vorgeschriebenen Gesetzen unter die Ehrengäste und Familienmitglieder verteilt werden sollte, kamen dem Alter nach die Söhne des Verstorbenen, um am Sarg die Totenklage anzustimmen. Ein ulos hing ihnen über Kopf, Brust und Schulter zum Zeichen der Trauer; und weil sie durch die Trauer (angeblich) geschwächt waren, wurde jeder von zwei Männern gestützt und geführt. Am Sarge huben sie dann an zu klagen und zu jammern, aber man merkte doch heraus, daß das ganze nicht echt war. Schnell wurden die Tücher wieder abgenommen, und die Söhne setzten sich zu den übrigen Familienmitgliedern. Später wurde uns dann auch erzählt, dass die Söhne sich geweigert hätten, die Totenklage anzustimmen. Jene stehen im Berufsleben und sind moderne Indonesier, die zu all diesem Tun kein inneres

Verhältnis mehr haben. Aber alles Weigern half nichts, – die adat ist stärker. So gingen sie denn und klagten, während sie innerlich über dieses Tun lachten. Die Witwe saß derweil am Sarge, ganz in Trauertücher gehüllt, die man ihr aber der fürchterlichen Hitze wegen über dem Kopf zusammengeschlagen hatte, um ihr so etwas Luft zufächeln zu können. Sie von dieser Tücherlast zu befreien wäre ein Verstoß gegen die Sitte gewesen. Nun wurde eine Rede nach der anderen gehalten, stundenlang – zwischendurch wurde gesungen und gebetet; aber auch das tat nicht etwa ein Pandita oder Lehrer, obwohl genug da waren, auch waren die Reden wenig christlich, sondern reine Adatreden. Wie dankbar waren wir, als schließlich ein altes verhutzeltes Männchen, ein Lehrer, zu sprechen aufgefordert wurde, und dieser etwa folgendes sagte:

‚Liebe Leute, jetzt habt euch doch nicht so! Macht es doch nicht so schwer! Denkt daran, wir sind nicht mehr im Heidentum, wir sind Christen und als Christen dürfen wir uns freuen auch im Leid!‘ ... Wir sind nach etwa zwei Stunden fortgegangen, da wir ja am gleichen Tag noch nach Siantar zurück wollten. Was wir aber in der kurzen Zeit gesehen und gehört hatten, hat uns doch sehr bewegt. Dieses Gemisch von Adat, Christentum und Heidentum legte sich uns doch schwer auf die Seele. Ich mußte an unseren Opa denken. Was würde er zu all dem sagen? ... Der Schwiegersohn des Verstorbenen, unser Präsident hier an der Uni, hatte sich das andungan (Totenklage) verbeten, war aber damit bei der Schwiegermutter auf Granit gestoßen. So mußte er sich bei all diesen Feierlichkeiten sehr unglücklich fühlen, ohne sich ihnen entziehen zu können.“ (21. Februar 1959) Soweit Gertruds Schilderung.

Die meiste Zeit aber sind sie jedoch in Siantar. Dorothea findet das Leben dort eigentlich immer interessant. Am 19. April 1958 z.B. gibt es eine Sonnenfinsternis, die sie durch eine rußgeschwärzte Glasscheibe beobachtet. Auch Gertrud berichtet nach Deutschland: „Der Mond hat sich halb vor die Sonne geschoben und es herrscht eine ganz eigentümliche Beleuchtung, so als habe die Sonne einen Gelbfilter vorgesetzt bekommen. Unsere Waschbabu wollte uns eben abhalten, in der Sonne herumzugehen, die Sonne wäre ‚*sakit*‘ (krank) und das wäre nicht gut.“ (19. April 1958)

Im gleichen Brief erzählt sie noch: „Morgen und übermorgen ist ‚hari rajah‘ der große Feiertag der Mohammedaner. Vier Wochen haben sie gefastet, d.h. daß sie den ganzen Tag nichts essen und erst nach sechs Uhr abends sich schadlos halten. Im Ganzen wird nie so viel gegessen, wie gerade in der Fastenzeit, nur daß die Essenszeiten verschoben sind. Aber die Menschen sind in dieser Zeit meist etwas durchgedreht, magern ab und sind so recht zu nichts zu gebrauchen. Alle sind froh, wenn diese Wochen vorbei sind und ein normales Leben beginnt. Unsere drei Hilfen, alle Mohammedaner, bekommen zum hari raja ihr neues badju (Kleidung), 1 Kilo Zucker und etwas nassi kue, d.i. Geld für Kuchen und

Leckerei. Dazu dann noch zwei Tage frei. So werden wir uns zwei Tage alleine behelfen müssen. Morgen sind wir zum Glück zur Reistafel bei Ottos im Hotel eingeladen."

Dorothea genießt das freie Leben in Siantar in vollen Zügen. Sind die Schulstunden erst einmal vorbei, kann sie machen was sie will. Nur um 6 Uhr abends, wenn es, wie überall in Äquatornähe, sehr plötzlich dunkel wird, dann muss sie zu Hause sein. Da ist viel Zeit, die Kinder in anderen Häusern zu besuchen. Sie verständigen sich mit einem Sprachgemisch aus Deutsch, Indonesisch und Englisch. Der riesige Universitätskomplex ist stadtauswärts von einer großen Kautschukplantage begrenzt. Hier leben Webervögel in großen Kolonien. Ihre phantastischen etwa 30 cm langen Nester hängen in den Kronen der hohen Bäume dicht bei dicht. Manchmal, etwa nach einem Sturm, fällt eines herunter und Dorothea kann sie aufsammeln und mit nach Hause nehmen. Einmal stößt sie bei einem ihrer Streifzüge auf eine Königskobra. Sie liegt zusammengerollt vor einem Baumstamm. Dorothea ist doch sehr erleichtert, dass die große und recht giftige Schlange bereits tot ist. Nebenan bei Devanesans, dem indischen Dozenten, hatte sich einmal eine ins Kinderzimmer verirrt.

Hier in der Plantage wächst ein Moos, das wie kleine Tannenzweige aussieht, nur etwas zarter. Es eignet sich hervorragend für die Gestaltung eines Adventskranzes. 1958 ist ja das erste Weihnachtsfest, welches sie so richtig zusammen feiern können und dass man aus diesem Moos einen fast echten Adventskranz machen kann, ist schon schön, zumal bei 30°C und üppig grüner Natur nicht so recht Weihnachtsstimmung aufkommen will. Aber Gertrud trommelt, wie sie es in Wiesbaden schon immer gemacht hat, alle Kinder, zumindest die deutschsprachigen, zum gemeinsamen Adventsund Weihnachtsliedersingen zusammen. Gertrud denkt in dieser Zeit besonders viel an die drei großen, in Deutschland zurückgebliebenen Kinder, versucht, die richtigen Schwerpunkte zu setzen und schreibt: „Aber wo Ihr nun in diesen Tagen auch sein mögt, Gott gebe, daß sie Euch viel Freude und auch einen inneren Segen bringen mögen. Hetzt Euch nicht ab mit Weihnachtsgeschenken, das ist doch alles so nebensächlich. Lernt es mit kleinen, aber gut erdachten Dingen Freude zu bereiten. Tut Euch zusammen und singt unsere schönen Weihnachtslieder. Ich merke hier doch immer wieder, was wir für einen rechten Schatz besitzen gegenüber denen, deren Können nicht über O Tannenbaum und Stille Nacht hinausgehen." (7. Dezember 1958)

Ja, diese Weihnachtslieder! Die allseits bekannten Lieder sang man in der Kirche, zu Hause nicht. Alfred, aber vor allem Gertrud hatte dafür gesorgt, dass in der Familie eine unendliche Vielzahl der verschiedensten alten und neuen Weihnachtslieder gesungen wurden. Aber auch hier gab es Vorlieben. Kein Weihnachten ohne „Drei Kön'ge wandern aus Morgenland", eher ein Kunstlied und undenkbar ohne Klavierbegleitung, dann die Hirtenlieder „Es lagen im Felde die Hirten bei Nacht" und „Wisst ihr noch wie es geschehen" oder die Wiegenlieder „Auf dem Berge da wehet der Wind" und „Es geht ein Freuen durch die Welt" von Helene Petersen-Vietor, einer Freundin von Martha Weissenbruch, wie überliefert wurde. Ein Lied, das Alfred viel bedeutete, war „Die Nacht ist vorgedrungen". Der Text von Jochen Klepper, der 1942 mit seiner jüdischen Ehefrau vor deren Deportation freiwillig aus dem Leben schied, enthält viel von der Hoffnung und Verzweiflung, die beide empfunden haben mögen. Dass dieses in einer schönen Molltonart gesetzte Lied eines von Alfreds Lieblingsliedern war, mag auch viel über Alfred selbst aussagen.

Für Gertrud aber ist Weihnachten vor allem eine Zeit, wo sie ihrer Liebe zur Musik so ganz nachgehen kann, wie sie im selben Brief berichtet:

„Wir kommen hier oft zusammen und singen drei bis fünfstimmig, mit Geigen und Flöten. Das ist ganz herrlich!" Eine große Freude ist, dass tatsächlich auch zwei Pakete pünktlich zu Weihnachten ankommen, beide ungeöffnet und unversehrt, wie Gertrud ausdrücklich vermerkt. Auch einen Weihnachtsbaum haben sie. Nicht wie früher Martha, einen Bananenstamm mit hineingesteckten Zweigen, nein, Gertrud hat einige Thujazweige in eine große Vase gesteckt und so zusammengebunden, dass es, ordentlich mit Strohsternen und Kerzen bestückt, fast wie ein richtiger Weihnachtsbaum aussieht. Darunter die große Krippe mit Figuren aus dicker Pappe, die einst ein italienischer Maler in Indien während der Internierung für Alfred gemalt hatte und die aussahen, als wären sie von Dürer selbst gefertigt. Gertrud berichtet von ihrer Weihnachtsfeier, zählt auch die verschiedenen Geschenke auf und meint dann: „Aber der Gipfelpunkt war eine echte Indianer-Gürteltasche mit Pistole, die sie [Dörthe] von Frau Otto bekam. Dörthe war erst etwas sprachlos, als sie dieses Geschenk sah – und ich nicht minder! – ‚Ich bin doch kein Junge!', meinte sie. Aber dann warf sie alle Bedenken über Bord, schnallte um, und war in ihrem Element. Sie spielt sehr viel mit den zwei Jänickes Buben und dem Hansli Otto. Recht zeitgemäß wird meist ‚garambolan' (Rebell), also Krieg gespielt. Dörthe wurde als Mädchen ohne Waffe nie ganz voll genommen von den Buben. Mit diesem Gurt hat Frau Otto ihr nun die Gleichberechtigung verschafft. Im Geiste sehe ich auch schon den letzten Rest Mädchenhaftigkeit verschwinden!" (28. Dezember 1958) Diese Bedenken sind unbegründet, aber damals weiß Gertrud ja auch noch nicht, dass Alfred seiner jüngsten Tochter von seiner Deutschlandreise im nächsten Jahr den heiß ersehnten Tausendsassa Petticoat mitbringen wird. So wohnen eben das weibliche und das männliche Prinzip dicht beieinander.

Die Feiertage sind für Alfred und Gertrud immer auch Anlass, sich in besonderer Weise um die Studenten zu kümmern. Es sind dann Ferien und viele bleiben entweder bei Verwandten in Siantar oder eben im Internat. Gertrud schreibt: „Am Neujahrstag luden wir alle Studenten ein, die nicht nach Hause zurück konnten. Das waren an sich nur 15, darunter allein 12 Niasser. Aber es wollten auch die dabei sein, die hier in Siantar selbst bei Verwandten oder Bekannten blieben. So wuchs die Zahl schließlich auf 25 Studenten. So saßen wir denn im großen Kreis, der bis auf die Veranda und ins Esszimmer hinein ging, zusammen, haben beim Lichterbaum erzählt, gesungen, Dörthe und ich haben geflötet und zwischendurch gab es Tee, Gebäck und Buttercremetorte, die wir zuvor geschenkt bekommen hatten." (14. Januar 1959) Mit diesen Torten hat es so seine eigene Bewandtnis, wie Gertrud erläutert: „Ihr müßt wissen, daß man hier zu festlichen Angelegenheiten von manchen Firmen und von solchen Leuten, die von einem irgendetwas wollen, – also Schmiergelder! – mit buntbemalten, oft recht schönen Torten traktiert wird. Die chinesischen Bäcker verstehen sich sehr gut darauf. Uns sind sie aber zu mächtig. Die Studenten haben sie mit Wonne verzehrt. Unsere Ärzte oder Ottos bekommen oft 10 und noch mehr solcher Torten ins Haus geschickt! – Ein Klinganese, der mit seiner Kuhherde am Rande unseres Unigrundstückes wohnt, brachte uns neben einer Torte eine große Flasche Bols, obwohl wir bei ihm keine Milch kaufen. Warum? Vati hatte gelegentlich gehörig Krach mit ihm, weil seine Kühe frei herumliefen und die neugepflanzten Kokospalmen abfraßen. Nun wollte er Vatis Zorn in Bols ersäufen! Weiß der Kuckuck wo er den noch aufgetriebenhat."

Im selben Brief erwähnt Gertrud, dass es auch ihrem Fuß besser gehe. Sie hatte sich pünktlich zur Silberhochzeit am 9. November 1958 den Fuß gebrochen und lange einen Gips getragen. Was sie nicht erwähnt, ist, dass sie, als Dr. Jänicke am Tag der geplanten Gipsabnahme verhindert war, sich eine Geflügelschere nahm und sich kurzerhand selbst vom Gips befreite.

Vor allem sind Feiertage Anlässe für Musik. In den Kirchen singen dann die Chöre, „bei besonderen Anlässen kann es vorkommen, daß man bis zu 15 Chöre über sich ergehen lassen muß", schreibt Gertrud und nimmt dies zum Anlass, die musikalischen Traditionen dieser Chöre zu überdenken:

„...das ist ein Kapitel für sich und wir suchen sehr nach Mitteln und Wegen, die übergroße Sangesfreudigkeit unserer Chöre in die rechten Bahnen zu leiten. Leider fehlte ihnen in den letzten 20 Jahren eine zielbewußte Führung in der Entwicklung ihres Musikgeschmacks. Es fehlte ihnen an geeignetem Notenmaterial. Sie waren genötigt sich selbst zu helfen." Das führt zu eigenwilligen Kreationen, die Gertrud so beschreibt: „Da gibt es Menüs bestehend aus drei Takten Händel, etliche Takte Bach, Strauss, Silcher und andere, alles zu einem schönen langen Potpourri verkuppelt und ein ‚geistlicher Text' untergelegt, wenn dann noch eine Nachtigallenstimme zu ihrem Recht kommt, dann ist das so echt nach ihrem Herzen.“ (12. Dezember 1958) Das geht Gertrud sehr gegen den Strich.

Auch die Abschlussfeiern der Universität sind die Gelegenheiten, bei denen gemeinsam gesungen und musiziert wird. Da ist Gertrud in ihrem Element, versucht, Ihre Vorstellungen von Musikqualität einzubringen. Sie studiert auf Bitten der Studenten mit ihnen Lieder ein. In ihrem Haus holt sie einige Kinder zum Flötenunterricht zusammen. Aber es verwundert, dass sie selbst nicht wieder Klavier spielt. Früher, in Padang, hatte sie sich, sowie das irgend möglich war, ein Klavier gemietet, sich intensiv mit Musik beschäftigt. Warum hat sie jetzt kein Klavier? Sogar in den ganz schlechten Zeiten in Wiesbaden hatte sie trotz des gravierenden Geldmangels Klavierstunden genommen, mit Alfred und seiner Geige gemeinsam musiziert. Alfreds Geige liegt jetzt eingepackt auf dem Dachboden des Barmer Missionshauses und Gertrud, was ist mit ihrem eigenen Musizieren? Vielleicht war die Musik ihr vor allem immer Trost in schwierigen Zeiten und es geht ihr jetzt sehr gut? Vielleicht reichen auch die Kräfte nicht mehr für die vielen Aufgaben? Niemand weiß es. Möglich ist auch, dass ihre Zeit dadurch eingeschränkt ist, dass sie Alfred in seiner Arbeit ganz handfest unterstützt. So ist später zu erfahren, dass sie sich, gemeinsam mit einem anderen Dozenten, während einer von Alfreds Reisen nach Singapur erfolgreich darum bemüht hat, für Gunung Sitoli/Nias geeignete Lehrer und Lehrerinnen an der inzwischen eröffneten Pädagogischen Hochschule zu gewinnen. (6. August 1960) Sie hat Alfreds Arbeit durchaus auch zu ihrer eigenen gemacht, setzt dadurch vielleicht andere Prioritäten. 1962 berichtet Gertrud allerdings, dass sie Studenten drei Mal in der Woche Flötenunterricht erteilt und inzwischen fünfzehn Schüler hat. (26.Oktober 1962)

Doch auch jetzt gibt es in Siantar Musik. Die deutsche Botschaft in Djakarta hat ihnen ein Magnetophonbandgerät sowie einige Bänder mit klassischer Musik besorgt. Es gehört zu Dorotheas ergreifendsten Erinnerungen, dass manchmal bei Vollmond – und Vollmondnächte in den Tropen sind ganz besonders hell – die Eltern und meist noch einige Nachbarn im Garten zusammenkamen und Musik hörten. Wenn dann in der von hellsilbrigem Mondlicht überzogenen Kulisse des Gartens Bachs Violinkonzerte ertönten, so war dies überirdisch schön.

Im Mai 1959 beschrieb Gertrud eine Reise, wie sie selbst eine solche noch niemals in all den Jahren gemacht hatte und von deren Schönheit sie schwärmte. Ottos hatten eine Fahrt zu einer unbewohnten kleinen Insel, Pulau Berhala, etwa 40 km in der Straße von Malakka gelegen, organisiert, an der Gertrud und Dorothea sowie zwei Arztehepaare mit ihren Kindern teilnahmen. Etwa vier Stunden sind sie mit einem großen Motorboot unterwegs, und Gertrud gibt einen langen begeisterten Bericht: „Die Insel hat nur an wenigen Stellen einen Strand, sie fällt meist steil und schroff zum

Meere ab, riesige Felsblöcke liegen am Ufer, aufeinandergetürmt zu romantischen Schluchten und Höhlen. ... Der ganze Kegel bis zum Ufer mit dichtem Urwald bewachsen. Und auf dieser kleinen Insel von Salzwasser umgeben eine sprudelnde Süßwasserquelle. ... Die Männer fuhren hinaus aufs Meer und haben mit großen Angeln gefischt. Sie brachten in den zwei Tagen wohl an die 20 Raubfische mit, große schwere Tiere bis zu 1,20 m Länge und 15 kg schwer. Etliche wurden gleich geschlachtet und über offenem Kohlenfeuer gebacken. Herrlich schmeckte das. ... Abends war Ebbe. Da lockten uns hunderte von Glühlichtlein hinaus ins flache Wasser zwischen die Korallen. Wenn die Wellen sich überschlugen leuchteten sie auf von phosphoreszierenden Tierchen. Mit der Taschenlampe sahen wir Korallenfische in den schönsten Farben. Das war überhaupt ein Erlebnis für sich, als wir am nächsten Morgen, mit Schaukästen mit gläsernem Boden versehen, ins Meer hinaus schwammen. Da war der Meeresgrund mit riesigen Korallenbänken ganz übersät, Korallen in einer Schönheit und Fülle der Formen und Farben, ganz undenkbar schön. Wenn man dann auf einer Koralle ein Weilchen ruhig stehen blieb, kamen von allen Seiten in unzählbarer Fülle Korallenfische in allen Größen, Formen und Farben, längsgestreift, quergestreift, mit Schweifen und Schleiern, – eine Welt ganz überwältigend schön. Schön war auch die Nacht. Dörthe schlief mit den anderen auf einer Luftmatratze im Zelt. Ich stellte mein Feldbett hinaus ins Freie, über mir der klare Sternenhimmel mit dem südlichen Kreuz, dem Centaurus und dem Skorpion, vor mir das weite Meer mit seinem Leuchten, zuweilen huschte eine Ratte unter meinem Bett her ... oder ein Leguan raschelte in der Nähe des Zeltes.

... Viel geschlafen habe ich natürlich nicht. Und doch war ich am nächsten Tage frisch und schon vor Sonnenaufgang auf den Beinen. Wir machten am Vormittag noch eine Rundfahrt um die Insel und zwei kleine Nachbarinseln herum. Um 3 Uhr gings wieder heimwärts. Zunächst war es sehr heiß, aber dann ging es in den sinkenden Abend hinein, und das war wieder wunderschön; der Sonnenuntergang, die ausfahrenden Fischerboote, die sich wie Silhouetten abhoben, die Einfahrt in die Flußmündung, den aufwärts wir noch eine halbe Stunde zu fahren hatten. Als wir dann am Landungssteg ankamen, war es bereits dunkel. Gegen 9 Uhr waren wir zuhause, wo Vati schon sehr auf uns wartete. Dörthe plumpste nur so ins Bett und ich nicht minder. Die Nacht war viel zu kurz, so daß ich am Nachmittag noch drei volle Stunden Schlaf nachholte. An Schulehalten war natürlich nicht zu denken. Es hat uns aber auch nichts gereut. So viel Naturkunde hätte Dörthe drüben das ganze Jahr nicht. Was sie dort gesehen und erlebt hat, vergißt sie ihr ganzes Leben nicht.“ (11. Mai 1959) Und damit sollte Gertrud recht behalten.

Ende Juli machen sie noch einmal eine Inselfahrt, zur Pulau Pandjang. Diese, obwohl ebenfalls wunderschön wegen des Formenreichtums der riesigen Korallen, zeichnete sich durch eine während der Überfahrten sehr stürmisch werdende See aus, bei der es sogar Gertrud nicht ganz geheuer war. Sie vermerkt daher: „Die Fahrt nach Berhala war eine schöne Romanze, diese eine Sonata Appassionata." (8. August 1959)

1959 war Alfred in seiner Funktion als Koordinator zu Beratungen nach Deutschland, nach Barmen gefahren. Diese Reise ermöglicht ihm, nach vier Jahren seine Kinder wieder zu sehen. Diese Freude des Wiedersehens! Alfred schildert es Gertrud ganz genau, beginnend mit seiner Ankunft in Düsseldorf-Lohausen: „Ich nahm meinen Koffer unter den Arm und besann mich auf die nächste Straßenbahn nach Düsseldorf, weil ich niemanden sah, der bereit war, mich unter seine Fittiche zu nehmen. Plötzlich schauten mich hinter einem Gitter die Augen unseres Michael an. Wie ich näher kam, war er verschwunden. Ich lief um die Ecke, um ihn zu erwischen und fiel beinahe vor Schreck um, denn mit einem großen Geschrei kamen unsere Drei auf mich zu und erdrückten mich beinahe vor Freude. Sie waren am Morgen von Wiesbaden her getrampt, um ihren Vati persönlich in Empfang zu nehmen. Du glaubst nicht, Traut, wie sehr ich mich gefreut habe! " (9. Juni 1959)

Sein erster Gang allerdings war der zum Friseur: „De Kleine glaubte mich so, wie ich war, nicht herumlaufen lassen zu können. Meine Kopfbedekkungen haben auch keinen Beifall gefunden und auch sonst mußte ich mir einige Korrekturen gefallen lassen. ... Auch unsere Kinder zupften schon mächtig an mir herum ... Die Kinder haben mich übrigens mit einer rührenden Liebe umgeben, als müßten sie die Elternrolle übernehmen an einem armen Waisenkind." Die Berichte und Beratungen in Barmen lassen ihm wenig Zeit. Trotzdem macht er es möglich, mit den Kindern zu einem kurzen Strandurlaub nach Oegstgeest zu fahren.

Von Sumatra erreichen ihn über Gertrud bedenkliche Nachrichten. Am 18. Juni schreibt sie: „Weißt Du, daß der Landrover von Gunung Sitoli beschlagnahmt ist?. Ich glaube auch nicht, daß von unseren Leutchen sich einer gewehrt hat. Die haben keine Erfahrung in solchen Dingen und sind viel zu ängstlich. Das ist meine eigene Meinung. Da ist Deppermann von anderem Holz. Der mußte kürzlich zum 3. mal um seinen Wagen kämpfen (mit Waldeuten), das hat eine halbe Stunde gedauert. Aber er hat nicht locker gelassen. Er läßt sich dadurch aber auch nicht abschrecken und fährt getrost in die entlegensten Gemeinden." (18. Juni 1959) Alfred ist über diese neuerliche Zuspitzung der Verhältnisse durchaus beunruhigt und antwortet:

„Gestern erhielt ich den Brief, in dem Du über die Beschlagnahme des Landrovers schriebst. Es hat uns sehr bewegt ... Es hilft doch, die Gedanken zu klären. Manchmal möchte ich schon wieder nach Hause. Die Dinge draußen bewegen mich zu stark. Doch wir sind noch nicht zu der Klarheit gekommen, die wir brauchen, um fruchtbar weiter arbeiten zu können." (28.Juni 1959)

Im August, nach vielen Verwandtenbesuchen und auch Besuchen bei Angehörigen von Mitarbeitern in Siantar, geht es aber erst einmal wieder zurück nach Sumatra, allerdings nicht ohne wieder allerlei für diesen und jenen mitzubringen: Farbfilme für Dr. Jänicke, Arzt am Krankenhaus in Siantar, und Gertrud hatte gebeten um Gurtband und – um einen Satz Zähne von ihrem Zahnarzt in Deutschland, die hiesigen seien so riesig! Ob er die mitgebracht hat ist allerdings nicht überliefert.

Immer ist Alfred mit vollem Einsatz beschäftigt. Bei all seinen Verpflichtungen, gegen Ende des Jahres 1959 scheint in die Angelegenheit der Deutschen Schule nun endlich Bewegung zu kommen. Gertrud ist außerordentlich erleichtert und schreibt: „Die größte Weihnachtsfreude für mich ist, daß die Lehrerin nun wirklich kommt. Am 28. Januar reist sie drüben ab. Da ist mir doch eine große Sorge vom Herzen. Schreiners reisen nach den Feiertagen in Urlaub. Da kann die Lehrerin zunächst in ihrem Haus wohnen, bis wir dann die Schule gebaut haben." (20. Dezember 1959) Der Schulunterricht mit Dorothea war ihr zunehmend zu einem Problem geworden, das sie folgendermaßen beschreibt: „Was die Schule betrifft, so hat sie mich in den letzten Wochen doch manches Mal zur Verzweiflung gebracht. Sie hat ja gar keinen Maßstab für das, was gekonnt, gelernt, schön geschrieben, gut vorgetragen ist. – Ich weiß es ja selbst manchmal nicht, wo ich sie überoder unterfordere. – Sie war aber so faul und unkonzentriert, so schlampig in ihren Aufgaben, daß ich fast verzweifelte. Nun ist sie nicht ganz auf dem Damm. Hier geht eine schleichende Grippe rund – uns hatte sie alle gepackt – man ist nicht krank, aber auch nicht gesund. Nun hat sie immer Bauchweh, Kopfweh oder Augenschmerzen. Ich nehm Rücksicht darauf und schone sie. Aber außerhalb der Schule sind alle Wehwehchen vergessen. Das geht mir sehr auf die Nerven, zumal ich so nicht weiß, wie mit dem Pensum fertig zu werden. Na, Vati hat sie dann mal vorgenommen – er tut das leider sehr selten – und nun hat sie wenigstens den Willen, einiges zu schaffen. Wenn nur die Lehrerin kommt! Noch ist sie nicht da. Hoffentlich kommt nichts mehr dazwischen." (4. Dezember 1959)

Gertruds Skepsis erweist sich als berechtigt. Am 4. Februar 1960 die Hiobsbotschaft an ihre Schwester Else: „Gestern kam die Nachricht, daß die Lehrerin nicht kommt. ... Die Botschaften (indonesische und deutsche) in Djakarta haben abgewunken. Obwohl alles soweit geregelt war, " Ursache ist wohl die sich seit Wochen zunehmende Verschlechterung der politischen Lage. Sie fährt fort: „Weißt Du, in einer Weise sind wir ganz froh. Es ist wohl jetzt nicht die Zeit, für diesen Zweck jemanden kommen zu lassen, zumal alle Eltern, mit deren Kindern wir gerechnet hatten, sich entschließen, hier endgültig abzubrechen. Die Verhältnisse sind so undurchsichtig, daß man selbst auf Wochen nicht vorausdisponieren kann. "

(4. Februar 1960)

Teil der undurchsichtigen Verhältnisse und symptomatisch für die herrschende Stimmung ist etwa die Situation der Handel treibenden Chinesen im Land. Sie gelten als die „Juden des Ostens“. Indonesien kämpft mit wirtschaftlichen Schwierigkeiten und so ist der Sündenbock schnell gefunden. Gertrud berichtet dazu: „Innerhalb der nächsten zwei Jahre müssen alle Chinesen das Land verlassen haben oder die hiesige Staatsangehörigkeit erworben haben, d.h. sie verlieren also ihre chinesische Staatsangehörigkeit. Man setzt ihnen arg zu und hätte sie lieber heute als morgen draußen. Bei uns waren es damals die Juden, die angeblich die ganze Wirtschaft ruinierten, hier sind die Juden des Ostens die schwarzen Schafe. So bestialisch wie wir Deutschen damals geht man hier, Gott sei Dank, nicht vor. Aber es langt. Die Menschen tun einem leid, die ein Leben lang mit unermüdlichem Fleiß sich ein bescheidenes Dasein erarbeitet haben ... und nun bis auf ein Minimum alles verlieren – selbst die Möglichkeit sinnvoll weiterzuarbeiten. ... Wir leben hier in einem Beamtenstaat, der 30% aller Ausgaben nur für Gehälter verbraucht. Ein Kepala [Chef] ist nur noch Gehaltsempfänger – das Arbeiten besorgen die ihm unterstellten....“ Die Situation wird auch veranschaulicht durch folgenden Bericht: „Im Betrieb von Remmels wurde übrigens vor einigen Wochen eingebrochen und eine große Schreibmaschine geklaut. Wahrscheinlich waren es Leute aus dem eigenen Betrieb. Die Polizei verlangt ‚uang kopi‘ [Kaffeegeld]!!! Bestechung ist alles hierzulande, damit macht man sich den ärgsten Feind zum Freunde. Die Menschen hier haben kein Ehrgefühl im Leibe.“ (28. Juni 1959) Etwa ein Jahr später wird Gertrud von der schwierigen Versorgung der Niasurlauber in Parapat berichten: „Nur die Versorgung ist jetzt etwas schwierig, seit die Chinesen ausgeschaltet sind, so daß ich von hier aus immer mit Gemüse und Brot nachhelfen mußte.“ (22. Mai 1960) Aber nicht nur die Chinesen sind betroffen, auch die allerletzten Holländer, die sich bis jetzt noch gehalten haben, sollen nun endgültig das Land verlassen. Einer nach dem anderen geht, auch einige von den Missionsleuten, oft gerade erst eingereist und gerade erst etwas vertraut mit Sprache, Land und Leuten, müssen wieder ausreisen. „So wird unser Kreis hier immer kleiner“, bemerktGertrud am 24. Juli 1960.

Wegen all dieser und anderer politischer Spannungen wird es also keine deutsche Schule geben. Was soll jetzt mit Dorothea werden? Ganz schnell wird klar: Dorothea muss zurück nach Deutschland, denn den gymnasialen Unterricht traut Gertrud sich nun wirklich nicht mehr zu. Von jetzt an überschlagen sich die Ereignisse. Wo und bei wem soll Dorothea in Deutschland leben? Gertruds Schwester Elisabeth, auch eine Cousine, Lorchen Kratz, Pfarrfrau mit sieben Kindern, sind im Gespräch. Gertrud und Alfred stehen plötzlich unter Entscheidungsdruck. Schließlich wird beschlossen, dass Dorothea ins Barmer Missionshaus in Obhut der Leiterin, Schwester Gertrud Sassmann, gegeben werden soll. Das scheint wohl die schnellstmögliche Lösung gewesen zu sein. Und schon am 10. April 1960 ist Dorothea mit dem Flugzeug unterwegs nach Deutschland, nachdem sie sogar von den Studenten der Universität in einem Gottesdienst verabschiedet worden war. Dorothea reist in Begleitung des Ehepaars Alm, Alfreds schwedischem Kollegen, das auf dem Weg in ihre Heimat ist. Dorotheas Gefühle sind sehr widersprüchlich, einerseits freut sie sich auf Deutschland, vor allem auf die Geschwister, andererseits schreibt sie bereits aus Bangkok den ersten sehnsuchtsvollen Brief. Die Situation, die sie dann in Deutschland vorfindet, entspricht überhaupt nicht ihren Erwartungen: Die Geschwister sind weit weg und mit ihrem eigenen Leben beschäftigt. Das Leben im Missionshaus ist, trotz aller Bemühungen der Pflegemutter, weit entfernt von familiärer Einbindung. So bleibt vor allem die Sehnsucht nach Sumatra, nach einer Zeit, als die Welt noch in Ordnung war.

Für Gertrud ist die Abreise Dorotheas zwar einerseits schmerzlich, aber andererseits auch eine große Entlastung. Befreit von allen Unterrichtsverpflichtungen kann sie sich jetzt ganz unbelastet ihren vielfältigen anderen Aufgaben widmen. Ständig machen Leute auf der Durchreise Besuch im immer offenen Haus Rutkowsky. Auch eine Erholungsreise nach Brastagi, die Alfred dringend benötigt, kann jetzt leichter verwirklicht werden. Für Juni kündigt sie eine Reise auf die vor der Westküste Sumatras gelegene Insel Nias an, verbunden mit dem Hinweis, dass es in dieser Zeit keine Nachrichten von ihnen geben werde „da Nias ... auf dem Mond liegt, was die Verbindung mit der Außenwelt betrifft." Drei Wochen soll die Reise dauern, es werden sechs daraus. Gertrud berichtet: „So etwas von Abgeschiedenheit wie in Südnias könnt ihr euch nicht vorstellen. Wir saßen da in Telukdalam und kamen nicht fort; keine Verbindung mit der Außenwelt, weder zu Land, die Wege waren unfahrbar wegen etlicher eingestürzter Brücken, noch durch die Luft, noch übers Wasser! Endlich nach 16 Tagen kam ein kleines Motorboot, das uns nach dem Norden brachte. Aber auch hier hieß es noch 6 Tage warten, bis wir nach Sibolga weiter konnten. Über diese Seefahrten kann man ganze Bücher schreiben. Das ist ganz unvorstellbar für den, der es nicht selbst mitgemacht hat. Da nur noch wenige Schiffe fahren, sind diese immer überfüllt. Statt der erlaubten 50 Personen fahren dann z.B. 100 und mehr mit. Kabinen gibt es natürlich nicht. Auf der Ladeluke, in den Gängen, auf dem Dach wo nur etliche Fußbreit Fläche zu finden ist, hocken und liegen die Menschen nebeneinander, aufeinander, – wie es der Platz hergibt. Vati machte sich ein Lager auf aufgestapelten Koffern zurecht, ich hockte zwischen einigen Männern auf dem Fußboden und durfte mich glücklich preisen, daß ich wenigstens einen Koffer als Rückenlehne hatte.

Jetzt hockt mal eine Nacht mit angezogenen Knien auf harten Brettern, es war zum Auswachsen! ... An Schlaf war natürlich nicht zu denken, d.h. Die Leute rundherum schliefen wie die Bären zu scheußlichen Klumpen geballt. Sie wälzten sich hin und her, da hing dann mal ein dreckiger Fuß über meinem Kopf oder ein wuscheliger Lausekopf lehnte sich vertrauensvoll gegen mich; zuweilen bohrte ich meine Füße zwischen den Schlafenden hindurch, um meine Beine einmal ausstrecken zu können. Das ging alles ganz manierlich, solange die See ruhig war. Als aber dann auf hoher See ein ordentlicher Sturm einsetzte und unser Fünftonner wie eine Nußschale auf den Wellen tanzte, – da wurde es erst schön! Vor, hinter und über einem, überall wurde geopfert, mit und ohne Begleitmusik. Vor der Fülle der Menschen konnte natürlich keiner an die Reling stürzen. Na, ihr könnt euch selber ausmalen, wie es da zuging. Mit erstaunlicher Engelsgeduld wurde das allerseits ertragen, da gab es kein Gezänk und kein böses Wort. Das war das Schöne dabei. Na, und mußte man mal irgendwo hin ja, da half nichts, man mußte über all das schlafende Volk einschließlich Hühner und Ziegen – oft auch Schweine – hinüberklettern, um ganz ans hinterste Ende des Schiffes zu kommen, wo dann an der Reling ganz dezent hinter einem Vorhang versteckt eine alte Öltonne wie ein Schwalbennest angebracht war. Durch einen Ausschnitt stieg man da hinein. Im Boden ein Loch und als Spülvorrichtung ein Eimerchen am langen Seil, damit das Wasser aus dem Meere zu schöpfen, das war alles." Ein plötzlicher Motorschaden macht die Situation noch chaotischer. „Manch Stoßgebet wurde da gebetet, zu Gott, Allah und allen Göttern, wie zur Apostelzeit." Das Schiff kann schließlich repariert werden, war aber bis zur Inselgruppe von Marsalla abgetrieben worden. „Wir waren froh und dankbar, daß Gott so gnädig durch alle Fährlichkeit hindurchgeholfen hatte. Da sich das Meer inzwischen auch gelegt hatte, genossen wir trotz unserer müden Knochen sogar die schöne Fahrt durch diese Inselgruppe von Marsalla bis nach Sibolga." (17. Juli 1960)

Die Monate gehen ins Land. Die politische Lage bleibt unruhig. Am 27. März 1961 berichtet Gertrud: „Die allgemeine Lage hier draußen ist sehr gespannt. Irian und. (unlesbar) lassen die Gemüter nicht zur Ruhe kommen. Den hier noch lebenden Niederländern wurde die diplomatische Vertretung durch die Engländer verboten und den Belgiern ihr Besitztum genommen. So werden auch jene das Land verlassen. So sehen wir nicht ohne Sorge in die Zukunft. Möge Gott verhüten, daß ein neuer Weltenbrand entstehe." (27. März 1961)

Auch der Briefverkehr ist wieder außerordentlich beeinträchtigt. Briefe gehen verloren, oder kommen nicht an. Fast kein Brief, in dem Gertrud nicht das Fehlen von Briefen beklagt. Sie leidet unter dem mangelhaften Kontakt zu ihren Kindern, dass sie nicht weiß, wie es ihnen geht. Christa und Ute führen ihr eigenes Leben in ihren Familien, Dorothea ist im Internat und plagt sich mit der Schule, Michael ist an der Universität und alle schreiben wenig, auf jeden Fall nicht genug für die Eltern, die weitab von allem Geschehen gern irgendwie am Leben ihrer Kinder teilnehmen, oft auch helfen, raten möchten. Im April 1962 wollen sie auf Heimaturlaub nach Deutschland kommen. Gertrud bangt darum, ihre Mutter noch einmal zu sehen, und schreibt an Martha: „Gebe Gott, daß es Dir gut geht und du gesund bist. Noch zähle ich die Wochen – wie bald werden wir nur noch die Tage zählen bis wir endlich bei Dir sind. Halte Dich tapfer bis dahin und habe noch etwas Geduld!...“ (2. Februar 1962) Martha hält sich daran. Sie erwartet ihre Sumatraner. Eine Woche nach dem lang ersehnten Wiedersehen erleidet sie einen Schlaganfall und stirbt. So wie einst Hermann so lange am Leben festhielt, bis er Martha nach dem Krieg in Sicherheit wusste, so mag auch Martha darauf gewartet haben, noch einmal ihre Kinder zu sehen. In diesem Jahr erst lernen Gertrud und Alfred ihre Schwiegersöhne kennen, Robert Wuliger und Herbert Windolf, und auch die ersten Enkelkinder Deborah und Dirk.

Zurück auf Sumatra entwickeln sich die Verhältnisse immer problematischer. Niemand weiß, wie lange sie die Arbeit noch fortführen können. In der Batakkirche droht eine Spaltung, das Haus des Universitätspräsidenten wird in Brand gesetzt, öffentliche Korruption ist selbstverständlich, die Seekisten einreisender Mitarbeiter kommen nur selten ungeplündert durch den indonesischen Zoll. Zuweilen kann die Polizei das eine oder andere verlorene Teil wieder auftreiben. Die Inflation steigt ins Unermessliche, Reisimporte werden eingestellt, was gleichzeitig den Reispreis in die Höhe treibt. Gleichzeitig erreichen Alfred und Gertrud beunruhigende Nachrichten über Michaels seelischen Gesundheitszustand. Im März 1964 reisen beide deshalb noch einmal nach Deutschland, um selbst nach dem Rechten zu sehen. Michael kommt in psychotherapeutische Behandlung und Gertrud beschließt, nicht eher wieder auszureisen, bis er sich wieder stabilisiert haben wird. Für die Eltern eine Zerreißprobe, die Alfred so formuliert: „Dein Brief ... hat mir so recht zum Bewußtsein gebracht in welcher Not wir stecken. Unsere persönlichen Sorgen binden uns. Die Arbeit läßt uns nicht los. So werden wir hin und her gerissen und vor die schwersten Entscheidungen gestellt “ (8. August 1964) Für Gertrud stellt sich der

Zwiespalt so dar: „Entweder ich habe einen Sohn, der sich selbst überlassen am Ende bald wieder am Boden liegt, – oder einen Mann, der sich selbst überlassen über kurz oder lang einen Herzinfarkt bekommt. Es ist grausam vor solch eine Entscheidung gestellt zu werden.....“ (29. August 1964) Für Gertrud ist diese Zeit so „zwischen den Stühlen“ nur schwer erträglich. Nirgendwo sich zu Hause fühlend und immer nur aus dem Koffer lebend fühlt sie sich selbst zunehmend instabil. Sie sucht verzweifelt nach einem Ausweg. Die kurzfristig angedachte Lösung, Michael mit nach Sumatra zu nehmen, wird jedoch bald wieder verworfen.

Gemeinsam, zusammen mit Michaels Patentante, Schwester Friedel Seibel, wird erst einmal eine Reise in die Schweiz unternommen. Es fällt auf, dass Gertrud immer wieder betont, wie billig sie dort untergekommen sind und wie preisgünstig sie dort leben. Mit Geld scheinen sie immer noch sehr knapp zu sein, zumal Michaels Therapie von den Eltern privat getragen werden muss. Michael scheint sich zu fangen, zum Herbst hin plant er, seine Studien in Berlin fortzusetzen. Für Gertrud bedeutet dies nach Rücksprache mit Michaels Therapeuten, dass sie wieder nach Sumatra zurück reisen kann. Am 12. November 1964 ist sie wieder zu Hause in Pematang Siantar. Die Welt scheint wieder in einem, wenn auch labilen, Gleichgewicht zu sein.

In Indonesien gärt es. Zwei Missionsschwestern gelingt gerade noch so die Ausreise und Gertrud berichtet: „Wir sind froh, daß die Schwestern doch noch so früh hier fortkamen, um am Sonntag ihr Flugzeug zu erreichen. Die Situation hier war arg angespannt als sie abflogen. Auch jetzt hat sie sich noch kaum entspannt. Wir wissen noch nicht, wie sich die offenkundig linksgerichtete Aktion hier auf die Dauer auswirken wird. Noch stehen wir Deutschen außerhalb des Aktionsbereiches, obwohl die Antipathie letztlich gegen die weiße Haut gerichtet ist und – wie immer in solchen Zeiten – man uns das auf der Straße durch Nachrufe offen bekundet.“ (4. März 1965) Die Post wird, wenn irgend möglich, heimund ausreisenden Schwestern und Missionaren mitgegeben – einzige Garantie dafür, dass sie auch ankommt. Immer öfter sprechen Alfred und Gertrud davon, nach Deutschland heimzukehren. Am 30. September/1. Oktober 1965 kommt es zu einem Putsch von Teilen der Armee, der vom späteren Staatspräsidenten General Suharto niedergeschlagen und als dessen Drahtzieher die Kommunistische Partei Indonesiens (PKI) angeklagt wird, die an dem Putsch aber wahrscheinlich gar nicht beteiligt gewesen war. Die PKI wird verboten und es kommt zu schweren Ausschreitungen und dem größten Massaker des 20. Jahrhunderts in Indonesien, bei dem zwischen einer halben bis einer Million Menschen ermordet wurden. Opfer waren tatsächliche und angebliche Kommunisten in allen Landesteilen.

Am 29. Oktober berichtete beispielsweise die amerikanische Botschaft: „Muslimische Eiferer in Aceh haben offenkundig die PKI bis auf wenige Ausnahmen außer Gefecht gesetzt. Bewohner von Aceh haben PKILeute enthauptet und ihre Köpfe auf Stangen entlang der Straße zur Schau gestellt. Leichen von Opfern aus der PKI wurden angeblich in Flüsse oder ins Meer geworfen, da die Bewohner von Aceh sich weigern, ‚die Erde von Aceh zu beschmutzen'“. (Telegramm 1269 aus Jakarta; 29. Oktober; ebd., RG 84, Botschaftsakten Jakarta: Lot 69 F 42, POL 239). Später werden Alfred und Gertrud ähnliches aus ihrer eigenen Region berichten. Trotzdem fordern sie ihre Kinder in Deutschland auf, die Presseberichte nicht zu ernst zu nehmen, keiner solle sich um sie sorgen.

Auf Sumatra die schrecklichen und chaotischen politischen Verhältnisse, zu Hause Sohn Michael, der Fürsorge braucht, beides bedingt, dass nun ihr Entschluss fest steht: „Im nächsten Jahr kommen wir heim." (27. Oktober 1965) Gertrud macht sich Sorgen, ob sie ihre Habseligkeiten heil nach Deutschland bringen können. Vor allem Alfreds Bibliothek macht ihr Sorgen. Sie weiß was ihm seine Bücher bedeuten und noch einmal eine ganze Bibliothek verlieren... . Gertrud tröstet sich: „Bis jetzt scheinen sich die Verhältnisse zu unseren Gunsten zu entwickeln. Es sieht nicht so aus, als sollten die Roten die Oberhand gewinnen." Dann fährt sie aber fort: „Die Not unter der Bevölkerung, die allgemeine Unsicherheit und Rechtlosigkeit ist groß und keiner traut dem anderen über den Weg. Aber die Gottesdienste sind übervoll, da auch die Gleichgültigen und Trägen sich nun zur Kirche halten, um nicht zu den roten Gottesleugnern gezählt und angefeindet zu werden." (15. November 1965) Ein geplanter Überfall auf die Universität wird verraten und dadurch vereitelt. Alfred und Gertrud haben das Gefühl, gerade noch einmal mit dem Leben davongekommen zu sein. Es ist wirklich Zeit zu gehen. Am 10. Februar 1966 schreibt Gertrud: „Was uns das Fortgehen hier schwer macht ist unser Garten, unsere Orchideen. Arbeitsmäßig wird uns das Fortgehen leicht gemacht von indonesischbatakscher Seite. Aber gerade das bekümmert uns wieder im Blick auf den Fortgang der Arbeit und jahrelangen Aufbauarbeit. Wir Weißhäute sind hier keine gerngesehenen Gäste mehr. Vielleicht ist es gut, wenn wir mal erst das Feld räumen." (10. Februar 1966)

Am 27. Juli 1966 gibt Dorothea noch einen letzten Geburtstagsbrief für Alfred einem ausreisenden Pfarrer nach Sumatra mit. Im August läuft Alfred und Gertruds Visum ab. Bis dahin müssen sie das Land verlassen haben. In den ersten Augusttagen ist es dann soweit, nach fünfunddreißig Jahren, unterbrochen durch die Nachkriegszeit, fliegen Alfred und Gertrud zurück nach Europa.

Endgültig zu Hause

Am 8. August 1966 kommen Alfred und Gertrud in Wuppertal an und bleiben dort zunächst im Missionshaus. Welche Arbeit Alfred hier in Zukunft übernehmen wird, ist noch gänzlich ungeklärt. Im Gespräch ist die Stelle des Dezernenten für Indonesien.

Nach drei Monaten Heimatdienst trifft Alfred eine Entscheidung: Er wird die Rheinische Missionsgesellschaft verlassen, für die er über dreißig Jahre tätig und die ihm so lange Heimat gewesen war, um eine Pfarrstelle in der Rheinisch-Westfälischen Kirche zu übernehmen. Diese Entscheidung fällt ihm nicht leicht, wie er in einem Brief an die Leitung der Rheinischen Mission erklärt: „Ich brauche Ihnen nicht zu sagen, daß ich nicht leichtfertig oder voreilig zu dieser Entscheidung gekommen bin. Zuviel von meinem bisherigen Leben und Arbeiten ist mit dem Auftrag der Rheinischen Mission verbunden gewesen, als daß ein solch tiefgreifender Schritt nicht weh tun würde.“ (19. November 1966, PA) Etwas rätselhaft ist die anschließende Begründung: „Er [dieser Schritt] wird indessen um meiner Freiheit für die ission willen für mich zwingend.“ Sind vielleicht unterschiedliche Vorstellungen über die künftige Missionsarbeit auf Sumatra ausschlaggebend? Spätere Aussagen, die Dorothea erinnert, könnten darauf hindeuten.

Ein Kolloquium ermöglicht Alfred, der keinen theologischen Universitätsabschluss hat, diesen Weg zu gehen. Gertrud erzählte später nicht ohne einen gewissen Stolz, dieses Kolloquium sei ein Vergnügen für alle Beteiligten gewesen.

Am 1. Dezember 1966 bewirbt sich Alfred um eine vakante Pfarrstelle in Hagen/Westfalen und wird am 26. Dezember von der Gemeinde zum neuen Pfarrer gewählt. Bereits am 1. Januar 1967 tritt er sein neues Amt an der Philipp Nicolai Kirche in Hagen Boele an, wo er bis zu seiner Pensionierung 1976 bleiben wird. Es spricht für seinen Mut, sich in dieser Gemeinde beworben zu haben, deren drei letzte Pfarrer dort alle im Konflikt ausgeschieden waren. Dieser Schritt steht für Alfreds Auffassung, seinen Dienst dort zu tun, wo er hingestellt wird und wo seine Arbeit vielleicht am nötigsten gebraucht wird. Er kann deshalb an Heinrich de Kleine schreiben: „Wir sind mit großer Selbstverständlichkeit nach Boele gegangen, obwohl wir wußten, daß unsere drei letzten Vorgänger im Krach aus der Gemeinde herausgeflogen sind.“ (10. Juli 1967, PA)

Im bisherigen Leben an tief greifende Wechsel gewöhnt, fällt den beiden das Einleben in Boele nicht übermäßig schwer. Ein Reporter der Westfälischen Rundschau, der über die Neubesetzung der Pfarrstelle in Boele berichtet, zeigt sich vor allem von den vielen ethnologischen Exponaten beeindruckt: Masken, Zauberstäbe, Schilde, Pfeile, Speere und vieles andere mehr: Wie in einem Museum für Völkerkunde war, was er im dortigen Pfarrhaus zu sehen bekam.

Wie immer nimmt Alfred auch hier seine Arbeit sehr ernst. Die Menschen der Gemeinde haben Vertrauen zu ihm. Gertrud benötigt mehr Zeit, sich an ihre Aufgaben in der Gemeinde zu gewöhnen. Frauenhilfe – so ganz liegt ihr das nicht. Die Frauen sind ihr fremd, so ganz anders als sie selbst, Hausfrauen zumeist. Aber sie bemüht sich und im Laufe der Zeit entstehen sogar einige freundschaftliche Kontakte. Auch in Boele beginnt sie bald wieder mit Flötenunterricht. Und dass es auch in Hagen-Boele wieder einen Garten gibt, erleichtert das Einleben sehr.

1968, zu Alfreds sechzigstem Geburtstag kommen sogar Christa und Ute, die inzwischen längst in Amerika leben, mit ihren Familien nach

Hagen. Zum ersten Mal seit dreizehn Jahren trifft die ganze Familie wieder zusammen. Erstaunlich, dass es nie wirkliche Fremdheitsgefühle gibt nach diesen langen Trennungszeiten. Vielleicht ist es das echte Interesse, das jeder am Leben des anderen nimmt, welches so verbindet. Vielleicht auch der Seltenheitswert von familiärer Bindung, welches diese so kostbar werdenlässt.

Zehn Jahre hat Alfred die Philipp Nicolai Gemeinde betreut, als er sich 1976 pensionieren lässt. Da ist er achtundsechzig Jahre alt. Bei seiner Verabschiedung wird die Verbundenheit mit seiner Gemeinde deutlich. Die Zeitung zitiert ihn mit den Worten: „Der Kontakt zur Gemeinde bleibt. Von Helmenzen nach Hagen ist es ja nicht weit." (Westfälische Rundschau, September 1976, ohne Datum)

Doch wohin geht es jetzt? Wo werden sie ihren Lebensabend verbringen? Nach einigem Suchen hatten sich Alfred und Gertrud für das kleine Dorf Helmenzen bei Altenkirchen entschieden, mitten im Westerwald. Ein Neubau – der Garten muss erst noch angelegt werden, genau das Richtige für die beiden, die dem schweren Lehmboden mit einer Spitzhacke zu Leibe rücken. Auch hier wieder entsteht ein schöner Garten, in welchem Alfred für die Blumen und Gertrud für das Gemüse zuständig ist.

Als ehemaliger Missionar und Pfarrer ist Alfred schnell mit den Leuten im Dorf vertraut, kennt ihre Lebensgeschichte und Probleme, nimmt Anteil, gibt Rat und Hilfe. Noch lange hält er Gottesdienste in Vertretung, führt Trauungen und Beerdigungen durch. Jetzt haben sie auch Zeit, einige Male ihre Kinder in Amerika zu besuchen. Ein letztes Mal versammelt sich die ganze Familie im Sommer 1987 zu einem Familientreffen in Murnau, Oberbayern.

In den frühen neunziger Jahren wird Enkel Bernhard konfirmiert. Alfred und Gertrud schenken ihm – einen batakschen Zauberstab, also ein heidnisches Objekt zu einem wichtigen christlichen Anlass! Sie wollen dem Enkel eine besondere Freude machen, alles andere ist zweitrangig. Auch das sind Alfred und Gertrud!

1998 feiern Alfred und Gertrud noch mit dem ganzen Dorf ihre Eiserne Hochzeit. Zwei Jahre später, das Leben allein im Haus ist für sie nicht mehr zu bewältigen, siedeln sie um in ein Seniorenwohnheim nach Bad Marienberg, einem Ort auf dem Hohen Westerwald. Hier stirbt im Juni 2002 erst Alfred, dann, zwei Jahre später im Mai 2004 auch Gertrud. Beide wurden also 93 Jahre alt. Sie werden auf dem Friedhof in Helmenzen, das ihnen vierundzwanzig Jahre lang letzte Heimat gewesen ist, unter Anteilnahme der ganzen Dorfbevölkerung beigesetzt.

Bei Alfreds Beerdigung hält der batakschen Pfarrer Dr. Robinson Butarbutar die Ansprache. Er hebt Alfreds „nüchterne und klare" Sichtweise hervor, die ihm oft eine richtige Einschätzung der Verhältnisse ermöglicht habe, und würdigt ihn mit den Worten: „Es war alles andere als selbstverständlich, dass er ... auf ausdrücklichen Wunsch der Batak-Kirche in die Theologische Schule nach Pematang Siantar berufen wurde ... Viele seiner Schüler wurden tüchtige Pfarrer ... Fast eine ganze Generation der Batak-Pfarrer vor mir hat er mitgeprägt.“

Bei dieser Beerdigung kommt es zu einer für alle sehr bewegenden Situation. Nach seiner Ansprache neigt sich Dr. Butarbutar zu Gertrud herab, um ihr noch einmal gesondert sein Beileid auszusprechen und Gertrud, die nur noch sehr wenig spricht, beginnt mit diesem ein langes und leises Gespräch in batakscher Sprache. Gertrud, mit der batakschen Sprache aufgewachsen und diese als Kind besser beherrschend als das Deutsche, ist wieder bei ihren Wurzeln angekommen. Das ist, was allen in diesem Moment deutlich wird und alle ergreift.

Gertrud lebt noch zwei Jahre in Bad Marienberg. Über ihre Todesanzeige setzen die Geschwister einen Vers aus Josef von Eichendorffs

„Mondnacht“:

Und meine Seele spannteWeit ihre Flügel aus,
Flog durch die stillen Lande,Als flöge sie nach Haus.

Ein Kreis hat sich geschlossen.

Alfred und Gertrud Rutkowsky 9. November 1933

Gertrud mit Christa, HansMichael und Ute 1939

Michael, Gertrud, Christa und Ute während er japanischen Besatzungszeit

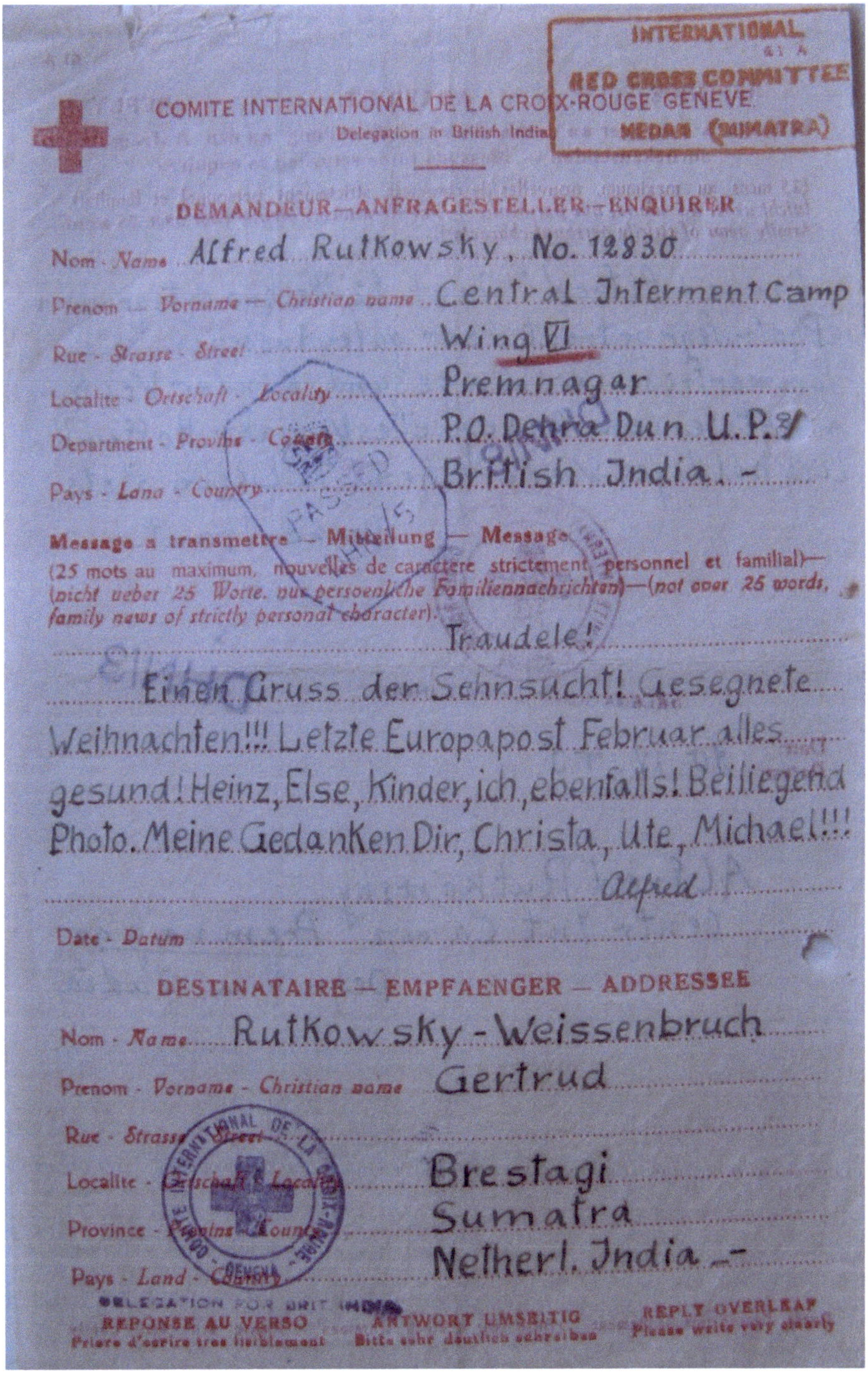

INTERNATIONAL RED CROSS COMMITTEE MEDAN (SUMATRA)

COMITE INTERNATIONAL DE LA CROIX-ROUGE GENEVE

Delegation in British India

DEMANDEUR—ANFRAGESTELLER—ENQUIRER

Nom - Name Alfred Rutkowsky, No. 12830

Prenom — Vorname — Christian name Central Interment Camp

Rue - Strasse - Street Wing VI

Localite - Ortschaft - Locality Premnagar

Department - Provinz - County P.O. Dehra Dun U.P./

Pays - Land - Country British India. -

PASSED

Message a transmettre — Mitteilung — Message

(25 mots au maximum, nouvelles de caractere strictement personnel et familial)—(nicht ueber 25 Worte, nur persoenliche Familiennachrichten)—(not over 25 words, family news of strictly personal character).

Traudele!

Einen Gruss der Sehnsucht! Gesegnete Weihnachten!!! Letzte Europapost Februar alles gesund! Heinz, Else, Kinder, ich, ebenfalls! Beiliegend Photo. Meine Gedanken Dir, Christa, Ute, Michael!!!

Alfred

Date - Datum

DESTINATAIRE — EMPFAENGER — ADDRESSEE

Nom - Name Rutkowsky-Weissenbruch

Prenom - Vorname - Christian name Gertrud

Rue - Strasse - Street

Localite - Ortschaft - Locality Brestagi

Province - Provinz - County Sumatra

Pays - Land - Country Netherl. India. -

COMITE INTERNATIONAL DE LA CROIX-ROUGE GENEVE

DELEGATION FOR BRIT INDIA

REPONSE AU VERSO — ANTWORT UMSEITIG — REPLY OVERLEAF

Priere d'ecrire tres lisiblement — Bitte sehr deutlich schreiben — Please write very clearly

Rote Kreuz Brief Formular

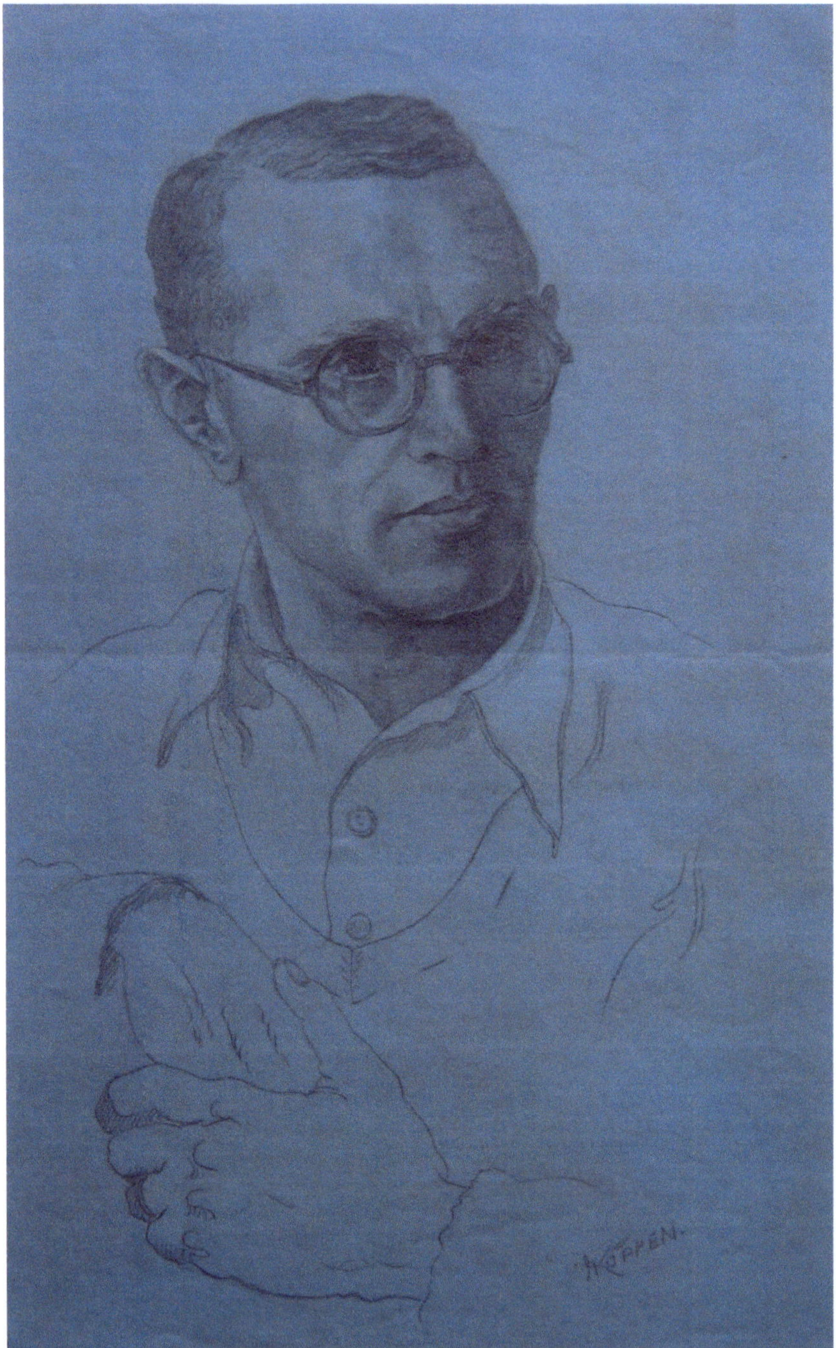

Portraitskizze Alfreds von Köppen während der Internierung in Indien

Die vergrößerte Familie 1949

1960 in Siantar, Gertrud erteilt Flötenunterricht

Dorothea Rutkowsky mit Waschfrau Isem, Köchin Lasinah (stehend) und Wackel

Universitätsdozenten mit Ehefrauen und Dozentinnen, Alfred vorn 4.v.li., Gertrud 2.Reihe 4. v. li.

Unterricht an der Nommensen Universität

Alfred und Gertrud auf Heimaturlaub 1962

Ruhestand in Helmenzen im Westerwald

Heinrich de Kleine

Die Kinder Rutkowsky

Mit der Geschichte von Alfred und Gertrud Rutkowsky scheint das Thema „Sumatra“ beendet und abgeschlossen zu sein, doch das stimmt nicht, denn das Leben der vier Kinder durchzieht es immer noch wie ein Ostinato. 1990 reisen Ute und Dorothea mit ihren Partnern noch einmal nach Sumatra und besuchen die Stätten der familiären Geschichte. Von dieser Reise wird Herbert Windolf im Kapitel „Epilog“ erzählen.

Erst Jahre später, in einem Alter, in dem Menschen vermehrt über ihr Leben und seinen Verlauf nachzudenken beginnen, kommt es bei den Geschwistern zu einer bewussten und intensiveren Reflexion dieser familiären Prägung. Darüber hinaus aber zeigt sich heute deutlicher, dass die spezifische Familiengeschichte in jedem der Kinder eigene Spuren hinterlassen hat, was noch zu zeigen sein wird. Doch was ist inzwischen aus ihnen geworden? Herbert Windolf lernt die drei älteren Rutkowsky-Kinder zu einer Zeit kennen, als sie gerade aus dieser Geschichte zu verschwinden beginnen, etwa in der Mitte der 50er Jahre. Er beschreibt, wie er zunächst Christa, Ute und Michael und später dann auch noch Dorothea kennengelernt hat und wie deren Leben seither verlaufen ist. Als Herbert die Geschwister trifft, sind die drei älteren bereits in ihren späten TeenagerJahren und Dorothea, die jüngste, ist noch ein ausgesprochener Wildfang.

Herbert Windolf erzählt:

Christa, genannt Kika

Ich war vielleicht etwa achtzehn Jahre alt, als ich in Wiesbaden zur Tanzschule ging und dort Christa, geboren am 17. Oktober 1934 und somit zwei Jahre älter als ich, im gleichen Tanzkurs traf. Danach sah ich sie kaum noch, aber Ute war stets mit ihr in Verbindung, während Christa in Wiesbaden lebte und die dortige Werkkunstschule besuchte. Christa verdanke ich den ersten Brokkoli meines Lebens. Sie kaufte ihn im PX, dem Einkaufsladen der amerikanischen Soldaten, wo sie zeitweise jobbte, und von dort kamen auch die ersten Einweg-Windeln für unsere Ausreise nach Kanada. Persönlich sah ich sie erst wieder als sie kurz vor ihrer eigenen Ausreise in die USA mit ihrer Tochter Deborah einige Nächte in unserer Wohnung in Watzhahn verbrachte.

Christa hatte den fünfundzwanzig Jahre älteren Robert Wuliger geheiratet und die Kunstschule verlassen, als ihre Tochter Deborah geboren wurde. Kaum zwei Jahre später geriet die Ehe in Schwierigkeiten und Christa reiste mit ihrer Tochter 1963 in die USA. Diese Trennung, geplant als Trennung auf Zeit, wurde dauerhaft und endete schließlich mit einer Scheidung und dem Kampf um das Sorgerecht für die Tochter Deborah.

Ihre Schwägerin Lois Wuliger in Los Angeles unterstützte Christa sehr und vermittelte ihr eine Stelle auf der Ranch der Bullock Familie in Tarzana. Mr. Bullock, ein bekannter Film und Fernsehdrehbuchautor, zu dessen Besuchern auch Elvis Presley und Don Knotts zählten, verhalf Christa zu einer Weiterentwicklung ihrer künstlerischen Fähigkeiten und unterstützte sie auch in vielen anderen Bereichen. Christa wollte ihre abgebrochene künstlerische Ausbildung wieder aufnehmen und schrieb sich schließlich an der Art Center School of Design in Los Angeles ein. Irgendwann in den späten siebziger Jahren erlangte sie einen Master of Art der Long Beach State University und arbeitete fortan als freiberufliche GrafikDesignerin.

1972 heiratete Christa den gebürtigen Österreicher und Computerspezialisten Ernst Schubert. Die beiden versuchten sich, ohne Erfolg, mit einem kleinen Computerbussiness. Geblieben ist Christas intensive Beschäftigung mit Computergrafik.

Die Watergate Affäre und Nixons Rücktritt weckten Christas politisches Engagement und sie beantragte 1974 die amerikanische Staatsbürgerschaft. Um 1986 schloss sich Christa wegen Alkoholproblemen den AA, den Anonymen Alkoholikern, an und blieb dort ihr Leben lang Mitglied. Sieben Jahre später starb ihr Mann Ernst.

Christa, die Zeit ihres Lebens immer eine Rebellin gewesen war, verstärkte jetzt wieder ihr politisches Engagement und setzte sich für den Wahlkampf von Ralph Nader, Rechtsanwalt, Verbraucheranwalt und Vorsitzender der Grünen Partei ein.

2002 erkrankte Christa an lymphatischer Leukämie und starb am 17. August 2003.

Ute

Wenn ich so in den Nebel der Vergangenheit sehe, erinnere ich nichtmehr so ganz genau, wann ich Ute, geboren am 11. November 1936 und damit gerade mal sechs Wochen jünger als ich, zum ersten Mal traf. Sie war die Schulfreundin meiner Lieblingscousine Gerda gewesen und bisweilen besuchte sie die Familie meines Onkels Fritz Michels in Amöneburg. Diese war zum gelegentlichen Treffpunkt der vielen Jugendlichen in der Familie geworden, zu denen Fritz, der Sohn, die Töchter Liesel und Gerda und schließlich auch noch die Freunde der beiden sowie ich selbst gehörten. Man traf sich zum gemeinsamen Lieder-Singen, was mich nicht sonderlich interessierte – und zum Tanzen. Ich liebte es, mit Ute den Tango zu tanzen.

Ute hatte 1955 in Bad Königstein ihre Ausbildung zur Diätassistentin begonnen und setzte diese dann bis 1958 in Bad Hersfeld fort. Nachdem sie hier ihre Abschlussprüfung bestanden hatte, kochte sie zur Feier des Tages im Hause meines Onkels eine indonesische Reistafel, zu der auch meine Familie eingeladen war. Ich genoss die vielen verschiedenen Geschmacksrichtungen und war hingerissen – nun auch von ihrer Kochkunst.

Ute hatte sich mehr und mehr meinem Cousin Fritz angeschlossen und das Paar heiratete 1960 – sehr zu meinem Bedauern. Die Ehe wurde noch vor Ablauf des gleichen Jahres geschieden. Danach näherten Ute und ich uns an. Nach ihrer Scheidung heirateten wir am 8. Juli 1961.

Kurz nacheinander wurden uns drei Kinder geboren. Dirk, Kirsten und Karen. Diverse Bewerbungen nach Übersee führten mich 1964 zu einer deutschen Firma in Kanada. Nach sechs Jahren zog die Firma und wir mit ihr nach Chicago um. Ute bildete sich am College weiter, machte ein Examen als Krankenschwester und schließlich auch noch den Bachelor.

Dann, 1991, zogen wir noch einmal um nach Prescott, Arizona, wo Ute sich den „Art-Docents“ anschloss, Menschen, die an die Schulen gehen, um dort Kindern die Bildende Kunst anhand von Gemälden nahezubringen. Gleichzeitig lernte Ute am College Schwarz-Weiß-Fotografie, für die sie sich besonders begeisterte, wechselte später dann aber zur modernen Digitalfotografie. Sie ist sozial sehr engagiert und hat sich zuletzt für die Hospizarbeit qualifiziert.

Hans-Michael, genannt Michel

Ich erinnere mich, Michel gelegentlich im Haus von Pfarrer Herold getroffen zu haben, wo er seit der erneuten Ausreise seiner Eltern nach Sumatra lebte. Es war gewöhnlich in den Abendstunden, dass wir dort philosophische Themenstellungen diskutierten. Auch mit ihm war der Kontakt eher spärlich, zu Zeiten auch gar nicht vorhanden. Geboren am 8. Mai 1939 war Michel zweieinhalb Jahre jünger als ich.

1961 legte er dann die Matura ab, da war er einundzwanzig Jahre alt. Michel versuchte sich in verschiedensten Studienrichtungen. Er begann an der Universität Mainz mit Anthropologie, eine Fachrichtung, die er über all die Jahre hinweg immer beibehielt, und ging dann zuletzt 1964 nach Berlin. Der frühe Verlust eines Zuhauses, der Verlust familiärer Geborgenheit, als die Eltern wieder zurück nach Sumatra gingen, erst der Vater 1955, dann die Mutter 1957, hatte bei dem sensiblen Jungen zu einer Entwicklung geführt, die ihn in den Jahren 1968 bis 1971 in verschiedene psychiatrische Einrichtungen brachte.

Er selbst nannte diese Zeit sein „psychiatrisches Praktikum“, welches ihn schließlich zur Skulptur führte. Er ging an die Kunstakademie Düsseldorf zu dem bekannten Künstler Joseph Beuys, der für die nächsten 5 bis 6 Jahre sein Lehrer wurde. Die Arbeit bei einem Steinmetz, wo er sich etwas Geld verdiente, war ihm Vorbereitung für eigene Projekte, z.B. für das Architekturprojekt „Regendampfer“ (1987 – 93). Von der Stadt Düsseldorf gefördert folgte eine weitere Ausstellung mit den für Michael bedeutsamen Objekten „Balkenwaage“ und „Aequator im Lot“ (1995). Die Ausstellung

„Der Aequatorianer“ folgte 1996. Sie brachte ihm ein einjähriges Arbeitsstipendium ein.

Inspiriert und unterstützt durch seine Schwester Christa nutzte er dieses Jahr, um sich mit den künstlerischen Möglichkeiten des Computers vertraut zu machen.

Bereits an der Kunstakademie hatte Beuys zu der Frage, wie Michaels Kunst zu verstehen sei, geantwortet: „Der sucht Begriffe“. Durch die Möglichkeit des Computers, beispielsweise verschiedene Meridiane mit realistischen Parametern uhrzeitgenau zu verkörpern, findet Michael nun zum Begriff des „Phasenkontinents“, den er als einen vierdimensionalen Raum-Zeit-Begriff versteht. Die Entdeckung dieses raumzeitlichen Zusammenhangs schien Michael so wichtig, dass er beschloss, von nun an eine eigene Zeitrechnung für sich einzuführen: AGDG (Ante Globum Dei Gentis). „Diese, durch den Computer ermöglichte Freiheit – 'man kann..' – hat sich mir tief eingegraben und als Projekt einer möglichen globalen Verfassung im Repertoire eingenistet“, sagt er.

1978 heiratete Michael die Düsseldorfer Malerin Hannelore Busch. Im gleichen Jahr wurde dort auch Sohn Bernhard geboren.

Nach der Scheidung 1985 traf Michael Wilja Bank. Die beiden heirateten 1999 in Köln. In der winzigen Ortschaft Verr, bestehend aus nur achtzehn Häusern und im Bergischen Land gelegen, bauten die beiden schließlich ein kleines Haus.

Das große Gelände ermöglicht es Michael, dort seine diversen Skulpturen und Objekte aufzubauen und auszustellen. Die „Skulpturenweide“ war geboren. Heute wird sie den Wanderern als örtliche Sehenswürdigkeit zur Besichtigung empfohlen.

Dorothea, genannt Dörthe

Als ich so Anfang zwanzig war, kam, wenn sie in Wiesbaden zu Besuch war, die zwölf Jahre jüngere Dorothea, geboren am 21. November 1948, zu unserer Gruppe der Älteren dazu. Zu dieser Zeit war Dörthe ein ausgesprochener Wildfang, und der blauen Flecke, die ich vom Raufen mit ihr davontrug, waren nicht eben wenige.

Sie hatte Sumatra im April 1960 verlassen und lebte zunächst im Barmer Missionshaus, später dann in einem Internat in Düsseldorf-Kaiserswerth. Dort machte sie 1968 das Abitur.

In dieser Zeit suchte sich ihr rebellischer Geist andere Betätigungsfelder. Sie begann sich politisch zu engagieren, setzte sich an der Schule für Aufklärung gegen die Notstandsgesetze ein ebenso wie gegen den Vietnamkrieg und nahm auch 1967 am Vietnamkongress in Berlin teil.

Nach dem Abitur zog Dörthe nach Hagen, wo der Vater seit zwei Jahren als Pfarrer tätig war. Von dort war es nicht weit zur gerade neu gegründeten Universität Bochum. Sie schrieb sich dort für Soziologie und Philosophie ein. Nach zwei Semestern hing sie das Studium an den Nagel, weil sie dem Vater nicht mit dem Studieren „brotloser" Fächer „auf der Tasche" liegen wollte.

Dorothea entschied sich nun für eine Ausbildung in Beschäftigungstherapie in Berlin, die sie 1974 beendete. In dieser Zeit stieß sie auf einen psychologischen Arbeitskreis, aus dem später das Institut für Psychotherapie, Gruppentherapie und Gruppendynamik unter der Leitung Prof. Dr. Josef Rattners hervorging. Das war für sie ein großes Glück, denn dort begann sie eine Therapie und fasste noch einmal Mut, ein Studium an der Pädagogischen Hochschule Berlin aufzunehmen und auch zu beenden. Nach der Referendarzeit war sie in Berlin als Lehrerin tätig. Parallel dazu studierte sie Psychologie, ein Studium, das sie Jahre später, während eines Sabbatjahrs im Laufe ihrer Lehrertätigkeit, mit dem Diplom abschloss.

1977 hatte Dorothea den in Berlin als Richter tätigen Günter Klingebeil kennengelernt. Die Beiden heirateten 1993. Im selben Jahr begann Dörthe, die auch eine psychotherapeutische Ausbildung absolviert hatte, mit der psychotherapeutischen Arbeit in eigener Praxis. Als Günter 2003 in den vorzeitigen Ruhestand trat, beendete auch Dorothea ihre Praxisarbeit.

Dorothea ist nach wie vor an ihrem psychologischen Institut engagiert und findet Zeit, sich auch ihren kreativen Fähigkeiten zu widmen, von denen der Garten und die darin aufgestellten keramischen Plastiken lebhaftes Zeugnis ablegen.

Epilog

Auf den Spuren der Vergangenheit

Zu Beginn des Jahres 1990 unternahmen Ute, Dorothea und ihre Partner noch einmal eine Reise nach Sumatra, um den Spuren der Eltern, Großeltern und auch ihren eigenen nachzugehen. Dies ist der Bericht dieser Reise der dritten Generation nach Sumatra, aufgezeichnet von Herbert Windolf.

1989 fragte ich meine Frau Ute, ob sie nicht noch einmal Lust hätte, ihr Geburtsland, die Insel Sumatra zu besuchen. Wir besprachen die Idee mit ihrer Schwester Dorothea und deren Partner Günter. Dörthe war sofort wie elektrisiert. Sie frischte umgehend ihre Kenntnisse der indonesischen Sprache auf und wurde so unsere Übersetzerin.

Im Frühjahr 1990 ging es los. Wir trafen uns in Singapur, Günter und Dörthe von Berlin kommend und wir von Chicago. Ein Anschlussflug brachte uns von dort nach Medan, der Hauptstadt Nord-Sumatras. Beim Landeanflug auf die Landschaft unter ihr schauend kamen Dörthe die Tränen; überwältigt von den Gefühlen der Vergangenheit dachte sie: „Ichbin wieder zu Hause, endlich!“.

Im Rückblick auf diese Reise waren Dörthes Gefühle aber doch ambivalent und nur schwer zu beschreiben. Wie so oft, wenn man nach langer Zeit an einen vertrauten Ort zurückkommt, passen Vergangenheit und Gegenwart nicht mehr so recht zueinander. Dörthe, in Erinnerung an die drei sie sehr prägenden Jahre, fand nach 31 Jahren ihr einstiges „Paradies“ nicht mehr vor. Direkt an die Vergangenheit anzuknüpfen war nicht möglich und so schwankten ihre Gefühle zwischen Verlusterlebnis und dem Gefühl des Glücks bei der Entdeckung von Vertrautem.

Bereits auf der zweistündigen Taxifahrt von Medan nach Pematang Siantar gab es die erste Enttäuschung: Die dichten Wälder neben der Straße waren durch endlose, steril und monoton wirkende Ölpalmenplantagen ersetzt worden. Zwar hatte es damals hier auch schon überall Kautschukplantagen gegeben, aber diese unzähligen Ölpalmen, alle in gleicher Form und Höhe, ergaben ein trauriges Bild. Und dann der Müll, der überall herumlag! Früher wurde alles in Bananenblättern verpackt, die dann auf der Straße oder im Abwasserkanal landeten, dort zwar einen penetranten Geruch verbreiteten, aber immerhin doch verrotteten. Heute verpackt man in Plastiktüten, die dann auch als Müll auf der Straße landen, dort aber nicht mehr verrotten. Der Eindruck war der von einem unbeschreiblichen Dreck.

Meine Frau Ute beschrieb ihre 44 Jahre alten Erinnerungen etwas distanzierter als Dorothea und, bedingt durch die Internierungszeit, als nicht ganz so paradiesisch: „Einige meiner Kindheitserinnerungen kamen erst während der Fahrt hoch: Vor allem die Gerüche, manche vertraut, manche noch nicht zuzuordnen."

Die Fahrt brachte uns in eine gänzlich andere, fremde Welt, ein Chaos der verschiedensten Fahrzeuge, die im Linksverkehr viel zu schnell und viel zu dicht und bei jeder Gelegenheit hupend um uns herumschwirrten. Die gesamte Straße war gesäumt von Verkaufsständen, an denen verschiedenstes „fast food" und Früchte aller Art, u.a. Durian und Rambutan angeboten wurden. Und überall wimmelte es von Leuten, vor allem Kindern. Und dann der Gestank all dieser Zwei-Takt-Motoren, von denen all diese verschiedenen Vehikel angetrieben wurden!

Nach zwei Stunden Fahrt erreichten wir das Siantar-Hotel, in dem wir uns einquartiert hatten, und Dörthe erklärte uns: „Hier haben die Eltern immer ein Mal in der Woche mit Ottos, den Hotelbesitzern, zu Abend gegessen." Sie erzählte auch, dass Ottos damals einen wundervollen Garten hatten, und dass deren Sohn Hansli dort in einem der großen Bäume ein Baumhaus hatte, „etwas, von dem ich immer geträumt habe. Hansli und ich, wir haben zusammen mit Temiran, dem Sohn der Köchin, oft dort oben gespielt, während die Erwachsenen sich mit anderen Dingen beschäftigten." Der Garten, üppig bewachsen mit Orchideen und anderen exotischen Pflanzen, war bevölkert gewesen mit den verschiedensten balinesischen Steinfiguren. In einem separaten Gartenbereich liefen schwarze und weiße Kalkund Perlhühner herum und rund um den Teich tummelten sich unzählige Manilaenten. Von hier stammte Alfred Rutkowskys erstes, schwarzschillerndes Truthahnpaar, das er kurz vor der Ankunft von Gertrud und Dorothea 1957 erhalten hatte.

Auch daran, dass Frau Otto eine sehr kreative Frau war, erinnerte sich Dorothea. Sie habe die Kinder eingeladen, um mit ihnen allerlei Weihnachtsgeschenke zu basteln, und machte diesen selbst auch wunderbare Geburtstagsgeschenke. Dörthe erinnert besonders eine bestimmt 60 cm lange, bunt bemalte Arche Noah aus massivem Holz, für die sie die Figuren alle aus Draht, Wolle und Stoff eigenhändig hergestellt hatte.

Ottos lebten in einer Welt jenseits von Kirche und Mission. In ihrer Lebensart wurden sie dennoch auch für die Rutkowskys in mancher Hinsichtvorbildlich.

Es war diese freundschaftliche Verbindung, weshalb wir besonderen Wert darauf legten, nun auch wieder im Siantar Hotel abzusteigen. Das Hotel hatte sich kaum verändert, aber die Menschen waren natürlich andere, was jetzt auch das Hotel fremder erscheinen ließ. Trotzdem, als wir zusammen an dem Tisch saßen, an dem früher auch Dorothea mit Eltern, Ottos, den deutschen Ärzten und einigen Pflanzern schon die Reistafel gegessen hatten, stellte Dörthe fest: „Das Essen riecht und schmeckt noch genau so wundervoll wie damals."

Später saßen wir in den Rotangsesseln auf der großen offenen und überdachten Veranda. Die Dunkelheit der warmen Nacht lag über der Stadt und wir lauschten dem allgegenwärtigen Zirpen der Zikaden in den Sträuchern des Gartens und beobachteten die *titjaks*, die Geckos, wie sie keckernd über Wand und Decke huschten. In diesem Moment schien es fast, als sei dieZeit tatsächlich stehen geblieben.

Nach einem typisch indonesischen Frühstück mit starkem Kaffee und *nasi goreng* (gebratener Reis) oder *bami goreng* (gebratene Nudeln), Maracujasaft und Papaya, machten wir uns auf den Weg zur Universität zu Dr. Adalbert Sitompul. Dieser, ein ehemaliger Student Alfreds, und heute Dekan der Universität, sprach voller Dankbarkeit von seinem ehemaligen Lehrer, dankte auch für diverse Kisten voller Bücher, welche Alfred der hiesigen Universität aus seiner umfänglichen Bibliothek übereignet hatte. Dieser Büchersendung hatten wir es zu verdanken, dass wir am nächsten Morgen bei Sitompuls zu einem traditionellen indonesischen Frühstück eingeladen wurden. Mit dem sehr gebildeten Paar verbrachten wir eine hochinteressante Stunde in lebhaftem Gespräch, bei dem beständig vom Englischen ins Deutsche und wieder zurück gewechselt wurde. Viele Erinnerungen an Vater Rutkowsky wurden ausgetauscht und ebenso über die jetzige Arbeit in der H.K.B.P. gesprochen. Als Theologe sprach er das Tischgebet und zwar auf Bataksch, was Dörthe und Ute, obwohl beide nicht mehr gläubig, dennoch sehr bewegte. Er sprach immer wieder mit Hochachtung von Alfred, legte dann aber ausdrücklichen Wert auf die Feststellung, dass diese Einladung eine Hommage an unseren Vater sei. Dorothea schluckte ein bisschen, denn es hörte sich ein wenig so an, als hätte er gesagt – vielleicht hat er das auch tatsächlich gesagt: „Nicht dass ihr denkt, ich hätte euch euretwegen eingeladen". Ja, warum sollte er uns auch einladen, nur weil wir „wir" sind? Aber dass er Alfred sehr geschätzt hatte, das tat gut.

Während er nun seine Dankbarkeit für die Arbeit unseres Vaters und seine Bücher ausdrückte, gelang es ihm geschickt, dies mit der Frage zu verbinden, was denn wir nun unsererseits für die Universität tun könnten. Dieses nun klang Dorothea doch sehr vertraut. Die Frage „Kannst Du uns nicht dieses und das besorgen oder schenken?", diese Fragen hatte es schon immer gegeben und unser Vater hatte oftmals vieles besorgt. Eine Fahrradrikscha zum Beispiel, damit ein Mann seinen Lebensunterhalt verdienen konnte, und auf die er zum Dank dann mit großen Lettern „Rutkowsky" geschrieben hatte. Natürlich entstanden diese Fragen oft aus einer tatsächlichen Bedürftigkeit, aber nicht ausschließlich. Oft genug ging es auch um die Frage, inwieweit der andere irgendwie nützlich sein könnte.

Dr. Sitompul wies zum Schluss auch noch auf die gärtnerische Gestaltung des Universitätsgeländes hin, die auch ein Verdienst Alfreds war. Und tatsächlich, die einst jungen Palmenpflänzchen hatten inzwischen eine stattliche Höhe erreicht und bildeten jetzt imposante Alleen.

Nach diesem Besuch spazierten wir über das Universitätsgelände. Wir besuchten das Haus, in dem die Rutkowskys gelebt hatten, und das im Augenblick leer stand. Alles war ein wenig ausgebleicht und von der einstigen Üppigkeit des Gartens war nicht mehr viel übrig. Das machte das Wiedererkennen für Dörthe nicht einfach. Aber der Tulpenbaum, den Vater Rutkowsky gepflanzt hatte, der war in diesen 30 Jahren riesengroß gewordenund zeigte hoch oben seine feuerroten Blüten. Und Dörthe quoll über von all den Geschichten, erzählte wie die Zimmer eingerichtet waren, wie sie gelebt hatten, von Lasinah und Isem, vom Dackel, den Katzen und all den anderen Tieren, Erinnerungen an einen Lebensabschnitt, der ihr so sehr wichtig gewesen ist.

Als sich die Eltern Rutkowsky damals zur Heimreise entschlossen hatten, war es auch besonders der Garten gewesen, der ihnen den Abschied schwer machte.

Am Nachmittag dieses Tages gingen Ute und Dorothea in die Stadt. Als sie den Park mit dem Unabhängigkeitsdenkmal durchquerten und sich auf einer Bank niederließen, waren sie Nullkommanichts von einer Gruppe lachender und kichernder junger Mädchen umringt, die gerade von der Schule kamen. „Wer seid ihr? Wo kommt ihr her? Was macht ihr hier und wo wollt ihr hin?“ Mit diesen Fragen umringten die Mädchen die beiden Frauen, rückten ihnen auf den Leib ohne jegliche Scheu oder gar Bedürfnis nach Distanz. Ute und Dorothea waren weit davon entfernt, sich bedrängt zu fühlen oder gar ein europäisches Bedürfnis nach körperlichem Abstand zu empfinden, nein im Gegenteil, die beiden hatten jetzt bei dieser unmittelbaren Begrüßung erst recht das Gefühl: Ja, hier sind wir zu Hause. Es war diese Unmittelbarkeit, diese kindliche Spontaneität, die ihnen das Empfinden gab, im Land ihrer Eltern angekommen zu sein. Auch die Eltern hatten ja die Batak in ihr Herz geschlossen und noch im hohen Alter schrieb Alfred einem Batak nach Hamburg: „Mein Herz ist auf Sumatra geblieben.“ Dorothea hatte nun all die Fragen zu beantworten und natürlich musste zum Schluss noch ein gemeinsames Foto gemacht werden.

Ute und Dorothea brachten von ihrem Ausflug in die Stadt eine Durian mit: grün, stachelig, etwas größer als ein Kopf und furchtbar „stinkend“, auch wenn Dörthe davon sprach, dass sie „duftete“. Die Durian war Mutter Rutkowskys Lieblingsfrucht gewesen. Meine drei Reisegefährten aßen sie mit Appetit, auch Günter, während ich, den üblen Geruch in der Nase, dachte „nun ja, probiere stets wenigstens ein Mal“. Aber damit war dann auch dem Anspruch Genüge getan und niemals wieder habe ich mich dem „Duft“ einer Durian auch nur von ferne ausgesetzt. Immer, wenn wir auf unserer Reise an Durian vorbeikamen, die zu dieser Jahreszeit in hohen Haufen an den Straßen aufgestapelt lagen und dort verkauft wurden, hielt ich die Luft an, und wechselte, oft unter dem wissenden Lächeln der Verkäufer, auf die andere Straßenseite. An der Durian scheiden sich die Geister: Entweder man liebt sie oder man verabscheut sie.

Wir setzten uns auch mit Elisabeth Steinhardt in Verbindung, einer von Utes Spielkameradinnen aus der Internierungszeit, die damals gerade in Siantar als Missionsschwester tätig war. Elisabeth, eine offene, direkte und zupackende Frau, lud uns zum Tee ein, und während wir in komfortablen Rotangmöbeln saßen, unterhielten wir uns über ihre Arbeit für die Mission und die gegenwärtige politische Lage in Indonesien. Mutter Rutkowsky hatte Dorothea einige Geschenke für die geliebte ehemalige Köchin Lasinah mitgegeben. Elisabeth hatte nach ihr geforscht und herausgefunden, dass Lasinah leider gerade vor einem Jahr verstorben war. Aber sie hatte Pairin, Lasinahs Schwiegersohn, gefunden. Alfred hatte Pairin damals ermöglicht, den Führerschein zu machen, und er hatte ihm dann lange Jahre als Chauffeur gedient, und der kam jetzt zu Elisabeths Haus. Der inzwischen alte Mann hatte nur noch einen Zahn im Mund. Da wir die Geschenke nun nicht mehr Lasinah überreichen konnten, übergaben wir sie Pairin, der sich bedankte und sie ungeöffnet beiseitelegte. Elisabeth erklärte uns später, das sei bataksche Sitte, Geschenke nicht in Anwesenheit des Gebers zu öffnen, damit dieser nicht gekränkt würde, falls ein Geschenk keinen Beifall fände. Dorothea war sehr traurig, Lasinah nicht mehr anzutreffen, an der sie sehr gehangen hatte. Sie war zu spät gekommen.

Viele Jahre zuvor, nämlich schon 1962, hatte ich meinen ersten Kontakt mit Lasinah gehabt, nämlich als Rutkowskys von Sumatra auf Heimaturlaub kamen, uns in Watzhahn besuchten und eine Schüssel mit sehr scharf gewürztem *Sambal* mitbrachten, einem Schweinegulasch, frisch zubereitet aus Lasinahs Küche. Das *Sambal* war außerordentlich scharf und ich genoss es sehr, die ganze Schüssel allein und auf ein Mal aufzuessen. Wir haben ein Sprichwort das besagt: Ein ungarischer Goulasch brennt zwei Mal. Nun, dies war kein ungarischer Goulasch – dies brannte vier Mal.

Jemand von der Universität hatte uns einen Batak muslimischen Glaubens vermittelt, der Eigentümer eines gepflegten Van war. Er gehörte zur *marga* Sihombing, der *marga*, der zu Dorotheas Zeit auch der Ephorus der H.K.B.P. angehört hatte. Für uns ein Symbol dafür, dass *Margas* religionsübergreifend sind. Dieser *Pak* Sihombing sollte uns nun für einige Tage in die Gegend um den Tobasee fahren, wo wir auf den Spuren unserer Vorfahren wandeln wollten. Mit ihm nun machten wir uns auf den Weg von Siantar zu dem direkt am Tobasee gelegenen Ort Parapat.

Auf dem Weg dorthin wurde die Landschaft immer bergiger, die Gegend wilder. Immer öfter kamen wir an batakschen Wohnhäusern mit ihren typischen geschwungenen Dächern vorbei. Nach einer großen Kurve hoch oben in den Bergen, lag plötzlich tief unten der Tobasee mit seiner unglaublich blauen Farbe und seiner großen Schönheit vor uns. Wir hielten an einem Aussichtspunkt an und überblickten von dort aus den in der Sonne schimmernden See in seiner ganzen Ausdehnung. Dies war also der Ort endloser Erzählungen und Legenden, die in den Familien Weissenbruch und Rutkowsky tradiert worden und mit denen Ute und Dörthe aufgewachsen waren, – er war die „Heimat". Und Ute sagte: „Wie oft wurde in der Familie über diesen See und seine Menschen erzählt, sein Name durchzog unsere ganze Geschichte, wurde zum Mythos, und wir alle entwickelten ein Verlangen, eine Sehnsucht nach diesem Paradies."

Der Ort Parapat erschien uns jedoch eher schmutzig. Überall lag Müll und Abfall herum. Imbissbuden säumten die Straßen. Wir besuchten das auf der Halbinsel gelegene und inzwischen zu Parapat gehörige Si Piak, wo die Großeltern Weissenbruch damals, zu einer Zeit, als das Batakland noch „wild" war, ihre erste Missionsstation errichtet hatten. Leider fanden wir das Wohnhaus nicht mehr vor. Aber kaum zu glauben, dass die hohen Mangobäume, welche die Hauptstraße säumten, einst vor nunmehr achtzig Jahren von Hermann Weissenbruch gepflanzt worden waren und jetzt immer noch Zeugnis von seiner einstigen Präsenz ablegten. Diese Bäume trugen kleine, sehr süße und schmackhafte Früchte. Auch hier wurden wir immer wieder angesprochen und die Leute stellten die wieder und wieder gleichen Fragen: „Wo kommt ihr her? Was macht ihr hier? Wie viele Kinder habt ihr?" Oder auch: „Warum habt ihr keine Kinder? Warum seid ihr nicht verheiratet?" Und Dorothea erzählte ihnen dann, dass Utes und ihr Großvater all die Mangobäume gepflanzt, die Kirche in Sipiak und auch die große Kirche in Balige gebaut habe, dass die Mutter hier in Sipiak geboren worden sei und die Eltern lange in Siantar gelebt hätten.

Als Dörthe ihren Zuhörern berichtete, dass Großvater und Vater beide *panditas* gewesen seien, führte dies zu einigen wissbegierigen Fragen bezüglich der Kirchenspaltung, die inzwischen stattgefunden hatte. Einige meinten dann schließlich zufrieden: „Dann müsst ihr ja alle H.K.B.P. sein", womit die Zugehörigkeit zur Ursprungskirche gemeint war.

Wir gingen über den Markt von Parapat, auf dem eine bunte Fülle von Produkten aller Art angeboten wurden: Vielfältige Sorten von Obst und Gemüse, lebendiges Geflügel, Eier und vor allem diverse Sorten von Trockenfisch, von kleinsten Fischchen, die im ganzen frittiert werden, bis zu ganz großen Stücken wurden dort auf langen Tischen, in Körben nach Größe sortiert, feilgeboten. Der Odeur von getrocknetem Fisch, der alles andere überlagerte, rief Dörthe unmittelbar die Erinnerung an ihre

Großmutter Martha wach, die diesen „Duft“ so sehr verabscheut hatte. Später in Wiesbaden nämlich, wenn es einmal Reistafel gab und dazu eben diese kleinen Fische, die *ikan teri*, frittiert wurden, da verließ Martha die Wohnung und kehrte erst zurück, nachdem die Räume ausreichend gelüftet worden waren. Gegessen hat sie diese dann aber doch. Inmitten dieser Gerüche meinte Dörthe daher: „Wenn all diese Gerüche mir so in die Nase steigen, da wird mir deutlich, wie sehr die Großmutter, bei aller Liebe zu Sumatra, doch Europäerin geblieben ist. Ich kann sie mir auch nicht als Liebhaberin von Durian vorstellen.“

Während wir inmitten der Fische so unseren Gedanken nachhingen, entwickelte sich mit den batakschen Frauen wieder einmal das nun bereits bekannte Gespräch: „Wer seid Ihr, Wo kommt ihr her? ... “ Und während Dörthe nun zum wiederholten Male ihre Geschichte erzählte, traten immer mehr Leute dazu, und auch über die rückwärtige Begrenzung der Stände schoben sich die Köpfe immer weiterer Frauen, die sich von der Abwechslung, welche diese *orang bolanda*, diese weißen Leute brachten, nichts entgehen lassen wollten. Mag sein, sie genossen es einfach, von den alten Zeiten zu hören, aber auch allgemein sind Batak dafür bekannt, dass sie immer lebhaft interessiert sind an vielen Dingen, und sie sind ausgesprochen traditionsbewusst. Kein Batak, der nicht aus dem Stand mehrere Generationen seiner Vorfahren und Ahnen benennen könnte einschließlich der Verflechtung mit anderen *Margas*.

Übernachten konnten wir im Gästehaus der Universität, dem Tor na uli, was so viel heißt wie „Schöner Ort“. Jahre zuvor hatten auch die Rutkowskys hier ihre Ferien verbracht. Auf einer Anhöhe in einem wunderbar gepflegten Garten gelegen, genossen wir von hier aus einen weiten Blick über den Tobasee.

Am nächsten Morgen sollte uns eine halbstündige Fahrt mit der Fähre zu einem mäßigen Preis zur Insel Samosir hinüberbringen. Doch als wir mit unserem Gepäck die Fähre betreten hatten, nannte der Kapitän einen weitaus zu hohen Betrag. Dorothea wies das zurück und wir machten Anstalten, das Boot wieder zu verlassen. Nach einigem Hin und Her akzeptierte er dann den normalen Preis, meinte aber, das Gesicht wahrend, er habe gedacht, er solle nur uns allein hinüber fahren. Nun war alles klar, wir sollten, wie alle anderen auch, warten und dann ganz normal mit den anderen Passagieren übersetzen. Dörthe erklärte, dass man hier immer handeln müsse, man sonst nicht für voll genommen werde und dass daher Handeln für alle Beteiligten dazu gehöre, es mache das Leben weit interessanter. Dorothea hatte das Feilschen von ihrer Mutter gelernt: Wenn man dieser – weil sie Europäerin war – einen Kamm Bananen zu teuer verkaufen wollte, ging sie weg, mit dem Erfolg, dass die Verkäuferinnen meist einlenkten. War diese allerdings eine Batakfrau und Gertrud sprach sie auf Bataksch an, dann bekam sie oft gleich den angemessenen Preis genannt. Eine Europäerin, die Bataksch spricht, gehört doch mehr dazu.

Als wir schließlich auf dem Schiff unterwegs waren, wurde ich von zwei jungen, etwa zwölfjährigen Chinesen belagert, die die Gelegenheit nutzen wollten ihr Englisch zu üben, während Dörthe in ein Gespräch mit einer jungen, aufgeschlossenen Batakfrau mit Namen Theresa verwickelt wurde. Theresa erzählte von ihrem Leben und im Verlauf des Gesprächs begann sie, die Abhängigkeit von der *adat*, die immer noch sehr lebendig und einflussreich sei, zu beklagen. Auf weiteres Nachfragen berichtete sie, dass die *adat* erfordere, dass zuerst die älteste Tochter heirate und dann erst die folgenden und zwar genau der Reihe nach. Sie selbst sei die dritte Tochter der Familie und daher mit der Situation äußerst unzufrieden. Ob Dorothea nicht einen Europäer kennen würde, der sie heiraten könne, dann wäre doch alles in Ordnung. Vielleicht hätte sie ja einen passenden Freund in Deutschland, der dazu geeignet sei? Dorothea war ziemlich verblüfft von diesem Ansinnen und versuchte, sich auf diplomatische Weise aus der Affäre herauszuziehen. Was jedoch an dieser Situation deutlich wurde war, dass es auch bei den Batak, wie in allen Gesellschaften, diesen Konflikt zwischen Tradition und Moderne gibt.

Dorothea fand den Tobasee nicht mehr ganz so klar wie sie ihn erinnerte, weil auch hier auf den am Ufer liegenden Reisfeldern inzwischen kräftig gedüngt wurde und Steine am Ufer teilweise mit Algen überzogen waren. Vielleicht trog sie ihre Erinnerung doch ein wenig? Uns Neulingen jedenfalls, Günter und mir, auch Ute mit ihrer weiter zurück reichenden Erinnerung, erschien der See kristallklar, so klar, dass man immer nochjeden einzelnen Kieselstein auf dem Grund liegen sehen konnte.

Unser Hotel auf Samosir bestand aus einzelnen Häusern, die jeweils in den verschiedenen Baustilen der einzelnen Batakstämme erbaut worden waren. Unser Haus war im Stile der Toba-Batak erbaut und passte daher hervorragend zu uns. Ein einfaches, aber komfortables, unter Palmen gelegenes Quartier. Wir hatten vom Balkon aus einen herrlichen Blick über die ganze riesige Ausdehnung des Sees. Von hier aus konnten wir nicht nur die Fischer in ihren *solus* bei der Arbeit, sondern auch die Frauen beobachten, welche die Hotelwäsche wie in früheren Zeiten im See wuschen, indem sie diese einseiften und dann immer wieder, bis sie sauber war auf dem Betonboden des Stegs aufschlugen.

Hier in etwa 1000 Metern Höhe war das Klima wunderbar mild. Kein Wunder, dass Sipiak einst zu Weissenbruchs Zeiten von vielen als Erholungsstation auserkoren worden war. Auch wir genossen den Tag und liebten das Schwimmen im See.

Zum Frühstück gab es unter anderem täglich die von uns sehr geliebten *pisang goreng*, in Teig ausgebackene Bananen, die wir, obwohl vor Fett triefend, immer wieder mit großem Genuss verzehrten. Nach dem

Frühstück machten wir uns dann zu Fuß auf, einige traditionelle und gut erhaltene Batakdörfer zu besichtigen, die wegen der in ihnen noch erhaltenen Denkmäler berühmt waren und in denen die Frauen auch noch traditionelle Kleidung trugen. Wir besichtigten ein altes Batakhaus und besuchten einige der alten batakschen Grabstätten, gewaltige steinerne, mit typisch batakschen Ornamenten, wie dem Elefanten-, dem *gaja*-kopf, verzierte Sarkophage. Diese Stätten riefen Bilder von einer Vergangenheit wach, in der es heidnische Häuptlinge gab und in der Kannibalismus noch alltäglich war.

Unser Weg führte uns durch Reisfelder und Wiesen, auf denen Wasserbüffel weideten. Diesen Riesen mit dem typischen Ring durch die Nase näherten wir uns nur mit Vorsicht, eingedenk der Geschichte von Gertrud Rutkowsky, die einst als sehr kleines Kind vom Gemeindebüffel, der sich losgerissen hatte, von hinten mit den Hörnern aufgegabelt worden war, um dann im hohen Bogen und zu ihrem Glück unverletzt wieder auf der Wiese zu landen. Auf diesem Weg kamen wir mit einer Frau ins Gespräch, die dort auf ihrem Feld arbeitete. Plötzlich sagte sie, Ute und Dorothea betrachtend: „Ihr seid Geschwister!" Angesichts der Tatsache, dass Ute zwölf Jahre älter war als Dörthe und die beiden sich darüber hinaus nicht übermäßig ähnlich sahen, waren wir überrascht. Gefragt, wie sie denn darauf komme, antwortete die Frau: „Ihr habt die gleichen Zähne!" Das war wirklich erstaunlich genau beobachtet. In Europa sehen wir nach den Augen, der Nase, der Gesichtsform u.ä., aber auf die Zähne? Nun, warum auch nicht, vielleicht weil sie in Entwicklungsländern sehr viel früher verloren gehen?

Am Abend wurde im Hotel ein großes Essen gegeben, gefolgt von Instrumentalmusik und Gesangsdarbietungen der Angestellten des Hotels. Batak lieben das Singen über alles und diese sangen außerordentlich gut! Voller Freude erkannte Dörthe Lieder wie „A sing sing so" ein Lied, welches die Ruderer im Einbaum singen, um den Rudertakt zu halten, und das mit einer „Nachtigallenstimme" überspannt ist, und „O tao toba", in demdie ewige Schönheit des Tobasees besungen wird.

Viele Jahre nach unserer Reise, Mutter Gertrud war schon sehr alt und bettlägerig, sang sie immer noch genau diese Lieder von einer Kassettenaufnahme mit, obwohl sie sonst kaum noch gesprochen hat, und begleitete die Musik mit den Bewegungen ihrer Hände. Das brachte Dörthe noch einmal zu Bewusstsein, wie sehr die Mutter im Batakland zu Hause gewesen war.

Am nächsten Morgen trafen wir uns mit unserem Fahrer auf dem Festland. Unser nächstes Ziel waren die Ortschaften Sitorang und Balige, beides frühere Missionsstationen der Weissenbruchs. Wir folgten zunächst der Hauptverbindungsstraße von Parapat nach Siborongborong Richtung Süden, bogen dann nach Osten ab und fuhren nun durch touristisch deutlich weniger erschlossenes Gebiet. Wir kamen an alten batakschen Dörfern vorbei, immer sechs bis acht der typischen Häuser umgeben von einem Erdwall und dichtem Bambus, einst zum Schutz gegen feindliche Übergriffe und wilde Tiere, diese Häuser auf Stelzen, in denen die Menschen oben und die Tiere unten lebten. Nur zwei Zugänge gab es zu jedem *kampung*, ganz so wie es Martha Weissenbruch schon achtzig Jahre zuvor beschrieben hatte. Über enge Nebenstraßen erreichten wir schließlich das inmitten einer hügeligen Landschaft gelegene Dorf Sitorang, in dem die Großeltern Weissenbruch die letzten sechs Jahre ihres Aufenthaltes auf Sumatra gearbeitet hatten.

Sitorang lag in einer wunderschönen Landschaft. Eingefasst von Bergen und inmitten fruchtbarer Täler mit ausgedehnten Reisfeldern, auf denen man Frauen gebückt bei der Arbeit sah, lag dieses kleine Dorf. Die Gegend wirkte sehr abgelegen und wir wurden daran erinnert, dass einst ihr Amtsvorgänger die Weissenbruchs vor ihrem Umzug von Balige vor diesem einsamen Ort gewarnt hatte. Touristen verirrten sich wohl auch heute nur äußerst selten hierher.

Als wir auf das Dorf zugingen, waren wir schnell von Erwachsenen und unzähligen Kindern umringt, welche die uns nun schon bekannten Fragen stellten. Wir merkten sofort an der Aufregung, die wir hervorriefen, dass das Auftauchen von Weißen hier noch etwas ganz Seltenes war. Unsere Ankunft wurde offensichtlich das Ereignis des Tages. Wir besichtigten die kleine Kirche, in der ein Bildnis von Ludwig Nommensen hing. Wieder draußen trafen wir einen mit einem *sarong* bekleideten Mann etwa in unserem Alter, der sich als Angehöriger der *marga* der Pendjaitan vorstellte. Als Dörthe ihm den Grund unseres Besuchs erklärte, hakte er seine Finger ineinander und sagte zu unserer Überraschung: „Mein Großvater und Euer Großvater waren so“ und zog dabei die verhakten Finger auseinander um dann fortzufahren, „mein Großvater hat eurem Großvater das Land gegeben, auf dem er dann sein Haus gebaut hat.“ Dann führte er uns zu dem Platz, an dem das Haus einst gestanden hatte, von dem aber nichts mehr zu sehen war außer vielleicht ein paar Steinen des einstigen Fundamentes. Wo einst ein Garten gewesen sein mochte, standen inmitten von Wildnis noch einige Bäume, die Hermann dort gepflanzt hatte. „Es war ein Garten Eden“, sagte unser Führer und fragte dann, ob wir nicht noch alte Fotos mit den Leuten von früher hätten, und Dorothea versprach ihm einige von Deutschland aus zu schicken. Ob diese aber jemals ihr Ziel erreicht haben ist nicht bekannt.

Sitorang war bekannt für seine kunstvollen batakschen Schnitzarbeiten. Als Großvater Weissenbruch sein fünfundzwanzigjähriges Dienstjubiläum beging, wurde ihm eine extra für ihn angefertigte Truhe geschenkt. Diese, mit schönen Schnitzereien und einer Widmung in batakscher Schrift sowie den Daten seiner Wirkungszeit versehen, steht jetzt in

Dorotheas Haus in Berlin.

Unser nächstes Ziel war Balige, für lange Zeit Wirkungsstätte der Großeltern Weissenbruch und Geburtsort von Michael, ein Ort also mit dem viel Familiengeschichte verbunden war. Wir wollten die große und schöne Kirche besichtigen, die Großvater Weissenbruch einst dort gebaut hatte. Im Eingangsbereich erinnert ein steinernes Monument an Hermann Weissenbruch und seinen Vorgänger Gustav Pilgram, die beide sehr lange in Balige tätig gewesen waren. Auch Alfred Rutkowsky hatte in dieser Kirche schon gepredigt, und beide Elternteile waren vor ihrer endgültigen Heimreise hier von der Gemeinde durch das Umhängen eines *ulos* geehrt worden. Ute zeigte sich von dem Ort sehr berührt, fühlte dort auf einmal etwas von ihren eigenen Wurzeln. Sie versuchte sich vorzustellen, wie es wohl gewesen sein mochte, zu Anfang des 20. Jahrhunderts hier zu leben und zu arbeiten und meinte dann: „Ich konnte förmlich unseren Großvater von der Kanzel predigen hören!“

In einem kleinen chinesischen Restaurant fand Dörthe den aus Siantar so vertrauten Geruch chinesischer Speisen wieder, den sie in Europa vergeblich gesucht und stets vermisst hatte. Wenn damals während ihres Aufenthaltes auf Sumatra die Köchin Lasinah ihren freien Tag hatte, war Familie Rutkowsky zum Chinesen essen gegangen, und hier in Balige duftete das Essen genau so wie damals. Welches Öl oder Gewürz für diesen Duft verantwortlich gewesen war, haben wir leider nie herausgefunden.

Eine besondere Freude war es, am Nachmittag Dr. Fritz besuchen zu können. Dr. Fritz, ein Missionsarzt, den Dörthe noch aus Kinderzeiten kannte und der damals mit seiner Familie im südlicher gelegenen Tarutung lebte, wo er am dortigen Krankenhaus tätig gewesen war. Seine Kinder waren die einzigen deutschen Kinder in ihrem Alter gewesen, und die Kinder freuten sich, wenn es zu seltenen Besuchen oder einem gemeinsamen Ferienaufenthalt in Parapat gekommen war. Dr. Fritz hatte sich für einen erneuten Aufenthalt auf Sumatra entschieden und war nun hier am Krankenhaus Balige tätig. „Wahrscheinlich hat auch er sein Herz auf Sumatra gelassen und musste wieder zurückkommen, es zu holen“, dachte Dorothea damals. Auch eine seiner Töchter war nach Sumatra zurückgekommen, um hier ihren „Arzt im Praktikum“ zu machen. Dorothea konnte nicht anders, als sie um diese viel intensivere Verbindung zu Land und Leuten zu beneiden. Trotzdem, wir verbrachten einen sehr interessanten und informativen Nachmittag mit den beiden auf der *emper* ihres Hauses bei Tee und Gebäck.

Dr. Fritz empfahl uns zur Übernachtung ein sogenanntes *losmen,* ein bataksches Gästehaus. Hier trafen wir zum ersten Mal auf ein wirklich typisches traditionelles indonesisches Badezimmer. Die Toilette bestand aus einem Loch im Boden zwischen zwei erhöhten Trittsteinen, so wie man sie auch im Süden Frankreichs noch manchmal findet, daneben das einen guten Meter hohe Wasserbassin mit Schöpfkelle bzw. -eimer zur Reinigung und für die Dusche. Alles war blitzsauber, nur war die Benutzung etwas ungewohnt. Auch die Betten waren sauber und ordentlich. Einzig die Vielzahl der erschlagenen Stechmücken an den Wänden ließ uns für die Nachtruhe einiges befürchten. So schlimm wurde es nicht, aber an Schlaf war dennoch kaum zu denken, da in diesem Haus wohl außer uns keiner daran gedacht hatte ins Bett zu gehen.

Am folgenden Morgen verließen wir Balige, um noch einmal nach Samosir zurückzukehren. Wir umrundeten den Tobasee im Süden und fuhren weiter an seiner westlichen Seite entlang. Unsere Route führte uns über eine sehr einsame weite Hochsteppe, die Humbang. Es ist die ärmste Region am Tobasee, kilometerweit sahen wir nichts als niedriges Gebüsch und Gehölz, aber es soll auch eine der wenigen Gegenden auf der Welt sein, in der Weihrauchbäume wachsen. Wir waren jedenfalls froh, als wir diese karge Landschaft hinter uns lassen und in Pangururan wieder nach Samosir übersetzen konnten.

Dort kamen wir noch einmal durch manches alte Dorf. Die Menschen waren alle sehr freundlich und offen und luden uns auch ein, das eine oder andere Haus gegen einen kleinen Obolus zu besichtigen. Hier wie überall bei den Batak haben die traditionellen Häuser den gleichen Aufbau: Auf Pfählen gebaut, zum Schutz gegen Schlangen und Tiger, werden hier unten die Tiere gehalten. symbolisch steht dieser Teil auch für die Unterwelt. Dann steigt man eine schmale Treppe hinauf in den Wohnbereich, in dem alle Generationen der Familie leben, dieser Bereich symbolisiert die menschliche Welt. Das hohe Dach schließlich gehört den Geistern der Ahnen und ist daher frei von jeglichem Nutzen. Und überall in den Dörfern standen und liefen unzählige Kinder um uns herum! Nun, kein Wunder, denn eine der Frauen, die uns in ihr Haus eingeladen hatte, erzählte, sie habe dreizehn Kinder!

Nach einigen Tagen Erholung machten wir uns auf den Weg in das zwischen dem nördlichen Ende des Tobasees und der Stadt Medan gelegene Brastagi, ein Ort wo einst Ute mit Gertrud und den älteren Geschwistern während des zweiten Weltkrieges interniert gewesen waren. Auch Dorothea hatte ihre eigene Beziehung zu Brastagi, denn sie hatte einige Male mit den Eltern und Ottos hier Ferien gemacht. Brastagi war aufgrund seines kühlen Klimas – sogar Erdbeeren wuchsen hier – schon immer ein bevorzugtes Urlaubsgebiet vor allem für Europäer gewesen.

Dieses Mal nahmen wir die nordwestliche Strecke am Tobasee entlang, so dass wir beinahe den ganzen See umrundet hatten und kamen nach Purba. Purba, bekannt durch Martha Weissenbruch, die sich hier allein oder auch gemeinsam mit Hermann oft im Hause des Missionars Guillaume erholt hatte, das sie aber nicht wie wir auf dem mühseligen

Landweg erreicht hatte, sondern zu Schiff mit der Tole. Das war damals, jetzt galt unsere Aufmerksamkeit mehr dem alten Häuptlingspalast, der inzwischen ein bekanntes Museum ist und besichtigt werden kann. Hier hatten seit 1624 dreizehn Generationen von *rajas*, Königen der Simalungen-Batak geherrscht. Der letzte fiel 1947 im Kampf gegen die Regierungstruppen des neuen Indonesiens, denen er sich nicht unterwerfen wollte, und wird hier bis heute als Held verehrt. Bis zu 22 Frauen und 117 Kindern hatte einer dieser *rajas* gehabt und die anderen wohl nicht sehr viel weniger.

Obwohl sehr solide gebaut, war dieses Haus zum Schutz gegen wilde Tiere auf hohen und sehr dicken Pfosten errichtet. Der *raja* schlief im vorderen Teil des Hauses, von wo aus eine Tür in die Frauengemächer führte. Jede Frau hatte ihre eigene Feuerstelle und durch ein Bambusrohr auch ihre eigene Wasserzuleitung, Abfälle wurden einfach durch die Ritzen des Fußbodens entsorgt. All diese Frauen wurden durch einen Eunuchen bewacht.

Nachdem wir dieses denkwürdige Museum der Simalungen-Batak besichtigt hatten, fuhren wir weiter ins Gebiet der Karo-Batak und erreichten schließlich Brastagi, wo Gertrud mit den Kindern während der Internierung zweimal gewohnt hatte, einmal nur kurz Ende 1941 im nahegelegenen Raja und dann noch einmal während der japanischen Besatzungszeit 1944 bis 1946. Während wir in Brastagi einfuhren, versuchte Ute sich zu erinnern, sich zu orientieren. Sie war zunächst verwirrt, es hatte sich in den seither vergangenen Jahrzehnten so viel verändert, aber dann erkannte sie die beiden Vulkane: Den Sinabung und dessen „kleineren Bruder" Sibayak. Beide galten damals als „schlafend", sind inzwischen aber beide ausgebrochen, der Sinabung 2013 und der Sibayak 2010. Als wir um den Gundaling fuhren, eine prominente Erhebung in Brastagi, entdeckte sie sofort das Haus, in dem die Familie einst gelebt hatte. Am nächsten Tag machten wir uns dann zu Fuß auf in die Stadt und fragten uns durch nach der Djalan Udara Nr. 1, der damaligen Adresse. Als wir uns der Adresse näherten, riefen eine ganze Reihe der dortigen Häuser die Erinnerung wach „hier habe ich gewohnt". Und tatsächlich waren sie damals einige Male umgezogen. Dann aber führte uns eine lange Auffahrt zu einem Haus auf einem Hügel und hier war Ute sich auf einmal ganz sicher: „Hier war es!" Und die Erinnerungen überrollten sie förmlich: „Das Haus auf Betonpfosten, unter dem wir uns Höhlen gebaut haben. Ich erinnere, wie ich durch die angrenzende Schlucht zur Schule gegangen bin, und ich kann den Bambushain sehen, durch den ich gelaufen bin". Unten in der Schlucht wurden verschiedene Gemüse angebaut und es hatte eine Stelle gegeben, welche die Kinder „Wackelwiese" getauft hatten, weil sie wackelte, wenn man darauf herumsprang – vermutlich weil es ein Sumpfgebiet war. „Ich erinnere mich, wie ich auf dem Hügel mit anderen Kindern gespielt habe, wir haben Drachen gebaut und sie über der Schlucht steigen lassen.“ Hinter dem Haus sei eine Abflussrinne aus Beton gewesen, in der sie auf einem Brett hinunter gerutscht sind. Das Brett wurde dazu vorher mit dem Fleisch eines kleinen Kürbis schön glitschig gemacht. Die Erinnerungen stiegen auf, eine nach der anderen und wieder einmal hattesie das Gefühl, bei ihren Wurzeln angelangt zu sein.

Wir wohnten im Hotel Bukit Kubu, einem schönen alten Gebäude ganz im kolonialen Stil und in einem sehr gepflegten Garten gelegen. Hier hatten schon Rutkowskys und Ottos gemeinsam Ferien gemacht und hier war es Dorothea, der Erinnerungen hochstiegen, z.B. die an ihren ersten Reitversuch: Hansli Otto auf seinem Pferd ritt vorneweg, Dörthe auf Blacky hinterher. Hanslis Pferd war sehr schnell und so war er auf einmal schon fastoben am Hotel, als Blacky entschied aufzuschließen – allerdings nahm er die Abkürzung – und das im gestreckten Galopp – quer über die Wiese. Dorothea gelang es irgendwie im Sattel zu bleiben und während sie Blut und Wasser schwitzte, saß Mutter Rutkowsky oben am Fenster und wunderte sich, warum ihre Tochter quer über den Golfplatz galoppierte.

Am nächsten Morgen erschien unser Fahrer nicht zur verabredeten Zeit, d.h. er erschien überhaupt nicht mehr. Er hatte offenbar genug davon, uns durch die Gegend zu fahren und entschieden, wieder seine eigenen Wege zu gehen respektive zu fahren. Aber Brastagi war ein größerer Ort und es gab dort Taxis. Eines brachte uns in den Ort Lingga, der berühmt für seine alten traditionellen Häuser war. Diese Häuser sahen so ganz anders aus als wir sie aus Toba kannten: keine geschwungenen, sondern fast pagodenartig aufgebaute Dächer über einem kubischen Hauskörper. Aber auch hier spielten die Büffelhörner eine Rolle, indem auf jedem großen Dach noch ein kleineres Dach mit dekoriertem Giebel aufsaß. Auch hier waren die Häuser wie in Toba mit reichen Schnitzereien und bunten Musterformationen versehen, wegen der hohen Luftfeuchtigkeit allerdings überall mit Moos bewachsen und mit dem Verfall kämpfend. Große Sippenhäuser, in denen früher etwa acht Familien mit etwa vierzig bis sechzig Mitgliedern zusammen lebten, waren damals die beste Weise, sich gegenseitig gegen die wilden Tiere des umgebenden Urwalds zu schützen.

Unser Taxifahrer vermittelte uns für den späten Nachmittag eine überraschende Einladung in den Ort Barusjahe zu einem großen Fest mit traditionellem Tanz und Gesang, welches der neue Polizeivorsteher zu seinem Amtsantritt veranstaltete. Wahrscheinlich bekam er selbst eine Vermittlungsgebühr und auch der neue Polizeivorsteher erwartete mit Sicherheit einen Obolus, denn irgendwie musste das Fest ja finanziert werden. Jedenfalls ergriffen wir die Gelegenheit beim Schopf und ließen uns hinfahren. Wir waren die einzigen Europäer am Ort und wurden von dem alten und dem neuen Polizeivorsteher und deren Frauen sowie einigen Ältesten begrüßt und zunächst zu einem Essen geladen. Männer und Frauen saßen auf dem Fußboden in je eigenen Gruppen, nur unseren Frauen war es erlaubt, bei ihren Männern zu sitzen. Vor dem Essen wurden kleine Schüsseln mit Wasser herumgereicht, damit jeder sich die Hände waschen konnte, denn gegessen wurde mit den Fingern. Dann bekam jeder eine Portion in braunes Wachspapier eingewickeltes Essen, bestehend aus Reis, einem Stück Fleisch und etwas Gemüse obendrauf, alles gut gewürzt und außerordentlich lecker. Ute, die Linkshänderin, gab sich viel Mühe, mit der rechten Hand zu essen, denn die linke war ja „unrein", es wollte ihr aber einfach nicht gelingen. Schließlich verzichtet sie auf allen Anstand und aß mit der Linken in der Hoffnung, dass es niemand bemerken möge.

Eine weitere Ehrung wurde uns zuteil, als wir anschließend zusammen mit all den Honoratioren direkt vor der erleuchteten Bühne platziert wurden. Es war inzwischen dunkel geworden und immer mehr Menschen fanden sich ein, um den Darbietungen zu folgen. Tänzerinnen und Tänzer bewegten sich unglaublich grazil zur Musik von traditionellen batakschen Instrumenten. Ganz anders als bei den Toba-Batak mit ihrer dunklen und eher strengen Kleidung sah man hier viel Farbe und Glanz. Die Tänzerinnen trugen zu kunstvollen Kopfbedeckungen gefaltete Brokatstoffe, von denen die goldenen Fransen über die Stirn hingen, und die bei jeder Bewegung mitschwangen. Die Tanzgruppen wechselten, lange Reden wurden gehalten, ein Sänger trat auf. Schließlich trat nochmals eine Gruppe von sechs offensichtlich professionellen Tänzern auf, die damit endete, dass wir aufgefordert wurden mitzutanzen. Gut, nach einigem Zögern machten wir ihnen die Freude, denn das war klar, dass wir nicht im Entferntesten mit den grazilen Bewegungen der Tänzer mithalten konnten, und so wurden wir Anlass für somanches fröhliche Gelächter.

Nachdem wir dem Gastgeber dezent unseren Obolus überreicht hatten, machten wir uns mit unserem Taxifahrer auf die Heimfahrt ins Hotel, welches wir von lärmenden Chinesen okkupiert fanden. Es war chinesisches Neujahr und viele Chinesen aus niedriger gelegenen und klimatisch feuchten Gegenden hatten sich hier im kühlen Brastagi versammelt, um ihren Jahreswechsel zu feiern. Sie feierten die ganze Nacht: lärmende Menschen, plärrende Radios, schreiende Kinder – sollte das denn niemals aufhören? Wir wollten am frühen Morgen den Vulkan Sibayak besteigen, aber an Schlaf war überhaupt nicht zu denken.

Unausgeschlafen und zerknittert begannen wir am frühen Morgen den Aufstieg. Der Weg führte uns durch dichten Wald, in dem vereinzelt Menschen ihre Behausungen hatten. Als wir an einem angepflockten Wasserbüffel vorbei kamen, wollte ich beweisen, dass man sich solch einem Tier unbedenklich nähern könne. Doch als ich vorsichtig auf ihn zuging, ließ er ein unfreundliches Schnauben hören und ich zog es doch vor, mich lieber in Sicherheit zu bringen. Kurz darauf trat ein vielleicht fünfjähriger, mit einem Lendenschurz bekleideter Junge aus dem Wald, zog den Pflock heraus und ging mit dem Büffel davon. Wie peinlich! Der Weg wurde immer steiler, wir stiegen inzwischen über Zementstufen hinauf, die noch aus holländischen Zeiten stammen mochten und dem Schwefeltransport gedienthatten.

Von diesem Weg gibt es eine Geschichte meiner Schwiegermutter, die sich Anfang der 60er Jahre zugetragen hatte. Sie wollten ebenfalls den Sibayak besteigen. Die Männer waren schon vorausgegangen, Gertrud folgte etwas langsamer, und Julie Denkhaus, eine befreundete Dozentin der Pädagogischen Hochschule in Siantar, bildete das Schlusslicht. Auf einmal hörte Gertrud einen Schrei! Sie drehte sich um und sah Julie Denkhaus auf den Stufen liegend, über ihr ein junger Batak, der sie mit einem Messer bedrohte.Beide zogen an ihrer Handtasche!

Gertrud rannte die Stufen hinunter und überschüttete den Jungen mit einer Schimpftirade in batakscher Sprache, die sie seit Kinderzeiten fließend beherrschte: was ihm einfiele und was seine Familie und seine Ahnen zu solch einem Verhalten sagen würden etc. Ob Christen oder Moslems, bei beiden saß damals der Glaube an die Ahnen immer noch tief. Und siehe da, beschämt und eine Entschuldigung murmelnd trollte sich der Junge und verschwand im Wald. Diese Geschichte hatte auch Dörthe im Sinn, als wir unseren Weg aufstiegen, und es schien ihr hier oben doch recht einsam zu sein. Sie bedauerte, dass die Mutter uns nicht begleitete, um im Notfall kräftig auf Bataksch schimpfen zu können.

Weiter aufsteigend erreichten wir die Baumgrenze. Hier endeten auch die Stufen und wir traten an den Rand des Kraters, dessen Caldera vielleicht 200 Meter Durchmesser gehabt haben mochte. Aus mehreren Gesteinshöhlen quollen Schwefelschwaden, auch hatte sich Schwefel auf dem Gestein in seiner typischen grellgelben Farbe abgelagert. An einigen Stellen hatten Einheimische Säcke aus Leinen übergestülpt, um den reinen Schwefel aufzufangen. Für unseren Abstieg hatten wir einen breiten, neu angelegten Weg ausgewählt. Das war eine Fehlentscheidung, denn der Boden war reinster Lehm, schön durchweicht von tropischer Feuchtigkeit und äußerst rutschig. Ute fiel auch prompt hin, an eine Reinigung der Kleidung war gar nicht zu denken. Ich schnitzte uns vier Wanderstäbe, mit deren Hilfe wir nun dreibeinig den Berg hinabstiegen. Wir kamen schließlich heil unten an, aber nicht ohne dicke Stollen schweren sumatranischen Lehmsunter unseren Schuhen mitzuschleppen.

Vor unserem Abflug wollten wir die Stadt Medan ein wenig erkunden. Medan, heute eine Stadt mit über einer Million Einwohnern, die Straßen verstopft durch Motorräder mit Zweitaktmotoren, deren Abgase die Luft bläulich färbten und die einen üblen Gestank verbreiteten. Schon früher soll Medan wegen seines feuchtheißen Klimas schwer erträglich gewesen sein, aber jetzt verbunden noch mit den Abgasen war es beinahe unerträglich, weshalb Günter und ich nach einem kurzen Versuch ins klimatisierte Hotel zurückkehrten. Ute und Dorothea ließen sich jedoch nicht abhalten und machten sich allein auf die Suche nach dem „Tip-Top“, dem Restaurant, in welchem „man“ aß, wenn man in Medan etwas zu erledigen hatte, und in dem auch Dorothea oft mit ihren Eltern gegessen hatte. Dörthe erinnerte sich, hier die schärfsten Saté-Spieße ihres Lebens gegessen zu haben. Nachdem die beiden einen Tee zu sich genommen hatten, machten auch sie sich auf den Heimweg. Ins Hotel brachten sie einige außerordentlich köstliche pinkfarbige und giftgrüne Reisküchlein für uns alle mit und wir zogen uns mit Tee und Küchlein in die Hotel-Lobby zurück. Die Küchlein waren so gut, dass Günter entgegen seinem Vorsatz sich doch noch einmal auf die stinkende Straße wagte, um Nachschub zu holen.

Unsere Reise ins heutige Sumatra und in die Vergangenheit, die Vergangenheit von Großeltern und Eltern war zu Ende. Unsere Unternehmung war für Ute und Dorothea eine wunderbare Rückeroberung vergangener Zeiten, aber sie mussten sich auch mit der Realität des heutigen Sumatra auseinandersetzen.

Für Günter war es vor allem die exotische Fremdheit des Landes, die ihn beeindruckte. Nicht alles war positiv und das Klima teilweise sehr anstrengend. Er freute sich an der Begeisterung, mit der Ute und Dorothea die Bilder der Vergangenheit wach riefen und an ihrer Fähigkeit, mit den Menschen, bekannten und unbekannten, in Kontakt zu treten. Da Dörthe eigentlich nur eine relativ kurze Zeit, knappe drei Jahre waren es, auf Sumatra gewesen war, hatte er sich immer über die Macht ihrer Erinnerungen gewundert. Aber meine eigene Erfahrung in dieser Hinsicht ist, dass es nicht so sehr auf die Länge der Zeit, als vielmehr ihre Intensität ankommt, die jemandem das Gefühl von „Zuhause“ gibt. Schade, wir können dieBilder des Vergangenen nie völlig bei uns behalten.

Jetzt, beim Schreiben dieser Biografie mehr als zwanzig Jahre später – diese Brücke zur Vergangenheit –, wird mir meine eigene Erfahrung von Sumatra wieder lebendig.

Von dem Zeitpunkt an, als ich im Alter von fünfzehn Jahren Ute kennenlernte und von ihrer „exotischen“ Vergangenheit hörte, haben sie und ihr Ursprung mich fasziniert. Rückblickend und nachdem wir verschiedene andere Reisen gemacht haben, bin ich sehr froh, meiner Frau damals diese Reise vorgeschlagen zu haben. In erster Linie war es eine Reise für sie, erst an zweiter Stelle stand mein Wunsch, die Stätten ihrer Erzählungen für mich lebendig werden zu lassen. Gerade dies, als Ute das Haus in Brastagi fand, in dem sie mit ihrer Mutter und den Geschwistern gewohnt hatte, und sie in Tränen ausbrach, war ein Moment von Dankbarkeit auch für mich.

Abschließen möchte ich mit einem afrikanischen Sprichwort: „Wenn Du nicht weißt wohin du gehst, dann ist es umso wichtiger, dass Du weißt woher Du kommst.

Ute, Alfreds ehemaliger Chauffeur Pairin, Dorothea

Distanz ist nicht so wichtig

Tee bei Dr. Fritz und seiner Tochter

Blick von Samosir auf den Tobasee

Batakhäuser mit Waringinbaum im Hintergrund

Schnitzarbeiten an einem Batakhaus

Steinsarkophag der *marga* Sidabutar auf Samosir

In Sitorang – „Mein Großvater gab Deinem Großvater das Land für sein Haus“

Markt in Balige

Stand mit Trockenfisch auf dem Markt in Parapat

Hermann Weissenbruchs Kirche in Balige

Herbert Windolf mit Dorfkindern

In diesem Haus in Brastagi wohnte Ute während der Internierung

Wohnidylle

Landschaft bei Brastagi mit Vulkan Sibayak

Schwefelquelle am Vulkan Sibayak mit Opfergaben

Am Kraterrand des Sibayak

Was bleibt

Diese uns alle sehr bewegende Reise in die Vergangenheit auf den Spuren der Großeltern, der Eltern und unseren eigenen, Utes und meiner, Dorotheas, war nun zu Ende. Gemeinsam besuchten wir noch die Insel Bali, um dann von dort schließlich wieder auf unsere eigenen verschiedenen Kontinente zurückzukehren: Ute und Herbert in die USA, Günter und ich nach Europa. Durch diese Reise ist mir unsere Geschichte noch einmal besonders lebendig geworden, und die Frage nach dem Einfluss dieser Erfahrungen auf unser heutiges Leben drängte sich im Laufe der folgenden Jahre mehr und mehr in den Vordergrund. Ich habe kleinere und größere Prägungen bei mir entdeckt und es sind sicher noch weitere vorhanden.

Natürlich, die allgemeinste Erfahrung in unserer Familie ist sicher die der Religion, welche das Fühlen und Denken über viele Generationen hinweg geprägt hat. In der Geschichte der Weissenbruchs und der Rutkowskys wurde das Spezifische religiösen Denkens, Erlebens und Erfahrens an vielen Stellen sichtbar. Besonders ist hier die tiefe religiöse Gläubigkeit Gertruds zu nennen, mit der sie viele Konflikte bewältigte, die aber gleichzeitig auch Ursache für andere Konflikte wurde und die sie hinderte, sich für sich selbst und ihre Familie zu entscheiden. Entsprechend wird auch bei allen Kindern u.a. Überbescheidenheit, eine Schwäche in der Selbstbehauptung und vor allem bei den Frauen eine Lebensauffassung sichtbar, in der andere Menschen oft mehr Bedeutung haben als die eigene Person. Solche Wesenszüge teilen wir mit vielen anderen religiös erzogenen Menschen, sie sind insofern typisch. Obwohl heute keines der Kinder sich einer Religion verbunden fühlt, erweisen sich diese charakterlichen Haltungen als äußerst hartnäckig. Es würde eine eigene Abhandlung erfordern, um das Thema „Religion“ in unserer Familie darzustellen. So beschränke ich mich auf das, was das Besondere dieses Aufwachsens in einer anderenKultur für uns vier Kinder bedeutet hat.

Anregung zur Reflexion wurde mir hier eine Tagung zum Thema „Third Culture Kids“, auch kurz TCK genannt, die ich einige Zeit nach der Jahrtausendwende besuchte. Third Culture Kids nennt man Kinder, die über längere Zeit in einer Kultur aufwachsen, die nicht die Kultur ihrer Eltern ist und die aus dieser Situation eine dritte, individuelle Kultur amalgamieren. Es sollte ein Erfahrungsaustausch stattfinden. Ich traf dort sogar die Tochter unserer Nachbarn in Siantar wieder, mit der ich als Kind gespielt hatte. Bei dieser Tagung begegnete ich Menschen, die zu meiner Überraschung in der Mehrzahl meine seit der Kindheit bestehende Vorliebe für offen stehende Türen und Fenster teilten. Diese Vorliebe resultierte ganz einfach aus der Erfahrung des Wohnens in den offenen, luft und lichtdurchlässigen tropischen Häusern, bei denen Innen und Außenwelt nicht voneinander abgegrenzt sind, und die ein Erlebnis von Weite und Freiheit vermitteln.

Das Beispiel scheint banal, hat aber tiefergehende Bedeutung. Dass diese Vorliebe keine individuelle Marotte war, die sogar unter psychopathologischen Gesichtspunkten betrachtet werden könnte, sondern Ergebnis einer bestimmten Geschichte und Erfahrung, die ich mit anderen teilte, diese Erkenntnis wurde mir zum Schlüsselerlebnis. Ich begriff, dass es wahrscheinlich noch eine ganze Reihe weiterer Besonderheiten geben mochte, durch welche ich mich aufgrund anderer Erfahrungen von Menschen meiner heutigen Umgebung unterscheide. Die Tragweite und Bedeutung dieser Erkenntnis wird nur verständlich, wenn man sich klarmacht, wie viel Verunsicherung es für die Identität einer Person bedeutet, sich immer wieder als irgendwie anders als die anderen zu erleben.

Diese Tagung war der Anlass, dass ich die Geschwister nach ihren Erfahrungen befragte, und wir kamen darüber ins Gespräch.

Michael, auf diese Phänomene angesprochen, reagierte keineswegs überrascht. Er musste gar nicht lange überlegen, für ihn war es sonnenklar, dass sein einstiges Leben als Kind auf Sumatra unmittelbar auch sein gegenwärtiges Leben bestimmt bis hinein in seine Kunst. Völlig selbstverständlich, dass diese seine Geschichte wie ein endothymer Grund sein Leben durchdringt und ihn auch bisweilen von anderen unterscheidet. Phänomene wie die Vorliebe für asiatische Küche und ähnliches sind unspezifisch, aber eben passend. Es sind nicht in erster Linie die ganz konkreten Vorlieben oder Abneigungen, sondern es ist die Erfahrung einer anderen Lebensweise bezogen auf Kultur, Lebensumfeld, Klima, Ernährung, die nichteuropäische Emotionalität der einheimischen Menschen und anderes mehr, welche diesen endothymen Grund bildet. So berichtete Michael, dass ein Lehrer an der Kunstakademie ihn auf eines seiner Objekte angesprochen habe: das sei so „japanisch“, also irgendwie asiatisch und auf jeden Fall anders als europäisch. Auch spielt das Globale, der Globus an sich und alles was damit zu tun hat, in seiner künstlerischen Gedankenwelt eine wesentliche Rolle. Die Erfahrung und das Bewusstsein, auf der anderen Seite der Welt geboren worden zu sein, gibt ihm ein ganz anderes Bewusstsein dieser Spanne, dieses Raumes, den er damals auf dem Rückweg nach Deutschland mit dem Schiff durchfahren hat. Für Michael gehört dies zur Thematik der

„Geo-Nautik“ dazu, wenn er diese auch differenzierter und mehr in einem übertragenen Sinne meint. Der Globus mit Michaels Wohnort auf der einen und seinem Geburtsort auf der anderen Seite der Erdkugel symbolisiert gleichzeitig die Fähigkeit, vielleicht auch die Notwendigkeit, Dinge von sehrverschiedenen Seiten zu betrachten.

Auch Christa, die sich in ihren letzten Lebensjahren sehr mit Computergrafik beschäftigt hat, zeigte in ihren Arbeiten bisweilen Anklänge ans Indonesische, an Batikmuster zum Beispiel. Ihr Garten in Long Beach, im regenarmen Kalifornien gelegen, vermittelte trotzdem auf merkwürdige Weise den Eindruck tropischer Üppigkeit, obwohl er fast ausschließlich mit Sukkulenten der verschiedensten Arten bepflanzt war. Es war die Fülle, die den tropischen Eindruck bewirkte. Und sie liebte das unorthodoxe Essen, etwa Krebse mit langen Zimmermannsnägeln aufzubrechen. Unwillkürlich erinnert dies an ihre Vorliebe als Kind, ihr Essen an ihrem Geburtstag oben im Baum sitzend einzunehmen. Was die Üppigkeit des Gartens anbelangt, trifft dies sicher auch auf mich selbst zu, denn ich versuche ebenfalls, etwas von der tropisch wuchernden Natur in unserem Garten in Berlin nachzuempfinden.

Ute ist das Bedürfnis nach Luft und Licht ebenfalls sehr vertraut, sieht ihr Interesse für die Esskultur anderer Länder und ihre Lust am Reisen sie fühle sich nicht an einen Ort gebunden – durchaus im Zusammenhang mit ihrer Sumatra-Erfahrung. Sie spricht aber auch ein Problem an, das alle vier Kinder betroffen hat und es immer noch tut: „Als negative Seite sehe ich meine Lebensangst, das Gefühl, nicht auf das Leben vorbereitet zu sein, welches mich besonders als Teenager gefesselt hat. Da hat die ganze Art und Weise, wie wir aufgezogen wurden, außerhalb einer kulturellen Geborgenheit und Norm, es mir schwer gemacht, mich dann in dieser Kultur [der europäischen] zu Hause zu fühlen. Natürlich muss man da auch die ganze Situation nach dem Krieg sehen. Unsere Eltern lebten auch wie Fische, die ans Land geworfen worden waren. Diese Unsicherheit, die ich auch oft direkt in unserer Mutter gesehen habe, habe ich lange mit mir geschleppt. Obwohl ich ganz tief fühle, dass meine Wurzeln in Sumatra liegen, habe ich nie ein richtiges ‚Heimatgefühl' empfunden. Deutschland war mir damals zu eng und hier [in den USA] bin ich auch nur ein Gast. Heute bedeutet das nicht sehr viel. Zuhause ist wo ich bin." Genau das ist es, was Martha Weissenbruch meinte, als sie einmal schrieb: „Missionarskindern geht das Heimatgefühl ganz ab, sie sind später einmal nirgends daheim und hängen nirgends mit dem Herzen fest." (12. November 1912) Diese prägnante Beschreibung der Lebenserfahrung von Missionsleuten fasst eigentlich die gesamten Ergebnisse der Forschung zu den Third Culture Kids in einem Satz zusammen. Es entsprach der alltäglichen Erfahrung in den Missionsfamilien, die alle ihre Kinder zurück nach Deutschland schicken mussten. Zwar ist die Erfahrung „heimgeschickt" zu werden, den älteren Geschwistern erspart geblieben, aber in sieben Jahren dreizehn Mal umzuziehen lässt Kinder auch keine Wurzeln entwickeln. Heimat oder Wurzellosigkeit ist eines der wichtigsten Merkmale von „zwischen den Kulturen" aufgewachsenen Kindern, wie die Forschung zu den „Third Culture Kids" festgestellt hat.

Auch erzwingen abwesende Eltern und das Vorbild von Eltern, die selbst in einer Umgebung leben, wo sie ständig allein und auf sich selbst angewiesen sind, die Selbständigkeit der Kinder. Die Kinder werden manchmal ausgeprägte Einzelgänger oder haben zumindest das Gefühl, im Leben allein zurechtkommen zu müssen. Die Idee wechselseitiger Hilfe ist oft nicht sehr ausgeprägt. Hilfe geben ist selbstverständlich, Hilfe annehmen wird nicht so gut gelernt. Mir drängte sich bei diesem Gedanken umgehend die Schilderung der Vorgänge auf der „Johann van Oldenbarneveldt" bei der Rückreise nach Europa auf: Die kleinen Jungen wurden von ihren Müttern getrennt und mit den männlichen Kriegsgefangenen zusammen ins Unterdeck geschickt. Es war ein sehr großes Schiff und der achtjährige Michael schleicht sich nachts aufs Deck hinauf, er sucht nicht nach der Mutter und den Geschwistern, sondern er versteckt sich unter einem Haufen Segeltuch und verbringt dort die Nacht, ganz allein. Das passt. Aber dazu gehört dann auch eine andere Seite, die genauso passt. 50 Jahre später heißt es über Michael in einem kleinen Ausstellungskatalog: „Michael Rutkowsky ... ist für uns ein Prototyp des experimentellen Künstlers, der seine eigenen Wege unbeeinflußt vom Marktgeschehen geht." (Ausstellungskatalog Michael Rutkowsky, Forum Bilker Straße, 1991, Vorwort) Natürlich sind dies alles Erfahrungen und Prägungen, die nicht ausschließlich bei TCKs vorkommen, hier allerdings gehäuft und als typische Struktur.

Nachdenklich machte mich der letzte Teil von Marthas Satz: „...und hängen nirgendwo mit dem Herzen fest." Dieser Gedanke hat mich lange sehr beschäftigt, habe ich doch zeitlebens das Gefühl gehabt, nicht alles zu geben, nie hundertprozentig dabei zu sein, habe immer eine schmerzliche Lücke zwischen mir und der Welt empfunden. Sollte dies auch eine Folge meiner Erfahrungen sein? Die TCK Forschung scheint das zu bestätigen: Im Gefühlsleben wird verstärkt Distanz eingebaut, diese Kinder lassen sich nicht mehr völlig auf Menschen, Dinge, Verhältnisse ein, damit sie nicht noch einmal durch die Trennung von liebgewordenen Menschen, den Verlust des ganzen Lebensumfeldes verletzt werden können.

Erst eine sehr schwere Erkrankung und die dabei erfahrene Hilfe und liebevolle Zuwendung meiner Freunde und Geschwister haben hier eine tiefgreifendere Änderung bewirkt. Mit elf Jahren allein nach Europa zurückgeschickt, hat es fast fünfzig Jahre gebraucht, bis ich Menschen so nahe an mich heranlassen konnte, dass ich wieder ein Gefühl von wie auch immer gearteter Heimat bekam.

Ganz klar wurde mir dieser Zusammenhang, als ich noch einmal die Briefe las, die ich unseren Eltern nach Sumatra geschrieben hatte. Diese zeigen zunächst ein lebhaftes, interessiertes Kind mit einer sehr lebendigen Sprache. Mit Fortschreiten der Jahre wird die Sprache mehr und mehr hölzern und brüchig, die Briefe, mit Ausnahme einiger Klagebriefe, oft nichtssagend. Das war nicht nur der Pubertät geschuldet, ich hatte mich hinter einer Mauer verkrochen, die echte Lebendigkeit einfach nicht mehr durchließ.

Auch Michael empfindet Brüche in seinem individuellen Leben. Ihn haben diese sensibilisiert für Probleme einer zunehmend globalisierten Welt und der kulturellen Entwicklung. So thematisiert er beispielsweise die Veränderung der medialen Welt durch den Computer auch in seiner Kunst. Individuelle Schwierigkeiten zwangen ihm Selbsterkundung und die Entwicklung von Überlebensstrategien auf. In ihrer Überschneidung führen beide Ebenen, die gesellschaftliche und individuelle, für ihn zu einem globalen Verpflichtungsgefühl gegenüber allem Existierenden: Menschen, Natur und Kultur. Seine Frage ist, wie geht man mit Brüchen um und was kann man aus den Scherben machen? Michael sagt dazu: „Der Aufwand an Fleiß und redlichem Bemühen um genaue Information zu drei Generationen Rutkowsky-Geschichte, der mich beim Lesen der Texte von Herbert und Dorothea anmutet, lässt mich ahnen, warum solcherart historische Aufarbeitungen überhaupt unterfangen werden. Allein aus den Reflektionen auf eigene Empfindungen und Erinnerungen kann man nur schwer der Wucht historischer Erfahrungen und Prägungen bei Einzelnen und bei Vielen gerecht werden. Manchmal schlägt das Gefühl, Boh – da war was – einem aus Photos entgegen. Bei exotischen Empfindungen ist aber mild lächelndes ‚Verstehen' mehr als zu erwarten ist. Wer möchte meinen, man könne bei einem Amputierten den Gliedverlust und bei einem Nicht-Überzeugten den Mangel an Überzeugung einfach hinwegverstehen? Um in solchen Kalamitäten über die Klippen, an Skylla und Charybdis vorbei, zu kommen und zur einer Evidenz zu gelangen, braucht es mehr als Verständnis, es bedarf – mit Rilke zu sprechen – der Konstruktion: ‚Da dich das geflügelte Entzücken über manchen frühen Abgrund trug, baue nun der unerhörten Brücken kühn berechenbaren Bug'." Auch in diesem Sinne trägt dieses Buch den Titel „Brücken". Unsere Geschichte bleibt ein Feld, das stetiger Bearbeitung bedarf.

Und doch, keiner von uns Geschwistern möchte diese Erfahrung des Lebens in einer anderen Welt wirklich missen, weil in ihr eben auch ein unglaublicher Reichtum liegt. Die Lebendigkeit einer anderen Kultur erfahren zu haben, eine gänzlich andere Lebensumwelt, ist unendlich bereichernd. Das Gefühl für den Wert anderer Kulturen, anderer Welten, die Bereitschaft, Andersartigkeit, auch die individuelle Andersartigkeit unter Menschen, gelten zu lassen, ist dadurch gesteigert worden. Vielleicht kann man sogar sagen, dass die eigene Individualität, die Einzigartigkeit des eigenen Lebens vor diesem Hintergrund besser wahrgenommen werden kann. Ute, inzwischen 78 Jahre alt, sagt: „Von heute aus gesehen hat mir meine Sumatra Erfahrung eine größere Weltoffenheit gegeben. Ich fühle mich nicht durch eine Nationalität eingeschränkt. Eher als ein Weltbürger. Das Interesse für das, was in der ganzen Welt geschieht, ist wach geblieben."

Das Erleben einer fremden Kultur bewirkt auch, dass die Gefahr eines eurozentristischen Denkens deutlich verringert wird. Ich stelle bei mir fest, dass ich auch manchmal wissenschaftliche Erkenntnisse und philosophische Ideen in dieser Hinsicht betrachte und überdenke.

Eine Freundin von mir, ebenfalls Psychotherapeutin, meinte einmal: „In deiner Familie liegen Chance und Gefährdung dicht beieinander." Das war wohl ganz richtig gesehen. Aber woran entscheidet sich, ob diese Erfahrungen mehr „Chance und Freiheit" oder mehr „Gefährdung" sind?

Es sind wohl die Menschen, die zwischenmenschlichen Beziehungen und die soziale Einbindung, die hier entscheidend wirken. Denn es gibt durchaus TCKs, die sich endgültig verschließen, vielleicht autoritär und nationalistisch werden. Die fehlende Eindeutigkeit einer kulturellen und nationalen und damit identitätsstiftenden Herkunft kann aber ersetzt werden durch identitätsstiftende Beziehungen. Tragfähige zwischenmenschliche Beziehungen stärken den Menschen, indem sie Identität vermitteln und somit auch das Selbstwertgefühl wachsen lassen. Es sind die Menschen, die „Heimat" werden. Ein so gestärktes Individuum kann dann die unterschiedlichen kulturellen Einflüsse bereichernd in sein tägliches Leben integrieren.

Alle Geschwister, obwohl seit mehr als fünfzig Jahren auf verschiedenen Kontinenten lebend, haben eine lebendige Beziehung zueinander. Mir scheint, als ob unsere Geschichte, aber auch unsere Eltern, uns den besonderen Wert zwischenmenschlicher Beziehungen vermittelt haben. Davon zeugen nicht zuletzt hunderte aufbewahrter Briefe in unserer Familie.

Mit Schwierigkeiten aufgrund unserer besonderen Werdensgeschichte haben wir Geschwister alle sehr zu kämpfen gehabt, alle sind dabei ihren ganz eigenen, persönlichen und oft nicht einfachen Weg gegangen. Mir will es aber manchmal fast so scheinen, als hätten Eltern und Großeltern uns mit ihren Lebensentwürfen nicht nur in Schwierigkeiten gebracht, sondern – mit Maßen – uns auch gleichzeitig Strategien zu deren Bewältigung mitgegeben.

Im Zimmer unserer Großmutter Martha Weissenbruch hing eingerahmt und in großen Lettern geschrieben das Wort: DENNOCH. Für mich steht dieses Wort für den Mut, mit dem beide Paare, Großeltern und Eltern, letztlich ihr Leben gestaltet haben. Ute sagt es mit ihren Worten: „Unsere Großeltern wagten ein Leben in einem fremden ‚primitiven' Land. Dieses Land und seine Menschen haben sie in vieler Weise bereichert. Es war ein abenteuerliches Leben. Ich, als Kind, und heute noch als Erwachsene, empfinde einen gewissen Stolz auf sie. Auch wenn ich an unsere Eltern denke, wie sie immer wieder danach trachteten ‚DAS

RICHTIGE‘ zu tun, einen aufrechten Gang zu behalten, in einem Leben, das sie oft willkürlich hin und her trieb. Diese Eltern haben uns sehr viel mitgegeben. Wenn ich mich selber betrachte, so weiß ich ganz genau, dass ich durch die Menschen geprägt bin, die vor mir gelebt haben. Ich empfinde das heute als einen Reichtum, den ich nur bejahen kann.“ (26. Februar 2015)

Anmerkungen

Martha und Hermann Weissenbruch

1 Si Pak, Vorsilbe „Si“ bei Namen im Sinne eines bestimmtenArtikels. Das „Si“ verschmolz im Laufe der Zeit zu Sipiak, Siantar etc.

2 Parapat, bisweilen auch Perapat geschrieben

3 Penang, zur britischen Kolonie Malaya gehörige Insel, heuteMalaysia

4 Ceylon, alter Name für Srilanka

5 Reistafel, indonesisches Festessen mit einer Vielzahlunterschiedlicher Gerichte

6 fl. Abk. für Florin, ursprünglich eine in Florenz im Mittelalter geprägteGoldmünze, die später für viele Münzen verwendet wurde u.a. auch für den holländischen Gulden

7 *gondang*, Zeremonialmusik für das sozial wichtige Ahnenfest und andere Feste. Instrumente sind ein gestimmter Trommelsatz, unterschiedliche Buckelgongs. neben der Oboe *sarune* gibt es weitere Blasinstrumente.

8 Dysenterie oder Ruhr (veralt.), Synonym für bakterielle Enteritis, einer Entzündung des Dickdarms.

9 *kapok.* auch Pflanzendaunen genannt, Hohlfaser des Kapokbaums *(Ceiba pentandra),* wird in den Tropen zum Füllen von Kissen und Matratzen verwendet.

10 Toko Hennemann, Filiale der R.A.G. Hennemann & Co AG WuppertalBarmen die mehrere Filialen in Asien betrieb u.a. auch in Bandjermasin, Borneo, wo Schwiegersohn Heinz Otto später arbeiten wird. *Toko* (chin.) Geschäft

11 Mohamedaner, damals übliche Bezeichnung für Muslime

12 Ephorus, über die Mission in Indonesien eingeführte Bezeichnung für die Kirchenleitung

13 Neunschwänzige, gemeint ist die „neunschwänzige Katze“ eine mehrsträngige Peitsche

14 Sprue, Durchfallerkrankung mit zwei Erscheinungsformen:
a) *Zöliakie,* auch einheimische Sprue genannt und b) die tropischeSprue, bei der eine Infektion als Ursache vermutet wird.

15 Albion ist die antike Bezeichnung für die Britischen Inseln

Gertrud und Alfred Rutkowsky

1 Batavia, heute Jakarta

2 Brastagi, auch Berestagi oder Brestagi

3 HKBP, *Huria Kristen Batak Protestan*, Bezeichnung der offiziellenBatakkirche

4 Kaiserswerth und Gütersloh waren Standorte für Missionskinder heime. In Kaiserswerth für die Mädchen, In Gütersloh für die Jungen.

5 R.M.G., Rheinische Missionsgesellschaft

6 Onrust, in der Javasee gelegene, zur Inselgruppe *Kepulauan Seribu* und der Provinz Jakarta gehörige Gefängnisinsel

7 Es gibt keinerlei Hinweis auf die Art dieser Pläne. Möglich wäre eingeplanter Hausbau, um der Wohnungsmisere zu entkommen. De Kleine schreibt in einem Brief: „Hoffentlich bekommt dieser Plan keine Behinderung durch Euer Vorhaben mit dem Haus...“ (3. Juni 1955)

8 Gertrud bezieht sich auf den Aufstand von Generälen gegen die Regierung Sukarno. Zentrum der „Rebellion“ war Mittelsumatra

Glossar batakscher und indonesischer Wörter

babu	Hausangestellte
begu	Geist
boeboer	Brei
boru	Tochter
eme	ungekochter Reis
emper	Veranda
horbo	Wasserbüffel
huta	Dorf
katjang	Erdnuss
kampung	Dorf
klapper	Kokosnuss
lembu	Buckelrind
gaja/gadja	Elefant
Njonja/Nyonya	Dame,Frau
Pak, Abk. v. bapak	Vater, ehrfürchtige Anrede
pandita	Pfarrer
passar	Markt
pisang	Banane
pisang goreng	Gebackene Banane
radja/raja	König, Häuptling
rotang	Rattan
sambal	Gewürzmischung/Gericht ingewürzter Soße
santen	Kokosmilch
sarong	Lendentuch
sintua	Ältester
solu	Einbaum
toko	Geschäft
tuan	Herr
ubi	Süßkartoffel/Maniok

Genealogischer Überblick

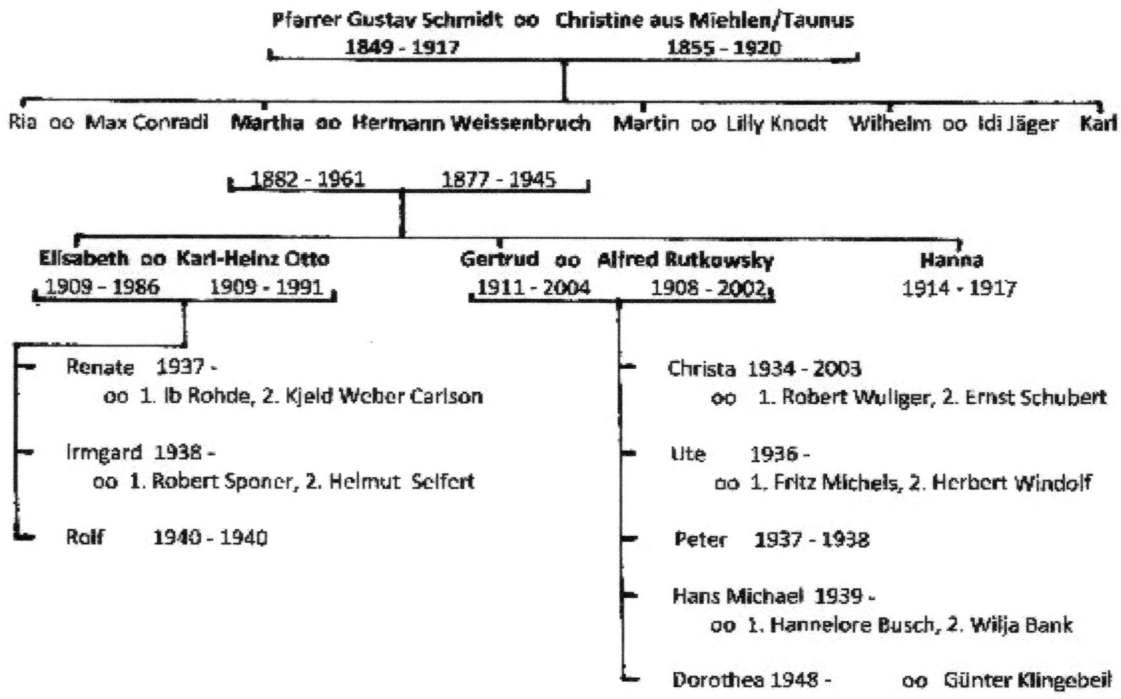

Quellenangaben

Becker, Dieter: Je gelehrter desto verkehrter? Beobachtungen zum Selbstverständnis evangelischer Missionare, Manuskript, veröffentlicht in: Michael Biehl, Gottesgabe..., Frankfurt/M 2005, S.349366

Buchsteiner, Jochen: Tod vor Sumatra. Vor siebzig Jahren sank die „Van Imhoff" im Indischen Ozean. In: FAZ, 17. Dezember 2011, S. 3.

Diehl, Phillip: Brief vom 3. Juli 1870, veröffentlicht als Vortrag in der Reihe „Historische Gespräche im Heimatmuseum Ehringshausen" am 15.11.2006, „Missionare und Missionarsfrauen aus Ehringshausen in aller Welt"

Forum Bilker Straße: Austellungskatalog, Höhe 2002, Michael Rutkowsky, September 1991Oktober 1991, Kulturamt der Stadt Düsseldorf

Galinski, Wolfgang: in: Ehmke/Pantzer, Gelebte Zeitgeschichte, München 2000

Heekeren, C. van: Batavia seint: Berlijn: Duitsers geïnterneerd in NederlandsIndië, den Haag1967

Klappert, Erich: Erlebnisse 2375 Tage im „Paradies" und im „Wunderland" gefangen, 1978im Selbstverlag

Siebert, Rüdiger: Deutsche Spuren in Indonesien, Bad Honnef, 2002

Töpperwien, Annemarie: Seine „Gehülfin", Wirken und Bewährung deutscher Missionarsfrauen in Indonesien 18651930, Köln 2002

WinklerMetzler, Luise Emilie: Meine Erlebnisse und Erinnerungen an die Zeit in Sumatravon 1905 bis 1921, im Selbstverlag

Worm, Herbert: Nachruf auf Dr. Dieter Lorenz-Meyer in: Nachrichten der Gesellschaft für Natur und Völkerkunde (NOAG), 183184, 2008

Aus dem Archiv Vereinten Evangelischen Mission Wuppertal

Personalakte (PA) Weissenbruch, Hermann Personalakte (PA) Rutkowsky, Alfred

Lebensläufe:

Hermann Weissenbruch, Martha Weissenbruch Alfred Rutkowsky, Gertrud Rutkowsky

Aus dem Archiv der Familie:

Weissenbruch, Briefe, Berlin

Weissenbruch, Martha, Lebenserinnerungen, Berlin Otto, Karl-Heinz, Lebenserinnerungen, Aarhus Rutkowsky, Briefe, Berlin

Gertrud Rutkowsky, Biografische Notiz, Berlin Gertrud Rutkowsky, Tagebuch, Berlin

Otto, Elisabeth, Tagebuch, AarhusFotografien, Berlin und USA

Danksagung

Der allerhöchste Dank gebührt Frau Annemarie Töpperwien von der Vereinten Evangelischen Mission, welche die meist in Deutscher Schrift geschriebenen Weissenbruch-Briefe transkribiert und damit der Familie überhaupt zugänglich gemacht hat. Ohne sie hätte sich mein Schwager Herbert Windolf niemals verlocken lassen, die Geschichte der Familie Weissenbruch, die ihn wegen ihrer Exotik und der anthropologisch interessanten Darstellungen angesprochen hatte, und die der folgenden Generationen für seine englischsprachige Familie aufzuschreiben. Dafür und für die Leistung, aus der Fülle des Materials eine lesbare Auswahl zu treffen, sei ihm gedankt. Auch sei ihm gedankt dafür, dass er, als es um eine deutschsprachige Fassung ging, so großzügig war, mir völlige Freiheit für die sprachliche und inhaltliche Gestaltung zu geben. Weiterer Dank gilt meinem Mann Günter Klingebeil, der die vielen Seiten geduldig Korrektur gelesen hat ebenso wie meiner Schwägerin Wilja BankRutkowsky und meiner Freundin Christina Tamberg, die mir ebenfalls stets mit Korrektur, Anregung und vor allem auch Ermutigung während des Schreibens beigestanden haben.

Nicht zuletzt danke ich meinen Geschwistern und allen Freunden, die mich mit Gespräch und Anregungen stets begleitet und immer wieder ermutigt haben.

Dorothea Rutkowsky, Berlin 2015

Beate Letschert-Grabbe

Dennis: Ich bin hier der Schulschreck!

Kinder mit destruktivem Verhalten und die Notwendigkeit ihrer Ermutigung
Eine Hilfestellung für Lehrkräfte

392 Seiten

Print ISBN 978-3-946130-15-4
eBook ISBN 978-3-946130-19-2

Print € 38,00 (D,A); CHF 43,00
eBook € 18,00 (D,A); CHF 20,00

Regina Timm

Malwida von Meysenbug

Wegbereiterin der Emanzipation im 19. Jahrhundert - *Leben, Schaffen und Wirken*

288 Seiten, Hardcover

Print ISBN 978-3-946130-23-9
eBook ISBN 978-3-946130-24-6

Print € 29,00
eBook € 14,99

Theodor Reik

Fragment eines großen Bekenntnisses

Eine psychoanalytische Autobiografie
Herausgegeben von Doris Schildknecht

340 Seiten

Print ISBN 978-3-946130-20-8

Print € 30,00